2012年

中国投入产出表

INPUT-OUTPUT TABLES OF CHINA

国家统计局国民经济核算司 编

中国统计出版社
China Statistics Press

图书在版编目(CIP)数据

中国2012年投入产出表 / 国家统计局国民经济核算司编. —— 北京 ：中国统计出版社，2015.12
ISBN 978—7—5037—7696—0

Ⅰ. ①中… Ⅱ. ①国… Ⅲ. ①投入产出分析—中国—2012 Ⅳ. ①F223

中国版本图书馆 CIP 数据核字(2015)第 276280 号

中国 2012 年投入产出表

编　　者/国家统计局国民经济核算司
责任编辑/尹　伊
封面设计/李雪燕
出版发行/中国统计出版社
通信地址/北京市丰台区西三环南路甲 6 号　邮政编码/100073
电　　话/邮购(010)63376909　书店(010)68783171
网　　址/http://www.zgtjcbs.com
印　　刷/河北天普润印刷厂
经　　销/新华书店
开　　本/787mm×1092mm 1/16
字　　数/900 千字
印　　张/37.5
版　　别/2015 年 12 月第 1 版
版　　次/2015 年 12 月第 1 次印刷
定　　价/218.00 元

《中国2012年投入产出表》
编辑委员会

编者说明

投入产出调查和编制投入产出表是经国务院批准的一项长期性和周期性工作。根据国务院办公厅印发的《关于进行全国投入产出调查的通知》(国办发[1987]18号)精神,在逢2和逢7的年份,国家统计局牵头布置并组织开展全国投入产出调查,编制投入产出基本表。中国2012年投入产出表是继1987年、1992年、1997年、2002年、2007年投入产出基本表之后,国家统计局编制的第六张全国投入产出基本表。

投入产出核算是国民经济核算体系的重要组成部分,它在协调专业统计和实现国内生产总值三种计算方法的衔接方面具有重要功能。同时投入产出表又是一个强有力的分析工具,已被广泛应用于生产分析、需求分析、价格分析、能源和环境分析等领域。中国2012年投入产出表的出版将满足我国宏观经济管理部门和社会各界对投入产出核算数据的需要,并将在我国宏观经济分析和管理工作中发挥重要作用。

中国2012年投入产出表是在系统总结以往投入产出调查和编表经验基础上编制的。它具有以下特点:

一、进一步细化部门分类

中国2012年投入产出表参照《国民经济行业分类》(GB/T4754—2011),将国民经济生产活动划分为139个部门。其中,农林牧渔业5个部门,工业93个部门,建筑业4个部门,服务活动分为37个部门。

2012年投入产出表部门分类与1987年、1992年、1997年、2002年和2007年投入产出表部门分类比较,分别增加21个、20个、15个、17个和4个,是1987年以来部门分类最细的一张投入产出表。

二、采取条块结合的调查方式

2012年全国投入产出调查采取条块结合的调查方式。工信部、铁路总公司(原铁道部）、海关总署和国家邮政局分别负责电信、铁路运输、进口货物使用去向和邮政服务的调查。国家统计局负责组织其他部分调查。其中，工业统计司负责规模以下工业企业成本费用调查，固定资产投资统计司负责固定资产投资构成调查，国民经济核算司负责其他部分的调查。

三、按2008SNA推荐方法处理来料加工贸易的数据

在2012年投入产出表的编制过程中，根据2008年SNA关于经济所有权的概念，我们在编制进口和出口数据时，对海关提供的贸易数据进行了调整。即：从全部贸易方式进口中扣减来料加工装配进口，作为进口数据；从全部贸易方式出口中扣减来料加工装配出口，并加上来料加工装配的加工费，作为出口数据。这样，实现了投入产出表进出口数据与总产出核算口径的衔接，进一步完善了2012年投入产出表的核算方法。

四、注重核算数据之间的衔接

2012年投入产出表编制过程中，核算司根据第三次经济普查的资料修订了若干年份的GDP数据。2012年投入产出表的有关数据，除了一些特殊处理和口径差异外，最大可能的与修订后数据进行了衔接。

中国2012年投入产出调查工作和投入产出表的编制，得到了相关国家部委、国家统计局有关专业司、各级统计局调查队以及参与调查企业的大力支持和协助，在此表示诚挚谢意。

五、引入完全分配系数

在中国2012年投入产出表概述部分，引入直接分配系数、完全感应系数和完全分配系数。原来根据完全需求系数矩阵的行和，计算的感应度系数，学术界对其经济含义一直有争论。通过引入了与直接消耗、完全需求和完全消耗系数对称的直接分配系数、完全感应系数和完全分配系数，重新定义了感应度系数。

限于经验和水平，疏漏和不妥之处在所难免，欢迎广大用户和读者批评指正。

2015年10月

目　录

第一部分　(PART Ⅰ)

中国 2012 年投入产出表概述

Introduction to 2012 Input-Output Tables of China

一、基本结构和主要概念

(一)基本表式和结构

投入产出表,也称部门联系平衡表或产业关联表,它以矩阵形式描述国民经济各部门在一定时期(通常为一年)生产活动的投入来源和产出使用去向,揭示国民经济各部门之间相互依存、相互制约的数量关系,是国民经济核算体系的重要组成部分。

中国 2012 年投入产出表由三部分组成,称为第Ⅰ、Ⅱ、Ⅲ象限。基本表式如下:

中国 2012 年投入产出表

(按当年生产者价格计算)　　单位:万元

<table>
<tr><td colspan="2" rowspan="4">产出
投入</td><td colspan="4">中间使用</td><td colspan="10">最终使用</td><td rowspan="4">进口</td><td rowspan="4">其他</td><td rowspan="4">总产出</td></tr>
<tr><td rowspan="3">农产品</td><td rowspan="3">⋮</td><td rowspan="3">公共管理和社会组织</td><td rowspan="3">中间使用合计</td><td colspan="5">最终消费</td><td colspan="3">资本形成总额</td><td rowspan="3">出口</td><td rowspan="3">最终使用合计</td></tr>
<tr><td colspan="3">居民消费</td><td rowspan="2">政府消费</td><td rowspan="2">合计</td><td rowspan="2">固定资本形成总额</td><td rowspan="2">存货增加</td><td rowspan="2">合计</td></tr>
<tr><td>农村居民消费</td><td>城镇居民消费</td><td>小计</td></tr>
<tr><td rowspan="2">中间投入</td><td>农产品
⋮
⋮
公共管理和社会组织</td><td colspan="4" rowspan="2">第Ⅰ象限</td><td colspan="13" rowspan="2">第Ⅱ象限</td></tr>
<tr><td>中间投入合计</td></tr>
<tr><td rowspan="2">增加值</td><td>劳动者报酬
生产税净额
固定资产折旧
营业盈余</td><td colspan="4" rowspan="2">第Ⅲ象限</td><td colspan="13" rowspan="3"></td></tr>
<tr><td>增加值合计</td></tr>
<tr><td colspan="2">总投入</td><td colspan="4"></td></tr>
</table>

1. 第Ⅰ象限

第Ⅰ象限是由名称相同、排列次序相同、数目一致的若干产品部门纵横交叉而成的中间产品矩阵，其主栏为中间投入，宾栏为中间使用。矩阵中的每个数字都具有双重意义：沿行方向看，反映某产品部门生产的货物或服务提供给各产品部门使用的价值量，被称为中间使用；沿列方向看，反映某产品部门在生产过程中消耗各产品部门生产的货物或服务的价值量，被称为中间投入。

第Ⅰ象限是投入产出表的核心，它充分揭示了国民经济各产品部门之间相互依存、相互制约的技术经济联系，反映了国民经济各部门之间相互依赖、相互提供劳动对象供生产和消耗的过程。

2. 第Ⅱ象限

第Ⅱ象限是第Ⅰ象限在水平方向上的延伸，主栏的部门分组与第Ⅰ象限相同；宾栏由最终消费、资本形成总额、出口等最终使用项目组成。沿行方向看，反映某产品部门生产的货物或服务用于各种最终使用的价值量；沿列方向看，反映各项最终使用的规模及其构成。

第Ⅰ象限和第Ⅱ象限连接组成的横表，反映国民经济各产品部门生产的货物或服务的使用去向，即各产品部门的中间使用和最终使用数量。

3. 第Ⅲ象限

第Ⅲ象限是第Ⅰ象限在垂直方向的延伸，主栏由劳动者报酬、生产税净额、固定资产折旧、营业盈余等各种增加值项目组成；宾栏的部门分组与第Ⅰ象限相同。第Ⅲ象限反映各产品部门的增加值及其构成情况。

第Ⅰ象限和第Ⅲ象限连接组成的竖表，反映国民经济各产品部门在生产经营过程中的各种投入来源及产品价值构成，即各产品部门总投入及其所包含的中间投入和增加值的数量。

投入产出表三大部分相互连接，从总量和结构上全面、系统地反映国民经济各部门从生产到最终使用这一完整的实物运动过程中的相互联系。投入产出表有以下几个基本平衡关系：

(1)行平衡关系

中间使用＋最终使用＋其他＝总产出＋进口

(2)列平衡关系

中间投入＋增加值＝总投入

(3)总量平衡关系

总投入＝总产出（每个部门）

中间投入合计之和＝中间使用合计之和（所有部门）

(二)主要指标解释

1. 宾栏指标

(1)总产出：指常住单位在一定时期内生产的所有货物和服务的价值。总产出按生产者价格计算，它反映常住单位生产活动的总规模。常住单位是指在我国的经济领土内具有经济利益中心的经济单位。

(2)中间使用:指常住单位在本期生产活动中消耗和使用的非固定资产货物和服务的价值,其中包括国内生产和国外进口的各类货物和服务的价值。

(3)最终使用:指已退出或暂时退出本期生产活动而为最终需求所提供的货物和服务。根据使用性质分为三部分:

①最终消费支出:指常住单位在一定时期内为满足物质、文化和精神生活的需要,从本国经济领土和国外购买的货物和服务的支出。它不包括非常住单位在本国经济领土内的消费支出。最终消费支出分为居民消费支出和政府消费支出。

——居民消费支出:指常住住户在一定时期内对于货物和服务的全部最终消费支出。它除了常住住户直接以货币形式购买货物和服务的消费支出外,还包括以其他方式获得的货物和服务的消费支出:单位以实物报酬及实物转移的形式提供给劳动者的货物和服务;住户生产并由本住户消费了的货物和服务,其中的服务仅指住户的自有住房服务;金融机构提供的金融媒介服务;保险公司提供的保险服务。居民消费支出划分为农村居民消费支出和城镇居民消费支出。

——政府消费支出:指政府部门为全社会提供的公共服务的消费支出和免费或以较低的价格向住户提供的货物和服务的净支出,前者等于政府服务的产出价值减去政府单位所获得的经营收入的价值,后者等于政府部门免费或以较低价格向住户提供的货物和服务的市场价值减去向住户收取的价值。

②资本形成总额:指常住单位在一定时期内获得的减去处置的固定资产和存货的净额,包括固定资本形成总额和存货增加两部分。

——固定资本形成总额:指常住单位在一定时期内获得的固定资产减去处置的固定资产的价值总额。固定资产是通过生产活动生产出来的,且其使用年限在一年以上、单位价值在规定标准以上的资产,不包括自然资产。可分为有形固定资本形成总额和无形固定资本形成总额。有形固定资本形成总额包括一定时期内完成的建筑工程、安装工程和设备工器具购置(减处置)价值,商品房销售增值,以及土地改良,新增役、种、奶、毛、娱乐用牲畜和新增经济林木价值。无形固定资本形成总额包括矿藏勘探、计算机软件等获得(减处置)价值。

——存货增加:指常住单位在一定时期内存货实物量变动的市场价值,即期末价值减期初价值的差额,再扣除当期由于价格变动而产生的持有收益。存货增加可以是正值,也可以是负值,正值表示存货上升,负值表示存货下降。它包括购进的原材料、燃料和储备物资,以及产成品、在制品等存货。

③出口和进口:出口包括常住单位向非常住单位出售或无偿转让的各种货物和服务的价值;进口包括常住单位从非常住单位购买或无偿得到的各种货物和服务的价值。由于服务活动的提供与使用同时发生,因此服务的进出口业务并不发生出入境现象,一般把常住单位从非常住单位得到的服务作为进口,非常住单位从常住单位得到的服务作为出口。

2. 主栏指标

(1)总投入:指一定时期内我国常住单位进行生产活动所投入的总费用,既包括新增加值,也包括被消耗的货物和服务价值以及固定资产转移价值。

(2)中间投入:指常住单位在生产或提供货物与服务过程中,消耗和使用的所有非固定资产货物和服务的价值。

(3)增加值:指常住单位生产过程创造的新增价值和固定资产转移价值。它包括劳动者报酬、生产税净额、固定资产折旧和营业盈余。

①劳动者报酬:指劳动者因从事生产活动所获得的全部报酬。包括劳动者获得的各种形式的工资、奖金和津贴,既包括货币形式的,也包括实物形式的,还包括劳动者所享受的公费医疗和医药卫生费、上下班交通补贴、单位支付的社会保险费、住房公积金等。对于个体经济来说,其所有者所获得的劳动者报酬和经营利润不易区分,这两部分统一作为劳动者报酬处理。

②生产税净额:指生产税减生产补贴后的差额。生产税指政府对生产单位从事生产、销售和经营活动以及因从事生产活动使用某些生产要素(如固定资产、土地、劳动力)所征收的各种税、附加费和规费。生产补贴与生产税相反,指政府对生产单位的单方面转移支付,因此视为负生产税,包括政策性亏损补贴、价格补贴等。

③固定资产折旧:指一定时期内为弥补固定资产损耗按照规定的固定资产折旧率提取的固定资产折旧,或按国民经济核算统一规定的折旧率虚拟计算的固定资产折旧。它反映了固定资产在当期生产中的转移价值。各类企业和企业化管理的事业单位的固定资产折旧是指实际计提的折旧费;不计提折旧的政府机关、非企业化管理的事业单位和居民住房的固定资产折旧是按照统一规定的折旧率和固定资产原值计算的虚拟折旧。原则上,固定资产折旧应按固定资产当期的重置价值计算,但是目前我国尚不具备对全社会固定资产进行重估价的基础,所以暂时只能采用上述办法。

④营业盈余:指常住单位创造的增加值扣除劳动者报酬、生产税净额、固定资产折旧后的余额。

(三)部门划分原则

投入产出表的部门分类与现行的国民经济行业分类有所不同,投入产出表一般采用产品部门分类,即以产品为对象,把具有某种相同属性(产品用途相同、消耗结构相同、生产工艺基本相同)的若干种产品组成一个产品部门,根据产品部门的资料编制投入产出表。

值得注意的是,同一个产品部门的货物或服务要同时满足三个基本相同的条件比较困难。因而在实际操作时,只能根据某种货物或服务符合某一个基本相同条件而划归为同一个产品部门,而对符合另一个基本相同条件的其他货物或服务则划归为另一个产品部门。投入产出表采用的产品部门分类,真正实现了按货物或服务的属性归类,因而产品部门是产品的“纯”部门。

根据《国民经济行业分类》(GB/T4754—2011),中国 2012 年投入产出表划分为 139 个产品部门。

(四)主要系数及计算方法

在利用投入产出表进行经济分析时,需要计算投入产出表的各种系数。主要系数及计算方法如下:

1. 直接消耗系数

直接消耗系数,也称投入系数,记为 $a_{ij}(i,j=1,2,\cdots,n)$,它是指在生产经营过程中第

j 产品(或产业)部门的单位总产出直接消耗的第 i 产品部门货物或服务的价值量。将各产品(或产业)部门的直接消耗系数用表的形式表现就是直接消耗系数表或直接消耗系数矩阵,通常用字母 A 表示。

直接消耗系数的计算方法为:用第 j 产品(或产业)部门的总投入 X_j 去除该产品(或产业)部门生产经营中直接消耗的第 i 产品部门的货物或服务的价值量 x_{ij},用公式表示为:

$$a_{ij}=\frac{x_{ij}}{X_j}\quad (i,j=1,2,\cdots,n)$$

2. 完全消耗系数

完全消耗系数,通常记为 b_{ij},是指第 j 产品部门每提供一个单位最终使用时,对第 i 产品部门货物或服务的直接消耗和间接消耗之和。利用直接消耗系数矩阵 A 计算完全消耗系数矩阵 B 的公式为:

$$B=(I-A)^{-1}-I$$

3. 列昂惕夫逆矩阵

在完全消耗系数矩阵 $B=(I-A)^{-1}-I$ 中,矩阵 $(I-A)^{-1}$ 称为列昂惕夫逆矩阵,记为 $\bar{B}$ 。其元素 $\bar{b}_{ij}=(i,j=1,2,\cdots,n)$ 称为列昂惕夫逆系数,它表明第 j 部门增加一个单位最终使用时,对第 i 产品部门的完全需要量。

4. 直接分配系数

直接分配系数是从投入产出表的行向考察,用公式表示为:

$$h_{ij}=\frac{x_{ij}}{X_i}\quad (i,j=1,2,\cdots,n)$$

反映 i 部门每单位的产出,j 部门分配到的使用份额。将各产品(或产业)部门的直接分配系数用表的形式表现就是直接分配系数表或直接分配系数矩阵,通常用字母 H 表示。

5. 完全分配系数

完全分配系数,通常记为 g_{ij},利用直接分配系数矩阵 H 计算完全消耗系数矩阵 G 的公式为:

$$G=(I-H)^{-1}-I$$

6. 完全感应系数

在完全分配系数矩阵 $G=(I-H)^{-1}-I$ 中,矩阵 $(I-H)^{-1}$ 称为完全感应系数矩阵,记为 $\bar{G}$ 。其元素 $\bar{g}_{ij}=(i,j=1,2,\cdots,n)$ 称为完全感应系数,它表示第 i 部门增加一个单位增加值(初始投入),引起的第 j 部门产出的增加量。

7. 产品比例

产品比例矩阵是由产出表中的数值除以所在列的合计数计算得到的,表示每个产业部门的产出中,各种产品占多少的比例。用公式表示为:

$$c_{ij}=\frac{\bar{x}_{ij}}{\bar{X}_j}\quad (i,j=1,2\cdots,n)$$

其中,$\bar{x}_{ij}$ 表示第 j 产业部门生产的第 i 种产品的价值量,$\bar{X}_j$ 表示第 j 产业部门的总产出。

8. 市场份额

市场份额矩阵是由产出表中的数值处以所在行的合计数计算得到的，表示每个产业部门生产的某种产品占该产品总量的比例。用公式表示为：

$$d_{ij}=\frac{\bar{x}_{ij}}{X_i}\quad(i,j=1,2,\cdots,n)$$

其中，$\bar{x}_{ij}$ 表示第 j 产业部门生产的第 i 中产品的价值量，X_i 表示第 i 产品部门的总产出。

9. 最终使用结构系数

最终使用结构系数是国民经济各部门提供给某项最终使用货物或服务的价值量占该项最终使用总额的比重。用公式表示为：

$$S_{ij}=\frac{y_{ij}}{\sum_{k=1}^{n}y_{kj}}\quad(i=1,2,\cdots,n;j=1,2,\cdots,q)$$

其中，y_{ij} 为第 i 部门提供给第 j 项最终使用的货物或服务的价值量；$\sum_{k=1}^{n}y_{kj}$ 为第 j 项最终使用总额。

10. 增加值结构系数

增加值结构系数是指国民经济各部门的增加值各项占该部门增加值合计的比重。用公式表示为：

$$L_{ij}=\frac{N_{ij}}{N_j}\quad(i=1,2,\cdots,p;j=1,2,\cdots,n)$$

其中，N_{ij} 为第 j 部门的第 i 项增加值量；N_j 为第 j 部门的增加值合计；p 为增加值的项目数。

11. 影响力系数和感应度系数

（1）影响力系数

影响力系数是反映国民经济某一部门增加一个单位最终使用时，对国民经济各部门所产生的生产需求波及程度。影响力系数 F_j 的计算公式为：

$$F_j=\frac{\sum_{i=1}^{n}\bar{b}_{ij}}{\frac{1}{n}\sum_{i=1}^{n}\sum_{j=1}^{n}\bar{b}_{ij}}\quad(j=1,2,\cdots,n)$$

其中，$\sum_{i=1}^{n}\bar{b}_{ij}$ 为列昂惕夫逆矩阵的第 j 列之和，表示 j 部门增加一个单位最终产品，对国民经济各部门产品的完全需要量；$\frac{1}{n}\sum_{i=1}^{n}\sum_{j=1}^{n}\bar{b}_{ij}$ 为列昂惕夫逆矩阵的列和的平均值。

当 $F_j>1$ 时，表示第 j 部门的生产对其他部门所产生的波及影响程度超过社会平均影响水平（即各部门所产生波及影响的平均值）；当 $F_j=1$ 时，表示第 j 部门的生产对其他部门所产生的波及影响程度等于社会平均影响水平；当 $F_j<1$ 时，表示第 j 部门的生产对其他部门所产生的波及影响程度低于社会平均影响水平。显然，当影响力系数 F_j 越大，表示第 j

部门对其他部门的拉动作用越大。

（2）感应度系数[①]

感应度系数是反映国民经济某一部门增加一个单位增加值（初始投入）时，对各部门产出的推动程度。感应度系数 E_i 计算公式为：

$$E_i=\frac{\sum_{j=1}^{n}\bar{g}_{ij}}{\frac{1}{n}\sum_{i=1}^{n}\sum_{j=1}^{n}\bar{g}_{ij}}\qquad(i=1,2,\cdots,n)$$

其中，$\sum_{j=1}^{n}\bar{g}_{ij}$ 为完全感应系数矩阵的第 i 行之和，反映 i 部门增加一个单位增加值（初始投入）时，引起的各部门产出增加之和；$\frac{1}{n}\sum_{i=1}^{n}\sum_{j=1}^{n}\bar{g}_{ij}$ 为完全感应系数矩阵的行和的平均值，反映当国民经济各部门均增加一个单位增加值（初始投入）时，引起的对全体经济部门产出需求之和的均值。

当 $E_i>1$ 时，表示第 i 部门对各部门产出的推动作用高于社会平均水平；当 $E_i=1$ 时，表示第 i 部门对各部门产出的推动作用等于社会平均水平；当 $E_i<1$ 时，表示第 i 部门对各部门产出的推动作用低于社会平均水平。

12. 最终需求生产诱发测算

为反映某个产品部门的某种单位最终需求（消费、投资或者出口）所诱发的各部门的生产额。可利用以下生产诱发公式计算。

对于第 i 部门增加单位消费或投资，诱发的国内各部门的产出，其计算公式为：

$$K_i=[I-(I-\hat{M})A]^{-1}\times[(I-\hat{M})S_i]$$

其中，A 为直接消耗系数矩阵；S_i 表示第 i 行元素为1，其余元素都为0的列向量。

$\hat{M}$ 为进口系数矩阵，由以下方式得到：第 i 部门的进口，占该部门国内使用（中间使用合计加消费合计加资本形成总额）的比例记为 m_i，称为该部门的进口比例系数；所有部门的进口比例系数对角化形成的矩阵 $\hat{M}$ 称为进口系数矩阵。进口系数矩阵主对角线上的第 i 个元素（即 m_i）表示第 i 部门的进口占该部门国内使用的比重。

依据上式计算得到的 K_i 是一个列向量，其第 j 个元素，表示当第 i 部门增加单位消费（或投资）时，对国内第 j 部门产出的带动。

对于第 i 部门增加单位出口[②]，诱发的国内各部门的产出，其计算公式为：

$$K_i=[I-(I-\hat{M})A]^{-1}\times E_i$$

E_i 表示第 i 行元素为1，其余元素都为0的列向量。依据上式计算得到的 K_i 是一个列向量，其第 j 个元素，表示当第 i 部门增加单位出口时，对国内第 j 部门产出的带动。

---

① 参考陈锡康、杨翠红等编著《投入产出技术》（科学技术出版社2011年）第二章有关内容。

② 这里隐含的假定是进口不会直接用于出口。

二、中国 2012 年投入产出表编制流程

中国 2012 年投入产出表编制基本流程如下：

（一）各产品部门总产出

各产品部门总产出（总投入）可通过编制全社会产出表取得。根据各部门总产出计算和处理方法不同，分为工业部门和其他部门两部分。

1. 工业部门

根据工业统计状况，将工业生产活动分为规模以上工业和规模以下工业两部分进行计算。

（1）规模以上工业：2012 年规模以上工业产出表根据现行工业统计制度中“分地区、分规模工业企业按产品计算的分行业工业总产值汇总表”（依据 B204－1 表汇总）的有关数据，按大型、中型和小微型，分别按投入产出部门汇总计算。

（2）规模以下工业：在“纯”部门假设条件下，2012 年规模以下工业产出表根据当年规模以下工业抽样调查分行业大类总产值、规模以上小型工业分投入产出部门的总产值结构分解并按顺序对角化得到。

由于现行工业总产值不含增值税，根据增值税率将其调整为含增值税的工业总产出，将规模以上工业和规模以下工业两张产出表相加得到全社会工业产出表，以及符合投入产出核算口径的工业各产品部门总产出。

2. 其他部门

在全社会产出表中，除工业部门以外，其他产业部门的总产出视同为产品部门产出，数据集中在产出表的主对角线上，也就是说各产业部门总产出等于产品部门总产出，所以在编制产出表时，只要计算出这些部门的产业部门总产出，就等于得到了产品部门总产出。计算这些产业部门总产出所需资料包括统计系统（国家统计系统和部委统计系统）统计资料、行政管理资料（如财政决算资料）和会计决算资料（如银行、保险、运输等活动）。由于这些部门活动性质不同，所以总产出的计算方法也不相同，有的按营业收入（或销售收入）计算，有的按经常性业务支出加固定资产折旧计算。将这些产业部门总产出按顺序对角化就得到工业以外部门的产出表。

（二）按购买者价格计算中间投入构成

中间投入构成是投入产出表的核心部分。这部分资料主要是通过投入产出重点调查取得具有代表性的中间投入结构，结合总量指标推算。要获得中间投入构成，需要对投入产出各产品部门成本和费用构成表进行调整，即将成本费用指标转化为投入产出部门指标。

(三)增加值及其构成

根据现行国内生产总值核算分类,农林牧渔业、工业、建筑业、交通运输仓储和邮政业、批发和零售业以及其他部门的增加值,有的可以直接取自现行的国内生产总值核算资料,有的需要根据相关资料(如年报统计资料、财政决算和会计决算)进行计算,并与现行的国内生产总值核算资料进行衔接,得到满足投入产出部门分类要求的产品部门增加值。

增加值构成的编制方法有两种:一是根据有关统计、会计、业务核算资料,采用收入法计算;二是利用投入产出重点调查取得的增加值结构,结合总量指标推算。

(四)最终使用及其构成

最终使用总量数据取自按支出法计算的国内生产总值核算资料,包括农村居民消费、城镇居民消费、政府消费、固定资本形成总额、存货变化、出口、进口项,部分项目需要进行适当调整,如在出口和进口数据上分别加上我国运输企业为进口商品提供的运输服务价值、进口关税和进口产品消费税,并调整来料加工装配进口和出口。

各最终使用项的构成主要利用农村住户调查、城市住户调查、财政决算、预算外支出、固定资产投资构成专项调查、海关统计、国际收支统计、和有关部门的财务统计等资料计算。

(五)数据平衡与修订

在得到按购买者价格计算的中间投入构成、增加值构成、最终使用构成和总产出初步数据后,对不同资料来源计算的上述指标进行平衡和修订。平衡修订工作分为以下三个步骤:首先从最终使用项出发,研究各项构成是否合理,对不合理的数据进行调整修订;其次是研究中间使用的部门比例是否合理,对不合理的数据进行修订;再次是研究中间投入中的主要消耗是否合理,对不合理的数据进行修订。以上平衡和修订步骤,反复进行多次。如有必要还在达到基本平衡的基础上,通过数学方法进行最终平衡,得到平衡的购买者价格的投入产出表。

(六)扣除流通费用,编制生产者价格投入产出表

编制投入产出表的资料,其大部分核算价格为购买者价格;而编制生产者价格投入产出表需要编制流通费用矩阵。因此,将流通费用矩阵和购买者价格投入产出表结合起来,进行流通费的扣除和调整,就可以得到生产者价格投入产出表。

三、本表使用说明

(一)编表价格

本表按生产者价格编制,即含增值税的生产者价格。它等于购买者价格扣减流通费用(包括商业附加费和运输费)。

(二)进口和出口

进口商品采用到岸价格;出口商品采用离岸价格,在生产者价格表中扣除了流通费用。商品进出口构成数据利用海关商品贸易统计资料编制,对来料加工贸易的商品进行了调整。服务进出口构成数据主要依据国际收支平衡表及其有关资料加工计算。

(三)废品废料

本表中“废品废料”部门范围与 2007 年基本相同,它由两部分组成:一是《国民经济行业分类(2011)》中的“废弃资源综合利用业”,二是投入产出核算中的“虚拟废品废料”。各部分的核算方法不同:“废弃资源综合利用业”部分,核算方法与其他工业部门相同;投入产出核算中的“虚拟废品废料”,中间投入为零,增加值等于总投入;增加值构成只包括营业盈余一项。

(四)电力总产出

由于现行的电力供应企业总产值统计中包括购电成本,和 2007 年投入产出表的处理方法一致,本表“电力、热力的生产和供应业”列中,对本部门的中间投入中包括了购电成本。

(五)居民自有住房服务

本表中将居民自有住房服务视同为一种物业管理活动,计入房地产业。

(六)农林牧渔业营业盈余

本表中,将农林牧渔业营业盈余作为混合收入的一部分,计入劳动者报酬。

(七)增加值数据

本表中的增加值合计与 2012 年 GDP 数据略有差异,主要是由废品废料部门的特殊处理所引起。

(八)最终使用数据

本表中的最终使用各项,除了进出口数据外,其他项目与 2012 年支出法 GDP 数据相同,进出口数据的差异主要是由于价格以及来料加工的处理方法不同所引起。

四、从 2012 年投入产出表看我国的经济状况

投入产出表从生产投入和产出使用的角度揭示国民经济各部门相互依存相互制约的技术经济联系,是进行宏观经济分析和政策效应模拟的有效工具。通过《中国 2012 年投入产

出表》所提供的丰富的宏观经济信息,可以对我国2012年的经济规模、产业结构及经济增长等进行系统的描述和分析。

(一)经济规模

1. 总产出

总产出是指一定时期内,一个国家(或地区)常住单位生产的全部货物和服务的价值。总产出按生产者价格计算,反映常住单位生产活动的总规模。

2012年我国全社会总产出为1601627.1亿元;其中农林牧渔业为89421.3亿元,工业为925463.3亿元,建筑业为138612.6亿元,服务业为448129.8亿元①。

2. 增加值

增加值是指常住单位在生产过程中创造的新增价值和固定资产的转移价值。在投入产出表中,可以按生产法计算,也可以按收入法计算,两者计算结果相等。

按生产法计算,增加值等于总产出减去中间投入。2012年投入产出表体现出的按生产法计算的国内生产总值为536800.2亿元,其中农林牧渔业增加值52358.8亿元,工业增加值207216.7亿元,建筑业增加值36804.8亿元,服务业增加值240419.9亿元,所占比重分别为9.8%、38.6%、6.9%和44.8%。

按收入法计算的增加值包括了劳动者报酬、生产税净额、固定资产折旧和营业盈余。按收入法计算的国内生产总值为536800.2亿元;其中劳动者报酬为264134.1亿元,生产税净额为73606.2亿元,固定资产折旧为71682.0亿元,营业盈余127377.9亿元。

3. 最终使用

最终使用包括最终消费支出、资本形成总额和出口三个部分。2012年全国最终消费支出为271718.6亿元,资本形成总额为248389.9亿元,出口136665.9亿元,最终使用合计656774.3亿元,进口为122027.0亿元。

(二)工业产业结构

目前在我国经济中,工业仍居于主导地位,是经济增长的主要动力。工业内部结构的协调与否,对于整个经济结构是否合理有着重要影响。表1列出了工业各部门总产出在全部工业总产出中所占的比重。

表1 各工业部门总产出的结构

工业部门	绝对数(万元)	比重(%)
采矿业	535980969	5.8
食品工业	879595838	9.5
纺织服装业	662820784	7.2
木材、家具、造纸、印刷和文教用品行业	481018125	5.2
石油加工及化学工业	1610377510	17.4

① 各产业产出合计数与总数的微小差异是由于数据四舍五入造成的;后面如出现同样问题,则不再赘述。

续表

工业部门	绝对数(万元)	比重(%)
非金属矿物制品业	466046232	5.0
金属冶炼加工业	1423397995	15.4
设备和机械制造业	2583436487	27.9
其他制造业	76786598	0.8
电力、燃气及水的生产和供应业	535172922	5.8

(三)部门间的技术经济联系

分析部门间的技术经济联系,应用最为广泛的是影响力系数和感应度系数。

1. 影响力系数

影响力系数是反映国民经济某一部门增加单位最终产品时,对国民经济各部门所产生的需求波及程度。当影响力系数大于1时,表明该部门的生产对其他部门所产生的波及影响程度超过社会平均影响水平;当影响力系数小于1时,表明该部门的生产对其他部门所产生的波及影响程度低于社会平均影响水平。

表2列出了2012年影响力系数位于前二十位的部门。

表2 影响力系数

顺序	投入产出部门	影响力系数	顺序	投入产出部门	影响力系数
1	计算机	1.333	11	其他电气机械和器材	1.253
2	文化、办公用机械	1.307	12	电机	1.239
3	视听设备	1.301	13	电池	1.236
4	通信设备	1.299	14	泵、阀门、压缩机及类似机械	1.234
5	化学纤维制品	1.284	15	塑料制品	1.233
6	家用器具	1.281	16	广播电视设备和雷达及配套设备	1.233
7	其他交通运输设备	1.278	17	涂料、油墨、颜料及类似产品	1.231
8	电子元器件	1.275	18	针织或钩针编织及其制品	1.223
9	输配电及控制设备	1.267	19	物料搬运设备	1.223
10	电线、电缆、光缆及电工器材	1.263	20	汽车整车	1.222

2. 感应度系数

感应度系数反映国民经济某一部门增加一个单位初始投入(增加值)时,国民经济各部门产出由此而受到的需求感应程度。当感应度系数大于1时,表示该部门受到的感应程度高于社会平均感应度水平;当感应度系数小于1时,表示该部门受到的感应程度低于社会平均感应度水平。

表3列出了2012年感应度系数位于前二十位的部门。

表3　感应度系数

顺序	投入产出部门	感应度系　数	顺序	投入产出部门	感应度系　数
1	开采辅助服务和其他采矿产品	3.771	11	合成材料	1.663
2	石油和天然气开采产品	3.611	12	电力、热力生产和供应	1.652
3	有色金属矿采选产品	3.022	13	专用化学产品和炸药、火工、焰火产品	1.637
4	黑色金属矿采选产品	2.640	14	炼焦产品	1.598
5	废弃资源和废旧材料回收加工品	2.593	15	金属制品、机械和设备修理服务	1.572
6	基础化学原料	1.986	16	精炼石油和核燃料加工品	1.566
7	煤炭采选产品	1.947	17	铁合金产品	1.461
8	有色金属及其合金和铸件	1.847	18	造纸和纸制品	1.446
9	电子元器件	1.742	19	肥料	1.442
10	林产品	1.722	20	仪器仪表	1.433

(四)产品部门的使用结构

从货物和服务的使用去向来看,各部门生产的货物和服务,有的作为中间使用,有的作为最终使用。一般来说,原材料和能源部门多用于中间使用,它们是国民经济生产的基础部门。其它一些部门,例如食品、轻纺、机械设备和服务等,它们生产的货物和服务可以直接满足消费或者投资的需求,主要用于最终使用。

1. 中间使用率

中间使用占总供给(总产出与进口之和)的比重称为中间使用率。下表列出了中间使用率大于90%的部门。

表4　中间使用率大于90%的部门

部　门	中间使用率	部　门	中间使用率
金属制品、机械和设备修理服务	1.0221	煤炭采选产品	0.9849
炼焦产品	1.0130	有色金属矿采选产品	0.9816
钢、铁及其铸件	1.0112	石油和天然气开采产品	0.9807
林产品	1.0068	仓储	0.9803
开采辅助服务和其他采矿产品	1.0040	有色金属及其合金和铸件	0.9793
黑色金属矿采选产品	0.9993	合成材料	0.9614
石膏、水泥制品及类似制品	0.9988	印刷品和记录媒介复制品	0.9564
水泥、石灰和石膏	0.9978	饲料加工品	0.9558
废弃资源和废旧材料回收加工品	0.9925	专用化学产品和炸药、火工、焰火产品	0.9546
非金属矿采选产品	0.9921	铁合金产品	0.9545

续表

部　　门	中间使用率	部　　门	中间使用率
涂料、油墨、颜料及类似产品	0.9538	电力、热力生产和供应	0.9413
有色金属压延加工品	0.9535	化学纤维制品	0.9340
砖瓦、石材等建筑材料	0.9519	汽车零部件及配件	0.9324
钢压延产品	0.9513	租赁	0.9253
肥料	0.9502	基础化学原料	0.9183
石墨及其他非金属矿物制品	0.9490	木材加工品和木、竹、藤、棕、草制品	0.9104
耐火材料制品	0.9467	毛纺织及染整精加工品	0.9074
造纸和纸制品	0.9458	棉、化纤纺织及印染精加工品	0.9003

2. 最终消费支出

最终消费支出由农村居民消费支出、城镇居民消费支出和政府消费支出三部分组成。

(1)农村居民消费支出。前十位的部门,包括了农产品、食品和服装等日常消费部门,处于第一位的是房地产业,这是因为它包括了农村居民自有住房虚拟消费支出。

表 5　农村居民消费支出前十位的部门

部　门	消费量(万元)	占农村消费的比重(%)
房地产	46580010	10.3
农产品	38028611	8.4
畜牧产品	36470972	8.1
批发和零售	29294678	6.5
卫生	23228479	5.1
其他食品	18658410	4.1
餐饮	16323798	3.6
教育	15215399	3.4
屠宰及肉类加工品	14207704	3.1
纺织服装服饰	12201786	2.7

(2)城镇居民消费支出。前十位的部门,除了农产品和服装部门外,还包括了房地产、餐饮、教育、卫生和居民服务等服务部门。

表 6　城镇居民消费支出前十位的部门

部　门	消费量(万元)	占城镇消费的比重(%)
房地产	160102380	10.4
批发和零售	95990153	6.3
餐饮	91227919	6.0

续表

部　门	消费量(万元)	占城镇消费的比重(%)
卫生	83580201	5.5
居民服务	58179789	3.8
农产品	55368359	3.6
屠宰及肉类加工品	54693339	3.6
汽车整车	52626716	3.4
教育	51412126	3.4
纺织服装服饰	50020172	3.3

(3)政府消费支出

政府消费支出是政府部门为全社会提供公共服务的消费支出。2012年投入产出表中的政府消费支出是73181.8亿元,占全部最终消费的26.9%。

3. 进出口

进出口反映了一个国家的经济与国际经济之间的联系。

(1)进口

进口与总供给的比例称为进口率。我国2012年的进口产品,主要集中于电子元器件、计算机、汽车、专用设备等高技术产品,以及原油、金属矿、基础化学原料、合成材料和农产品等基础原材料。

表7　进口前十位的部门

部　门	进口额(万元)	进口率(%)
电子元器件	173654657	41.6
石油和天然气开采产品	142868283	53.8
黑色金属矿采选产品	63097026	43.2
有色金属及其合金和铸件	57474883	19.7
基础化学原料	42351862	16.3
农产品	38414555	7.6
合成材料	35758482	19.2
计算机	32556402	14.7
汽车整车	31624375	10.6
其他专用设备	29166231	20.5

(2)出口

出口占总产出的比重,称为出口率。2012年我国的出口主要集中于电子计算机设备和电子产品,以及纺织服装服饰、文教工美体育和娱乐用品、金属制品和输配电及控制设备等。

表 8　出口前十位的部门

部　门	出口额(万元)	出口率(%)
批发和零售	117731419	16.3
计算机	109631117	58.0
通信设备	81914890	67.0
电子元器件	75612290	31.0
纺织服装服饰	68978566	40.1
文教、工美、体育和娱乐用品	48572719	43.6
金属制品	42881563	13.3
商务服务	39853336	12.2
输配电及控制设备	31932787	24.1
家具	28180322	45.5

第二部分 （PART Ⅱ）

中国 2012 年投入产出表

2012 Input-Output Tables of China

一、42 部门投入产出表(产品部门×产品部门)

Ⅰ. Input-Output Table with 42-Commodity by 42-Commodity

基本流量表

表 1.1 （Table 1.1）

（按当年生产者价格计算）

投入＼产出	代码	中			
		农林牧渔产品和服务	煤炭采选产品	石油和天然气开采产品	金属矿采选产品
代码	—	01	02	03	04
中间投入 农林牧渔产品和服务	01	123205603	154357	4047	43953
煤炭采选产品	02	54132	35955974	315734	748492
石油和天然气开采产品	03	0	63373	1012993	87490
金属矿采选产品	04	0	129046	67	17824613
非金属矿和其他矿采选产品	05	5417	624613	12749523	352473
食品和烟草	06	94118244	748592	510362	710962
纺织品	07	134406	165672	16356	141553
纺织服装鞋帽皮革羽绒及其制品	08	262708	559135	229468	329105
木材加工品和家具	09	209703	4045374	14572	190964
造纸印刷和文教体育用品	10	142531	246207	69963	514058
石油、炼焦产品和核燃料加工品	11	14491312	1492135	3890555	6318008
化学产品	12	75796652	4800498	3088877	6329175
非金属矿物制品	13	289938	980437	97287	628453
金属冶炼和压延加工品	14	21669	9828926	4689284	2006043
金属制品	15	407957	4496662	626905	2839536
通用设备	16	98984	4327142	1461245	3099223
专用设备	17	5840700	4426571	3582472	3492983
交通运输设备	18	1114632	165719	105169	474965
电气机械和器材	19	125342	1181568	424831	800010
通信设备、计算机和其他电子设备	20	28501	824045	141344	171532
仪器仪表	21	101223	58523	1438674	71196
其他制造产品	22	111941	401368	21686	19249
废品废料	23	2339	48851	4106	5596
金属制品、机械和设备修理服务	24	202824	138500	174790	156202
电力、热力的生产和供应	25	8886566	8905198	5547196	12243395

Basic Matrix

(Data are calculated at producers' prices in 2012) 单位:万元(10000 yuan)

间		使		用			
非金属矿和其他矿采选产品	食品和烟草	纺织品	纺织服装鞋帽皮革羽绒及其制品	木材加工品和家具	造纸印刷和文教体育用品	石油、炼焦产品和核燃料加工品	代码
05	06	07	08	09	10	11	—
47673	318414724	64544944	8945867	21020755	12898294	18585	01
649335	1839124	1164523	431349	523147	2736766	22964708	02
90972	0	0	0	0	0	224378024	03
178422	0	0	0	0	0	88071	04
817158	368558	1494	8505	33556	503503	230	05
366793	200205808	1269267	12116067	881799	1495091	2318855	06
49731	769240	149984388	104712919	2496218	11373077	86741	07
135911	742765	1396717	39368804	2642703	1446707	194150	08
71488	364632	538849	298345	64461215	5022960	100267	09
86729	10972038	1262804	2450467	1781089	76522829	150678	10
3704546	1379490	430901	513461	949117	988991	28380279	11
4844396	17482243	36169235	19676615	15045715	36412826	9944239	12
1632597	3967006	330256	162586	1260466	829418	2891878	13
1205967	168618	150661	150173	2127903	19294523	74391	14
1760133	2602551	208375	590855	6565349	2119092	220082	15
1387672	1306746	861107	490494	1532819	897949	2547661	16
3230928	1171858	1403993	1495271	785179	1669522	964490	17
552989	101231	14518	32474	16905	64279	119291	18
645194	401523	189117	202066	210624	636951	516553	19
85350	94129	44246	101378	91112	1257454	495532	20
184418	102322	16973	3564	51549	65097	654263	21
62461	56588	36402	1108579	17149	401633	90767	22
20727	122750	8094	21402	13038	6925720	11944	23
146432	261331	199981	120381	125977	152612	194525	24
4227027	7214974	7084650	2232235	3735163	5589227	6465143	25

表 1.1　续 1　(Table 1.1　Continue 1)

投入 \ 产出		代码	中			
			化学产品	非金属矿物制品	金属冶炼和压延加工品	金属制品
代码		—	12	13	14	15
中间投入	农林牧渔产品和服务	01	44189445	175061	123070	154122
	煤炭采选产品	02	21684983	23688420	29335495	1357418
	石油和天然气开采产品	03	13883991	729523	433117	209027
	金属矿采选产品	04	5356067	2504933	178132047	2163853
	非金属矿和其他矿采选产品	05	8813146	33047336	904439	112341
	食品和烟草	06	28202271	2121072	4253508	1456262
	纺织品	07	14585059	2013383	633539	784979
	纺织服装鞋帽皮革羽绒及其制品	08	2794070	1960658	1018299	695153
	木材加工品和家具	09	1365774	1826509	748984	2428793
	造纸印刷和文教体育用品	10	7962635	7023200	773727	1688998
	石油、炼焦产品和核燃料加工品	11	74379901	17690503	50824465	2251325
	化学产品	12	523624408	36538017	16313233	17531424
	非金属矿物制品	13	7451888	92477447	17705230	3424973
	金属冶炼和压延加工品	14	8896545	11151377	389378505	111472265
	金属制品	15	7556854	12539874	6514938	42757937
	通用设备	16	7212625	10064651	20044056	9034919
	专用设备	17	3779773	3639863	3260937	3888588
	交通运输设备	18	195587	2018487	341849	425032
	电气机械和器材	19	1921215	1040334	1243913	1343096
	通信设备、计算机和其他电子设备	20	1202868	245390	331955	360027
	仪器仪表	21	503094	338744	475729	480055
	其他制造产品	22	123978	99781	161689	152073
	废品废料	23	1653445	2150501	46589893	4025081
	金属制品、机械和设备修理服务	24	775051	875976	878274	292722
	电力、热力的生产和供应	25	50737903	26532454	46743652	14603827

单位:万元(10000 yuan)

间		使			用			代码
通用设备	专用设备	交通运输设备	电气机械和器材	通信设备、计算机和其他电子设备	仪器仪表	其他制造产品	废品废料	
16	17	18	19	20	21	22	23	—
48150	90689	31773	19562	0	0	1302834	10436	01
747240	759476	330313	217450	0	0	799051	97913	02
131621	212173	160653	0	0	0	0	0	03
216755	101942	38216	602290	0	0	11652	58145	04
34678	161467	70899	447851	0	0	3397	1898	05
2154402	1260560	1499089	2088793	2587244	274595	450064	203743	06
315284	891149	2757634	908867	228030	54321	2334875	225456	07
1033115	1024705	5085908	813030	383068	107648	140656	41286	08
1886472	1085456	4067860	842755	336926	78014	718899	21053	09
2902723	1217543	1462795	5583363	4755578	532637	374478	90681	10
2278642	1363122	2217122	1697206	1383561	185760	236053	223773	11
14933741	15856374	32621215	46381072	36708182	2270470	4559028	1457104	12
3415511	1584855	6975036	13502687	7230913	1635497	411275	127866	13
78955248	51804279	78315671	130103073	20859404	3540816	1972140	982799	14
18033213	13351795	13146181	19693986	9317661	1913731	659177	105592	15
86858152	33191224	34861049	19296947	3178483	1601634	559095	107426	16
2413680	39574149	1466054	2169197	2822994	980569	103756	86711	17
4954625	8373673	203335981	139015	308101	104779	22332	41110	18
25516937	13115120	20269310	79448034	29756699	3077871	404734	952698	19
22187801	11487696	10898604	26628358	324798501	10371253	385534	9291	20
2580739	2014930	5530543	2733778	2266066	7597872	84913	272	21
175200	249503	289598	173905	824390	11748	685714	464	22
691422	90702	308537	13944	67840	34767	2862	1922628	23
398065	310234	405270	283320	251505	27921	22446	15274	24
7107751	5033161	5782852	5948480	5634675	552917	290909	438026	25

表 1.1　续 2　(Table 1.1　Continue 2)

投入＼产出		代码	中			
			金属制品、机械和设备修理服务	电力、热力的生产和供应	燃气生产和供应	水的生产和供应
代码		—	24	25	26	27
中间投入	农林牧渔产品和服务	01	0	48523	614	7576
	煤炭采选产品	02	38094	88525034	2047977	20559
	石油和天然气开采产品	03	0	4816481	14171021	0
	金属矿采选产品	04	8871	413	81140	0
	非金属矿和其他矿采选产品	05	1135	178177	499	214
	食品和烟草	06	15262	1577822	101280	201796
	纺织品	07	23340	4116	553	1468
	纺织服装鞋帽皮革羽绒及其制品	08	31970	284804	48691	85676
	木材加工品和家具	09	33042	11293	3670	1935
	造纸印刷和文教体育用品	10	60384	679865	27387	42472
	石油、炼焦产品和核燃料加工品	11	115579	19206750	458925	37819
	化学产品	12	323874	573993	144335	1159843
	非金属矿物制品	13	50037	358173	9017	15149
	金属冶炼和压延加工品	14	1421844	234721	63316	26576
	金属制品	15	742449	147917	21681	403345
	通用设备	16	549185	1629527	58754	91690
	专用设备	17	168649	226115	34552	35100
	交通运输设备	18	970013	29413	5319	3332
	电气机械和器材	19	854202	22246136	21975	17864
	通信设备、计算机和其他电子设备	20	288875	232286	23655	10574
	仪器仪表	21	123278	11740642	50781	73605
	其他制造产品	22	2814	20742	793	238
	废品废料	23	0	0	0	0
	金属制品、机械和设备修理服务	24	41676	1295030	31331	29328
	电力、热力的生产和供应	25	420261	158927697	680703	2680920

单位:万元(10000 yuan)

间		使			用			
建筑	批发和零售	交通运输、仓储和邮政	住宿和餐饮	信息传输、软件和信息技术服务	金融	房地产	租赁和商务服务	代码
28	29	30	31	32	33	34	35	—
10930661	141179	7950149	25865304	519633	6441	93437	2419275	01
365530	3999	569818	35256	0	0	30240	9574	02
0	0	0	0	0	0	0	0	03
0	0	0	0	0	0	0	0	04
7752477	0	9827	0	0	0	0	0	05
3471279	2112516	7842242	71118702	2018326	1558187	1567392	4973996	06
632490	167624	428029	1424895	19641	56396	187621	313870	07
5445393	620739	2146646	989981	275818	3285758	782672	4514410	08
32925216	236328	416508	201354	107888	445050	214506	176579	09
3506128	7386395	2543282	893395	7965851	18879083	2138704	27695490	10
17571932	2115435	90555738	734797	466578	2444786	691580	20450054	11
60657771	1401609	8192078	2131360	1675329	516473	562990	6920388	12
269633356	45360	837134	102924	122524	50870	45719	180497	13
219216731	45752	1858464	1411	120	0	1630	856	14
57754955	161272	2512706	183982	43920	79606	652557	9917931	15
7070389	177431	7594538	86935	50051	525220	119196	224253	16
6629710	7530	1741526	42139	15106	857572	166808	1428	17
1234590	1745684	43130147	287210	1357305	621294	58346	15067280	18
51562176	6820597	805767	81875	14299990	96435	458339	15942560	19
3229505	3489651	762348	95691	23468129	781877	348519	14973479	20
884678	17521	132808	3662	796775	13922	21888	40782	21
872767	16643	142920	70784	20558	301063	498257	5264357	22
0	0	0	0	0	0	0	0	23
247197	29452	893036	12931	116031	23253	75647	21719	24
17964131	7668030	6285517	1864471	3069148	3282657	2025574	779323	25

表 1.1 续 3 (Table 1.1 Continue 3)

投入＼产出		代码	中间			
			科学研究和技术服务	水利、环境和公共设施管理	居民服务、修理和其他服务	教育
代码		—	36	37	38	39
中间投入	农林牧渔产品和服务	01	2099396	4228028	683290	1189725
	煤炭采选产品	02	128491	170714	179529	291169
	石油和天然气开采产品	03	0	0	0	0
	金属矿采选产品	04	92395	0	0	0
	非金属矿和其他矿采选产品	05	9602	1258	3337	147
	食品和烟草	06	2152758	574562	4098347	4738470
	纺织品	07	685227	422044	703935	477259
	纺织服装鞋帽皮革羽绒及其制品	08	174906	452147	768692	66472
	木材加工品和家具	09	84280	167219	271044	612
	造纸印刷和文教体育用品	10	2776310	689959	1891122	4965819
	石油、炼焦产品和核燃料加工品	11	7276629	1234692	1135938	1501545
	化学产品	12	15349811	4331327	10616746	4101938
	非金属矿物制品	13	760061	939168	195429	517124
	金属冶炼和压延加工品	14	552741	99060	329297	30447
	金属制品	15	10053594	323966	1402253	441993
	通用设备	16	394831	205933	199264	224951
	专用设备	17	44162	49792	100451	6725
	交通运输设备	18	2449077	1650992	7292766	2121
	电气机械和器材	19	7870555	1110628	2830924	8630
	通信设备、计算机和其他电子设备	20	16735977	201238	6582473	448655
	仪器仪表	21	7150982	340052	575317	1971068
	其他制造产品	22	1778499	364547	1244919	81
	废品废料	23	0	0	0	0
	金属制品、机械和设备修理服务	24	48502	48028	205355	38530
	电力、热力的生产和供应	25	1377336	1755095	2193046	1237915

单位:万元(10000 yuan)

使用				最终使用		代码
				最终消费支出		
				居民消费支出		
卫生和社会工作	文化、体育和娱乐	公共管理、社会保障和社会组织	**中间使用合计**	农村居民	城镇居民	
40	41	42	**TIU**	FU101	FU102	—
646085	220366	4007	**652497635**	80368698	125492146	01
337292	64351	309533	**239528202**	992966	638967	02
0	0	0	**260380458**	0	0	03
0	0	0	**207588937**	0	0	04
264	2660	15	**67022095**	0	0	05
3308523	4863247	4901195	**482489341**	104067823	272142476	06
3195670	268707	3159161	**307834923**	3144288	5338524	07
1825877	2036567	7431005	**93673992**	19235442	83217907	08
4576	259048	1461265	**127747278**	2528416	9054911	09
723665	5534249	8157714	**225125026**	3584008	14939493	10
402946	269684	6102444	**390044079**	2012473	21169282	11
73532954	1336364	2775737	**1174689654**	10841058	48761882	12
188990	317419	1224995	**444607444**	1493455	3567737	13
9	14696	34	**1151047981**	0	0	14
56225	62816	718477	**253710080**	876819	4031790	15
24484	30339	141349	**263419624**	487113	1156816	16
7265389	5835	16402	**109665229**	129259	1193796	17
254553	163434	5153345	**304498965**	8773873	61057877	18
555554	232605	922798	**310163352**	8478835	26264135	19
219524	130201	1134372	**485398930**	7981823	28965853	20
138740	196041	593538	**52220617**	553478	1415253	21
46349	221289	2688	**16146172**	735265	1690740	22
0	0	0	**64736188**	0	0	23
35247	15017	21520	**9638440**	0	0	24
1368149	479576	2964172	**458561102**	6454218	22067951	25

表 1.1 续 4 (Table 1.1 Continue 4)

产出 / 投入		代码	最终消费支出 居民消费支出 小计	政府消费支出	合计	资本 固定资本形成总额
代码		—	THC	FU103	TC	FU201
中间投入	农林牧渔产品和服务	01	**205860844**	6076074	**211936919**	30944274
	煤炭采选产品	02	**1631933**	0	**1631933**	0
	石油和天然气开采产品	03	**0**	0	**0**	0
	金属矿采选产品	04	**0**	0	**0**	0
	非金属矿和其他矿采选产品	05	**0**	0	**0**	0
	食品和烟草	06	**376210299**	0	**376210299**	0
	纺织品	07	**8482812**	0	**8482812**	0
	纺织服装鞋帽皮革羽绒及其制品	08	**102453349**	0	**102453349**	0
	木材加工品和家具	09	**11583327**	0	**11583327**	14912181
	造纸印刷和文教体育用品	10	**18523502**	0	**18523502**	2732946
	石油、炼焦产品和核燃料加工品	11	**23181755**	0	**23181755**	0
	化学产品	12	**59602940**	0	**59602940**	0
	非金属矿物制品	13	**5061193**	0	**5061193**	0
	金属冶炼和压延加工品	14	**0**	0	**0**	0
	金属制品	15	**4908609**	0	**4908609**	28568213
	通用设备	16	**1643929**	0	**1643929**	138884620
	专用设备	17	**1323055**	0	**1323055**	200061155
	交通运输设备	18	**69831750**	0	**69831750**	269958673
	电气机械和器材	19	**34742970**	0	**34742970**	83336415
	通信设备、计算机和其他电子设备	20	**36947676**	0	**36947676**	56861394
	仪器仪表	21	**1968731**	0	**1968731**	11491136
	其他制造产品	22	**2426005**	0	**2426005**	0
	废品废料	23	**0**	0	**0**	0
	金属制品、机械和设备修理服务	24	**0**	0	**0**	0
	电力、热力的生产和供应	25	**28522169**	0	**28522169**	0

单位:万元(10000 yuan)

使用								
形成总额		出口	最终使用合计	进口	其他	总产出	代码
存货增加	合计						
FU202	**GCF**	EX	**TFU**	IM	ERR	**GO**	—
35981553	**66925827**	7816221	**286678967**	51186807	6223678	**894213473**	01
2976956	**2976956**	912685	**5521575**	18130507	—1836904	**225082366**	02
3340162	**3340162**	1873689	**5213850**	142868283	—86813	**122639212**	03
614968	**614968**	592933	**1207901**	84029760	48476	**124815555**	04
—756402	**—756402**	1282682	**526280**	3941338	—163200	**63443836**	05
18035235	**18035235**	28019945	**422265480**	33809817	8650834	**879595838**	06
2273849	**2273849**	51756009	**62512669**	9397354	4854574	**365804812**	07
1149239	**1149239**	107608377	**211210966**	11145841	3276854	**297015972**	08
1094347	**16006528**	36167611	**63757467**	5069475	1053485	**187488755**	09
5736757	**8469703**	55912141	**82905346**	14717322	216320	**293529370**	10
4407940	**4407940**	11744438	**39334133**	28816783	—429707	**400131723**	11
2298943	**2298943**	98856503	**160758386**	123067057	—2135195	**1210245788**	12
—681010	**—681010**	26733885	**31114068**	7026282	—2648997	**466046232**	13
1839245	**1839245**	44572692	**46411937**	89528366	—6798479	**1101133074**	14
769835	**29338048**	42881563	**77128219**	8121476	—451903	**322264921**	15
—1168878	**137715742**	70573246	**209932916**	51121112	—68380	**422163049**	16
877979	**200939134**	35902561	**238164750**	38187437	2283824	**311926367**	17
1663946	**271622619**	58430796	**399885166**	60203496	2384375	**646565010**	18
4013879	**87350294**	107262425	**229355688**	39881487	409123	**500046676**	19
7526252	**64387647**	300892430	**402227752**	240100110	485260	**648011833**	20
412286	**11903423**	17664776	**31536930**	29039768	5774	**54723553**	21
1505483	**1505483**	4932956	**8864444**	344853	464889	**25130652**	22
93287	**93287**	478932	**572218**	23000941	—81582	**42225883**	23
0	**0**	0	**0**	0	—208378	**9430063**	24
0	**0**	778107	**29300277**	221872	—705915	**486933591**	25

表 1.1 续 5 （Table 1.1 Continue 5）

投入＼产出		代码	中			
			农林牧渔产品和服务	煤炭采选产品	石油和天然气开采产品	金属矿采选产品
代码		—	01	02	03	04
中间投入	燃气生产和供应	26	7776	3753	14004	1006
	水的生产和供应	27	33769	107429	24599	162384
	建筑	28	81428	580945	196309	251967
	批发和零售	29	13186515	3117414	1077753	1916306
	交通运输、仓储和邮政	30	10845115	5247797	890321	4490630
	住宿和餐饮	31	792683	834777	173681	812976
	信息传输、软件和信息技术服务	32	879315	236129	109965	405906
	金融	33	11048752	10603858	1951431	3854580
	房地产	34	12124	53665	22733	10807
	租赁和商务服务	35	308011	4741396	789447	2564565
	科学研究和技术服务	36	5160072	1844466	1704946	1280890
	水利、环境和公共设施管理	37	1286354	95821	77923	175444
	居民服务、修理和其他服务	38	764823	1363474	317186	225617
	教育	39	114015	162690	16372	60082
	卫生和社会工作	40	66256	67826	6810	32611
	文化、体育和娱乐	41	36387	242117	71415	250958
	公共管理、社会保障和社会组织	42	348595	58835	52943	80651
	中间投入合计	**TII**	**370625314**	**114130877**	**47715344**	**76176613**
增加值	劳动者报酬	VA001	529963186	56420753	15120004	20698798
	生产税净额	VA002	−28956569	23043287	22578743	8834514
	固定资产折旧	VA003	22581542	9607792	9342956	5527444
	营业盈余	VA004	0	21879658	27882165	13578187
	增加值合计	**TVA**	**523588159**	**110951490**	**74923868**	**48638942**
总投入		**TI**	**894213473**	**225082366**	**122639212**	**124815555**

单位:万元(10000 yuan)

间		使		用			代码
非金属矿和其他矿采选产品	食品和烟草	纺织品	纺织服装鞋帽皮革羽绒及其制品	木材加工品和家具	造纸印刷和文教体育用品	石油、炼焦产品和核燃料加工品	
05	06	07	08	09	10	11	—
1885	31140	4370	6711	1136	19685	361015	26
71066	616274	163480	81265	106789	177442	46048	27
224806	953145	276166	382038	314552	518547	525533	28
1279273	42347104	13630980	21453831	4666538	9860389	4717289	29
2336502	27956861	6754899	6738025	6040828	8272774	7114835	30
325444	3198179	726499	789208	721695	1081385	339970	31
165732	844820	382546	580754	329158	501609	123873	32
2027916	9663332	3976365	3043639	3097463	5577540	4779680	33
22249	207206	97278	215784	141017	266458	57632	34
1119519	11132409	1366296	3135881	1600028	4985371	2244392	35
1011882	2304489	470829	874182	774047	1229730	362056	36
159569	349060	593135	61690	46847	507728	188637	37
362888	1831168	352395	478592	386460	893995	588728	38
17546	144324	33458	59268	39353	68678	33791	39
22092	38361	19174	38628	22870	41063	219565	40
65578	631063	262022	296806	200132	298409	109355	41
25777	241812	63978	72656	73957	89827	32930	42
35424772	**672600997**	**296485367**	**233542814**	**144931419**	**223695150**	**325716678**	**TII**
12145297	64181323	33083686	34788094	18494463	33126910	14848035	VA001
7263773	62368023	9698474	8045693	8160547	11351149	40820504	VA002
2962396	21676418	8312279	5223375	5462175	10523244	8796455	VA003
5647597	58769078	18225006	15415995	10440151	14832916	9950051	VA004
28019064	**206994841**	**69319445**	**63473158**	**42557336**	**69834219**	**74415044**	**TVA**
63443836	**879595838**	**365804812**	**297015972**	**187488755**	**293529370**	**400131723**	**TI**

表 1.1 续 6 （Table 1.1 Continue 6）

投入＼产出		代码	中 化学产品	非金属矿物制品	金属冶炼和压延加工品	金属制品
代码		—	12	13	14	15
中间投入	燃气生产和供应	26	1273260	78601	312217	214120
	水的生产和供应	27	761157	417805	366959	160633
	建筑	28	1413199	900480	1036063	695986
	批发和零售	29	34774570	10255077	9337117	7722950
	交通运输、仓储和邮政	30	34034747	18693853	23621986	9608110
	住宿和餐饮	31	5622860	2459094	1693097	1726473
	信息传输、软件和信息技术服务	32	1523222	979124	746558	706519
	金融	33	23104551	11468895	32380356	6545968
	房地产	34	428228	285732	180609	247562
	租赁和商务服务	35	18538142	5163163	5387161	3589688
	科学研究和技术服务	36	11145701	2150238	6239143	1811032
	水利、环境和公共设施管理	37	1796670	258134	833118	93149
	居民服务、修理和其他服务	38	3032796	1605584	2076699	1391245
	教育	39	234711	130380	85643	108121
	卫生和社会工作	40	80048	105567	164365	109605
	文化、体育和娱乐	41	1213350	692102	675804	412744
	公共管理、社会保障和社会组织	42	403485	171783	355983	138853
	中间投入合计	**TII**	**978233274**	**348309102**	**902657418**	**258377048**
增加值	劳动者报酬	VA001	79805545	46780570	61900757	28181575
	生产税净额	VA002	38694422	25059412	31840069	10592399
	固定资产折旧	VA003	34999850	19280143	38967893	8396779
	营业盈余	VA004	78512697	26617005	65766937	16717120
	增加值合计	**TVA**	**232012514**	**117737130**	**198475656**	**63887873**
总投入		**TI**	**1210245788**	**466046232**	**1101133074**	**322264921**

单位:万元(10000 yuan)

间		使			用			
通用设备	专用设备	交通运输设备	电气机械和器材	通信设备、计算机和其他电子设备	仪器仪表	其他制造产品	废品废料	代码
16	17	18	19	20	21	22	23	—
473780	27029	4620	27111	52442	1345	60901	4483	26
233131	98787	132571	178540	207592	23331	110713	59445	27
742505	395613	827879	611078	1199777	83508	60986	72608	28
12684463	9481773	29365621	16080845	26753231	1776771	1120621	341945	29
12316754	8989281	19039056	12787854	10527521	1417137	750520	769686	30
2462376	2334647	1978570	2450787	1921842	561813	122905	109431	31
1162398	765884	521176	808440	3661567	180608	39115	47012	32
7866615	6806592	9429738	8698549	16791320	1370715	654613	549541	33
307342	234668	187022	314312	474404	105791	20624	22291	34
6175018	4654435	8761783	7215518	8153620	566413	172476	213166	35
5103103	4592499	10585023	4826705	11149490	967905	104305	41610	36
257780	86623	233971	170388	136433	15055	28768	10119	37
1805281	1303076	3500229	1876219	1656974	192700	69306	65094	38
134831	107825	141654	92512	102703	24357	11213	5468	39
178245	108335	152625	116508	53888	17644	2084	2541	40
758639	412014	418535	605322	590277	81423	39262	28734	41
210586	149406	780955	224508	550461	30377	16261	4196	42
332844013	**244754465**	**517989192**	**416822159**	**537683362**	**42371713**	**19920546**	**9569012**	**TII**
41372489	31859767	57743716	33670692	58931504	5635508	2623546	1537190	VA001
15942091	10149033	22747556	12207796	11595145	1502768	662077	578589	VA002
10894049	7856449	14856520	8801635	16375303	1087506	520161	406873	VA003
21110407	17306653	33228025	28544394	23426520	4126058	1404323	30134219	VA004
89319035	**67171902**	**128575818**	**83224517**	**110328472**	**12351839**	**5210106**	**32656871**	**TVA**
422163049	**311926367**	**646565010**	**500046676**	**648011833**	**54723553**	**25130652**	**42225883**	**TI**

表 1.1 续 7 （Table 1.1 Continue 7）

投入＼产出		代码	中			
			金属制品、机械和设备修理服务	电力、热力的生产和供应	燃气生产和供应	水的生产和供应
代码		—	24	25	26	27
中间投入	燃气生产和供应	26	437	626335	3243776	2862
	水的生产和供应	27	8944	722307	9532	744592
	建筑	28	26347	1947866	44918	113388
	批发和零售	29	300195	5550675	236493	249859
	交通运输、仓储和邮政	30	256610	6365984	900884	201460
	住宿和餐饮	31	75757	842963	99127	97798
	信息传输、软件和信息技术服务	32	27176	1490954	44363	147170
	金融	33	178745	23339279	1406110	1213867
	房地产	34	4388	27382	40452	2255
	租赁和商务服务	35	194772	1796232	150064	54469
	科学研究和技术服务	36	26152	2065808	26602	35258
	水利、环境和公共设施管理	37	1007	1637752	30589	1181397
	居民服务、修理和其他服务	38	28491	934798	74625	118843
	教育	39	10038	50277	7665	13872
	卫生和社会工作	40	0	108740	9119	453
	文化、体育和娱乐	41	12466	789351	43333	64703
	公共管理、社会保障和社会组织	42	29345	98565	6554	7208
	中间投入合计	**TII**	**7465704**	**361390935**	**24462173**	**9196532**
增加值	劳动者报酬	VA001	1320202	36028791	1928213	3889431
	生产税净额	VA002	310834	20498973	700473	874824
	固定资产折旧	VA003	197260	43854161	1576237	2718855
	营业盈余	VA004	136064	25160731	2561374	331220
	增加值合计	**TVA**	**1964359**	**125542655**	**6766297**	**7814330**
总投入		**TI**	**9430063**	**486933591**	**31228470**	**17010862**

单位:万元(10000 yuan)

间	使			用				代码
建筑	批发和零　售	交通运输、仓储和邮政	住宿和餐　饮	信息传输、软件和信息技术服务	金融	房地产	租赁和商务服务	
28	29	30	31	32	33	34	35	—
10533	14108	6790547	708928	7372	23662	772005	74480	26
1005964	147654	204296	426702	30272	257446	221482	30207	27
37351141	1861199	4876174	914448	1095559	5071291	10053557	728375	28
27229552	20307047	13165198	14130378	6697588	7021187	1733873	15187833	29
43498087	24717848	88028965	4489450	3148718	12337777	2485938	17636534	30
6667814	3895913	8382138	419398	1647338	20587683	1964960	13294338	31
15555564	2238753	5762116	971345	31029587	15758326	1755171	1769923	32
38561060	28354633	51499557	3235776	9992928	36484766	44100293	23397764	33
107551	33159670	2240988	2342784	5374177	37288889	13472788	3033828	34
9373159	64298446	7819509	2416046	11432822	54193017	16746985	19618145	35
49888006	2795116	910567	7163	3566155	1047045	93328	182108	36
183094	384830	289805	63884	130062	652673	120244	1262253	37
6166222	5100858	11011824	962385	789126	3491228	818278	2521629	38
624370	434454	372345	76493	182961	2981601	144629	144428	39
246412	150410	146109	11640	853	163304	870	2246	40
1596922	665729	1163000	517686	877111	6494262	818950	585309	41
453582	305877	305136	52115	444457	582655	557515	2539495	42
1018078096	**223243295**	**390319503**	**137975680**	**132855805**	**238262755**	**106602488**	**231896999**	**TII**
224617185	147983609	110306924	63809450	36683240	110239772	38781541	55269389	VA001
51214681	163077077	7405971	8587777	5075642	39314016	54865335	11294285	VA002
16459285	27962793	50200597	10644736	29836272	9100456	156358484	24264153	VA003
75756625	159286617	61433568	12327263	46399993	193223256	62477520	21327096	VA004
368047776	**498310097**	**229347060**	**95369225**	**117995147**	**351877500**	**312482880**	**112154923**	**TVA**
1386125872	**721553392**	**619666563**	**233344905**	**250850952**	**590140254**	**419085368**	**344051923**	**TI**

表 1.1 续 8 （Table 1.1 Continue 8）

投入 \ 产出		代码	中间			
			科学研究和技术服务	水利、环境和公共设施管理	居民服务、修理和其他服务	教育
代码		—	36	37	38	39
中间投入	燃气生产和供应	26	44978	176895	662291	234843
	水的生产和供应	27	150646	224219	440144	228815
	建筑	28	1245670	1305936	984033	1123418
	批发和零售	29	7448761	1451195	4995741	2336356
	交通运输、仓储和邮政	30	7971015	2308387	4068585	5693247
	住宿和餐饮	31	7328044	827252	2038306	4109017
	信息传输、软件和信息技术服务	32	1148201	608465	705466	3099229
	金融	33	9485735	4048590	3380519	7910109
	房地产	34	1323372	248607	7809690	1877824
	租赁和商务服务	35	5539868	1082350	2976599	1239534
	科学研究和技术服务	36	31727043	207242	12667	1635943
	水利、环境和公共设施管理	37	67812	1023249	157779	106247
	居民服务、修理和其他服务	38	2799578	2713753	3015609	2500251
	教育	39	408991	171840	126006	2990635
	卫生和社会工作	40	15082	11321	33565	72199
	文化、体育和娱乐	41	610564	217055	525433	879902
	公共管理、社会保障和社会组织	42	210651	85907	220232	283054
	中间投入合计	**TII**	**157572129**	**36072713**	**75656139**	**58582018**
增加值	劳动者报酬	VA001	49609638	15012516	55073874	138712606
	生产税净额	VA002	6125886	330078	6974824	915012
	固定资产折旧	VA003	7529147	4850740	4196184	17251652
	营业盈余	VA004	28499328	5358038	15323467	4841250
	增加值合计	**TVA**	**91763999**	**25551373**	**81568349**	**161720520**
总投入		**TI**	**249336128**	**61624086**	**157224488**	**220302538**

单位:万元(10000 yuan)

使用				最终使用		
				最终消费支出		
				居民消费支出		
卫生和社会工作	文化、体育和娱乐	公共管理、社会保障和社会组织	中间使用合计	农村居民	城镇居民	代码
40	41	42	**TIU**	FU101	FU102	—
104569	79740	93731	**16654483**	708759	13043487	26
179117	37807	242815	**9654173**	760071	6655916	27
623231	652782	4247093	**86611543**	0	0	28
7864970	3462637	7114117	**423432031**	29294678	95990153	29
2999369	3127258	19265804	**488747012**	12400802	51950798	30
1102589	1889970	13137615	**121648406**	16839229	100301837	31
2720701	848910	9285814	**110668663**	11478758	47495804	32
2899082	1553040	9392248	**485726113**	14231499	81652800	33
1273786	950999	3319562	**117814530**	46580010	160102380	34
258892	1335061	5352100	**308455968**	547047	10396350	35
164717	92609	132157	**170350028**	310542	2036792	36
95161	99991	639685	**15589929**	709716	4224851	37
1569733	904991	6745404	**78408156**	12913001	64589167	38
483339	106669	2667755	**13927364**	15215399	51412126	39
978773	23601	922460	**4563869**	23477184	83952407	40
385358	2779413	3781670	**31200667**	3652547	24362384	41
118288	70898	1830091	**12380442**	369897	2804592	42
117952740	**34740888**	**135365884**	**10648269125**	**452228452**	**1533139381**	**TII**
75015633	19205155	174940365	**2641340939**			VA001
919964	2795717	1389	**736062253**			VA002
8816712	5698893	22843972	**716819825**			VA003
4993020	7595916	3231184	**1273778692**			VA004
89745328	**35295680**	**201016910**	**5368001709**			**TVA**
207698068	**70036568**	**336382794**	**16016270834**			**TI**

表 1.1 续 9 （Table 1.1 Continue 9）

投入＼产出		代码	最终使用：最终消费支出：居民消费支出：小计	最终使用：最终消费支出：政府消费支出	最终使用：最终消费支出：合计	最终使用：资本形成：固定资本形成总额
代码		—	THC	FU103	TC	FU201
中间投入	燃气生产和供应	26	**13752246**	0	**13752246**	0
	水的生产和供应	27	**7415988**	0	**7415988**	0
	建筑	28	**0**	0	**0**	1289122578
	批发和零售	29	**125284830**	0	**125284830**	46661633
	交通运输、仓储和邮政	30	**64351600**	19730148	**84081748**	19236982
	住宿和餐饮	31	**117141065**	0	**117141065**	0
	信息传输、软件和信息技术服务	32	**58974562**	0	**58974562**	78572400
	金融	33	**95884299**	9360490	**105244789**	0
	房地产	34	**206682390**	0	**206682390**	94064000
	租赁和商务服务	35	**10943397**	11370817	**22314214**	0
	科学研究和技术服务	36	**2347334**	67178517	**69525851**	12097460
	水利、环境和公共设施管理	37	**4934567**	42354261	**47288828**	0
	居民服务、修理和其他服务	38	**77502168**	0	**77502168**	0
	教育	39	**66627525**	140776580	**207404106**	0
	卫生和社会工作	40	**107429591**	96467979	**203897570**	0
	文化、体育和娱乐	41	**28014931**	17818652	**45833583**	0
	公共管理、社会保障和社会组织	42	**3174489**	320684415	**323858904**	0
	中间投入合计	**TII**	**1985367833**	**731817933**	**2717185766**	**2377506060**
增加值	劳动者报酬	VA001				
	生产税净额	VA002				
	固定资产折旧	VA003				
	营业盈余	VA004				
	增加值合计	**TVA**				
总投入		**TI**				

单位:万元(10000 yuan)

使用							
形成总额		出口	最终使用合计	进口	其他	总产出	代码
存货增加	合计						
FU202	**GCF**	EX	**TFU**	IM	ERR	**GO**	—
627489	**627489**	0	**14379734**	0	194252	**31228470**	26
0	**0**	0	**7415988**	0	—59299	**17010862**	27
0	**1289122578**	7730236	**1296852814**	2284307	4945821	**1386125872**	28
8760285	**55421919**	117731419	**298438168**	0	—316807	**721553392**	29
2999268	**22236250**	56946262	**163264260**	32662159	317451	**619666563**	30
0	**0**	5654922	**122795987**	11526917	427429	**233344905**	31
0	**78572400**	9977397	**147524359**	7389509	47439	**250850952**	32
0	**0**	4148022	**109392811**	4433607	—545063	**590140254**	33
0	**94064000**	0	**300746390**	0	524448	**419085368**	34
0	**0**	41329287	**63643502**	27953887	—93659	**344051923**	35
0	**12097460**	265504	**81888815**	2245559	—657156	**249336128**	36
0	**0**	1075368	**48364196**	2192016	—138023	**61624086**	37
0	**0**	1171172	**78673340**	1364308	1507301	**157224488**	38
0	**0**	434054	**207838159**	1315772	—147213	**220302538**	39
0	**0**	427962	**204325532**	872352	—318981	**207698068**	40
0	**0**	5494354	**51327937**	12415233	—76803	**70036568**	41
0	**0**	624965	**324483869**	656617	175100	**336382794**	42
106392894	**2483898954**	**1366658526**	**6567743246**	**1220269787**	**20528250**	**16016270834**	**TII**
							VA001
							VA002
							VA003
							VA004
							TVA
							TI

直接消耗系数表

表 1.2 （Table 1.2）

投入 \ 产出		代码	农林牧渔产品和服务	煤炭采选产品	石油和天然气开采产品	金属矿采选产品
代码		—	01	02	03	04
中间投入	农林牧渔产品和服务	01	0.137781	0.000686	0.000033	0.000352
	煤炭采选产品	02	0.000061	0.159746	0.002574	0.005997
	石油和天然气开采产品	03	0.000000	0.000282	0.008260	0.000701
	金属矿采选产品	04	0.000000	0.000573	0.000001	0.142808
	非金属矿和其他矿采选产品	05	0.000006	0.002775	0.103960	0.002824
	食品和烟草	06	0.105253	0.003326	0.004161	0.005696
	纺织品	07	0.000150	0.000736	0.000133	0.001134
	纺织服装鞋帽皮革羽绒及其制品	08	0.000294	0.002484	0.001871	0.002637
	木材加工品和家具	09	0.000235	0.017973	0.000119	0.001530
	造纸印刷和文教体育用品	10	0.000159	0.001094	0.000570	0.004119
	石油、炼焦产品和核燃料加工品	11	0.016206	0.006629	0.031724	0.050619
	化学产品	12	0.084763	0.021328	0.025187	0.050708
	非金属矿物制品	13	0.000324	0.004356	0.000793	0.005035
	金属冶炼和压延加工品	14	0.000024	0.043668	0.038236	0.016072
	金属制品	15	0.000456	0.019978	0.005112	0.022750
	通用设备	16	0.000111	0.019225	0.011915	0.024830
	专用设备	17	0.006532	0.019666	0.029211	0.027985
	交通运输设备	18	0.001246	0.000736	0.000858	0.003805
	电气机械和器材	19	0.000140	0.005249	0.003464	0.006410
	通信设备、计算机和其他电子设备	20	0.000032	0.003661	0.001153	0.001374
	仪器仪表	21	0.000113	0.000260	0.011731	0.000570
	其他制造产品	22	0.000125	0.001783	0.000177	0.000154
	废品废料	23	0.000003	0.000217	0.000033	0.000045
	金属制品、机械和设备修理服务	24	0.000227	0.000615	0.001425	0.001251
	电力、热力的生产和供应	25	0.009938	0.039564	0.045232	0.098092

Matrix of Direct Input Coefficents

非金属矿和其他矿采选产品	食品和烟草	纺织品	纺织服装鞋帽皮革羽绒及其制品	木材加工品和家具	造纸印刷和文教体育用品	石油、炼焦产品和核燃料加工品	代码
05	06	07	08	09	10	11	—
0.000751	0.362001	0.176446	0.030119	0.112117	0.043942	0.000046	01
0.010235	0.002091	0.003183	0.001452	0.002790	0.009324	0.057393	02
0.001434	0.000000	0.000000	0.000000	0.000000	0.000000	0.560760	03
0.002812	0.000000	0.000000	0.000000	0.000000	0.000000	0.000220	04
0.012880	0.000419	0.000004	0.000029	0.000179	0.001715	0.000001	05
0.005781	0.227611	0.003470	0.040793	0.004703	0.005093	0.005795	06
0.000784	0.000875	0.410012	0.352550	0.013314	0.038746	0.000217	07
0.002142	0.000844	0.003818	0.132548	0.014095	0.004929	0.000485	08
0.001127	0.000415	0.001473	0.001004	0.343814	0.017112	0.000251	09
0.001367	0.012474	0.003452	0.008250	0.009500	0.260699	0.000377	10
0.058391	0.001568	0.001178	0.001729	0.005062	0.003369	0.070927	11
0.076357	0.019875	0.098876	0.066248	0.080249	0.124052	0.024852	12
0.025733	0.004510	0.000903	0.000547	0.006723	0.002826	0.007227	13
0.019008	0.000192	0.000412	0.000506	0.011349	0.065733	0.000186	14
0.027743	0.002959	0.000570	0.001989	0.035017	0.007219	0.000550	15
0.021872	0.001486	0.002354	0.001651	0.008176	0.003059	0.006367	16
0.050926	0.001332	0.003838	0.005034	0.004188	0.005688	0.002410	17
0.008716	0.000115	0.000040	0.000109	0.000090	0.000219	0.000298	18
0.010170	0.000456	0.000517	0.000680	0.001123	0.002170	0.001291	19
0.001345	0.000107	0.000121	0.000341	0.000486	0.004284	0.001238	20
0.002907	0.000116	0.000046	0.000012	0.000275	0.000222	0.001635	21
0.000985	0.000064	0.000100	0.003732	0.000091	0.001368	0.000227	22
0.000327	0.000140	0.000022	0.000072	0.000070	0.023595	0.000030	23
0.002308	0.000297	0.000547	0.000405	0.000672	0.000520	0.000486	24
0.066626	0.008203	0.019367	0.007516	0.019922	0.019041	0.016158	25

表 1.2 续 1 （Table 1.2 Continue 1）

投入＼产出		代码	化学产品	非金属矿物制品	金属冶炼和压延加工品	金属制品
代码		—	12	13	14	15
中间投入	农林牧渔产品和服务	01	0.036513	0.000376	0.000112	0.000478
	煤炭采选产品	02	0.017918	0.050828	0.026641	0.004212
	石油和天然气开采产品	03	0.011472	0.001565	0.000393	0.000649
	金属矿采选产品	04	0.004426	0.005375	0.161772	0.006715
	非金属矿和其他矿采选产品	05	0.007282	0.070910	0.000821	0.000349
	食品和烟草	06	0.023303	0.004551	0.003863	0.004519
	纺织品	07	0.012051	0.004320	0.000575	0.002436
	纺织服装鞋帽皮革羽绒及其制品	08	0.002309	0.004207	0.000925	0.002157
	木材加工品和家具	09	0.001129	0.003919	0.000680	0.007537
	造纸印刷和文教体育用品	10	0.006579	0.015070	0.000703	0.005241
	石油、炼焦产品和核燃料加工品	11	0.061459	0.037959	0.046157	0.006986
	化学产品	12	0.432660	0.078400	0.014815	0.054401
	非金属矿物制品	13	0.006157	0.198430	0.016079	0.010628
	金属冶炼和压延加工品	14	0.007351	0.023928	0.353616	0.345903
	金属制品	15	0.006244	0.026907	0.005917	0.132679
	通用设备	16	0.005960	0.021596	0.018203	0.028036
	专用设备	17	0.003123	0.007810	0.002961	0.012066
	交通运输设备	18	0.000162	0.004331	0.000310	0.001319
	电气机械和器材	19	0.001587	0.002232	0.001130	0.004168
	通信设备、计算机和其他电子设备	20	0.000994	0.000527	0.000301	0.001117
	仪器仪表	21	0.000416	0.000727	0.000432	0.001490
	其他制造产品	22	0.000102	0.000214	0.000147	0.000472
	废品废料	23	0.001366	0.004614	0.042311	0.012490
	金属制品、机械和设备修理服务	24	0.000640	0.001880	0.000798	0.000908
	电力、热力的生产和供应	25	0.041924	0.056931	0.042451	0.045316

通用设备	专用设备	交通运输设备	电气机械和器材	通信设备、计算机和其他电子设备	仪器仪表	其他制造产品	代码
16	17	18	19	20	21	22	—
0.000114	0.000291	0.000049	0.000039	0.000000	0.000000	0.051842	01
0.001770	0.002435	0.000511	0.000435	0.000000	0.000000	0.031796	02
0.000312	0.000680	0.000248	0.000000	0.000000	0.000000	0.000000	03
0.000513	0.000327	0.000059	0.001204	0.000000	0.000000	0.000464	04
0.000082	0.000518	0.000110	0.000896	0.000000	0.000000	0.000135	05
0.005103	0.004041	0.002319	0.004177	0.003993	0.005018	0.017909	06
0.000747	0.002857	0.004265	0.001818	0.000352	0.000993	0.092909	07
0.002447	0.003285	0.007866	0.001626	0.000591	0.001967	0.005597	08
0.004469	0.003480	0.006291	0.001685	0.000520	0.001426	0.028606	09
0.006876	0.003903	0.002262	0.011166	0.007339	0.009733	0.014901	10
0.005398	0.004370	0.003429	0.003394	0.002135	0.003395	0.009393	11
0.035374	0.050834	0.050453	0.092753	0.056647	0.041490	0.181413	12
0.008091	0.005081	0.010788	0.027003	0.011159	0.029887	0.016365	13
0.187025	0.166079	0.121126	0.260182	0.032190	0.064704	0.078475	14
0.042716	0.042804	0.020332	0.039384	0.014379	0.034971	0.026230	15
0.205746	0.106407	0.053917	0.038590	0.004905	0.029268	0.022248	16
0.005717	0.126870	0.002267	0.004338	0.004356	0.017919	0.004129	17
0.011736	0.026845	0.314487	0.000278	0.000475	0.001915	0.000889	18
0.060443	0.042046	0.031349	0.158881	0.045920	0.056244	0.016105	19
0.052557	0.036828	0.016856	0.053252	0.501223	0.189521	0.015341	20
0.006113	0.006460	0.008554	0.005467	0.003497	0.138841	0.003379	21
0.000415	0.000800	0.000448	0.000348	0.001272	0.000215	0.027286	22
0.001638	0.000291	0.000477	0.000028	0.000105	0.000635	0.000114	23
0.000943	0.000995	0.000627	0.000567	0.000388	0.000510	0.000893	24
0.016837	0.016136	0.008944	0.011896	0.008695	0.010104	0.011576	25

表 1.2 续 2 (Table 1.2 Continue 2)

投入 \ 产出		代码	废品废料	金属制品、机械和设备修理服务	电力、热力的生产和供应	燃气生产和供应
代码		—	23	24	25	26
中间投入	农林牧渔产品和服务	01	0.000247	0.000000	0.000100	0.000020
	煤炭采选产品	02	0.002319	0.004040	0.181801	0.065580
	石油和天然气开采产品	03	0.000000	0.000000	0.009891	0.453785
	金属矿采选产品	04	0.001377	0.000941	0.000001	0.002598
	非金属矿和其他矿采选产品	05	0.000045	0.000120	0.000366	0.000016
	食品和烟草	06	0.004825	0.001618	0.003240	0.003243
	纺织品	07	0.005339	0.002475	0.000008	0.000018
	纺织服装鞋帽皮革羽绒及其制品	08	0.000978	0.003390	0.000585	0.001559
	木材加工品和家具	09	0.000499	0.003504	0.000023	0.000118
	造纸印刷和文教体育用品	10	0.002148	0.006403	0.001396	0.000877
	石油、炼焦产品和核燃料加工品	11	0.005299	0.012256	0.039444	0.014696
	化学产品	12	0.034507	0.034345	0.001179	0.004622
	非金属矿物制品	13	0.003028	0.005306	0.000736	0.000289
	金属冶炼和压延加工品	14	0.023275	0.150778	0.000482	0.002027
	金属制品	15	0.002501	0.078732	0.000304	0.000694
	通用设备	16	0.002544	0.058238	0.003347	0.001881
	专用设备	17	0.002054	0.017884	0.000464	0.001106
	交通运输设备	18	0.000974	0.102864	0.000060	0.000170
	电气机械和器材	19	0.022562	0.090583	0.045686	0.000704
	通信设备、计算机和其他电子设备	20	0.000220	0.030633	0.000477	0.000757
	仪器仪表	21	0.000006	0.013073	0.024111	0.001626
	其他制造产品	22	0.000011	0.000298	0.000043	0.000025
	废品废料	23	0.045532	0.000000	0.000000	0.000000
	金属制品、机械和设备修理服务	24	0.000362	0.004419	0.002660	0.001003
	电力、热力的生产和供应	25	0.010373	0.044566	0.326385	0.021798

水的生产和供应	建筑	批发和零售	交通运输、仓储和邮政	住宿和餐饮	信息传输、软件和信息技术服务	金融	代码
27	28	29	30	31	32	33	—
0.000445	0.007886	0.000196	0.012830	0.110846	0.002071	0.000011	01
0.001209	0.000264	0.000006	0.000920	0.000151	0.000000	0.000000	02
0.000000	0.000000	0.000000	0.000000	0.000000	0.000000	0.000000	03
0.000000	0.000000	0.000000	0.000000	0.000000	0.000000	0.000000	04
0.000013	0.005593	0.000000	0.000016	0.000000	0.000000	0.000000	05
0.011863	0.002504	0.002928	0.012656	0.304779	0.008046	0.002640	06
0.000086	0.000456	0.000232	0.000691	0.006106	0.000078	0.000096	07
0.005037	0.003928	0.000860	0.003464	0.004243	0.001100	0.005568	08
0.000114	0.023753	0.000328	0.000672	0.000863	0.000430	0.000754	09
0.002497	0.002529	0.010237	0.004104	0.003829	0.031755	0.031991	10
0.002223	0.012677	0.002932	0.146136	0.003149	0.001860	0.004143	11
0.068182	0.043761	0.001942	0.013220	0.009134	0.006679	0.000875	12
0.000891	0.194523	0.000063	0.001351	0.000441	0.000488	0.000086	13
0.001562	0.158151	0.000063	0.002999	0.000006	0.000000	0.000000	14
0.023711	0.041666	0.000224	0.004055	0.000788	0.000175	0.000135	15
0.005390	0.005101	0.000246	0.012256	0.000373	0.000200	0.000890	16
0.002063	0.004783	0.000010	0.002810	0.000181	0.000060	0.001453	17
0.000196	0.000891	0.002419	0.069602	0.001231	0.005411	0.001053	18
0.001050	0.037199	0.009453	0.001300	0.000351	0.057006	0.000163	19
0.000622	0.002330	0.004836	0.001230	0.000410	0.093554	0.001325	20
0.004327	0.000638	0.000024	0.000214	0.000016	0.003176	0.000024	21
0.000014	0.000630	0.000023	0.000231	0.000303	0.000082	0.000510	22
0.000000	0.000000	0.000000	0.000000	0.000000	0.000000	0.000000	23
0.001724	0.000178	0.000041	0.001441	0.000055	0.000463	0.000039	24
0.157600	0.012960	0.010627	0.010143	0.007990	0.012235	0.005563	25

表 1.2 续 3 （Table 1.2 Continue 3）

投入＼产出		代码	房地产	租赁和商务服务	科学研究和技术服务	水利、环境和公共设施管理
代码		—	34	35	36	37
中间投入	农林牧渔产品和服务	01	0.000223	0.007032	0.008420	0.068610
	煤炭采选产品	02	0.000072	0.000028	0.000515	0.002770
	石油和天然气开采产品	03	0.000000	0.000000	0.000000	0.000000
	金属矿采选产品	04	0.000000	0.000000	0.000371	0.000000
	非金属矿和其他矿采选产品	05	0.000000	0.000000	0.000039	0.000020
	食品和烟草	06	0.003740	0.014457	0.008634	0.009324
	纺织品	07	0.000448	0.000912	0.002748	0.006849
	纺织服装鞋帽皮革羽绒及其制品	08	0.001868	0.013121	0.000701	0.007337
	木材加工品和家具	09	0.000512	0.000513	0.000338	0.002714
	造纸印刷和文教体育用品	10	0.005103	0.080498	0.011135	0.011196
	石油、炼焦产品和核燃料加工品	11	0.001650	0.059439	0.029184	0.020036
	化学产品	12	0.001343	0.020114	0.061563	0.070286
	非金属矿物制品	13	0.000109	0.000525	0.003048	0.015240
	金属冶炼和压延加工品	14	0.000004	0.000002	0.002217	0.001607
	金属制品	15	0.001557	0.028827	0.040321	0.005257
	通用设备	16	0.000284	0.000652	0.001584	0.003342
	专用设备	17	0.000398	0.000004	0.000177	0.000808
	交通运输设备	18	0.000139	0.043794	0.009822	0.026791
	电气机械和器材	19	0.001094	0.046338	0.031566	0.018023
	通信设备、计算机和其他电子设备	20	0.000832	0.043521	0.067122	0.003266
	仪器仪表	21	0.000052	0.000119	0.028680	0.005518
	其他制造产品	22	0.001189	0.015301	0.007133	0.005916
	废品废料	23	0.000000	0.000000	0.000000	0.000000
	金属制品、机械和设备修理服务	24	0.000181	0.000063	0.000195	0.000779
	电力、热力的生产和供应	25	0.004833	0.002265	0.005524	0.028481

居民服务、修理和其他服务	教育	卫生和社会工作	文化、体育和娱乐	公共管理、社会保障和社会组织	**中间使用合计**	代码
38	39	40	41	42	**TIU**	—
0.004346	0.005400	0.003111	0.003146	0.000012	**0.040740**	01
0.001142	0.001322	0.001624	0.000919	0.000920	**0.014955**	02
0.000000	0.000000	0.000000	0.000000	0.000000	**0.016257**	03
0.000000	0.000000	0.000000	0.000000	0.000000	**0.012961**	04
0.000021	0.000001	0.000001	0.000038	0.000000	**0.004185**	05
0.026067	0.021509	0.015929	0.069439	0.014570	**0.030125**	06
0.004477	0.002166	0.015386	0.003837	0.009392	**0.019220**	07
0.004889	0.000302	0.008791	0.029079	0.022091	**0.005849**	08
0.001724	0.000003	0.000022	0.003699	0.004344	**0.007976**	09
0.012028	0.022541	0.003484	0.079019	0.024251	**0.014056**	10
0.007225	0.006816	0.001940	0.003851	0.018141	**0.024353**	11
0.067526	0.018620	0.354038	0.019081	0.008252	**0.073344**	12
0.001243	0.002347	0.000910	0.004532	0.003642	**0.027760**	13
0.002094	0.000138	0.000000	0.000210	0.000000	**0.071867**	14
0.008919	0.002006	0.000271	0.000897	0.002136	**0.015841**	15
0.001267	0.001021	0.000118	0.000433	0.000420	**0.016447**	16
0.000639	0.000031	0.034981	0.000083	0.000049	**0.006847**	17
0.046384	0.000010	0.001226	0.002334	0.015320	**0.019012**	18
0.018006	0.000039	0.002675	0.003321	0.002743	**0.019366**	19
0.041867	0.002037	0.001057	0.001859	0.003372	**0.030307**	20
0.003659	0.008947	0.000668	0.002799	0.001764	**0.003260**	21
0.007918	0.000000	0.000223	0.003160	0.000008	**0.001008**	22
0.000000	0.000000	0.000000	0.000000	0.000000	**0.004042**	23
0.001306	0.000175	0.000170	0.000214	0.000064	**0.000602**	24
0.013949	0.005619	0.006587	0.006848	0.008812	**0.028631**	25

表 1.2 续 4 (Table 1.2 Continue 4)

	投入 \ 产出	代码	农林牧渔产品和服务	煤炭采选产品	石油和天然气开采产品	金属矿采选产品
代码		—	01	02	03	04
中间投入	燃气生产和供应	26	0.000009	0.000017	0.000114	0.000008
	水的生产和供应	27	0.000038	0.000477	0.000201	0.001301
	建筑	28	0.000091	0.002581	0.001601	0.002019
	批发和零售	29	0.014746	0.013850	0.008788	0.015353
	交通运输、仓储和邮政	30	0.012128	0.023315	0.007260	0.035978
	住宿和餐饮	31	0.000886	0.003709	0.001416	0.006513
	信息传输、软件和信息技术服务	32	0.000983	0.001049	0.000897	0.003252
	金融	33	0.012356	0.047111	0.015912	0.030882
	房地产	34	0.000014	0.000238	0.000185	0.000087
	租赁和商务服务	35	0.000344	0.021065	0.006437	0.020547
	科学研究和技术服务	36	0.005771	0.008195	0.013902	0.010262
	水利、环境和公共设施管理	37	0.001439	0.000426	0.000635	0.001406
	居民服务、修理和其他服务	38	0.000855	0.006058	0.002586	0.001808
	教育	39	0.000128	0.000723	0.000133	0.000481
	卫生和社会工作	40	0.000074	0.000301	0.000056	0.000261
	文化、体育和娱乐	41	0.000041	0.001076	0.000582	0.002011
	公共管理、社会保障和社会组织	42	0.000390	0.000261	0.000432	0.000646
	中间投入合计	**TII**	**0.414471**	**0.507063**	**0.389071**	**0.610313**
增加值	劳动者报酬	VA001	0.592658	0.250667	0.123288	0.165835
	生产税净额	VA002	−0.032382	0.102377	0.184107	0.070781
	固定资产折旧	VA003	0.025253	0.042686	0.076182	0.044285
	营业盈余	VA004	0.000000	0.097207	0.227351	0.108786
	增加值合计	**TVA**	**0.585529**	**0.492937**	**0.610929**	**0.389687**
总投入		**TI**	**1.000000**	**1.000000**	**1.000000**	**1.000000**

非金属矿和其他矿采选产品	食品和烟草	纺织品	纺织服装鞋帽皮革羽绒及其制品	木材加工品和家具	造纸印刷和文教体育用品	石油、炼焦产品和核燃料加工品	代码
05	06	07	08	09	10	11	—
0.000030	0.000035	0.000012	0.000023	0.000006	0.000067	0.000902	26
0.001120	0.000701	0.000447	0.000274	0.000570	0.000605	0.000115	27
0.003543	0.001084	0.000755	0.001286	0.001678	0.001767	0.001313	28
0.020164	0.048144	0.037263	0.072231	0.024890	0.033593	0.011789	29
0.036828	0.031784	0.018466	0.022686	0.032220	0.028184	0.017781	30
0.005130	0.003636	0.001986	0.002657	0.003849	0.003684	0.000850	31
0.002612	0.000960	0.001046	0.001955	0.001756	0.001709	0.000310	32
0.031964	0.010986	0.010870	0.010247	0.016521	0.019002	0.011945	33
0.000351	0.000236	0.000266	0.000727	0.000752	0.000908	0.000144	34
0.017646	0.012656	0.003735	0.010558	0.008534	0.016984	0.005609	35
0.015949	0.002620	0.001287	0.002943	0.004129	0.004189	0.000905	36
0.002515	0.000397	0.001621	0.000208	0.000250	0.001730	0.000471	37
0.005720	0.002082	0.000963	0.001611	0.002061	0.003046	0.001471	38
0.000277	0.000164	0.000091	0.000200	0.000210	0.000234	0.000084	39
0.000348	0.000044	0.000052	0.000130	0.000122	0.000140	0.000549	40
0.001034	0.000717	0.000716	0.000999	0.001067	0.001017	0.000273	41
0.000406	0.000275	0.000175	0.000245	0.000394	0.000306	0.000082	42
0.558364	**0.764671**	**0.810502**	**0.786297**	**0.773014**	**0.762088**	**0.814024**	**TII**
0.191434	0.072967	0.090441	0.117125	0.098643	0.112857	0.037108	VA001
0.114491	0.070905	0.026513	0.027088	0.043526	0.038671	0.102018	VA002
0.046693	0.024644	0.022723	0.017586	0.029133	0.035851	0.021984	VA003
0.089017	0.066814	0.049822	0.051903	0.055684	0.050533	0.024867	VA004
0.441636	**0.235329**	**0.189498**	**0.213703**	**0.226986**	**0.237912**	**0.185976**	**TVA**
1.000000	**1.000000**	**1.000000**	**1.000000**	**1.000000**	**1.000000**	**1.000000**	**TI**

表 1.2 续 5 (Table 1.2 Continue 5)

投入 \ 产出		代码	化学产品	非金属矿物制品	金属冶炼和压延加工品	金属制品
代码		—	12	13	14	15
中间投入	燃气生产和供应	26	0.001052	0.000169	0.000284	0.000664
	水的生产和供应	27	0.000629	0.000896	0.000333	0.000498
	建筑	28	0.001168	0.001932	0.000941	0.002160
	批发和零售	29	0.028733	0.022004	0.008480	0.023965
	交通运输、仓储和邮政	30	0.028122	0.040112	0.021452	0.029814
	住宿和餐饮	31	0.004646	0.005277	0.001538	0.005357
	信息传输、软件和信息技术服务	32	0.001259	0.002101	0.000678	0.002192
	金融	33	0.019091	0.024609	0.029406	0.020312
	房地产	34	0.000354	0.000613	0.000164	0.000768
	租赁和商务服务	35	0.015318	0.011079	0.004892	0.011139
	科学研究和技术服务	36	0.009209	0.004614	0.005666	0.005620
	水利、环境和公共设施管理	37	0.001485	0.000554	0.000757	0.000289
	居民服务、修理和其他服务	38	0.002506	0.003445	0.001886	0.004317
	教育	39	0.000194	0.000280	0.000078	0.000336
	卫生和社会工作	40	0.000066	0.000227	0.000149	0.000340
	文化、体育和娱乐	41	0.001003	0.001485	0.000614	0.001281
	公共管理、社会保障和社会组织	42	0.000333	0.000369	0.000323	0.000431
	中间投入合计	**TII**	**0.808293**	**0.747370**	**0.819753**	**0.801754**
增加值	劳动者报酬	VA001	0.065942	0.100378	0.056216	0.087448
	生产税净额	VA002	0.031972	0.053770	0.028916	0.032869
	固定资产折旧	VA003	0.028920	0.041370	0.035389	0.026056
	营业盈余	VA004	0.064873	0.057112	0.059727	0.051874
	增加值合计	**TVA**	**0.191707**	**0.252630**	**0.180247**	**0.198246**
总投入		**TI**	**1.000000**	**1.000000**	**1.000000**	**1.000000**

通用设备	专用设备	交通运输设备	电气机械和器材	通信设备、计算机和其他电子设备	仪器仪表	其他制造产品	代码
16	17	18	19	20	21	22	—
0.001122	0.000087	0.000007	0.000054	0.000081	0.000025	0.002423	26
0.000552	0.000317	0.000205	0.000357	0.000320	0.000426	0.004405	27
0.001759	0.001268	0.001280	0.001222	0.001851	0.001526	0.002427	28
0.030046	0.030397	0.045418	0.032159	0.041285	0.032468	0.044592	29
0.029175	0.028819	0.029446	0.025573	0.016246	0.025896	0.029865	30
0.005833	0.007485	0.003060	0.004901	0.002966	0.010266	0.004891	31
0.002753	0.002455	0.000806	0.001617	0.005650	0.003300	0.001556	32
0.018634	0.021821	0.014584	0.017395	0.025912	0.025048	0.026048	33
0.000728	0.000752	0.000289	0.000629	0.000732	0.001933	0.000821	34
0.014627	0.014922	0.013551	0.014430	0.012583	0.010350	0.006863	35
0.012088	0.014723	0.016371	0.009653	0.017206	0.017687	0.004151	36
0.000611	0.000278	0.000362	0.000341	0.000211	0.000275	0.001145	37
0.004276	0.004178	0.005414	0.003752	0.002557	0.003521	0.002758	38
0.000319	0.000346	0.000219	0.000185	0.000158	0.000445	0.000446	39
0.000422	0.000347	0.000236	0.000233	0.000083	0.000322	0.000083	40
0.001797	0.001321	0.000647	0.001211	0.000911	0.001488	0.001562	41
0.000499	0.000479	0.001208	0.000449	0.000849	0.000555	0.000647	42
0.788425	**0.784655**	**0.801140**	**0.833567**	**0.829743**	**0.774287**	**0.792679**	**TII**
0.098001	0.102139	0.089308	0.067335	0.090942	0.102981	0.104396	VA001
0.037763	0.032537	0.035182	0.024413	0.017893	0.027461	0.026345	VA002
0.025805	0.025187	0.022978	0.017602	0.025270	0.019873	0.020698	VA003
0.050005	0.055483	0.051392	0.057083	0.036151	0.075398	0.055881	VA004
0.211575	**0.215345**	**0.198860**	**0.166433**	**0.170257**	**0.225713**	**0.207321**	**TVA**
1.000000	**1.000000**	**1.000000**	**1.000000**	**1.000000**	**1.000000**	**1.000000**	**TI**

表 1.2 续 6 （Table 1.2 Continue 6）

投入 \ 产出		代码	废品废料	金属制品、机械和设备修理服务	电力、热力的生产和供应	燃气生产和供应
代码		—	23	24	25	26
中间投入	燃气生产和供应	26	0.000106	0.000046	0.001286	0.103872
	水的生产和供应	27	0.001408	0.000949	0.001483	0.000305
	建筑	28	0.001720	0.002794	0.004000	0.001438
	批发和零售	29	0.008098	0.031834	0.011399	0.007573
	交通运输、仓储和邮政	30	0.018228	0.027212	0.013074	0.028848
	住宿和餐饮	31	0.002592	0.008034	0.001731	0.003174
	信息传输、软件和信息技术服务	32	0.001113	0.002882	0.003062	0.001421
	金融	33	0.013014	0.018955	0.047931	0.045027
	房地产	34	0.000528	0.000465	0.000056	0.001295
	租赁和商务服务	35	0.005048	0.020654	0.003689	0.004805
	科学研究和技术服务	36	0.000985	0.002773	0.004242	0.000852
	水利、环境和公共设施管理	37	0.000240	0.000107	0.003363	0.000980
	居民服务、修理和其他服务	38	0.001542	0.003021	0.001920	0.002390
	教育	39	0.000129	0.001064	0.000103	0.000245
	卫生和社会工作	40	0.000060	0.000000	0.000223	0.000292
	文化、体育和娱乐	41	0.000680	0.001322	0.001621	0.001388
	公共管理、社会保障和社会组织	42	0.000099	0.003112	0.000202	0.000210
	中间投入合计	**TII**	**0.226615**	**0.791692**	**0.742177**	**0.783329**
增加值	劳动者报酬	VA001	0.036404	0.139999	0.073991	0.061745
	生产税净额	VA002	0.013702	0.032962	0.042098	0.022431
	固定资产折旧	VA003	0.009636	0.020918	0.090062	0.050474
	营业盈余	VA004	0.713643	0.014429	0.051672	0.082020
	增加值合计	**TVA**	**0.773385**	**0.208308**	**0.257823**	**0.216671**
总投入		**TI**	**1.000000**	**1.000000**	**1.000000**	**1.000000**

水的生产和供应	建筑	批发和零售	交通运输、仓储和邮政	住宿和餐饮	信息传输、软件和信息技术服务	金融	代码
27	28	29	30	31	32	33	—
0.000168	0.000008	0.000020	0.010958	0.003038	0.000029	0.000040	26
0.043772	0.000726	0.000205	0.000330	0.001829	0.000121	0.000436	27
0.006666	0.026946	0.002579	0.007869	0.003919	0.004367	0.008593	28
0.014688	0.019644	0.028144	0.021246	0.060556	0.026699	0.011897	29
0.011843	0.031381	0.034256	0.142059	0.019240	0.012552	0.020907	30
0.005749	0.004810	0.005399	0.013527	0.001797	0.006567	0.034886	31
0.008652	0.011222	0.003103	0.009299	0.004163	0.123697	0.026703	32
0.071358	0.027819	0.039297	0.083108	0.013867	0.039836	0.061824	33
0.000133	0.000078	0.045956	0.003616	0.010040	0.021424	0.063186	34
0.003202	0.006762	0.089111	0.012619	0.010354	0.045576	0.091831	35
0.002073	0.035991	0.003874	0.001469	0.000031	0.014216	0.001774	36
0.069450	0.000132	0.000533	0.000468	0.000274	0.000518	0.001106	37
0.006986	0.004449	0.007069	0.017771	0.004124	0.003146	0.005916	38
0.000815	0.000450	0.000602	0.000601	0.000328	0.000729	0.005052	39
0.000027	0.000178	0.000208	0.000236	0.000050	0.000003	0.000277	40
0.003804	0.001152	0.000923	0.001877	0.002219	0.003497	0.011005	41
0.000424	0.000327	0.000424	0.000492	0.000223	0.001772	0.000987	42
0.540627	**0.734477**	**0.309393**	**0.629886**	**0.591295**	**0.529620**	**0.403739**	**TII**
0.228644	0.162047	0.205090	0.178010	0.273456	0.146235	0.186803	VA001
0.051427	0.036948	0.226008	0.011952	0.036803	0.020234	0.066618	VA002
0.159831	0.011874	0.038754	0.081012	0.045618	0.118940	0.015421	VA003
0.019471	0.054653	0.220755	0.099140	0.052829	0.184970	0.327419	VA004
0.459373	**0.265523**	**0.690607**	**0.370114**	**0.408705**	**0.470380**	**0.596261**	**TVA**
1.000000	**1.000000**	**1.000000**	**1.000000**	**1.000000**	**1.000000**	**1.000000**	**TI**

表 1.2 续7 （Table 1.2 Continue 7）

	产出 投入	代码	房地产	租赁和商务服务	科学研究和技术服务	水利、环境和公共设施管理
	代码	—	34	35	36	37
中间投入	燃气生产和供应	26	0.001842	0.000216	0.000180	0.002871
	水的生产和供应	27	0.000528	0.000088	0.000604	0.003639
	建筑	28	0.023989	0.002117	0.004996	0.021192
	批发和零售	29	0.004137	0.044144	0.029874	0.023549
	交通运输、仓储和邮政	30	0.005932	0.051261	0.031969	0.037459
	住宿和餐饮	31	0.004689	0.038640	0.029390	0.013424
	信息传输、软件和信息技术服务	32	0.004188	0.005144	0.004605	0.009874
	金融	33	0.105230	0.068006	0.038044	0.065698
	房地产	34	0.032148	0.008818	0.005308	0.004034
	租赁和商务服务	35	0.039961	0.057021	0.022218	0.017564
	科学研究和技术服务	36	0.000223	0.000529	0.127246	0.003363
	水利、环境和公共设施管理	37	0.000287	0.003669	0.000272	0.016605
	居民服务、修理和其他服务	38	0.001953	0.007329	0.011228	0.044037
	教育	39	0.000345	0.000420	0.001640	0.002789
	卫生和社会工作	40	0.000002	0.000007	0.000060	0.000184
	文化、体育和娱乐	41	0.001954	0.001701	0.002449	0.003522
	公共管理、社会保障和社会组织	42	0.001330	0.007381	0.000845	0.001394
	中间投入合计	**TII**	**0.254369**	**0.674017**	**0.631967**	**0.585367**
增加值	劳动者报酬	VA001	0.092539	0.160643	0.198967	0.243614
	生产税净额	VA002	0.130917	0.032827	0.024569	0.005356
	固定资产折旧	VA003	0.373095	0.070525	0.030197	0.078715
	营业盈余	VA004	0.149081	0.061988	0.114301	0.086947
	增加值合计	**TVA**	**0.745631**	**0.325983**	**0.368033**	**0.414633**
总投入		**TI**	**1.000000**	**1.000000**	**1.000000**	**1.000000**

居民服务、修理和其他服务	教育	卫生和社会工作	文化、体育和娱乐	公共管理、社会保障和社会组织	**中间使用合计**	代码
38	39	40	41	42	**TIU**	—
0.004212	0.001066	0.000503	0.001139	0.000279	**0.001040**	26
0.002799	0.001039	0.000862	0.000540	0.000722	**0.000603**	27
0.006259	0.005099	0.003001	0.009321	0.012626	**0.005408**	28
0.031775	0.010605	0.037867	0.049440	0.021149	**0.026438**	29
0.025878	0.025843	0.014441	0.044652	0.057273	**0.030516**	30
0.012964	0.018652	0.005309	0.026985	0.039056	**0.007595**	31
0.004487	0.014068	0.013099	0.012121	0.027605	**0.006910**	32
0.021501	0.035906	0.013958	0.022175	0.027921	**0.030327**	33
0.049672	0.008524	0.006133	0.013579	0.009868	**0.007356**	34
0.018932	0.005627	0.001246	0.019062	0.015911	**0.019259**	35
0.000081	0.007426	0.000793	0.001322	0.000393	**0.010636**	36
0.001004	0.000482	0.000458	0.001428	0.001902	**0.000973**	37
0.019180	0.011349	0.007558	0.012922	0.020053	**0.004896**	38
0.000801	0.013575	0.002327	0.001523	0.007931	**0.000870**	39
0.000213	0.000328	0.004712	0.000337	0.002742	**0.000285**	40
0.003342	0.003994	0.001855	0.039685	0.011242	**0.001948**	41
0.001401	0.001285	0.000570	0.001012	0.005441	**0.000773**	42
0.481198	**0.265916**	**0.567905**	**0.496039**	**0.402416**	**0.664841**	**TII**
0.350288	0.629646	0.361176	0.274216	0.520063	**0.164916**	VA001
0.044362	0.004153	0.004429	0.039918	0.000004	**0.045957**	VA002
0.026689	0.078309	0.042450	0.081370	0.067911	**0.044756**	VA003
0.097462	0.021975	0.024040	0.108456	0.009606	**0.079530**	VA004
0.518802	**0.734084**	**0.432095**	**0.503961**	**0.597584**	**0.335159**	**TVA**
1.000000	**1.000000**	**1.000000**	**1.000000**	**1.000000**	**1.000000**	**TI**

完全消耗系数表

表 1.3 （Table 1.3）

投入 \ 产出		代码	农林牧渔产品和服务	煤炭采选产品	石油和天然气开采产品	金属矿采选产品
代码		—	01	02	03	04
中间投入	农林牧渔产品和服务	01	0.251223	0.030159	0.020480	0.035696
	煤炭采选产品	02	0.020958	0.228315	0.043207	0.076788
	石油和天然气开采产品	03	0.032719	0.032284	0.054346	0.074701
	金属矿采选产品	04	0.006301	0.031842	0.025494	0.193237
	非金属矿和其他矿采选产品	05	0.005784	0.009378	0.113364	0.014750
	食品和烟草	06	0.183730	0.027169	0.022868	0.037736
	纺织品	07	0.008451	0.013134	0.008656	0.015807
	纺织服装鞋帽皮革羽绒及其制品	08	0.002827	0.008027	0.005485	0.008732
	木材加工品和家具	09	0.002658	0.036911	0.004002	0.008821
	造纸印刷和文教体育用品	10	0.011888	0.019612	0.012756	0.026609
	石油、炼焦产品和核燃料加工品	11	0.051616	0.050615	0.075452	0.120725
	化学产品	12	0.217620	0.110866	0.111539	0.183656
	非金属矿物制品	13	0.006578	0.017803	0.014366	0.020942
	金属冶炼和压延加工品	14	0.026413	0.158050	0.127752	0.131803
	金属制品	15	0.008502	0.044489	0.024200	0.051356
	通用设备	16	0.009391	0.048645	0.037618	0.062680
	专用设备	17	0.013634	0.034264	0.046954	0.048205
	交通运输设备	18	0.010098	0.016544	0.013638	0.025854
	电气机械和器材	19	0.009409	0.029437	0.026213	0.041158
	通信设备、计算机和其他电子设备	20	0.011356	0.035066	0.031067	0.038145
	仪器仪表	21	0.003195	0.006365	0.020433	0.011310
	其他制造产品	22	0.000849	0.003746	0.001404	0.002006
	废品废料	23	0.001989	0.008724	0.006721	0.007777
	金属制品、机械和设备修理服务	24	0.000896	0.001801	0.002653	0.003068
	电力、热力的生产和供应	25	0.047596	0.113237	0.115883	0.225274
	燃气生产和供应	26	0.001053	0.001541	0.001262	0.002193
	水的生产和供应	27	0.000603	0.001379	0.000993	0.002659
	建筑	28	0.002445	0.007168	0.005096	0.007623
	批发和零售	29	0.044067	0.045351	0.034698	0.055662
	交通运输、仓储和邮政	30	0.043860	0.067472	0.041924	0.093286
	住宿和餐饮	31	0.007300	0.015408	0.009787	0.020295
	信息传输、软件和信息技术服务	32	0.004749	0.008104	0.005898	0.012007
	金融	33	0.040290	0.100077	0.054213	0.093667
	房地产	34	0.005860	0.011285	0.006998	0.011431
	租赁和商务服务	35	0.019170	0.053394	0.028764	0.057381
	科学研究和技术服务	36	0.014172	0.020128	0.026360	0.026059
	水利、环境和公共设施管理	37	0.002784	0.002049	0.002194	0.003925
	居民服务、修理和其他服务	38	0.004785	0.013020	0.007760	0.009689
	教育	39	0.000621	0.001759	0.000770	0.001555
	卫生和社会工作	40	0.000231	0.000617	0.000324	0.000670
	文化、体育和娱乐	41	0.001467	0.003976	0.002607	0.005537
	公共管理、社会保障和社会组织	42	0.000986	0.001294	0.001164	0.001904

Matrix of Cumulative Input Coefficents

非金属矿和其他矿采选产品	食品和烟草	纺织品	纺织服装鞋帽皮革羽绒及其制品	木材加工品和家具	造纸印刷和文教体育用品	石油、炼焦产品和核燃料加工品	代码
05	06	07	08	09	10	11	—
0.037002	0.601829	0.412055	0.259196	0.265005	0.146451	0.026604	01
0.070205	0.026027	0.045732	0.038322	0.048506	0.064166	0.114662	02
0.076153	0.031538	0.042921	0.039779	0.047731	0.051756	0.649122	03
0.032510	0.008257	0.011412	0.011618	0.024935	0.041945	0.021672	04
0.026798	0.006518	0.008738	0.008000	0.010134	0.012945	0.071666	05
0.037247	0.393574	0.088640	0.123617	0.073010	0.059510	0.031406	06
0.015458	0.012617	0.713896	0.705596	0.064233	0.111049	0.010036	07
0.007876	0.004849	0.011859	0.160438	0.029987	0.014153	0.005746	08
0.008089	0.004389	0.008132	0.007888	0.529901	0.041092	0.006414	09
0.022187	0.036994	0.025707	0.036274	0.039673	0.375732	0.015102	10
0.122360	0.049690	0.064060	0.060022	0.073492	0.078853	0.140525	11
0.223456	0.176968	0.403420	0.345044	0.330801	0.406017	0.139681	12
0.047293	0.014284	0.011703	0.011418	0.025498	0.020291	0.022579	13
0.143129	0.037287	0.047683	0.050309	0.118046	0.207775	0.105558	14
0.055748	0.014548	0.014509	0.016780	0.077872	0.031496	0.022748	15
0.058952	0.013359	0.020098	0.019441	0.036463	0.028990	0.039272	16
0.070410	0.011341	0.017492	0.018221	0.018687	0.020680	0.035621	17
0.033171	0.015527	0.015207	0.016980	0.018936	0.019515	0.015414	18
0.042744	0.013640	0.018477	0.019181	0.022892	0.027159	0.025999	19
0.040330	0.016437	0.019715	0.022314	0.025828	0.037673	0.031552	20
0.012713	0.003679	0.005437	0.004821	0.006585	0.006749	0.016609	21
0.002850	0.001356	0.001484	0.005994	0.001789	0.003765	0.001771	22
0.008707	0.003337	0.003700	0.004088	0.008061	0.044427	0.005877	23
0.003899	0.001241	0.002082	0.001899	0.002387	0.002210	0.002582	24
0.162347	0.055936	0.104368	0.083600	0.109466	0.114341	0.115532	25
0.002168	0.001642	0.001942	0.001995	0.002284	0.002410	0.002582	26
0.002244	0.001564	0.001668	0.001518	0.001900	0.002040	0.001065	27
0.008765	0.004730	0.005381	0.006304	0.007369	0.007647	0.006288	28
0.060176	0.098444	0.105185	0.151028	0.083477	0.093783	0.046241	29
0.090791	0.085455	0.081740	0.090533	0.106428	0.099805	0.062694	30
0.018134	0.013774	0.013977	0.015756	0.018181	0.018642	0.011168	31
0.010544	0.006899	0.008291	0.009809	0.010319	0.010395	0.006530	32
0.088878	0.056196	0.067597	0.068764	0.080346	0.087012	0.066024	33
0.011746	0.010510	0.011838	0.014952	0.012886	0.014147	0.008627	34
0.052159	0.043425	0.039362	0.052541	0.047773	0.062113	0.036070	35
0.031784	0.014253	0.015170	0.016271	0.020142	0.020600	0.021125	36
0.004674	0.002606	0.005155	0.003459	0.002736	0.004916	0.002472	37
0.013634	0.008476	0.008332	0.009558	0.010769	0.012294	0.009092	38
0.001271	0.000918	0.000981	0.001140	0.001258	0.001327	0.000930	39
0.000724	0.000279	0.000352	0.000442	0.000504	0.000521	0.000903	40
0.004162	0.002823	0.003649	0.004149	0.004530	0.004580	0.002920	41
0.001565	0.001349	0.001322	0.001493	0.001741	0.001704	0.001167	42

表 1.3 续 1 （Table 1.3 Continue 1）

投入 \ 产出		代码	化学产品	非金属矿物制品	金属冶炼和压延加工品	金属制品
代码		—	12	13	14	15
中间投入	农林牧渔产品和服务	01	0.138479	0.047343	0.032664	0.043519
	煤炭采选产品	02	0.094946	0.140146	0.114810	0.087899
	石油和天然气开采产品	03	0.122140	0.079164	0.088618	0.067471
	金属矿采选产品	04	0.028443	0.041001	0.312868	0.146339
	非金属矿和其他矿采选产品	05	0.029201	0.102291	0.016543	0.013735
	食品和烟草	06	0.094947	0.043171	0.036534	0.043309
	纺织品	07	0.049360	0.028722	0.014593	0.021661
	纺织服装鞋帽皮革羽绒及其制品	08	0.010003	0.012366	0.007671	0.009655
	木材加工品和家具	09	0.009345	0.016423	0.009138	0.020820
	造纸印刷和文教体育用品	10	0.036712	0.047145	0.022810	0.031456
	石油、炼焦产品和核燃料加工品	11	0.171071	0.124588	0.146203	0.106201
	化学产品	12	0.866740	0.278213	0.148634	0.224827
	非金属矿物制品	13	0.026015	0.266094	0.045622	0.042057
	金属冶炼和压延加工品	14	0.095791	0.161658	0.648437	0.716880
	金属制品	15	0.031333	0.064468	0.038658	0.182996
	通用设备	16	0.034919	0.064474	0.067792	0.082511
	专用设备	17	0.020289	0.030149	0.026624	0.033024
	交通运输设备	18	0.020506	0.030346	0.020848	0.024310
	电气机械和器材	19	0.029732	0.034991	0.035120	0.040156
	通信设备、计算机和其他电子设备	20	0.033273	0.035410	0.033683	0.039917
	仪器仪表	21	0.010092	0.010766	0.010630	0.011887
	其他制造产品	22	0.002205	0.002323	0.001998	0.002536
	废品废料	23	0.008509	0.015926	0.074785	0.048786
	金属制品、机械和设备修理服务	24	0.002652	0.004262	0.003167	0.003284
	电力、热力的生产和供应	25	0.166683	0.185996	0.195789	0.192222
	燃气生产和供应	26	0.004232	0.002785	0.002632	0.003446
	水的生产和供应	27	0.002181	0.002473	0.002054	0.002145
	建筑	28	0.007457	0.008584	0.007499	0.008986
	批发和零售	29	0.091510	0.073443	0.053476	0.075687
	交通运输、仓储和邮政	30	0.104157	0.114459	0.094993	0.108432
	住宿和餐饮	31	0.021179	0.020995	0.017130	0.021666
	信息传输、软件和信息技术服务	32	0.010261	0.011602	0.010329	0.012186
	金融	33	0.092450	0.099014	0.112278	0.105729
	房地产	34	0.013779	0.013659	0.012644	0.014457
	租赁和商务服务	35	0.063593	0.054609	0.047969	0.055961
	科学研究和技术服务	36	0.030645	0.022548	0.025190	0.025606
	水利、环境和公共设施管理	37	0.004902	0.003354	0.003669	0.003215
	居民服务、修理和其他服务	38	0.012514	0.013662	0.011140	0.014616
	教育	39	0.001371	0.001491	0.001353	0.001591
	卫生和社会工作	40	0.000491	0.000721	0.000685	0.000886
	文化、体育和娱乐	41	0.004841	0.005436	0.004847	0.005537
	公共管理、社会保障和社会组织	42	0.001811	0.001733	0.001759	0.001965

通用设备	专用设备	交通运输设备	电气机械和器材	通信设备、计算机和其他电子设备	仪器仪表	其他制造产品	代码
16	17	18	19	20	21	22	—
0.043340	0.045608	0.046549	0.049798	0.047312	0.046243	0.170625	01
0.064345	0.063380	0.055107	0.072237	0.046398	0.049856	0.093478	02
0.058180	0.057183	0.054538	0.065692	0.048089	0.048852	0.062277	03
0.102766	0.095921	0.082471	0.121720	0.047385	0.059654	0.048071	04
0.012022	0.012124	0.011949	0.016690	0.011636	0.013003	0.014028	05
0.045352	0.045386	0.041518	0.048246	0.047457	0.048356	0.082392	06
0.019470	0.024606	0.034055	0.023684	0.019398	0.020336	0.187592	07
0.010417	0.011717	0.019949	0.009554	0.007740	0.009423	0.014472	08
0.016319	0.014790	0.021189	0.011600	0.008335	0.010283	0.053096	09
0.038445	0.033743	0.030973	0.045761	0.048105	0.046189	0.046730	10
0.091321	0.089389	0.085791	0.103647	0.074432	0.076737	0.093490	11
0.216058	0.241800	0.253772	0.329748	0.310271	0.249443	0.478915	12
0.040633	0.035014	0.043563	0.068147	0.048057	0.070730	0.040331	13
0.527249	0.491878	0.423278	0.619440	0.236495	0.301263	0.233392	14
0.094020	0.094211	0.066677	0.087130	0.060636	0.084372	0.057282	15
0.301590	0.194265	0.133517	0.099237	0.042976	0.081274	0.058214	16
0.024150	0.161643	0.018285	0.023927	0.021546	0.038818	0.020194	17
0.043450	0.068940	0.482601	0.023780	0.022081	0.025687	0.021241	18
0.127248	0.103436	0.091568	0.229481	0.137211	0.131836	0.047035	19
0.179987	0.146210	0.103989	0.169876	1.056232	0.491981	0.065103	20
0.018307	0.018920	0.023244	0.016939	0.016175	0.171414	0.011288	21
0.002891	0.003336	0.003018	0.002821	0.004972	0.003026	0.029987	22
0.028395	0.025178	0.022017	0.030830	0.013504	0.017333	0.013442	23
0.003142	0.003174	0.002732	0.002889	0.002277	0.002429	0.002734	24
0.131632	0.128350	0.110799	0.140152	0.100447	0.104511	0.113475	25
0.004048	0.002779	0.002603	0.002797	0.002415	0.002437	0.005314	26
0.002114	0.001821	0.001624	0.002010	0.001833	0.001891	0.006110	27
0.008667	0.008059	0.008061	0.008275	0.009708	0.008605	0.008553	28
0.093215	0.094001	0.119730	0.096960	0.131971	0.105763	0.106809	29
0.110278	0.109754	0.115074	0.110565	0.096698	0.104016	0.103761	30
0.023656	0.025714	0.020800	0.023086	0.022657	0.029342	0.020487	31
0.013878	0.013376	0.010721	0.012593	0.022142	0.016301	0.010865	32
0.101866	0.104165	0.094800	0.105792	0.118308	0.108091	0.098063	33
0.015465	0.015683	0.015800	0.015715	0.019026	0.018152	0.015267	34
0.064139	0.064759	0.065997	0.066056	0.073256	0.062445	0.052785	35
0.037079	0.040351	0.045148	0.034527	0.054415	0.047835	0.022643	36
0.003307	0.002907	0.002941	0.003303	0.002700	0.002666	0.004437	37
0.015484	0.015427	0.017919	0.015066	0.014425	0.014678	0.012379	38
0.001613	0.001660	0.001508	0.001496	0.001584	0.001802	0.001642	39
0.001001	0.000917	0.000802	0.000788	0.000547	0.000830	0.000498	40
0.006284	0.005737	0.004785	0.005729	0.005667	0.005972	0.005407	41
0.002249	0.002230	0.003300	0.002225	0.003191	0.002447	0.002073	42

表 1.3 续 2 （Table 1.3 Continue 2）

投入 \ 产出		代码	废品废料	金属制品、机械和设备修理服务	电力、热力的生产和供应	燃气生产和供应
代码		—	23	24	25	26
中间投入	农林牧渔产品和服务	01	0.017975	0.042656	0.026727	0.023812
	煤炭采选产品	02	0.018869	0.073975	0.350729	0.126734
	石油和天然气开采产品	03	0.018007	0.061099	0.076973	0.557008
	金属矿采选产品	04	0.016003	0.094725	0.024294	0.022907
	非金属矿和其他矿采选产品	05	0.003615	0.012208	0.012121	0.060941
	食品和烟草	06	0.018281	0.041108	0.029602	0.027681
	纺织品	07	0.014882	0.024538	0.010403	0.009593
	纺织服装鞋帽皮革羽绒及其制品	08	0.003036	0.012517	0.006452	0.007146
	木材加工品和家具	09	0.002724	0.015722	0.013044	0.006384
	造纸印刷和文教体育用品	10	0.010311	0.037541	0.023133	0.017055
	石油、炼焦产品和核燃料加工品	11	0.028328	0.097447	0.103547	0.076369
	化学产品	12	0.095039	0.218188	0.093788	0.093980
	非金属矿物制品	13	0.009856	0.037775	0.018790	0.012361
	金属冶炼和压延加工品	14	0.071970	0.480751	0.121651	0.097514
	金属制品	15	0.010323	0.131328	0.027813	0.020908
	通用设备	16	0.012288	0.128690	0.035846	0.030609
	专用设备	17	0.006089	0.037874	0.017636	0.030383
	交通运输设备	18	0.008110	0.174522	0.015224	0.016105
	电气机械和器材	19	0.035567	0.156563	0.104300	0.023848
	通信设备、计算机和其他电子设备	20	0.011769	0.129249	0.051640	0.028796
	仪器仪表	21	0.002307	0.027414	0.047350	0.015211
	其他制造产品	22	0.000567	0.002762	0.002155	0.001582
	废品废料	23	0.051510	0.024849	0.006766	0.005374
	金属制品、机械和设备修理服务	24	0.000863	0.006660	0.005157	0.002988
	电力、热力的生产和供应	25	0.038830	0.170052	0.547359	0.115573
	燃气生产和供应	26	0.000918	0.002683	0.003604	0.117525
	水的生产和供应	27	0.001893	0.002508	0.003198	0.001249
	建筑	28	0.003571	0.009756	0.011389	0.006795
	批发和零售	29	0.022568	0.096651	0.052893	0.039936
	交通运输、仓储和邮政	30	0.038536	0.108253	0.067849	0.075323
	住宿和餐饮	31	0.007126	0.025654	0.016061	0.014829
	信息传输、软件和信息技术服务	32	0.003981	0.013665	0.013387	0.009042
	金融	33	0.033208	0.102185	0.131534	0.104313
	房地产	34	0.004726	0.015295	0.013665	0.012327
	租赁和商务服务	35	0.017448	0.070387	0.044791	0.037313
	科学研究和技术服务	36	0.005557	0.026454	0.020830	0.018799
	水利、环境和公共设施管理	37	0.001052	0.002903	0.006727	0.002970
	居民服务、修理和其他服务	38	0.004290	0.014415	0.011217	0.010209
	教育	39	0.000477	0.002374	0.001473	0.001298
	卫生和社会工作	40	0.000176	0.000570	0.000722	0.000639
	文化、体育和娱乐	41	0.001807	0.005680	0.005890	0.004564
	公共管理、社会保障和社会组织	42	0.000496	0.004984	0.001397	0.001305

水的生产和供应	建筑	批发和零售	交通运输、仓储和邮政	住宿和餐饮	信息传输、软件和信息技术服务	代码
27	28	29	30	31	32	—
0.043264	0.054750	0.019343	0.055182	0.333567	0.036326	01
0.076586	0.071123	0.012716	0.040443	0.018826	0.023832	02
0.035062	0.062206	0.018525	0.134152	0.025175	0.024959	03
0.015199	0.076659	0.006766	0.018765	0.006210	0.019380	04
0.006784	0.034504	0.002928	0.016640	0.004548	0.005170	05
0.044735	0.040878	0.020796	0.051690	0.453462	0.038203	06
0.015229	0.021168	0.008170	0.014936	0.021332	0.013845	07
0.011109	0.012231	0.004964	0.010442	0.008315	0.006494	08
0.005885	0.045513	0.003200	0.006810	0.004339	0.005938	09
0.023501	0.031430	0.034521	0.027251	0.025226	0.073698	10
0.050988	0.099780	0.030172	0.220745	0.037515	0.039457	11
0.193339	0.226360	0.044169	0.112512	0.114421	0.113470	12
0.014318	0.270546	0.005777	0.016413	0.008867	0.016152	13
0.072069	0.385415	0.033582	0.093351	0.028605	0.096881	14
0.042776	0.083959	0.010275	0.023155	0.010124	0.021515	15
0.023680	0.046838	0.008119	0.042824	0.009387	0.018492	16
0.010410	0.022785	0.003240	0.015095	0.007009	0.007299	17
0.015272	0.023496	0.019376	0.131724	0.014032	0.023891	18
0.031846	0.074079	0.025763	0.026181	0.011880	0.107334	19
0.028357	0.046033	0.030830	0.034739	0.015014	0.249690	20
0.016150	0.009923	0.002413	0.007580	0.002808	0.009872	21
0.001835	0.002791	0.002345	0.002042	0.001457	0.002589	22
0.004779	0.020754	0.002608	0.005546	0.002337	0.006739	23
0.003320	0.002390	0.000504	0.002840	0.000808	0.001410	24
0.289342	0.127105	0.033504	0.067736	0.045441	0.059122	25
0.002118	0.002417	0.001242	0.015682	0.004647	0.001364	26
0.047128	0.002245	0.000631	0.001224	0.002683	0.000904	27
0.013791	0.034055	0.006585	0.014328	0.007508	0.009956	28
0.049194	0.071186	0.049206	0.062810	0.106471	0.071474	29
0.054972	0.107116	0.063041	0.208630	0.065349	0.057091	30
0.018701	0.021414	0.015811	0.028509	0.010856	0.020574	31
0.019220	0.022381	0.008819	0.020442	0.009835	0.149257	32
0.131988	0.102849	0.075277	0.145214	0.052594	0.095356	33
0.013995	0.013669	0.057259	0.020218	0.020723	0.037651	34
0.037095	0.049882	0.115331	0.051876	0.040376	0.087865	35
0.012875	0.058933	0.008853	0.014466	0.008534	0.031104	36
0.076027	0.002615	0.001617	0.002188	0.002005	0.002121	37
0.016745	0.014539	0.011588	0.027686	0.009656	0.010142	38
0.002156	0.001706	0.001273	0.001885	0.000998	0.001782	39
0.000329	0.000652	0.000340	0.000644	0.000239	0.000246	40
0.007676	0.005222	0.002861	0.005548	0.004216	0.006950	41
0.001477	0.001744	0.001697	0.001797	0.001145	0.003467	42

表 1.3 续 3 （Table 1.3 Continue 3）

投入 \ 产出		代码	金融	房地产	租赁和商务服务	科学研究和技术服务
代码		—	33	34	35	36
中间投入	农林牧渔产品和服务	01	0.034894	0.015883	0.072987	0.062671
	煤炭采选产品	02	0.013394	0.008793	0.034899	0.034359
	石油和天然气开采产品	03	0.020126	0.011699	0.072576	0.055308
	金属矿采选产品	04	0.007545	0.005266	0.026110	0.026383
	非金属矿和其他矿采选产品	05	0.003460	0.002437	0.010941	0.009815
	食品和烟草	06	0.037815	0.018108	0.070014	0.058451
	纺织品	07	0.015192	0.007430	0.034435	0.021478
	纺织服装鞋帽皮革羽绒及其制品	08	0.011677	0.005319	0.022918	0.006670
	木材加工品和家具	09	0.005337	0.003597	0.010109	0.006819
	造纸印刷和文教体育用品	10	0.069450	0.023252	0.139054	0.042075
	石油、炼焦产品和核燃料加工品	11	0.032682	0.017436	0.121190	0.089584
	化学产品	12	0.057181	0.031168	0.172470	0.232679
	非金属矿物制品	13	0.007953	0.009472	0.017786	0.023007
	金属冶炼和压延加工品	14	0.037267	0.026081	0.129206	0.125639
	金属制品	15	0.011338	0.008937	0.056675	0.075502
	通用设备	16	0.009334	0.005379	0.028278	0.026983
	专用设备	17	0.005617	0.002938	0.011402	0.011293
	交通运输设备	18	0.017562	0.008234	0.087286	0.034787
	电气机械和器材	19	0.017587	0.010911	0.084545	0.074366
	通信设备、计算机和其他电子设备	20	0.029678	0.014516	0.126415	0.199835
	仪器仪表	21	0.002518	0.001499	0.006605	0.044153
	其他制造产品	22	0.003154	0.002598	0.018590	0.010493
	废品废料	23	0.003683	0.001963	0.010391	0.008191
	金属制品、机械和设备修理服务	24	0.000563	0.000484	0.001372	0.001454
	电力、热力的生产和供应	25	0.030819	0.020971	0.062985	0.067808
	燃气生产和供应	26	0.001350	0.002675	0.002686	0.002369
	水的生产和供应	27	0.001033	0.000895	0.001235	0.001768
	建筑	28	0.013990	0.028016	0.008488	0.011194
	批发和零售	29	0.040088	0.018817	0.099642	0.083245
	交通运输、仓储和邮政	30	0.053705	0.024601	0.116178	0.092179
	住宿和餐饮	31	0.047606	0.013957	0.055686	0.047577
	信息传输、软件和信息技术服务	32	0.037338	0.010910	0.016110	0.014869
	金融	33	0.105120	0.133225	0.133164	0.100651
	房地产	34	0.077822	0.044359	0.026647	0.020512
	租赁和商务服务	35	0.124254	0.063524	0.104564	0.064734
	科学研究和技术服务	36	0.007797	0.004212	0.015221	0.161140
	水利、环境和公共设施管理	37	0.002459	0.001094	0.005918	0.002184
	居民服务、修理和其他服务	38	0.011191	0.005090	0.016963	0.020980
	教育	39	0.006017	0.001220	0.001752	0.002952
	卫生和社会工作	40	0.000435	0.000113	0.000397	0.000401
	文化、体育和娱乐	41	0.014029	0.004263	0.005624	0.006165
	公共管理、社会保障和社会组织	42	0.002485	0.002174	0.009179	0.002360

水利、环境和公共设施管理	居民服务、修理和其他服务	教育	卫生和社会工作	文化、体育和娱乐	公共管理、社会保障和社会组织	代码
37	38	39	40	41	42	—
0.132178	0.055260	0.040369	0.079751	0.092267	0.050206	01
0.040543	0.028792	0.013632	0.045306	0.022460	0.019771	02
0.047557	0.034170	0.018143	0.054034	0.027377	0.032544	03
0.017038	0.017085	0.005607	0.016399	0.010442	0.009160	04
0.009852	0.006631	0.003328	0.012355	0.005570	0.005464	05
0.058822	0.065815	0.050777	0.067911	0.134844	0.057500	06
0.031607	0.024489	0.011023	0.053656	0.044441	0.041473	07
0.014393	0.010680	0.002913	0.015628	0.039557	0.030021	08
0.010441	0.007905	0.002756	0.005248	0.012289	0.010948	09
0.037941	0.035518	0.041762	0.025857	0.129580	0.050062	10
0.073226	0.049739	0.028209	0.077275	0.042297	0.053199	11
0.223883	0.201352	0.073588	0.699806	0.128638	0.083644	12
0.036038	0.014974	0.008758	0.014761	0.015957	0.014471	13
0.080874	0.082451	0.026677	0.065524	0.050156	0.044691	14
0.024369	0.027093	0.009169	0.018346	0.013085	0.013104	15
0.024216	0.021186	0.007823	0.023114	0.012211	0.012311	16
0.009969	0.008018	0.003578	0.049979	0.006601	0.005585	17
0.059028	0.082388	0.008981	0.016910	0.019746	0.038754	18
0.044908	0.044835	0.009836	0.023554	0.019106	0.018824	19
0.040077	0.111436	0.021890	0.028593	0.025758	0.030254	20
0.012596	0.009385	0.012712	0.006339	0.006562	0.005460	21
0.008179	0.009879	0.000873	0.001647	0.005076	0.001473	22
0.005455	0.005373	0.002527	0.004961	0.005935	0.003652	23
0.001992	0.002281	0.000624	0.001500	0.001051	0.000804	24
0.093755	0.064133	0.027605	0.084605	0.046641	0.042476	25
0.005367	0.006426	0.002220	0.002737	0.003101	0.002155	26
0.004896	0.003782	0.001529	0.001998	0.001385	0.001433	27
0.027278	0.011618	0.007924	0.007654	0.014186	0.017031	28
0.065131	0.070731	0.029456	0.086452	0.090826	0.052818	29
0.088722	0.069384	0.049229	0.069785	0.091576	0.096256	30
0.027089	0.023634	0.025340	0.017401	0.038185	0.048532	31
0.019869	0.011713	0.020319	0.021440	0.020396	0.037502	32
0.119240	0.069640	0.060389	0.065898	0.065279	0.065338	33
0.020033	0.062400	0.016520	0.017545	0.026381	0.021060	34
0.054060	0.051097	0.023103	0.038740	0.051070	0.041395	35
0.016030	0.011609	0.013231	0.015962	0.009694	0.007833	36
0.019054	0.002729	0.001332	0.002857	0.003054	0.003151	37
0.052710	0.025749	0.015074	0.014843	0.019761	0.026138	38
0.003987	0.001609	0.014314	0.003222	0.002362	0.008797	39
0.000485	0.000456	0.000455	0.005016	0.000563	0.002963	40
0.006990	0.005975	0.005771	0.004753	0.043629	0.013933	41
0.002653	0.002571	0.001848	0.001635	0.002041	0.006361	42

二、42部门使用表(产品部门×产业部门)

Ⅱ. Use Table with 42-Commodity by 42-Industry

基本流量表

表 2.1 (Table 2.1)

(按当年生产者价格计算)

产品部门 \ 产业部门		代码	中			
			农林牧渔业	煤炭开采和洗选业	石油和天然气开采业	金属矿采选业
代码		—	01	02	03	04
中间投入	农林牧渔产品和服务	01	123205603	393054	17487	92937
	煤炭采选产品	02	54132	36119173	570141	944933
	石油和天然气开采产品	03	0	2431426	3042367	137707
	金属矿采选产品	04	0	896276	4591	17169165
	非金属矿和其他矿采选产品	05	5417	814415	12544026	342828
	食品和烟草	06	94118244	957266	534809	701100
	纺织品	07	134406	337938	21746	141444
	纺织服装鞋帽皮革羽绒及其制品	08	262708	600476	229847	304202
	木材加工品和家具	09	209703	3998131	16434	179073
	造纸印刷和文教体育用品	10	142531	410831	74370	471485
	石油、炼焦产品和核燃料加工品	11	14491312	2475380	4137390	6063071
	化学产品	12	75796652	7148355	3322916	6050550
	非金属矿物制品	13	289938	1567495	147601	749185
	金属冶炼和压延加工品	14	21669	12367276	4623911	4870950
	金属制品	15	407957	4896543	637061	2614153
	通用设备	16	98984	5336364	1474453	2932328
	专用设备	17	5840700	4883661	3558455	3147603
	交通运输设备	18	1114632	399059	109390	428823
	电气机械和器材	19	125342	1749209	436741	732405
	通信设备、计算机和其他电子设备	20	28501	1146459	144581	160277
	仪器仪表	21	101223	214177	1426240	71521
	其他制造产品	22	111941	418900	22696	18997
	废品废料	23	2339	229366	5041	368363
	金属制品、机械和设备修理服务	24	202824	166848	175731	147450
	电力、热力的生产和供应	25	8886566	10679435	5628309	11315858

Basic Matrix

(Data are calculated at producers' prices in 2012)

单位:万元(10000 yuan)

间		使		用			
非金属矿和其他矿采选业	食品制造及烟草加工业	纺织业	纺织服装鞋帽皮革羽绒及其制品业	木材加工和家具制造业	造纸印刷和文教体育用品制造业	石油加工、炼焦和核燃料加工业	代码
05	06	07	08	09	10	11	—
117220	314886792	61636631	10512764	20270736	13308555	1664213	01
808278	2067471	1486946	511725	559034	2901070	22533688	02
250075	62582	54648	32588	8752	49341	206044856	03
264348	191576	869221	19419	92955	157367	556204	04
971102	433129	49337	35175	53571	567227	416474	05
386936	197901238	1876227	11659083	901565	1682377	3165498	06
69911	1461802	145429416	103729617	2556939	11817571	748513	07
135026	874652	2749423	37464988	2568670	1525427	298307	08
82410	462635	586020	412196	61833147	5833090	207504	09
119058	11249518	1448479	2563606	1884656	73927023	442084	10
3458132	1716430	950771	685186	995699	1298946	28794032	11
4802479	19427959	36748648	21060870	14941747	37335095	27973246	12
1849197	4074308	473297	207266	1285120	1034693	3050312	13
1293328	852730	2144179	299673	2693955	19544640	1137196	14
1630214	2691666	320492	624580	6458239	2385980	573754	15
1318218	1453172	985511	542872	1575845	1090292	2719494	16
2907103	1267991	1429827	1496953	811570	1708084	1116197	17
503946	201109	35755	46106	123165	139684	145752	18
603218	474556	249040	235022	266303	740749	613066	19
88164	188462	111795	284077	286752	1381640	517433	20
185768	124242	43828	9240	59006	92845	648183	21
57645	63301	77814	1057010	20829	399410	100277	22
39891	213225	247968	43788	60430	6738740	140434	23
136015	266574	203099	123064	124141	158418	214079	24
4066319	7565364	7442056	2482196	3719363	5971609	8283091	25

表 2.1 续 1 （Table 2.1 Continue 1）

产业部门 / 产品部门		代码	中			
			化学工业	非金属矿物制品业	金属冶炼和压延加工业	金属制品业
代码		—	12	13	14	15
中间投入	农林牧渔产品和服务	01	44670850	524475	861242	558680
	煤炭采选产品	02	22267444	23042175	28882194	1979725
	石油和天然气开采产品	03	24724762	1186957	2867179	219429
	金属矿采选产品	04	5881404	2775894	167432302	5302725
	非金属矿和其他矿采选产品	05	8461152	31832554	1149995	246114
	食品和烟草	06	28138248	2228708	4541211	1573986
	纺织品	07	16080502	2151173	1463494	1113109
	纺织服装鞋帽皮革羽绒及其制品	08	2900187	1943585	1181091	746061
	木材加工品和家具	09	1659676	2048490	1117290	2668610
	造纸印刷和文教体育用品	10	8406692	7041645	1115175	1847882
	石油、炼焦产品和核燃料加工品	11	71067114	17549091	48998181	3226575
	化学产品	12	488147010	37255914	21000848	17905755
	非金属矿物制品	13	8155724	89096557	17533275	3859006
	金属冶炼和压延加工品	14	13213249	12562543	370423853	107797383
	金属制品	15	7961304	12511164	9039226	38177378
	通用设备	16	8151946	10172993	21461309	11446388
	专用设备	17	4322573	3770266	4034611	4181804
	交通运输设备	18	877365	2140135	993628	1509464
	电气机械和器材	19	3109347	1325416	2380584	2525543
	通信设备、计算机和其他电子设备	20	2390642	616058	1255625	1630979
	仪器仪表	21	676316	376077	715980	584643
	其他制造产品	22	152046	106169	215682	199207
	废品废料	23	1853681	2194904	43714492	4434750
	金属制品、机械和设备修理服务	24	769047	858280	885233	298110
	电力、热力的生产和供应	25	49254899	26166420	47461649	14166254

单位:万元(10000 yuan)

间		使			用			
通用设备制造业	专用设备制造业	交通运输设备制造业	电气机械和器材制造业	通信设备、计算机和其他电子设备制造业	仪器仪表制造业	其他制造业	废品废料	代码
16	17	18	19	20	21	22	23	—
271805	427050	234226	320999	249588	55887	1029011	31716	01
1161208	998284	569852	829372	149588	65199	555175	200772	02
159028	360081	197954	76944	31243	12822	50279	45553	03
997677	1134108	476326	1976090	153522	39480	100587	508420	04
83266	234030	101427	496508	48275	22385	27244	36150	05
2073859	1382039	1638858	2266766	2674471	306662	350001	208590	06
617731	1069679	2909928	1253353	492917	118735	1644990	215193	07
1031419	982121	4987696	882349	436471	125586	122060	47011	08
1843012	1129071	4089890	1068525	444327	112695	629536	30246	09
2796127	1351637	1613307	5633707	5028316	544041	339044	104179	10
2467537	1843242	2535114	2387858	1610738	280778	244383	393772	11
15494275	16450022	33631657	47365758	37942771	2887199	3291915	1646400	12
3431348	1931722	7034883	13396624	7452405	1581485	333295	246582	13
75987383	51260632	81068566	130182553	24877033	4688049	1692804	2080064	14
17458815	12757914	14074065	20055512	9912426	2069239	516970	250678	15
76478319	31630384	36547019	20691520	4627807	2309104	467344	236203	16
4372047	33841707	2279561	2648277	3059469	1166260	116137	120176	17
6652023	7923104	196792989	1370594	724197	526611	115290	152879	18
23388740	12678652	20829709	76492464	30720554	3274733	341256	944975	19
21020583	11787099	12067534	33566465	312605434	10378925	445476	58496	20
2528627	1944653	5567810	2952467	2631749	6711023	102384	17310	21
184788	238011	308689	258598	826676	22810	399553	2476	22
909504	422938	469006	452116	147139	51852	41074	1803439	23
380492	295230	423563	305002	259645	34398	17148	21991	24
7572451	5282200	6436077	7061949	5909282	726859	338705	622373	25

表 2.1 续 2 （Table 2.1 Continue 2）

	产品部门＼产业部门	代码	中			
			金属制品、机械和设备修理服务	电力、热力的生产和供应业	燃气生产和供应业	水的生产和供应业
	代码	—	24	25	26	27
中间投入	农林牧渔产品和服务	01	8943	98928	8514	42752
	煤炭采选产品	02	36229	85757040	1953381	28477
	石油和天然气开采产品	03	2019	4803405	13526917	1543
	金属矿采选产品	04	30019	389757	76680	427
	非金属矿和其他矿采选产品	05	2850	226166	38698	2992
	食品和烟草	06	27449	1578001	105043	211366
	纺织品	07	36992	61177	5473	8607
	纺织服装鞋帽皮革羽绒及其制品	08	31945	297006	47192	81406
	木材加工品和家具	09	39372	65024	5145	4550
	造纸印刷和文教体育用品	10	50101	700198	29031	43136
	石油、炼焦产品和核燃料加工品	11	86785	18785693	504736	41357
	化学产品	12	395306	1181166	254773	1127494
	非金属矿物制品	13	65918	544167	31155	23319
	金属冶炼和压延加工品	14	1464649	1613807	89869	44789
	金属制品	15	576494	325986	30572	385445
	通用设备	16	582616	1841184	81507	97283
	专用设备	17	215857	327013	47351	43403
	交通运输设备	18	839377	153224	7120	5398
	电气机械和器材	19	565892	21707457	30144	22803
	通信设备、计算机和其他电子设备	20	266228	325597	27585	16425
	仪器仪表	21	86890	11345819	53507	71313
	其他制造产品	22	6893	26165	1718	2152
	废品废料	23	43699	107000	744	265
	金属制品、机械和设备修理服务	24	24264	1258102	30379	27849
	电力、热力的生产和供应	25	297925	153692902	686349	2530500

单位:万元(10000 yuan)

间		使			用			代码
建筑业	批发和零售业	交通运输、仓储和邮政业	住宿和餐饮业	信息传输、软件和信息技术服务业	金融业	房地产业	租赁和商务服务业	
28	29	30	31	32	33	34	35	—
10930661	141179	7950149	25865304	519633	6441	93437	2419275	01
365530	3999	569818	35256	0	0	30240	9574	02
0	0	0	0	0	0	0	0	03
0	0	0	0	0	0	0	0	04
7752477	0	9827	0	0	0	0	0	05
3471279	2112516	7842242	71118702	2018326	1558187	1567392	4973996	06
632490	167624	428029	1424895	19641	56396	187621	313870	07
5445393	620739	2146646	989981	275818	3285758	782672	4514410	08
32925216	236328	416508	201354	107888	445050	214506	176579	09
3506128	7386395	2543282	893395	7965851	18879083	2138704	27695490	10
17571932	2115435	90555738	734797	466578	2444786	691580	20450054	11
60657771	1401609	8192078	2131360	1675329	516473	562990	6920388	12
269633356	45360	837134	102924	122524	50870	45719	180497	13
219216731	45752	1858464	1411	120	0	1630	856	14
57754955	161272	2512706	183982	43920	79606	652557	9917931	15
7070389	177431	7594538	86935	50051	525220	119196	224253	16
6629710	7530	1741526	42139	15106	857572	166808	1428	17
1234590	1745684	43130147	287210	1357305	621294	58346	15067280	18
51562176	6820597	805767	81875	14299990	96435	458339	15942560	19
3229505	3489651	762348	95691	23468129	781877	348519	14973479	20
884678	17521	132808	3662	796775	13922	21888	40782	21
872767	16643	142920	70784	20558	301063	498257	5264357	22
0	0	0	0	0	0	0	0	23
247197	29452	893036	12931	116031	23253	75647	21719	24
17964131	7668030	6285517	1864471	3069148	3282657	2025574	779323	25

表 2.1　续 3　（Table 2.1　Continue 3）

	产品部门 ＼ 产业部门	代码	中间			
			科学研究和技术服务业	水利、环境和公共设施管理业	居民服务、修理和其他服务业	教育
	代　　码	—	36	37	38	39
中间投入	农林牧渔产品和服务	01	2099396	4228028	683290	1189725
	煤炭采选产品	02	128491	170714	179529	291169
	石油和天然气开采产品	03	0	0	0	0
	金属矿采选产品	04	92395	0	0	0
	非金属矿和其他矿采选产品	05	9602	1258	3337	147
	食品和烟草	06	2152758	574562	4098347	4738470
	纺织品	07	685227	422044	703935	477259
	纺织服装鞋帽皮革羽绒及其制品	08	174906	452147	768692	66472
	木材加工品和家具	09	84280	167219	271044	612
	造纸印刷和文教体育用品	10	2776310	689959	1891122	4965819
	石油、炼焦产品和核燃料加工品	11	7276629	1234692	1135938	1501545
	化学产品	12	15349811	4331327	10616746	4101938
	非金属矿物制品	13	760061	939168	195429	517124
	金属冶炼和压延加工品	14	552741	99060	329297	30447
	金属制品	15	10053594	323966	1402253	441993
	通用设备	16	394831	205933	199264	224951
	专用设备	17	44162	49792	100451	6725
	交通运输设备	18	2449077	1650992	7292766	2121
	电气机械和器材	19	7870555	1110628	2830924	8630
	通信设备、计算机和其他电子设备	20	16735977	201238	6582473	448655
	仪器仪表	21	7150982	340052	575317	1971068
	其他制造产品	22	1778499	364547	1244919	81
	废品废料	23	0	0	0	0
	金属制品、机械和设备修理服务	24	48502	48028	205355	38530
	电力、热力的生产和供应	25	1377336	1755095	2193046	1237915

单位:万元(10000 yuan)

使用				最终使用		代码
				最终消费支出		
				居民消费支出		
卫生和社会工作	文化、体育和娱乐业	公共管理、社会保障和社会组织	**中间使用合计**	农村居民	城镇居民	
40	41	42	**TIU**	FU101	FU102	—
646085	220366	4007	**652497635**	80368698	125492146	01
337292	64351	309533	**239528202**	992966	638967	02
0	0	0	**260380458**	0	0	03
0	0	0	**207588937**	0	0	04
264	2660	15	**67022095**	0	0	05
3308523	4863247	4901195	**482489341**	104067823	272142476	06
3195670	268707	3159161	**307834923**	3144288	5338524	07
1825877	2036567	7431005	**93673992**	19235442	83217907	08
4576	259048	1461265	**127747278**	2528416	9054911	09
723665	5534249	8157714	**225125026**	3584008	14939493	10
402946	269684	6102444	**390044079**	2012473	21169282	11
73532954	1336364	2775737	**1174689654**	10841058	48761882	12
188990	317419	1224995	**444607444**	1493455	3567737	13
9	14696	34	**1151047981**	0	0	14
56225	62816	718477	**253710080**	876819	4031790	15
24484	30339	141349	**263419624**	487113	1156816	16
7265389	5835	16402	**109665229**	129259	1193796	17
254553	163434	5153345	**304498965**	8773873	61057877	18
555554	232605	922798	**310163352**	8478835	26264135	19
219524	130201	1134372	**485398930**	7981823	28965853	20
138740	196041	593538	**52220617**	553478	1415253	21
46349	221289	2688	**16146172**	735265	1690740	22
0	0	0	**64736188**	0	0	23
35247	15017	21520	**9638440**	0	0	24
1368149	479576	2964172	**458561102**	6454218	22067951	25

表 2.1 续 4 (Table 2.1 Continue 4)

产品部门 \ 产业部门		代码	最终			
			最终消费支出			资本
			居民消费支出 小计	政府消费支出	合计	固定资本形成总额
代码		—	THC	FU103	TC	FU201
中间投入	农林牧渔产品和服务	01	**205860844**	6076074	**211936919**	30944274
	煤炭采选产品	02	**1631933**	0	**1631933**	0
	石油和天然气开采产品	03	**0**	0	**0**	0
	金属矿采选产品	04	**0**	0	**0**	0
	非金属矿和其他矿采选产品	05	**0**	0	**0**	0
	食品和烟草	06	**376210299**	0	**376210299**	0
	纺织品	07	**8482812**	0	**8482812**	0
	纺织服装鞋帽皮革羽绒及其制品	08	**102453349**	0	**102453349**	0
	木材加工品和家具	09	**11583327**	0	**11583327**	14912181
	造纸印刷和文教体育用品	10	**18523502**	0	**18523502**	2732946
	石油、炼焦产品和核燃料加工品	11	**23181755**	0	**23181755**	0
	化学产品	12	**59602940**	0	**59602940**	0
	非金属矿物制品	13	**5061193**	0	**5061193**	0
	金属冶炼和压延加工品	14	**0**	0	**0**	0
	金属制品	15	**4908609**	0	**4908609**	28568213
	通用设备	16	**1643929**	0	**1643929**	138884620
	专用设备	17	**1323055**	0	**1323055**	200061155
	交通运输设备	18	**69831750**	0	**69831750**	269958673
	电气机械和器材	19	**34742970**	0	**34742970**	83336415
	通信设备、计算机和其他电子设备	20	**36947676**	0	**36947676**	56861394
	仪器仪表	21	**1968731**	0	**1968731**	11491136
	其他制造产品	22	**2426005**	0	**2426005**	0
	废品废料	23	**0**	0	**0**	0
	金属制品、机械和设备修理服务	24	**0**	0	**0**	0
	电力、热力的生产和供应	25	**28522169**	0	**28522169**	0

单位:万元(10000 yuan)

使用							
形成总额		出口	最终使用合计	进口	其他	总产出	代码
存货增加	合计						
FU202	**GCF**	EX	**TFU**	IM	ERR	**GO**	—
35981553	**66925827**	7816221	**286678967**	51186807	6223678	**894213473**	01
2976956	**2976956**	912685	**5521575**	18130507	−1836904	**225082366**	02
3340162	**3340162**	1873689	**5213850**	142868283	−86813	**122639212**	03
614968	**614968**	592933	**1207901**	84029760	48476	**124815555**	04
−756402	**−756402**	1282682	**526280**	3941338	−163200	**63443836**	05
18035235	**18035235**	28019945	**422265480**	33809817	8650834	**879595838**	06
2273849	**2273849**	51756009	**62512669**	9397354	4854574	**365804812**	07
1149239	**1149239**	107608377	**211210966**	11145841	3276854	**297015972**	08
1094347	**16006528**	36167611	**63757467**	5069475	1053485	**187488755**	09
5736757	**8469703**	55912141	**82905346**	14717322	216320	**293529370**	10
4407940	**4407940**	11744438	**39334133**	28816783	−429707	**400131723**	11
2298943	**2298943**	98856503	**160758386**	123067057	−2135195	**1210245788**	12
−681010	**−681010**	26733885	**31114068**	7026282	−2648997	**466046232**	13
1839245	**1839245**	44572692	**46411937**	89528366	−6798479	**1101133074**	14
769835	**29338048**	42881563	**77128219**	8121476	−451903	**322264921**	15
−1168878	**137715742**	70573246	**209932916**	51121112	−68380	**422163049**	16
877979	**200939134**	35902561	**238164750**	38187437	2283824	**311926367**	17
1663946	**271622619**	58430796	**399885166**	60203496	2384375	**646565010**	18
4013879	**87350294**	107262425	**229355688**	39881487	409123	**500046676**	19
7526252	**64387647**	300892430	**402227752**	240100110	485260	**648011833**	20
412286	**11903423**	17664776	**31536930**	29039768	5774	**54723553**	21
1505483	**1505483**	4932956	**8864444**	344853	464889	**25130652**	22
93287	**93287**	478932	**572218**	23000941	−81582	**42225883**	23
0	**0**	0	**0**	0	−208378	**9430063**	24
0	**0**	778107	**29300277**	221872	−705915	**486933591**	25

表 2.1 续 5 （Table 2.1 Continue 5）

产品部门 \ 产业部门		代码	中			
			农林牧渔业	煤炭开采和洗选业	石油和天然气开采业	金属矿采选业
代码		—	01	02	03	04
中间投入	燃气生产和供应	26	7776	24661	33713	14964
	水的生产和供应	27	33769	126310	26474	148216
	建筑	28	81428	613472	201028	234924
	批发和零售	29	13186515	3596325	1126259	1812046
	交通运输、仓储和邮政	30	10845115	5773221	976293	4214345
	住宿和餐饮	31	792683	915988	179248	741354
	信息传输、软件和信息技术服务	32	879315	278527	112041	368708
	金融	33	11048752	10966437	2001999	3710039
	房地产	34	12124	62449	23408	11792
	租赁和商务服务	35	308011	4878972	812495	2337155
	科学研究和技术服务	36	5160072	1987084	1691828	1198196
	水利、环境和公共设施管理	37	1286354	126437	82027	164656
	居民服务、修理和其他服务	38	764823	1396818	321870	222173
	教育	39	114015	163796	16689	54320
	卫生和社会工作	40	66256	73159	8929	30530
	文化、体育和娱乐	41	36387	266130	72710	229572
	公共管理、社会保障和社会组织	42	348595	67386	52755	74805
	中间投入合计	**TII**	**370625314**	**131954687**	**50646100**	**75724203**
增加值	劳动者报酬	VA001	529963186	56917619	15148600	18998821
	生产税净额	VA002	−28956569	23684322	22636956	8170646
	固定资产折旧	VA003	22581542	10364220	9324218	5265331
	营业盈余	VA004	0	22718181	27587126	12656541
	增加值合计	**TVA**	**523588159**	**113684341**	**74696899**	**45091339**
总投入		**TI**	**894213473**	**245639028**	**125342999**	**120815542**

单位:万元(10000 yuan)

间		使		用			代码
非金属矿和其他矿采选业	食品制造及烟草加工业	纺织业	纺织服装鞋帽皮革羽绒及其制品业	木材加工和家具制造业	造纸印刷和文教体育用品制造业	石油加工、炼焦和核燃料加工业	
05	06	07	08	09	10	11	—
11915	36910	11256	9722	2802	25649	443210	26
66873	615841	164007	84707	104749	180885	75922	27
206991	957341	290048	377353	308554	521053	548278	28
1226917	42149800	13869572	20908690	4608191	9903666	5671840	29
2199641	27897184	6908807	6721531	5910954	8351550	7903681	30
307055	3200403	750008	790777	709982	1096399	535882	31
154703	851030	396269	570754	324068	506504	178758	32
1912985	9771318	4163643	3095668	3062003	5647500	5494241	33
21671	209683	103013	210124	137725	263768	70623	34
1040691	11131705	1516817	3086386	1588281	4951743	2809967	35
927503	2354110	555928	884504	777574	1270954	781932	36
145687	359170	575984	80944	48505	503671	245967	37
333881	1837859	376747	477230	384728	896303	676502	38
16736	144827	35456	58224	38758	69041	42346	39
20379	39369	20996	37723	22771	41513	205501	40
64050	634109	268396	294140	196456	302238	152054	41
24646	242541	66917	72631	72928	91625	46996	42
34826324	**672605681**	**297724291**	**233900177**	**142451219**	**226413936**	**337987588**	**TII**
11206262	64368183	33283257	34352860	18128322	33107863	17606199	VA001
6782056	62005437	9849610	8079559	7977234	11446158	39293960	VA002
2858032	21751691	8458214	5335593	5365672	10567435	9677052	VA003
5460759	58780277	18476841	15453993	10252606	15093930	12640977	VA004
26307109	**206905588**	**70067922**	**63222005**	**41723835**	**70215387**	**79218187**	**TVA**
61133433	**879511270**	**367792213**	**297122182**	**184175053**	**296629323**	**417205776**	**TI**

表 2.1　续 6　(Table 2.1　Continue 6)

产品部门 \ 产业部门		代码	中			
			化学工业	非金属矿物制品业	金属冶炼和压延加工业	金属制品业
代码		—	12	13	14	15
中间投入	燃气生产和供应	26	1219565	84138	435292	211691
	水的生产和供应	27	741140	412059	403037	169699
	建筑	28	1409406	895075	1089711	672631
	批发和零售	29	33898275	10262731	10212327	7822845
	交通运输、仓储和邮政	30	33138765	18423424	23816129	9651152
	住宿和餐饮	31	5407017	2432367	1888547	1691635
	信息传输、软件和信息技术服务	32	1499653	970898	837206	694604
	金融	33	22621969	11391516	31657145	6880133
	房地产	34	421010	282217	200372	237538
	租赁和商务服务	35	17803464	5172553	5822279	3626582
	科学研究和技术服务	36	10662221	2214084	6292472	2015227
	水利、环境和公共设施管理	37	1722635	266400	847309	115012
	居民服务、修理和其他服务	38	2973719	1597644	2133189	1359743
	教育	39	228867	129069	99059	104591
	卫生和社会工作	40	94082	105162	170370	106799
	文化、体育和娱乐	41	1178447	682239	717118	413272
	公共管理、社会保障和社会组织	42	393357	171839	359817	144051
	中间投入合计	**TII**	**958706777**	**346971060**	**887706729**	**264116768**
增加值	劳动者报酬	VA001	78924746	46568065	63865525	28534661
	生产税净额	VA002	39978979	24905733	32488848	10883966
	固定资产折旧	VA003	34350583	19050302	38448645	8797039
	营业盈余	VA004	76133596	26713618	66939072	17926727
	增加值合计	**TVA**	**229387904**	**117237718**	**201742090**	**66142393**
总投入		**TI**	**1188094681**	**464208778**	**1089448818**	**330259160**

单位:万元(10000 yuan)

间		使			用			
通用设备制造业	专用设备制造业	交通运输设备制造业	电气机械和器材制造业	通信设备、计算机和其他电子设备制造业	仪器仪表制造业	其他制造业	废品废料	代码
16	17	18	19	20	21	22	23	—
415075	48515	23753	51747	61255	6342	45055	5685	26
220432	107992	146715	199868	214501	26254	67169	55866	27
702437	396068	848910	660340	1188028	91367	43637	71905	28
12143373	9097640	29185359	16704877	26470958	1923424	813589	395041	29
11721230	8662549	19187454	13251404	10807166	1534660	584011	810077	30
2334335	2156625	2074297	2512569	1986346	548229	94455	116517	31
1084965	731584	573881	910855	3560177	188524	32718	49221	32
7706738	6582010	9729990	9407697	16609497	1433232	495586	615577	33
289258	221427	199853	327048	474297	99650	15239	21231	34
5824213	4418243	8849229	7373466	8168775	649699	163144	243221	35
4862569	4277996	10521472	5139581	10961430	986425	104368	65670	36
245538	104887	245400	191360	146282	19156	21604	13379	37
1712350	1241689	3486970	1928001	1685076	210566	56439	70143	38
127234	101031	146509	98510	105228	24414	7759	6608	39
163946	102496	155753	119994	58336	18288	2195	2943	40
697204	398683	444470	626450	599546	85251	28575	30268	41
205367	145717	772475	242380	540311	33940	11743	8551	42
319818332	**238150761**	**523478193**	**433738514**	**536653253**	**45992237**	**15898946**	**12607546**	**TII**
39310419	30329003	58497006	36091648	58659074	5969451	2027803	1795558	VA001
15035738	9944694	22944187	12961321	11905652	1674496	590774	690670	VA002
10553789	7723728	15136838	9738927	16297800	1239292	464878	525843	VA003
20629838	16795930	33592884	29453969	23983706	4181152	1160870	26688621	VA004
85529784	**64793355**	**130170915**	**88245866**	**110846232**	**13064391**	**4244325**	**29700692**	**TVA**
405348115	**302944116**	**653649108**	**521984379**	**647499485**	**59056628**	**20143271**	**42308238**	**TI**

表 2.1 续 7 (Table 2.1 Continue 7)

产品部门＼产业部门		代码	中			
			金属制品、机械和设备修理服务	电力、热力的生产和供应业	燃气生产和供应业	水的生产和供应业
代码		—	24	25	26	27
中间投入	燃气生产和供应	26	1988	615587	3004424	3111
	水的生产和供应	27	7259	717711	9693	699437
	建筑	28	20204	1896475	43958	107015
	批发和零售	29	279542	5527548	241762	246485
	交通运输、仓储和邮政	30	248083	6369930	862553	199120
	住宿和餐饮	31	59007	845830	94975	93505
	信息传输、软件和信息技术服务	32	21613	1453249	42509	138758
	金融	33	170411	22780419	1326656	1146852
	房地产	34	4832	29542	37815	2303
	租赁和商务服务	35	149600	1840828	150907	55009
	科学研究和技术服务	36	58975	2066890	33580	35517
	水利、环境和公共设施管理	37	2234	1613316	29958	1109290
	居民服务、修理和其他服务	38	31726	936092	72464	112541
	教育	39	6218	51113	7312	13116
	卫生和社会工作	40	1182	106928	8943	480
	文化、体育和娱乐	41	11118	771176	41092	61150
	公共管理、社会保障和社会组织	42	17305	98473	6429	6907
	中间投入合计	**TII**	**6876006**	**354933091**	**23688616**	**8895645**
增加值	劳动者报酬	VA001	1031918	35819450	1893558	3680987
	生产税净额	VA002	290305	20265214	798794	835859
	固定资产折旧	VA003	198757	42651866	1515891	2562570
	营业盈余	VA004	685520	24880589	2486119	331109
	增加值合计	**TVA**	**2206501**	**123617118**	**6694363**	**7410524**
总投入		**TI**	**9082507**	**478550209**	**30382979**	**16306170**

单位:万元(10000 yuan)

间		使			用			
建筑业	批发和零售业	交通运输、仓储和邮政业	住宿和餐饮业	信息传输、软件和信息技术服务业	金融业	房地产业	租赁和商务服务业	代码
28	29	30	31	32	33	34	35	—
10533	14108	6790547	708928	7372	23662	772005	74480	26
1005964	147654	204296	426702	30272	257446	221482	30207	27
37351141	1861199	4876174	914448	1095559	5071291	10053557	728375	28
27229552	20307047	13165198	14130378	6697588	7021187	1733873	15187833	29
43498087	24717848	88028965	4489450	3148718	12337777	2485938	17636534	30
6667814	3895913	8382138	419398	1647338	20587683	1964960	13294338	31
15555564	2238753	5762116	971345	31029587	15758326	1755171	1769923	32
38561060	28354633	51499557	3235776	9992928	36484766	44100293	23397764	33
107551	33159670	2240988	2342784	5374177	37288889	13472788	3033828	34
9373159	64298446	7819509	2416046	11432822	54193017	16746985	19618145	35
49888006	2795116	910567	7163	3566155	1047045	93328	182108	36
183094	384830	289805	63884	130062	652673	120244	1262253	37
6166222	5100858	11011824	962385	789126	3491228	818278	2521629	38
624370	434454	372345	76493	182961	2981601	144629	144428	39
246412	150410	146109	11640	853	163304	870	2246	40
1596922	665729	1163000	517686	877111	6494262	818950	585309	41
453582	305877	305136	52115	444457	582655	557515	2539495	42
1018078096	**223243295**	**390319503**	**137975680**	**132855805**	**238262755**	**106602488**	**231896999**	**TII**
224617185	147983609	110306924	63809450	36683240	110239772	38781541	55269389	VA001
51214681	163077077	7405971	8587777	5075642	39314016	54865335	11294285	VA002
16459285	27962793	50200597	10644736	29836272	9100456	156358484	24264153	VA003
75756625	159286617	61433568	12327263	46399993	193223256	62477520	21327096	VA004
368047776	**498310097**	**229347060**	**95369225**	**117995147**	**351877500**	**312482880**	**112154923**	**TVA**
1386125872	**721553392**	**619666563**	**233344905**	**250850952**	**590140254**	**419085368**	**344051923**	**TI**

表 2.1 续 8 （Table 2.1 Continue 8）

产业部门 / 产品部门		代码	中间			
			科学研究和技术服务业	水利、环境和公共设施管理业	居民服务、修理和其他服务业	教育
代码		—	36	37	38	39
中间投入	燃气生产和供应	26	44978	176895	662291	234843
	水的生产和供应	27	150646	224219	440144	228815
	建筑	28	1245670	1305936	984033	1123418
	批发和零售	29	7448761	1451195	4995741	2336356
	交通运输、仓储和邮政	30	7971015	2308387	4068585	5693247
	住宿和餐饮	31	7328044	827252	2038306	4109017
	信息传输、软件和信息技术服务	32	1148201	608465	705466	3099229
	金融	33	9485735	4048590	3380519	7910109
	房地产	34	1323372	248607	7809690	1877824
	租赁和商务服务	35	5539868	1082350	2976599	1239534
	科学研究和技术服务	36	31727043	207242	12667	1635943
	水利、环境和公共设施管理	37	67812	1023249	157779	106247
	居民服务、修理和其他服务	38	2799578	2713753	3015609	2500251
	教育	39	408991	171840	126006	2990635
	卫生和社会工作	40	15082	11321	33565	72199
	文化、体育和娱乐	41	610564	217055	525433	879902
	公共管理、社会保障和社会组织	42	210651	85907	220232	283054
	中间投入合计	**TII**	**157572129**	**36072713**	**75656139**	**58582018**
增加值	劳动者报酬	VA001	49609638	15012516	55073874	138712606
	生产税净额	VA002	6125886	330078	6974824	915012
	固定资产折旧	VA003	7529147	4850740	4196184	17251652
	营业盈余	VA004	28499328	5358038	15323467	4841250
	增加值合计	**TVA**	**91763999**	**25551373**	**81568349**	**161720520**
总投入		**TI**	**249336128**	**61624086**	**157224488**	**220302538**

单位:万元(10000 yuan)

使用				最终使用		代码
				最终消费支出		
				居民消费支出		
卫生和社会工作	文化、体育和娱乐业	公共管理、社会保障和社会组织	**中间使用合计**	农村居民	城镇居民	
40	41	42	**TIU**	FU101	FU102	—
104569	79740	93731	**16654483**	708759	13043487	26
179117	37807	242815	**9654173**	760071	6655916	27
623231	652782	4247093	**86611543**	0	0	28
7864970	3462637	7114117	**423432031**	29294678	95990153	29
2999369	3127258	19265804	**488747012**	12400802	51950798	30
1102589	1889970	13137615	**121648406**	16839229	100301837	31
2720701	848910	9285814	**110668663**	11478758	47495804	32
2899082	1553040	9392248	**485726113**	14231499	81652800	33
1273786	950999	3319562	**117814530**	46580010	160102380	34
258892	1335061	5352100	**308455968**	547047	10396350	35
164717	92609	132157	**170350028**	310542	2036792	36
95161	99991	639685	**15589929**	709716	4224851	37
1569733	904991	6745404	**78408156**	12913001	64589167	38
483339	106669	2667755	**13927364**	15215399	51412126	39
978773	23601	922460	**4563869**	23477184	83952407	40
385358	2779413	3781670	**31200667**	3652547	24362384	41
118288	70898	1830091	**12380442**	369897	2804592	42
117952740	**34740888**	**135365884**	**10648269125**	**452228452**	**1533139381**	**TII**
75015633	19205155	174940365	**2641340939**			VA001
919964	2795717	1389	**736062253**			VA002
8816712	5698893	22843972	**716819825**			VA003
4993020	7595916	3231184	**1273778692**			VA004
89745328	**35295680**	**201016910**	**5368001709**			**TVA**
207698068	**70036568**	**336382794**	**16016270834**			**TI**

表 2.1 续 9 （Table 2.1 Continue 9）

产业部门 / 产品部门		代码	最终			
			最终消费支出			资本
			居民消费支出 小计	政府消费支出	合计	固定资本形成总额
代码		—	**THC**	FU103	**TC**	FU201
中间投入	燃气生产和供应	26	**13752246**	0	**13752246**	0
	水的生产和供应	27	**7415988**	0	**7415988**	0
	建筑	28	**0**	0	**0**	1289122578
	批发和零售	29	**125284830**	0	**125284830**	46661633
	交通运输、仓储和邮政	30	**64351600**	19730148	**84081748**	19236982
	住宿和餐饮	31	**117141065**	0	**117141065**	0
	信息传输、软件和信息技术服务	32	**58974562**	0	**58974562**	78572400
	金融	33	**95884299**	9360490	**105244789**	0
	房地产	34	**206682390**	0	**206682390**	94064000
	租赁和商务服务	35	**10943397**	11370817	**22314214**	0
	科学研究和技术服务	36	**2347334**	67178517	**69525851**	12097460
	水利、环境和公共设施管理	37	**4934567**	42354261	**47288828**	0
	居民服务、修理和其他服务	38	**77502168**	0	**77502168**	0
	教育	39	**66627525**	140776580	**207404106**	0
	卫生和社会工作	40	**107429591**	96467979	**203897570**	0
	文化、体育和娱乐	41	**28014931**	17818652	**45833583**	0
	公共管理、社会保障和社会组织	42	**3174489**	320684415	**323858904**	0
	中间投入合计	**TII**	**1985367833**	**731817933**	**2717185766**	**2377506060**
增加值	劳动者报酬	VA001				
	生产税净额	VA002				
	固定资产折旧	VA003				
	营业盈余	VA004				
	增加值合计	**TVA**				
总投入		**TI**				

单位:万元(10000 yuan)

使用							
形成总额		出口	最终使用合计	进口	其他	总产出	代码
存货增加	**合计**						
FU202	**GCF**	EX	**TFU**	IM	ERR	**GO**	—
627489	**627489**	0	**14379734**	0	194252	**31228470**	26
0	**0**	0	**7415988**	0	−59299	**17010862**	27
0	**1289122578**	7730236	**1296852814**	2284307	4945821	**1386125872**	28
8760285	**55421919**	117731419	**298438168**	0	−316807	**721553392**	29
2999268	**22236250**	56946262	**163264260**	32662159	317451	**619666563**	30
0	**0**	5654922	**122795987**	11526917	427429	**233344905**	31
0	**78572400**	9977397	**147524359**	7389509	47439	**250850952**	32
0	**0**	4148022	**109392811**	4433607	−545063	**590140254**	33
0	**94064000**	0	**300746390**	0	524448	**419085368**	34
0	**0**	41329287	**63643502**	27953887	−93659	**344051923**	35
0	**12097460**	265504	**81888815**	2245559	−657156	**249336128**	36
0	**0**	1075368	**48364196**	2192016	−138023	**61624086**	37
0	**0**	1171172	**78673340**	1364308	1507301	**157224488**	38
0	**0**	434054	**207838159**	1315772	−147213	**220302538**	39
0	**0**	427962	**204325532**	872352	−318981	**207698068**	40
0	**0**	5494354	**51327937**	12415233	−76803	**70036568**	41
0	**0**	624965	**324483869**	656617	175100	**336382794**	42
106392894	**2483898954**	**1366658526**	**6567743246**	**1220269787**	**20528250**	**16016270834**	**TII**
							VA001
							VA002
							VA003
							VA004
							TVA
							TI

直接消耗系数表

表 2.2 （Table 2.2）

	产业部门 产品部门	代码	农林牧渔业	煤炭开采和洗选业	石油和天然气开采业	金属矿采选业
	代　码	—	01	02	03	04
中间投入	农林牧渔产品和服务	01	0.137781	0.001600	0.000140	0.000769
	煤炭采选产品	02	0.000061	0.147042	0.004549	0.007821
	石油和天然气开采产品	03	0.000000	0.009898	0.024272	0.001140
	金属矿采选产品	04	0.000000	0.003649	0.000037	0.142111
	非金属矿和其他矿采选产品	05	0.000006	0.003315	0.100078	0.002838
	食品和烟草	06	0.105253	0.003897	0.004267	0.005803
	纺织品	07	0.000150	0.001376	0.000173	0.001171
	纺织服装鞋帽皮革羽绒及其制品	08	0.000294	0.002445	0.001834	0.002518
	木材加工品和家具	09	0.000235	0.016276	0.000131	0.001482
	造纸印刷和文教体育用品	10	0.000159	0.001573	0.000593	0.003903
	石油、炼焦产品和核燃料加工品	11	0.016206	0.010077	0.033009	0.050185
	化学产品	12	0.084763	0.029101	0.026511	0.050081
	非金属矿物制品	13	0.000324	0.006381	0.001178	0.006201
	金属冶炼和压延加工品	14	0.000024	0.050347	0.036890	0.040317
	金属制品	15	0.000456	0.019934	0.005083	0.021638
	通用设备	16	0.000111	0.021724	0.011763	0.024271
	专用设备	17	0.006532	0.019881	0.028390	0.026053
	交通运输设备	18	0.001246	0.001625	0.000873	0.003549
	电气机械和器材	19	0.000140	0.007121	0.003484	0.006062
	通信设备、计算机和其他电子设备	20	0.000032	0.004667	0.001153	0.001327
	仪器仪表	21	0.000113	0.000872	0.011379	0.000592
	其他制造产品	22	0.000125	0.001705	0.000181	0.000157
	废品废料	23	0.000003	0.000934	0.000040	0.003049
	金属制品、机械和设备修理服务	24	0.000227	0.000679	0.001402	0.001220
	电力、热力的生产和供应	25	0.009938	0.043476	0.044903	0.093662

Matrix of Direct Input Coefficients

非金属矿和其他矿采选业	食品制造及烟草加工业	纺织业	纺织服装鞋帽皮革羽绒及其制品业	木材加工和家具制造业	造纸印刷和文教体育用品制造业	石油加工、炼焦和核燃料加工业	代码
05	06	07	08	09	10	11	—
0.001917	0.358025	0.167585	0.035382	0.110062	0.044866	0.003989	01
0.013222	0.002351	0.004043	0.001722	0.003035	0.009780	0.054011	02
0.004091	0.000071	0.000149	0.000110	0.000048	0.000166	0.493869	03
0.004324	0.000218	0.002363	0.000065	0.000505	0.000531	0.001333	04
0.015885	0.000492	0.000134	0.000118	0.000291	0.001912	0.000998	05
0.006329	0.225013	0.005101	0.039240	0.004895	0.005672	0.007587	06
0.001144	0.001662	0.395412	0.349114	0.013883	0.039840	0.001794	07
0.002209	0.000994	0.007475	0.126093	0.013947	0.005143	0.000715	08
0.001348	0.000526	0.001593	0.001387	0.335730	0.019665	0.000497	09
0.001948	0.012791	0.003938	0.008628	0.010233	0.249224	0.001060	10
0.056567	0.001952	0.002585	0.002306	0.005406	0.004379	0.069016	11
0.078557	0.022089	0.099917	0.070883	0.081128	0.125864	0.067049	12
0.030249	0.004632	0.001287	0.000698	0.006978	0.003488	0.007311	13
0.021156	0.000970	0.005830	0.001009	0.014627	0.065889	0.002726	14
0.026666	0.003060	0.000871	0.002102	0.035066	0.008044	0.001375	15
0.021563	0.001652	0.002680	0.001827	0.008556	0.003676	0.006518	16
0.047553	0.001442	0.003888	0.005038	0.004407	0.005758	0.002675	17
0.008243	0.000229	0.000097	0.000155	0.000669	0.000471	0.000349	18
0.009867	0.000540	0.000677	0.000791	0.001446	0.002497	0.001469	19
0.001442	0.000214	0.000304	0.000956	0.001557	0.004658	0.001240	20
0.003039	0.000141	0.000119	0.000031	0.000320	0.000313	0.001554	21
0.000943	0.000072	0.000212	0.003557	0.000113	0.001346	0.000240	22
0.000653	0.000242	0.000674	0.000147	0.000328	0.022718	0.000337	23
0.002225	0.000303	0.000552	0.000414	0.000674	0.000534	0.000513	24
0.066515	0.008602	0.020234	0.008354	0.020195	0.020132	0.019854	25

表 2.2 续 1 (Table 2.2 Continue 1)

	产品部门 \ 产业部门	代码	化学工业	非金属矿物制品业	金属冶炼和压延加工业	金属制品业
	代码	—	12	13	14	15
中间投入	农林牧渔产品和服务	01	0.037599	0.001130	0.000791	0.001692
	煤炭采选产品	02	0.018742	0.049638	0.026511	0.005994
	石油和天然气开采产品	03	0.020810	0.002557	0.002632	0.000664
	金属矿采选产品	04	0.004950	0.005980	0.153685	0.016056
	非金属矿和其他矿采选产品	05	0.007122	0.068574	0.001056	0.000745
	食品和烟草	06	0.023684	0.004801	0.004168	0.004766
	纺织品	07	0.013535	0.004634	0.001343	0.003370
	纺织服装鞋帽皮革羽绒及其制品	08	0.002441	0.004187	0.001084	0.002259
	木材加工品和家具	09	0.001397	0.004413	0.001026	0.008080
	造纸印刷和文教体育用品	10	0.007076	0.015169	0.001024	0.005595
	石油、炼焦产品和核燃料加工品	11	0.059816	0.037804	0.044975	0.009770
	化学产品	12	0.410865	0.080257	0.019277	0.054217
	非金属矿物制品	13	0.006865	0.191932	0.016094	0.011685
	金属冶炼和压延加工品	14	0.011121	0.027062	0.340010	0.326402
	金属制品	15	0.006701	0.026952	0.008297	0.115598
	通用设备	16	0.006861	0.021915	0.019699	0.034659
	专用设备	17	0.003638	0.008122	0.003703	0.012662
	交通运输设备	18	0.000738	0.004610	0.000912	0.004571
	电气机械和器材	19	0.002617	0.002855	0.002185	0.007647
	通信设备、计算机和其他电子设备	20	0.002012	0.001327	0.001153	0.004938
	仪器仪表	21	0.000569	0.000810	0.000657	0.001770
	其他制造产品	22	0.000128	0.000229	0.000198	0.000603
	废品废料	23	0.001560	0.004728	0.040125	0.013428
	金属制品、机械和设备修理服务	24	0.000647	0.001849	0.000813	0.000903
	电力、热力的生产和供应	25	0.041457	0.056368	0.043565	0.042894

通用设备制造业	专用设备制造业	交通运输设备制造业	电气机械和器材制造业	通信设备、计算机和其他电子设备制造业	仪器仪表制造业	其他制造业	代码
16	17	18	19	20	21	22	—
0.000671	0.001410	0.000358	0.000615	0.000385	0.000946	0.051085	01
0.002865	0.003295	0.000872	0.001589	0.000231	0.001104	0.027561	02
0.000392	0.001189	0.000303	0.000147	0.000048	0.000217	0.002496	03
0.002461	0.003744	0.000729	0.003786	0.000237	0.000669	0.004994	04
0.000205	0.000773	0.000155	0.000951	0.000075	0.000379	0.001353	05
0.005116	0.004562	0.002507	0.004343	0.004130	0.005193	0.017376	06
0.001524	0.003531	0.004452	0.002401	0.000761	0.002011	0.081664	07
0.002545	0.003242	0.007631	0.001690	0.000674	0.002127	0.006060	08
0.004547	0.003727	0.006257	0.002047	0.000686	0.001908	0.031253	09
0.006898	0.004462	0.002468	0.010793	0.007766	0.009212	0.016832	10
0.006087	0.006084	0.003878	0.004575	0.002488	0.004754	0.012132	11
0.038225	0.054301	0.051452	0.090742	0.058599	0.048889	0.163425	12
0.008465	0.006376	0.010762	0.025665	0.011510	0.026779	0.016546	13
0.187462	0.169208	0.124025	0.249399	0.038420	0.079382	0.084038	14
0.043071	0.042113	0.021532	0.038422	0.015309	0.035038	0.025665	15
0.188673	0.104410	0.055912	0.039640	0.007147	0.039100	0.023201	16
0.010786	0.111709	0.003487	0.005073	0.004725	0.019748	0.005766	17
0.016411	0.026154	0.301068	0.002626	0.001118	0.008917	0.005723	18
0.057700	0.041851	0.031867	0.146542	0.047445	0.055451	0.016941	19
0.051858	0.038908	0.018462	0.064305	0.482789	0.175745	0.022115	20
0.006238	0.006419	0.008518	0.005656	0.004064	0.113637	0.005083	21
0.000456	0.000786	0.000472	0.000495	0.001277	0.000386	0.019836	22
0.002244	0.001396	0.000718	0.000866	0.000227	0.000878	0.002039	23
0.000939	0.000975	0.000648	0.000584	0.000401	0.000582	0.000851	24
0.018681	0.017436	0.009846	0.013529	0.009126	0.012308	0.016815	25

表 2.2 续 2 （Table 2.2 Continue 2）

产品部门 \ 产业部门		代码	废品废料	金属制品、机械和设备修理服务	电力、热力的生产和供应业	燃气生产和供应业
代码		—	23	24	25	26
中间投入	农林牧渔产品和服务	01	0.000750	0.000985	0.000207	0.000280
	煤炭采选产品	02	0.004745	0.003989	0.179202	0.064292
	石油和天然气开采产品	03	0.001077	0.000222	0.010037	0.445214
	金属矿采选产品	04	0.012017	0.003305	0.000814	0.002524
	非金属矿和其他矿采选产品	05	0.000854	0.000314	0.000473	0.001274
	食品和烟草	06	0.004930	0.003022	0.003297	0.003457
	纺织品	07	0.005086	0.004073	0.000128	0.000180
	纺织服装鞋帽皮革羽绒及其制品	08	0.001111	0.003517	0.000621	0.001553
	木材加工品和家具	09	0.000715	0.004335	0.000136	0.000169
	造纸印刷和文教体育用品	10	0.002462	0.005516	0.001463	0.000956
	石油、炼焦产品和核燃料加工品	11	0.009307	0.009555	0.039255	0.016612
	化学产品	12	0.038914	0.043524	0.002468	0.008385
	非金属矿物制品	13	0.005828	0.007258	0.001137	0.001025
	金属冶炼和压延加工品	14	0.049165	0.161260	0.003372	0.002958
	金属制品	15	0.005925	0.063473	0.000681	0.001006
	通用设备	16	0.005583	0.064147	0.003847	0.002683
	专用设备	17	0.002840	0.023766	0.000683	0.001558
	交通运输设备	18	0.003613	0.092417	0.000320	0.000234
	电气机械和器材	19	0.022335	0.062306	0.045361	0.000992
	通信设备、计算机和其他电子设备	20	0.001383	0.029312	0.000680	0.000908
	仪器仪表	21	0.000409	0.009567	0.023709	0.001761
	其他制造产品	22	0.000059	0.000759	0.000055	0.000057
	废品废料	23	0.042626	0.004811	0.000224	0.000024
	金属制品、机械和设备修理服务	24	0.000520	0.002672	0.002629	0.001000
	电力、热力的生产和供应	25	0.014710	0.032802	0.321164	0.022590

水的生产和供应业	建筑业	批发和零售业	交通运输、仓储和邮政业	住宿和餐饮业	信息传输、软件和信息技术服务业	金融业	代码
27	28	29	30	31	32	33	—
0.002622	0.007886	0.000196	0.012830	0.110846	0.002071	0.000011	01
0.001746	0.000264	0.000006	0.000920	0.000151	0.000000	0.000000	02
0.000095	0.000000	0.000000	0.000000	0.000000	0.000000	0.000000	03
0.000026	0.000000	0.000000	0.000000	0.000000	0.000000	0.000000	04
0.000183	0.005593	0.000000	0.000016	0.000000	0.000000	0.000000	05
0.012962	0.002504	0.002928	0.012656	0.304779	0.008046	0.002640	06
0.000528	0.000456	0.000232	0.000691	0.006106	0.000078	0.000096	07
0.004992	0.003928	0.000860	0.003464	0.004243	0.001100	0.005568	08
0.000279	0.023753	0.000328	0.000672	0.000863	0.000430	0.000754	09
0.002645	0.002529	0.010237	0.004104	0.003829	0.031755	0.031991	10
0.002536	0.012677	0.002932	0.146136	0.003149	0.001860	0.004143	11
0.069145	0.043761	0.001942	0.013220	0.009134	0.006679	0.000875	12
0.001430	0.194523	0.000063	0.001351	0.000441	0.000488	0.000086	13
0.002747	0.158151	0.000063	0.002999	0.000006	0.000000	0.000000	14
0.023638	0.041666	0.000224	0.004055	0.000788	0.000175	0.000135	15
0.005966	0.005101	0.000246	0.012256	0.000373	0.000200	0.000890	16
0.002662	0.004783	0.000010	0.002810	0.000181	0.000060	0.001453	17
0.000331	0.000891	0.002419	0.069602	0.001231	0.005411	0.001053	18
0.001398	0.037199	0.009453	0.001300	0.000351	0.057006	0.000163	19
0.001007	0.002330	0.004836	0.001230	0.000410	0.093554	0.001325	20
0.004373	0.000638	0.000024	0.000214	0.000016	0.003176	0.000024	21
0.000132	0.000630	0.000023	0.000231	0.000303	0.000082	0.000510	22
0.000016	0.000000	0.000000	0.000000	0.000000	0.000000	0.000000	23
0.001708	0.000178	0.000041	0.001441	0.000055	0.000463	0.000039	24
0.155187	0.012960	0.010627	0.010143	0.007990	0.012235	0.005563	25

表 2.2 续 3 （Table 2.2 Continue 3）

	产品部门 \ 产业部门	代码	房地产业	租赁和商务服务业	科学研究和技术服务业	水利、环境和公共设施管理业
	代码	—	34	35	36	37
中间投入	农林牧渔产品和服务	01	0.000223	0.007032	0.008420	0.068610
	煤炭采选产品	02	0.000072	0.000028	0.000515	0.002770
	石油和天然气开采产品	03	0.000000	0.000000	0.000000	0.000000
	金属矿采选产品	04	0.000000	0.000000	0.000371	0.000000
	非金属矿和其他矿采选产品	05	0.000000	0.000000	0.000039	0.000020
	食品和烟草	06	0.003740	0.014457	0.008634	0.009324
	纺织品	07	0.000448	0.000912	0.002748	0.006849
	纺织服装鞋帽皮革羽绒及其制品	08	0.001868	0.013121	0.000701	0.007337
	木材加工品和家具	09	0.000512	0.000513	0.000338	0.002714
	造纸印刷和文教体育用品	10	0.005103	0.080498	0.011135	0.011196
	石油、炼焦产品和核燃料加工品	11	0.001650	0.059439	0.029184	0.020036
	化学产品	12	0.001343	0.020114	0.061563	0.070286
	非金属矿物制品	13	0.000109	0.000525	0.003048	0.015240
	金属冶炼和压延加工品	14	0.000004	0.000002	0.002217	0.001607
	金属制品	15	0.001557	0.028827	0.040321	0.005257
	通用设备	16	0.000284	0.000652	0.001584	0.003342
	专用设备	17	0.000398	0.000004	0.000177	0.000808
	交通运输设备	18	0.000139	0.043794	0.009822	0.026791
	电气机械和器材	19	0.001094	0.046338	0.031566	0.018023
	通信设备、计算机和其他电子设备	20	0.000832	0.043521	0.067122	0.003266
	仪器仪表	21	0.000052	0.000119	0.028680	0.005518
	其他制造产品	22	0.001189	0.015301	0.007133	0.005916
	废品废料	23	0.000000	0.000000	0.000000	0.000000
	金属制品、机械和设备修理服务	24	0.000181	0.000063	0.000195	0.000779
	电力、热力的生产和供应	25	0.004833	0.002265	0.005524	0.028481

居民服务、修理和其他服务业	教育	卫生和社会工作	文化、体育和娱乐业	公共管理、社会保障和社会组织	**中间使用合计**	代码
38	39	40	41	42	**TIU**	—
0.004346	0.005400	0.003111	0.003146	0.000012	**0.040740**	01
0.001142	0.001322	0.001624	0.000919	0.000920	**0.014955**	02
0.000000	0.000000	0.000000	0.000000	0.000000	**0.016257**	03
0.000000	0.000000	0.000000	0.000000	0.000000	**0.012961**	04
0.000021	0.000001	0.000001	0.000038	0.000000	**0.004185**	05
0.026067	0.021509	0.015929	0.069439	0.014570	**0.030125**	06
0.004477	0.002166	0.015386	0.003837	0.009392	**0.019220**	07
0.004889	0.000302	0.008791	0.029079	0.022091	**0.005849**	08
0.001724	0.000003	0.000022	0.003699	0.004344	**0.007976**	09
0.012028	0.022541	0.003484	0.079019	0.024251	**0.014056**	10
0.007225	0.006816	0.001940	0.003851	0.018141	**0.024353**	11
0.067526	0.018620	0.354038	0.019081	0.008252	**0.073344**	12
0.001243	0.002347	0.000910	0.004532	0.003642	**0.027760**	13
0.002094	0.000138	0.000000	0.000210	0.000000	**0.071867**	14
0.008919	0.002006	0.000271	0.000897	0.002136	**0.015841**	15
0.001267	0.001021	0.000118	0.000433	0.000420	**0.016447**	16
0.000639	0.000031	0.034981	0.000083	0.000049	**0.006847**	17
0.046384	0.000010	0.001226	0.002334	0.015320	**0.019012**	18
0.018006	0.000039	0.002675	0.003321	0.002743	**0.019366**	19
0.041867	0.002037	0.001057	0.001859	0.003372	**0.030307**	20
0.003659	0.008947	0.000668	0.002799	0.001764	**0.003260**	21
0.007918	0.000000	0.000223	0.003160	0.000008	**0.001008**	22
0.000000	0.000000	0.000000	0.000000	0.000000	**0.004042**	23
0.001306	0.000175	0.000170	0.000214	0.000064	**0.000602**	24
0.013949	0.005619	0.006587	0.006848	0.008812	**0.028631**	25

表 2.2 续 4 （Table 2.2 Continue 4）

	产品部门 \ 产业部门	代码	农林牧渔业	煤炭开采和洗选业	石油和天然气开采业	金属矿采选业
	代码	—	01	02	03	04
中间投入	燃气生产和供应	26	0.000009	0.000100	0.000269	0.000124
	水的生产和供应	27	0.000038	0.000514	0.000211	0.001227
	建筑	28	0.000091	0.002497	0.001604	0.001944
	批发和零售	29	0.014746	0.014641	0.008985	0.014998
	交通运输、仓储和邮政	30	0.012128	0.023503	0.007789	0.034882
	住宿和餐饮	31	0.000886	0.003729	0.001430	0.006136
	信息传输、软件和信息技术服务	32	0.000983	0.001134	0.000894	0.003052
	金融	33	0.012356	0.044645	0.015972	0.030708
	房地产	34	0.000014	0.000254	0.000187	0.000098
	租赁和商务服务	35	0.000344	0.019862	0.006482	0.019345
	科学研究和技术服务	36	0.005771	0.008089	0.013498	0.009918
	水利、环境和公共设施管理	37	0.001439	0.000515	0.000654	0.001363
	居民服务、修理和其他服务	38	0.000855	0.005686	0.002568	0.001839
	教育	39	0.000128	0.000667	0.000133	0.000450
	卫生和社会工作	40	0.000074	0.000298	0.000071	0.000253
	文化、体育和娱乐	41	0.000041	0.001083	0.000580	0.001900
	公共管理、社会保障和社会组织	42	0.000390	0.000274	0.000421	0.000619
	中间投入合计	**TII**	**0.414471**	**0.537189**	**0.404060**	**0.626775**
增加值	劳动者报酬	VA001	0.592658	0.231712	0.120857	0.157255
	生产税净额	VA002	−0.032382	0.096419	0.180600	0.067629
	固定资产折旧	VA003	0.025253	0.042193	0.074390	0.043582
	营业盈余	VA004	0.000000	0.092486	0.220093	0.104759
	增加值合计	**TVA**	**0.585529**	**0.462811**	**0.595940**	**0.373225**
总投入		**TI**	**1.000000**	**1.000000**	**1.000000**	**1.000000**

非金属矿和其他矿采选业	食品制造及烟草加工业	纺织业	纺织服装鞋帽皮革羽绒及其制品业	木材加工和家具制造业	造纸印刷和文教体育用品制造业	石油加工、炼焦和核燃料加工业	代码
05	06	07	08	09	10	11	—
0.000195	0.000042	0.000031	0.000033	0.000015	0.000086	0.001062	26
0.001094	0.000700	0.000446	0.000285	0.000569	0.000610	0.000182	27
0.003386	0.001088	0.000789	0.001270	0.001675	0.001757	0.001314	28
0.020069	0.047924	0.037710	0.070371	0.025021	0.033387	0.013595	29
0.035981	0.031719	0.018785	0.022622	0.032094	0.028155	0.018944	30
0.005023	0.003639	0.002039	0.002661	0.003855	0.003696	0.001284	31
0.002531	0.000968	0.001077	0.001921	0.001760	0.001708	0.000428	32
0.031292	0.011110	0.011321	0.010419	0.016626	0.019039	0.013169	33
0.000354	0.000238	0.000280	0.000707	0.000748	0.000889	0.000169	34
0.017023	0.012657	0.004124	0.010388	0.008624	0.016693	0.006735	35
0.015172	0.002677	0.001512	0.002977	0.004222	0.004285	0.001874	36
0.002383	0.000408	0.001566	0.000272	0.000263	0.001698	0.000590	37
0.005462	0.002090	0.001024	0.001606	0.002089	0.003022	0.001622	38
0.000274	0.000165	0.000096	0.000196	0.000210	0.000233	0.000101	39
0.000333	0.000045	0.000057	0.000127	0.000124	0.000140	0.000493	40
0.001048	0.000721	0.000730	0.000990	0.001067	0.001019	0.000364	41
0.000403	0.000276	0.000182	0.000244	0.000396	0.000309	0.000113	42
0.569677	**0.764749**	**0.809490**	**0.787219**	**0.773456**	**0.763289**	**0.810122**	**TII**
0.183308	0.073186	0.090495	0.115619	0.098430	0.111614	0.042200	VA001
0.110939	0.070500	0.026780	0.027193	0.043313	0.038587	0.094184	VA002
0.046751	0.024732	0.022997	0.017958	0.029134	0.035625	0.023195	VA003
0.089325	0.066833	0.050237	0.052012	0.055668	0.050885	0.030299	VA004
0.430323	**0.235251**	**0.190510**	**0.212781**	**0.226544**	**0.236711**	**0.189878**	**TVA**
1.000000	**1.000000**	**1.000000**	**1.000000**	**1.000000**	**1.000000**	**1.000000**	**TI**

表 2.2　续 5　(Table 2.2　Continue 5)

	产业部门 / 产品部门	代码	化学工业	非金属矿物制品业	金属冶炼和压延加工业	金属制品业
	代码	—	12	13	14	15
中间投入	燃气生产和供应	26	0.001026	0.000181	0.000400	0.000641
	水的生产和供应	27	0.000624	0.000888	0.000370	0.000514
	建筑	28	0.001186	0.001928	0.001000	0.002037
	批发和零售	29	0.028532	0.022108	0.009374	0.023687
	交通运输、仓储和邮政	30	0.027892	0.039688	0.021861	0.029223
	住宿和餐饮	31	0.004551	0.005240	0.001733	0.005122
	信息传输、软件和信息技术服务	32	0.001262	0.002092	0.000768	0.002103
	金融	33	0.019041	0.024540	0.029058	0.020833
	房地产	34	0.000354	0.000608	0.000184	0.000719
	租赁和商务服务	35	0.014985	0.011143	0.005344	0.010981
	科学研究和技术服务	36	0.008974	0.004770	0.005776	0.006102
	水利、环境和公共设施管理	37	0.001450	0.000574	0.000778	0.000348
	居民服务、修理和其他服务	38	0.002503	0.003442	0.001958	0.004117
	教育	39	0.000193	0.000278	0.000091	0.000317
	卫生和社会工作	40	0.000079	0.000227	0.000156	0.000323
	文化、体育和娱乐	41	0.000992	0.001470	0.000658	0.001251
	公共管理、社会保障和社会组织	42	0.000331	0.000370	0.000330	0.000436
	中间投入合计	**TII**	**0.806928**	**0.747446**	**0.814822**	**0.799726**
增加值	劳动者报酬	VA001	0.066430	0.100317	0.058622	0.086401
	生产税净额	VA002	0.033650	0.053652	0.029821	0.032956
	固定资产折旧	VA003	0.028912	0.041038	0.035292	0.026637
	营业盈余	VA004	0.064080	0.057547	0.061443	0.054281
	增加值合计	**TVA**	**0.193072**	**0.252554**	**0.185178**	**0.200274**
总投入		**TI**	**1.000000**	**1.000000**	**1.000000**	**1.000000**

通用设备制造业	专用设备制造业	交通运输设备制造业	电气机械和器材制造业	通信设备、计算机和其他电子设备制造业	仪器仪表制造业	其他制造业	代码
16	17	18	19	20	21	22	—
0.001024	0.000160	0.000036	0.000099	0.000095	0.000107	0.002237	26
0.000544	0.000356	0.000224	0.000383	0.000331	0.000445	0.003335	27
0.001733	0.001307	0.001299	0.001265	0.001835	0.001547	0.002166	28
0.029958	0.030031	0.044650	0.032003	0.040882	0.032569	0.040390	29
0.028916	0.028595	0.029354	0.025387	0.016691	0.025986	0.028993	30
0.005759	0.007119	0.003173	0.004813	0.003068	0.009283	0.004689	31
0.002677	0.002415	0.000878	0.001745	0.005498	0.003192	0.001624	32
0.019013	0.021727	0.014886	0.018023	0.025652	0.024269	0.024603	33
0.000714	0.000731	0.000306	0.000627	0.000733	0.001687	0.000757	34
0.014368	0.014584	0.013538	0.014126	0.012616	0.011001	0.008099	35
0.011996	0.014121	0.016097	0.009846	0.016929	0.016703	0.005181	36
0.000606	0.000346	0.000375	0.000367	0.000226	0.000324	0.001072	37
0.004224	0.004099	0.005335	0.003694	0.002602	0.003565	0.002802	38
0.000314	0.000333	0.000224	0.000189	0.000163	0.000413	0.000385	39
0.000404	0.000338	0.000238	0.000230	0.000090	0.000310	0.000109	40
0.001720	0.001316	0.000680	0.001200	0.000926	0.001444	0.001419	41
0.000507	0.000481	0.001182	0.000464	0.000834	0.000575	0.000583	42
0.788997	**0.786121**	**0.800855**	**0.830942**	**0.828809**	**0.778782**	**0.789293**	**TII**
0.096979	0.100114	0.089493	0.069143	0.090593	0.101080	0.100669	VA001
0.037093	0.032827	0.035102	0.024831	0.018387	0.028354	0.029329	VA002
0.026036	0.025496	0.023157	0.018658	0.025170	0.020985	0.023079	VA003
0.050894	0.055442	0.051393	0.056427	0.037041	0.070799	0.057631	VA004
0.211003	**0.213879**	**0.199145**	**0.169058**	**0.171191**	**0.221218**	**0.210707**	**TVA**
1.000000	**1.000000**	**1.000000**	**1.000000**	**1.000000**	**1.000000**	**1.000000**	**TI**

表 2.2 续 6 （Table 2.2 Continue 6）

产品部门 \ 产业部门		代码	废品废料	金属制品、机械和设备修理服务	电力、热力的生产和供应业	燃气生产和供应业
代码		—	23	24	25	26
中间投入	燃气生产和供应	26	0.000134	0.000219	0.001286	0.098885
	水的生产和供应	27	0.001320	0.000799	0.001500	0.000319
	建筑	28	0.001700	0.002224	0.003963	0.001447
	批发和零售	29	0.009337	0.030778	0.011551	0.007957
	交通运输、仓储和邮政	30	0.019147	0.027314	0.013311	0.028389
	住宿和餐饮	31	0.002754	0.006497	0.001767	0.003126
	信息传输、软件和信息技术服务	32	0.001163	0.002380	0.003037	0.001399
	金融	33	0.014550	0.018763	0.047603	0.043664
	房地产	34	0.000502	0.000532	0.000062	0.001245
	租赁和商务服务	35	0.005749	0.016471	0.003847	0.004967
	科学研究和技术服务	36	0.001552	0.006493	0.004319	0.001105
	水利、环境和公共设施管理	37	0.000316	0.000246	0.003371	0.000986
	居民服务、修理和其他服务	38	0.001658	0.003493	0.001956	0.002385
	教育	39	0.000156	0.000685	0.000107	0.000241
	卫生和社会工作	40	0.000070	0.000130	0.000223	0.000294
	文化、体育和娱乐	41	0.000715	0.001224	0.001611	0.001352
	公共管理、社会保障和社会组织	42	0.000202	0.001905	0.000206	0.000212
	中间投入合计	**TII**	**0.297993**	**0.757060**	**0.741684**	**0.779667**
增加值	劳动者报酬	VA001	0.042440	0.113616	0.074850	0.062323
	生产税净额	VA002	0.016325	0.031963	0.042347	0.026291
	固定资产折旧	VA003	0.012429	0.021884	0.089127	0.049893
	营业盈余	VA004	0.630814	0.075477	0.051992	0.081826
	增加值合计	**TVA**	**0.702007**	**0.242940**	**0.258316**	**0.220333**
总投入		**TI**	**1.000000**	**1.000000**	**1.000000**	**1.000000**

水的生产和供应业	建筑业	批发和零售业	交通运输、仓储和邮政业	住宿和餐饮业	信息传输、软件和信息技术服务业	金融业	代码
27	28	29	30	31	32	33	—
0.000191	0.000008	0.000020	0.010958	0.003038	0.000029	0.000040	26
0.042894	0.000726	0.000205	0.000330	0.001829	0.000121	0.000436	27
0.006563	0.026946	0.002579	0.007869	0.003919	0.004367	0.008593	28
0.015116	0.019644	0.028144	0.021246	0.060556	0.026699	0.011897	29
0.012211	0.031381	0.034256	0.142059	0.019240	0.012552	0.020907	30
0.005734	0.004810	0.005399	0.013527	0.001797	0.006567	0.034886	31
0.008510	0.011222	0.003103	0.009299	0.004163	0.123697	0.026703	32
0.070332	0.027819	0.039297	0.083108	0.013867	0.039836	0.061824	33
0.000141	0.000078	0.045956	0.003616	0.010040	0.021424	0.063186	34
0.003373	0.006762	0.089111	0.012619	0.010354	0.045576	0.091831	35
0.002178	0.035991	0.003874	0.001469	0.000031	0.014216	0.001774	36
0.068029	0.000132	0.000533	0.000468	0.000274	0.000518	0.001106	37
0.006902	0.004449	0.007069	0.017771	0.004124	0.003146	0.005916	38
0.000804	0.000450	0.000602	0.000601	0.000328	0.000729	0.005052	39
0.000029	0.000178	0.000208	0.000236	0.000050	0.000003	0.000277	40
0.003750	0.001152	0.000923	0.001877	0.002219	0.003497	0.011005	41
0.000424	0.000327	0.000424	0.000492	0.000223	0.001772	0.000987	42
0.545539	**0.734477**	**0.309393**	**0.629886**	**0.591295**	**0.529620**	**0.403739**	**TII**
0.225742	0.162047	0.205090	0.178010	0.273456	0.146235	0.186803	VA001
0.051260	0.036948	0.226008	0.011952	0.036803	0.020234	0.066618	VA002
0.157153	0.011874	0.038754	0.081012	0.045618	0.118940	0.015421	VA003
0.020306	0.054653	0.220755	0.099140	0.052829	0.184970	0.327419	VA004
0.454461	**0.265523**	**0.690607**	**0.370114**	**0.408705**	**0.470380**	**0.596261**	**TVA**
1.000000	**1.000000**	**1.000000**	**1.000000**	**1.000000**	**1.000000**	**1.000000**	**TI**

表 2.2 续 7 （Table 2.2 Continue 7）

产品部门 \ 产业部门		代码	房地产业	租赁和商务服务业	科学研究和技术服务业	水利、环境和公共设施管理业
代码		—	34	35	36	37
中间投入	燃气生产和供应	26	0.001842	0.000216	0.000180	0.002871
	水的生产和供应	27	0.000528	0.000088	0.000604	0.003639
	建筑	28	0.023989	0.002117	0.004996	0.021192
	批发和零售	29	0.004137	0.044144	0.029874	0.023549
	交通运输、仓储和邮政	30	0.005932	0.051261	0.031969	0.037459
	住宿和餐饮	31	0.004689	0.038640	0.029390	0.013424
	信息传输、软件和信息技术服务	32	0.004188	0.005144	0.004605	0.009874
	金融	33	0.105230	0.068006	0.038044	0.065698
	房地产	34	0.032148	0.008818	0.005308	0.004034
	租赁和商务服务	35	0.039961	0.057021	0.022218	0.017564
	科学研究和技术服务	36	0.000223	0.000529	0.127246	0.003363
	水利、环境和公共设施管理	37	0.000287	0.003669	0.000272	0.016605
	居民服务、修理和其他服务	38	0.001953	0.007329	0.011228	0.044037
	教育	39	0.000345	0.000420	0.001640	0.002789
	卫生和社会工作	40	0.000002	0.000007	0.000060	0.000184
	文化、体育和娱乐	41	0.001954	0.001701	0.002449	0.003522
	公共管理、社会保障和社会组织	42	0.001330	0.007381	0.000845	0.001394
	中间投入合计	**TII**	**0.254369**	**0.674017**	**0.631967**	**0.585367**
增加值	劳动者报酬	VA001	0.092539	0.160643	0.198967	0.243614
	生产税净额	VA002	0.130917	0.032827	0.024569	0.005356
	固定资产折旧	VA003	0.373095	0.070525	0.030197	0.078715
	营业盈余	VA004	0.149081	0.061988	0.114301	0.086947
	增加值合计	**TVA**	**0.745631**	**0.325983**	**0.368033**	**0.414633**
总投入		**TI**	**1.000000**	**1.000000**	**1.000000**	**1.000000**

居民服务、修理和其他服务业	教育	卫生和社会工作	文化、体育和娱乐业	公共管理、社会保障和社会组织	**中间使用合计**	代码
38	39	40	41	42	**TIU**	—
0.004212	0.001066	0.000503	0.001139	0.000279	**0.001040**	26
0.002799	0.001039	0.000862	0.000540	0.000722	**0.000603**	27
0.006259	0.005099	0.003001	0.009321	0.012626	**0.005408**	28
0.031775	0.010605	0.037867	0.049440	0.021149	**0.026438**	29
0.025878	0.025843	0.014441	0.044652	0.057273	**0.030516**	30
0.012964	0.018652	0.005309	0.026985	0.039056	**0.007595**	31
0.004487	0.014068	0.013099	0.012121	0.027605	**0.006910**	32
0.021501	0.035906	0.013958	0.022175	0.027921	**0.030327**	33
0.049672	0.008524	0.006133	0.013579	0.009868	**0.007356**	34
0.018932	0.005627	0.001246	0.019062	0.015911	**0.019259**	35
0.000081	0.007426	0.000793	0.001322	0.000393	**0.010636**	36
0.001004	0.000482	0.000458	0.001428	0.001902	**0.000973**	37
0.019180	0.011349	0.007558	0.012922	0.020053	**0.004896**	38
0.000801	0.013575	0.002327	0.001523	0.007931	**0.000870**	39
0.000213	0.000328	0.004712	0.000337	0.002742	**0.000285**	40
0.003342	0.003994	0.001855	0.039685	0.011242	**0.001948**	41
0.001401	0.001285	0.000570	0.001012	0.005441	**0.000773**	42
0.481198	**0.265916**	**0.567905**	**0.496039**	**0.402416**	**0.664841**	**TII**
0.350288	0.629646	0.361176	0.274216	0.520063	**0.164916**	VA001
0.044362	0.004153	0.004429	0.039918	0.000004	**0.045957**	VA002
0.026689	0.078309	0.042450	0.081370	0.067911	**0.044756**	VA003
0.097462	0.021975	0.024040	0.108456	0.009606	**0.079530**	VA004
0.518802	**0.734084**	**0.432095**	**0.503961**	**0.597584**	**0.335159**	**TVA**
1.000000	**1.000000**	**1.000000**	**1.000000**	**1.000000**	**1.000000**	**TI**

三、42部门产出表(产品部门×产业部门)

Ⅲ. Gross Output Table with 42-Commodity by 42-Industry

基本流量表

表 3.1 （Table 3.1）

（按当年生产者价格计算）

产业部门 / 产品部门	代码	农林牧渔业	煤炭开采和洗选业	石油和天然气开采业	金属矿采选业
代　码	—	01	02	03	04
农林牧渔产品和服务	01	894213473	0	0	0
煤炭采选产品	02	0	218250968	0	29838
石油和天然气开采产品	03	0	173413	120534879	0
金属矿采选产品	04	0	1124705	0	110569508
非金属矿和其他矿采选产品	05	0	252858	533741	394188
食品和烟草	06	0	137963	0	84885
纺织品	07	0	42994	0	0
纺织服装鞋帽皮革羽绒及其制品	08	0	13422	0	6329
木材加工品和家具	09	0	2828	0	0
造纸印刷和文教体育用品	10	0	184382	0	0
石油、炼焦产品和核燃料加工品	11	0	4050432	3512192	2402
化学产品	12	0	3593745	353211	592357
非金属矿物制品	13	0	2125081	52887	197326
金属冶炼和压延加工品	14	0	3548807	0	8484879
金属制品	15	0	597689	0	190865
通用设备	16	0	2291426	0	40240
专用设备	17	0	3618483	0	9834
交通运输设备	18	0	197092	0	0
电气机械和器材	19	0	336651	0	0
通信设备、计算机和其他电子设备	20	0	65949	0	3191
仪器仪表	21	0	7362	0	0
其他制造产品	22	0	806541	0	0
废品废料	23	0	431	0	1803
金属制品、机械和设备修理服务	24	0	307995	0	0
电力、热力的生产和供应	25	0	3846646	184586	101204
燃气生产和供应	26	0	18644	155428	102902
水的生产和供应	27	0	42519	16075	3790
建筑	28	0	0	0	0
批发和零售	29	0	0	0	0
交通运输、仓储和邮政	30	0	0	0	0
住宿和餐饮	31	0	0	0	0
信息传输、软件和信息技术服务	32	0	0	0	0
金融	33	0	0	0	0
房地产	34	0	0	0	0
租赁和商务服务	35	0	0	0	0
科学研究和技术服务	36	0	0	0	0
水利、环境和公共设施管理	37	0	0	0	0
居民服务、修理和其他服务	38	0	0	0	0
教育	39	0	0	0	0
卫生和社会工作	40	0	0	0	0
文化、体育和娱乐	41	0	0	0	0
公共管理、社会保障和社会组织	42	0	0	0	0
产业部门总产出	**SUM**	**894213473**	**245639028**	**125342999**	**120815542**

Basic Matrix

(Data are calculated atproducers's prices in 2012)　　单位:万元(10000 yuan)

非金属矿和其他矿采选业	食品制造及烟草加工业	纺织业	纺织服装鞋帽皮革羽绒及其制品业	木材加工和家具制造业	造纸印刷和文教体育用品制造业	石油加工、炼焦和核燃料加工业	代码
05	06	07	08	09	10	11	—
0	0	0	0	0	0	0	01
202454	324845	64414	0	41846	36675	3032985	02
1003694	0	0	0	0	0	560233	03
362281	18167	59458	2303	19587	26399	217112	04
55521072	299648	10078	36946	38017	80113	46043	05
117619	868805590	543104	162648	84050	416888	27816	06
0	722810	345364851	10141472	153893	1359466	270461	07
3835	837882	10632497	282243681	167949	487296	28620	08
11332	172100	130569	281514	179773351	2780207	3158	09
4281	1384936	475211	657847	595655	283212313	2130	10
198204	15480	0	0	0	0	366020976	11
741587	3945585	3897754	2783648	625655	3585114	43073876	12
2033303	449266	183861	68947	199389	730524	466469	13
258023	1032380	5200740	35903	495399	776880	1531560	14
8939	90334	151745	51684	860124	1078605	946	15
35195	124588	29474	35591	48937	268246	30038	16
122675	390070	84791	141826	251567	264487	22968	17
15033	258504	44929	27752	306853	184333	69329	18
7601	21559	3236	20080	99881	190490	2722	19
0	95602	92756	341796	340847	228075	0	20
3868	41966	25910	924	3778	23014	345	21
59483	3143	51296	24536	51105	277270	244436	22
0	138240	0	26625	0	17667	61785	23
0	11766	1630	3171	276	22359	0	24
331516	298667	742963	33287	16886	567233	838034	25
78323	7961	0	0	0	0	628663	26
13115	20180	947	0	10	15669	25070	27
0	0	0	0	0	0	0	28
0	0	0	0	0	0	0	29
0	0	0	0	0	0	0	30
0	0	0	0	0	0	0	31
0	0	0	0	0	0	0	32
0	0	0	0	0	0	0	33
0	0	0	0	0	0	0	34
0	0	0	0	0	0	0	35
0	0	0	0	0	0	0	36
0	0	0	0	0	0	0	37
0	0	0	0	0	0	0	38
0	0	0	0	0	0	0	39
0	0	0	0	0	0	0	40
0	0	0	0	0	0	0	41
0	0	0	0	0	0	0	42
61133433	**879511270**	**367792213**	**297122182**	**184175053**	**296629323**	**417205776**	**SUM**

表 3.1 续 1 (Table 3.1 Continue 1)

产品部门 \ 产业部门	代码	化学工业	非金属矿物制品业	金属冶炼和压延加工业	金属制品业
代码	—	12	13	14	15
农林牧渔产品和服务	01	0	0	0	0
煤炭采选产品	02	554279	155188	392749	236428
石油和天然气开采产品	03	11071	0	2321	0
金属矿采选产品	04	742767	363732	10256201	702138
非金属矿和其他矿采选产品	05	1510867	2532267	246584	58713
食品和烟草	06	7372312	220842	496295	167969
纺织品	07	4561076	183497	812174	262880
纺织服装鞋帽皮革羽绒及其制品	08	1377770	105892	561529	92670
木材加工品和家具	09	696213	704882	458347	1115618
造纸印刷和文教体育用品	10	2778325	835802	175730	616926
石油、炼焦产品和核燃料加工品	11	21000306	776004	3308272	875
化学产品	12	1120974727	3201720	6821927	1646519
非金属矿物制品	13	3580419	448036770	3021643	1551807
金属冶炼和压延加工品	14	4744253	1747399	1024936739	20401229
金属制品	15	1459504	1406541	15041291	279169062
通用设备	16	1513474	962065	7202800	11681662
专用设备	17	3976058	550970	2936083	4730276
交通运输设备	18	1664859	439440	1270143	2624540
电气机械和器材	19	4624938	859635	768950	1402039
通信设备、计算机和其他电子设备	20	1379807	445496	517677	686034
仪器仪表	21	143011	75731	287613	85890
其他制造产品	22	355492	88119	1603454	1860667
废品废料	23	302546	194203	2606409	843854
金属制品、机械和设备修理服务	24	16320	72737	296376	306167
电力、热力的生产和供应	25	2527195	236475	4220882	14250
燃气生产和供应	26	107570	11219	1018447	498
水的生产和供应	27	119525	2153	188180	448
建筑	28	0	0	0	0
批发和零售	29	0	0	0	0
交通运输、仓储和邮政	30	0	0	0	0
住宿和餐饮	31	0	0	0	0
信息传输、软件和信息技术服务	32	0	0	0	0
金融	33	0	0	0	0
房地产	34	0	0	0	0
租赁和商务服务	35	0	0	0	0
科学研究和技术服务	36	0	0	0	0
水利、环境和公共设施管理	37	0	0	0	0
居民服务、修理和其他服务	38	0	0	0	0
教育	39	0	0	0	0
卫生和社会工作	40	0	0	0	0
文化、体育和娱乐	41	0	0	0	0
公共管理、社会保障和社会组织	42	0	0	0	0
产业部门总产出	**SUM**	**1188094681**	**464208778**	**1089448818**	**330259160**

单位:万元(10000 yuan)

通用设备制造业	专用设备制造业	交通运输设备制造业	电气机械和器材制造业	通信设备、计算机和其他电子设备制造业	仪器仪表制造业	其他制造业	代码
16	17	18	19	20	21	22	—
0	0	0	0	0	0	0	01
21358	76028	37652	7041	8335	0	146324	02
0	21401	0	31942	0	0	0	03
64724	100444	13274	4747	5866	0	0	04
46957	349405	22998	13703	33814	189389	70391	05
155123	305663	77103	4949	99777	11461	198900	06
390494	302979	276953	155358	175896	52669	501035	07
46292	151395	28248	37982	23471	6194	146783	08
146828	190845	117789	246391	37224	10656	566090	09
457864	350355	111465	306302	957302	26326	343325	10
0	230667	4411	30720	883	0	6403	11
1067917	3252084	2012807	2866513	2265147	752892	848738	12
352635	775744	133924	531970	248186	164511	226690	13
4548780	6043269	2437381	8393859	724307	172468	528942	14
7595953	3692210	3530439	4140207	1215644	457344	342361	15
358935008	14163296	9543252	7486972	3776059	2620982	237126	16
16878673	264941096	5461033	2817032	1574502	1981312	177194	17
6161603	1961165	624325583	3314048	1044312	1011876	290520	18
3174818	2791728	966927	471517981	10711645	1113970	228752	19
2206365	1906430	1206975	15173072	620998641	1990778	247882	20
667315	666960	599635	1306255	2524592	47913255	305518	21
365198	402060	568919	2340927	976452	212095	14545135	22
257233	59336	0	24764	6168	6873	33076	23
299188	97349	1781206	104900	13763	273106	0	24
1462894	15398	345002	1101995	74504	88470	69965	25
0	3085	8040	8262	0	0	77274	26
44897	93725	38090	16486	2994	0	4847	27
0	0	0	0	0	0	0	28
0	0	0	0	0	0	0	29
0	0	0	0	0	0	0	30
0	0	0	0	0	0	0	31
0	0	0	0	0	0	0	32
0	0	0	0	0	0	0	33
0	0	0	0	0	0	0	34
0	0	0	0	0	0	0	35
0	0	0	0	0	0	0	36
0	0	0	0	0	0	0	37
0	0	0	0	0	0	0	38
0	0	0	0	0	0	0	39
0	0	0	0	0	0	0	40
0	0	0	0	0	0	0	41
0	0	0	0	0	0	0	42
405348115	**302944116**	**653649108**	**521984379**	**647499485**	**59056628**	**20143271**	**SUM**

表 3.1 续 2 （Table 3.1 Continue 2）

产品部门 \ 产业部门	代码	废品废料	金属制品、机械和设备修理服务	电力、热力的生产和供应业	燃气生产和供应业
代码	—	23	24	25	26
农林牧渔产品和服务	01	0	0	0	0
煤炭采选产品	02	23299	0	1439661	0
石油和天然气开采产品	03	0	0	0	300257
金属矿采选产品	04	160682	0	1460	0
非金属矿和其他矿采选产品	05	0	0	1092651	63394
食品和烟草	06	1480	0	19139	0
纺织品	07	0	0	73854	0
纺织服装鞋帽皮革羽绒及其制品	08	2094	0	14142	0
木材加工品和家具	09	0	0	41929	0
造纸印刷和文教体育用品	10	13239	2115	37538	0
石油、炼焦产品和核燃料加工品	11	67107	0	191178	715209
化学产品	12	519343	32045	569259	180641
非金属矿物制品	13	391321	13428	407681	68595
金属冶炼和压延加工品	14	2640953	112601	2336323	0
金属制品	15	264919	826579	91559	0
通用设备	16	12814	607064	445879	69247
专用设备	17	26548	884430	9467	0
交通运输设备	18	0	1018748	334347	0
电气机械和器材	19	1263	53841	1145604	2365
通信设备、计算机和其他电子设备	20	24632	54591	2602	0
仪器仪表	21	221	33989	0	0
其他制造产品	22	34021	130084	39113	23510
废品废料	23	37018196	585826	40571	281
金属制品、机械和设备修理服务	24	1092035	4726106	3536	76
电力、热力的生产和供应	25	0	615	469753188	39180
燃气生产和供应	26	0	0	86626	28913885
水的生产和供应	27	14071	443	372904	6341
建筑	28	0	0	0	0
批发和零售	29	0	0	0	0
交通运输、仓储和邮政	30	0	0	0	0
住宿和餐饮	31	0	0	0	0
信息传输、软件和信息技术服务	32	0	0	0	0
金融	33	0	0	0	0
房地产	34	0	0	0	0
租赁和商务服务	35	0	0	0	0
科学研究和技术服务	36	0	0	0	0
水利、环境和公共设施管理	37	0	0	0	0
居民服务、修理和其他服务	38	0	0	0	0
教育	39	0	0	0	0
卫生和社会工作	40	0	0	0	0
文化、体育和娱乐	41	0	0	0	0
公共管理、社会保障和社会组织	42	0	0	0	0
产业部门总产出	**SUM**	**42308238**	**9082507**	**478550209**	**30382979**

单位:万元(10000 yuan)

水的生产和供应业	建筑业	批发和零售业	交通运输、仓储和邮政业	住宿和餐饮业	信息传输、软件和信息技术服务业	金融业	代码
27	28	29	30	31	32	33	—
0	0	0	0	0	0	0	01
0	0	0	0	0	0	0	02
0	0	0	0	0	0	0	03
0	0	0	0	0	0	0	04
0	0	0	0	0	0	0	05
84263	0	0	0	0	0	0	06
0	0	0	0	0	0	0	07
0	0	0	0	0	0	0	08
884	0	0	0	0	0	0	09
0	0	0	0	0	0	0	10
0	0	0	0	0	0	0	11
40977	0	0	0	0	0	0	12
33856	0	0	0	0	0	0	13
0	0	0	0	0	0	0	14
378	0	0	0	0	0	0	15
1612	0	0	0	0	0	0	16
74990	0	0	0	0	0	0	17
0	0	0	0	0	0	0	18
0	0	0	0	0	0	0	19
2636	0	0	0	0	0	0	20
6401	0	0	0	0	0	0	21
67595	0	0	0	0	0	0	22
0	0	0	0	0	0	0	23
0	0	0	0	0	0	0	24
22554	0	0	0	0	0	0	25
1642	0	0	0	0	0	0	26
15968381	0	0	0	0	0	0	27
0	1386125872	0	0	0	0	0	28
0	0	721553392	0	0	0	0	29
0	0	0	619666563	0	0	0	30
0	0	0	0	233344905	0	0	31
0	0	0	0	0	250850952	0	32
0	0	0	0	0	0	590140254	33
0	0	0	0	0	0	0	34
0	0	0	0	0	0	0	35
0	0	0	0	0	0	0	36
0	0	0	0	0	0	0	37
0	0	0	0	0	0	0	38
0	0	0	0	0	0	0	39
0	0	0	0	0	0	0	40
0	0	0	0	0	0	0	41
0	0	0	0	0	0	0	42
16306170	**1386125872**	**721553392**	**619666563**	**233344905**	**250850952**	**590140254**	**SUM**

表 3.1 续 3 （Table 3.1 Continue 3）

产品部门 \ 产业部门	代码	房地产业	租赁和商务服务业	科学研究和技术服务业	水利、环境和公共设施管理业
代码	—	34	35	36	37
农林牧渔产品和服务	01	0	0	0	0
煤炭采选产品	02	0	0	0	0
石油和天然气开采产品	03	0	0	0	0
金属矿采选产品	04	0	0	0	0
非金属矿和其他矿采选产品	05	0	0	0	0
食品和烟草	06	0	0	0	0
纺织品	07	0	0	0	0
纺织服装鞋帽皮革羽绒及其制品	08	0	0	0	0
木材加工品和家具	09	0	0	0	0
造纸印刷和文教体育用品	10	0	0	0	0
石油、炼焦产品和核燃料加工品	11	0	0	0	0
化学产品	12	0	0	0	0
非金属矿物制品	13	0	0	0	0
金属冶炼和压延加工品	14	0	0	0	0
金属制品	15	0	0	0	0
通用设备	16	0	0	0	0
专用设备	17	0	0	0	0
交通运输设备	18	0	0	0	0
电气机械和器材	19	0	0	0	0
通信设备、计算机和其他电子设备	20	0	0	0	0
仪器仪表	21	0	0	0	0
其他制造产品	22	0	0	0	0
废品废料	23	0	0	0	0
金属制品、机械和设备修理服务	24	0	0	0	0
电力、热力的生产和供应	25	0	0	0	0
燃气生产和供应	26	0	0	0	0
水的生产和供应	27	0	0	0	0
建筑	28	0	0	0	0
批发和零售	29	0	0	0	0
交通运输、仓储和邮政	30	0	0	0	0
住宿和餐饮	31	0	0	0	0
信息传输、软件和信息技术服务	32	0	0	0	0
金融	33	0	0	0	0
房地产	34	419085368	0	0	0
租赁和商务服务	35	0	344051923	0	0
科学研究和技术服务	36	0	0	249336128	0
水利、环境和公共设施管理	37	0	0	0	61624086
居民服务、修理和其他服务	38	0	0	0	0
教育	39	0	0	0	0
卫生和社会工作	40	0	0	0	0
文化、体育和娱乐	41	0	0	0	0
公共管理、社会保障和社会组织	42	0	0	0	0
产业部门总产出	**SUM**	**419085368**	**344051923**	**249336128**	**61624086**

单位:万元(10000 yuan)

居民服务、修理和其他服务业	教育	卫生和社会工作	文化、体育和娱乐业	公共管理、社会保障和社会组织	产品部门总产出	代码
38	39	40	41	42	**SUM**	—
0	0	0	0	0	**894213473**	01
0	0	0	0	0	**225082366**	02
0	0	0	0	0	**122639212**	03
0	0	0	0	0	**124815555**	04
0	0	0	0	0	**63443836**	05
0	0	0	0	0	**879595838**	06
0	0	0	0	0	**365804812**	07
0	0	0	0	0	**297015972**	08
0	0	0	0	0	**187488755**	09
0	0	0	0	0	**293529370**	10
0	0	0	0	0	**400131723**	11
0	0	0	0	0	**1210245788**	12
0	0	0	0	0	**466046232**	13
0	0	0	0	0	**1101133074**	14
0	0	0	0	0	**322264921**	15
0	0	0	0	0	**422163049**	16
0	0	0	0	0	**311926367**	17
0	0	0	0	0	**646565010**	18
0	0	0	0	0	**500046676**	19
0	0	0	0	0	**648011833**	20
0	0	0	0	0	**54723553**	21
0	0	0	0	0	**25130652**	22
0	0	0	0	0	**42225883**	23
0	0	0	0	0	**9430063**	24
0	0	0	0	0	**486933591**	25
0	0	0	0	0	**31228470**	26
0	0	0	0	0	**17010862**	27
0	0	0	0	0	**1386125872**	28
0	0	0	0	0	**721553392**	29
0	0	0	0	0	**619666563**	30
0	0	0	0	0	**233344905**	31
0	0	0	0	0	**250850952**	32
0	0	0	0	0	**590140254**	33
0	0	0	0	0	**419085368**	34
0	0	0	0	0	**344051923**	35
0	0	0	0	0	**249336128**	36
0	0	0	0	0	**61624086**	37
157224488	0	0	0	0	**157224488**	38
0	220302538	0	0	0	**220302538**	39
0	0	207698068	0	0	**207698068**	40
0	0	0	70036568	0	**70036568**	41
0	0	0	0	336382794	**336382794**	42
157224488	**220302538**	**207698068**	**70036568**	**336382794**	**16016270834**	**SUM**

产品比例矩阵(C 表)

表 3.2 (Table 3.2)

产品部门 \ 产业部门	代码	农林牧渔业	煤炭开采和洗选业	石油和天然气开采业	金属矿采选业
代　码	—	01	02	03	04
农林牧渔产品和服务	01	1.000000	0.000000	0.000000	0.000000
煤炭采选产品	02	0.000000	0.888503	0.000000	0.000247
石油和天然气开采产品	03	0.000000	0.000706	0.961640	0.000000
金属矿采选产品	04	0.000000	0.004579	0.000000	0.915193
非金属矿和其他矿采选产品	05	0.000000	0.001029	0.004258	0.003263
食品和烟草	06	0.000000	0.000562	0.000000	0.000703
纺织品	07	0.000000	0.000175	0.000000	0.000000
纺织服装鞋帽皮革羽绒及其制品	08	0.000000	0.000055	0.000000	0.000052
木材加工品和家具	09	0.000000	0.000012	0.000000	0.000000
造纸印刷和文教体育用品	10	0.000000	0.000751	0.000000	0.000000
石油、炼焦产品和核燃料加工品	11	0.000000	0.016489	0.028021	0.000020
化学产品	12	0.000000	0.014630	0.002818	0.004903
非金属矿物制品	13	0.000000	0.008651	0.000422	0.001633
金属冶炼和压延加工品	14	0.000000	0.014447	0.000000	0.070230
金属制品	15	0.000000	0.002433	0.000000	0.001580
通用设备	16	0.000000	0.009328	0.000000	0.000333
专用设备	17	0.000000	0.014731	0.000000	0.000081
交通运输设备	18	0.000000	0.000802	0.000000	0.000000
电气机械和器材	19	0.000000	0.001371	0.000000	0.000000
通信设备、计算机和其他电子设备	20	0.000000	0.000268	0.000000	0.000026
仪器仪表	21	0.000000	0.000030	0.000000	0.000000
其他制造产品	22	0.000000	0.003283	0.000000	0.000000
废品废料	23	0.000000	0.000002	0.000000	0.000015
金属制品、机械和设备修理服务	24	0.000000	0.001254	0.000000	0.000000
电力、热力的生产和供应	25	0.000000	0.015660	0.001473	0.000838
燃气生产和供应	26	0.000000	0.000076	0.001240	0.000852
水的生产和供应	27	0.000000	0.000173	0.000128	0.000031
建筑	28	0.000000	0.000000	0.000000	0.000000
批发和零售	29	0.000000	0.000000	0.000000	0.000000
交通运输、仓储和邮政	30	0.000000	0.000000	0.000000	0.000000
住宿和餐饮	31	0.000000	0.000000	0.000000	0.000000
信息传输、软件和信息技术服务	32	0.000000	0.000000	0.000000	0.000000
金融	33	0.000000	0.000000	0.000000	0.000000
房地产	34	0.000000	0.000000	0.000000	0.000000
租赁和商务服务	35	0.000000	0.000000	0.000000	0.000000
科学研究和技术服务	36	0.000000	0.000000	0.000000	0.000000
水利、环境和公共设施管理	37	0.000000	0.000000	0.000000	0.000000
居民服务、修理和其他服务	38	0.000000	0.000000	0.000000	0.000000
教育	39	0.000000	0.000000	0.000000	0.000000
卫生和社会工作	40	0.000000	0.000000	0.000000	0.000000
文化、体育和娱乐	41	0.000000	0.000000	0.000000	0.000000
公共管理、社会保障和社会组织	42	0.000000	0.000000	0.000000	0.000000
产业部门合计	**SUM**	**1.000000**	**1.000000**	**1.000000**	**1.000000**

Product-Mix Matrix (C)

非金属矿和其他矿采选业	食品制造及烟草加工业	纺织业	纺织服装鞋帽皮革羽绒及其制品业	木材加工和家具制造业	造纸印刷和文教体育用品制造业	石油加工、炼焦和核燃料加工业	代码
05	06	07	08	09	10	11	—
0.000000	0.000000	0.000000	0.000000	0.000000	0.000000	0.000000	01
0.003312	0.000369	0.000175	0.000000	0.000227	0.000124	0.007270	02
0.016418	0.000000	0.000000	0.000000	0.000000	0.000000	0.001343	03
0.005926	0.000021	0.000162	0.000008	0.000106	0.000089	0.000520	04
0.908195	0.000341	0.000027	0.000124	0.000206	0.000270	0.000110	05
0.001924	0.987828	0.001477	0.000547	0.000456	0.001405	0.000067	06
0.000000	0.000822	0.939022	0.034132	0.000836	0.004583	0.000648	07
0.000063	0.000953	0.028909	0.949925	0.000912	0.001643	0.000069	08
0.000185	0.000196	0.000355	0.000947	0.976100	0.009373	0.000008	09
0.000070	0.001575	0.001292	0.002214	0.003234	0.954768	0.000005	10
0.003242	0.000018	0.000000	0.000000	0.000000	0.000000	0.877315	11
0.012131	0.004486	0.010598	0.009369	0.003397	0.012086	0.103244	12
0.033260	0.000511	0.000500	0.000232	0.001083	0.002463	0.001118	13
0.004221	0.001174	0.014140	0.000121	0.002690	0.002619	0.003671	14
0.000146	0.000103	0.000413	0.000174	0.004670	0.003636	0.000002	15
0.000576	0.000142	0.000080	0.000120	0.000266	0.000904	0.000072	16
0.002007	0.000444	0.000231	0.000477	0.001366	0.000892	0.000055	17
0.000246	0.000294	0.000122	0.000093	0.001666	0.000621	0.000166	18
0.000124	0.000025	0.000009	0.000068	0.000542	0.000642	0.000007	19
0.000000	0.000109	0.000252	0.001150	0.001851	0.000769	0.000000	20
0.000063	0.000048	0.000070	0.000003	0.000021	0.000078	0.000001	21
0.000973	0.000004	0.000139	0.000083	0.000277	0.000935	0.000586	22
0.000000	0.000157	0.000000	0.000090	0.000000	0.000060	0.000148	23
0.000000	0.000013	0.000004	0.000011	0.000001	0.000075	0.000000	24
0.005423	0.000340	0.002020	0.000112	0.000092	0.001912	0.002009	25
0.001281	0.000009	0.000000	0.000000	0.000000	0.000000	0.001507	26
0.000215	0.000023	0.000003	0.000000	0.000000	0.000053	0.000060	27
0.000000	0.000000	0.000000	0.000000	0.000000	0.000000	0.000000	28
0.000000	0.000000	0.000000	0.000000	0.000000	0.000000	0.000000	29
0.000000	0.000000	0.000000	0.000000	0.000000	0.000000	0.000000	30
0.000000	0.000000	0.000000	0.000000	0.000000	0.000000	0.000000	31
0.000000	0.000000	0.000000	0.000000	0.000000	0.000000	0.000000	32
0.000000	0.000000	0.000000	0.000000	0.000000	0.000000	0.000000	33
0.000000	0.000000	0.000000	0.000000	0.000000	0.000000	0.000000	34
0.000000	0.000000	0.000000	0.000000	0.000000	0.000000	0.000000	35
0.000000	0.000000	0.000000	0.000000	0.000000	0.000000	0.000000	36
0.000000	0.000000	0.000000	0.000000	0.000000	0.000000	0.000000	37
0.000000	0.000000	0.000000	0.000000	0.000000	0.000000	0.000000	38
0.000000	0.000000	0.000000	0.000000	0.000000	0.000000	0.000000	39
0.000000	0.000000	0.000000	0.000000	0.000000	0.000000	0.000000	40
0.000000	0.000000	0.000000	0.000000	0.000000	0.000000	0.000000	41
0.000000	0.000000	0.000000	0.000000	0.000000	0.000000	0.000000	42
1.000000	**1.000000**	**1.000000**	**1.000000**	**1.000000**	**1.000000**	**1.000000**	**SUM**

表 3.2　续 1　(Table 3.2　Continue 1)

产业部门 / 产品部门	代码	化学工业	非金属矿物制品业	金属冶炼和压延加工业	金属制品业
代　码	—	12	13	14	15
农林牧渔产品和服务	01	0.000000	0.000000	0.000000	0.000000
煤炭采选产品	02	0.000467	0.000334	0.000361	0.000716
石油和天然气开采产品	03	0.000009	0.000000	0.000002	0.000000
金属矿采选产品	04	0.000625	0.000784	0.009414	0.002126
非金属矿和其他矿采选产品	05	0.001272	0.005455	0.000226	0.000178
食品和烟草	06	0.006205	0.000476	0.000456	0.000509
纺织品	07	0.003839	0.000395	0.000745	0.000796
纺织服装鞋帽皮革羽绒及其制品	08	0.001160	0.000228	0.000515	0.000281
木材加工品和家具	09	0.000586	0.001518	0.000421	0.003378
造纸印刷和文教体育用品	10	0.002338	0.001800	0.000161	0.001868
石油、炼焦产品和核燃料加工品	11	0.017676	0.001672	0.003037	0.000003
化学产品	12	0.943506	0.006897	0.006262	0.004986
非金属矿物制品	13	0.003014	0.965162	0.002774	0.004699
金属冶炼和压延加工品	14	0.003993	0.003764	0.940785	0.061773
金属制品	15	0.001228	0.003030	0.013806	0.845303
通用设备	16	0.001274	0.002072	0.006611	0.035371
专用设备	17	0.003347	0.001187	0.002695	0.014323
交通运输设备	18	0.001401	0.000947	0.001166	0.007947
电气机械和器材	19	0.003893	0.001852	0.000706	0.004245
通信设备、计算机和其他电子设备	20	0.001161	0.000960	0.000475	0.002077
仪器仪表	21	0.000120	0.000163	0.000264	0.000260
其他制造产品	22	0.000299	0.000190	0.001472	0.005634
废品废料	23	0.000255	0.000418	0.002392	0.002555
金属制品、机械和设备修理服务	24	0.000014	0.000157	0.000272	0.000927
电力、热力的生产和供应	25	0.002127	0.000509	0.003874	0.000043
燃气生产和供应	26	0.000091	0.000024	0.000935	0.000002
水的生产和供应	27	0.000101	0.000005	0.000173	0.000001
建筑	28	0.000000	0.000000	0.000000	0.000000
批发和零售	29	0.000000	0.000000	0.000000	0.000000
交通运输、仓储和邮政	30	0.000000	0.000000	0.000000	0.000000
住宿和餐饮	31	0.000000	0.000000	0.000000	0.000000
信息传输、软件和信息技术服务	32	0.000000	0.000000	0.000000	0.000000
金融	33	0.000000	0.000000	0.000000	0.000000
房地产	34	0.000000	0.000000	0.000000	0.000000
租赁和商务服务	35	0.000000	0.000000	0.000000	0.000000
科学研究和技术服务	36	0.000000	0.000000	0.000000	0.000000
水利、环境和公共设施管理	37	0.000000	0.000000	0.000000	0.000000
居民服务、修理和其他服务	38	0.000000	0.000000	0.000000	0.000000
教育	39	0.000000	0.000000	0.000000	0.000000
卫生和社会工作	40	0.000000	0.000000	0.000000	0.000000
文化、体育和娱乐	41	0.000000	0.000000	0.000000	0.000000
公共管理、社会保障和社会组织	42	0.000000	0.000000	0.000000	0.000000
产业部门合计	**SUM**	**1.000000**	**1.000000**	**1.000000**	**1.000000**

通用设备制造业	专用设备制造业	交通运输设备制造业	电气机械和器材制造业	通信设备、计算机和其他电子设备制造业	仪器仪表制造业	其他制造业	代码
16	17	18	19	20	21	22	—
0.000000	0.000000	0.000000	0.000000	0.000000	0.000000	0.000000	01
0.000053	0.000251	0.000058	0.000013	0.000013	0.000000	0.007264	02
0.000000	0.000071	0.000000	0.000061	0.000000	0.000000	0.000000	03
0.000160	0.000332	0.000020	0.000009	0.000009	0.000000	0.000000	04
0.000116	0.001153	0.000035	0.000026	0.000052	0.003207	0.003495	05
0.000383	0.001009	0.000118	0.000009	0.000154	0.000194	0.009874	06
0.000963	0.001000	0.000424	0.000298	0.000272	0.000892	0.024874	07
0.000114	0.000500	0.000043	0.000073	0.000036	0.000105	0.007287	08
0.000362	0.000630	0.000180	0.000472	0.000057	0.000180	0.028103	09
0.001130	0.001156	0.000171	0.000587	0.001478	0.000446	0.017044	10
0.000000	0.000761	0.000007	0.000059	0.000001	0.000000	0.000318	11
0.002635	0.010735	0.003079	0.005492	0.003498	0.012749	0.042135	12
0.000870	0.002561	0.000205	0.001019	0.000383	0.002786	0.011254	13
0.011222	0.019948	0.003729	0.016081	0.001119	0.002920	0.026259	14
0.018739	0.012188	0.005401	0.007932	0.001877	0.007744	0.016996	15
0.885498	0.046752	0.014600	0.014343	0.005832	0.044381	0.011772	16
0.041640	0.874554	0.008355	0.005397	0.002432	0.033549	0.008797	17
0.015201	0.006474	0.955139	0.006349	0.001613	0.017134	0.014423	18
0.007832	0.009215	0.001479	0.903318	0.016543	0.018863	0.011356	19
0.005443	0.006293	0.001847	0.029068	0.959072	0.033710	0.012306	20
0.001646	0.002202	0.000917	0.002502	0.003899	0.811310	0.015167	21
0.000901	0.001327	0.000870	0.004485	0.001508	0.003591	0.722084	22
0.000635	0.000196	0.000000	0.000047	0.000010	0.000116	0.001642	23
0.000738	0.000321	0.002725	0.000201	0.000021	0.004624	0.000000	24
0.003609	0.000051	0.000528	0.002111	0.000115	0.001498	0.003473	25
0.000000	0.000010	0.000012	0.000016	0.000000	0.000000	0.003836	26
0.000111	0.000309	0.000058	0.000032	0.000005	0.000000	0.000241	27
0.000000	0.000000	0.000000	0.000000	0.000000	0.000000	0.000000	28
0.000000	0.000000	0.000000	0.000000	0.000000	0.000000	0.000000	29
0.000000	0.000000	0.000000	0.000000	0.000000	0.000000	0.000000	30
0.000000	0.000000	0.000000	0.000000	0.000000	0.000000	0.000000	31
0.000000	0.000000	0.000000	0.000000	0.000000	0.000000	0.000000	32
0.000000	0.000000	0.000000	0.000000	0.000000	0.000000	0.000000	33
0.000000	0.000000	0.000000	0.000000	0.000000	0.000000	0.000000	34
0.000000	0.000000	0.000000	0.000000	0.000000	0.000000	0.000000	35
0.000000	0.000000	0.000000	0.000000	0.000000	0.000000	0.000000	36
0.000000	0.000000	0.000000	0.000000	0.000000	0.000000	0.000000	37
0.000000	0.000000	0.000000	0.000000	0.000000	0.000000	0.000000	38
0.000000	0.000000	0.000000	0.000000	0.000000	0.000000	0.000000	39
0.000000	0.000000	0.000000	0.000000	0.000000	0.000000	0.000000	40
0.000000	0.000000	0.000000	0.000000	0.000000	0.000000	0.000000	41
0.000000	0.000000	0.000000	0.000000	0.000000	0.000000	0.000000	42
1.000000	**1.000000**	**1.000000**	**1.000000**	**1.000000**	**1.000000**	**1.000000**	**SUM**

表 3.2 续 2 （Table 3.2 Continue 2）

产品部门 \ 产业部门	代码	废品废料	金属制品、机械和设备修理服务	电力、热力的生产和供应业	燃气生产和供应业
代码	—	23	24	25	26
农林牧渔产品和服务	01	0.000000	0.000000	0.000000	0.000000
煤炭采选产品	02	0.000551	0.000000	0.003008	0.000000
石油和天然气开采产品	03	0.000000	0.000000	0.000000	0.009882
金属矿采选产品	04	0.003798	0.000000	0.000003	0.000000
非金属矿和其他矿采选产品	05	0.000000	0.000000	0.002283	0.002086
食品和烟草	06	0.000035	0.000000	0.000040	0.000000
纺织品	07	0.000000	0.000000	0.000154	0.000000
纺织服装鞋帽皮革羽绒及其制品	08	0.000049	0.000000	0.000030	0.000000
木材加工品和家具	09	0.000000	0.000000	0.000088	0.000000
造纸印刷和文教体育用品	10	0.000313	0.000233	0.000078	0.000000
石油、炼焦产品和核燃料加工品	11	0.001586	0.000000	0.000399	0.023540
化学产品	12	0.012275	0.003528	0.001190	0.005945
非金属矿物制品	13	0.009249	0.001478	0.000852	0.002258
金属冶炼和压延加工品	14	0.062422	0.012398	0.004882	0.000000
金属制品	15	0.006262	0.091008	0.000191	0.000000
通用设备	16	0.000303	0.066839	0.000932	0.002279
专用设备	17	0.000627	0.097377	0.000020	0.000000
交通运输设备	18	0.000000	0.112166	0.000699	0.000000
电气机械和器材	19	0.000030	0.005928	0.002394	0.000078
通信设备、计算机和其他电子设备	20	0.000582	0.006011	0.000005	0.000000
仪器仪表	21	0.000005	0.003742	0.000000	0.000000
其他制造产品	22	0.000804	0.014322	0.000082	0.000774
废品废料	23	0.874964	0.064500	0.000085	0.000009
金属制品、机械和设备修理服务	24	0.025811	0.520353	0.000007	0.000002
电力、热力的生产和供应	25	0.000000	0.000068	0.981617	0.001290
燃气生产和供应	26	0.000000	0.000000	0.000181	0.951647
水的生产和供应	27	0.000333	0.000049	0.000779	0.000209
建筑	28	0.000000	0.000000	0.000000	0.000000
批发和零售	29	0.000000	0.000000	0.000000	0.000000
交通运输、仓储和邮政	30	0.000000	0.000000	0.000000	0.000000
住宿和餐饮	31	0.000000	0.000000	0.000000	0.000000
信息传输、软件和信息技术服务	32	0.000000	0.000000	0.000000	0.000000
金融	33	0.000000	0.000000	0.000000	0.000000
房地产	34	0.000000	0.000000	0.000000	0.000000
租赁和商务服务	35	0.000000	0.000000	0.000000	0.000000
科学研究和技术服务	36	0.000000	0.000000	0.000000	0.000000
水利、环境和公共设施管理	37	0.000000	0.000000	0.000000	0.000000
居民服务、修理和其他服务	38	0.000000	0.000000	0.000000	0.000000
教育	39	0.000000	0.000000	0.000000	0.000000
卫生和社会工作	40	0.000000	0.000000	0.000000	0.000000
文化、体育和娱乐	41	0.000000	0.000000	0.000000	0.000000
公共管理、社会保障和社会组织	42	0.000000	0.000000	0.000000	0.000000
产业部门合计	**SUM**	**1.000000**	**1.000000**	**1.000000**	**1.000000**

水的生产和供应业	建筑业	批发和零售业	交通运输、仓储和邮政业	住宿和餐饮业	信息传输、软件和信息技术服务业	金融业	代码
27	28	29	30	31	32	33	—
0.000000	0.000000	0.000000	0.000000	0.000000	0.000000	0.000000	01
0.000000	0.000000	0.000000	0.000000	0.000000	0.000000	0.000000	02
0.000000	0.000000	0.000000	0.000000	0.000000	0.000000	0.000000	03
0.000000	0.000000	0.000000	0.000000	0.000000	0.000000	0.000000	04
0.000000	0.000000	0.000000	0.000000	0.000000	0.000000	0.000000	05
0.005168	0.000000	0.000000	0.000000	0.000000	0.000000	0.000000	06
0.000000	0.000000	0.000000	0.000000	0.000000	0.000000	0.000000	07
0.000000	0.000000	0.000000	0.000000	0.000000	0.000000	0.000000	08
0.000054	0.000000	0.000000	0.000000	0.000000	0.000000	0.000000	09
0.000000	0.000000	0.000000	0.000000	0.000000	0.000000	0.000000	10
0.000000	0.000000	0.000000	0.000000	0.000000	0.000000	0.000000	11
0.002513	0.000000	0.000000	0.000000	0.000000	0.000000	0.000000	12
0.002076	0.000000	0.000000	0.000000	0.000000	0.000000	0.000000	13
0.000000	0.000000	0.000000	0.000000	0.000000	0.000000	0.000000	14
0.000023	0.000000	0.000000	0.000000	0.000000	0.000000	0.000000	15
0.000099	0.000000	0.000000	0.000000	0.000000	0.000000	0.000000	16
0.004599	0.000000	0.000000	0.000000	0.000000	0.000000	0.000000	17
0.000000	0.000000	0.000000	0.000000	0.000000	0.000000	0.000000	18
0.000000	0.000000	0.000000	0.000000	0.000000	0.000000	0.000000	19
0.000162	0.000000	0.000000	0.000000	0.000000	0.000000	0.000000	20
0.000393	0.000000	0.000000	0.000000	0.000000	0.000000	0.000000	21
0.004145	0.000000	0.000000	0.000000	0.000000	0.000000	0.000000	22
0.000000	0.000000	0.000000	0.000000	0.000000	0.000000	0.000000	23
0.000000	0.000000	0.000000	0.000000	0.000000	0.000000	0.000000	24
0.001383	0.000000	0.000000	0.000000	0.000000	0.000000	0.000000	25
0.000101	0.000000	0.000000	0.000000	0.000000	0.000000	0.000000	26
0.979285	0.000000	0.000000	0.000000	0.000000	0.000000	0.000000	27
0.000000	1.000000	0.000000	0.000000	0.000000	0.000000	0.000000	28
0.000000	0.000000	1.000000	0.000000	0.000000	0.000000	0.000000	29
0.000000	0.000000	0.000000	1.000000	0.000000	0.000000	0.000000	30
0.000000	0.000000	0.000000	0.000000	1.000000	0.000000	0.000000	31
0.000000	0.000000	0.000000	0.000000	0.000000	1.000000	0.000000	32
0.000000	0.000000	0.000000	0.000000	0.000000	0.000000	1.000000	33
0.000000	0.000000	0.000000	0.000000	0.000000	0.000000	0.000000	34
0.000000	0.000000	0.000000	0.000000	0.000000	0.000000	0.000000	35
0.000000	0.000000	0.000000	0.000000	0.000000	0.000000	0.000000	36
0.000000	0.000000	0.000000	0.000000	0.000000	0.000000	0.000000	37
0.000000	0.000000	0.000000	0.000000	0.000000	0.000000	0.000000	38
0.000000	0.000000	0.000000	0.000000	0.000000	0.000000	0.000000	39
0.000000	0.000000	0.000000	0.000000	0.000000	0.000000	0.000000	40
0.000000	0.000000	0.000000	0.000000	0.000000	0.000000	0.000000	41
0.000000	0.000000	0.000000	0.000000	0.000000	0.000000	0.000000	42
1.000000	**1.000000**	**1.000000**	**1.000000**	**1.000000**	**1.000000**	**1.000000**	**SUM**

表 3.2 续 3 (Table 3.2 Continue 3)

产品部门 \ 产业部门	代码	房地产业	租赁和商务服务业	科学研究和技术服务业	水利、环境和公共设施管理业
代码	—	34	35	36	37
农林牧渔产品和服务	01	0.000000	0.000000	0.000000	0.000000
煤炭采选产品	02	0.000000	0.000000	0.000000	0.000000
石油和天然气开采产品	03	0.000000	0.000000	0.000000	0.000000
金属矿采选产品	04	0.000000	0.000000	0.000000	0.000000
非金属矿和其他矿采选产品	05	0.000000	0.000000	0.000000	0.000000
食品和烟草	06	0.000000	0.000000	0.000000	0.000000
纺织品	07	0.000000	0.000000	0.000000	0.000000
纺织服装鞋帽皮革羽绒及其制品	08	0.000000	0.000000	0.000000	0.000000
木材加工品和家具	09	0.000000	0.000000	0.000000	0.000000
造纸印刷和文教体育用品	10	0.000000	0.000000	0.000000	0.000000
石油、炼焦产品和核燃料加工品	11	0.000000	0.000000	0.000000	0.000000
化学产品	12	0.000000	0.000000	0.000000	0.000000
非金属矿物制品	13	0.000000	0.000000	0.000000	0.000000
金属冶炼和压延加工品	14	0.000000	0.000000	0.000000	0.000000
金属制品	15	0.000000	0.000000	0.000000	0.000000
通用设备	16	0.000000	0.000000	0.000000	0.000000
专用设备	17	0.000000	0.000000	0.000000	0.000000
交通运输设备	18	0.000000	0.000000	0.000000	0.000000
电气机械和器材	19	0.000000	0.000000	0.000000	0.000000
通信设备、计算机和其他电子设备	20	0.000000	0.000000	0.000000	0.000000
仪器仪表	21	0.000000	0.000000	0.000000	0.000000
其他制造产品	22	0.000000	0.000000	0.000000	0.000000
废品废料	23	0.000000	0.000000	0.000000	0.000000
金属制品、机械和设备修理服务	24	0.000000	0.000000	0.000000	0.000000
电力、热力的生产和供应	25	0.000000	0.000000	0.000000	0.000000
燃气生产和供应	26	0.000000	0.000000	0.000000	0.000000
水的生产和供应	27	0.000000	0.000000	0.000000	0.000000
建筑	28	0.000000	0.000000	0.000000	0.000000
批发和零售	29	0.000000	0.000000	0.000000	0.000000
交通运输、仓储和邮政	30	0.000000	0.000000	0.000000	0.000000
住宿和餐饮	31	0.000000	0.000000	0.000000	0.000000
信息传输、软件和信息技术服务	32	0.000000	0.000000	0.000000	0.000000
金融	33	0.000000	0.000000	0.000000	0.000000
房地产	34	1.000000	0.000000	0.000000	0.000000
租赁和商务服务	35	0.000000	1.000000	0.000000	0.000000
科学研究和技术服务	36	0.000000	0.000000	1.000000	0.000000
水利、环境和公共设施管理	37	0.000000	0.000000	0.000000	1.000000
居民服务、修理和其他服务	38	0.000000	0.000000	0.000000	0.000000
教育	39	0.000000	0.000000	0.000000	0.000000
卫生和社会工作	40	0.000000	0.000000	0.000000	0.000000
文化、体育和娱乐	41	0.000000	0.000000	0.000000	0.000000
公共管理、社会保障和社会组织	42	0.000000	0.000000	0.000000	0.000000
产业部门合计	**SUM**	**1.000000**	**1.000000**	**1.000000**	**1.000000**

单位:万元(10000 yuan)

居民服务、修理和其他服务业	教育	卫生和社会工作	文化、体育和娱乐业	公共管理、社会保障和社会组织	代码
38	39	40	41	42	—
0.000000	0.000000	0.000000	0.000000	0.000000	01
0.000000	0.000000	0.000000	0.000000	0.000000	02
0.000000	0.000000	0.000000	0.000000	0.000000	03
0.000000	0.000000	0.000000	0.000000	0.000000	04
0.000000	0.000000	0.000000	0.000000	0.000000	05
0.000000	0.000000	0.000000	0.000000	0.000000	06
0.000000	0.000000	0.000000	0.000000	0.000000	07
0.000000	0.000000	0.000000	0.000000	0.000000	08
0.000000	0.000000	0.000000	0.000000	0.000000	09
0.000000	0.000000	0.000000	0.000000	0.000000	10
0.000000	0.000000	0.000000	0.000000	0.000000	11
0.000000	0.000000	0.000000	0.000000	0.000000	12
0.000000	0.000000	0.000000	0.000000	0.000000	13
0.000000	0.000000	0.000000	0.000000	0.000000	14
0.000000	0.000000	0.000000	0.000000	0.000000	15
0.000000	0.000000	0.000000	0.000000	0.000000	16
0.000000	0.000000	0.000000	0.000000	0.000000	17
0.000000	0.000000	0.000000	0.000000	0.000000	18
0.000000	0.000000	0.000000	0.000000	0.000000	19
0.000000	0.000000	0.000000	0.000000	0.000000	20
0.000000	0.000000	0.000000	0.000000	0.000000	21
0.000000	0.000000	0.000000	0.000000	0.000000	22
0.000000	0.000000	0.000000	0.000000	0.000000	23
0.000000	0.000000	0.000000	0.000000	0.000000	24
0.000000	0.000000	0.000000	0.000000	0.000000	25
0.000000	0.000000	0.000000	0.000000	0.000000	26
0.000000	0.000000	0.000000	0.000000	0.000000	27
0.000000	0.000000	0.000000	0.000000	0.000000	28
0.000000	0.000000	0.000000	0.000000	0.000000	29
0.000000	0.000000	0.000000	0.000000	0.000000	30
0.000000	0.000000	0.000000	0.000000	0.000000	31
0.000000	0.000000	0.000000	0.000000	0.000000	32
0.000000	0.000000	0.000000	0.000000	0.000000	33
0.000000	0.000000	0.000000	0.000000	0.000000	34
0.000000	0.000000	0.000000	0.000000	0.000000	35
0.000000	0.000000	0.000000	0.000000	0.000000	36
0.000000	0.000000	0.000000	0.000000	0.000000	37
1.000000	0.000000	0.000000	0.000000	0.000000	38
0.000000	1.000000	0.000000	0.000000	0.000000	39
0.000000	0.000000	1.000000	0.000000	0.000000	40
0.000000	0.000000	0.000000	1.000000	0.000000	41
0.000000	0.000000	0.000000	0.000000	1.000000	42
1.000000	**1.000000**	**1.000000**	**1.000000**	**1.000000**	**SUM**

市场份额矩阵(D表)

表 3.3 (Table 3.3)

产业部门 / 产品部门	代码	农林牧渔业	煤炭开采和洗选业	石油和天然气开采业	金属矿采选业
代　码	—	01	02	03	04
农林牧渔产品和服务	01	1.000000	0.000000	0.000000	0.000000
煤炭采选产品	02	0.000000	0.969649	0.000000	0.000133
石油和天然气开采产品	03	0.000000	0.001414	0.982841	0.000000
金属矿采选产品	04	0.000000	0.009011	0.000000	0.885863
非金属矿和其他矿采选产品	05	0.000000	0.003986	0.008413	0.006213
食品和烟草	06	0.000000	0.000157	0.000000	0.000097
纺织品	07	0.000000	0.000118	0.000000	0.000000
纺织服装鞋帽皮革羽绒及其制品	08	0.000000	0.000045	0.000000	0.000021
木材加工品和家具	09	0.000000	0.000015	0.000000	0.000000
造纸印刷和文教体育用品	10	0.000000	0.000628	0.000000	0.000000
石油、炼焦产品和核燃料加工品	11	0.000000	0.010123	0.008778	0.000006
化学产品	12	0.000000	0.002969	0.000292	0.000489
非金属矿物制品	13	0.000000	0.004560	0.000113	0.000423
金属冶炼和压延加工品	14	0.000000	0.003223	0.000000	0.007706
金属制品	15	0.000000	0.001855	0.000000	0.000592
通用设备	16	0.000000	0.005428	0.000000	0.000095
专用设备	17	0.000000	0.011600	0.000000	0.000032
交通运输设备	18	0.000000	0.000305	0.000000	0.000000
电气机械和器材	19	0.000000	0.000673	0.000000	0.000000
通信设备、计算机和其他电子设备	20	0.000000	0.000102	0.000000	0.000005
仪器仪表	21	0.000000	0.000135	0.000000	0.000000
其他制造产品	22	0.000000	0.032094	0.000000	0.000000
废品废料	23	0.000000	0.000010	0.000000	0.000043
金属制品、机械和设备修理服务	24	0.000000	0.032661	0.000000	0.000000
电力、热力的生产和供应	25	0.000000	0.007900	0.000379	0.000208
燃气生产和供应	26	0.000000	0.000597	0.004977	0.003295
水的生产和供应	27	0.000000	0.002500	0.000945	0.000223
建筑	28	0.000000	0.000000	0.000000	0.000000
批发和零售	29	0.000000	0.000000	0.000000	0.000000
交通运输、仓储和邮政	30	0.000000	0.000000	0.000000	0.000000
住宿和餐饮	31	0.000000	0.000000	0.000000	0.000000
信息传输、软件和信息技术服务	32	0.000000	0.000000	0.000000	0.000000
金融	33	0.000000	0.000000	0.000000	0.000000
房地产	34	0.000000	0.000000	0.000000	0.000000
租赁和商务服务	35	0.000000	0.000000	0.000000	0.000000
科学研究和技术服务	36	0.000000	0.000000	0.000000	0.000000
水利、环境和公共设施管理	37	0.000000	0.000000	0.000000	0.000000
居民服务、修理和其他服务	38	0.000000	0.000000	0.000000	0.000000
教育	39	0.000000	0.000000	0.000000	0.000000
卫生和社会工作	40	0.000000	0.000000	0.000000	0.000000
文化、体育和娱乐	41	0.000000	0.000000	0.000000	0.000000
公共管理、社会保障和社会组织	42	0.000000	0.000000	0.000000	0.000000

Market-Share Matrix (D)

非金属矿和其他矿采选业	食品制造及烟草加工业	纺织业	纺织服装鞋帽皮革羽绒及其制品业	木材加工和家具制造业	造纸印刷和文教体育用品制造业	石油加工、炼焦和核燃料加工业	代码
05	06	07	08	09	10	11	—
0.000000	0.000000	0.000000	0.000000	0.000000	0.000000	0.000000	01
0.000899	0.001443	0.000286	0.000000	0.000186	0.000163	0.013475	02
0.008184	0.000000	0.000000	0.000000	0.000000	0.000000	0.004568	03
0.002903	0.000146	0.000476	0.000018	0.000157	0.000212	0.001739	04
0.875122	0.004723	0.000159	0.000582	0.000599	0.001263	0.000726	05
0.000134	0.987733	0.000617	0.000185	0.000096	0.000474	0.000032	06
0.000000	0.001976	0.944123	0.027724	0.000421	0.003716	0.000739	07
0.000013	0.002821	0.035798	0.950264	0.000565	0.001641	0.000096	08
0.000060	0.000918	0.000696	0.001501	0.958849	0.014829	0.000017	09
0.000015	0.004718	0.001619	0.002241	0.002029	0.964852	0.000007	10
0.000495	0.000039	0.000000	0.000000	0.000000	0.000000	0.914751	11
0.000613	0.003260	0.003221	0.002300	0.000517	0.002962	0.035591	12
0.004363	0.000964	0.000395	0.000148	0.000428	0.001567	0.001001	13
0.000234	0.000938	0.004723	0.000033	0.000450	0.000706	0.001391	14
0.000028	0.000280	0.000471	0.000160	0.002669	0.003347	0.000003	15
0.000083	0.000295	0.000070	0.000084	0.000116	0.000635	0.000071	16
0.000393	0.001251	0.000272	0.000455	0.000806	0.000848	0.000074	17
0.000023	0.000400	0.000069	0.000043	0.000475	0.000285	0.000107	18
0.000015	0.000043	0.000006	0.000040	0.000200	0.000381	0.000005	19
0.000000	0.000148	0.000143	0.000527	0.000526	0.000352	0.000000	20
0.000071	0.000767	0.000473	0.000017	0.000069	0.000421	0.000006	21
0.002367	0.000125	0.002041	0.000976	0.002034	0.011033	0.009727	22
0.000000	0.003274	0.000000	0.000631	0.000000	0.000418	0.001463	23
0.000000	0.001248	0.000173	0.000336	0.000029	0.002371	0.000000	24
0.000681	0.000613	0.001526	0.000068	0.000035	0.001165	0.001721	25
0.002508	0.000255	0.000000	0.000000	0.000000	0.000000	0.020131	26
0.000771	0.001186	0.000056	0.000000	0.000001	0.000921	0.001474	27
0.000000	0.000000	0.000000	0.000000	0.000000	0.000000	0.000000	28
0.000000	0.000000	0.000000	0.000000	0.000000	0.000000	0.000000	29
0.000000	0.000000	0.000000	0.000000	0.000000	0.000000	0.000000	30
0.000000	0.000000	0.000000	0.000000	0.000000	0.000000	0.000000	31
0.000000	0.000000	0.000000	0.000000	0.000000	0.000000	0.000000	32
0.000000	0.000000	0.000000	0.000000	0.000000	0.000000	0.000000	33
0.000000	0.000000	0.000000	0.000000	0.000000	0.000000	0.000000	34
0.000000	0.000000	0.000000	0.000000	0.000000	0.000000	0.000000	35
0.000000	0.000000	0.000000	0.000000	0.000000	0.000000	0.000000	36
0.000000	0.000000	0.000000	0.000000	0.000000	0.000000	0.000000	37
0.000000	0.000000	0.000000	0.000000	0.000000	0.000000	0.000000	38
0.000000	0.000000	0.000000	0.000000	0.000000	0.000000	0.000000	39
0.000000	0.000000	0.000000	0.000000	0.000000	0.000000	0.000000	40
0.000000	0.000000	0.000000	0.000000	0.000000	0.000000	0.000000	41
0.000000	0.000000	0.000000	0.000000	0.000000	0.000000	0.000000	42

表 3.3 续 1 （Table 3.3 Continue 1）

产品部门 \ 产业部门	代码	化学工业	非金属矿物制品业	金属冶炼和压延加工业	金属制品业
代码	—	12	13	14	15
农林牧渔产品和服务	01	0.000000	0.000000	0.000000	0.000000
煤炭采选产品	02	0.002463	0.000689	0.001745	0.001050
石油和天然气开采产品	03	0.000090	0.000000	0.000019	0.000000
金属矿采选产品	04	0.005951	0.002914	0.082171	0.005625
非金属矿和其他矿采选产品	05	0.023814	0.039914	0.003887	0.000925
食品和烟草	06	0.008381	0.000251	0.000564	0.000191
纺织品	07	0.012469	0.000502	0.002220	0.000719
纺织服装鞋帽皮革羽绒及其制品	08	0.004639	0.000357	0.001891	0.000312
木材加工品和家具	09	0.003713	0.003760	0.002445	0.005950
造纸印刷和文教体育用品	10	0.009465	0.002847	0.000599	0.002102
石油、炼焦产品和核燃料加工品	11	0.052483	0.001939	0.008268	0.000002
化学产品	12	0.926237	0.002646	0.005637	0.001360
非金属矿物制品	13	0.007683	0.961357	0.006484	0.003330
金属冶炼和压延加工品	14	0.004309	0.001587	0.930802	0.018527
金属制品	15	0.004529	0.004365	0.046674	0.866272
通用设备	16	0.003585	0.002279	0.017062	0.027671
专用设备	17	0.012747	0.001766	0.009413	0.015165
交通运输设备	18	0.002575	0.000680	0.001964	0.004059
电气机械和器材	19	0.009249	0.001719	0.001538	0.002804
通信设备、计算机和其他电子设备	20	0.002129	0.000687	0.000799	0.001059
仪器仪表	21	0.002613	0.001384	0.005256	0.001570
其他制造产品	22	0.014146	0.003506	0.063805	0.074040
废品废料	23	0.007165	0.004599	0.061725	0.019984
金属制品、机械和设备修理服务	24	0.001731	0.007713	0.031429	0.032467
电力、热力的生产和供应	25	0.005190	0.000486	0.008668	0.000029
燃气生产和供应	26	0.003445	0.000359	0.032613	0.000016
水的生产和供应	27	0.007026	0.000127	0.011062	0.000026
建筑	28	0.000000	0.000000	0.000000	0.000000
批发和零售	29	0.000000	0.000000	0.000000	0.000000
交通运输、仓储和邮政	30	0.000000	0.000000	0.000000	0.000000
住宿和餐饮	31	0.000000	0.000000	0.000000	0.000000
信息传输、软件和信息技术服务	32	0.000000	0.000000	0.000000	0.000000
金融	33	0.000000	0.000000	0.000000	0.000000
房地产	34	0.000000	0.000000	0.000000	0.000000
租赁和商务服务	35	0.000000	0.000000	0.000000	0.000000
科学研究和技术服务	36	0.000000	0.000000	0.000000	0.000000
水利、环境和公共设施管理	37	0.000000	0.000000	0.000000	0.000000
居民服务、修理和其他服务	38	0.000000	0.000000	0.000000	0.000000
教育	39	0.000000	0.000000	0.000000	0.000000
卫生和社会工作	40	0.000000	0.000000	0.000000	0.000000
文化、体育和娱乐	41	0.000000	0.000000	0.000000	0.000000
公共管理、社会保障和社会组织	42	0.000000	0.000000	0.000000	0.000000

通用设备制造业	专用设备制造业	交通运输设备制造业	电气机械和器材制造业	通信设备、计算机和其他电子设备制造业	仪器仪表制造业	其他制造业	代码
16	17	18	19	20	21	22	—
0.000000	0.000000	0.000000	0.000000	0.000000	0.000000	0.000000	01
0.000095	0.000338	0.000167	0.000031	0.000037	0.000000	0.000650	02
0.000000	0.000175	0.000000	0.000260	0.000000	0.000000	0.000000	03
0.000519	0.000805	0.000106	0.000038	0.000047	0.000000	0.000000	04
0.000740	0.005507	0.000362	0.000216	0.000533	0.002985	0.001110	05
0.000176	0.000348	0.000088	0.000006	0.000113	0.000013	0.000226	06
0.001067	0.000828	0.000757	0.000425	0.000481	0.000144	0.001370	07
0.000156	0.000510	0.000095	0.000128	0.000079	0.000021	0.000494	08
0.000783	0.001018	0.000628	0.001314	0.000199	0.000057	0.003019	09
0.001560	0.001194	0.000380	0.001044	0.003261	0.000090	0.001170	10
0.000000	0.000576	0.000011	0.000077	0.000002	0.000000	0.000016	11
0.000882	0.002687	0.001663	0.002369	0.001872	0.000622	0.000701	12
0.000757	0.001665	0.000287	0.001141	0.000533	0.000353	0.000486	13
0.004131	0.005488	0.002214	0.007623	0.000658	0.000157	0.000480	14
0.023571	0.011457	0.010955	0.012847	0.003772	0.001419	0.001062	15
0.850228	0.033549	0.022606	0.017735	0.008945	0.006208	0.000562	16
0.054111	0.849371	0.017507	0.009031	0.005048	0.006352	0.000568	17
0.009530	0.003033	0.965604	0.005126	0.001615	0.001565	0.000449	18
0.006349	0.005583	0.001934	0.942948	0.021421	0.002228	0.000457	19
0.003405	0.002942	0.001863	0.023415	0.958314	0.003072	0.000383	20
0.012194	0.012188	0.010958	0.023870	0.046134	0.875551	0.005583	21
0.014532	0.015999	0.022638	0.093150	0.038855	0.008440	0.578781	22
0.006092	0.001405	0.000000	0.000586	0.000146	0.000163	0.000783	23
0.031727	0.010323	0.188886	0.011124	0.001460	0.028961	0.000000	24
0.003004	0.000032	0.000709	0.002263	0.000153	0.000182	0.000144	25
0.000000	0.000099	0.000257	0.000265	0.000000	0.000000	0.002474	26
0.002639	0.005510	0.002239	0.000969	0.000176	0.000000	0.000285	27
0.000000	0.000000	0.000000	0.000000	0.000000	0.000000	0.000000	28
0.000000	0.000000	0.000000	0.000000	0.000000	0.000000	0.000000	29
0.000000	0.000000	0.000000	0.000000	0.000000	0.000000	0.000000	30
0.000000	0.000000	0.000000	0.000000	0.000000	0.000000	0.000000	31
0.000000	0.000000	0.000000	0.000000	0.000000	0.000000	0.000000	32
0.000000	0.000000	0.000000	0.000000	0.000000	0.000000	0.000000	33
0.000000	0.000000	0.000000	0.000000	0.000000	0.000000	0.000000	34
0.000000	0.000000	0.000000	0.000000	0.000000	0.000000	0.000000	35
0.000000	0.000000	0.000000	0.000000	0.000000	0.000000	0.000000	36
0.000000	0.000000	0.000000	0.000000	0.000000	0.000000	0.000000	37
0.000000	0.000000	0.000000	0.000000	0.000000	0.000000	0.000000	38
0.000000	0.000000	0.000000	0.000000	0.000000	0.000000	0.000000	39
0.000000	0.000000	0.000000	0.000000	0.000000	0.000000	0.000000	40
0.000000	0.000000	0.000000	0.000000	0.000000	0.000000	0.000000	41
0.000000	0.000000	0.000000	0.000000	0.000000	0.000000	0.000000	42

表 3.3 续 2 （Table 3.3 Continue 2）

产业部门 / 产品部门	代码	废品废料	金属制品、机械和设备修理服务	电力、热力的生产和供应业	燃气生产和供应业
代码	—	23	24	25	26
农林牧渔产品和服务	01	0.000000	0.000000	0.000000	0.000000
煤炭采选产品	02	0.000104	0.000000	0.006396	0.000000
石油和天然气开采产品	03	0.000000	0.000000	0.000000	0.002448
金属矿采选产品	04	0.001287	0.000000	0.000012	0.000000
非金属矿和其他矿采选产品	05	0.000000	0.000000	0.017222	0.000999
食品和烟草	06	0.000002	0.000000	0.000022	0.000000
纺织品	07	0.000000	0.000000	0.000202	0.000000
纺织服装鞋帽皮革羽绒及其制品	08	0.000007	0.000000	0.000048	0.000000
木材加工品和家具	09	0.000000	0.000000	0.000224	0.000000
造纸印刷和文教体育用品	10	0.000045	0.000007	0.000128	0.000000
石油、炼焦产品和核燃料加工品	11	0.000168	0.000000	0.000478	0.001787
化学产品	12	0.000429	0.000026	0.000470	0.000149
非金属矿物制品	13	0.000840	0.000029	0.000875	0.000147
金属冶炼和压延加工品	14	0.002398	0.000102	0.002122	0.000000
金属制品	15	0.000822	0.002565	0.000284	0.000000
通用设备	16	0.000030	0.001438	0.001056	0.000164
专用设备	17	0.000085	0.002835	0.000030	0.000000
交通运输设备	18	0.000000	0.001576	0.000517	0.000000
电气机械和器材	19	0.000003	0.000108	0.002291	0.000005
通信设备、计算机和其他电子设备	20	0.000038	0.000084	0.000004	0.000000
仪器仪表	21	0.000004	0.000621	0.000000	0.000000
其他制造产品	22	0.001354	0.005176	0.001556	0.000936
废品废料	23	0.876671	0.013874	0.000961	0.000007
金属制品、机械和设备修理服务	24	0.115804	0.501174	0.000375	0.000008
电力、热力的生产和供应	25	0.000000	0.000001	0.964717	0.000080
燃气生产和供应	26	0.000000	0.000000	0.002774	0.925882
水的生产和供应	27	0.000827	0.000026	0.021922	0.000373
建筑	28	0.000000	0.000000	0.000000	0.000000
批发和零售	29	0.000000	0.000000	0.000000	0.000000
交通运输、仓储和邮政	30	0.000000	0.000000	0.000000	0.000000
住宿和餐饮	31	0.000000	0.000000	0.000000	0.000000
信息传输、软件和信息技术服务	32	0.000000	0.000000	0.000000	0.000000
金融	33	0.000000	0.000000	0.000000	0.000000
房地产	34	0.000000	0.000000	0.000000	0.000000
租赁和商务服务	35	0.000000	0.000000	0.000000	0.000000
科学研究和技术服务	36	0.000000	0.000000	0.000000	0.000000
水利、环境和公共设施管理	37	0.000000	0.000000	0.000000	0.000000
居民服务、修理和其他服务	38	0.000000	0.000000	0.000000	0.000000
教育	39	0.000000	0.000000	0.000000	0.000000
卫生和社会工作	40	0.000000	0.000000	0.000000	0.000000
文化、体育和娱乐	41	0.000000	0.000000	0.000000	0.000000
公共管理、社会保障和社会组织	42	0.000000	0.000000	0.000000	0.000000

水的生产和供应业	建筑业	批发和零售业	交通运输、仓储和邮政业	住宿和餐饮业	信息传输、软件和信息技术服务业	金融业	代码
27	28	29	30	31	32	33	—
0.000000	0.000000	0.000000	0.000000	0.000000	0.000000	0.000000	01
0.000000	0.000000	0.000000	0.000000	0.000000	0.000000	0.000000	02
0.000000	0.000000	0.000000	0.000000	0.000000	0.000000	0.000000	03
0.000000	0.000000	0.000000	0.000000	0.000000	0.000000	0.000000	04
0.000000	0.000000	0.000000	0.000000	0.000000	0.000000	0.000000	05
0.000096	0.000000	0.000000	0.000000	0.000000	0.000000	0.000000	06
0.000000	0.000000	0.000000	0.000000	0.000000	0.000000	0.000000	07
0.000000	0.000000	0.000000	0.000000	0.000000	0.000000	0.000000	08
0.000005	0.000000	0.000000	0.000000	0.000000	0.000000	0.000000	09
0.000000	0.000000	0.000000	0.000000	0.000000	0.000000	0.000000	10
0.000000	0.000000	0.000000	0.000000	0.000000	0.000000	0.000000	11
0.000034	0.000000	0.000000	0.000000	0.000000	0.000000	0.000000	12
0.000073	0.000000	0.000000	0.000000	0.000000	0.000000	0.000000	13
0.000000	0.000000	0.000000	0.000000	0.000000	0.000000	0.000000	14
0.000001	0.000000	0.000000	0.000000	0.000000	0.000000	0.000000	15
0.000004	0.000000	0.000000	0.000000	0.000000	0.000000	0.000000	16
0.000240	0.000000	0.000000	0.000000	0.000000	0.000000	0.000000	17
0.000000	0.000000	0.000000	0.000000	0.000000	0.000000	0.000000	18
0.000000	0.000000	0.000000	0.000000	0.000000	0.000000	0.000000	19
0.000004	0.000000	0.000000	0.000000	0.000000	0.000000	0.000000	20
0.000117	0.000000	0.000000	0.000000	0.000000	0.000000	0.000000	21
0.002690	0.000000	0.000000	0.000000	0.000000	0.000000	0.000000	22
0.000000	0.000000	0.000000	0.000000	0.000000	0.000000	0.000000	23
0.000000	0.000000	0.000000	0.000000	0.000000	0.000000	0.000000	24
0.000046	0.000000	0.000000	0.000000	0.000000	0.000000	0.000000	25
0.000053	0.000000	0.000000	0.000000	0.000000	0.000000	0.000000	26
0.938717	0.000000	0.000000	0.000000	0.000000	0.000000	0.000000	27
0.000000	1.000000	0.000000	0.000000	0.000000	0.000000	0.000000	28
0.000000	0.000000	1.000000	0.000000	0.000000	0.000000	0.000000	29
0.000000	0.000000	0.000000	1.000000	0.000000	0.000000	0.000000	30
0.000000	0.000000	0.000000	0.000000	1.000000	0.000000	0.000000	31
0.000000	0.000000	0.000000	0.000000	0.000000	1.000000	0.000000	32
0.000000	0.000000	0.000000	0.000000	0.000000	0.000000	1.000000	33
0.000000	0.000000	0.000000	0.000000	0.000000	0.000000	0.000000	34
0.000000	0.000000	0.000000	0.000000	0.000000	0.000000	0.000000	35
0.000000	0.000000	0.000000	0.000000	0.000000	0.000000	0.000000	36
0.000000	0.000000	0.000000	0.000000	0.000000	0.000000	0.000000	37
0.000000	0.000000	0.000000	0.000000	0.000000	0.000000	0.000000	38
0.000000	0.000000	0.000000	0.000000	0.000000	0.000000	0.000000	39
0.000000	0.000000	0.000000	0.000000	0.000000	0.000000	0.000000	40
0.000000	0.000000	0.000000	0.000000	0.000000	0.000000	0.000000	41
0.000000	0.000000	0.000000	0.000000	0.000000	0.000000	0.000000	42

表 3.3 续 3 (Table 3.3 Continue 3)

产品部门 \ 产业部门	代码	房地产业	租赁和商务服务业	科学研究和技术服务业	水利、环境和公共设施管理业
代码	—	34	35	36	37
农林牧渔产品和服务	01	0.000000	0.000000	0.000000	0.000000
煤炭采选产品	02	0.000000	0.000000	0.000000	0.000000
石油和天然气开采产品	03	0.000000	0.000000	0.000000	0.000000
金属矿采选产品	04	0.000000	0.000000	0.000000	0.000000
非金属矿和其他矿采选产品	05	0.000000	0.000000	0.000000	0.000000
食品和烟草	06	0.000000	0.000000	0.000000	0.000000
纺织品	07	0.000000	0.000000	0.000000	0.000000
纺织服装鞋帽皮革羽绒及其制品	08	0.000000	0.000000	0.000000	0.000000
木材加工品和家具	09	0.000000	0.000000	0.000000	0.000000
造纸印刷和文教体育用品	10	0.000000	0.000000	0.000000	0.000000
石油、炼焦产品和核燃料加工品	11	0.000000	0.000000	0.000000	0.000000
化学产品	12	0.000000	0.000000	0.000000	0.000000
非金属矿物制品	13	0.000000	0.000000	0.000000	0.000000
金属冶炼和压延加工品	14	0.000000	0.000000	0.000000	0.000000
金属制品	15	0.000000	0.000000	0.000000	0.000000
通用设备	16	0.000000	0.000000	0.000000	0.000000
专用设备	17	0.000000	0.000000	0.000000	0.000000
交通运输设备	18	0.000000	0.000000	0.000000	0.000000
电气机械和器材	19	0.000000	0.000000	0.000000	0.000000
通信设备、计算机和其他电子设备	20	0.000000	0.000000	0.000000	0.000000
仪器仪表	21	0.000000	0.000000	0.000000	0.000000
其他制造产品	22	0.000000	0.000000	0.000000	0.000000
废品废料	23	0.000000	0.000000	0.000000	0.000000
金属制品、机械和设备修理服务	24	0.000000	0.000000	0.000000	0.000000
电力、热力的生产和供应	25	0.000000	0.000000	0.000000	0.000000
燃气生产和供应	26	0.000000	0.000000	0.000000	0.000000
水的生产和供应	27	0.000000	0.000000	0.000000	0.000000
建筑	28	0.000000	0.000000	0.000000	0.000000
批发和零售	29	0.000000	0.000000	0.000000	0.000000
交通运输、仓储和邮政	30	0.000000	0.000000	0.000000	0.000000
住宿和餐饮	31	0.000000	0.000000	0.000000	0.000000
信息传输、软件和信息技术服务	32	0.000000	0.000000	0.000000	0.000000
金融	33	0.000000	0.000000	0.000000	0.000000
房地产	34	1.000000	0.000000	0.000000	0.000000
租赁和商务服务	35	0.000000	1.000000	0.000000	0.000000
科学研究和技术服务	36	0.000000	0.000000	1.000000	0.000000
水利、环境和公共设施管理	37	0.000000	0.000000	0.000000	1.000000
居民服务、修理和其他服务	38	0.000000	0.000000	0.000000	0.000000
教育	39	0.000000	0.000000	0.000000	0.000000
卫生和社会工作	40	0.000000	0.000000	0.000000	0.000000
文化、体育和娱乐	41	0.000000	0.000000	0.000000	0.000000
公共管理、社会保障和社会组织	42	0.000000	0.000000	0.000000	0.000000

居民服务、修理和其他服务业	教育	卫生和社会工作	文化、体育和娱乐业	公共管理、社会保障和社会组织	**产品部门合计**	代码
38	39	40	41	42	**SUM**	—
0.000000	0.000000	0.000000	0.000000	0.000000	**1.000000**	01
0.000000	0.000000	0.000000	0.000000	0.000000	**1.000000**	02
0.000000	0.000000	0.000000	0.000000	0.000000	**1.000000**	03
0.000000	0.000000	0.000000	0.000000	0.000000	**1.000000**	04
0.000000	0.000000	0.000000	0.000000	0.000000	**1.000000**	05
0.000000	0.000000	0.000000	0.000000	0.000000	**1.000000**	06
0.000000	0.000000	0.000000	0.000000	0.000000	**1.000000**	07
0.000000	0.000000	0.000000	0.000000	0.000000	**1.000000**	08
0.000000	0.000000	0.000000	0.000000	0.000000	**1.000000**	09
0.000000	0.000000	0.000000	0.000000	0.000000	**1.000000**	10
0.000000	0.000000	0.000000	0.000000	0.000000	**1.000000**	11
0.000000	0.000000	0.000000	0.000000	0.000000	**1.000000**	12
0.000000	0.000000	0.000000	0.000000	0.000000	**1.000000**	13
0.000000	0.000000	0.000000	0.000000	0.000000	**1.000000**	14
0.000000	0.000000	0.000000	0.000000	0.000000	**1.000000**	15
0.000000	0.000000	0.000000	0.000000	0.000000	**1.000000**	16
0.000000	0.000000	0.000000	0.000000	0.000000	**1.000000**	17
0.000000	0.000000	0.000000	0.000000	0.000000	**1.000000**	18
0.000000	0.000000	0.000000	0.000000	0.000000	**1.000000**	19
0.000000	0.000000	0.000000	0.000000	0.000000	**1.000000**	20
0.000000	0.000000	0.000000	0.000000	0.000000	**1.000000**	21
0.000000	0.000000	0.000000	0.000000	0.000000	**1.000000**	22
0.000000	0.000000	0.000000	0.000000	0.000000	**1.000000**	23
0.000000	0.000000	0.000000	0.000000	0.000000	**1.000000**	24
0.000000	0.000000	0.000000	0.000000	0.000000	**1.000000**	25
0.000000	0.000000	0.000000	0.000000	0.000000	**1.000000**	26
0.000000	0.000000	0.000000	0.000000	0.000000	**1.000000**	27
0.000000	0.000000	0.000000	0.000000	0.000000	**1.000000**	28
0.000000	0.000000	0.000000	0.000000	0.000000	**1.000000**	29
0.000000	0.000000	0.000000	0.000000	0.000000	**1.000000**	30
0.000000	0.000000	0.000000	0.000000	0.000000	**1.000000**	31
0.000000	0.000000	0.000000	0.000000	0.000000	**1.000000**	32
0.000000	0.000000	0.000000	0.000000	0.000000	**1.000000**	33
0.000000	0.000000	0.000000	0.000000	0.000000	**1.000000**	34
0.000000	0.000000	0.000000	0.000000	0.000000	**1.000000**	35
0.000000	0.000000	0.000000	0.000000	0.000000	**1.000000**	36
0.000000	0.000000	0.000000	0.000000	0.000000	**1.000000**	37
1.000000	0.000000	0.000000	0.000000	0.000000	**1.000000**	38
0.000000	1.000000	0.000000	0.000000	0.000000	**1.000000**	39
0.000000	0.000000	1.000000	0.000000	0.000000	**1.000000**	40
0.000000	0.000000	0.000000	1.000000	0.000000	**1.000000**	41
0.000000	0.000000	0.000000	0.000000	1.000000	**1.000000**	42

四、139 部门投入产出表(产品部门×产品部门)

Ⅳ, Gross Output Table with 139-Commodity by 139-Industry

基本流量表

表 4.1 （Table 4.1）

（按当年生产者价格计算）

投入＼产出		代码	中			
			农产品	林产品	畜牧产品	渔产品
代码		—	01001	02002	03003	04004
中间投入	农产品	01001	49655846	329055	27705439	2556358
	林产品	02002	8804	2768413	3606	61304
	畜牧产品	03003	90132	33294	21543222	75155
	渔产品	04004	89	270	2336	3565839
	农、林、牧、渔服务	05005	4325209	1696280	317639	2397351
	煤炭采选产品	06006	16857	10338	7819	11600
	石油和天然气开采产品	07007	0	0	0	0
	黑色金属矿采选产品	08008	0	0	0	0
	有色金属矿采选产品	09009	0	0	0	0
	非金属矿采选产品	10010	338	379	93	2593
	开采辅助服务和其他采矿产品	11011	0	0	0	0
	谷物磨制品	13012	763500	0	9728725	990381
	饲料加工品	13013	482770	0	64576121	14074019
	植物油加工品	13014	28842	0	240423	185026
	糖及糖制品	13015	0	0	0	0
	屠宰及肉类加工品	13016	0	0	0	0
	水产加工品	13017	0	0	177902	378191
	蔬菜、水果、坚果和其他农副食品加工品	13018	0	0	0	0
	方便食品	14019	0	0	0	0
	乳制品	14020	0	0	0	0
	调味品、发酵制品	14021	0	0	0	0
	其他食品	14022	0	0	0	0
	酒精和酒	15023	10184	5260	4506	10160
	饮料和精制茶加工品	15024	1709	19378	769	2499
	烟草制品	16025	0	0	0	0
	棉、化纤纺织及印染精加工品	17026	909	6792	710	517
	毛纺织及染整精加工品	17027	0	0	0	0
	麻、丝绢纺织及加工品	17028	0	0	0	0
	针织或钩针编织及其制品	17029	1235	5465	935	58

Basic Matrix

(Data are calculated at producers' prices in 2012)

单位:万元(10000 yuan)

间		使		用			
农、林、牧、渔服务	煤炭采选产品	石油和天然气开采产品	黑色金属矿采选产品	有色金属矿采选产品	非金属矿采选产品	开采辅助服务和其他采矿产品	代码
05005	06006	07007	08008	09009	10010	11011	—
2794169	0	0	0	0	0	0	01001
91611	154357	4047	26147	17806	22698	24975	02002
1148694	0	0	0	0	0	0	03003
258478	0	0	0	0	0	0	04004
1777013	0	0	0	0	0	0	05005
7518	35955974	315734	474869	273623	437077	212258	06006
0	63373	1012993	80563	6927	56230	34742	07007
0	129009	0	15433169	79334	129424	0	08008
0	36	67	196878	2115232	48998	0	09009
2015	37916	812	78512	31650	574649	19825	10010
0	586697	12748711	106310	136001	166476	56208	11011
488432	0	0	0	0	0	0	13012
1356374	0	0	0	0	0	0	13013
282430	0	0	0	0	0	0	13014
0	0	0	0	0	0	0	13015
0	0	0	0	0	0	0	13016
0	0	0	0	0	0	0	13017
68321	0	0	0	0	0	0	13018
0	0	0	0	0	0	0	14019
0	0	0	0	0	0	0	14020
0	0	0	0	0	0	0	14021
0	0	0	0	0	0	0	14022
127442	4256	18175	74898	72414	32668	4735	15023
54201	103502	5421	147900	33518	36855	1635	15024
60680	640833	486766	237970	144262	290900	0	16025
99661	115603	8975	17002	77320	8862	10033	17026
0	0	0	0	0	0	0	17027
0	5618	152	8986	2594	3414	65	17028
12411	3301	632	1006	11745	414	216	17029

表 4.1　续 1　(Table 4.1　Continue 1)

投入＼产出		代码	中			
			谷物磨制品	饲料加工品	植物油加工品	糖及糖制品
代码		—	13012	13013	13014	13015
中间投入	农产品	01001	63821535	32200536	37747760	5503712
	林产品	02002	853	584	10384	283
	畜牧产品	03003	0	2484557	0	0
	渔产品	04004	0	4638149	0	0
	农、林、牧、渔服务	05005	0	191608	0	0
	煤炭采选产品	06006	107421	215930	100787	66509
	石油和天然气开采产品	07007	0	0	0	0
	黑色金属矿采选产品	08008	0	0	0	0
	有色金属矿采选产品	09009	0	0	0	0
	非金属矿采选产品	10010	10011	8029	643	1934
	开采辅助服务和其他采矿产品	11011	0	0	0	0
	谷物磨制品	13012	5782065	6751115	714556	84876
	饲料加工品	13013	0	5589071	0	0
	植物油加工品	13014	14665	5113539	18547747	74853
	糖及糖制品	13015	8904	13857	0	1369686
	屠宰及肉类加工品	13016	0	838828	0	0
	水产加工品	13017	0	2839690	0	0
	蔬菜、水果、坚果和其他农副食品加工品	13018	155279	1802129	224812	15048
	方便食品	14019	0	0	0	0
	乳制品	14020	0	0	0	0
	调味品、发酵制品	14021	14062	484515	46485	4844
	其他食品	14022	22558	1475648	58922	16933
	酒精和酒	15023	24240	194703	7258	2505
	饮料和精制茶加工品	15024	23424	4914	4310	1991
	烟草制品	16025	125719	140965	167668	32620
	棉、化纤纺织及印染精加工品	17026	81437	47187	91725	6232
	毛纺织及染整精加工品	17027	0	0	0	0
	麻、丝绢纺织及加工品	17028	3228	3266	1963	126
	针织或钩针编织及其制品	17029	479	633	310	38

单位:万元(10000 yuan)

间	使			用			
屠宰及肉类加工品	水产加工品	蔬菜、水果、坚果和其他农副食品加工品	方便食品	乳制品	调味品、发酵制品	其他食品	代码
13016	13017	13018	14019	14020	14021	14022	—
1491938	50239	31339793	1406183	422031	4900299	10044304	01001
1807	1526	102917	2749	28561	774	46317	02002
59413186	2518	3013330	30470	9942038	76126	4997343	03003
43288	21524781	468151	3646	67939	14700	914938	04004
0	0	0	0	0	0	0	05005
95584	52932	198548	48157	63326	91970	166560	06006
0	0	0	0	0	0	0	07007
0	0	0	0	0	0	0	08008
0	0	0	0	0	0	0	09009
3652	1854	26686	113	49	10990	47155	10010
0	0	0	0	0	0	0	11011
55166	286688	3612737	6408264	11433	1470206	11992979	13012
315460	45219	0	0	0	0	0	13013
47794	388873	3896265	1340994	192066	1007777	3708259	13014
48093	54089	1262760	109531	543133	472195	2105271	13015
15885943	176624	452163	1405839	65928	629416	3240139	13016
0	4419428	354015	108030	0	30052	998323	13017
659145	335785	4172386	990028	390292	996779	6545130	13018
0	0	0	678434	0	0	0	14019
0	0	90927	68585	4116366	331	2088741	14020
208166	670235	774857	939028	65793	2070963	1313863	14021
3144262	150772	410845	545749	866546	1589379	3716306	14022
97795	37680	75535	8661	17938	54144	241785	15023
16027	14240	138891	2109	82467	4231	65410	15024
176472	81997	178687	41901	78776	42300	125728	16025
15348	3247	205874	11375	18158	8811	29914	17026
0	0	0	0	0	0	0	17027
3464	3032	4195	24	19	37	58	17028
3739	758	624	498	1439	486	4964	17029

表 4.1 续 2 （Table 4.1 Continue 2）

投入 \ 产出		代码	中			
			酒精和酒	饮料和精制茶加工品	烟草制品	棉、化纤纺织及印染精加工品
代码		—	15023	15024	16025	17026
中间投入	农产品	01001	10054235	5746777	4879901	37719205
	林产品	02002	4868	131313	4214	38616
	畜牧产品	03003	21118	367218	0	2148
	渔产品	04004	114856	138372	0	0
	农、林、牧、渔服务	05005	0	0	0	11244520
	煤炭采选产品	06006	398611	154809	77980	857416
	石油和天然气开采产品	07007	0	0	0	0
	黑色金属矿采选产品	08008	0	0	0	0
	有色金属矿采选产品	09009	0	0	0	0
	非金属矿采选产品	10010	1013	130	91	974
	开采辅助服务和其他采矿产品	11011	0	256208	0	0
	谷物磨制品	13012	5756799	401632	0	0
	饲料加工品	13013	0	0	0	0
	植物油加工品	13014	0	744480	0	0
	糖及糖制品	13015	87136	3470503	0	0
	屠宰及肉类加工品	13016	0	0	0	0
	水产加工品	13017	0	0	0	0
	蔬菜、水果、坚果和其他农副食品加工品	13018	593641	2865595	9337	47925
	方便食品	14019	0	0	0	0
	乳制品	14020	14432	2627895	0	0
	调味品、发酵制品	14021	349805	176959	0	0
	其他食品	14022	813026	1809995	121215	4307
	酒精和酒	15023	5134941	1232553	66080	58619
	饮料和精制茶加工品	15024	20930	9169538	77632	52862
	烟草制品	16025	118676	89791	5334591	396470
	棉、化纤纺织及印染精加工品	17026	82561	34797	513	99472383
	毛纺织及染整精加工品	17027	0	0	0	1971352
	麻、丝绢纺织及加工品	17028	4044	3352	376	1908073
	针织或钩针编织及其制品	17029	1431	1166	1068	95624

单位:万元(10000 yuan)

间		使		用			代码
毛纺织及染整精加工品	麻、丝绢纺织及加工品	针织或钩针编织及其制品	纺织制成品	纺织服装服饰	皮革、毛皮、羽毛及其制品	鞋	
17027	17028	17029	17030	18031	19032	19033	—
317924	2845879	119415	135473	548989	69892	58089	01001
142	6190	3177	909	5954	5680	197963	02002
8286247	1800849	170463	106882	347499	5720737	197201	03003
0	0	0	0	0	256665	0	04004
4346	1314463	427801	291	58113	793674	685412	05005
109051	84258	60576	53221	199790	129315	102245	06006
0	0	0	0	0	0	0	07007
0	0	0	0	0	0	0	08008
0	0	0	0	0	0	0	09009
7	17	99	397	77	8260	169	10010
0	0	0	0	0	0	0	11011
0	0	0	0	0	0	0	13012
0	0	0	0	0	0	0	13013
0	0	0	0	0	0	0	13014
0	0	0	0	0	0	0	13015
0	0	0	0	0	9836714	255953	13016
0	0	0	0	0	0	0	13017
0	0	0	0	0	0	0	13018
0	0	0	0	0	0	0	14019
0	0	0	0	0	0	0	14020
0	0	0	0	0	0	0	14021
5967	4484	11466	13539	7	2584	11	14022
6825	7090	8953	13106	62861	23736	20255	15023
16741	8195	115676	48044	54831	22352	987166	15024
89218	86069	94690	179021	392422	237333	219841	16025
1506401	585002	10184779	15163672	60754690	2977853	5092759	17026
3845913	312691	1702413	2132932	9144357	442679	104601	17027
83967	3989199	265089	632808	8354318	80020	197092	17028
84822	113403	2942021	2036791	11419614	633759	719091	17029

表 4.1 续 3 (Table 4.1 Continue 3)

投入 \ 产出		代码	中			
			木材加工品和木、竹、藤、棕、草制品	家具	造纸和纸制品	印刷品和记录媒介复制品
代码		—	20034	21035	22036	23037
中间投入	农产品	01001	2609467	189739	6323830	0
	林产品	02002	16702835	1515953	3490414	0
	畜牧产品	03003	0	0	0	0
	渔产品	04004	0	0	0	0
	农、林、牧、渔服务	05005	2762	0	150743	0
	煤炭采选产品	06006	496057	27090	2481881	84953
	石油和天然气开采产品	07007	0	0	0	0
	黑色金属矿采选产品	08008	0	0	0	0
	有色金属矿采选产品	09009	0	0	0	0
	非金属矿采选产品	10010	31282	2274	17066	79
	开采辅助服务和其他采矿产品	11011	0	0	0	0
	谷物磨制品	13012	0	0	0	0
	饲料加工品	13013	0	0	0	0
	植物油加工品	13014	0	0	6679	0
	糖及糖制品	13015	0	0	0	0
	屠宰及肉类加工品	13016	0	0	0	0
	水产加工品	13017	0	0	0	0
	蔬菜、水果、坚果和其他农副食品加工品	13018	0	0	0	0
	方便食品	14019	0	0	0	0
	乳制品	14020	0	0	0	0
	调味品、发酵制品	14021	0	0	0	0
	其他食品	14022	25338	5980	4045	0
	酒精和酒	15023	69822	33083	95738	149203
	饮料和精制茶加工品	15024	77739	67523	25845	60336
	烟草制品	16025	368009	234306	418263	202984
	棉、化纤纺织及印染精加工品	17026	234350	1821465	203512	83627
	毛纺织及染整精加工品	17027	159	1271	15524	47051
	麻、丝绢纺织及加工品	17028	2416	35714	2706	317
	针织或钩针编织及其制品	17029	4157	76425	1305	7807

单位:万元(10000 yuan)

间		使		用			
文教、工美、体育和娱乐用品	精炼石油和核燃料加工品	炼焦产品	基础化学原料	肥料	农药	涂料、油墨、颜料及类似产品	代码
24038	25039	25040	26041	26042	26043	26044	—
776870	0	0	1184718	597135	240636	134288	01001
711170	13488	5097	13812	23042	437	1111	02002
1294233	0	0	38724	1052004	6483	89795	03003
151034	0	0	31827	8197	3388	0	04004
0	0	0	0	0	0	0	05005
169932	1385789	21578919	10242607	3658733	142314	311650	06006
0	223680389	697634	9507083	1120692	475576	361798	07007
0	0	0	547081	0	0	0	08008
0	88071	0	3673226	36166	51	141979	09009
486358	116	114	6135360	1363030	23984	460569	10010
0	0	0	0	0	0	0	11011
0	0	0	0	0	12501	0	13012
0	0	0	0	0	4031	0	13013
0	469322	0	1000686	0	42345	950134	13014
0	0	0	0	0	0	0	13015
11192	0	0	0	0	0	0	13016
0	0	0	0	0	0	0	13017
0	0	0	34828	6332	349919	27	13018
0	0	0	0	0	0	0	14019
0	0	0	0	0	0	0	14020
0	0	0	0	0	0	0	14021
12248	0	75	75788	88797	67590	650	14022
42604	212004	11570	835203	45866	45647	940498	15023
302274	39675	4736	557283	121552	7496	28514	15024
163680	1460154	121320	507462	172817	45733	186605	16025
7133063	2970	11362	219015	112530	62291	108812	17026
1254401	56910	0	3756	380	0	0	17027
936939	114	3	4767	2604	1400	2049	17028
583782	2858	528	2391	2053	311	1243	17029

表 4.1 续 4 （Table 4.1 Continue 4）

投入 \ 产出		代码	中			
			合成材料	专用化学产品和炸药、火工、焰火产品	日用化学产品	医药制品
代码		—	26045	26046	26047	27048
中间投入	农产品	01001	82753	1114970	448325	14132836
	林产品	02002	15446	3586332	43657	111147
	畜牧产品	03003	26034	873867	5795	13110211
	渔产品	04004	0	0	2536	31280
	农、林、牧、渔服务	05005	0	0	0	0
	煤炭采选产品	06006	1158365	3065510	78777	351038
	石油和天然气开采产品	07007	1704764	565172	29004	7184
	黑色金属矿采选产品	08008	0	0	29169	19598
	有色金属矿采选产品	09009	11	898478	2073	7143
	非金属矿采选产品	10010	251052	500782	3842	40977
	开采辅助服务和其他采矿产品	11011	0	0	0	0
	谷物磨制品	13012	0	0	0	167729
	饲料加工品	13013	0	0	0	0
	植物油加工品	13014	8113	5569330	3101943	632064
	糖及糖制品	13015	0	0	0	647178
	屠宰及肉类加工品	13016	0	0	761578	423684
	水产加工品	13017	0	0	9333	89334
	蔬菜、水果、坚果和其他农副食品加工品	13018	171	1401537	146880	855915
	方便食品	14019	0	0	0	0
	乳制品	14020	0	0	9575	9290
	调味品、发酵制品	14021	0	0	0	177257
	其他食品	14022	7988	150326	69856	320108
	酒精和酒	15023	35543	2613300	353918	1578563
	饮料和精制茶加工品	15024	35413	107430	20024	70024
	烟草制品	16025	449904	366211	103593	212526
	棉、化纤纺织及印染精加工品	17026	130158	325922	171004	2062747
	毛纺织及染整精加工品	17027	0	81	0	89
	麻、丝绢纺织及加工品	17028	2202	4019	4530	11615
	针织或钩针编织及其制品	17029	1108	4103	388	2376

单位:万元(10000 yuan)

间		使		用			
化学纤维制品	橡胶制品	塑料制品	水泥、石灰和石膏	石膏、水泥制品及类似制品	砖瓦、石材等建筑材料	玻璃和玻璃制品	代码
28049	29050	29051	30052	30053	30054	30055	—
312968	133960	9316	13	262	0	186	01001
39933	6620953	13677	12082	41744	37307	3001	02002
41949	0	0	8251	8759	8948	4366	03003
0	5904	0	2783	2844	2754	1344	04004
0	0	0	0	0	0	0	05005
1284573	452930	938485	8161952	1923062	7861548	1763441	06006
38801	36478	37439	4097	25995	135909	287313	07007
80	0	0	660460	5042	86092	2375	08008
1011	0	0	29670	81	191070	53823	09009
2798	4457	26293	10492017	2837804	8612565	3364092	10010
0	0	0	0	0	0	0	11011
0	0	0	0	0	0	0	13012
0	0	0	0	0	0	0	13013
81880	8794	85145	0	0	0	0	13014
0	0	0	0	0	0	0	13015
0	0	0	0	0	0	0	13016
0	0	0	0	0	0	0	13017
2	100	24849	0	120538	76586	0	13018
0	0	0	0	0	0	0	14019
0	0	0	0	0	0	0	14020
0	0	0	0	0	0	0	14021
552	10711	51295	0	0	111	0	14022
26821	24822	116050	58769	78785	114537	45523	15023
10985	21580	91174	40672	30165	67306	83003	15024
218836	223839	570896	340919	195323	246665	210512	16025
1104779	1838986	6926787	491721	72414	215808	416631	17026
270	329	80207	0	0	2237	0	17027
6370	17523	34771	28504	3839	30971	15060	17028
2143	342	118548	6620	3434	12688	30316	17029

表 4.1　续 5　(Table 4.1　Continue 5)

投入 \ 产出		代码	中			
			陶瓷制品	耐火材料制品	石墨及其他非金属矿物制品	钢、铁及其铸件
代码		—	30056	30057	30058	31059
中间投入	农产品	01001	3832	876	1097	0
	林产品	02002	2108	2121	4943	14544
	畜牧产品	03003	14629	3781	3596	6884
	渔产品	04004	809	1351	1274	1465
	农、林、牧、渔服务	05005	0	0	0	0
	煤炭采选产品	06006	637859	1317838	2022720	6513949
	石油和天然气开采产品	07007	85680	93827	96701	58538
	黑色金属矿采选产品	08008	13	61586	62865	33862346
	有色金属矿采选产品	09009	48781	1084460	218614	113317
	非金属矿采选产品	10010	2443673	2311378	2985807	243801
	开采辅助服务和其他采矿产品	11011	0	0	0	0
	谷物磨制品	13012	0	0	0	0
	饲料加工品	13013	0	0	0	0
	植物油加工品	13014	0	0	0	0
	糖及糖制品	13015	0	0	0	0
	屠宰及肉类加工品	13016	0	0	0	0
	水产加工品	13017	0	0	0	0
	蔬菜、水果、坚果和其他农副食品加工品	13018	1627	172	0	0
	方便食品	14019	0	0	0	0
	乳制品	14020	0	0	0	0
	调味品、发酵制品	14021	0	0	0	0
	其他食品	14022	971	0	0	187
	酒精和酒	15023	33515	31818	35111	66176
	饮料和精制茶加工品	15024	14566	15760	5480	38529
	烟草制品	16025	73991	108690	89956	549708
	棉、化纤纺织及印染精加工品	17026	98944	90653	352642	58790
	毛纺织及染整精加工品	17027	11	0	0	0
	麻、丝绢纺织及加工品	17028	5235	4847	4959	4234
	针织或钩针编织及其制品	17029	6483	1135	9061	910

单位:万元(10000 yuan)

间		使		用			代码
钢压延产品	铁合金产品	有色金属及其合金和铸件	有色金属压延加工品	金属制品	锅炉及原动设备	金属加工机械	
31060	31061	32062	32063	33064	34065	34066	—
1289	1708	1392	4194	36194	0	0	01001
17904	1459	11744	13010	117928	2595	3762	02002
32053	6008	57	0	0	1756	2714	03003
8303	1058	0	0	0	332	423	04004
0	0	0	0	0	0	0	05005
19097231	296635	2793189	634491	1357418	273531	95065	06006
85998	21879	180633	86068	209027	50528	15731	07007
85054816	6084427	1842789	1664	1473185	33525	16342	08008
128980	1669732	47628820	1745157	690668	42049	802	09009
454390	44976	157245	4027	112341	2031	3959	10010
0	0	0	0	0	0	0	11011
0	0	0	0	0	50	0	13012
0	0	0	0	0	0	0	13013
0	0	0	0	0	0	0	13014
0	0	0	0	0	0	1	13015
0	0	0	0	0	0	0	13016
0	0	0	0	0	0	0	13017
0	0	0	0	0	0	0	13018
0	0	0	0	0	0	0	14019
0	0	0	0	0	0	0	14020
0	0	0	0	0	0	0	14021
1732	117	3755	1871	17	6	323	14022
68042	16876	81923	43276	269143	34452	42100	15023
65668	2477	76145	20027	178227	19750	8725	15024
1651249	108016	783927	673807	1008875	158380	152141	16025
125798	4367	153703	186206	399242	32575	24366	17026
0	0	375	26460	9753	806	9	17027
14026	483	1288	1039	239675	1496	3028	17028
609	118	851	204	21889	0	86	17029

表 4.1 续 6 （Table 4.1 Continue 6）

投入＼产出		代码	中			
			物料搬运设备	泵、阀门、压缩机及类似机械	文化、办公用机械	其他通用设备
代码		—	34067	34068	34069	34070
中间投入	农产品	01001	0	0	0	23
	林产品	02002	926	11680	181	4762
	畜牧产品	03003	2492	4321	0	9788
	渔产品	04004	322	1184	0	889
	农、林、牧、渔服务	05005	0	0	0	0
	煤炭采选产品	06006	22623	53153	19943	282924
	石油和天然气开采产品	07007	3802	12590	599	48372
	黑色金属矿采选产品	08008	0	61063	0	1434
	有色金属矿采选产品	09009	1	38080	0	23459
	非金属矿采选产品	10010	11	13614	330	14734
	开采辅助服务和其他采矿产品	11011	0	0	0	0
	谷物磨制品	13012	0	0	0	0
	饲料加工品	13013	0	0	0	0
	植物油加工品	13014	0	0	0	0
	糖及糖制品	13015	0	0	0	2
	屠宰及肉类加工品	13016	0	0	0	0
	水产加工品	13017	0	0	0	0
	蔬菜、水果、坚果和其他农副食品加工品	13018	0	0	0	0
	方便食品	14019	0	0	0	0
	乳制品	14020	0	0	0	0
	调味品、发酵制品	14021	0	0	0	0
	其他食品	14022	0	31	0	18
	酒精和酒	15023	48285	54153	6305	135693
	饮料和精制茶加工品	15024	12565	22621	6865	147837
	烟草制品	16025	150534	240309	95312	817943
	棉、化纤纺织及印染精加工品	17026	16638	19819	9692	102462
	毛纺织及染整精加工品	17027	38	0	0	3562
	麻、丝绢纺织及加工品	17028	3153	4370	144	17147
	针织或钩针编织及其制品	17029	0	0	0	1002

单位:万元(10000 yuan)

间		使		用			代码
采矿、冶金、建筑专用设备	化工、木材、非金属加工专用设备	农、林、牧、渔专用机械	其他专用设备	汽车整车	汽车零部件及配件	铁路运输和城市轨道交通设备	
35071	35072	35073	35074	36075	36076	37077	—
3	0	38832	41965	0	0	0	01001
2771	1781	428	1184	6018	8717	905	02002
982	365	216	832	3438	2741	321	03003
0	0	0	1331	793	717	209	04004
0	0	0	0	0	0	0	05005
156542	197910	64924	340100	133757	56681	68072	06006
146794	40550	5420	19409	39955	63246	12581	07007
1922	0	0	66455	7269	13588	2889	08008
5226	3895	108	24335	0	0	138	09009
6234	31628	756	122850	13069	53037	4292	10010
0	0	0	0	0	0	0	11011
0	0	0	0	0	0	0	13012
0	0	0	0	0	0	0	13013
0	0	0	0	0	0	0	13014
0	0	0	0	0	0	0	13015
0	0	0	0	0	0	0	13016
0	0	0	0	0	0	0	13017
0	0	0	0	0	0	0	13018
0	0	0	0	0	0	0	14019
0	0	0	0	0	0	0	14020
0	0	0	0	0	0	0	14021
806	0	0	608	0	0	42	14022
82838	45728	20313	142786	72146	88364	26327	15023
65364	13345	19940	73867	28508	122940	10729	15024
298167	138393	88701	269705	602240	0	70546	16025
200214	9848	3604	288042	72536	664728	5231	17026
1201	626	3176	45841	17926	533621	28	17027
884	695	289	3083	9601	761	5342	17028
2269	308	179	732	99536	179048	1968	17029

表 4.1 续 7 （Table 4.1 Continue 7）

投入 \ 产出		代码	中			
			船舶及相关装置	其他交通运输设备	电机	输配电及控制设备
代码		—	37078	37079	38080	38081
中间投入	农产品	01001	0	0	0	0
	林产品	02002	3479	1586	1134	9008
	畜牧产品	03003	1097	1002	105	57
	渔产品	04004	375	376	0	0
	农、林、牧、渔服务	05005	0	0	0	0
	煤炭采选产品	06006	17938	53864	16623	34521
	石油和天然气开采产品	07007	9807	35065	0	0
	黑色金属矿采选产品	08008	0	3	60	11345
	有色金属矿采选产品	09009	14292	36	4191	5615
	非金属矿采选产品	10010	456	45	293	17917
	开采辅助服务和其他采矿产品	11011	0	0	0	0
	谷物磨制品	13012	0	0	0	0
	饲料加工品	13013	0	0	0	0
	植物油加工品	13014	0	0	0	0
	糖及糖制品	13015	0	0	0	0
	屠宰及肉类加工品	13016	0	0	0	0
	水产加工品	13017	0	0	0	0
	蔬菜、水果、坚果和其他农副食品加工品	13018	0	0	0	0
	方便食品	14019	0	0	0	0
	乳制品	14020	0	0	0	0
	调味品、发酵制品	14021	0	0	0	0
	其他食品	14022	95	255	0	18
	酒精和酒	15023	22597	23058	38014	143605
	饮料和精制茶加工品	15024	21874	17312	37158	40154
	烟草制品	16025	162873	229182	158126	360302
	棉、化纤纺织及印染精加工品	17026	33347	109343	14994	26939
	毛纺织及染整精加工品	17027	0	0	983	0
	麻、丝绢纺织及加工品	17028	252	316	938	1823
	针织或钩针编织及其制品	17029	183	624	1672	4641

单位:万元(10000 yuan)

间		使		用			代码
电线、电缆、光缆及电工器材	电池	家用器具	其他电气机械和器材	计算机	通信设备	广播电视设备和雷达及配套设备	
38082	38083	38084	38085	39086	39087	39088	—
0	0	0	0	0	0	0	01001
4250	1505	2369	955	0	0	0	02002
53	60	0	66	0	0	0	03003
0	0	0	0	0	0	0	04004
0	0	0	0	0	0	0	05005
48413	66467	20639	30788	0	0	0	06006
0	0	0	0	0	0	0	07007
0	19461	21979	61447	0	0	0	08008
59767	391908	26517	0	0	0	0	09009
12276	405541	4490	7335	0	0	0	10010
0	0	0	0	0	0	0	11011
0	0	0	0	0	0	0	13012
0	0	0	0	0	0	0	13013
0	0	0	0	0	0	0	13014
0	0	0	0	0	0	0	13015
0	0	0	0	0	0	0	13016
0	0	0	0	0	0	0	13017
0	0	0	0	0	0	0	13018
0	0	0	0	0	0	0	14019
0	0	0	0	0	0	0	14020
0	0	0	0	0	0	0	14021
14	0	0	0	0	0	0	14022
58829	57399	45070	19181	38570	67875	25988	15023
32099	7730	51643	14040	10658	30012	5699	15024
411656	0	376564	237191	710109	346812	98113	16025
74258	13402	220968	17682	11939	8333	17099	17026
8172	0	6	42	104	0	0	17027
2696	783	13341	1148	49	41	84	17028
1557	711	10559	2261	120	280	109	17029

表 4.1 续 8 （Table 4.1 Continue 8）

投入＼产出	代码	中			
		视听设备	电子元器件	其他电子设备	仪器仪表
代码	—	39089	39090	39091	40092
中间投入 农产品	01001	0	0	0	0
林产品	02002	0	0	0	0
畜牧产品	03003	0	0	0	0
渔产品	04004	0	0	0	0
农、林、牧、渔服务	05005	0	0	0	0
煤炭采选产品	06006	0	0	0	0
石油和天然气开采产品	07007	0	0	0	0
黑色金属矿采选产品	08008	0	0	0	0
有色金属矿采选产品	09009	0	0	0	0
非金属矿采选产品	10010	0	0	0	0
开采辅助服务和其他采矿产品	11011	0	0	0	0
谷物磨制品	13012	0	0	0	0
饲料加工品	13013	0	0	0	0
植物油加工品	13014	0	0	0	0
糖及糖制品	13015	0	0	0	0
屠宰及肉类加工品	13016	0	0	0	0
水产加工品	13017	0	0	0	0
蔬菜、水果、坚果和其他农副食品加工品	13018	0	0	0	0
方便食品	14019	0	0	0	0
乳制品	14020	0	0	0	0
调味品、发酵制品	14021	0	0	0	0
其他食品	14022	0	0	0	0
酒精和酒	15023	14766	119884	16753	82579
饮料和精制茶加工品	15024	6915	59772	12557	26984
烟草制品	16025	202063	782029	38668	165032
棉、化纤纺织及印染精加工品	17026	37944	77766	19993	10590
毛纺织及染整精加工品	17027	1161	331	252	13149
麻、丝绢纺织及加工品	17028	25	191	23	34
针织或钩针编织及其制品	17029	703	4055	58	35

单位:万元(10000 yuan)

间		使		用			代码
其他制造产品	废弃资源和废旧材料回收加工品	金属制品、机械和设备修理服务	电力、热力生产和供应	燃气生产和供应	水的生产和供应	房屋建筑	
41093	42094	43095	44096	45097	46098	47099	—
313518	6424	0	40423	108	333	2594185	01001
67867	742	0	8100	505	7243	6203416	02002
921396	2500	0	0	0	0	0	03003
52	770	0	0	0	0	0	04004
0	0	0	0	0	0	0	05005
799051	97913	38094	88525034	2047977	20559	157780	06006
0	0	0	4816481	14171021	0	0	07007
4954	50731	2397	413	81140	0	0	08008
6698	7414	6474	0	0	0	0	09009
3397	1898	1135	52984	499	214	3908772	10010
0	0	0	125192	0	0	0	11011
0	0	0	0	0	0	0	13012
0	0	0	0	0	0	0	13013
19925	2549	0	11851	0	0	0	13014
0	0	0	0	0	0	0	13015
0	0	0	0	0	0	0	13016
0	0	0	0	0	0	0	13017
0	1193	0	0	0	0	0	13018
0	0	0	0	0	0	0	14019
0	0	0	0	0	0	0	14020
0	997	0	0	0	0	0	14021
0	683	6	68	0	1847	0	14022
25174	18544	11520	51293	8623	17004	575031	15023
364122	11285	3736	156493	6436	129095	335630	15024
40844	168491	0	1358117	86221	53851	1774418	16025
1965821	223208	490	2135	5	230	95392	17026
35716	327	5184	162	0	0	11129	17027
17501	0	938	26	0	4	24606	17028
122345	0	7146	360	285	394	120211	17029

表 4.1 续 9 (Table 4.1 Continue 9)

投入＼产出		代码	中			
			土木工程建筑	建筑安装	建筑装饰和其他建筑服务	批发和零售
代码		—	48100	49101	50102	51103
中间投入	农产品	01001	745491	14548	294471	57435
	林产品	02002	722151	17197	339202	20475
	畜牧产品	03003	0	0	0	34316
	渔产品	04004	0	0	0	28953
	农、林、牧、渔服务	05005	0	0	0	0
	煤炭采选产品	06006	162551	23112	22087	3999
	石油和天然气开采产品	07007	0	0	0	0
	黑色金属矿采选产品	08008	0	0	0	0
	有色金属矿采选产品	09009	0	0	0	0
	非金属矿采选产品	10010	3077799	611611	154295	0
	开采辅助服务和其他采矿产品	11011	0	0	0	0
	谷物磨制品	13012	0	0	0	27109
	饲料加工品	13013	0	0	0	25241
	植物油加工品	13014	0	0	0	6723
	糖及糖制品	13015	0	0	0	13881
	屠宰及肉类加工品	13016	0	0	0	120197
	水产加工品	13017	0	0	0	17778
	蔬菜、水果、坚果和其他农副食品加工品	13018	0	0	0	0
	方便食品	14019	0	0	0	0
	乳制品	14020	0	0	0	0
	调味品、发酵制品	14021	0	0	0	0
	其他食品	14022	0	0	0	90111
	酒精和酒	15023	172484	84494	31995	479032
	饮料和精制茶加工品	15024	232186	203792	61250	213902
	烟草制品	16025	0	0	0	1118542
	棉、化纤纺织及印染精加工品	17026	5448	904	636	34421
	毛纺织及染整精加工品	17027	4427	1632	1263	2006
	麻、丝绢纺织及加工品	17028	9170	3307	2771	93357
	针织或钩针编织及其制品	17029	30360	8028	6158	33405

单位:万元(10000 yuan)

间		使		用			代码
铁路运输	道路运输	水上运输	航空运输	管道运输	装卸搬运和运输代理	仓储	
53104	54105	55106	56107	57108	58109	59110	—
25668	0	468	0	0	330	7887467	01001
12987	3438	1901	5342	125	492	6234	02002
831	0	342	0	0	0	0	03003
3081	0	1442	0	0	0	0	04004
0	0	0	0	0	0	0	05005
265395	242513	14682	27465	0	0	0	06006
0	0	0	0	0	0	0	07007
0	0	0	0	0	0	0	08008
0	0	0	0	0	0	0	09009
9827	0	0	0	0	0	0	10010
0	0	0	0	0	0	0	11011
9567	0	44583	0	0	0	0	13012
0	0	0	0	0	0	0	13013
17482	0	9607	0	0	0	789550	13014
9316	0	11202	0	0	0	160956	13015
41604	0	4961	0	0	0	790998	13016
5303	0	443	0	0	0	0	13017
57046	0	258724	85513	0	0	0	13018
115180	0	519236	80775	0	0	0	14019
26860	0	0	0	0	0	0	14020
31560	0	31125	0	0	0	0	14021
12932	21	658	164704	0	0	0	14022
62347	95494	22251	394459	3208	17459	111383	15023
581256	213388	4586	1067327	16226	32430	69922	15024
213483	579220	516697	133906	24055	137282	45375	16025
26915	1026	0	15	0	0	0	17026
1200	0	0	0	0	0	10971	17027
630	0	0	0	0	0	4020	17028
3849	165	0	0	25	499	4517	17029

表 4.1 续 10 （Table 4.1 Continue 10）

投入 \ 产出		代码	中			
			邮政	住宿	餐饮	电信和其他信息传输服务
代码		—	60111	61112	62113	63114
中间投入	农产品	01001	0	45520	3722546	517725
	林产品	02002	0	29846	28625	325
	畜牧产品	03003	0	5846	9773255	0
	渔产品	04004	0	172038	12087629	0
	农、林、牧、渔服务	05005	0	0	0	0
	煤炭采选产品	06006	19763	14669	20586	0
	石油和天然气开采产品	07007	0	0	0	0
	黑色金属矿采选产品	08008	0	0	0	0
	有色金属矿采选产品	09009	0	0	0	0
	非金属矿采选产品	10010	0	0	0	0
	开采辅助服务和其他采矿产品	11011	0	0	0	0
	谷物磨制品	13012	0	0	4647485	0
	饲料加工品	13013	3656	0	0	0
	植物油加工品	13014	0	100727	7319360	614598
	糖及糖制品	13015	0	0	983208	0
	屠宰及肉类加工品	13016	0	967911	14182049	0
	水产加工品	13017	0	462076	11069846	0
	蔬菜、水果、坚果和其他农副食品加工品	13018	0	210753	4872883	0
	方便食品	14019	0	505853	1441240	0
	乳制品	14020	0	0	1448497	25295
	调味品、发酵制品	14021	0	0	2948754	0
	其他食品	14022	0	0	2116809	67303
	酒精和酒	15023	2454	2841001	4333122	26337
	饮料和精制茶加工品	15024	176248	4278064	3777566	603526
	烟草制品	16025	38223	715266	1896232	417006
	棉、化纤纺织及印染精加工品	17026	0	0	0	0
	毛纺织及染整精加工品	17027	0	9215	0	0
	麻、丝绢纺织及加工品	17028	26	55	0	0
	针织或钩针编织及其制品	17029	0	26	15618	482

单位:万元(10000 yuan)

间		使		用			代码
软件和信息技术服务	货币金融和其他金融服务	资本市场服务	保险	房地产	租赁	商务服务	
65115	66116	67117	68118	70119	71120	72121	—
0	0	0	0	88095	4443	2406929	01001
1582	3301	642	2498	5342	122	1266	02002
0	0	0	0	0	6514	0	03003
0	0	0	0	0	0	0	04004
0	0	0	0	0	0	0	05005
0	0	0	0	30240	9548	26	06006
0	0	0	0	0	0	0	07007
0	0	0	0	0	0	0	08008
0	0	0	0	0	0	0	09009
0	0	0	0	0	0	0	10010
0	0	0	0	0	0	0	11011
0	0	0	0	0	0	0	13012
0	0	0	0	0	0	0	13013
0	0	0	0	0	0	20427	13014
0	0	0	0	0	0	0	13015
0	0	0	0	0	0	0	13016
0	0	0	0	0	0	111545	13017
0	0	0	0	0	0	3441149	13018
0	0	0	0	0	0	0	14019
0	0	0	0	0	0	0	14020
0	0	0	0	0	0	0	14021
0	0	0	0	0	0	0	14022
64955	117193	41117	187257	302759	8126	262676	15023
69522	360386	28361	93618	551876	12840	433988	15024
129783	507695	16009	206553	712757	11776	671469	16025
0	0	0	0	0	0	0	17026
0	0	0	0	418	2948	106079	17027
0	0	0	0	73	3018	9964	17028
2799	13730	460	9092	19865	112	2418	17029

表 4.1 续 11 （Table 4.1 Continue 11）

	投入＼产出	代码	中			
			研究和试验发展	专业技术服务	科技推广和应用服务	水利管理
	代码	—	73122	74123	75124	76125
中间投入	农产品	01001	505397	6265	65165	35926
	林产品	02002	287	1190	112	293
	畜牧产品	03003	501808	0	0	0
	渔产品	04004	1019173	0	0	0
	农、林、牧、渔服务	05005	0	0	0	0
	煤炭采选产品	06006	27467	28788	72236	50031
	石油和天然气开采产品	07007	0	0	0	0
	黑色金属矿采选产品	08008	28064	6521	0	0
	有色金属矿采选产品	09009	54225	3585	0	0
	非金属矿采选产品	10010	995	8310	297	0
	开采辅助服务和其他采矿产品	11011	0	0	0	0
	谷物磨制品	13012	115663	0	0	0
	饲料加工品	13013	0	0	0	0
	植物油加工品	13014	117700	0	0	0
	糖及糖制品	13015	0	0	0	0
	屠宰及肉类加工品	13016	17547	0	0	0
	水产加工品	13017	88954	0	0	0
	蔬菜、水果、坚果和其他农副食品加工品	13018	149630	39187	12080	5477
	方便食品	14019	0	0	0	0
	乳制品	14020	0	0	0	0
	调味品、发酵制品	14021	0	0	0	0
	其他食品	14022	329120	0	0	0
	酒精和酒	15023	53536	147664	82834	37442
	饮料和精制茶加工品	15024	392290	244580	53304	20874
	烟草制品	16025	70152	192070	46446	17947
	棉、化纤纺织及印染精加工品	17026	109547	6862	1979	18810
	毛纺织及染整精加工品	17027	458366	16638	9517	196
	麻、丝绢纺织及加工品	17028	40186	3120	944	86
	针织或钩针编织及其制品	17029	328	3923	3635	8966

单位:万元(10000 yuan)

间		使		用			代码
生态保护和环境治理	公共设施管理	居民服务	其他服务	教育	卫生	社会工作	
77126	78127	79128	80129	82130	83131	84132	—
40600	4130136	517117	23181	245490	541040	67673	01001
12821	8242	8618	20323	0	0	479	02002
10	0	114051	0	712891	11204	0	03003
0	0	0	0	231344	25690	0	04004
0	0	0	0	0	0	0	05005
86021	34662	165470	14060	291169	325009	12282	06006
0	0	0	0	0	0	0	07007
0	0	0	0	0	0	0	08008
0	0	0	0	0	0	0	09009
597	661	3195	142	147	8	256	10010
0	0	0	0	0	0	0	11011
0	0	150583	0	814210	551242	145834	13012
0	0	0	0	0	0	0	13013
0	0	45421	30209	865000	30260	121977	13014
0	0	0	0	45487	0	169	13015
85516	0	114914	0	0	0	11223	13016
2107	13349	34593	48399	133389	15111	919	13017
17840	100010	185197	187449	1185562	39940	3635	13018
0	0	0	0	0	0	0	14019
0	0	107818	0	0	0	0	14020
0	0	0	0	0	0	0	14021
0	0	651178	0	731033	482022	0	14022
14455	49819	72333	1145342	250056	1503761	10002	15023
9905	129823	828998	111934	230259	27475	2195	15024
9302	60696	185412	198567	483473	342887	19872	16025
27601	172376	92334	158876	290102	2325193	1581	17026
2018	12556	152	11658	157959	16369	146	17027
0	0	49895	9375	13240	1079	9	17028
68	2259	101514	5037	14294	84630	261	17029

表 4.1 续 12 (Table 4.1 Continue 12)

投入 \ 产出		代码	中			
			新闻和出版	广播、电视、电影和影视录音制作	文化艺术	体育
代码		—	85133	86134	87135	88136
中间投入	农产品	01001	7460	926	38265	7878
	林产品	02002	181	290	77	1208
	畜牧产品	03003	0	507	3830	665
	渔产品	04004	0	0	0	0
	农、林、牧、渔服务	05005	0	0	0	0
	煤炭采选产品	06006	31800	729	23240	5934
	石油和天然气开采产品	07007	0	0	0	0
	黑色金属矿采选产品	08008	0	0	0	0
	有色金属矿采选产品	09009	0	0	0	0
	非金属矿采选产品	10010	0	0	2103	530
	开采辅助服务和其他采矿产品	11011	0	0	0	0
	谷物磨制品	13012	0	0	0	0
	饲料加工品	13013	0	0	0	0
	植物油加工品	13014	0	0	0	0
	糖及糖制品	13015	0	7503	0	146
	屠宰及肉类加工品	13016	0	11649	0	0
	水产加工品	13017	0	23864	11353	2056
	蔬菜、水果、坚果和其他农副食品加工品	13018	0	13664	3989	4787
	方便食品	14019	0	13161	0	0
	乳制品	14020	0	0	0	0
	调味品、发酵制品	14021	0	1323	0	0
	其他食品	14022	0	1176	0	19299
	酒精和酒	15023	23541	33892	14275	6643
	饮料和精制茶加工品	15024	72442	25924	76820	3322
	烟草制品	16025	43152	58713	34784	21338
	棉、化纤纺织及印染精加工品	17026	43821	34439	25637	1079
	毛纺织及染整精加工品	17027	0	30159	49174	118
	麻、丝绢纺织及加工品	17028	0	10418	8225	0
	针织或钩针编织及其制品	17029	1685	58	34	183

单位:万元(10000 yuan)

间	使	用		最	终	使 用	代码
				最终消费支出			
				居民消费支出			
娱乐	社会保障	公共管理和社会组织	中间使用合计	农村居民	城镇居民	小计	
89137	93138	90139	**TIU**	FU101	FU102	**THC**	—
2813	4007	0	**387894117**	38028611	55368359	**93396971**	01001
333	0	0	**44583367**	273512	214032	**487544**	02002
19824	0	0	**148649046**	36470972	42747227	**79218199**	03003
136108	0	0	**45983879**	5595603	27162528	**32758131**	04004
0	0	0	**25387225**	0	0	**0**	05005
2649	3087	306445	**239528202**	992966	638967	**1631933**	06006
0	0	0	**260380458**	0	0	**0**	07007
0	0	0	**146057528**	0	0	**0**	08008
0	0	0	**61531410**	0	0	**0**	09009
28	0	15	**52840291**	0	0	**0**	10010
0	0	0	**14181803**	0	0	**0**	11011
20314	2207	0	**62008633**	10556756	20374705	**30931461**	13012
0	0	0	**86471962**	0	155643	**155643**	13013
0	14835	665593	**58574261**	9166398	16403660	**25570058**	13014
4375	0	0	**11428583**	623212	865080	**1488292**	13015
69236	0	0	**50401805**	14207704	54693339	**68901042**	13016
32955	1137	0	**21479478**	2312702	10915833	**13228535**	13017
53244	4676	0	**33824740**	6623087	33617579	**40240666**	13018
41027	0	0	**3394906**	6750594	10116663	**16867257**	14019
76877	0	0	**10711488**	3923120	18594422	**22517542**	14020
0	0	0	**10310592**	3670707	7450131	**11120838**	14021
329947	0	0	**20685762**	18658410	45367797	**64026207**	14022
1346590	1423	657655	**33329422**	10419024	15989239	**26408264**	15023
1828120	12848	2834847	**35549675**	9867892	19853059	**29720951**	15024
531745	4048	701925	**44318034**	7288216	17745327	**25033543**	16025
29308	1590	1541191	**231324726**	393613	378441	**772054**	17026
12640	194	31595	**22789376**	32142	21985	**54127**	17027
0	9	21452	**17382033**	23218	36479	**59697**	17028
4824	0	834318	**20787417**	992915	1494564	**2487479**	17029

表 4.1 续 13 （Table 4.1 Continue 13）

	投入＼产出	代码	最终			
			最终消费支出		资本形成总额	
			政府消费支出	合计	固定资本形成总额	存货增加
	代码	—	FU103	TC	FU201	FU202
中间投入	农产品	01001	0	**93396971**	0	16976583
	林产品	02002	0	**487544**	0	—506478
	畜牧产品	03003	0	**79218199**	30934958	12655958
	渔产品	04004	0	**32758131**	9317	6855490
	农、林、牧、渔服务	05005	6076074	**6076074**	0	0
	煤炭采选产品	06006	0	**1631933**	0	2976956
	石油和天然气开采产品	07007	0	**0**	0	3340162
	黑色金属矿采选产品	08008	0	**0**	0	79807
	有色金属矿采选产品	09009	0	**0**	0	535161
	非金属矿采选产品	10010	0	**0**	0	—756402
	开采辅助服务和其他采矿产品	11011	0	**0**	0	0
	谷物磨制品	13012	0	**30931461**	0	1321570
	饲料加工品	13013	0	**155643**	0	2716705
	植物油加工品	13014	0	**25570058**	0	2012759
	糖及糖制品	13015	0	**1488292**	0	766075
	屠宰及肉类加工品	13016	0	**68901042**	0	227686
	水产加工品	13017	0	**13228535**	0	274304
	蔬菜、水果、坚果和其他农副食品加工品	13018	0	**40240666**	0	487021
	方便食品	14019	0	**16867257**	0	2031566
	乳制品	14020	0	**22517542**	0	100184
	调味品、发酵制品	14021	0	**11120838**	0	1541170
	其他食品	14022	0	**64026207**	0	2652130
	酒精和酒	15023	0	**26408264**	0	272079
	饮料和精制茶加工品	15024	0	**29720951**	0	2719362
	烟草制品	16025	0	**25033543**	0	912625
	棉、化纤纺织及印染精加工品	17026	0	**772054**	0	979180
	毛纺织及染整精加工品	17027	0	**54127**	0	406897
	麻、丝绢纺织及加工品	17028	0	**59697**	0	—30951
	针织或钩针编织及其制品	17029	0	**2487479**	0	613561

单位:万元(10000 yuan)

使用 资本形成总额 合计	出口	最终使用 合计	进口	其他	总产出	代码
GCF	EX	**TFU**	IM	ERR	**GO**	—
16976583	6401968	**116775522**	38414555	3149495	**469404580**	01001
−506478	65347	**46412**	9809931	−349085	**34470763**	02002
43590915	643349	**123452464**	2217769	2010171	**271893911**	03003
6864807	705556	**40328494**	744551	1492309	**87060130**	04004
0	0	**6076074**	0	−79211	**31384089**	05005
2976956	912685	**5521575**	18130507	−1836904	**225082366**	06006
3340162	1873689	**5213850**	142868283	−86813	**122639212**	07007
79807	19929	**99736**	63097026	734	**83060973**	08008
535161	573004	**1108165**	20932734	47742	**41754582**	09009
−756402	1282682	**526280**	3941338	−106622	**49318611**	10010
0	0	**0**	0	−56579	**14125225**	11011
1321570	341686	**32594718**	735646	1278730	**95146435**	13012
2716705	593402	**3465749**	98555	537567	**90376723**	13013
2012759	632191	**28215009**	8118543	201483	**78872210**	13014
766075	178138	**2432505**	1461068	4650	**12404670**	13015
227686	3243507	**72372235**	6826992	51915	**115998963**	13016
274304	9218317	**22721157**	3971260	889916	**41119291**	13017
487021	4750830	**45478517**	2409580	1062976	**77956654**	13018
2031566	424531	**19323354**	40067	485205	**23163397**	14019
100184	46454	**22664180**	2795667	438031	**31018031**	14020
1541170	603240	**13265248**	94520	426746	**23908067**	14021
2652130	4799222	**71477559**	2965014	1283027	**90481334**	14022
272079	568897	**27249239**	2782869	331981	**58127774**	15023
2719362	2120509	**34560821**	781740	1192988	**70521745**	15024
912625	499023	**26445190**	728295	465617	**70500546**	16025
979180	20671331	**22422565**	5336093	3205241	**251616438**	17026
406897	1427545	**1888568**	322171	438292	**24794065**	17027
−30951	1611206	**1639952**	370291	363167	**19014861**	17028
613561	6434250	**9535290**	948344	665721	**30040084**	17029

表 4.1　续 14　(Table 4.1　Continue 14)

投入 \ 产出		代码	中			
			农产品	林产品	畜牧产品	渔产品
代　码		—	01001	02002	03003	04004
中间投入	纺织制成品	17030	123	1805	18	2760
	纺织服装服饰	18031	223	13942	140	235
	皮革、毛皮、羽毛及其制品	19032	508	3124	1967	353
	鞋	19033	0	0	0	0
	木材加工品和木、竹、藤、棕、草制品	20034	9770	10998	4032	43066
	家具	21035	11175	14853	2253	50723
	造纸和纸制品	22036	7231	7223	204	11246
	印刷品和记录媒介复制品	23037	5039	11014	1145	41486
	文教、工美、体育和娱乐用品	24038	645	4459	208	1607
	精炼石油和核燃料加工品	25039	10417702	885137	880313	1624578
	炼焦产品	25040	0	0	0	0
	基础化学原料	26041	499	14072	31	261
	肥料	26042	51751363	1196656	685	6764
	农药	26043	10923796	761969	3356	8434
	涂料、油墨、颜料及类似产品	26044	199	13616	114	113
	合成材料	26045	1020	10308	68	5413
	专用化学产品和炸药、火工、焰火产品	26046	310	3386	347	819
	日用化学产品	26047	2371	5498	370	2153
	医药制品	27048	1965	19427	2858690	187509
	化学纤维制品	28049	6601	0	0	251170
	橡胶制品	29050	4207	23018	754	17052
	塑料制品	29051	6525844	70591	32	782
	水泥、石灰和石膏	30052	2755	2878	265	6053
	石膏、水泥制品及类似制品	30053	2163	2348	380	8469
	砖瓦、石材等建筑材料	30054	5378	4773	3149	93741
	玻璃和玻璃制品	30055	1948	9308	385	13650
	陶瓷制品	30056	4235	3721	544	24809
	耐火材料制品	30057	2767	13921	253	1955
	石墨及其他非金属矿物制品	30058	5047	15392	535	5201

单位:万元(10000 yuan)

间		使		用			
农、林、牧、渔服务	煤炭采选产品	石油和天然气开采产品	黑色金属矿采选产品	有色金属矿采选产品	非金属矿采选产品	开采辅助服务和其他采矿产品	代码
05005	06006	07007	08008	09009	10010	11011	—
1009	41151	6598	4079	18821	20349	6379	17030
51613	511751	203789	193992	114224	84729	39103	18031
190602	16499	7116	50	643	2312	95	19032
0	30885	18563	14476	5721	3709	5962	19033
23615	4020581	1473	31240	152663	66296	3464	20034
39217	24793	13099	4708	2353	553	1175	21035
7228	50370	14326	9516	5782	26989	4371	22036
43012	51748	17320	210991	10326	11046	2337	23037
786	144089	38317	203586	73857	32918	9069	24038
683582	1481532	3889139	3282052	2857836	2969315	683277	25039
0	10603	1416	123817	54303	51857	96	25040
850	179251	1406862	949262	569602	719986	143268	26041
9194	0	0	0	0	0	0	26042
162844	0	0	0	0	0	0	26043
821	193411	22370	3794	2312	2974	6105	26044
4601	670324	8324	14757	16575	6187	20000	26045
3305	2365419	1544794	1636619	1673546	2224251	731839	26046
14857	332886	12086	1964	1950	907	19401	26047
829161	55237	4799	24480	22074	1180	7780	27048
81137	3724	35	1021	1358	643	0	28049
7375	817973	66704	1223469	108000	180460	182909	29050
875	182274	22902	35289	43104	302183	294323	29051
8341	369132	11647	38009	139708	545460	332828	30052
5828	276476	16496	4753	32958	119461	262295	30053
15237	195281	16050	126642	35719	134637	55505	30054
15143	73627	22404	2843	6910	189	1887	30055
3340	438	34	475	10304	8575	5848	30056
3363	7321	4016	25943	16118	35037	12401	30057
2663	58160	26642	49617	138453	113853	4621	30058

表 4.1 续 15 （Table 4.1 Continue 15）

投入 \ 产出		代码	中			
			谷物磨制品	饲料加工品	植物油加工品	糖及糖制品
代码		—	13012	13013	13014	13015
中间投入	纺织制成品	17030	817	12577	4297	694
	纺织服装服饰	18031	28643	44120	11051	4239
	皮革、毛皮、羽毛及其制品	19032	0	0	0	0
	鞋	19033	757	957	362	77
	木材加工品和木、竹、藤、棕、草制品	20034	9801	8680	7119	952
	家具	21035	326	431	222	36
	造纸和纸制品	22036	103762	76463	230654	13787
	印刷品和记录媒介复制品	23037	19390	26826	5907	1660
	文教、工美、体育和娱乐用品	24038	31490	31510	9586	4246
	精炼石油和核燃料加工品	25039	64038	71662	62775	25340
	炼焦产品	25040	0	0	0	0
	基础化学原料	26041	0	0	74011	95015
	肥料	26042	0	0	0	0
	农药	26043	0	0	0	0
	涂料、油墨、颜料及类似产品	26044	5034	1193	1782	244
	合成材料	26045	7057	433	1525	54
	专用化学产品和炸药、火工、焰火产品	26046	670	64717	31956	87305
	日用化学产品	26047	2568	48403	5141	17
	医药制品	27048	129	112208	8816	3182
	化学纤维制品	28049	0	0	0	0
	橡胶制品	29050	5726	4367	2169	1838
	塑料制品	29051	910702	384989	561572	33373
	水泥、石灰和石膏	30052	202	326	368	1389
	石膏、水泥制品及类似制品	30053	4	118	0	188
	砖瓦、石材等建筑材料	30054	958	3960	587	21
	玻璃和玻璃制品	30055	19747	16397	11791	917
	陶瓷制品	30056	392	307	1301	16
	耐火材料制品	30057	2393	6983	1660	97
	石墨及其他非金属矿物制品	30058	530	697	319	48

单位:万元(10000 yuan)

间		使		用			
屠宰及肉类加工品	水产加工品	蔬菜、水果、坚果和其他农副食品加工品	方便食品	乳制品	调味品、发酵制品	其他食品	代码
13016	13017	13018	14019	14020	14021	14022	—
1016	2344	34139	7184	3997	2257	3164	17030
44262	43540	92165	16992	15866	31912	101377	18031
0	0	249	1299	387	980	3661	19032
1237	1167	958	713	473	304	2054	19033
19601	20213	49086	5482	8374	7271	40121	20034
249	1133	479	1898	807	640	2439	21035
381727	304924	464405	298086	965964	242203	1193039	22036
27289	56461	48292	8846	25069	9445	99159	23037
29925	36695	101455	22004	74046	29037	133108	24038
78615	81939	129644	16679	36915	52866	186232	25039
0	0	0	0	0	0	0	25040
0	0	24523	0	0	156095	440079	26041
0	0	0	0	0	0	0	26042
0	0	0	0	0	0	0	26043
4655	82	1502	656	3337	694	3766	26044
1608	67	76	37	40382	3644	45649	26045
88916	1741	59354	1339	12082	45599	162988	26046
69093	1222	23771	15637	55087	35004	214341	26047
169458	34982	21136	98	3596	48283	231260	27048
0	2	0	8	0	12	2521	28049
8303	4303	23109	2198	4590	11663	38046	29050
836511	406912	839705	412663	1043127	652098	1534126	29051
313	4828	11261	122	72	1760	5293	30052
545	1268	1541	1	0	52	4410	30053
1106	1523	1498	108	0	122	2325	30054
19081	15677	25591	52170	85668	138713	326006	30055
979	364	19166	34	59	147	135	30056
9044	3915	509	85	1	340	12568	30057
58	78	113	24	47	280	2403	30058

表 4.1 续 16 （Table 4.1 Continue 16）

投入＼产出		代码	中			
			酒精和酒	饮料和精制茶加工品	烟草制品	棉、化纤纺织及印染精加工品
代码		—	15023	15024	16025	17026
中间投入	纺织制成品	17030	1873	3978	8906	177112
	纺织服装服饰	18031	76831	86492	123532	532206
	皮革、毛皮、羽毛及其制品	19032	1562	1854	223	176707
	鞋	19033	1748	505	216	2407
	木材加工品和木、竹、藤、棕、草制品	20034	76837	45159	51301	302509
	家具	21035	2082	1317	2575	2668
	造纸和纸制品	22036	933482	809310	2403609	355462
	印刷品和记录媒介复制品	23037	405489	319267	779019	34686
	文教、工美、体育和娱乐用品	24038	142501	19747	53153	93011
	精炼石油和核燃料加工品	25039	381369	92267	99147	217494
	炼焦产品	25040	0	0	0	0
	基础化学原料	26041	143490	49247	12592	302963
	肥料	26042	0	0	0	0
	农药	26043	0	0	0	0
	涂料、油墨、颜料及类似产品	26044	1433	13375	3596	2363516
	合成材料	26045	10970	867422	1406	554269
	专用化学产品和炸药、火工、焰火产品	26046	71813	56221	47554	798708
	日用化学产品	26047	48234	403180	322708	9986
	医药制品	27048	26427	35273	672	391
	化学纤维制品	28049	916	0	699195	18676201
	橡胶制品	29050	18980	20455	10209	109939
	塑料制品	29051	534553	3647528	136857	345098
	水泥、石灰和石膏	30052	1723	311	6442	5430
	石膏、水泥制品及类似制品	30053	5498	1177	0	64099
	砖瓦、石材等建筑材料	30054	4456	987	49	2590
	玻璃和玻璃制品	30055	1928358	1041811	575	8198
	陶瓷制品	30056	92731	57458	5	6401
	耐火材料制品	30057	907	35	5	19
	石墨及其他非金属矿物制品	30058	106	229	1022	169440

单位:万元(10000 yuan)

间		使		用			代码
毛纺织及染整精加工品	麻、丝绢纺织及加工品	针织或钩针编织及其制品	纺织制成品	纺织服装服饰	皮革、毛皮、羽毛及其制品	鞋	
17027	17028	17029	17030	18031	19032	19033	—
1316	19274	51630	705720	4254050	366428	171608	17030
245797	79531	223574	61186	3403121	548419	198553	18031
107	1030	9213	29212	6249711	15362828	7383781	19032
215	143	234	35155	110984	16010	6095398	19033
30919	30144	77630	91301	101029	39357	123454	20034
66	106	988	2518	31525	1976	1005	21035
89087	29375	138272	331694	532754	516287	582434	22036
5330	3412	23977	47914	188835	21426	65419	23037
10556	8038	60668	31321	324488	74404	144422	24038
37857	52843	53502	69205	286327	84517	142617	25039
0	0	0	0	0	0	0	25040
1158	24061	1005	42237	30367	289502	156062	26041
0	0	0	0	0	0	0	26042
0	0	0	0	0	0	0	26043
430855	28890	161295	99371	124480	210737	60111	26044
1503	90	2120	146308	58117	141936	3094642	26045
51896	55152	353227	231117	50198	1135970	1000580	26046
2330	179	560	1445	13376	53633	113177	26047
12	351	355	3533	2897	88751	22295	27048
2236796	1461925	3518191	3109008	3798763	246637	127482	28049
3242	4438	9933	201025	163586	773249	2787304	29050
47768	25217	121232	630337	986693	830216	3315853	29051
182	819	493	294	3095	1444	328	30052
157	85	2416	255	3435	760	4121	30053
9	1237	100	6858	1144	1408	602	30054
66	89	449	42356	13829	15057	340	30055
183	6	5	1	239	0	0	30056
28	293	12976	2822	5240	65153	4181	30057
64	24	162	1648	7000	32211	2998	30058

表 4.1 续 17 (Table 4.1 Continue 17)

投入＼产出		代码	中			
			木材加工品和木、竹、藤、棕、草制品	家具	造纸和纸制品	印刷品和记录媒介复制品
代码		—	20034	21035	22036	23037
中间投入	纺织制成品	17030	24888	295373	368241	8306
	纺织服装服饰	18031	291346	197652	191314	74545
	皮革、毛皮、羽毛及其制品	19032	1949	2150652	1723	18213
	鞋	19033	985	119	2503	519
	木材加工品和木、竹、藤、棕、草制品	20034	43511259	20239718	1627855	305533
	家具	21035	251910	458328	1330	5417
	造纸和纸制品	22036	949316	544980	37223436	20770777
	印刷品和记录媒介复制品	23037	58905	64946	323948	1638837
	文教、工美、体育和娱乐用品	24038	92507	70436	228594	175276
	精炼石油和核燃料加工品	25039	704418	244699	335540	153874
	炼焦产品	25040	0	0	0	0
	基础化学原料	26041	2179786	307894	6574778	146223
	肥料	26042	0	0	0	0
	农药	26043	0	0	0	0
	涂料、油墨、颜料及类似产品	26044	386327	642993	499742	2497807
	合成材料	26045	558624	590999	555237	395710
	专用化学产品和炸药、火工、焰火产品	26046	6313650	413375	5698371	990009
	日用化学产品	26047	6998	74074	173268	11645
	医药制品	27048	240	1183	159496	403
	化学纤维制品	28049	7322	304348	374642	8662
	橡胶制品	29050	358349	241737	231012	211594
	塑料制品	29051	1139219	1518597	1794483	2961047
	水泥、石灰和石膏	30052	52170	14099	33681	1176
	石膏、水泥制品及类似制品	30053	5638	1912	378	173
	砖瓦、石材等建筑材料	30054	16685	114383	13921	207
	玻璃和玻璃制品	30055	34359	826102	3583	13071
	陶瓷制品	30056	120	1743	2016	0
	耐火材料制品	30057	26354	672	115656	1511
	石墨及其他非金属矿物制品	30058	149360	16868	2049	4529

单位:万元(10000 yuan)

间		使		用			
文教、工美、体育和娱乐用品	精炼石油和核燃料加工品	炼焦产品	基础化学原料	肥料	农药	涂料、油墨、颜料及类似产品	代码
24038	25039	25040	26041	26042	26043	26044	—
726497	10977	1019	11282	19117	1648	9734	17030
407680	163357	25892	281183	67889	45271	78202	18031
729574	733	1607	110594	58805	33801	42207	19032
20636	1912	648	35427	589	537	2164	19033
3049896	70983	8126	62923	28500	14295	57573	20034
32929	18243	2915	1274	1050	134	2455	21035
5716225	67441	1595	373333	51182	140842	197139	22036
240141	36535	2056	31826	35537	12915	65243	23037
10205596	35755	7296	82965	35449	15102	46544	24038
499578	27131663	193721	21513408	1750915	246679	1842173	25039
0	0	1054895	3466551	93940	5474	9493	25040
438291	4052942	79586	47083056	10383109	5702339	9606425	26041
0	0	0	88325	9695729	192758	0	26042
0	0	0	0	0	3941099	0	26043
622105	20455	1700	263721	27848	4099	7751395	26044
3164665	644891	1050	2628051	34188	111476	3860650	26045
1277206	4426024	100058	7757389	1780617	635645	7217617	26046
367858	3575	630	3426	23706	868	15863	26047
2162	8072	289	73316	80528	366373	97580	27048
1295396	191	34463	34028	584	250	207263	28049
607606	48979	19658	133700	42214	2591	18937	29050
5353407	487777	13900	4824005	5590282	481030	500872	29051
51214	170590	8223	484125	34557	854	72729	30052
20120	11719	18	7820	2834	1351	156	30053
85686	17771	2786	146871	6097	357	31157	30054
327827	24259	414	68653	24861	36087	23505	30055
37801	895	45	1316	4640	60	108	30056
1632	16986	2629672	51461	7519	445	68622	30057
113190	8447	54	600953	10167	1404	167136	30058

表 4.1 续 18 (Table 4.1 Continue 18)

投入 \ 产出		代码	中			
			合成材料	专用化学产品和炸药、火工、焰火产品	日用化学产品	医药制品
代码		—	26045	26046	26047	27048
中间投入	纺织制成品	17030	43536	52083	1700	170803
	纺织服装服饰	18031	104894	182667	38082	157810
	皮革、毛皮、羽毛及其制品	19032	63807	424522	84511	6327
	鞋	19033	1175	4256	216	5903
	木材加工品和木、竹、藤、棕、草制品	20034	46296	83800	125469	17273
	家具	21035	1002	3026	277	6754
	造纸和纸制品	22036	230005	388804	634872	1468552
	印刷品和记录媒介复制品	23037	14874	80153	285421	594633
	文教、工美、体育和娱乐用品	24038	53510	152838	126666	466247
	精炼石油和核燃料加工品	25039	28635139	7016804	88879	347095
	炼焦产品	25040	17561	2866063	0	0
	基础化学原料	26041	39542757	34353818	3413180	6956187
	肥料	26042	0	0	0	0
	农药	26043	0	0	0	0
	涂料、油墨、颜料及类似产品	26044	543384	269902	23942	77438
	合成材料	26045	20738917	3766428	106903	891610
	专用化学产品和炸药、火工、焰火产品	26046	6492769	26167485	1564094	1114984
	日用化学产品	26047	1127	21197	3601598	56420
	医药制品	27048	5568	148129	205710	32642722
	化学纤维制品	28049	85685	857422	4073	234132
	橡胶制品	29050	545872	343347	4435	194710
	塑料制品	29051	2324931	3657811	2070600	768846
	水泥、石灰和石膏	30052	42151	12056	10965	4952
	石膏、水泥制品及类似制品	30053	2768	3593	40	1240
	砖瓦、石材等建筑材料	30054	20078	6831	521	11291
	玻璃和玻璃制品	30055	347339	171874	40451	1968708
	陶瓷制品	30056	4953	11091	98497	17375
	耐火材料制品	30057	7312	164031	231	3693
	石墨及其他非金属矿物制品	30058	580822	358213	10389	1188

单位:万元(10000 yuan)

间		使		用			代码
化学纤维制品	橡胶制品	塑料制品	水泥、石灰和石膏	石膏、水泥制品及类似制品	砖瓦、石材等建筑材料	玻璃和玻璃制品	
28049	29050	29051	30052	30053	30054	30055	—
22673	213058	664424	26380	5929	52042	9087	17030
167003	114772	372755	143561	442987	396243	129738	18031
39	107433	91090	7887	10093	1802	1794	19032
590	108796	757	2538	295	1567	735	19033
222420	116227	562248	368938	299422	580464	285864	20034
1139	64	11576	1366	366	1799	3174	21035
428570	436676	953748	3367637	418701	1245114	563700	22036
80398	31790	106300	15749	19538	91312	41565	23037
65416	55877	219208	45850	78289	150296	52133	24038
4348553	923023	1120070	2737634	1659738	4797351	2991965	25039
0	32666	55414	85544	108442	168806	40944	25040
7933366	1445507	8027653	558609	364329	3414330	5918953	26041
0	0	0	0	0	0	0	26042
0	0	0	0	0	0	0	26043
56481	111753	3052571	133687	104688	1370173	307451	26044
11268777	12888427	59847644	65830	44813	3126153	1861096	26045
871028	4757283	6761432	489700	3198719	2785068	1214484	26046
8220	12032	49486	7267	3956	34246	48823	26047
12383	57173	8098	69998	128114	421	21509	27048
18067393	3586770	534858	860	6073	315890	91260	28049
14920	10211121	4080421	330898	1994625	856216	218066	29050
1910338	2517265	40470922	502328	370629	470956	1365097	29051
4267	12158	40502	8675227	20557080	6958669	147649	30052
14215	12	39677	1454822	5392394	2306046	11974	30053
4760	45004	26729	1599298	1540913	8675861	615947	30054
29712	21918	512470	273405	440709	695318	8075935	30055
789	332	519	5109	655	309740	27915	30056
1376	11197	99987	476915	41114	546244	809320	30057
1921	197831	628019	1968058	991555	4033845	1453142	30058

表 4.1 续 19 (Table 4.1 Continue 19)

投入＼产出	代码	中 陶瓷制品	耐火材料制品	石墨及其他非金属矿物制品	钢、铁及其铸件
代码	—	30056	30057	30058	31059
中间投入 纺织制成品	17030	8722	2784	4226	4142
纺织服装服饰	18031	152009	596986	65801	120908
皮革、毛皮、羽毛及其制品	19032	296	4267	257	686
鞋	19033	1005	504	293	1173
木材加工品和木、竹、藤、棕、草制品	20034	132819	103666	45588	101976
家具	21035	2402	272	369	710
造纸和纸制品	22036	378248	202105	177625	18350
印刷品和记录媒介复制品	23037	54714	12847	12265	22662
文教、工美、体育和娱乐用品	24038	45394	23499	26620	75766
精炼石油和核燃料加工品	25039	806863	524549	2480868	471776
炼焦产品	25040	27574	46305	1213920	12447460
基础化学原料	26041	394814	120832	706010	98160
肥料	26042	0	0	0	0
农药	26043	0	0	0	0
涂料、油墨、颜料及类似产品	26044	696506	335955	8646	27543
合成材料	26045	261295	462417	245837	217871
专用化学产品和炸药、火工、焰火产品	26046	64448	170067	159061	210369
日用化学产品	26047	1842	206	834	730
医药制品	27048	26201	6552	29	8526
化学纤维制品	28049	199	865	8382	112
橡胶制品	29050	111262	91560	130241	152340
塑料制品	29051	381054	226735	130853	137894
水泥、石灰和石膏	30052	60640	300881	31259	159878
石膏、水泥制品及类似制品	30053	6	39702	1894	3167
砖瓦、石材等建筑材料	30054	130640	147502	1035	89276
玻璃和玻璃制品	30055	179535	176107	572857	2930
陶瓷制品	30056	606408	1497	401	2542
耐火材料制品	30057	224699	2629684	420865	5800327
石墨及其他非金属矿物制品	30058	808287	1616447	6442245	161662

单位:万元(10000 yuan)

间		使		用			代码
钢压延产品	铁合金产品	有色金属及其合金和铸件	有色金属压延加工品	金属制品	锅炉及原动设备	金属加工机械	
31060	31061	32062	32063	33064	34065	34066	—
0	5590	40252	4094	114421	2311	2812	17030
553722	18767	222961	75742	661119	89067	66131	18031
650	37	759	7027	16535	578	2666	19032
3934	156	9984	1791	17499	1039	1924	19033
199343	27748	223012	192260	2398913	106782	273329	20034
2813	59	938	125	29880	776	205	21035
110437	6122	96602	124904	908097	98895	194235	22036
40559	2572	22143	27288	210619	20295	39804	23037
82290	14901	68910	60220	570283	40096	54317	24038
2991205	63397	6355317	776600	1976294	231217	172365	25039
25379437	1355907	913901	69466	275030	0	0	25040
1374520	188147	9293949	489155	3208089	21793	58271	26041
0	0	0	0	0	0	0	26042
0	0	0	0	0	0	0	26043
375615	64	17157	106137	4952675	56818	36765	26044
320007	20870	55408	69023	1579370	201153	32653	26045
776809	7842	705865	201371	3250692	152018	29665	26046
9411	23	2653	2159	27963	552	632	26047
55131	32770	28882	1485	96464	6	63	27048
13202	0	6786	141	190423	0	0	28049
453623	21547	127938	56415	1086505	143079	166337	29050
239499	15921	130723	259442	3139244	11496	225199	29051
428506	20527	125538	4827	49474	9154	352	30052
32917	3930	5161	13102	135016	300	383	30053
132146	561	70615	49275	646381	3271	927	30054
24935	1292	4739	52131	1596009	13379	71539	30055
4410	32	9859	114	70594	171	559	30056
4442690	90974	367971	257534	167191	114761	31905	30057
540811	355941	4169264	275648	760308	42447	62478	30058

表 4.1 续 20 (Table 4.1 Continue 20)

投入 \ 产出		代码	中			
			物料搬运设备	泵、阀门、压缩机及类似机械	文化、办公用机械	其他通用设备
代码		—	34067	34068	34069	34070
中间投入	纺织制成品	17030	51948	9195	1121	7504
	纺织服装服饰	18031	79722	209617	12966	549539
	皮革、毛皮、羽毛及其制品	19032	2850	547	7287	3814
	鞋	19033	742	920	17	3688
	木材加工品和木、竹、藤、棕、草制品	20034	225479	329470	62772	821871
	家具	21035	2159	599	54	62976
	造纸和纸制品	22036	162129	252739	173340	1118430
	印刷品和记录媒介复制品	23037	49069	44409	38601	96848
	文教、工美、体育和娱乐用品	24038	85389	168662	17350	248114
	精炼石油和核燃料加工品	25039	402872	529599	14775	927815
	炼焦产品	25040	0	0	0	0
	基础化学原料	26041	17596	33510	51666	448530
	肥料	26042	0	0	0	0
	农药	26043	0	0	0	0
	涂料、油墨、颜料及类似产品	26044	199870	185208	307802	122755
	合成材料	26045	7840	474849	919083	1427660
	专用化学产品和炸药、火工、焰火产品	26046	55459	104714	73365	1273725
	日用化学产品	26047	1452	6792	2917	9756
	医药制品	27048	7	27	2032	20201
	化学纤维制品	28049	0	954	68198	78514
	橡胶制品	29050	805187	1026352	423895	1569625
	塑料制品	29051	132559	603925	1578215	1762998
	水泥、石灰和石膏	30052	2171	2501	4961	5807
	石膏、水泥制品及类似制品	30053	491	463	737	11128
	砖瓦、石材等建筑材料	30054	34815	10624	65	99746
	玻璃和玻璃制品	30055	39137	62188	916910	589692
	陶瓷制品	30056	1133	16413	38	68772
	耐火材料制品	30057	2653	11040	31764	442723
	石墨及其他非金属矿物制品	30058	3341	99335	13624	591612

单位:万元(10000 yuan)

间		使		用			
采矿、冶金、建筑专用设备	化工、木材、非金属加工专用设备	农、林、牧、渔专用机械	其他专用设备	汽车整车	汽车零部件及配件	铁路运输和城市轨道交通设备	代码
35071	35072	35073	35074	36075	36076	37077	—
15672	2201	23131	289156	220156	694385	42104	17030
192510	120900	48026	261240	501935	405613	64487	18031
1264	4787	206	31957	3008102	798284	3952	19032
5332	345	236	357902	4375	4949	2820	19033
149130	131479	47889	733893	132480	417009	106997	20034
13742	564	500	8258	2822493	24608	131133	21035
102821	73565	39247	450184	84951	391439	27812	22036
69609	23781	23784	122141	153128	121637	8342	23037
186291	61579	30716	33825	66953	255005	55589	24038
769068	124106	131465	338483	910876	492701	199407	25039
0	0	0	0	0	0	0	25040
101234	171328	29961	716922	196928	965522	28548	26041
0	0	0	0	0	0	0	26042
0	0	0	0	0	0	0	26043
199145	173626	81694	461859	737997	575480	72468	26044
119873	414892	53096	1546387	102818	1326093	33731	26045
202261	53798	4719	640867	299367	1290077	146789	26046
5545	1707	1647	27142	43206	9615	728	26047
246	3	0	180705	278	4775	42	27048
840	9864	4540	554293	2416	407372	9114	28049
1877386	90072	1889929	904958	5569524	4983024	477695	29050
403932	1596615	531034	2804255	2355722	6058994	173615	29051
2228	1336	1319	104803	3698	1261	1566	30052
13828	4344	264	7869	1129	29450	2660	30053
9674	12	154	197953	19688	2939	4723	30054
31911	10224	32659	281764	1620338	1412097	99449	30055
18982	82	26	57823	0	2406584	890	30056
210583	54451	1483	320350	18752	607402	42747	30057
10367	50394	56457	103519	27347	80431	12689	30058

表 4.1 续 21 (Table 4.1 Continue 21)

投入 \ 产出		代码	中			
			船舶及相关装置	其他交通运输设备	电机	输配电及控制设备
代码		—	37078	37079	38080	38081
中间投入	纺织制成品	17030	39498	27100	6597	32993
	纺织服装服饰	18031	86647	149514	60816	179369
	皮革、毛皮、羽毛及其制品	19032	5180	46883	1528	55028
	鞋	19033	2349	816	42988	14014
	木材加工品和木、竹、藤、棕、草制品	20034	162977	139332	81208	114241
	家具	21035	73960	56871	528	2819
	造纸和纸制品	22036	25064	153265	241080	658169
	印刷品和记录媒介复制品	23037	5118	38790	17573	70206
	文教、工美、体育和娱乐用品	24038	24563	51140	43379	804680
	精炼石油和核燃料加工品	25039	409522	204615	209283	864351
	炼焦产品	25040	0	0	0	0
	基础化学原料	26041	32941	60438	11248	203068
	肥料	26042	0	0	0	0
	农药	26043	0	0	0	0
	涂料、油墨、颜料及类似产品	26044	681020	129833	107666	360738
	合成材料	26045	109694	949386	422529	1087811
	专用化学产品和炸药、火工、焰火产品	26046	202179	71677	103620	4675844
	日用化学产品	26047	1217	678	6590	23285
	医药制品	27048	131	7351	1660	2111
	化学纤维制品	28049	49502	7288	7454	9
	橡胶制品	29050	289583	2035614	121595	292778
	塑料制品	29051	265544	1855202	584667	3129065
	水泥、石灰和石膏	30052	2615	465	1473	2766
	石膏、水泥制品及类似制品	30053	12764	6	1311	5184
	砖瓦、石材等建筑材料	30054	22947	3036	6660	3509
	玻璃和玻璃制品	30055	55961	305910	121430	829220
	陶瓷制品	30056	9792	20048	2009	204045
	耐火材料制品	30057	47189	5810	147187	209741
	石墨及其他非金属矿物制品	30058	43332	49322	25498	142287

单位:万元(10000 yuan)

间		使		用			
电线、电缆、光缆及电工器材	电池	家用器具	其他电气机械和器材	计算机	通信设备	广播电视设备和雷达及配套设备	代码
38082	38083	38084	38085	39086	39087	39088	—
196039	15053	237036	1573	1456	3083	24513	17030
175144	54889	99988	35589	45190	46080	61546	18031
5260	2090	79566	2198	1452	731	2232	19032
1046	308	2665	545	813	594	297	19033
204029	89438	194856	149826	20043	12296	22231	20034
384	763	3900	764	209	510	520	21035
694614	366250	1334195	289432	605733	448089	83340	22036
42919	98837	544473	51056	100090	152167	23808	23037
71362	27116	178006	50016	189210	248420	67522	24038
215304	93278	224095	90895	322681	493471	93889	25039
0	0	0	0	0	0	0	25040
406640	3140736	572584	324170	55760	333313	7377	26041
0	0	0	0	0	0	0	26042
0	0	0	0	0	0	0	26043
600142	10950	284654	235431	670996	156494	172778	26044
4420052	636139	2392776	532767	2186003	132172	43920	26045
532876	1102744	714985	567139	417808	407212	47080	26046
8568	284	35619	13100	6824	5319	577	26047
3044	891	9678	4	1270	1490	259	27048
271673	1175	45387	325962	113321	22	68	28049
1657263	66609	503357	288277	893868	451183	72881	29050
4666247	1321127	8654377	891906	2983329	4965272	356732	29051
25759	122	3190	1665	633	35247	630	30052
2	69	5420	166	1678	14328	5526	30053
91078	205269	49482	17084	67377	18667	16	30054
5302990	168553	1116158	2422583	600573	690637	12883	30055
87670	893	98408	14262	900	26538	31	30056
149613	17698	7117	5880	1620	147	4920	30057
231779	1524956	197740	54760	50465	67759	778	30058

表 4.1 续 22 （Table 4.1 Continue 22）

投入＼产出		代码	中			
			视听设备	电子元器件	其他电子设备	仪器仪表
代码		—	39089	39090	39091	40092
中间投入	纺织制成品	17030	588	17148	584	30513
	纺织服装服饰	18031	19536	157719	14930	81687
	皮革、毛皮、羽毛及其制品	19032	393	26480	155	23155
	鞋	19033	98	4603	218	2805
	木材加工品和木、竹、藤、棕、草制品	20034	9837	241380	7021	76329
	家具	21035	49	21362	1470	1685
	造纸和纸制品	22036	190052	1878073	273860	334758
	印刷品和记录媒介复制品	23037	120976	85618	21363	70530
	文教、工美、体育和娱乐用品	24038	91167	155349	20742	127350
	精炼石油和核燃料加工品	25039	18369	422857	32295	185760
	炼焦产品	25040	0	0	0	0
	基础化学原料	26041	27374	2985967	767	71499
	肥料	26042	0	0	0	0
	农药	26043	0	0	0	0
	涂料、油墨、颜料及类似产品	26044	12052	972360	4409	44257
	合成材料	26045	237879	1825239	187738	563675
	专用化学产品和炸药、火工、焰火产品	26046	44278	6785374	47769	75894
	日用化学产品	26047	711	49324	1049	5366
	医药制品	27048	780	269614	500	7172
	化学纤维制品	28049	1086	21111	1940	1452
	橡胶制品	29050	36799	1220288	193160	540525
	塑料制品	29051	1559928	5298710	438652	960631
	水泥、石灰和石膏	30052	667	5300	61	21137
	石膏、水泥制品及类似制品	30053	1313	6387	16	687
	砖瓦、石材等建筑材料	30054	491	100421	1710	86285
	玻璃和玻璃制品	30055	319532	2951892	272106	1411124
	陶瓷制品	30056	10	903210	6	17227
	耐火材料制品	30057	52902	329152	1884	43114
	石墨及其他非金属矿物制品	30058	6379	601929	74193	55924

单位:万元(10000 yuan)

间		使		用			代码
其他制造产品	废弃资源和废旧材料回收加工品	金属制品、机械和设备修理服务	电力、热力生产和供应	燃气生产和供应	水的生产和供应	房屋建筑	
41093	42094	43095	44096	45097	46098	47099	—
193492	1921	9582	1433	264	841	290991	17030
115961	38796	26588	282863	47380	84475	2742352	18031
24533	2044	1410	445	683	959	18582	19032
161	447	3972	1496	628	242	63290	19033
714176	20479	32094	4207	188	320	10288480	20034
4722	574	948	7087	3482	1615	770405	21035
315481	70517	40700	311094	1715	1483	222437	22036
19321	879	4007	98854	9013	7477	154909	23037
39675	19285	15677	269917	16659	33513	1189049	24038
142899	171077	114165	19179782	323818	37819	4880779	25039
93154	52697	1414	26968	135108	0	633474	25040
535339	321190	11642	272597	41763	140634	598210	26041
0	0	0	0	0	0	0	26042
0	0	0	0	0	0	0	26043
19449	33	57776	17740	1551	631	7563898	26044
615408	138863	49551	17301	19091	34	9420706	26045
327585	224160	80246	140154	32486	631123	1130338	26046
64890	457	3662	3199	659	1613	293832	26047
87684	2396	3	12537	24	1930	591379	27048
1172305	12224	0	8375	11982	5045	157751	28049
285164	107223	97151	25771	6467	3236	912531	29050
1451204	650558	23844	76320	30311	375596	9283920	29051
4460	37949	518	118206	464	4965	45917010	30052
17	1384	2170	12867	58	5149	60716014	30053
86459	8224	2267	17474	2005	3190	67031177	30054
214327	65358	22690	13729	135	1757	10764078	30055
477	0	1073	34418	69	25	7672494	30056
50082	14890	20564	59863	6141	32	4632217	30057
55452	62	755	101616	145	30	3840233	30058

表 4.1　续 23　(Table 4.1　Continue 23)

投入＼产出		代码	中			
			土木工程建筑	建筑安装	建筑装饰和其他建筑服务	批发和零售
代码		—	48100	49101	50102	51103
中间投入	纺织制成品	17030	10280	2504	3273	4435
	纺织服装服饰	18031	1079002	412080	1099748	526368
	皮革、毛皮、羽毛及其制品	19032	4693	1241	952	85562
	鞋	19033	15984	4227	3242	8810
	木材加工品和木、竹、藤、棕、草制品	20034	2574955	141334	17590951	11119
	家具	21035	57419	15564	1486110	225209
	造纸和纸制品	22036	65443	19820	256563	735472
	印刷品和记录媒介复制品	23037	156145	33482	39461	6046598
	文教、工美、体育和娱乐用品	24038	378244	373310	617264	604325
	精炼石油和核燃料加工品	25039	10101973	654713	872338	2115435
	炼焦产品	25040	260645	92182	75828	0
	基础化学原料	26041	3002326	92675	144432	0
	肥料	26042	0	0	0	0
	农药	26043	0	0	0	1947
	涂料、油墨、颜料及类似产品	26044	1323895	459773	2871291	2473
	合成材料	26045	3749375	3242156	1069293	16
	专用化学产品和炸药、火工、焰火产品	26046	4029328	53723	1470178	36
	日用化学产品	26047	35909	23314	27820	76892
	医药制品	27048	235231	86734	67128	8903
	化学纤维制品	28049	58776	22213	17633	0
	橡胶制品	29050	1191677	36481	161074	132430
	塑料制品	29051	5190062	1047278	995427	1178911
	水泥、石灰和石膏	30052	15062083	1889222	1677538	8569
	石膏、水泥制品及类似制品	30053	12386875	1395220	2219611	8006
	砖瓦、石材等建筑材料	30054	15466637	3225621	7759094	4636
	玻璃和玻璃制品	30055	51683	62137	1058091	4172
	陶瓷制品	30056	11976	238041	2596517	16077
	耐火材料制品	30057	62207	1961486	1255461	0
	石墨及其他非金属矿物制品	30058	547786	37059	95786	3901

单位:万元(10000 yuan)

间		使		用			代码
铁路运输	道路运输	水上运输	航空运输	管道运输	装卸搬运和运输代理	仓储	
53104	54105	55106	56107	57108	58109	59110	—
42760	13851	15693	143336	381	3812	138541	17030
56269	864817	8628	197556	901	630375	173165	18031
13898	9920	269	3603	650	3423	1463	19032
29753	34216	459	1105	20	2845	31440	19033
62883	2113	10974	38	74	11	4108	20034
17956	83159	8614	8225	277	88679	19482	21035
117790	144755	10211	9970	3866	35904	36438	22036
28684	100288	3585	34731	2862	11736	38412	23037
26964	639163	12975	47292	9809	22769	529843	24038
3479654	46938313	11831192	13021153	804480	13148873	736344	25039
7006	0	0	0	0	0	0	25040
10922	1617	6396	0	24754	6508	0	26041
0	0	0	0	0	0	0	26042
0	0	0	0	2738	720	98332	26043
28254	522	45037	1	38700	9994	95043	26044
2945	869	987	0	4347	1161	52	26045
29091	21224	787	1441	3185	37944	1644659	26046
25565	12259	6	182	12782	3211	320789	26047
8430	44295	952	7154	4732	1935	10571	27048
3065	303	944	7592	4909	19818	15078	28049
39229	4726649	3925	31468	1465	22046	87420	29050
34543	184220	16948	2094	671	7867	271472	29051
20871	433	110	0	0	2077	1114	30052
74764	0	0	0	0	0	0	30053
57114	6927	19	634	227	1162	0	30054
6569	3885	1111	2	0	0	186845	30055
1015	138	210	1381	286	11713	54974	30056
6403	4170	6	49042	6	0	61676	30057
10782	104	0	0	0	0	0	30058

表 4.1 续 24 (Table 4.1 Continue 24)

投入 \ 产出		代码	中			
			邮政	住宿	餐饮	电信和其他信息传输服务
代码		—	60111	61112	62113	63114
中间投入	纺织制成品	17030	15796	1369408	30572	16360
	纺织服装服饰	18031	71543	679346	281880	204836
	皮革、毛皮、羽毛及其制品	19032	0	2582	1733	60398
	鞋	19033	10329	12105	12334	849
	木材加工品和木、竹、藤、棕、草制品	20034	51853	1870	89185	333
	家具	21035	58063	57689	52610	73332
	造纸和纸制品	22036	31101	170959	316532	102951
	印刷品和记录媒介复制品	23037	528697	23811	95753	651876
	文教、工美、体育和娱乐用品	24038	115436	132082	154258	272987
	精炼石油和核燃料加工品	25039	588724	664535	70263	380887
	炼焦产品	25040	0	0	0	0
	基础化学原料	26041	0	0	0	0
	肥料	26042	0	0	0	0
	农药	26043	0	0	0	0
	涂料、油墨、颜料及类似产品	26044	8474	3622	44	5030
	合成材料	26045	4176	1029	0	302
	专用化学产品和炸药、火工、焰火产品	26046	0	38677	37333	1192
	日用化学产品	26047	24695	1203248	148794	4160
	医药制品	27048	9833	7	0	103792
	化学纤维制品	28049	1007	0	0	0
	橡胶制品	29050	22692	4194	9	2191
	塑料制品	29051	68384	328340	366064	8589
	水泥、石灰和石膏	30052	43822	822	4791	82
	石膏、水泥制品及类似制品	30053	0	594	30	0
	砖瓦、石材等建筑材料	30054	82036	3828	786	4650
	玻璃和玻璃制品	30055	9513	13800	9004	11
	陶瓷制品	30056	39690	33563	35399	49301
	耐火材料制品	30057	28792	239	69	0
	石墨及其他非金属矿物制品	30058	67511	0	0	1721

单位:万元(10000 yuan)

间		使		用			
软件和信息技术服务	货币金融和其他金融服务	资本市场服务	保险	房地产	租赁	商务服务	代码
65115	66116	67117	68118	70119	71120	72121	—
0	32212	418	485	167265	104	189226	17030
4875	2971760	165422	47077	598489	3901	4423680	18031
2596	3087	125	4617	12672	2371	1821	19032
2264	91650	373	1647	171511	100	82537	19033
169	15763	621	0	3579	0	3139	20034
34055	416762	4417	7488	210927	455	172986	21035
951411	1491278	100717	115664	396393	1099	12999590	22036
5617835	7875820	778166	572248	755720	449503	12175070	23037
368791	6450357	469763	1025070	986591	30744	2039483	24038
85691	2207482	114360	122944	691580	2060292	18389762	25039
0	0	0	0	0	0	0	25040
0	0	0	0	26321	500	19649	26041
0	0	0	0	3585	0	0	26042
0	0	0	0	2851	55	1256	26043
5	0	0	0	45067	766	17782	26044
0	0	0	0	4526	88	2111	26045
1547320	277398	15465	4984	194443	3092	6290325	26046
1749	109881	1087	5804	19802	275	9835	26047
975	50881	1932	3134	5354	1559	47508	27048
0	0	0	0	2827	0	0	28049
0	6010	107	3995	95694	6902	9499	29050
22	34640	533	622	162519	739	508449	29051
329	0	0	0	219	0	3041	30052
0	0	0	0	0	0	0	30053
0	0	0	0	0	0	0	30054
26	0	0	0	21426	0	66	30055
18609	24366	96	19100	44	825	56826	30056
45282	6915	276	118	22253	26698	55121	30057
2514	0	0	0	1776	0	37921	30058

表 4.1 续 25 (Table 4.1 Continue 25)

投入 \ 产出		代码	中			
			研究和试验发展	专业技术服务	科技推广和应用服务	水利管理
代码		—	73122	74123	75124	76125
中间投入	纺织制成品	17030	192	27885	2105	27367
	纺织服装服饰	18031	7295	90986	50813	37996
	皮革、毛皮、羽毛及其制品	19032	59	1256	160	5604
	鞋	19033	2958	16268	5110	9584
	木材加工品和木、竹、藤、棕、草制品	20034	257	784	5000	96853
	家具	21035	10481	32463	35294	3979
	造纸和纸制品	22036	129444	240504	130914	5520
	印刷品和记录媒介复制品	23037	164334	609573	704421	36303
	文教、工美、体育和娱乐用品	24038	216862	390263	189996	53372
	精炼石油和核燃料加工品	25039	215465	5573521	1487642	396735
	炼焦产品	25040	0	0	0	0
	基础化学原料	26041	447343	1059732	45841	349
	肥料	26042	37330	41952	0	0
	农药	26043	174934	407586	5020	52138
	涂料、油墨、颜料及类似产品	26044	114028	580379	66798	70647
	合成材料	26045	177867	429316	9411	80412
	专用化学产品和炸药、火工、焰火产品	26046	2715521	5866530	258753	22336
	日用化学产品	26047	369803	750420	21740	87842
	医药制品	27048	250118	662450	1133	14813
	化学纤维制品	28049	82133	43633	0	0
	橡胶制品	29050	16379	14431	149040	25017
	塑料制品	29051	81853	7458	460879	31085
	水泥、石灰和石膏	30052	7	43	207	21937
	石膏、水泥制品及类似制品	30053	0	0	0	20250
	砖瓦、石材等建筑材料	30054	0	0	0	99137
	玻璃和玻璃制品	30055	31503	5534	1564	0
	陶瓷制品	30056	13966	12987	7746	4515
	耐火材料制品	30057	106413	311293	7035	1030
	石墨及其他非金属矿物制品	30058	192336	37065	32361	63219

单位:万元(10000 yuan)

间		使		用			代码
生态保护和环境治理	公共设施管理	居民服务	其他服务	教育	卫生	社会工作	
77126	78127	79128	80129	82130	83131	84132	—
21443	128299	253349	21745	1665	763922	2479	17030
123593	249710	381307	105634	38268	1771705	4400	18031
88	203	4460	122294	50	40355	0	19032
1195	24173	124859	30139	28154	8181	1237	19033
42130	1697	756	9167	505	1175	370	20034
7887	14672	187201	73920	107	171	2859	21035
6762	27518	133630	126789	1767204	127874	5506	22036
18747	164771	211055	150441	1192086	376105	5124	23037
32482	344484	819422	449784	2006529	185615	23440	24038
91640	746318	741382	394557	1501545	367645	35301	25039
0	0	0	0	0	0	0	25040
7111	43781	196404	39011	283408	54617	0	26041
1617	149701	15220	3023	74908	0	0	26042
47685	394554	41354	81667	384852	34514	0	26043
37570	618557	203260	59771	799862	24434	2090	26044
38111	316774	34487	6850	944845	27390	2156	26045
338591	620780	1807063	1552237	223454	4992	1425	26046
42416	357185	3973525	741222	1353643	37606	2409	26047
32288	2882	90227	3745	31953	73052806	35742	27048
0	0	0	0	0	0	0	28049
10908	95707	74668	737679	17	163032	520	29050
74949	715521	601627	353706	4997	88993	229	29051
76	2	85	412	39	67147	3	30052
7941	4503	0	0	142	243	0	30053
3082	5569	0	0	88	25301	0	30054
4474	2534	341	29728	314456	50666	0	30055
2872	326	143	24568	335	25616	227	30056
321	23170	6933	114409	83563	3248	31	30057
30603	643607	9356	9453	118501	0	16509	30058

表 4.1 续 26 （Table 4.1 Continue 26）

投入 \ 产出		代码	中			
			新闻和出版	广播、电视、电影和影视录音制作	文化艺术	体育
代码		—	85133	86134	87135	88136
中间投入	纺织制成品	17030	812	1656	9935	3892
	纺织服装服饰	18031	32702	1140968	668201	54176
	皮革、毛皮、羽毛及其制品	19032	1	692	1311	75685
	鞋	19033	1394	9064	13046	4910
	木材加工品和木、竹、藤、棕、草制品	20034	134	4834	222463	1653
	家具	21035	6260	9126	6356	2808
	造纸和纸制品	22036	1924814	3027	8244	2753
	印刷品和记录媒介复制品	23037	2479645	460842	51189	14487
	文教、工美、体育和娱乐用品	24038	92831	23847	160073	148430
	精炼石油和核燃料加工品	25039	67177	66695	84137	31907
	炼焦产品	25040	0	0	0	0
	基础化学原料	26041	0	0	0	0
	肥料	26042	0	0	0	9143
	农药	26043	12473	0	0	6795
	涂料、油墨、颜料及类似产品	26044	11090	7418	22333	11312
	合成材料	26045	10047	8453	25137	10495
	专用化学产品和炸药、火工、焰火产品	26046	671483	384638	32791	9215
	日用化学产品	26047	12083	9218	27573	11922
	医药制品	27048	2829	1588	2118	158
	化学纤维制品	28049	0	0	0	0
	橡胶制品	29050	1684	1124	1635	266
	塑料制品	29051	759	663	1307	1203
	水泥、石灰和石膏	30052	36	25383	1	3311
	石膏、水泥制品及类似制品	30053	0	0	0	0
	砖瓦、石材等建筑材料	30054	0	0	0	0
	玻璃和玻璃制品	30055	0	0	0	0
	陶瓷制品	30056	0	7624	5913	54
	耐火材料制品	30057	188	3259	2402	1154
	石墨及其他非金属矿物制品	30058	11450	150922	40671	42139

单位:万元(10000 yuan)

间使用				最终使用			代码
				最终消费支出			
				居民消费支出			
娱乐	社会保障	公共管理和社会组织	**中间使用合计**	农村居民	城镇居民	**小计**	
89137	93138	90139	**TIU**	FU101	FU102	**THC**	—
610	546	728265	**15551372**	1702399	3407056	**5109455**	17030
27805	1263	4126681	**44394041**	12201786	50020172	**62221958**	18031
126	95	1210296	**39273446**	2169570	10857600	**13027170**	19032
6487	47	2092623	**10006505**	4864086	22340136	**27204221**	19033
133	27224	4235	**117731953**	498898	1641916	**2140814**	20034
5281	334	1429471	**10015325**	2029518	7412995	**9442513**	21035
833	3466	2177701	**125982019**	327285	1266474	**1593759**	22036
15950	18560	3878293	**56028712**	130160	308103	**438263**	23037
147284	6125	2073568	**43114296**	3126563	13364917	**16491480**	24038
19768	26837	6075607	**338688718**	2012473	21169282	**23181755**	25039
0	0	0	**51355361**	0	0	**0**	25040
0	0	0	**238693906**	0	0	**0**	26041
0	0	0	**63277954**	0	0	**0**	26042
0	10259	865658	**18428885**	25137	169887	**195024**	26043
168	14174	451803	**52424205**	24960	39373	**64334**	26044
217	39	134315	**179109746**	0	0	**0**	26045
3485	118	143834	**165215733**	88939	101918	**190856**	26046
431	8999	934396	**17854648**	2024397	13681732	**15706128**	26047
17340	4703	44797	**115334940**	7725988	31645141	**39371130**	27048
894	0	0	**64127080**	0	1997	**1997**	28049
4340	0	144700	**67837720**	338504	661012	**999515**	29050
534	1807	16134	**192384836**	613134	2460823	**3073956**	29051
26	1578	128857	**105364931**	82125	68991	**151116**	30052
0	0	0	**87319286**	131809	121973	**253782**	30053
0	0	0	**109924314**	307695	284732	**592427**	30054
0	0	0	**55196325**	222227	1918753	**2140981**	30055
9588	151	55851	**16511535**	618841	788282	**1407123**	30056
238	26	0	**31685539**	126769	377812	**504581**	30057
13060	20082	1018450	**38605515**	3988	7194	**11182**	30058

表 4.1 续 27 (Table 4.1 Continue 27)

投入 \ 产出		代码	最终			
			最终消费支出		资本形成总额	
			政府消费支出	合计	固定资本形成总额	存货增加
代码		—	FU103	**TC**	FU201	FU202
中间投入	纺织制成品	17030	0	**5109455**	0	305162
	纺织服装服饰	18031	0	**62221958**	0	818528
	皮革、毛皮、羽毛及其制品	19032	0	**13027170**	0	200023
	鞋	19033	0	**27204221**	0	130689
	木材加工品和木、竹、藤、棕、草制品	20034	0	**2140814**	0	610788
	家具	21035	0	**9442513**	14912181	483559
	造纸和纸制品	22036	0	**1593759**	0	－103399
	印刷品和记录媒介复制品	23037	0	**438263**	0	675969
	文教、工美、体育和娱乐用品	24038	0	**16491480**	2732946	5164187
	精炼石油和核燃料加工品	25039	0	**23181755**	0	4803228
	炼焦产品	25040	0	**0**	0	－395288
	基础化学原料	26041	0	**0**	0	－107680
	肥料	26042	0	**0**	0	－111944
	农药	26043	0	**195024**	0	371845
	涂料、油墨、颜料及类似产品	26044	0	**64334**	0	－562986
	合成材料	26045	0	**0**	0	254054
	专用化学产品和炸药、火工、焰火产品	26046	0	**190856**	0	－377984
	日用化学产品	26047	0	**15706128**	0	98292
	医药制品	27048	0	**39371130**	0	1515199
	化学纤维制品	28049	0	**1997**	0	513647
	橡胶制品	29050	0	**999515**	0	162299
	塑料制品	29051	0	**3073956**	0	544201
	水泥、石灰和石膏	30052	0	**151116**	0	－94023
	石膏、水泥制品及类似制品	30053	0	**253782**	0	252585
	砖瓦、石材等建筑材料	30054	0	**592427**	0	－1589659
	玻璃和玻璃制品	30055	0	**2140981**	0	323978
	陶瓷制品	30056	0	**1407123**	0	125311
	耐火材料制品	30057	0	**504581**	0	112545
	石墨及其他非金属矿物制品	30058	0	**11182**	0	188254

单位:万元(10000 yuan)

使用						
资本形成总额	出口	**最终使用合计**	进口	其他	**总产出**	代码
合计						
GCF	EX	**TFU**	IM	ERR	**GO**	—
305162	21611677	**27026294**	2420455	182153	**40339364**	17030
818528	68978566	**132019052**	5278077	1012398	**172147413**	18031
200023	17064762	**30291955**	3883158	1343056	**67025300**	19032
130689	21565049	**48899959**	1984606	921400	**57843258**	19033
610788	7987288	**10738891**	3702838	852571	**125620576**	20034
15395740	28180322	**53018576**	1366636	200914	**61868179**	21035
−103399	5910468	**7400827**	9027755	−180386	**124174705**	22036
675969	1428954	**2543186**	693584	8625	**57886939**	23037
7897133	48572719	**72961332**	4995983	388081	**111467726**	24038
4803228	11263816	**39248800**	28765069	314874	**349487323**	25039
−395288	480621	**85333**	51714	−744581	**50644399**	25040
−107680	22885289	**22777610**	42351862	−1532550	**217587104**	26041
−111944	4344753	**4232809**	2685226	−917996	**63907540**	26042
371845	1743050	**2309919**	373876	−8351	**20356577**	26043
−562986	3161574	**2662921**	2348179	−124463	**52614484**	26044
254054	7321845	**7575899**	35758482	−378946	**150548217**	26045
−377984	7654946	**7467818**	9530927	387818	**163540442**	26046
98292	3091119	**18895540**	1880140	−1065175	**33804872**	26047
1515199	11712342	**52598670**	10280775	982497	**158635333**	27048
513647	3784876	**4300519**	2284230	229430	**66372799**	28049
162299	12349258	**13511073**	5437532	471648	**76382909**	29050
544201	20807451	**24425609**	10135827	−179107	**206495511**	29051
−94023	420277	**477370**	35718	−245254	**105561329**	30052
252585	754463	**1260830**	20093	−1157184	**87402839**	30053
−1589659	7284857	**6287626**	182263	−728536	**115301141**	30054
323978	9802579	**12267537**	4306363	−54752	**63102748**	30055
125311	4970236	**6502670**	311950	−4663	**22697592**	30056
112545	1411782	**2028908**	180411	−244209	**33289827**	30057
188254	2089691	**2289126**	1989485	−214400	**38690756**	30058

表 4.1 续 28 (Table 4.1 Continue 28)

投入 \ 产出		代码	中			
			农产品	林产品	畜牧产品	渔产品
代码		—	01001	02002	03003	04004
中间投入	钢、铁及其铸件	31059	0	0	0	0
	钢压延产品	31060	1411	6563	1223	11006
	铁合金产品	31061	14	0	0	0
	有色金属及其合金和铸件	32062	46	15	0	2
	有色金属压延加工品	32063	0	344	0	0
	金属制品	33064	65990	115682	5449	81569
	锅炉及原动设备	34065	6	504	0	53
	金属加工机械	34066	0	292	0	0
	物料搬运设备	34067	0	0	0	0
	泵、阀门、压缩机及类似机械	34068	2396	1924	32	664
	文化、办公用机械	34069	237	393	2	27
	其他通用设备	34070	3262	13491	398	34145
	采矿、冶金、建筑专用设备	35071	0	0	0	0
	化工、木材、非金属加工专用设备	35072	0	0	0	0
	农、林、牧、渔专用机械	35073	4121263	590708	380778	571317
	其他专用设备	35074	515	2392	37	3661
	汽车整车	36075	0	0	0	0
	汽车零部件及配件	36076	116701	93782	77383	117940
	铁路运输和城市轨道交通设备	37077	0	0	0	0
	船舶及相关装置	37078	0	0	0	510776
	其他交通运输设备	37079	12894	16777	7646	12722
	电机	38080	753	2574	755	1529
	输配电及控制设备	38081	198	987	20	194
	电线、电缆、光缆及电工器材	38082	395	3418	68	472
	电池	38083	0	0	0	0
	家用器具	38084	2306	14380	149	22209
	其他电气机械和器材	38085	505	8026	176	3346
	计算机	39086	124	5197	89	373
	通信设备	39087	0	304	392	8536

单位:万元(10000 yuan)

间		使		用			
农、林、牧、渔服务	煤炭采选产品	石油和天然气开采产品	黑色金属矿采选产品	有色金属矿采选产品	非金属矿采选产品	开采辅助服务和其他采矿产品	代码
05005	06006	07007	08008	09009	10010	11011	—
0	716410	138865	248844	230481	17139	4730	31059
174	9024716	4548422	746879	401599	304806	779512	31060
278	594	380	6769	5426	168	742	31061
593	53096	777	9665	346522	1448	96723	32062
0	34110	840	6817	3042	176	523	32063
139266	4496662	626905	1672023	1167513	1298315	461818	33064
9183	23550	17615	48703	82060	70499	17602	34065
230	54072	5837	4113	37205	68586	3416	34066
0	311203	137767	520025	114153	353588	21924	34067
1472	290418	129306	177875	143511	130707	112365	34068
3809	10195	1474	7104	783	938	1408	34069
26461	3637703	1169246	1049860	913831	585759	20879	34070
0	4316845	1847579	1799615	1432328	1560086	1144126	35071
0	12595	25737	8911	945	12186	2797	35072
108662	150	12276	630	0	453	104	35073
61366	96981	1696880	133329	117224	481262	29914	35074
0	41151	4236	19331	101492	101284	11483	36075
117718	101410	91461	165506	148854	374304	58622	36076
0	10527	6	14006	15706	667	10	37077
0	0	7	0	0	1206	0	37078
30293	12630	9459	901	9170	5084	328	37079
4256	37293	21191	20165	131444	159258	5902	38080
628	135881	66069	140640	232878	224672	25227	38081
835	815879	295031	89529	97169	90134	32349	38082
0	19908	12167	2970	9571	10799	18886	38083
54573	114173	20901	1044	8755	4971	5787	38084
2589	58435	9472	39888	25955	64902	2307	38085
12879	43570	29808	21044	14816	14738	11624	39086
608	22773	1050	2789	9309	10516	3665	39087

表 4.1 续 29 (Table 4.1 Continue 29)

投入 \ 产出		代码	中			
			谷物磨制品	饲料加工品	植物油加工品	糖及糖制品
代码		—	13012	13013	13014	13015
中间投入	钢、铁及其铸件	31059	0	0	0	0
	钢压延产品	31060	2179	4059	7160	2821
	铁合金产品	31061	0	0	0	0
	有色金属及其合金和铸件	32062	0	512	297	120
	有色金属压延加工品	32063	1729	0	6	1052
	金属制品	33064	91499	30099	29664	2756
	锅炉及原动设备	34065	5112	30537	9291	921
	金属加工机械	34066	837	1214	2029	1009
	物料搬运设备	34067	3118	3556	1487	1118
	泵、阀门、压缩机及类似机械	34068	307	12572	6423	5863
	文化、办公用机械	34069	1446	284	86	18
	其他通用设备	34070	54501	56690	38550	18896
	采矿、冶金、建筑专用设备	35071	15585	5176	0	11
	化工、木材、非金属加工专用设备	35072	0	0	0	0
	农、林、牧、渔专用机械	35073	0	0	0	0
	其他专用设备	35074	18382	62831	28623	2203
	汽车整车	36075	0	0	0	0
	汽车零部件及配件	36076	2532	2638	1224	507
	铁路运输和城市轨道交通设备	37077	0	0	0	0
	船舶及相关装置	37078	0	0	0	0
	其他交通运输设备	37079	72	114	46	16
	电机	38080	1978	25796	370	467
	输配电及控制设备	38081	1550	14710	8087	1883
	电线、电缆、光缆及电工器材	38082	1351	10244	1257	1103
	电池	38083	16	48	63	233
	家用器具	38084	370	334	396	46
	其他电气机械和器材	38085	604	7706	708	677
	计算机	39086	1673	1977	766	454
	通信设备	39087	628	455	284	39

单位:万元(10000 yuan)

间		使		用			代码
屠宰及肉类加工品	水产加工品	蔬菜、水果、坚果和其他农副食品加工品	方便食品	乳制品	调味品、发酵制品	其他食品	
13016	13017	13018	14019	14020	14021	14022	—
0	0	0	0	0	0	0	31059
11456	7706	13139	299	830	23669	17210	31060
0	0	0	0	0	0	0	31061
1333	1	5	3	0	17	1304	32062
14	18	0	23	16	118	14974	32063
90122	38826	92080	93886	137078	109518	534860	33064
5874	2601	3590	121	1355	119	1785	34065
1063	1822	154	462	82	382	1289	34066
2037	978	3353	1034	382	4392	81635	34067
4193	9606	13506	1400	2447	39779	22489	34068
1380	394	1335	72	243	833	1640	34069
50695	10785	191461	15767	18691	32243	142562	34070
2924	7043	3071	104	10	0	1693	35071
0	0	23953	50	286	38	1787	35072
0	0	34379	46	4	0	3682	35073
56143	6924	127371	9121	23160	40163	64333	35074
0	0	0	0	1539	0	612	36075
20645	4859	13223	3065	8988	2686	7434	36076
0	0	0	0	0	0	0	37077
0	0	0	0	0	0	83	37078
153	115	125	21	72	25	260	37079
721	869	14673	881	1036	1027	14623	38080
2003	1313	79088	1938	1468	466	11060	38081
5746	760	3713	2576	388	7656	6213	38082
84	2284	2842	78	130	43	755	38083
235	460	17489	544	433	3765	1196	38084
2100	2001	28894	1475	483	2765	7112	38085
2169	2329	4833	974	1052	2448	7943	39086
110	51	2	41	5	17	292	39087

表 4.1 续 30 (Table 4.1 Continue 30)

投入＼产出		代码	中			
			酒精和酒	饮料和精制茶加工品	烟草制品	棉、化纤纺织及印染精加工品
代码		—	15023	15024	16025	17026
中间投入	钢、铁及其铸件	31059	0	0	0	0
	钢压延产品	31060	14925	11247	322	33310
	铁合金产品	31061	0	0	0	0
	有色金属及其合金和铸件	32062	1119	425	416	13110
	有色金属压延加工品	32063	2820	3596	21676	435
	金属制品	33064	348259	927209	76695	101080
	锅炉及原动设备	34065	1427	1273	0	27295
	金属加工机械	34066	415	535	4705	2453
	物料搬运设备	34067	2149	2582	2646	10041
	泵、阀门、压缩机及类似机械	34068	32329	18792	6558	53581
	文化、办公用机械	34069	920	988	630	1079
	其他通用设备	34070	71206	139022	88682	554121
	采矿、冶金、建筑专用设备	35071	0	72	410	19158
	化工、木材、非金属加工专用设备	35072	339	2208	16	0
	农、林、牧、渔专用机械	35073	0	3125	0	0
	其他专用设备	35074	213395	298272	114921	1009221
	汽车整车	36075	747	6	0	0
	汽车零部件及配件	36076	6107	5305	17784	8270
	铁路运输和城市轨道交通设备	37077	0	0	0	0
	船舶及相关装置	37078	0	0	0	0
	其他交通运输设备	37079	111	67	48	14
	电机	38080	9039	3452	3660	13430
	输配电及控制设备	38081	5739	5821	12302	55139
	电线、电缆、光缆及电工器材	38082	3057	4617	176	52617
	电池	38083	153	886	233	1295
	家用器具	38084	1229	3596	1994	347
	其他电气机械和器材	38085	8710	3787	19692	9268
	计算机	39086	3295	5659	2002	8439
	通信设备	39087	123	817	1657	66

单位:万元(10000 yuan)

间		使		用			代码
毛纺织及染整精加工品	麻、丝绢纺织及加工品	针织或钩针编织及其制品	纺织制成品	纺织服装服饰	皮革、毛皮、羽毛及其制品	鞋	
17027	17028	17029	17030	18031	19032	19033	—
0	0	0	0	0	0	0	31059
272	5777	6901	50795	4066	34267	15527	31060
0	0	0	0	0	0	0	31061
40	111	4209	8240	93	17603	31463	32062
1745	88	0	25626	98	46233	824	32063
14488	9633	22567	60608	404220	95101	91533	33064
107	2108	11508	98	65	2133	415	34065
1773	121	8195	694	16813	11859	1610	34066
0	28	1529	382	7	88	5488	34067
1218	1266	5764	2736	4225	39989	2596	34068
488	245	391	779	2033	1710	1028	34069
26992	43178	53443	49492	201420	66842	132172	34070
408	209	32015	2443	22187	5004	9780	35071
0	0	0	0	0	0	0	35072
0	0	0	0	0	0	0	35073
153562	77482	73672	35823	957426	210888	289986	35074
0	0	292	0	0	0	1411	36075
1413	1226	1259	2020	10991	3782	14195	36076
0	0	0	0	0	0	0	37077
0	0	0	0	0	0	0	37078
0	1	21	4	2021	1	74	37079
2062	1503	869	3766	38333	526	1081	38080
1255	877	1904	14073	23245	2412	3547	38081
5218	2203	2760	4423	10539	11553	2140	38082
513	600	782	238	2040	21	21	38083
7	2126	31	505	67192	14	77	38084
1592	797	2875	6041	32242	3417	3664	38085
618	730	1613	4095	16483	4692	5728	39086
355	13	109	3194	292	151	11	39087

表 4.1 续 31 (Table 4.1 Continue 31)

投入＼产出		代码	中			
			木材加工品和木、竹、藤、棕、草制品	家具	造纸和纸制品	印刷品和记录媒介复制品
代码		—	20034	21035	22036	23037
中间投入	钢、铁及其铸件	31059	0	0	0	0
	钢压延产品	31060	112045	1672635	81446	22307
	铁合金产品	31061	0	0	0	0
	有色金属及其合金和铸件	32062	74574	91755	51171	255212
	有色金属压延加工品	32063	32362	144532	74088	459712
	金属制品	33064	3419544	3145805	525926	320205
	锅炉及原动设备	34065	7287	250	18127	1358
	金属加工机械	34066	9689	5105	16645	20253
	物料搬运设备	34067	50619	7325	12193	1333
	泵、阀门、压缩机及类似机械	34068	30513	2341	140377	7389
	文化、办公用机械	34069	4181	1418	7165	3255
	其他通用设备	34070	1135934	278155	162027	112006
	采矿、冶金、建筑专用设备	35071	22326	2111	90	124
	化工、木材、非金属加工专用设备	35072	329964	134533	123896	13097
	农、林、牧、渔专用机械	35073	137466	178	0	0
	其他专用设备	35074	95493	63110	609702	727885
	汽车整车	36075	0	0	47	0
	汽车零部件及配件	36076	11524	4881	16580	9352
	铁路运输和城市轨道交通设备	37077	0	0	0	0
	船舶及相关装置	37078	0	0	0	0
	其他交通运输设备	37079	494	7	32	666
	电机	38080	32257	17934	30487	4434
	输配电及控制设备	38081	71402	1301	57925	23610
	电线、电缆、光缆及电工器材	38082	12377	4487	24641	3359
	电池	38083	1858	111	376	768
	家用器具	38084	966	34490	469	687
	其他电气机械和器材	38085	23869	9571	31866	31414
	计算机	39086	15967	3165	9241	48567
	通信设备	39087	454	4709	82	56

单位:万元(10000 yuan)

间		使		用			
文教、工美、体育和娱乐用品	精炼石油和核燃料加工品	炼焦产品	基础化学原料	肥料	农药	涂料、油墨、颜料及类似产品	代码
24038	25039	25040	26041	26042	26043	26044	—
728500	0	2754	62288	10233	1140	166493	31059
941429	40980	19726	180528	159943	7918	27878	31060
13373	0	0	30072	0	0	0	31061
9159071	8436	396	937750	11621	844	7998	32062
7508216	2090	8	116291	1028	653	44340	32063
1272961	152579	67503	719670	236152	114781	776525	33064
2519	10211	3976	26777	18573	3724	968	34065
30290	522	39298	11335	12331	2376	200	34066
3195	14159	116882	25246	22186	4151	3511	34067
23503	421188	101523	317106	135499	33730	29155	34068
5714	9497	479	2385	409	651	521	34069
330600	847945	981980	1818433	1185379	32329	56795	34070
412	26516	95229	12747	4952	10	286	35071
42492	479435	18945	986485	507009	4146	8683	35072
0	0	0	0	1391	3010	0	35073
151824	321434	22931	61433	46093	51430	12966	35074
0	50015	0	49607	0	115	0	36075
30380	51042	12855	17250	4868	1698	6086	36076
0	500	1662	159	189	1424	0	37077
0	351	0	0	0	0	0	37078
7223	2836	31	9799	48	32	39	37079
111733	97598	8440	59935	16040	164	9890	38080
93004	28336	9970	75370	29430	370	6264	38081
106104	173732	12341	43827	26366	1240	3297	38082
62009	51767	0	3103	54	7	1852	38083
4920	12284	336	9590	271	73	706	38084
49146	117628	4121	83076	7046	2223	2511	38085
13333	184798	1608	88913	4414	1188	2242	39086
486	9096	1884	3354	300	13	3	39087

表 4.1 续 32 (Table 4.1 Continue 32)

投入 \ 产出		代码	中			
			合成材料	专用化学产品和炸药、火工、焰火产品	日用化学产品	医药制品
代码		—	26045	26046	26047	27048
中间投入	钢、铁及其铸件	31059	53640	4148	10733	8707
	钢压延产品	31060	97524	89593	5610	23682
	铁合金产品	31061	35437	14236	5608	1033
	有色金属及其合金和铸件	32062	59791	2527283	11617	22506
	有色金属压延加工品	32063	622717	1628215	2951	16300
	金属制品	33064	205585	784643	184153	484761
	锅炉及原动设备	34065	11098	10081	577	2690
	金属加工机械	34066	38720	25740	3791	7066
	物料搬运设备	34067	3647	6982	806	137308
	泵、阀门、压缩机及类似机械	34068	111440	156126	15403	39716
	文化、办公用机械	34069	54	2689	415	4832
	其他通用设备	34070	458103	201101	69150	845665
	采矿、冶金、建筑专用设备	35071	2214	1705	3035	66558
	化工、木材、非金属加工专用设备	35072	766164	51188	4717	11811
	农、林、牧、渔专用机械	35073	0	0	0	0
	其他专用设备	35074	38235	46878	78853	175508
	汽车整车	36075	0	395	0	0
	汽车零部件及配件	36076	4518	37716	2169	10646
	铁路运输和城市轨道交通设备	37077	3	74	0	2
	船舶及相关装置	37078	0	0	0	0
	其他交通运输设备	37079	51	301	30	640
	电机	38080	13242	69553	412	9275
	输配电及控制设备	38081	32357	85279	4308	12137
	电线、电缆、光缆及电工器材	38082	31684	28621	3436	14757
	电池	38083	645	703825	11	247
	家用器具	38084	463	1444	35983	2003
	其他电气机械和器材	38085	17245	19975	53852	15102
	计算机	39086	3445	14457	2190	26200
	通信设备	39087	1055	644	5	415

单位:万元(10000 yuan)

间		使		用			
化学纤维制品	橡胶制品	塑料制品	水泥、石灰和石膏	石膏、水泥制品及类似制品	砖瓦、石材等建筑材料	玻璃和玻璃制品	代码
28049	29050	29051	30052	30053	30054	30055	—
6085	71946	77519	168981	51845	122121	83073	31059
4716	811754	320405	144357	5315475	773022	171865	31060
1833	2291	13	1652	553	365	2687	31061
84535	24642	143673	10791	159218	102025	85520	32062
90	57407	281285	1066	58487	488302	396138	32063
52196	2305694	1692695	3953341	656959	4324078	1894979	33064
1318	1112	19310	3535	52869	3424	5604	34065
2388	4654	39860	1645	10567	20228	4026	34066
417	11744	11302	87576	324477	23239	22639	34067
17722	18901	245270	222434	263804	43158	148007	34068
306	2143	7397	621	1607	2485	1318	34069
73693	272968	585151	4147700	1055245	854030	350916	34070
13106	4764	4105	1733756	225336	189841	59135	35071
716	328352	284915	188951	27589	172956	56312	35072
0	0	0	0	0	0	0	35073
54495	24795	117017	233706	55415	256429	160085	35074
0	0	0	662	0	0	0	36075
7356	8142	24247	45476	1904709	15743	12185	36076
0	0	0	49	703	62	197	37077
0	0	0	0	0	0	0	37078
3	7889	92	100	27	132	54	37079
1868	6220	51930	93659	19846	36007	59425	38080
11714	13367	154842	84437	120310	36001	31333	38081
8324	10648	67217	55389	74252	55918	38614	38082
108	9315	11	6076	37472	196	3182	38083
70	1555	3547	1244	809	6045	2450	38084
1197	2321	38401	53933	9845	23462	18235	38085
1638	4552	73558	6953	17245	7080	8832	39086
25	166	3975	6624	8601	1309	77	39087

表 4.1 续 33 (Table 4.1 Continue 33)

投入＼产出		代码	中			
			陶瓷制品	耐火材料制品	石墨及其他非金属矿物制品	钢、铁及其铸件
代码		—	30056	30057	30058	31059
中间投入	钢、铁及其铸件	31059	144914	15171	10804	19389769
	钢压延产品	31060	310966	76394	21262	3721124
	铁合金产品	31061	26233	7474	204377	2215976
	有色金属及其合金和铸件	32062	448487	1291014	246103	1476690
	有色金属压延加工品	32063	157626	32004	21004	60028
	金属制品	33064	578361	684163	447994	496934
	锅炉及原动设备	34065	2180	350	2142	278389
	金属加工机械	34066	184	1304	892	60014
	物料搬运设备	34067	1421	23101	2781	140991
	泵、阀门、压缩机及类似机械	34068	65954	4637	13446	118880
	文化、办公用机械	34069	564	674	659	1365
	其他通用设备	34070	544223	134872	1614112	3642426
	采矿、冶金、建筑专用设备	35071	641	32920	34742	456358
	化工、木材、非金属加工专用设备	35072	14464	30270	43221	61625
	农、林、牧、渔专用机械	35073	0	0	0	0
	其他专用设备	35074	119288	2123	2684	68466
	汽车整车	36075	0	78	0	0
	汽车零部件及配件	36076	10630	22848	4447	28172
	铁路运输和城市轨道交通设备	37077	40	0	0	145
	船舶及相关装置	37078	0	0	0	0
	其他交通运输设备	37079	305	13	27	12
	电机	38080	15670	12531	22615	14349
	输配电及控制设备	38081	3707	4215	19707	58780
	电线、电缆、光缆及电工器材	38082	1735	7002	22873	29960
	电池	38083	1002	1	29	271
	家用器具	38084	1736	243	400	571
	其他电气机械和器材	38085	25558	17529	15645	25279
	计算机	39086	25434	1843	3670	8108
	通信设备	39087	7	196	3298	3

单位:万元(10000 yuan)

间		使		用			代码
钢压延产品	铁合金产品	有色金属及其合金和铸件	有色金属压延加工品	金属制品	锅炉及原动设备	金属加工机械	
31060	31061	32062	32063	33064	34065	34066	—
92148311	1255160	324845	92128	17507262	790788	2384548	31059
65607551	749237	538745	1530080	64830142	4334996	3321115	31060
15506050	1945706	1488996	18247	456737	560483	183770	31061
14973417	629488	46515529	92070365	15818878	629108	1959579	32062
136698	54547	5725679	21204138	12859245	2512021	1865576	32063
5278005	48407	284561	407030	42757937	1701095	1625498	33064
36222	1074	111249	688	32403	7608633	114149	34065
825531	498	30386	58119	3445824	594940	3112714	34066
355141	493	49282	27071	472430	3232	58032	34067
451709	5993	140796	44953	987873	1988798	680902	34068
1210	76	1440	1378	11276	1035	1871	34069
13078224	115272	330083	135104	4085114	4000791	6471794	34070
2059745	1186	182285	6273	2951961	253	643	35071
48420	288	16332	200103	686934	32686	23901	35072
0	0	0	0	0	52180	0	35073
91410	4139	55775	8532	249692	129747	137705	35074
8314	234	0	730	0	795	0	36075
218298	5571	33670	11251	395095	283612	206982	36076
25611	1004	1352	38	3177	144	1	37077
0	0	0	0	0	2913	0	37078
7292	13	122	21	26760	1162	54	37079
230806	3927	18031	6539	130321	797259	550505	38080
104994	25979	46589	11066	600271	166965	1733765	38081
223033	2465	52156	164926	164706	67974	806219	38082
18812	10	2581	338	25030	253008	5428	38083
78825	21	1152	412	81641	1584	510	38084
89733	1446	22260	8601	341126	8779	84063	38085
51055	259	7208	4633	48525	8982	69502	39086
13957	0	2592	1163	47419	13	3442	39087

表 4.1 续 34 （Table 4.1 Continue 34）

投入 \ 产出		代码	中			
			物料搬运设备	泵、阀门、压缩机及类似机械	文化、办公用机械	其他通用设备
代码		—	34067	34068	34069	34070
中间投入	钢、铁及其铸件	31059	1267187	2641678	75416	4084811
	钢压延产品	31060	8317098	5448733	197107	16259994
	铁合金产品	31061	4311	1288335	23882	282998
	有色金属及其合金和铸件	32062	71998	3220502	34317	4044874
	有色金属压延加工品	32063	803384	5994690	32987	6318963
	金属制品	33064	2506172	3142191	601355	8456902
	锅炉及原动设备	34065	817117	59533	0	1782368
	金属加工机械	34066	345269	238734	6322	1522624
	物料搬运设备	34067	7397251	220571	94	92780
	泵、阀门、压缩机及类似机械	34068	1294978	13732176	47650	3870107
	文化、办公用机械	34069	952	1940	511693	6643
	其他通用设备	34070	4354475	3698208	741926	21477851
	采矿、冶金、建筑专用设备	35071	56310	107373	2422	37854
	化工、木材、非金属加工专用设备	35072	50037	163973	42721	224950
	农、林、牧、渔专用机械	35073	0	0	0	4981
	其他专用设备	35074	146006	329830	469054	401054
	汽车整车	36075	0	0	0	59893
	汽车零部件及配件	36076	2953798	37709	4019	181195
	铁路运输和城市轨道交通设备	37077	12042	48	0	10688
	船舶及相关装置	37078	0	0	0	0
	其他交通运输设备	37079	1192485	661	730	5694
	电机	38080	2070802	3232581	88285	3297220
	输配电及控制设备	38081	1495844	335224	518912	4634578
	电线、电缆、光缆及电工器材	38082	1105885	404758	66131	931983
	电池	38083	398798	7436	455647	1138648
	家用器具	38084	4702	9129	72	93059
	其他电气机械和器材	38085	123865	26089	41626	559608
	计算机	39086	12321	15002	164683	805196
	通信设备	39087	34959	2	7004	7425

单位:万元(10000 yuan)

间		使		用			
采矿、冶金、建筑专用设备	化工、木材、非金属加工专用设备	农、林、牧、渔专用机械	其他专用设备	汽车整车	汽车零部件及配件	铁路运输和城市轨道交通设备	代码
35071	35072	35073	35074	36075	36076	37077	—
1496140	1192930	920268	2751850	1782999	3765876	646394	31059
13937641	8416991	1834262	9549002	12376336	15112602	3050601	31060
515773	437393	37367	78470	31344	419698	58521	31061
2007569	643490	442798	1415322	1707065	12820062	396769	32062
1137966	1812002	446228	2730820	3305704	6646201	1215085	32063
5748957	1607846	857530	5137461	4283770	4129191	1197086	33064
3517851	661856	1706294	131717	4487238	715593	423012	34065
811736	526276	1119235	2316110	123612	235006	23790	34066
1245600	22308	41377	379103	532429	806994	58311	34067
3582185	894864	648496	1347387	3831792	1533811	762139	34068
4180	6327	3058	12000	4073	3498	3593	34069
6733678	1218394	2060807	4200386	4947542	4637359	1406952	34070
16325049	146926	613	586279	35344	32609	15849	35071
15041	5850432	33544	183584	112885	95264	19676	35072
3681	10731	3657536	948	0	0	0	35073
788267	164500	85453	11721567	195523	124831	244926	35074
2815439	581	30551	12159	22208262	342810	262	36075
3445878	9878	1801299	58915	88004629	67123880	46848	36076
128891	39	1406	4001	312	236	4615402	37077
6056	7	0	4884	0	0	0	37078
26	10	34220	19436	57524	5705	44901	37079
2306047	477177	93597	1657629	546647	452149	679975	38080
1957739	526599	35752	1349017	376389	424331	1545752	38081
520875	202398	73396	2702468	408440	1151113	1061416	38082
301243	51	131151	67655	2035264	215	89268	38083
1574	371	502	42697	7064	1858	22127	38084
342407	8390	34887	281500	1029974	89703	940256	38085
22465	32266	5607	443070	61587	23215	22039	39086
31947	11955	68	88667	35706	16778	41824	39087

表 4.1 续 35 (Table 4.1 Continue 35)

投入 \ 产出		代码	中			
			船舶及相关装置	其他交通运输设备	电机	输配电及控制设备
代码		—	37078	37079	38080	38081
中间投入	钢、铁及其铸件	31059	478938	459608	138675	568659
	钢压延产品	31060	7052012	2391624	4950656	8058894
	铁合金产品	31061	4781	126124	412110	926950
	有色金属及其合金和铸件	32062	141408	2716617	2349712	5289055
	有色金属压延加工品	32063	437040	1172262	5949655	11172917
	金属制品	33064	1746945	1789188	1488502	6561636
	锅炉及原动设备	34065	3010819	697683	891885	9372
	金属加工机械	34066	162461	154917	94239	49873
	物料搬运设备	34067	513583	18752	57959	67014
	泵、阀门、压缩机及类似机械	34068	941160	498505	175045	488550
	文化、办公用机械	34069	1747	767	582	1586
	其他通用设备	34070	2310744	2013165	3623739	4488986
	采矿、冶金、建筑专用设备	35071	315962	21054	7	38542
	化工、木材、非金属加工专用设备	35072	6700	92042	27903	68182
	农、林、牧、渔专用机械	35073	0	5804	0	0
	其他专用设备	35074	66931	80653	420042	481656
	汽车整车	36075	1320	14827	0	0
	汽车零部件及配件	36076	60137	339349	5681	13203
	铁路运输和城市轨道交通设备	37077	20363	3481	31648	0
	船舶及相关装置	37078	6656317	46848	0	0
	其他交通运输设备	37079	31762	13710807	29	78
	电机	38080	1959201	664447	3417763	238727
	输配电及控制设备	38081	1510713	529886	2004371	20443837
	电线、电缆、光缆及电工器材	38082	989612	364667	3998308	5402638
	电池	38083	46828	2730810	27406	1157185
	家用器具	38084	16538	1670	4107	0
	其他电气机械和器材	38085	110446	482551	202903	289539
	计算机	39086	56824	7541	7280	117176
	通信设备	39087	987913	687984	51087	31168

单位:万元(10000 yuan)

间		使		用			代码
电线、电缆、光缆及电工器材	电池	家用器具	其他电气机械和器材	计算机	通信设备	广播电视设备和雷达及配套设备	
38082	38083	38084	38085	39086	39087	39088	—
0	168882	341455	175481	158456	169935	90100	31059
1088521	257855	2824405	613850	397609	404458	110150	31060
9892	20064	15601	19559	1066	52397	3197	31061
21132937	4554058	3443341	3945851	781260	441852	309908	32062
42929939	1990172	2345844	4408083	703203	525331	540960	32063
5920107	196244	4862249	665248	2368965	835300	542419	33064
871	0	13358	314	0	0	0	34065
121305	13317	143899	34336	5049	4738	80414	34066
42034	1009	11737	3224	939	82	8590	34067
143790	24664	6297928	30992	82633	18546	9812	34068
2675	1671	3038	44299	7388	55026	5086	34069
523976	99168	1436788	353725	287376	353549	198913	34070
32517	343	0	26	524	7248	1	35071
45687	15965	271556	36612	15211	136331	71753	35072
0	0	0	0	0	0	0	35073
55309	3451	557492	113906	78548	117265	541854	35074
0	0	0	0	0	0	0	36075
12864	1695	42273	4652	60617	115488	56229	36076
0	36	0	6945	0	0	0	37077
0	0	0	0	0	0	0	37078
266	8456	771	10418	0	16	185	37079
43113	1793	5196676	78606	3691	2475	26096	38080
1033902	273944	1804437	882913	1996544	1072014	1021315	38081
7180039	235522	2232313	930091	760658	3639721	434682	38082
100256	6623596	61293	89111	4245901	5347156	91909	38083
0	1580	12341782	6004	651	229	75	38084
12776	8868	158920	2963714	190146	37320	157029	38085
9074	6226	33622	5671	27771246	2052502	349881	39086
38021	121	95	1371	213832	16528888	220326	39087

表 4.1 续 36 (Table 4.1 Continue 36)

投入 \ 产出		代码	中			
			视听设备	电子元器件	其他电子设备	仪器仪表
代码		—	39089	39090	39091	40092
中间投入	钢、铁及其铸件	31059	4926	203415	39776	123462
	钢压延产品	31060	115023	493672	149211	1639333
	铁合金产品	31061	39	96749	10663	8357
	有色金属及其合金和铸件	32062	235053	6888038	607540	1116770
	有色金属压延加工品	32063	541603	6614895	168920	652894
	金属制品	33064	341025	4859863	370089	1913731
	锅炉及原动设备	34065	6	444	0	129078
	金属加工机械	34066	186	57725	34546	167001
	物料搬运设备	34067	3555	23498	3237	22338
	泵、阀门、压缩机及类似机械	34068	614	214787	6822	361455
	文化、办公用机械	34069	4275	26587	8785	6307
	其他通用设备	34070	298150	1202687	174435	915455
	采矿、冶金、建筑专用设备	35071	0	261	516	47389
	化工、木材、非金属加工专用设备	35072	70762	257041	28014	77710
	农、林、牧、渔专用机械	35073	0	0	0	0
	其他专用设备	35074	459624	879723	158316	855470
	汽车整车	36075	0	0	0	0
	汽车零部件及配件	36076	1408	69937	3591	94028
	铁路运输和城市轨道交通设备	37077	0	0	0	4432
	船舶及相关装置	37078	0	0	0	0
	其他交通运输设备	37079	0	13	616	6318
	电机	38080	12580	13405	2474	349150
	输配电及控制设备	38081	595249	1503107	372484	1684257
	电线、电缆、光缆及电工器材	38082	344039	2664455	479799	631145
	电池	38083	98905	2924206	221557	177416
	家用器具	38084	106	2585	66	130082
	其他电气机械和器材	38085	24690	1392144	77235	105823
	计算机	39086	283046	1070203	158721	314578
	通信设备	39087	27855	147404	25814	171370

单位:万元(10000 yuan)

间		使		用			代码
其他制造产品	废弃资源和废旧材料回收加工品	金属制品、机械和设备修理服务	电力、热力生产和供应	燃气生产和供应	水的生产和供应	房屋建筑	
41093	42094	43095	44096	45097	46098	47099	—
25547	110063	82054	21026	24731	17821	2460349	31059
232848	113070	461602	172799	24825	5623	126892109	31060
4010	29694	7098	2482	7920	0	441824	31061
1120224	332721	580384	24474	5798	2536	11673006	32062
589510	397250	290707	13940	41	596	5800326	32063
659177	105592	742449	147917	21681	403345	33864000	33064
6547	0	112661	1157298	7822	95	48231	34065
33818	4010	62431	3285	1	4439	38093	34066
11259	4903	11618	13774	46	6698	94981	34067
38335	24701	151455	150527	31172	51069	1216168	34068
562	265	20751	6222	228	342	203121	34069
468572	73548	190268	298421	19485	29047	1075876	34070
61973	50805	92389	2814	7753	0	1287356	35071
23246	28	40478	3362	298	7	36096	35072
0	0	11772	0	0	0	0	35073
18537	35878	24009	219938	26501	35092	785097	35074
0	0	0	0	0	0	0	36075
22205	41110	37967	29184	5140	3234	180893	36076
104	0	76074	61	9	3	146962	37077
0	0	324001	0	0	0	325318	37078
24	0	531970	168	169	95	38541	37079
38685	114264	185094	490188	261	1669	24066	38080
84470	1966	145776	19643653	2229	7665	2930539	38081
110802	458195	165154	1895500	4137	2751	28006724	38082
62708	376468	176257	74658	1090	318	47206	38083
95622	798	31478	2493	9320	1286	109200	38084
12448	1008	150442	139644	4939	4175	536605	38085
5721	1093	2714	50638	2152	2583	244989	39086
9	14	135302	7516	104	285	72376	39087

表 4.1 续 37 (Table 4.1 Continue 37)

投入 \ 产出		代码	中			
			土木工程建筑	建筑安装	建筑装饰和其他建筑服务	批发和零售
代码		—	48100	49101	50102	51103
中间投入	钢、铁及其铸件	31059	3778	0	0	12607
	钢压延产品	31060	58014382	10183650	1520092	10866
	铁合金产品	31061	0	0	16717	0
	有色金属及其合金和铸件	32062	0	0	507751	8492
	有色金属压延加工品	32063	70809	374170	1257767	13787
	金属制品	33064	14881182	5268515	3741258	161272
	锅炉及原动设备	34065	33111	3188	32774	4869
	金属加工机械	34066	0	321	90	0
	物料搬运设备	34067	26115	0	3658	14185
	泵、阀门、压缩机及类似机械	34068	21205	1437480	114513	5465
	文化、办公用机械	34069	484807	44759	7095	9015
	其他通用设备	34070	841423	1326018	17362	143897
	采矿、冶金、建筑专用设备	35071	440357	100302	369857	0
	化工、木材、非金属加工专用设备	35072	962	0	0	0
	农、林、牧、渔专用机械	35073	0	0	0	0
	其他专用设备	35074	1055506	1496781	1057396	7530
	汽车整车	36075	0	0	0	860929
	汽车零部件及配件	36076	219181	22333	99223	881179
	铁路运输和城市轨道交通设备	37077	58457	0	0	0
	船舶及相关装置	37078	129401	0	0	0
	其他交通运输设备	37079	9734	2574	1974	3576
	电机	38080	6673	1607	1233	1658
	输配电及控制设备	38081	781239	2901184	2205915	1685
	电线、电缆、光缆及电工器材	38082	2622329	6575050	3176749	1520
	电池	38083	4960	40818	133707	21337
	家用器具	38084	35840	9722	7269	6598022
	其他电气机械和器材	38085	203060	454823	745658	196376
	计算机	39086	124875	30737	67901	272231
	通信设备	39087	19501	1735033	153245	80485

单位:万元(10000 yuan)

间		使		用			代码
铁路运输	道路运输	水上运输	航空运输	管道运输	装卸搬运和运输代理	仓储	
53104	54105	55106	56107	57108	58109	59110	—
20306	21314	195	0	0	0	0	31059
1070970	358	119541	506	46570	523699	129	31060
2471	0	0	0	0	0	0	31061
2350	1036	11	0	0	0	0	32062
3519	23	20	0	0	0	0	32063
77223	85979	134647	18775	1259	1606377	538769	33064
5938	20421	27	257	0	1181	0	34065
3518	2	114	1	0	0	0	34066
10316	25503	453	2023	0	1731518	564569	34067
9683	11721	420	1	0	0	0	34068
944	9511	410	923	155	2212	21464	34069
89710	205228	1603760	1716594	150550	1364371	28367	34070
1390	0	0	0	0	0	0	35071
0	0	0	0	0	0	0	35072
0	0	0	0	0	0	0	35073
18741	23006	795	1175931	64	167	396307	35074
0	3226518	0	0	0	0	0	36075
12629	26069943	3983	20495	91152	5481	35153	36076
3252095	245578	0	0	0	779	0	37077
23502	0	3575955	0	0	0	0	37078
177	31637	1303	4075242	10116	310186	47199	37079
3104	5847	533	0	0	0	0	38080
33725	50023	556	905	0	0	0	38081
77239	11789	350	8	9110	36200	17664	38082
43580	60895	44049	35247	0	0	0	38083
7259	27110	100924	2662	16	316	88309	38084
40402	28729	42761	1208	1023	16	3256	38085
23373	72601	1553	3593	817	113786	164491	39086
32070	4640	22	350	44525	27	16644	39087

表 4.1 续 38 (Table 4.1 Continue 38)

投入 \ 产出		代码	中			
			邮政	住宿	餐饮	电信和其他信息传输服务
代码		—	60111	61112	62113	63114
中间投入	钢、铁及其铸件	31059	0	0	0	0
	钢压延产品	31060	26048	360	47	69
	铁合金产品	31061	9884	0	0	0
	有色金属及其合金和铸件	32062	0	0	0	0
	有色金属压延加工品	32063	9515	1005	0	0
	金属制品	33064	49677	121637	62345	24093
	锅炉及原动设备	34065	0	1059	26978	0
	金属加工机械	34066	0	131	0	0
	物料搬运设备	34067	12351	2652	0	7441
	泵、阀门、压缩机及类似机械	34068	0	10594	1389	1555
	文化、办公用机械	34069	324	17100	4697	22348
	其他通用设备	34070	0	11418	10916	16406
	采矿、冶金、建筑专用设备	35071	0	0	0	0
	化工、木材、非金属加工专用设备	35072	0	0	0	0
	农、林、牧、渔专用机械	35073	0	0	0	0
	其他专用设备	35074	125124	12557	29583	13129
	汽车整车	36075	0	0	0	0
	汽车零部件及配件	36076	457640	239238	45956	26035
	铁路运输和城市轨道交通设备	37077	0	0	0	0
	船舶及相关装置	37078	0	0	0	0
	其他交通运输设备	37079	1633385	889	1127	38321
	电机	38080	0	732	1100	1883
	输配电及控制设备	38081	0	9504	231	3216
	电线、电缆、光缆及电工器材	38082	4226	4350	154	9871320
	电池	38083	0	0	0	463630
	家用器具	38084	0	30682	10786	24060
	其他电气机械和器材	38085	26726	9538	14798	2399852
	计算机	39086	32227	19419	23606	790817
	通信设备	39087	68434	417	0	5990530

单位:万元(10000 yuan)

间		使		用			代码
软件和信息技术服务	货币金融和其他金融服务	资本市场服务	保险	房地产	租赁	商务服务	
65115	66116	67117	68118	70119	71120	72121	—
0	0	0	0	0	0	0	31059
50	0	0	0	1587	30	99	31060
0	0	0	0	0	0	0	31061
0	0	0	0	0	0	0	32062
0	0	0	0	43	0	728	32063
19828	78443	12	1151	652557	686016	9231915	33064
20	0	0	0	0	0	771	34065
0	0	0	0	0	0	140119	34066
0	0	0	0	0	0	0	34067
18	0	0	0	0	0	0	34068
1308	487121	245	8979	112192	600	29040	34069
954	28352	14	509	7004	2190	51533	34070
0	0	0	0	0	0	0	35071
0	0	0	0	0	0	0	35072
0	0	0	0	0	0	0	35073
1977	807507	41431	8633	166808	37	1391	35074
0	0	0	0	0	0	0	36075
1197225	463311	4454	26738	54930	415917	14619813	36076
0	0	0	0	0	0	0	37077
0	0	0	0	0	0	0	37078
95723	72485	2876	51430	3417	25493	6058	37079
0	2036	82	3279	3643	122	577	38080
269	0	0	0	3952	1	362	38081
1004248	199	0	1	369110	13009	15886906	38082
528907	225	5	6	9355	0	4684	38083
1775	73612	2870	1322	26800	71	1855	38084
830	12717	74	6	45479	31730	3243	38085
11200395	545351	29631	10859	286866	940586	13888881	39086
3862937	0	0	0	239	43572	3886	39087

表 4.1 续 39 (Table 4.1 Continue 39)

投入 \ 产出		代码	中			
			研究和试验发展	专业技术服务	科技推广和应用服务	水利管理
代码		—	73122	74123	75124	76125
中间投入	钢、铁及其铸件	31059	9762	60440	42232	0
	钢压延产品	31060	1391	184930	159491	23255
	铁合金产品	31061	26580	31855	12343	0
	有色金属及其合金和铸件	32062	0	0	0	0
	有色金属压延加工品	32063	11	1298	22407	4612
	金属制品	33064	1559350	2541109	5953135	152623
	锅炉及原动设备	34065	14049	9997	5965	280
	金属加工机械	34066	3408	33911	1398	1492
	物料搬运设备	34067	0	0	0	0
	泵、阀门、压缩机及类似机械	34068	1174	97143	18852	0
	文化、办公用机械	34069	5869	18659	16821	4884
	其他通用设备	34070	2523	156237	8826	144228
	采矿、冶金、建筑专用设备	35071	0	0	0	0
	化工、木材、非金属加工专用设备	35072	2279	0	0	0
	农、林、牧、渔专用机械	35073	0	0	0	0
	其他专用设备	35074	6922	15158	19803	3007
	汽车整车	36075	0	0	0	0
	汽车零部件及配件	36076	383418	1533651	443036	143545
	铁路运输和城市轨道交通设备	37077	0	0	0	0
	船舶及相关装置	37078	0	0	0	111832
	其他交通运输设备	37079	7540	56334	25098	581
	电机	38080	37	1677	589	3620
	输配电及控制设备	38081	2274	407	583	0
	电线、电缆、光缆及电工器材	38082	1099885	4291483	265811	1492
	电池	38083	348192	6446	3793	3701
	家用器具	38084	1744782	87933	10855	569
	其他电气机械和器材	38085	77	3271	2460	22824
	计算机	39086	742702	11287452	1256742	13750
	通信设备	39087	230	74256	6645	546

单位:万元(10000 yuan)

间		使		用			代码
生态保护和环境治理	公共设施管理	居民服务	其他服务	教育	卫生	社会工作	
77126	78127	79128	80129	82130	83131	84132	—
304	23158	0	16330	301	0	0	31059
9847	15951	2690	0	4	0	0	31060
4710	0	0	0	10511	0	0	31061
0	0	0	74648	0	0	0	32062
2470	14753	3011	232617	19630	9	0	32063
38805	132538	155934	1246319	441993	54898	1327	33064
11	15424	1316	14310	146067	231	3088	34065
26	18666	241	0	0	0	0	34066
0	0	0	0	0	0	14006	34067
0	0	946	0	2735	653	22	34068
363	16929	52086	31720	2478	934	1104	34069
1483	2149	4051	94593	73671	2631	1816	34070
0	0	0	0	0	0	0	35071
0	0	0	0	0	0	0	35072
0	0	0	0	0	0	0	35073
44675	2110	4656	95795	6725	7258745	6644	35074
0	0	0	1421	0	0	0	36075
236223	1151573	37632	3888679	1863	222586	3314	36076
0	0	0	216536	0	0	0	37077
4212	0	0	151421	0	0	0	37078
25	3002	67123	2929954	258	28527	126	37079
22	217	5956	648	296	95935	1183	38080
343	11581	208	2213	957	700	29	38081
266127	525858	242247	1682273	2851	16181	0	38082
0	679	90965	440560	1420	274823	3	38083
60	270968	9476	344985	822	40161	166	38084
1670	896	1287	10107	2284	126164	211	38085
80171	41237	115939	639455	65879	130170	871	39086
5516	3216	16549	790485	10298	13011	170	39087

表 4.1 续 40 (Table 4.1 Continue 40)

投入 \ 产出		代码	中			
			新闻和出版	广播、电视、电影和影视录音制作	文化艺术	体育
代码		—	85133	86134	87135	88136
中间投入	钢、铁及其铸件	31059	0	0	0	0
	钢压延产品	31060	0	7216	5076	7
	铁合金产品	31061	0	0	0	0
	有色金属及其合金和铸件	32062	0	0	0	0
	有色金属压延加工品	32063	0	1340	1055	0
	金属制品	33064	10620	10729	6034	27643
	锅炉及原动设备	34065	0	3895	42	8
	金属加工机械	34066	0	3290	2380	2190
	物料搬运设备	34067	0	0	334	0
	泵、阀门、压缩机及类似机械	34068	273	0	1291	0
	文化、办公用机械	34069	7148	303	314	787
	其他通用设备	34070	1036	15	194	55
	采矿、冶金、建筑专用设备	35071	0	0	0	0
	化工、木材、非金属加工专用设备	35072	0	0	0	0
	农、林、牧、渔专用机械	35073	0	0	0	0
	其他专用设备	35074	4285	287	518	166
	汽车整车	36075	0	0	0	0
	汽车零部件及配件	36076	5041	8364	13687	748
	铁路运输和城市轨道交通设备	37077	0	0	0	0
	船舶及相关装置	37078	0	0	0	0
	其他交通运输设备	37079	189	72580	54085	241
	电机	38080	62	12163	9648	2613
	输配电及控制设备	38081	104	0	76	11
	电线、电缆、光缆及电工器材	38082	664	142825	33454	10705
	电池	38083	311	0	6	1
	家用器具	38084	1068	37	22	118
	其他电气机械和器材	38085	271	58	794	16
	计算机	39086	14149	2756	14291	12140
	通信设备	39087	3291	2393	278	145

单位:万元(10000 yuan)

间	使	用		最	终 使 用		代码
				最终消费支出			
				居民消费支出			
娱乐	社会保障	公共管理和社会组织	**中间使用合计**	农村居民	城镇居民	**小计**	
89137	93138	90139	**TIU**	FU101	FU102	**THC**	—
0	0	0	**163750010**	0	0	**0**	31059
2	34	0	**497040164**	0	0	**0**	31060
0	0	0	**28231314**	0	0	**0**	31061
0	0	0	**285569991**	0	0	**0**	32062
0	0	0	**176456502**	0	0	**0**	32063
7789	7130	711347	**253710080**	876819	4031790	**4908609**	33064
0	229	81552	**29586500**	0	0	**0**	34065
106	0	21650	**17442259**	0	0	**0**	34066
0	0	0	**17744369**	0	0	**0**	34067
0	0	0	**52548002**	0	0	**0**	34068
6123	97	37593	**2554209**	478100	1139218	**1617318**	34069
554	89	138	**143544286**	9013	17598	**26611**	34070
0	0	0	**40649264**	0	0	**0**	35071
0	0	0	**13912782**	0	0	**0**	35072
0	0	0	**9717255**	0	0	**0**	35073
579	135	16267	**45385928**	129259	1193796	**1323055**	35074
0	0	0	**29969545**	4018371	52626716	**56645087**	36075
385	165	4932516	**227951196**	279909	1228916	**1508825**	36076
0	0	0	**8914086**	0	0	**0**	37077
5886	0	0	**11880975**	0	496	**496**	37078
2228	126	220538	**25783164**	4475593	7201748	**11677342**	37079
1001	1200	179862	**31195559**	0	0	**0**	38080
191	0	0	**83594230**	0	0	**0**	38081
236	0	0	**121732706**	0	0	**0**	38082
83	0	152076	**33299237**	61038	513615	**574653**	38083
15353	6496	529507	**23692615**	8251234	25509439	**33760673**	38084
715	69	53587	**16649005**	166563	241080	**407644**	38085
2967	2633	450669	**78682533**	1523428	6444376	**7967804**	39086
40313	122	196036	**33029326**	3646459	11400785	**15047244**	39087

表 4.1 续 41 （Table 4.1 Continue 41）

投入 \ 产出		代码	最终			
			最终消费支出		资本形成总额	
			政府消费支出	合计	固定资本形成总额	存货增加
代码		—	FU103	TC	FU201	FU202
中间投入	钢、铁及其铸件	31059	0	**0**	0	321139
	钢压延产品	31060	0	**0**	0	337809
	铁合金产品	31061	0	**0**	0	105484
	有色金属及其合金和铸件	32062	0	**0**	0	531141
	有色金属压延加工品	32063	0	**0**	0	543671
	金属制品	33064	0	**4908609**	28568213	769835
	锅炉及原动设备	34065	0	**0**	17300057	−88430
	金属加工机械	34066	0	**0**	38512386	179237
	物料搬运设备	34067	0	**0**	39317915	199218
	泵、阀门、压缩机及类似机械	34068	0	**0**	16131163	296726
	文化、办公用机械	34069	0	**1617318**	5852946	459789
	其他通用设备	34070	0	**26611**	21770154	−2215417
	采矿、冶金、建筑专用设备	35071	0	**0**	75017167	302716
	化工、木材、非金属加工专用设备	35072	0	**0**	31873876	132756
	农、林、牧、渔专用机械	35073	0	**0**	18973790	−237963
	其他专用设备	35074	0	**1323055**	74196321	680470
	汽车整车	36075	0	**56645087**	200563008	104371
	汽车零部件及配件	36076	0	**1508825**	0	1081634
	铁路运输和城市轨道交通设备	37077	0	**0**	22274152	6049
	船舶及相关装置	37078	0	**496**	25236423	−40105
	其他交通运输设备	37079	0	**11677342**	21885089	511997
	电机	38080	0	**0**	16503520	116974
	输配电及控制设备	38081	0	**0**	38008668	492506
	电线、电缆、光缆及电工器材	38082	0	**0**	7595900	181889
	电池	38083	0	**574653**	0	229228
	家用器具	38084	0	**33760673**	19975732	2586385
	其他电气机械和器材	38085	0	**407644**	1252595	406898
	计算机	39086	0	**7967804**	24616899	875312
	通信设备	39087	0	**15047244**	16589236	296146

单位:万元(10000 yuan)

使用 资本形成总额 合计	出口	最终使用 合计	进口	其他	总产出	代码
GCF	EX	**TFU**	IM	ERR	**GO**	—
321139	1705314	**2026453**	684710	−3839961	**161251792**	31059
337809	27618045	**27955854**	9830696	−2512276	**512653046**	31060
105484	1327270	**1432755**	2337404	−87328	**27239337**	31061
531141	4738427	**5269568**	57474883	770808	**234135483**	32062
543671	9183635	**9727307**	19200672	−1129721	**165853416**	32063
29338048	42881563	**77128219**	8121476	−451903	**322264921**	33064
17211626	6717404	**23929030**	6523966	−244192	**46747372**	34065
38691623	3036829	**41728453**	10663012	−34710	**48472990**	34066
39517133	6632340	**46149473**	2927345	−195196	**60771300**	34067
16427889	14199385	**30627274**	9732506	−27924	**73414846**	34068
6312734	14966803	**22896855**	4211497	233593	**21473159**	34069
19554736	25020484	**44601832**	17062785	200049	**171283382**	34070
75319883	10759898	**86079781**	4344399	428191	**122812837**	35071
32006632	4424188	**36430820**	4027866	−269621	**46046116**	35072
18735827	2039279	**20775107**	648942	189922	**30033342**	35073
74876791	18679196	**94879042**	29166231	1935332	**113034072**	35074
200667379	11254285	**268566752**	31624375	1124911	**268036832**	36075
1081634	12451126	**15041585**	13840741	1479647	**230631687**	36076
22280202	2485449	**24765650**	716272	−337615	**32625849**	37077
25196318	22528696	**47725511**	862352	7923	**58752056**	37078
22397087	9711240	**43785668**	13159756	109510	**56518585**	37079
16620494	9610178	**26230672**	4118947	−30645	**53276639**	38080
38501174	31932787	**70433961**	21299269	−102408	**132626515**	38081
7777789	11279778	**19057566**	4286277	−351664	**136152331**	38082
229228	5156234	**5960114**	2910456	806308	**37155203**	38083
22562117	24577369	**80900159**	1743207	577933	**103427499**	38084
1659493	24706079	**26773216**	5523331	−490400	**37408489**	38085
25492210	109631117	**143091131**	32556402	−308779	**188908484**	39086
16885382	81914890	**113847516**	24093783	−497027	**122286032**	39087

表 4.1 续 42 （Table 4.1 Continue 42）

投入＼产出		代码	中			
			农产品	林产品	畜牧产品	渔产品
代码		—	01001	02002	03003	04004
中间投入	广播电视设备和雷达及配套设备	39088	0	0	0	0
	视听设备	39089	0	0	0	0
	电子元器件	39090	0	0	0	0
	其他电子设备	39091	0	0	0	0
	仪器仪表	40092	140	6034	427	13827
	其他制造产品	41093	10616	42223	4692	33701
	废弃资源和废旧材料回收加工品	42094	529	1	126	295
	金属制品、机械和设备修理服务	43095	518	338	48	101498
	电力、热力生产和供应	44096	7396878	266324	525242	524969
	燃气生产和供应	45097	1292	562	232	3356
	水的生产和供应	46098	857	12043	291	2594
	房屋建筑	47099	24147	8478	1093	8146
	土木工程建筑	48100	9092	3192	412	3067
	建筑安装	49101	0	0	0	0
	建筑装饰和其他建筑服务	50102	0	0	0	0
	批发和零售	51103	4595179	467922	5699176	1467678
	铁路运输	53104	569825	82760	569846	104330
	道路运输	54105	1892502	335512	1616966	673101
	水上运输	55106	270586	37322	365124	179116
	航空运输	56107	33864	33323	6937	27361
	管道运输	57108	53643	4788	4664	9939
	装卸搬运和运输代理	58109	582037	34247	443243	105853
	仓储	59110	943242	67129	25662	251542
	邮政	60111	177537	50316	36400	74650
	住宿	61112	15184	20019	2356	27649
	餐饮	62113	42835	117450	13235	81064
	电信和其他信息传输服务	63114	137778	71409	26681	199731
	软件和信息技术服务	65115	158	502	84	14
	货币金融和其他金融服务	66116	6847484	379892	1650539	1346341
	资本市场服务	67117	12739	17392	7621	55087

单位:万元(10000 yuan)

间	使			用			
农、林、牧、渔服务	煤炭采选产品	石油和天然气开采产品	黑色金属矿采选产品	有色金属矿采选产品	非金属矿采选产品	开采辅助服务和其他采矿产品	代码
05005	06006	07007	08008	09009	10010	11011	—
0	120	2722	43	2785	0	27	39088
0	3761	487	749	726	71	491	39089
0	555943	11552	20264	11893	2622	2690	39090
0	197879	95725	76868	10247	37640	1267	39091
80795	58523	1438674	19371	51825	10566	173851	40092
20709	401368	21686	7698	11551	720	61740	41093
1387	48851	4106	5540	56	20695	32	42094
100421	138500	174790	63001	93200	97926	48506	43095
173154	8905198	5547196	8358669	3884726	3751007	476020	44096
2334	3753	14004	825	181	1885	0	45097
17984	107429	24599	128594	33791	45365	25701	46098
17290	0	0	0	0	0	0	47099
6510	0	0	0	0	0	0	48100
0	0	0	0	0	0	0	49101
0	580945	196309	104483	147483	187975	36831	50102
956561	3117414	1077753	1146862	769444	942630	336643	51103
118852	1506905	156101	806770	178407	227658	17553	53104
660170	2276504	451816	1160178	698222	1385638	189308	54105
98989	471493	76835	793763	46395	166121	14115	55106
83130	144431	46084	85744	51392	20724	13148	56107
5663	47562	86600	57666	22197	16739	6753	57108
58879	449287	48870	232622	108810	202750	14686	58109
16845	149887	1065	154787	33288	39871	2672	59110
139220	201730	22949	50714	9676	18036	731	60111
76282	247005	79804	175049	68172	70412	25124	61112
396609	587773	93877	381524	188231	204882	25027	62113
441412	138373	107128	269112	54242	60155	11826	63114
1545	97755	2838	33613	48940	58495	35256	65115
182162	9934174	1814071	2023569	1586570	1644412	161775	66116
84329	73826	37887	49372	18049	25016	22351	67117

表 4.1 续 43 （Table 4.1 Continue 43）

投入 \ 产出		代码	中			
			谷物磨制品	饲料加工品	植物油加工品	糖及糖制品
代码		—	13012	13013	13014	13015
中间投入	广播电视设备和雷达及配套设备	39088	0	0	0	3
	视听设备	39089	16	236	10	8
	电子元器件	39090	571	1158	631	204
	其他电子设备	39091	198	262	126	13
	仪器仪表	40092	2055	5217	3569	2087
	其他制造产品	41093	53	6377	7277	25
	废弃资源和废旧材料回收加工品	42094	209	115484	4190	1849
	金属制品、机械和设备修理服务	43095	27469	47074	15575	5464
	电力、热力生产和供应	44096	799962	817288	461579	269080
	燃气生产和供应	45097	3026	733	647	996
	水的生产和供应	46098	36770	24594	5909	2707
	房屋建筑	47099	0	0	0	0
	土木工程建筑	48100	0	0	0	0
	建筑安装	49101	0	0	0	0
	建筑装饰和其他建筑服务	50102	34293	38485	25975	12236
	批发和零售	51103	2482460	3370820	2487534	341176
	铁路运输	53104	378239	230068	115389	10455
	道路运输	54105	1505823	1221513	1033389	198050
	水上运输	55106	128060	168260	140135	15759
	航空运输	56107	11778	41113	7259	2503
	管道运输	57108	752	479	498	259
	装卸搬运和运输代理	58109	381604	282381	215130	37889
	仓储	59110	383894	99332	93432	34355
	邮政	60111	10486	17989	12530	2754
	住宿	61112	67521	164886	21156	5882
	餐饮	62113	104513	128035	34828	12854
	电信和其他信息传输服务	63114	31181	61679	10582	8466
	软件和信息技术服务	65115	23964	20617	11624	574
	货币金融和其他金融服务	66116	970640	721200	1125326	292678
	资本市场服务	67117	7293	13973	4539	1363

单位:万元(10000 yuan)

间		使		用			
屠宰及肉类加工品	水产加工品	蔬菜、水果、坚果和其他农副食品加工品	方便食品	乳制品	调味品、发酵制品	其他食品	代码
13016	13017	13018	14019	14020	14021	14022	—
0	19	0	0	0	0	1	39088
52	25	21	1	4	2	13	39089
2262	593	3487	334	1714	3851	4735	39090
8428	314	257	408	229	8144	1768	39091
3259	22379	3354	950	11889	1297	20107	40092
1556	284	3046	867	6293	1619	6105	41093
111	64	149	25	29	40	158	42094
30279	264	13762	17391	5852	11438	37000	43095
568963	212300	687423	207888	217961	404128	1082117	44096
422	154	17485	516	1	0	6880	45097
26081	19306	57252	8793	13234	20001	101078	46098
0	0	0	0	0	0	0	47099
0	0	0	0	0	0	0	48100
0	0	0	0	0	0	0	49101
64358	27397	98172	14922	25010	32846	142454	50102
8232761	1827549	2843174	1276369	1803984	1159554	5024091	51103
1320736	63304	356730	45514	334643	95840	385298	53104
2233126	859980	1516429	472450	883792	541949	1971946	54105
723426	142269	245106	25419	137578	66844	188013	55106
34464	37667	79047	11027	25286	12891	117130	56107
474	449	2985	160	198	284	1931	57108
561361	231127	378987	63986	115160	78967	299494	58109
78196	143417	227835	98702	51273	23297	300853	59110
10720	13144	18598	10953	33183	10638	58502	60111
33766	25900	93090	23961	51199	39816	173947	61112
105832	185056	355476	53461	76158	49730	448509	62113
48885	37549	120697	12489	29067	24037	116309	63114
13291	8040	18334	1757	2366	2667	12123	65115
531609	478368	807905	158774	246731	299283	985665	66116
16372	7213	19655	3357	5606	7234	26364	67117

表 4.1 续 44 （Table 4.1 Continue 44）

投入＼产出		代码	中			
			酒精和酒	饮料和精制茶加工品	烟草制品	棉、化纤纺织及印染精加工品
代码		—	15023	15024	16025	17026
中间投入	广播电视设备和雷达及配套设备	39088	4	0	0	0
	视听设备	39089	88	21	47	0
	电子元器件	39090	2212	3101	3589	10711
	其他电子设备	39091	421	610	1847	10702
	仪器仪表	40092	13306	5017	7836	7182
	其他制造产品	41093	3541	17925	1621	16128
	废弃资源和废旧材料回收加工品	42094	306	137	0	4655
	金属制品、机械和设备修理服务	43095	11966	30199	7598	163102
	电力、热力生产和供应	44096	535778	617349	333157	5700897
	燃气生产和供应	45097	125	0	155	83
	水的生产和供应	46098	93753	198867	7929	121601
	房屋建筑	47099	0	0	0	0
	土木工程建筑	48100	0	0	0	0
	建筑安装	49101	0	0	0	0
	建筑装饰和其他建筑服务	50102	121549	84231	231217	161686
	批发和零售	51103	3439895	4732827	3324909	8170566
	铁路运输	53104	150575	170168	26379	214788
	道路运输	54105	1058349	2063843	685338	2737005
	水上运输	55106	65981	93147	17006	345892
	航空运输	56107	45248	49922	75027	168267
	管道运输	57108	2016	665	523	1222
	装卸搬运和运输代理	58109	182388	273439	44401	587727
	仓储	59110	75972	162416	44481	136439
	邮政	60111	61600	69177	14471	20765
	住宿	61112	120670	59208	82425	134412
	餐饮	62113	217098	187870	275335	341894
	电信和其他信息传输服务	63114	72022	68586	57841	167875
	软件和信息技术服务	65115	11921	17158	995	78762
	货币金融和其他金融服务	66116	1014867	1141281	237935	2541091
	资本市场服务	67117	24786	17046	10971	41642

单位:万元(10000 yuan)

间		使		用			
毛纺织及染整精加工品	麻、丝绢纺织及加工品	针织或钩针编织及其制品	纺织制成品	纺织服装服饰	皮革、毛皮、羽毛及其制品	鞋	代码
17027	17028	17029	17030	18031	19032	19033	—
0	0	0	0	0	0	0	39088
0	0	0	0	0	0	0	39089
776	366	912	1239	52345	10124	10913	39090
4	6	12	284	259	316	65	39091
114	5067	3461	1150	1454	1320	791	40092
94	148	12883	7148	729153	302745	76681	41093
1101	470	960	908	4074	17191	136	42094
9837	4506	7451	15084	47177	23237	49967	43095
208219	286936	602072	286525	1352770	190571	688894	44096
216	777	3186	107	83	3188	3440	45097
7612	13005	9260	12002	40004	23156	18105	46098
0	0	0	0	0	0	0	47099
0	0	0	0	0	0	0	48100
0	0	0	0	0	0	0	49101
12041	39546	20042	42852	242118	33810	106110	50102
1254526	636026	1623492	1946370	10915788	5739999	4798044	51103
183534	50001	25905	47949	188437	172843	59024	53104
336708	305771	349169	479154	2210710	929736	900927	54105
115945	35400	48682	91369	265995	124794	95821	55106
15511	13752	20717	31687	251544	64884	68666	56107
225	378	786	402	1481	861	1179	57108
94416	43599	70029	84575	567358	209333	122122	58109
13155	8997	10284	42881	305904	37771	71316	59110
3364	2112	7328	9011	55066	13801	18451	60111
6892	11989	19013	25410	138419	35452	41738	61112
30814	36784	43332	75959	352441	117333	103824	62113
17555	14826	26157	27810	207320	45345	74415	63114
7998	8219	17245	16098	177908	42614	33152	65115
264809	245838	334266	352493	1708191	626690	446042	66116
5203	4243	7007	7513	48879	13434	10149	67117

表 4.1 续 45 (Table 4.1 Continue 45)

投入＼产出		代码	中			
			木材加工品和木、竹、藤、棕、草制品	家具	造纸和纸制品	印刷品和记录媒介复制品
代码		—	20034	21035	22036	23037
中间投入	广播电视设备和雷达及配套设备	39088	0	0	0	0
	视听设备	39089	0	0	57	101
	电子元器件	39090	7976	6960	120810	12228
	其他电子设备	39091	51849	32	337	3746
	仪器仪表	40092	50563	986	39521	2250
	其他制造产品	41093	9287	7861	17207	73007
	废弃资源和废旧材料回收加工品	42094	10768	2270	6889556	701
	金属制品、机械和设备修理服务	43095	83788	42189	77266	24149
	电力、热力生产和供应	44096	2919561	815602	3987424	452987
	燃气生产和供应	45097	1064	73	13957	593
	水的生产和供应	46098	86507	20282	114615	27845
	房屋建筑	47099	0	0	0	0
	土木工程建筑	48100	0	0	0	0
	建筑安装	49101	0	0	0	0
	建筑装饰和其他建筑服务	50102	189451	125101	199785	107481
	批发和零售	51103	2795354	1871184	2616472	1931742
	铁路运输	53104	328765	76921	278281	67403
	道路运输	54105	3001573	1058269	2884528	1114398
	水上运输	55106	173097	93488	226088	49184
	航空运输	56107	108269	72619	108153	110756
	管道运输	57108	3744	1252	3612	874
	装卸搬运和运输代理	58109	595326	265234	440534	154707
	仓储	59110	104003	97848	289420	66192
	邮政	60111	24781	35639	65130	22867
	住宿	61112	122573	55227	73029	83656
	餐饮	62113	324094	219800	305776	321854
	电信和其他信息传输服务	63114	144607	69905	120403	109709
	软件和信息技术服务	65115	68887	45759	18628	65321
	货币金融和其他金融服务	66116	2025267	845261	3106673	1071017
	资本市场服务	67117	41977	20616	37879	20072

单位:万元(10000 yuan)

间		使		用			
文教、工美、体育和娱乐用品	精炼石油和核燃料加工品	炼焦产品	基础化学原料	肥料	农药	涂料、油墨、颜料及类似产品	代码
24038	25039	25040	26041	26042	26043	26044	—
0	0	0	0	0	0	0	39088
2013	4334	87	56	13	4	17	39089
1038858	8387	888	13701	17041	2377	1784	39090
7540	283598	852	285183	49294	36847	9588	39091
23326	575643	78620	103717	87996	10930	5551	40092
311419	89041	1726	17823	5570	16	2069	41093
35463	2133	9811	118342	7044	70	122967	42094
51197	177489	17036	166709	45064	14810	33738	43095
1148815	5116998	1348145	28265150	2700930	440540	732732	44096
5135	330950	30065	1011307	97723	21	1171	45097
34982	27389	18659	220334	71071	18557	28384	46098
0	0	0	0	0	0	0	47099
0	0	0	0	0	0	0	48100
0	0	0	0	0	0	0	49101
211281	484621	40912	338069	74477	44780	44311	50102
5312175	3903302	813987	3909143	1764515	335793	1669016	51103
162262	337450	407564	775524	710060	53540	121695	53104
1393449	1323525	764659	3024098	887384	292497	1323926	54105
196374	477828	176505	657199	134183	54485	95025	55106
195834	69034	10714	116744	42793	16283	81526	56107
3199	2454317	10345	332415	30338	4959	12994	57108
279547	418222	137620	641864	329960	30955	112117	58109
110477	458227	10792	288727	105867	8365	67497	59110
49503	54976	3057	54981	19323	4004	19567	60111
74459	104412	14024	117667	49659	21064	65386	61112
222611	171363	50171	339149	127671	41885	185170	62113
135489	55613	15755	228535	40774	15202	72470	63114
52059	52135	369	36312	9067	897	3200	65115
1038702	3201560	1203730	4759279	1530862	529403	694837	66116
41660	243742	4358	50631	17016	3803	16625	67117

表 4.1 续 45 (Table 4.1 Continue 45)

投入 \ 产出		代码	中			
			合成材料	专用化学产品和炸药、火工、焰火产品	日用化学产品	医药制品
代码		—	26045	26046	26047	27048
中间投入	广播电视设备和雷达及配套设备	39088	0	0	0	0
	视听设备	39089	1333	58	5	80
	电子元器件	39090	3572	211616	1460	44032
	其他电子设备	39091	20800	138473	88	1130
	仪器仪表	40092	67673	62407	23818	40487
	其他制造产品	41093	5263	31216	2510	28676
	废弃资源和废旧材料回收加工品	42094	244472	156416	119	137
	金属制品、机械和设备修理服务	43095	81862	114815	22119	87285
	电力、热力生产和供应	44096	4214732	3576363	346069	2858609
	燃气生产和供应	45097	2	61005	66596	6092
	水的生产和供应	46098	60514	114087	7373	69234
	房屋建筑	47099	0	0	0	0
	土木工程建筑	48100	0	0	0	0
	建筑安装	49101	0	0	0	0
	建筑装饰和其他建筑服务	50102	205507	202250	30765	153942
	批发和零售	51103	2644818	5262599	1941365	6047924
	铁路运输	53104	406869	408293	69863	715993
	道路运输	54105	1720865	3828207	688674	2855135
	水上运输	55106	310404	253379	44213	302533
	航空运输	56107	69544	213217	49277	800870
	管道运输	57108	156475	47910	12375	3103
	装卸搬运和运输代理	58109	315496	303923	97146	408063
	仓储	59110	164851	166924	173854	284839
	邮政	60111	10292	42071	67268	158504
	住宿	61112	44582	200031	136032	462893
	餐饮	62113	148145	653746	215579	1711270
	电信和其他信息传输服务	63114	59913	207696	65336	360656
	软件和信息技术服务	65115	3271	9559	1776	20254
	货币金融和其他金融服务	66116	2392577	2996472	356143	3496307
	资本市场服务	67117	29029	50999	6227	22720

单位:万元(10000 yuan)

间		使		用			代码
化学纤维制品	橡胶制品	塑料制品	水泥、石灰和石膏	石膏、水泥制品及类似制品	砖瓦、石材等建筑材料	玻璃和玻璃制品	
28049	29050	29051	30052	30053	30054	30055	—
0	0	0	0	0	0	5	39088
20	0	48	38	375	50	21	39089
1368	3070	76541	5617	2834	32609	48002	39090
26111	651	23753	10104	13192	1059	11489	39091
18362	15738	66414	167560	49151	50121	32362	40092
967	5732	24135	43813	22253	17586	2671	41093
228061	103625	672194	267078	185225	694617	681052	42094
40511	34069	134068	539712	40602	98110	74523	43095
2224161	1128585	4250030	10313184	3467828	6006227	2941809	44096
28074	367	901	1302	983	17	301	45097
28124	61765	81715	79571	88330	129082	53902	46098
0	0	0	0	0	0	0	47099
0	0	0	0	0	0	0	48100
0	0	0	0	0	0	0	49101
46290	76919	195888	91455	104260	235648	184269	50102
980204	2279240	7939954	2058706	2159544	2477780	1653458	51103
155960	121448	217255	372975	252118	394918	167681	53104
788432	1564721	3508142	2320059	3023923	3194333	1453970	54105
112933	161336	292880	457490	216927	243923	184398	55106
34794	72881	270062	45237	67341	127177	113789	56107
25697	5050	6131	13950	9709	25141	17268	57108
84894	115963	442490	318314	280852	534962	170424	58109
50795	165676	174948	103885	197394	77118	69025	59110
5054	14616	41261	7512	10581	36421	19002	60111
58422	91577	140852	55470	78111	187547	66256	61112
117867	140445	553768	239608	346074	578749	214247	62113
36253	53147	201850	70997	99135	146555	118446	63114
5622	17179	74252	137849	60984	71219	24235	65115
1412664	1426964	2544421	4673065	1316292	1913653	1304281	66116
7677	20999	40335	28093	37947	46662	14501	67117

表 4.1 续 46 （Table 4.1 Continue 46）

投入＼产出		代码	中			
			陶瓷制品	耐火材料制品	石墨及其他非金属矿物制品	钢、铁及其铸件
代码		—	30056	30057	30058	31059
中间投入	广播电视设备和雷达及配套设备	39088	0	0	0	0
	视听设备	39089	35	4	10	31
	电子元器件	39090	13513	2771	1189	11936
	其他电子设备	39091	10811	273	217	453
	仪器仪表	40092	17578	8826	13146	102397
	其他制造产品	41093	3985	6620	2853	48871
	废弃资源和废旧材料回收加工品	42094	18493	114781	189255	15647175
	金属制品、机械和设备修理服务	43095	29418	28624	64988	163937
	电力、热力生产和供应	44096	888280	1019597	1895528	6651131
	燃气生产和供应	45097	75007	633	358	5067
	水的生产和供应	46098	40492	14346	12082	80313
	房屋建筑	47099	0	0	0	0
	土木工程建筑	48100	0	0	0	0
	建筑安装	49101	0	0	0	0
	建筑装饰和其他建筑服务	50102	42704	168513	73630	199103
	批发和零售	51103	488908	666271	750409	1616966
	铁路运输	53104	97616	209547	167409	620278
	道路运输	54105	568551	684132	777442	2390672
	水上运输	55106	69538	97021	68056	362918
	航空运输	56107	65894	39722	86014	73013
	管道运输	57108	14515	3447	13196	3739
	装卸搬运和运输代理	58109	88075	154769	102665	567202
	仓储	59110	756627	25495	25631	114301
	邮政	60111	15773	27749	7152	26159
	住宿	61112	81462	44912	28343	82942
	餐饮	62113	264168	154484	119666	303426
	电信和其他信息传输服务	63114	99580	68493	28943	77065
	软件和信息技术服务	65115	13323	18071	21294	233646
	货币金融和其他金融服务	66116	433260	468175	749273	3560565
	资本市场服务	67117	19338	14250	7706	149009

单位:万元(10000 yuan)

间		使		用			
钢压延产品	铁合金产品	有色金属及其合金和铸件	有色金属压延加工品	金属制品	锅炉及原动设备	金属加工机械	代码
31060	31061	32062	32063	33064	34065	34066	—
0	0	0	0	0	0	5	39088
382	3	18	4	6434	50	127	39089
57265	33275	15032	16523	111852	623670	2156149	39090
104555	30	934	2536	145797	6760	29382	39091
296803	14856	50800	10873	480055	183040	561092	40092
63529	5609	41159	2522	152073	24162	31126	41093
8691055	665544	20451901	1134219	4025081	33766	86507	42094
485817	25840	146900	55779	292722	62349	26596	43095
14728158	2888864	19076642	3398856	14603827	601540	762001	44096
270923	27068	8283	876	214120	12831	13450	45097
167124	16957	62324	40241	160633	11623	26477	46098
0	0	0	0	0	0	0	47099
0	0	0	0	0	0	0	48100
0	0	0	0	0	0	0	49101
460723	9858	196927	169451	695986	128815	91949	50102
4967537	191046	1554916	1006651	7722950	1259536	1253306	51103
2594097	350246	757593	200994	725389	77818	106768	53104
6353484	563634	1974940	1429357	5856057	790819	921985	54105
1835049	45516	191613	136354	789747	70958	82208	55106
167642	15839	99538	72204	542961	117356	98644	56107
51092	4033	34470	4707	59748	3237	2764	57108
881891	107870	357185	186177	677399	125384	159454	58109
651524	14970	178224	149590	835915	36003	45132	59110
16375	1367	19853	16276	120894	12705	12038	60111
160341	20874	113963	51493	388643	92717	84120	61112
346023	91707	342070	180258	1337830	194083	228196	62113
160598	11330	114943	76276	511175	59671	61748	63114
52614	8199	6425	5462	195344	26908	39040	65115
15112637	658611	9776120	2255989	6180377	836234	867321	66116
170284	11131	64541	30224	100837	18324	11634	67117

表 4.1 续 47 (Table 4.1 Continue 47)

投入 \ 产出		代码	中			
			物料搬运设备	泵、阀门、压缩机及类似机械	文化、办公用机械	其他通用设备
代码		—	34067	34068	34069	34070
中间投入	广播电视设备和雷达及配套设备	39088	570	0	9472	8
	视听设备	39089	570	55	9922	260
	电子元器件	39090	423959	568858	6606207	7617629
	其他电子设备	39091	31587	39380	175051	2759596
	仪器仪表	40092	341068	478589	135290	881660
	其他制造产品	41093	9164	71967	1964	36817
	废弃资源和废旧材料回收加工品	42094	16573	287537	1459	265580
	金属制品、机械和设备修理服务	43095	44000	34238	16655	214227
	电力、热力生产和供应	44096	639711	1044171	107396	3952932
	燃气生产和供应	45097	1126	4706	93	441574
	水的生产和供应	46098	19017	25220	3665	147130
	房屋建筑	47099	0	0	0	0
	土木工程建筑	48100	0	0	0	0
	建筑安装	49101	0	0	0	0
	建筑装饰和其他建筑服务	50102	124096	88747	17321	291576
	批发和零售	51103	2130434	2053954	924292	5062941
	铁路运输	53104	85856	143720	19048	411169
	道路运输	54105	1001858	1194015	220741	2932930
	水上运输	55106	464077	191148	51841	450840
	航空运输	56107	118204	187165	83349	510811
	管道运输	57108	2207	3603	94	63370
	装卸搬运和运输代理	58109	177153	189960	34711	371318
	仓储	59110	72437	207347	6155	156436
	邮政	60111	22267	43344	4479	231828
	住宿	61112	111093	139588	10776	242475
	餐饮	62113	283541	329212	29420	717153
	电信和其他信息传输服务	63114	145646	163085	22088	394222
	软件和信息技术服务	65115	37123	55393	3778	153694
	货币金融和其他金融服务	66116	1030552	1140887	137298	3321400
	资本市场服务	67117	29972	16796	4982	65282

单位:万元(10000 yuan)

间		使		用			
采矿、冶金、建筑专用设备	化工、木材、非金属加工专用设备	农、林、牧、渔专用机械	其他专用设备	汽车整车	汽车零部件及配件	铁路运输和城市轨道交通设备	代码
35071	35072	35073	35074	36075	36076	37077	—
38	10	0	4872	18356	24	4989	39088
1777	27	1214	28539	351643	1246313	482	39089
2750465	84838	28587	7399571	548741	4004004	723642	39090
53193	46952	295	451274	94413	4712	48295	39091
764401	232357	28451	989721	1548857	449826	71503	40092
175631	565	12521	60787	34111	70136	33277	41093
46454	20138	1551	22560	20033	199858	68032	42094
101364	62783	25869	120218	89858	110451	30180	43095
1176489	959136	365567	2531969	1226532	3017892	434273	44096
16634	1021	6512	2862	935	1034	1282	45097
26104	18460	6589	47635	31846	69931	8714	46098
0	0	0	0	0	0	0	47099
0	0	0	0	0	0	0	48100
0	0	0	0	0	0	0	49101
121698	59532	63986	150398	208263	266987	44899	50102
3846636	1146139	1075131	3413867	13710131	10565188	1009258	51103
264453	80770	66631	249760	267909	268478	109372	53104
2300936	749103	676778	1891296	5020726	3386542	415144	54105
282593	93947	64040	187402	660127	794321	67586	55106
196879	184370	49163	418340	450688	606300	57155	56107
7178	1088	1554	2509	5025	3896	1270	57108
310545	78450	107580	252188	1811046	1869712	51084	58109
127023	18289	45528	166996	62043	695894	13906	59110
26549	19622	6951	60771	145143	40906	3842	60111
282255	109868	41858	282983	184377	157772	50739	61112
673324	238763	115482	590114	637611	486384	117570	62113
164840	101746	78455	236378	177829	163795	24801	63114
56369	31824	20858	75413	9320	51156	5114	65115
3090596	1210986	297582	1809584	2961430	2899930	497979	66116
34284	14253	17971	43225	36439	42793	9334	67117

表 4.1 续 47 (Table 4.1 Continue 21)

投入 \ 产出		代码	中			
			船舶及相关装置	其他交通运输设备	电机	输配电及控制设备
代码		—	37078	37079	38080	38081
中间投入	广播电视设备和雷达及配套设备	39088	1078341	34648	0	91
	视听设备	39089	2734	58	0	193
	电子元器件	39090	6451	534132	2809428	9596874
	其他电子设备	39091	19939	235274	61384	1059204
	仪器仪表	40092	2581448	878908	613222	1406123
	其他制造产品	41093	141975	10098	3515	9372
	废弃资源和废旧材料回收加工品	42094	16260	4354	1986	115
	金属制品、机械和设备修理服务	43095	132613	42168	37608	71456
	电力、热力生产和供应	44096	699379	404776	515110	1554321
	燃气生产和供应	45097	456	912	336	8847
	水的生产和供应	46098	8624	13456	10328	50274
	房屋建筑	47099	0	0	0	0
	土木工程建筑	48100	0	0	0	0
	建筑安装	49101	0	0	0	0
	建筑装饰和其他建筑服务	50102	200778	106952	138237	190120
	批发和零售	51103	1783820	2297224	1334922	4390576
	铁路运输	53104	39748	71111	72225	262742
	道路运输	54105	536378	856111	870236	2094944
	水上运输	55106	224144	77076	72390	353095
	航空运输	56107	39969	75855	106300	309059
	管道运输	57108	2189	1427	1099	5519
	装卸搬运和运输代理	58109	102437	119127	91808	294410
	仓储	59110	18685	48451	78956	178689
	邮政	60111	3486	14748	13295	61272
	住宿	61112	55372	52199	88541	244682
	餐饮	62113	96949	139598	208454	768675
	电信和其他信息传输服务	63114	22406	46725	55637	185517
	软件和信息技术服务	65115	8957	11072	11717	34576
	货币金融和其他金融服务	66116	2055166	585479	1468625	2740387
	资本市场服务	67117	12359	17609	15085	27451

单位:万元(10000 yuan)

间		使		用			
电线、电缆、光缆及电工器材	电池	家用器具	其他电气机械和器材	计算机	通信设备	广播电视设备和雷达及配套设备	代码
38082	38083	38084	38085	39086	39087	39088	—
0	0	0	55	18150	306434	456579	39088
39	17	94	476	0	15115	82204	39089
423074	1582973	6928817	3660578	85360672	39337062	6713373	39090
3196	128267	7309	65376	1049653	957952	220233	39091
278522	17927	296536	121449	172532	80302	814468	40092
320	32440	127511	748	77237	147896	138639	41093
7745	439	3647	11	96	115	79	42094
41526	28700	83935	20096	27548	13130	10439	43095
1354231	706217	1048509	770092	657205	852226	171261	44096
1216	194	7335	9183	41674	4030	98	45097
31648	28458	40580	17252	32844	51292	8982	46098
0	0	0	0	0	0	0	47099
0	0	0	0	0	0	0	48100
0	0	0	0	0	0	0	49101
43022	24256	117638	97805	189336	264826	53089	50102
2704072	1296355	5329333	1025587	8934255	6075520	827010	51103
227798	67007	115498	52519	84516	157609	42982	53104
1651473	594806	2005545	591160	1017919	765000	228365	54105
121828	40245	334845	61096	266724	147375	25596	55106
152751	70640	160629	80340	469721	711594	131924	56107
1740	520	2156	1669	7206	3041	893	57108
270547	116439	374882	73678	162693	165642	37206	58109
75223	15741	498401	44314	137919	116231	2163	59110
20009	6587	82362	9367	25928	54413	13567	60111
81935	27979	208774	55635	83239	174944	62291	61112
322823	59681	275110	108497	172480	391696	126168	62113
119990	27995	210028	80902	306392	268555	99204	63114
37794	7267	22706	14311	2195925	48505	11343	65115
1857503	486469	1329367	402984	5845409	2246730	652250	66116
18183	8104	31770	13380	34422	13769	6066	67117

表 4.1 续 48 （Table 4.1 Continue 48）

投入＼产出		代码	中			
			视听设备	电子元器件	其他电子设备	仪器仪表
代码		—	39089	39090	39091	40092
中间投入	广播电视设备和雷达及配套设备	39088	25303	48476	91380	21320
	视听设备	39089	4241670	7171	14279	56384
	电子元器件	39090	22076951	103729729	5729527	9362465
	其他电子设备	39091	736716	3301942	1428211	445136
	仪器仪表	40092	97792	973313	127659	7597872
	其他制造产品	41093	57928	358454	44238	11748
	废弃资源和废旧材料回收加工品	42094	51	67426	73	34767
	金属制品、机械和设备修理服务	43095	35995	151516	12876	27921
	电力、热力生产和供应	44096	197384	3490731	265868	552917
	燃气生产和供应	45097	5659	740	242	1345
	水的生产和供应	46098	6728	101855	5890	23331
	房屋建筑	47099	0	0	0	0
	土木工程建筑	48100	0	0	0	0
	建筑安装	49101	0	0	0	0
	建筑装饰和其他建筑服务	50102	72099	595328	25099	83508
	批发和零售	51103	2264870	8000232	651345	1776771
	铁路运输	53104	29943	222286	54795	145511
	道路运输	54105	492483	1892512	583975	733015
	水上运输	55106	63459	351346	72763	62150
	航空运输	56107	112591	971815	224134	296717
	管道运输	57108	836	2312	201	1848
	装卸搬运和运输代理	58109	83827	301123	54800	103870
	仓储	59110	80600	74726	19095	47132
	邮政	60111	21896	33001	6775	26894
	住宿	61112	41140	204633	36360	162871
	餐饮	62113	62078	477882	88929	398942
	电信和其他信息传输服务	63114	35938	252654	26360	142550
	软件和信息技术服务	65115	7885	378760	30045	38059
	货币金融和其他金融服务	66116	2071013	4541168	1056156	1329248
	资本市场服务	67117	7350	32494	10322	11437

单位:万元(10000 yuan)

间		使		用			
其他制造产品	废弃资源和废旧材料回收加工品	金属制品、机械和设备修理服务	电力、热力生产和供应	燃气生产和供应	水的生产和供应	房屋建筑	代码
41093	42094	43095	44096	45097	46098	47099	—
0	0	568	0	0	0	0	39088
16	0	1658	871	27	60	13515	39089
379628	8183	98199	25178	21165	6451	103969	39090
160	0	50434	148083	207	1195	112715	39091
84913	272	123278	11740642	50781	73605	235814	40092
685714	464	2814	20742	793	238	831500	41093
2862	1922628	0	0	0	0	0	42094
22446	15274	41676	1295030	31331	29328	120431	43095
290909	438026	420261	158927697	680703	2680920	8978290	44096
60901	4483	437	626335	3243776	2862	10533	45097
110713	59445	8944	722307	9532	744592	644980	46098
0	0	0	0	0	0	0	47099
0	0	0	0	0	0	0	48100
0	0	0	0	0	0	0	49101
60986	72608	26347	1947866	44918	113388	19784777	50102
1120621	341945	300195	5550675	236493	249859	16860868	51103
64651	44221	10768	1161095	35805	7767	960920	53104
473897	518341	154635	3260668	123548	143740	16261895	54105
49587	45587	34288	886634	92275	3633	954875	55106
33106	24641	29453	248615	19320	21728	1268544	56107
12688	1502	744	290323	601723	2635	26399	57108
89362	99362	20772	470498	22117	8030	909963	58109
21609	28556	3188	20545	4852	10278	1603	59110
5620	7476	2762	27607	1243	3649	116271	60111
33118	33494	17014	405793	30290	21486	999230	61112
89787	75936	58743	437170	68837	76312	3292574	62113
24998	33924	23150	785487	37151	45410	14876978	63114
14117	13088	4025	705466	7212	101759	100889	65115
633071	529260	147963	22476499	1388666	1187573	22804217	66116
5942	5594	8490	237971	4812	7253	706048	67117

表 4.1 续 49 (Table 4.1 Continue 49)

投入 \ 产出		代码	中			
			土木工程建筑	建筑安装	建筑装饰和其他建筑服务	批发和零售
代码		—	48100	49101	50102	51103
中间投入	广播电视设备和雷达及配套设备	39088	0	0	0	164768
	视听设备	39089	2701	714	548	2701653
	电子元器件	39090	60103	9492	52476	17075
	其他电子设备	39091	307218	102366	15030	253439
	仪器仪表	40092	22360	579032	47472	17521
	其他制造产品	41093	17361	11501	12405	16643
	废弃资源和废旧材料回收加工品	42094	0	0	0	0
	金属制品、机械和设备修理服务	43095	113721	11456	1589	29452
	电力、热力生产和供应	44096	2991977	5577714	416150	7668030
	燃气生产和供应	45097	0	0	0	14108
	水的生产和供应	46098	186650	95516	78818	147654
	房屋建筑	47099	0	0	0	0
	土木工程建筑	48100	0	0	0	0
	建筑安装	49101	0	0	0	0
	建筑装饰和其他建筑服务	50102	12336288	2437271	2792804	1861199
	批发和零售	51103	5491444	2194374	2682867	20307047
	铁路运输	53104	457204	219614	132681	2889589
	道路运输	54105	13352197	3092033	1785275	8093302
	水上运输	55106	355590	92252	156892	3133884
	航空运输	56107	603837	278197	102658	2200106
	管道运输	57108	50617	3366	4435	12550
	装卸搬运和运输代理	58109	276764	1564199	376845	1830374
	仓储	59110	6470	160	14004	5948725
	邮政	60111	31748	15687	24889	609317
	住宿	61112	604461	210329	73990	1483791
	餐饮	62113	892795	415570	178865	2412123
	电信和其他信息传输服务	63114	326318	174083	64466	1859027
	软件和信息技术服务	65115	4442	4350	4039	379726
	货币金融和其他金融服务	66116	11683170	416103	945612	25852538
	资本市场服务	67117	145467	45871	29968	331561

单位:万元(10000 yuan)

间		使		用			代码
铁路运输	道路运输	水上运输	航空运输	管道运输	装卸搬运和运输代理	仓储	
53104	54105	55106	56107	57108	58109	59110	—
13804	3091	0	10	0	0	0	39088
569	3787	155	374	7	137	1928	39089
10367	93284	244	668	756	1050	1541	39090
12945	29741	1216	2930	1089	348	3153	39091
23647	24393	22737	533	3526	9749	42007	40092
24631	3079	189	4	2596	18736	93685	41093
0	0	0	0	0	0	0	42094
82937	78962	1152	56323	418219	810	254352	43095
2400389	2174231	27794	167779	586092	260239	536530	44096
41501	6533527	31385	9553	134419	2942	23142	45097
29064	80720	3691	7750	3596	5534	64474	46098
0	0	0	0	0	0	0	47099
0	0	0	0	0	0	0	48100
0	0	0	0	211494	0	0	49101
961629	2333442	4136	141238	59584	91375	750210	50102
755222	5891280	1164123	1460860	82497	1189947	1150233	51103
422397	124961	23239	58308	35038	2314216	793377	53104
250916	19460319	207750	334510	76129	3249565	2590231	54105
25877	311913	3458868	40653	25089	648374	778792	55106
16295	244714	22030	6909319	72137	1860639	496998	56107
22809	1086090	63151	66249	106001	66023	6759	57108
248351	12682235	3641241	987777	6493	555742	1039708	58109
1070417	13430272	3071585	254245	30120	258700	1489581	59110
979	98467	7907	19709	1332	62140	48472	60111
40979	376048	30927	238135	36991	26545	195082	61112
67083	5672198	93429	592892	17728	98938	598573	62113
1162449	623501	1962661	321102	4333	57962	625807	63114
6818	8902	64538	155711	278	3301	12850	65115
4273650	26861542	5593328	2081640	537497	468000	2403824	66116
396341	718638	78214	53341	34933	880500	88925	67117

表 4.1 续 50 (Table 4.1 Continue 50)

投入＼产出		代码	中			
			邮政	住宿	餐饮	电信和其他信息传输服务
代码		—	60111	61112	62113	63114
中间投入	广播电视设备和雷达及配套设备	39088	0	8482	0	25535
	视听设备	39089	0	4105	4520	478932
	电子元器件	39090	0	7423	6117	155233
	其他电子设备	39091	0	10699	10902	336
	仪器仪表	40092	6217	1552	2110	578915
	其他制造产品	41093	0	57903	12881	20558
	废弃资源和废旧材料回收加工品	42094	0	0	0	0
	金属制品、机械和设备修理服务	43095	281	5857	7074	114061
	电力、热力生产和供应	44096	132463	1596580	267891	3004934
	燃气生产和供应	45097	14078	282094	426834	2889
	水的生产和供应	46098	9468	291372	135331	25062
	房屋建筑	47099	0	0	0	0
	土木工程建筑	48100	0	0	0	0
	建筑安装	49101	247686	0	0	0
	建筑装饰和其他建筑服务	50102	75380	439443	475004	1056805
	批发和零售	51103	1471035	3488603	10641775	2290377
	铁路运输	53104	159070	32762	408780	69503
	道路运输	54105	555162	581403	2185247	487192
	水上运输	55106	32422	26524	281530	26233
	航空运输	56107	719770	72386	96239	219309
	管道运输	57108	4784	40391	56132	2304
	装卸搬运和运输代理	58109	141610	80317	385868	68368
	仓储	59110	11960	2564	3660	170222
	邮政	60111	1128979	148922	86726	260311
	住宿	61112	187907	25669	94291	281087
	餐饮	62113	108683	62694	236744	611231
	电信和其他信息传输服务	63114	637180	772550	176726	16295536
	软件和信息技术服务	65115	114722	15764	6304	867956
	货币金融和其他金融服务	66116	248349	1773638	1321952	4277034
	资本市场服务	67117	3805	17372	21294	67109

单位:万元(10000 yuan)

间	使		用				
软件和信息技术服务	货币金融和其他金融服务	资本市场服务	保险	房地产	租赁	商务服务	代码
65115	66116	67117	68118	70119	71120	72121	—
0	0	0	0	0	0	0	39088
377805	30972	2407	556	30858	611	48938	39089
481775	71346	1335	985	14663	1777	42740	39090
103833	81007	5973	1455	15892	78	2412	39091
217860	13922	0	0	21888	8563	32219	40092
0	299309	1396	358	498257	1780	5262577	41093
0	0	0	0	0	0	0	42094
1969	23202	36	14	75647	61	21658	43095
64214	3036102	219300	27255	2025574	10475	768847	44096
4483	17593	2047	4022	772005	397	74083	45097
5210	188499	24483	44464	221482	579	29629	46098
0	0	0	0	1506321	0	0	47099
0	0	0	0	0	0	0	48100
0	0	0	0	0	0	0	49101
38754	4891867	85676	93748	8547235	22919	705456	50102
4407210	5914282	459595	647310	1733873	489592	14698241	51103
87966	690356	18938	52684	143514	59011	1478381	53104
569502	2908365	79666	207878	583179	191925	7436455	54105
44612	58553	3505	6082	78944	44959	1041095	55106
761449	2271554	122724	182118	1147436	169244	4669374	56107
1017	13506	863	1184	104319	10336	101482	57108
60259	77492	5015	7964	38628	20489	1105841	58109
149885	53654	10067	29382	154119	102521	728474	59110
170584	5227738	38034	270453	235801	22080	454866	60111
356031	5703065	397732	3078201	845980	64015	4011512	61112
398989	8206264	551635	2650785	1118981	69915	9148895	62113
8522043	8807036	473660	2100450	1719160	42968	1095363	63114
5344052	4025988	163939	187253	36011	1233	630359	65115
5047110	9412757	426583	6811240	43169566	2140035	17340999	66116
62190	7133468	606192	6726726	118803	85067	912497	67117

表 4.1 续 51 (Table 4.1 Continue 51)

投入 \ 产出		代码	中			
			研究和试验发展	专业技术服务	科技推广和应用服务	水利管理
代码		—	73122	74123	75124	76125
中间投入	广播电视设备和雷达及配套设备	39088	0	0	0	0
	视听设备	39089	180153	2515606	36046	1503
	电子元器件	39090	552136	9654	32408	395
	其他电子设备	39091	36413	2739	2796	626
	仪器仪表	40092	1299765	5251511	599706	74908
	其他制造产品	41093	86552	1196908	495039	963
	废弃资源和废旧材料回收加工品	42094	0	0	0	0
	金属制品、机械和设备修理服务	43095	1222	44927	2353	5693
	电力、热力生产和供应	44096	721181	279262	376892	399374
	燃气生产和供应	45097	10797	14816	19365	91
	水的生产和供应	46098	92971	17934	39741	96003
	房屋建筑	47099	0	0	0	0
	土木工程建筑	48100	0	0	0	0
	建筑安装	49101	0	0	0	0
	建筑装饰和其他建筑服务	50102	440354	326833	478482	187520
	批发和零售	51103	1509475	4446614	1492672	181781
	铁路运输	53104	215807	357207	174623	27419
	道路运输	54105	722443	1579507	604054	188635
	水上运输	55106	58538	240401	52993	7898
	航空运输	56107	564839	1293293	424935	74847
	管道运输	57108	2579	29771	9991	2091
	装卸搬运和运输代理	58109	98350	206742	39882	7489
	仓储	59110	26163	476758	336035	15113
	邮政	60111	105509	188862	161733	35706
	住宿	61112	619733	1056832	747325	146172
	餐饮	62113	1158217	2990427	755510	217629
	电信和其他信息传输服务	63114	143458	323523	574347	162281
	软件和信息技术服务	65115	83957	12714	10202	8621
	货币金融和其他金融服务	66116	117178	4613303	3763813	587594
	资本市场服务	67117	26197	34393	19796	14744

单位:万元(10000 yuan)

间		使		用			代码
生态保护和环境治理	公共设施管理	居民服务	其他服务	教育	卫生	社会工作	
77126	78127	79128	80129	82130	83131	84132	—
0	0	0	0	0	0	0	39088
90	13462	49784	640465	361708	10990	70	39089
435	35998	4683	4303879	6445	63927	134	39090
2716	1577	8421	12815	4327	0	182	39091
194941	70203	87522	487795	1971068	138674	66	40092
8570	355015	749296	495623	81	25677	20672	41093
0	0	0	0	0	0	0	42094
6183	36152	3823	201532	38530	34703	543	43095
131560	1224161	1550369	642677	1237915	1288058	80091	44096
361	176443	608755	53536	234843	97577	6992	45097
11291	116925	204878	235266	228815	162271	16846	46098
0	0	0	0	0	0	0	47099
0	0	0	0	0	0	0	48100
0	0	0	0	0	0	0	49101
183524	934893	751704	232330	1123418	476090	147141	50102
204041	1065372	2325334	2670407	2336356	7805485	59485	51103
34349	164213	125414	217099	599111	169795	3111	53104
130915	901319	718774	804663	1121414	1965202	21166	54105
29316	196256	87412	123269	57070	110371	1489	55106
62633	108492	311044	371240	3134602	362653	9900	56107
516	26847	83269	9190	38345	14722	1105	57108
24068	115691	351573	188344	56602	241065	1629	58109
821	78324	41359	284499	41752	17253	0	59110
17293	58134	305394	46041	644352	75214	4694	60111
48255	83662	227041	375916	1420321	402785	10245	61112
87285	244249	691729	743621	2688695	648154	41405	62113
23962	79708	386300	130459	2970541	2643111	22091	63114
4402	329492	110044	78663	128688	55404	94	65115
326011	2865668	1230474	1530569	7852633	2764175	60410	66116
6526	53013	21896	121385	15853	16787	3760	67117

表 4.1 续 52 （Table 4.1 Continue 52）

投入＼产出		代码	中			
			新闻和出版	广播、电视、电影和影视录音制作	文化艺术	体育
代码		—	85133	86134	87135	88136
中间投入	广播电视设备和雷达及配套设备	39088	0	9533	0	0
	视听设备	39089	1104	4133	10424	164
	电子元器件	39090	1399	107	803	95
	其他电子设备	39091	1176	40	24	128
	仪器仪表	40092	5437	3615	185804	217
	其他制造产品	41093	171042	1374	30776	16315
	废弃资源和废旧材料回收加工品	42094	0	0	0	0
	金属制品、机械和设备修理服务	43095	1086	6247	2208	4966
	电力、热力生产和供应	44096	185043	60362	32554	57466
	燃气生产和供应	45097	11020	3298	30607	25841
	水的生产和供应	46098	5744	2055	13328	5895
	房屋建筑	47099	0	0	0	0
	土木工程建筑	48100	0	0	0	0
	建筑安装	49101	0	0	0	0
	建筑装饰和其他建筑服务	50102	170938	179529	145199	51734
	批发和零售	51103	1037448	649241	373179	105317
	铁路运输	53104	131422	109675	34443	8806
	道路运输	54105	526437	226846	115580	31523
	水上运输	55106	24153	23472	14217	2171
	航空运输	56107	137818	479461	190381	123378
	管道运输	57108	1778	765	4424	3534
	装卸搬运和运输代理	58109	18432	11580	11202	1898
	仓储	59110	423408	7326	7732	155
	邮政	60111	99829	15128	45865	4491
	住宿	61112	198634	341652	258401	58680
	餐饮	62113	270198	526448	85678	56182
	电信和其他信息传输服务	63114	78950	268319	244789	14530
	软件和信息技术服务	65115	211839	478	1077	406
	货币金融和其他金融服务	66116	247032	231288	153248	100937
	资本市场服务	67117	6230	5005	17133	4799

单位:万元(10000 yuan)

间使用				最终使用			代码
				最终消费支出			
				居民消费支出			
娱乐	社会保障	公共管理和社会组织	**中间使用合计**	农村居民	城镇居民	**小计**	
89137	93138	90139	**TIU**	FU101	FU102	**THC**	—
0	0	0	**2350642**	45605	258165	**303770**	39088
6484	112	425895	**14050492**	2685832	10529192	**13215023**	39089
861	813	5706	**340727403**	0	0	**0**	39090
1001	0	52388	**16558535**	80499	333336	**413835**	39091
969	71	593467	**52220617**	553478	1415253	**1968731**	40092
1782	425	2263	**16146172**	735265	1690740	**2426005**	41093
0	0	0	**64736188**	0	0	**0**	42094
510	79	21441	**9638440**	0	0	**0**	43095
144151	25399	2938773	**458561102**	6454218	22067951	**28522169**	44096
8974	149	93582	**16654483**	708759	13043487	**13752246**	45097
10785	2303	240512	**9654173**	760071	6655916	**7415988**	46098
0	0	0	**1565476**	0	0	**0**	47099
0	0	0	**22274**	0	0	**0**	48100
0	0	0	**459180**	0	0	**0**	49101
105381	27159	4219933	**84564614**	0	0	**0**	50102
1297452	22520	7091597	**423432031**	29294678	95990153	**125284830**	51103
13819	11264	2107467	**42550730**	995258	5493067	**6488325**	53104
211515	30313	4499465	**238479603**	8310604	33756948	**42067552**	54105
6381	472	134483	**33955550**	1028511	2408672	**3437183**	55106
22671	35196	7137354	**52412409**	641748	3814781	**4456530**	56107
1280	156	42774	**6868195**	103221	1812867	**1916088**	57108
25687	580	198283	**53120459**	645180	2508949	**3154130**	58109
438	0	0	**42047261**	173080	365440	**538520**	59110
8139	55349	5012650	**19312806**	503199	1790073	**2293272**	60111
17100	35187	7843050	**42625105**	515431	9073917	**9589348**	61112
76996	101559	5157819	**79023302**	16323798	91227919	**107551717**	62113
17048	44888	8960646	**90790983**	11362904	46257831	**57620735**	63114
11473	446	279835	**19877680**	115854	1237973	**1353827**	65115
680834	221733	7458697	**431965850**	8185838	49141854	**57327693**	66116
5366	1964	1194369	**23787096**	3143363	6144190	**9287553**	67117

表 4.1 续 53 (Table 4.1 Continue 53)

投入 \ 产出		代码	最终			
			最终消费支出		资本形成总额	
			政府消费支出	合计	固定资本形成总额	存货增加
代码		—	FU103	**TC**	FU201	FU202
中间投入	广播电视设备和雷达及配套设备	39088	0	**303770**	10499122	436976
	视听设备	39089	0	**13215023**	4490987	1751137
	电子元器件	39090	0	**0**	12756	1107502
	其他电子设备	39091	0	**413835**	652394	3059179
	仪器仪表	40092	0	**1968731**	11491136	412286
	其他制造产品	41093	0	**2426005**	0	1505483
	废弃资源和废旧材料回收加工品	42094	0	**0**	0	93287
	金属制品、机械和设备修理服务	43095	0	**0**	0	0
	电力、热力生产和供应	44096	0	**28522169**	0	0
	燃气生产和供应	45097	0	**13752246**	0	627489
	水的生产和供应	46098	0	**7415988**	0	0
	房屋建筑	47099	0	**0**	843894219	0
	土木工程建筑	48100	0	**0**	315377457	0
	建筑安装	49101	0	**0**	99939002	0
	建筑装饰和其他建筑服务	50102	0	**0**	29911900	0
	批发和零售	51103	0	**125284830**	46661633	8760285
	铁路运输	53104	898223	**7386548**	922103	371313
	道路运输	54105	16025533	**58093085**	14009337	1732260
	水上运输	55106	1724193	**5161376**	2219624	329180
	航空运输	56107	775985	**5232514**	276074	18813
	管道运输	57108	0	**1916088**	0	136929
	装卸搬运和运输代理	58109	0	**3154130**	1809844	410772
	仓储	59110	306215	**844735**	0	0
	邮政	60111	0	**2293272**	0	0
	住宿	61112	0	**9589348**	0	0
	餐饮	62113	0	**107551717**	0	0
	电信和其他信息传输服务	63114	0	**57620735**	0	0
	软件和信息技术服务	65115	0	**1353827**	78572400	0
	货币金融和其他金融服务	66116	8113963	**65441655**	0	0
	资本市场服务	67117	1246527	**10534080**	0	0

单位:万元(10000 yuan)

使用 资本形成总额 合计	出口	最终使用 合计	进口	其他	总产出	代码
GCF	EX	**TFU**	IM	ERR	**GO**	—
10936098	17328477	**28568345**	7725217	196607	**23390377**	39088
6242125	16405654	**35862802**	2070051	887106	**48730349**	39089
1120258	75612290	**76732548**	173654657	55371	**243860665**	39090
3711574	0	**4125409**	0	151983	**20835926**	39091
11903423	17664776	**31536930**	29039768	5774	**54723553**	40092
1505483	4932956	**8864444**	344853	464889	**25130652**	41093
93287	478932	**572218**	23000941	−81582	**42225883**	42094
0	0	**0**	0	−208378	**9430063**	43095
0	778107	**29300277**	221872	−705915	**486933591**	44096
627489	0	**14379734**	0	194252	**31228470**	45097
0	0	**7415988**	0	−59299	**17010862**	46098
843894219	6573256	**850467475**	1946634	1186458	**851272775**	47099
315377457	714180	**316091636**	211500	1633267	**317535677**	48100
99939002	395548	**100334550**	117139	2003815	**102680405**	49101
29911900	47252	**29959152**	9033	122281	**114637014**	50102
55421919	117731419	**298438168**	0	−316807	**721553392**	51103
1293416	2011129	**10691093**	2428977	−13406	**50799440**	53104
15741597	16830048	**90664729**	4383198	−59556	**324701578**	54105
2548804	19835776	**27545957**	3347883	−6874	**58146750**	55106
294888	15196748	**20724150**	22222275	−1166	**50913118**	56107
136929	70826	**2123843**	0	−5124	**8986914**	57108
2220616	2616196	**7990942**	0	−14621	**61096780**	58109
0	0	**844735**	0	0	**42891995**	59110
0	385538	**2678811**	279827	418197	**22129988**	60111
0	3289396	**12878745**	6705061	−77713	**48721075**	61112
0	2365526	**109917243**	4821856	505142	**184623831**	62113
0	1245887	**58866622**	1777861	188188	**148067932**	63114
78572400	8731509	**88657736**	5611648	−140748	**102783020**	65115
0	1618483	**67060139**	2087979	−168833	**496769177**	66116
0	0	**10534080**	0	10767	**34331943**	67117

表 4.1 续 54 (Table 4.1 Continue 54)

投入 \ 产出		代码	中			
			农产品	林产品	畜牧产品	渔产品
代码		—	01001	02002	03003	04004
中间投入	保险	68118	33447	45664	20010	144633
	房地产	70119	8289	299	13	17
	租赁	71120	50146	4074	7820	10177
	商务服务	72121	31202	35059	6696	78998
	研究和试验发展	73122	51801	2005	10192	16864
	专业技术服务	74123	1489294	238133	590071	196853
	科技推广和应用服务	75124	1157745	268607	269998	214913
	水利管理	76125	1052857	9789	3038	64668
	生态保护和环境治理	77126	12865	1257	1254	1262
	公共设施管理	78127	0	0	0	0
	居民服务	79128	28948	16768	7318	55738
	其他服务	80129	79431	66519	10106	142014
	教育	82130	20586	8267	5149	22353
	卫生	83131	1852	2936	40104	1219
	社会工作	84132	0	0	0	0
	新闻和出版	85133	1011	1178	102	674
	广播、电视、电影和影视录音制作	86134	587	730	275	93
	文化艺术	87135	5434	3233	1888	6987
	体育	88136	0	0	0	0
	娱乐	89137	549	1335	354	507
	社会保障	93138	66327	3764	32199	8135
	公共管理和社会组织	90139	121835	12991	57588	28075
	中间投入合计	**TII**	**167243192**	**11657900**	**140610351**	**34391084**
增加值	劳动者报酬	VA001	307610379	23142852	131602009	52868788
	生产税净额	VA002	−18476672	−1298498	−6062254	−2428123
	固定资产折旧	VA003	13027681	968509	5743805	2228381
	营业盈余	VA004	0	0	0	0
	增加值合计	**TVA**	**302161387**	**22812863**	**131283561**	**52669046**
总投入		**TI**	**469404580**	**34470763**	**271893911**	**87060130**

单位:万元(10000 yuan)

间	使			用			代码
农、林、牧、渔服务	煤炭采选产品	石油和天然气开采产品	黑色金属矿采选产品	有色金属矿采选产品	非金属矿采选产品	开采辅助服务和其他采矿产品	
05005	06006	07007	08008	09009	10010	11011	—
221411	595858	99474	129630	47390	65680	108683	68118
3506	53665	22733	8152	2655	15757	6492	70119
10067	246231	77754	45901	11370	59563	15753	71120
73771	4495164	711693	1606974	900321	937380	106823	72121
246249	632983	963724	15222	47373	27804	10853	73122
175699	1185390	719205	300746	678082	505886	104582	74123
231650	26093	22018	12957	226511	212622	150135	75124
128362	4911	64335	27608	24775	106145	0	76125
11002	80066	12050	46261	67226	50076	0	77126
0	10844	1538	6199	3374	2941	406	78127
26314	53096	56450	6523	8068	12456	0	79128
331665	1310378	260736	142623	68404	307107	43324	80129
57660	162690	16372	44764	15318	14815	2731	82130
20146	67826	6810	25643	6968	22092	0	83131
0	0	0	0	0	0	0	84132
1598	84563	15614	116704	18414	13598	5609	85133
6006	49019	29686	14045	9305	13058	0	86134
3412	9130	12017	2625	2109	2628	0	87135
0	0	0	0	0	0	0	88136
435	99405	14098	56826	30930	26962	3723	89137
3972	28192	24736	8105	6512	8116	0	93138
13709	30644	28207	49865	16169	11287	6374	90139
16722787	**114130877**	**47715344**	**50935450**	**25241162**	**27079359**	**8345413**	**TII**
14739157	56420753	15120004	15012137	5686661	7855476	4289821	VA001
−691021	23043287	22578743	6269129	2565384	6405187	858586	VA002
613167	9607792	9342956	3620461	1906983	2429969	532427	VA003
0	21879658	27882165	7223796	6354391	5548620	98977	VA004
14661302	**110951490**	**74923868**	**32125522**	**16513420**	**22239252**	**5779811**	**TVA**
31384089	**225082366**	**122639212**	**83060973**	**41754582**	**49318611**	**14125225**	**TI**

表 4.1 续55 （Table 4.1 Continue 55）

投入 \ 产出		代码	中			
			谷物磨制品	饲料加工品	植物油加工品	糖及糖制品
代码		—	13012	13013	13014	13015
中间投入	保险	68118	19148	36686	11917	3578
	房地产	70119	10834	11715	2621	979
	租赁	71120	8838	14222	4955	6864
	商务服务	72121	458083	362892	149168	38632
	研究和试验发展	73122	59681	50156	32136	11906
	专业技术服务	74123	43121	138903	74363	1033
	科技推广和应用服务	75124	10532	84249	88	97
	水利管理	76125	0	0	0	0
	生态保护和环境治理	77126	6363	4332	2522	10694
	公共设施管理	78127	2842	1989	931	209
	居民服务	79128	2803	2681	2573	876
	其他服务	80129	99469	71487	28022	14977
	教育	82130	4786	5247	2071	830
	卫生	83131	447	1462	1998	5495
	社会工作	84132	0	0	0	0
	新闻和出版	85133	8852	5166	1484	710
	广播、电视、电影和影视录音制作	86134	11981	6067	4711	3422
	文化艺术	87135	1084	956	1160	202
	体育	88136	0	0	0	0
	娱乐	89137	18716	11814	5784	1918
	社会保障	93138	3348	2953	3583	622
	公共管理和社会组织	90139	19440	15065	11893	813
	中间投入合计	**TII**	**79799682**	**74656623**	**65077938**	**8862680**
增加值	劳动者报酬	VA001	4300422	5265628	3450196	1105899
	生产税净额	VA002	2467406	3095574	3756561	717300
	固定资产折旧	VA003	3152197	1316870	1367682	479943
	营业盈余	VA004	5426728	6042027	5219833	1238848
	增加值合计	**TVA**	**15346753**	**15720099**	**13794271**	**3541990**
总投入		**TI**	**95146435**	**90376723**	**78872210**	**12404670**

单位:万元(10000 yuan)

间		使		用			代码
屠宰及肉类加工品	水产加工品	蔬菜、水果、坚果和其他农副食品加工品	方便食品	乳制品	调味品、发酵制品	其他食品	
13016	13017	13018	14019	14020	14021	14022	—
42985	18937	101662	8814	14719	18993	69221	68118
8325	3873	76604	6759	3006	3516	22464	70119
15655	7517	28229	2082	25369	5866	51093	71120
74528	182861	2092744	129125	898886	303016	1212150	72121
41642	37663	65846	7381	20845	9932	55267	73122
26620	7221	41131	6005	8555	58625	87493	74123
12708	5076	78330	6647	106620	107505	131861	75124
0	0	0	0	0	0	0	76125
8898	10512	14091	2435	4883	11733	20368	77126
2657	3259	5768	298	1131	778	4332	78127
3449	2205	4828	1099	1469	1277	6593	79128
64555	74687	121518	41607	194078	46022	541698	80129
9410	8978	13378	2977	4024	6873	23193	82130
11895	3434	2098	428	840	606	1970	83131
0	0	0	0	0	0	0	84132
10148	9237	80130	615	7385	6353	16151	85133
7502	8643	36714	10081	19807	14288	46434	86134
936	739	1281	281	447	368	1247	87135
0	0	0	0	0	0	0	88136
12442	18874	37271	2733	6692	7135	27796	89137
2891	2281	3955	868	1381	1136	3851	93138
11950	9446	21801	1974	1448	4128	35662	90139
98801110	**34189214**	**64222022**	**17891390**	**24954450**	**18720101**	**72004014**	**TII**
5798981	2310878	6045975	2295376	2809886	1994053	8310649	VA001
2558358	822975	2152088	710367	1058343	934788	3021539	VA002
2326431	758631	1147987	475181	535585	629057	1846059	VA003
6514083	3037593	4388580	1791082	1659767	1630068	5299073	VA004
17197853	**6930077**	**13734631**	**5272007**	**6063582**	**5187966**	**18477319**	**TVA**
115998963	**41119291**	**77956654**	**23163397**	**31018031**	**23908067**	**90481334**	**TI**

表 4.1 续 56 （Table 4.1 Continue 56）

投入＼产出		代码	中			
			酒精和酒	饮料和精制茶加工品	烟草制品	棉、化纤纺织及印染精加工品
代码		—	15023	15024	16025	17026
中间投入	保险	68118	65078	44756	28805	109334
	房地产	70119	8680	20363	27467	54665
	租赁	71120	13341	43807	6034	23271
	商务服务	72121	1513524	2731937	750993	775439
	研究和试验发展	73122	91582	45007	164084	100184
	专业技术服务	74123	53368	209299	2200	60189
	科技推广和应用服务	75124	64179	141759	103774	21354
	水利管理	76125	0	109676	0	0
	生态保护和环境治理	77126	44291	10653	51444	488369
	公共设施管理	78127	2913	2584	6473	8054
	居民服务	79128	8316	5121	6479	10734
	其他服务	80129	201206	139746	142327	202998
	教育	82130	11379	15871	35308	20607
	卫生	83131	1041	4020	2627	10296
	社会工作	84132	0	0	0	0
	新闻和出版	85133	10199	6360	10377	32099
	广播、电视、电影和影视录音制作	86134	6454	26563	2640	56087
	文化艺术	87135	1794	891	4143	3026
	体育	88136	0	0	0	0
	娱乐	89137	20288	15433	50166	46298
	社会保障	93138	5538	2751	12794	9342
	公共管理和社会组织	90139	10718	11265	38259	31029
	中间投入合计	**TII**	**38674426**	**52093124**	**22654221**	**205104249**
增加值	劳动者报酬	VA001	6104180	6902379	7486821	22639911
	生产税净额	VA002	5481416	3069082	32522225	6717779
	固定资产折旧	VA003	1664468	2208271	3768055	5553103
	营业盈余	VA004	6203283	6248889	4069224	11601397
	增加值合计	**TVA**	**19453347**	**18428621**	**47846325**	**46512190**
总投入		**TI**	**58127774**	**70521745**	**70500546**	**251616438**

单位:万元(10000 yuan)

间		使		用			代码
毛纺织及染整精加工品	麻、丝绢纺织及加工品	针织或钩针编织及其制品	纺织制成品	纺织服装服饰	皮革、毛皮、羽毛及其制品	鞋	
17027	17028	17029	17030	18031	19032	19033	—
13662	11141	18397	19726	128336	35271	26647	68118
5465	2929	19872	14347	115078	45676	55030	70119
6966	3554	6642	12374	225660	20008	15155	71120
83771	85296	118507	250477	1910696	431994	532367	72121
9706	5424	36725	57174	97689	31283	25153	73122
58943	16481	34536	20982	178847	29034	69539	74123
10035	4071	1852	33174	387587	20317	34731	75124
0	0	0	0	0	0	0	76125
67954	3898	11707	10103	29076	11176	9915	77126
582	608	776	1085	7845	1944	1734	78127
1523	1250	2862	8103	23506	10368	9710	79128
27482	18117	24610	54716	279754	74654	80600	80129
1532	2333	4844	4141	38682	11307	9279	82130
516	254	921	7187	2662	18025	17941	83131
0	0	0	0	0	0	0	84132
1380	3925	6480	3427	16600	6913	21214	85133
13978	8631	16438	38799	123507	21417	18895	86134
520	539	917	1517	3492	1026	1029	87135
0	0	0	0	0	0	0	88136
5331	5574	7112	9946	48994	17821	15898	89137
1606	1664	2832	4684	10784	5788	6237	93138
2781	1851	4906	3284	29529	5840	14479	90139
20673601	**15081166**	**24748121**	**30878230**	**137428037**	**52298262**	**43816515**	**TII**
1494623	1958530	2518335	4472287	19932865	7357940	7497289	VA001
599343	522047	572130	1287176	4214374	2197082	1634238	VA002
423387	298725	922079	1114986	2656715	1028087	1538573	VA003
1603111	1154392	1279420	2586685	7915423	4143930	3356643	VA004
4120464	**3933695**	**5291963**	**9461133**	**34719376**	**14727038**	**14026743**	**TVA**
24794065	**19014861**	**30040084**	**40339364**	**172147413**	**67025300**	**57843258**	**TI**

表 4.1 续 57 (Table 4.1 Continue 57)

投入 \ 产出		代码	中：木材加工品和木、竹、藤、棕、草制品	家具	造纸和纸制品	印刷品和记录媒介复制品
代码		—	20034	21035	22036	23037
中间投入	保险	68118	110212	54130	99454	52700
	房地产	70119	65651	75367	57675	73024
	租赁	71120	61618	33574	178990	23650
	商务服务	72121	915924	588912	1121692	580260
	研究和试验发展	73122	65450	104676	79930	72582
	专业技术服务	74123	355836	96510	561072	110765
	科技推广和应用服务	75124	138285	13292	125670	14298
	水利管理	76125	0	0	415625	0
	生态保护和环境治理	77126	18530	20475	48682	23267
	公共设施管理	78127	4936	2907	4872	5215
	居民服务	79128	12134	9263	10988	7761
	其他服务	80129	254833	110230	492866	207501
	教育	82130	22139	17215	26071	22836
	卫生	83131	19259	3611	32051	1143
	社会工作	84132	0	0	0	0
	新闻和出版	85133	29211	13475	16513	33039
	广播、电视、电影和影视录音制作	86134	48682	32233	16859	49005
	文化艺术	87135	2848	1788	3582	1958
	体育	88136	0	0	0	0
	娱乐	89137	45246	26648	44660	47808
	社会保障	93138	8795	5520	11061	6045
	公共管理和社会组织	90139	46626	13015	26907	24095
	中间投入合计	**TII**	**98879584**	**46051835**	**97179307**	**40350263**
增加值	劳动者报酬	VA001	10982466	7511997	10938798	8567305
	生产税净额	VA002	5698250	2462297	4714856	3019838
	固定资产折旧	VA003	3546753	1915422	5392971	2814840
	营业盈余	VA004	6513524	3926627	5948772	3134694
	增加值合计	**TVA**	**26740993**	**15816344**	**26995398**	**17536677**
总投入		**TI**	**125620576**	**61868179**	**124174705**	**57886939**

单位:万元(10000 yuan)

间		使		用			
文教、工美、体育和娱乐用品	精炼石油和核燃料加工品	炼焦产品	基础化学原料	肥料	农药	涂料、油墨、颜料及类似产品	代码
24038	25039	25040	26041	26042	26043	26044	—
109382	114847	11443	132934	44675	9985	43649	68118
135758	57469	164	25525	10012	787	17750	70119
52766	22643	14104	63861	8495	2114	18867	71120
3028013	1968932	238712	1234832	797772	128159	765066	72121
43179	212946	34207	443448	117764	96665	209308	73122
204490	14179	9112	93595	54579	18556	16112	74123
17742	91208	403	517828	101967	106088	543739	75124
0	5329	14031	161678	85388	369	0	76125
6475	97690	67461	93525	74340	13666	36426	77126
3591	3151	975	5603	1934	541	2332	78127
6163	76523	5308	30003	9423	1635	7809	79128
168716	313811	193086	420688	106944	38840	81557	80129
19771	27658	6132	27102	9583	4052	11598	82130
7869	204925	14640	14965	6121	314	2818	83131
0	0	0	0	0	0	0	84132
17391	8387	1511	34783	7636	5932	7652	85133
33558	44768	11669	35256	33298	11857	26186	86134
1122	3881	1317	4081	1376	372	1105	87135
0	0	0	0	0	0	0	88136
32915	28885	8937	51361	17725	4962	21381	89137
3464	11984	4066	12602	4249	1149	3412	93138
18255	14628	2252	22480	15314	5676	19128	90139
86165581	**291758141**	**33958537**	**179887933**	**51210496**	**16231159**	**44241128**	**TII**
13620807	8358500	6489536	9066514	3582576	1368651	2928931	VA001
3616456	38289855	2530649	6476664	1240853	493441	1138889	VA002
2315433	4845353	3951102	6687603	1815413	888231	1159745	VA003
5749449	6235475	3714576	15468390	6058201	1375094	3145791	VA004
25302145	**57729182**	**16685863**	**37699171**	**12697044**	**4125418**	**8373356**	**TVA**
111467726	**349487323**	**50644399**	**217587104**	**63907540**	**20356577**	**52614484**	**TI**

表 4.1 续 58 （Table 4.1 Continue 58）

投入 \ 产出		代码	中			
			合成材料	专用化学产品和炸药、火工、焰火产品	日用化学产品	医药制品
代码		—	26045	26046	26047	27048
中间投入	保险	68118	76217	133902	16350	59654
	房地产	70119	4209	64331	5987	27667
	租赁	71120	17288	34307	20479	37399
	商务服务	72121	745965	1445540	1501524	8508081
	研究和试验发展	73122	456454	417299	279908	826071
	专业技术服务	74123	176832	244659	36071	171682
	科技推广和应用服务	75124	397548	2535321	552232	757560
	水利管理	76125	39135	962275	805	6359
	生态保护和环境治理	77126	44464	47187	5432	48984
	公共设施管理	78127	2329	6846	831	12354
	居民服务	79128	24407	12246	4808	19313
	其他服务	80129	171440	233666	602721	492255
	教育	82130	19399	33427	8820	67347
	卫生	83131	7133	7424	2758	30301
	社会工作	84132	0	0	0	0
	新闻和出版	85133	3500	28968	7126	112778
	广播、电视、电影和影视录音制作	86134	29946	67019	2447	119307
	文化艺术	87135	3252	1841	1041	3212
	体育	88136	0	0	0	0
	娱乐	89137	21345	62757	7621	113249
	社会保障	93138	10041	5685	3215	9917
	公共管理和社会组织	90139	11605	42459	7743	119701
	中间投入合计	**TII**	**122661708**	**134929391**	**25931310**	**117682337**
增加值	劳动者报酬	VA001	6184255	9315301	2986487	15836173
	生产税净额	VA002	5932870	3965149	1651922	7381977
	固定资产折旧	VA003	5399733	4534887	599476	3910676
	营业盈余	VA004	10369651	10795713	2635677	13824170
	增加值合计	**TVA**	**27886509**	**28611050**	**7873563**	**40952996**
总投入		**TI**	**150548217**	**163540442**	**33804872**	**158635333**

单位:万元(10000 yuan)

间		使		用			代码
化学纤维制品	橡胶制品	塑料制品	水泥、石灰和石膏	石膏、水泥制品及类似制品	砖瓦、石材等建筑材料	玻璃和玻璃制品	
28049	29050	29051	30052	30053	30054	30055	—
20157	55135	105903	73759	99633	122514	38073	68118
12732	38030	221200	26077	64324	65601	40362	70119
6393	10259	53961	21162	60672	94945	21961	71120
281467	830977	2025337	1200710	806191	1045509	598476	72121
41692	367033	180745	32619	47827	64978	135782	73122
11128	57620	265773	28247	235518	149243	157403	74123
294913	582857	172656	6694	55665	27754	88210	75124
35272	935	895	8951	1310	3538	9382	76125
43365	16658	32124	82981	10833	31071	48269	77126
1772	2154	10691	4247	5519	8356	3288	78127
3575	7085	18831	12109	6584	10243	7393	79128
83469	235099	426981	214856	295039	430869	235246	80129
9460	9061	34862	19083	18990	48427	16822	82130
2971	1997	3246	24413	23306	26045	24985	83131
0	0	0	0	0	0	0	84132
2972	6969	55719	16569	13523	38595	10830	85133
5627	5789	153907	85198	46919	72409	47909	86134
1271	1668	4246	3285	1843	2657	1974	87135
0	0	0	0	0	0	0	88136
16242	19746	88827	38928	50588	76600	30137	89137
3924	5151	13110	10145	5691	8205	6097	93138
7300	15720	63906	11988	21412	44901	16016	90139
56462437	**61376921**	**167618452**	**79353006**	**68030869**	**88340475**	**47367197**	**TII**
3798825	6205949	18531881	8723636	7038745	12516486	6692950	VA001
1419208	2158056	6835394	6150288	4335378	5519165	2671246	VA002
1940445	2461363	5602278	7114461	2440183	3543439	2681811	VA003
2751884	4180621	7907506	4219938	5557665	5381575	3689544	VA004
9910362	**15005988**	**38877058**	**26208323**	**19371970**	**26960666**	**15735551**	**TVA**
66372799	**76382909**	**206495511**	**105561329**	**87402839**	**115301141**	**63102748**	**TI**

表 4.1 续 59 （Table 4.1 Continue 59）

投入 \ 产出		代码	中			
			陶瓷制品	耐火材料制品	石墨及其他非金属矿物制品	钢、铁及其铸件
代码		—	30056	30057	30058	31059
中间投入	保险	68118	50772	37415	20232	128675
	房地产	70119	24876	41759	22733	22473
	租赁	71120	63794	7024	5678	22212
	商务服务	72121	653005	336854	247181	1086901
	研究和试验发展	73122	67536	38401	55575	180529
	专业技术服务	74123	67114	33804	15750	108426
	科技推广和应用服务	75124	82340	617655	142124	152062
	水利管理	76125	1016	3290	2503	55880
	生态保护和环境治理	77126	6056	12552	8030	88771
	公共设施管理	78127	2563	2248	2132	5546
	居民服务	79128	4533	4685	3217	17468
	其他服务	80129	198841	97906	84064	618154
	教育	82130	9856	10235	6967	13207
	卫生	83131	953	1588	4278	15972
	社会工作	84132	0	0	0	0
	新闻和出版	85133	8883	24878	8586	16407
	广播、电视、电影和影视录音制作	86134	30860	7609	6620	36015
	文化艺术	87135	876	1132	1047	3824
	体育	88136	0	0	0	0
	娱乐	89137	23495	20605	19546	50837
	社会保障	93138	2705	3496	3232	11806
	公共管理和社会组织	90139	24293	7414	6189	176944
	中间投入合计	**TII**	**17073249**	**20730125**	**27414182**	**130131425**
增加值	劳动者报酬	VA001	2786913	5575517	3446323	9949203
	生产税净额	VA002	1117678	2850786	2414871	5039565
	固定资产折旧	VA003	496826	1727864	1275559	5477830
	营业盈余	VA004	1222927	2405535	4139821	10653769
	增加值合计	**TVA**	**5624344**	**12559702**	**11276574**	**31120367**
总投入		**TI**	**22697592**	**33289827**	**38690756**	**161251792**

单位:万元(10000 yuan)

间		使		用			
钢压延产品	铁合金产品	有色金属及其合金和铸件	有色金属压延加工品	金属制品	锅炉及原动设备	金属加工机械	代码
31060	31061	32062	32063	33064	34065	34066	—
184534	29225	169458	79354	264754	48110	30546	68118
57837	3269	59895	37135	247562	47964	27939	70119
75616	816	61503	30171	188788	19824	18494	71120
2405881	153779	1133436	416846	3400900	777792	666793	72121
2272688	17503	360831	147234	371724	264312	354169	73122
1193376	7082	97957	129773	1227292	91227	43252	74123
854153	9203	171175	537151	212016	405941	97194	75124
275085	11761	31146	1553	3429	0	0	76125
232969	9334	74826	30352	67843	3966	14090	77126
5816	1429	5451	3197	21876	2889	3608	78127
85421	1217	10135	5194	30117	7031	7871	79128
962203	11120	239554	126233	1361128	228625	209681	80129
34227	2406	26165	9638	108121	16351	11456	82130
103146	1227	23818	20201	109605	102267	19867	83131
0	0	0	0	0	0	0	84132
31903	12118	16690	10800	95757	32279	6694	85133
174875	7545	88186	61299	108509	52731	52807	86134
12166	806	4396	2245	7945	1433	1404	87135
0	0	0	0	0	0	0	88136
53318	13103	49967	29303	200533	26486	33076	89137
37566	2488	13574	6931	24533	4424	4337	93138
56889	4182	37590	8011	114320	16637	17727	90139
425022276	**21452416**	**191091886**	**134959415**	**258377048**	**36109938**	**36677584**	**TII**
29257623	2204028	12559837	7930066	28181575	5427390	5646660	VA001
13051659	821053	8240501	4687291	10592399	2062951	2160579	VA002
22676241	686605	6021757	4105461	8396779	1189126	1460680	VA003
22645247	2075236	16221502	14171183	16717120	1957968	2527486	VA004
87630770	**5786921**	**43043597**	**30894000**	**63887873**	**10637434**	**11795406**	**TVA**
512653046	**27239337**	**234135483**	**165853416**	**322264921**	**46747372**	**48472990**	**TI**

表 4.1 续 60 （Table 4.1 Continue 60）

投入 \ 产出		代码	中			
			物料搬运设备	泵、阀门、压缩机及类似机械	文化、办公用机械	其他通用设备
代码		—	34067	34068	34069	34070
中间投入	保险	68118	78693	44100	13082	171403
	房地产	70119	18861	50208	7507	154863
	租赁	71120	31585	23056	8698	166579
	商务服务	72121	631854	1059156	143397	2627791
	研究和试验发展	73122	204206	241848	84954	493149
	专业技术服务	74123	275877	193584	11610	882415
	科技推广和应用服务	75124	417502	204401	137122	700342
	水利管理	76125	0	605	0	83504
	生态保护和环境治理	77126	5117	50988	4052	68230
	公共设施管理	78127	4137	4511	539	11544
	居民服务	79128	5740	10435	2972	29612
	其他服务	80129	303992	285719	31250	682352
	教育	82130	15783	25021	1724	64497
	卫生	83131	13834	20598	2166	19513
	社会工作	84132	0	0	0	0
	新闻和出版	85133	8689	15128	1482	103874
	广播、电视、电影和影视录音制作	86134	56986	36315	6325	122353
	文化艺术	87135	1127	2095	502	6812
	体育	88136	0	0	0	0
	娱乐	89137	37922	41352	4944	105823
	社会保障	93138	3479	6470	1550	21034
	公共管理和社会组织	90139	19472	20031	5250	90176
	中间投入合计	**TII**	**48964224**	**60117052**	**18103658**	**132871557**
增加值	劳动者报酬	VA001	4956806	5754815	1872917	17713900
	生产税净额	VA002	2317982	2226839	366835	6806905
	固定资产折旧	VA003	1109601	1421464	380491	5332687
	营业盈余	VA004	3422687	3894676	749258	8558332
	增加值合计	**TVA**	**11807076**	**13297794**	**3369501**	**38411824**
总投入		**TI**	**60771300**	**73414846**	**21473159**	**171283382**

单位:万元(10000 yuan)

间		使		用			
采矿、冶金、建筑专用设备	化工、木材、非金属加工专用设备	农、林、牧、渔专用机械	其他专用设备	汽车整车	汽车零部件及配件	铁路运输和城市轨道交通设备	代码
35071	35072	35073	35074	36075	36076	37077	—
90014	37422	47184	113491	95673	112355	24507	68118
54117	51497	20499	108554	33877	101263	16801	70119
41556	31533	14802	47967	83934	106181	6524	71120
1930723	441706	343277	1802873	3693848	3541906	411527	72121
483829	216986	120042	941605	2533173	0	274214	73122
99344	142630	312418	304612	216792	238569	199315	74123
572063	229126	165101	1004743	3391614	2342760	177367	75124
1904	0	202	1187	0	0	434	76125
20402	8414	8452	23929	134791	0	12347	77126
7182	3979	1785	9187	6081	7513	2205	78127
11841	6059	2335	16036	31508	0	2811	79128
551170	129062	139492	447080	1674398	1332945	130718	80129
34585	15053	5511	52676	55404	51044	9294	82130
35061	16796	3049	53429	107222	0	13460	83131
0	0	0	0	0	0	0	84132
17097	11361	4423	24248	15621	18358	7262	85133
44294	20548	12334	68009	140593	0	20936	86134
2298	1320	622	2573	9030	0	523	87135
0	0	0	0	0	0	0	88136
65834	36478	16358	84215	55741	68868	20208	89137
7097	4076	1920	7945	27882	0	1615	93138
34057	17559	11763	64988	23761	691704	6565	90139
96440764	**35530751**	**23856638**	**88926312**	**215185273**	**186353226**	**25834849**	**TII**
11475782	5701518	2942209	11740258	17982947	21740371	3182472	VA001
4113124	1340249	867532	3828127	13052208	6157007	970626	VA002
3187111	1491043	599064	2579232	4608143	6103347	944889	VA003
7596056	1982555	1767899	5960143	17208262	10277736	1693015	VA004
26372074	**10515365**	**6176704**	**24107760**	**52851559**	**44278461**	**6791001**	**TVA**
122812837	**46046116**	**30033342**	**113034072**	**268036832**	**230631687**	**32625849**	**TI**

表 4.1 续 61 （Table 4.1 Continue 61）

投入 \ 产出		代码	中			
			船舶及相关装置	其他交通运输设备	电机	输配电及控制设备
代码		—	37078	37079	38080	38081
中间投入	保险	68118	32450	46235	39606	72073
	房地产	70119	13738	21344	27370	122930
	租赁	71120	16368	25184	18162	30868
	商务服务	72121	335489	540822	663546	1614933
	研究和试验发展	73122	130151	360218	221551	970442
	专业技术服务	74123	172217	206769	60628	235216
	科技推广和应用服务	75124	118223	223641	187085	168785
	水利管理	76125	0	1478	0	0
	生态保护和环境治理	77126	28862	36474	12890	24647
	公共设施管理	78127	1873	1913	2863	10618
	居民服务	79128	5947	8143	4099	14326
	其他服务	80129	138385	175374	281051	496820
	教育	82130	8738	17174	13850	30837
	卫生	83131	1645	30298	31162	42343
	社会工作	84132	0	0	0	0
	新闻和出版	85133	4165	5480	9213	21071
	广播、电视、电影和影视录音制作	86134	5490	8143	23440	53369
	文化艺术	87135	1714	1694	1162	2209
	体育	88136	0	0	0	0
	娱乐	89137	17173	17537	26243	97330
	社会保障	93138	5292	5230	3587	6820
	公共管理和社会组织	90139	8539	10366	25345	70899
	中间投入合计	**TII**	**43526683**	**47089162**	**43316456**	**110573822**
增加值	劳动者报酬	VA001	9699487	5138439	4878132	8607981
	生产税净额	VA002	1488448	1079268	1394047	3301572
	固定资产折旧	VA003	2049549	1150592	999526	2761941
	营业盈余	VA004	1987889	2061124	2688478	7381199
	增加值合计	**TVA**	**15225373**	**9429423**	**9960183**	**22052693**
总投入		**TI**	**58752056**	**56518585**	**53276639**	**132626515**

单位:万元(10000 yuan)

间		使		用			
电线、电缆、光缆及电工器材	电池	家用器具	其他电气机械和器材	计算机	通信设备	广播电视设备和雷达及配套设备	代码
38082	38083	38084	38085	39086	39087	39088	—
47742	21277	83414	35131	90378	36151	15927	68118
68458	15546	51619	28389	42019	115857	76310	70119
12843	8103	66502	16050	42344	94290	16003	71120
973389	467152	2907345	436623	1057784	3175949	376988	72121
178577	0	823806	295420	528173	3179168	746188	73122
192849	22746	303919	70857	288668	214093	86566	74123
207581	248833	384160	254250	274409	182484	49554	75124
21177	0	0	0	0	0	0	76125
13014	0	54531	19964	12367	11212	18591	77126
4666	861	3633	1523	3129	5634	1963	78127
7431	0	12901	5886	9019	8865	11973	79128
411198	93174	438735	110598	346484	359781	100890	80129
19038	6242	15665	6880	12974	32457	7431	82130
15531	0	9186	18286	10151	16187	11250	83131
0	0	0	0	0	0	0	84132
32999	3624	50173	5890	5308	25463	5302	85133
65584	0	57479	51550	86359	125342	43449	86134
2230	0	2167	1660	3252	2325	402	87135
0	0	0	0	0	0	0	88136
42772	7892	33302	13965	28680	51641	17998	89137
6884	0	6690	5126	10042	7180	1242	93138
20290	9168	28318	41380	15019	336551	75127	90139
113447873	**30700242**	**87801591**	**30982175**	**160480615**	**102434094**	**18723963**	**TII**
8342969	2784986	6075967	2980657	13708440	12795361	2659260	VA001
3880372	645969	2183704	802132	2600390	2762074	505319	VA002
2157973	631161	1306919	944116	4958325	1378779	439103	VA003
8323145	2392844	6059318	1699409	7160715	2915723	1062733	VA004
22704459	**6454961**	**15625908**	**6426314**	**28427869**	**19851938**	**4666414**	**TVA**
136152331	**37155203**	**103427499**	**37408489**	**188908484**	**122286032**	**23390377**	**TI**

表 4.1 续 62 （Table 4.1 Continue 62）

投入＼产出		代码	中			
			视听设备	电子元器件	其他电子设备	仪器仪表
代码		—	39089	39090	39091	40092
中间投入	保险	68118	19298	85314	27101	30029
	房地产	70119	20450	187981	31787	105791
	租赁	71120	16812	70817	7455	38815
	商务服务	72121	627299	2535626	132252	527598
	研究和试验发展	73122	33369	1644187	89231	515736
	专业技术服务	74123	88737	1049479	105148	161149
	科技推广和应用服务	75124	382437	2128127	79472	291020
	水利管理	76125	0	0	0	559
	生态保护和环境治理	77126	4633	69521	1140	8570
	公共设施管理	78127	1080	5764	1397	5927
	居民服务	79128	2903	21417	1736	10824
	其他服务	80129	210417	536482	47008	181877
	教育	82130	12093	32859	4889	24357
	卫生	83131	3066	12579	656	17644
	社会工作	84132	0	0	0	0
	新闻和出版	85133	1217	13061	4830	16496
	广播、电视、电影和影视录音制作	86134	12358	78996	2392	9051
	文化艺术	87135	853	5068	428	1546
	体育	88136	0	0	0	0
	娱乐	89137	9904	52839	12808	54329
	社会保障	93138	2632	15650	1322	4774
	公共管理和社会组织	90139	39406	30429	15860	25603
	中间投入合计	**TII**	**40898689**	**199127561**	**16018439**	**42371713**
增加值	劳动者报酬	VA001	3968448	23315938	2484056	5635508
	生产税净额	VA002	1427037	3741477	558848	1502768
	固定资产折旧	VA003	588153	8462510	548433	1087506
	营业盈余	VA004	1848022	9213178	1226149	4126058
	增加值合计	**TVA**	**7831660**	**44733104**	**4817487**	**12351839**
总投入		**TI**	**48730349**	**243860665**	**20835926**	**54723553**

单位:万元(10000 yuan)

间		使		用			
其他制造产品	废弃资源和废旧材料回收加工品	金属制品、机械和设备修理服务	电力、热力生产和供应	燃气生产和供应	水的生产和供应	房屋建筑	代码
41093	42094	43095	44096	45097	46098	47099	—
15601	14687	22292	624809	12633	19042	1203549	68118
20624	22291	4388	27382	40452	2255	50563	70119
6964	41439	6471	205357	10083	9644	2655938	71120
165512	171727	188301	1590874	139980	44825	1835902	72121
46882	11096	0	427319	8474	7185	1434833	73122
23569	28495	13821	1362788	18127	28073	14363748	74123
33854	2019	12331	275701	0	0	10361	75124
0	0	0	1554199	25448	1161116	0	76125
27178	8761	0	79102	3798	18733	97900	77126
1590	1358	1007	4451	1342	1548	56700	78127
12268	1871	0	60932	3721	6626	646909	79128
57037	63223	28491	873865	70903	112217	2087383	80129
11213	5468	10038	50277	7665	13872	438848	82130
2084	2541	0	108740	9119	453	246412	83131
0	0	0	0	0	0	0	84132
4749	16283	3236	215904	4522	14575	177066	85133
17261	0	0	515305	26154	35036	167665	86134
2673	0	0	17337	352	898	31469	87135
0	0	0	0	0	0	0	88136
14579	12451	9230	40804	12305	14194	519754	89137
8255	0	0	53532	1088	2774	97169	93138
8006	4196	29345	45033	5466	4434	250921	90139
19920546	**9569012**	**7465704**	**361390935**	**24462173**	**9196532**	**623512050**	**TII**
2623546	1537190	1320202	36028791	1928213	3889431	143942571	VA001
662077	578589	310834	20498973	700473	874824	31769175	VA002
520161	406873	197260	43854161	1576237	2718855	9122451	VA003
1404323	30134219	136064	25160731	2561374	331220	42926528	VA004
5210106	**32656871**	**1964359**	**125542655**	**6766297**	**7814330**	**227760725**	**TVA**
25130652	**42225883**	**9430063**	**486933591**	**31228470**	**17010862**	**851272775**	**TI**

表 4.1 续 63 (Table 4.1 Continue 63)

投入 \ 产出		代码	中 土木工程建筑	建筑安装	建筑装饰和其他建筑服务	批发和零售
代码		—	48100	49101	50102	51103
中间投入	保险	68118	381934	120438	78683	2170534
	房地产	70119	30847	10899	15242	33159670
	租赁	71120	1416254	165487	314323	1977750
	商务服务	72121	898367	543723	1543163	62320697
	研究和试验发展	73122	0	0	0	1497657
	专业技术服务	74123	23457683	9689646	920826	1273650
	科技推广和应用服务	75124	7546	0	3364	23810
	水利管理	76125	0	0	0	0
	生态保护和环境治理	77126	0	0	0	230872
	公共设施管理	78127	17008	8331	3155	153958
	居民服务	79128	0	0	0	3754501
	其他服务	80129	1990764	246249	1194917	1346357
	教育	82130	116644	49543	19335	434454
	卫生	83131	0	0	0	150410
	社会工作	84132	0	0	0	0
	新闻和出版	85133	217231	182898	39646	94287
	广播、电视、电影和影视录音制作	86134	0	0	0	119384
	文化艺术	87135	0	0	0	30774
	体育	88136	0	0	0	0
	娱乐	89137	155903	76372	28919	421283
	社会保障	93138	0	0	0	95023
	公共管理和社会组织	90139	64235	26432	14825	210854
	中间投入合计	**TII**	**241436885**	**77272549**	**75856611**	**223243295**
增加值	劳动者报酬	VA001	44294540	13981345	22398729	147983609
	生产税净额	VA002	10941528	3680574	4823404	163077077
	固定资产折旧	VA003	4160971	1430283	1745580	27962793
	营业盈余	VA004	16701753	6315654	9812690	159286617
	增加值合计	**TVA**	**76098792**	**25407856**	**38780403**	**498310097**
总投入		**TI**	**317535677**	**102680405**	**114637014**	**721553392**

单位:万元(10000 yuan)

间		使		用			代码
铁路运输	道路运输	水上运输	航空运输	管道运输	装卸搬运和运输代理	仓储	
53104	54105	55106	56107	57108	58109	59110	—
1040618	1886829	205356	640050	91719	2668989	233479	68118
32941	416437	16742	349344	53592	459440	651807	70119
100902	159215	270360	586483	19904	207724	158514	71120
54164	1808199	1228373	215922	69771	409990	1741014	72121
113964	38771	45121	3005	43648	7180	0	73122
99482	248683	123603	20892	11254	1201	583	74123
33861	36103	11781	0	0	29716	0	75124
0	0	0	0	0	0	0	76125
117936	31612	31232	38956	20155	7025	4268	77126
1197	10399	2063	1325	316	1721	13983	78127
2691	10858	4301	1262	685	4524	333	79128
639194	4636682	212635	187801	854347	3968979	411863	80129
109647	157397	12361	32877	1004	6582	34653	82130
0	88316	5122	1081	47999	543	2986	83131
0	0	0	0	0	0	0	84132
51079	350816	6598	12844	2088	3071	87751	85133
47648	31599	13846	61831	1304	10391	1084	86134
4632	8995	7980	1184	410	2103	428	87135
0	0	0	0	0	0	0	88136
10975	86161	18908	12146	2904	28937	134602	89137
14303	27774	24640	3655	1267	6494	11322	93138
34212	64826	3954	22373	3039	6555	52357	90139
25515243	**194261898**	**40875995**	**38736872**	**5034494**	**39922065**	**33992242**	**TII**
18373293	59743261	6203803	5374841	411771	9383424	2791479	VA001
1717676	2923085	−27304	712707	40251	1190595	689511	VA002
9320280	24718010	4051025	4595710	1439804	2057813	2446385	VA003
−4127053	43055324	7043232	1492988	2060594	8542882	2972379	VA004
25284197	**130439680**	**17270756**	**12176246**	**3952420**	**21174714**	**8899754**	**TVA**
50799440	**324701578**	**58146750**	**50913118**	**8986914**	**61096780**	**42891995**	**TI**

表 4.1 续 64 (Table 4.1 Continue 64)

投入＼产出		代码	中			
			邮政	住宿	餐饮	电信和其他信息传输服务
代码		—	60111	61112	62113	63114
中间投入	保险	68118	9989	45612	55909	376199
	房地产	70119	260684	1118761	1224022	2438154
	租赁	71120	39800	35828	142073	704860
	商务服务	72121	749173	1043088	1195057	5129902
	研究和试验发展	73122	4633	1211	1821	107303
	专业技术服务	74123	2088	4131	0	274
	科技推广和应用服务	75124	34997	0	0	120563
	水利管理	76125	0	0	0	0
	生态保护和环境治理	77126	7617	12270	42760	65476
	公共设施管理	78127	0	1214	7639	53952
	居民服务	79128	41492	6434	6120	12494
	其他服务	80129	34176	192177	757654	550928
	教育	82130	17823	25167	51326	130812
	卫生	83131	63	4388	7252	531
	社会工作	84132	0	0	0	0
	新闻和出版	85133	51088	17543	65813	472372
	广播、电视、电影和影视录音制作	86134	33509	110877	11645	161376
	文化艺术	87135	711	1671	5167	9818
	体育	88136	0	0	0	0
	娱乐	89137	75379	20706	284265	153200
	社会保障	93138	2194	5159	15953	30317
	公共管理和社会组织	90139	26172	9724	21279	207313
	中间投入合计	**TII**	**11980693**	**28101527**	**109874153**	**66096010**
增加值	劳动者报酬	VA001	8025053	11508061	52301389	15532457
	生产税净额	VA002	159450	2690573	5897204	2989155
	固定资产折旧	VA003	1571570	5185270	5459466	28119508
	营业盈余	VA004	393222	1235645	11091618	35330804
	增加值合计	**TVA**	**10149294**	**20619548**	**74749677**	**81971923**
总投入		**TI**	**22129988**	**48721075**	**184623831**	**148067932**

单位:万元(10000 yuan)

间		使		用			代码
软件和信息技术服务	货币金融和其他金融服务	资本市场服务	保险	房地产	租赁	商务服务	
65115	66116	67117	68118	70119	71120	72121	—
163285	904820	7806	4455174	811924	523349	2395818	68118
2936024	34363182	1825883	1099825	13472788	368167	2665661	70119
191744	2795836	12643	43823	250824	297887	219188	71120
5406316	47248805	1782070	2309840	16496161	321027	18780043	72121
2948043	257158	15624	76241	53826	843	146038	73122
7540	631430	1473	115	2889	373	2363	74123
382432	10421	16144	38440	36613	8158	24332	75124
0	0	0	0	0	0	0	76125
3947	88784	4892	3095	85391	1886	206218	77126
6686	531383	4054	20464	34853	801	1053348	78127
7550	1821	102	4162	47936	1215	38847	79128
218153	3355070	29049	101025	770343	292582	2188986	80129
52149	2817941	31066	132595	144629	3866	140562	82130
322	127016	4573	31715	870	63	2183	83131
0	0	0	0	0	0	0	84132
6257	389496	36544	38806	218988	354	201688	85133
13673	130657	12160	140199	161219	2235	63321	86134
1709	13940	5285	1997	21785	204	7095	87135
0	0	0	0	0	0	0	88136
58707	4871032	37164	816981	416959	24503	285909	89137
5277	43043	4903	6167	67266	5629	21908	93138
201550	405426	8128	114989	490249	5959	2505998	90139
66759796	**193785084**	**9362524**	**35115146**	**106602488**	**10228623**	**221668377**	**TII**
21150783	82897394	13342273	14000105	38781541	2346772	52922617	VA001
2086487	30715320	5097978	3500718	54865335	808242	10486043	VA002
1716764	7535713	617832	946910	156358484	1808713	22455440	VA003
11069189	181835665	5911336	5476255	62477520	2234814	19092282	VA004
36023224	**302984092**	**24969419**	**23923988**	**312482880**	**7198541**	**104956382**	**TVA**
102783020	**496769177**	**34331943**	**59039135**	**419085368**	**17427164**	**326624759**	**TI**

表 4.1 续 65 (Table 4.1 Continue 65)

投入 \ 产出		代码	中			
			研究和试验发展	专业技术服务	科技推广和应用服务	水利管理
代码		—	73122	74123	75124	76125
中间投入	保险	68118	68781	690301	151974	38712
	房地产	70119	220151	651164	452057	85163
	租赁	71120	166731	221591	23531	15255
	商务服务	72121	1542677	2157831	1427507	125007
	研究和试验发展	73122	673434	98041	243768	0
	专业技术服务	74123	1856692	21185590	5616209	151771
	科技推广和应用服务	75124	805333	635142	612835	0
	水利管理	76125	0	0	0	531134
	生态保护和环境治理	77126	14610	21454	3607	11643
	公共设施管理	78127	5750	14320	8071	3692
	居民服务	79128	398853	894864	205072	36739
	其他服务	80129	346650	836373	117766	473678
	教育	82130	208275	127572	73144	69707
	卫生	83131	5776	8924	382	4691
	社会工作	84132	0	0	0	0
	新闻和出版	85133	112177	101656	74877	15502
	广播、电视、电影和影视录音制作	86134	4188	1849	14450	2384
	文化艺术	87135	740	3867	778	435
	体育	88136	0	0	0	0
	娱乐	89137	55341	158468	82174	33842
	社会保障	93138	9426	11942	12403	1344
	公共管理和社会组织	90139	20870	105653	50358	31391
	中间投入合计	**TII**	**30992215**	**93853791**	**32726123**	**6178117**
增加值	劳动者报酬	VA001	10535145	31075829	7998664	2903625
	生产税净额	VA002	582408	4625163	918315	—29920
	固定资产折旧	VA003	875945	5162712	1490490	1273963
	营业盈余	VA004	7772020	17422081	3305226	381835
	增加值合计	**TVA**	**19765518**	**58285785**	**13712696**	**4529503**
总投入		**TI**	**50757733**	**152139576**	**46438818**	**10707620**

单位:万元(10000 yuan)

间		使		用			代码
生态保护和环境治理	公共设施管理	居民服务	其他服务	教育	卫生	社会工作	
77126	78127	79128	80129	82130	83131	84132	—
17134	139188	157490	318705	41623	44076	9873	68118
41515	121929	5312322	2497368	1877824	1241502	32284	70119
4416	69922	274023	83647	55947	37532	14262	71120
42482	825268	1433978	1184952	1183587	169313	37784	72121
11192	19574	2413	3805	1062094	91270	0	73122
82	15152	2693	749	2120	871	58	74123
9471	0	0	3007	571730	72519	0	75124
0	0	31135	0	0	0	0	76125
121129	97859	91017	13856	97448	74879	3950	77126
1200	256592	7132	14639	8799	15345	986	78127
22082	544556	1401677	809998	1531458	951396	155442	79128
292797	1343901	500821	303113	968793	379029	83866	80129
21783	80350	35309	90697	2990635	476274	7065	82130
943	5687	25149	8416	72199	945954	32819	83131
0	0	0	0	0	0	0	84132
8921	56050	192160	44116	658787	223017	4163	85133
538	31166	2893	4561	127703	38810	10079	86134
206	1118	3644	2916	12753	4861	555	87135
0	0	0	0	0	0	0	88136
19121	47771	249461	25684	80658	94834	9040	89137
637	3453	11251	9003	39379	15011	1713	93138
8106	40975	135598	64380	243675	96874	4690	90139
4196324	**25698272**	**35059676**	**40596463**	**58582018**	**116456143**	**1496597**	**TII**
2083434	10025457	34539429	20534444	138712606	72440617	2575016	VA001
−9721	369720	3240062	3734762	915012	901941	18023	VA002
423998	3152779	2017504	2178681	17251652	8575587	241124	VA003
618381	4357822	7436322	7887146	4841250	4945871	47149	VA004
3116093	**17905777**	**47233317**	**34335032**	**161720520**	**86864016**	**2881312**	**TVA**
7312417	**43604049**	**82292993**	**74931496**	**220302538**	**203320159**	**4377909**	**TI**

表 4.1 续 66 （Table 4.1 Continue 66）

投入 \ 产出		代码	中			
			新闻和出版	广播、电视、电影和影视录音制作	文化艺术	体育
代码		—	85133	86134	87135	88136
中间投入	保险	68118	16357	13140	44983	12600
	房地产	70119	121911	103317	185541	14395
	租赁	71120	40135	120795	62697	3705
	商务服务	72121	195877	467137	85878	55063
	研究和试验发展	73122	539	276	0	0
	专业技术服务	74123	278	45	1990	18
	科技推广和应用服务	75124	0	0	0	0
	水利管理	76125	0	0	0	0
	生态保护和环境治理	77126	4302	6750	28709	24754
	公共设施管理	78127	2321	30393	1405	655
	居民服务	79128	54988	151767	84963	66509
	其他服务	80129	149272	226874	73915	41387
	教育	82130	27873	31678	33599	8790
	卫生	83131	1545	5638	4974	10920
	社会工作	84132	0	0	0	0
	新闻和出版	85133	136275	5605	51699	1464
	广播、电视、电影和影视录音制作	86134	1850	577361	11909	27953
	文化艺术	87135	778	664	1227254	260
	体育	88136	0	0	0	423640
	娱乐	89137	103867	25503	13277	6372
	社会保障	93138	2403	2051	1116	803
	公共管理和社会组织	90139	13985	15699	28981	1371
	中间投入合计	**TII**	**10454642**	**7809360**	**5774188**	**1960934**
增加值	劳动者报酬	VA001	3373835	4944605	4806981	1451300
	生产税净额	VA002	534322	881286	126386	202264
	固定资产折旧	VA003	692841	1216409	1076830	536726
	营业盈余	VA004	1786628	2211850	739754	214034
	增加值合计	**TVA**	**6387626**	**9254150**	**6749951**	**2404323**
总投入		**TI**	**16842268**	**17063510**	**12524138**	**4365257**

单位:万元(10000 yuan)

间使用				最终使用			代码
				最终消费支出			
				居民消费支出			
娱乐	社会保障	公共管理和社会组织	**中间使用合计**	农村居民	城镇居民	**小计**	
89137	93138	90139	**TIU**	FU101	FU102	**THC**	—
14090	5157	510328	**29973167**	2902298	26366755	**29269054**	68118
525834	8293	3311269	**117814530**	46580010	160102380	**206682390**	70119
52081	6443	462541	**18245392**	10855	217381	**228236**	71120
251694	19093	4864023	**290210576**	536192	10178969	**10715161**	72121
89385	0	6001	**36452489**	0	0	**0**	73122
78	133	126023	**100930023**	310542	2036792	**2347334**	74123
0	0	0	**32967516**	0	0	**0**	75124
0	0	0	**7147186**	0	0	**0**	76125
0	479	73559	**5162440**	67608	592626	**660233**	77126
702	829	564817	**3280302**	642109	3632225	**4274334**	78127
14854	11176	481598	**13612465**	9924220	58179789	**68104008**	79128
40463	56977	6195653	**64795691**	2988782	6409379	**9398160**	80129
4730	29337	2638418	**13927364**	15215399	51412126	**66627525**	82130
524	3772	918688	**4563869**	23228479	83580201	**106808680**	83131
0	0	0	**0**	248705	372206	**620911**	84132
29568	13630	1994806	**8402238**	453948	7793405	**8247353**	85133
87097	5999	349918	**6574544**	890597	5571303	**6461900**	86134
582	224	215335	**1873254**	514202	2948769	**3462971**	87135
0	0	0	**423640**	266300	2196933	**2463234**	88136
46435	7598	1194161	**13926991**	1527499	5851973	**7379473**	89137
1796	690	47349	**1441991**	0	0	**0**	93138
2691	7207	1774844	**10938451**	369897	2804592	**3174489**	90139
8741765	**1010194**	**134355690**	**10648269125**	**452228452**	**1533139381**	**1985367833**	**TII**
4628435	2911827	172028538	**2641340939**				VA001
1051459	−167489	168878	**736062253**				VA002
2176087	106414	22737557	**716819825**				VA003
2643650	459421	2771763	**1273778692**				VA004
10499630	**3310173**	**197706737**	**5368001709**				**TVA**
19241396	**4320367**	**332062427**	**16016270834**				**TI**

表 4.1 续 67 (Table 4.1 Continue 67)

投入＼产出		代码	最终			
			最终消费支出		资本形成总额	
			政府消费支出	合计	固定资本形成总额	存货增加
代码		—	FU103	TC	FU201	FU202
中间投入	保险	68118	0	**29269054**	0	0
	房地产	70119	0	**206682390**	94064000	0
	租赁	71120	0	**228236**	0	0
	商务服务	72121	11370817	**22085978**	0	0
	研究和试验发展	73122	16759400	**16759400**	0	0
	专业技术服务	74123	36957512	**39304846**	12097460	0
	科技推广和应用服务	75124	13461605	**13461605**	0	0
	水利管理	76125	3588237	**3588237**	0	0
	生态保护和环境治理	77126	1891108	**2551342**	0	0
	公共设施管理	78127	36874916	**41149250**	0	0
	居民服务	79128	0	**68104008**	0	0
	其他服务	80129	0	**9398160**	0	0
	教育	82130	140776580	**207404106**	0	0
	卫生	83131	92741297	**199549977**	0	0
	社会工作	84132	3726682	**4347593**	0	0
	新闻和出版	85133	639679	**8887032**	0	0
	广播、电视、电影和影视录音制作	86134	7478344	**13940244**	0	0
	文化艺术	87135	7796026	**11258998**	0	0
	体育	88136	1904603	**4367837**	0	0
	娱乐	89137	0	**7379473**	0	0
	社会保障	93138	2824243	**2824243**	0	0
	公共管理和社会组织	90139	317860171	**321034661**	0	0
	中间投入合计	**TII**	**731817933**	**2717185766**	**2377506060**	**106392894**
增加值	劳动者报酬	VA001				
	生产税净额	VA002				
	固定资产折旧	VA003				
	营业盈余	VA004				
	增加值合计	**TVA**				
总投入		**TI**				

单位:万元(10000 yuan)

使用 资本形成总额 合计	出口	最终使用 合计	进口	其他	总产出	代码
GCF	EX	**TFU**	IM	ERR	**GO**	—
0	2529539	**31798592**	2345628	—386996	**59039135**	68118
94064000	0	**300746390**	0	524448	**419085368**	70119
0	1475952	**1704187**	2290535	—231880	**17427164**	71120
0	39853336	**61939314**	25663352	138221	**326624759**	72121
0	263636	**17023035**	2240809	—476982	**50757733**	73122
12097460	1868	**51404174**	4750	—189871	**152139576**	74123
0	0	**13461605**	0	9697	**46438818**	75124
0	0	**3588237**	0	—27803	**10707620**	76125
0	591452	**3142794**	986407	—6410	**7312417**	77126
0	483916	**41633165**	1205609	—103809	**43604049**	78127
0	385166	**68489174**	785117	976471	**82292993**	79128
0	786006	**10184166**	579192	530830	**74931496**	80129
0	434054	**207838159**	1315772	—147213	**220302538**	82130
0	427962	**199977939**	872352	—349298	**203320159**	83131
0	0	**4347593**	0	30316	**4377909**	84132
0	1862446	**10749478**	1993432	—316016	**16842268**	85133
0	342908	**14283152**	3717547	—76639	**17063510**	86134
0	537684	**11796682**	1096008	—49789	**12524138**	87135
0	470758	**4838595**	959587	62608	**4365257**	88136
0	2280558	**9660031**	4648659	303033	**19241396**	89137
0	0	**2824243**	0	54133	**4320367**	93138
0	624965	**321659626**	656617	120967	**332062427**	90139
2483898954	**1366658526**	**6567743246**	**1220269787**	**20528250**	**16016270834**	**TII**
						VA001
						VA002
						VA003
						VA004
						TVA
						TI

直接消耗系数表

表 4.2 (Table 4.2)

投入 \ 产出		代码	农产品	林产品	畜牧产品	渔产品
代码		—	01001	02002	03003	04004
中间投入	农产品	01001	0.105785	0.009546	0.101898	0.029363
	林产品	02002	0.000019	0.080312	0.000013	0.000704
	畜牧产品	03003	0.000192	0.000966	0.079234	0.000863
	渔产品	04004	0.000000	0.000008	0.000009	0.040958
	农、林、牧、渔服务	05005	0.009214	0.049209	0.001168	0.027537
	煤炭采选产品	06006	0.000036	0.000300	0.000029	0.000133
	石油和天然气开采产品	07007	0.000000	0.000000	0.000000	0.000000
	黑色金属矿采选产品	08008	0.000000	0.000000	0.000000	0.000000
	有色金属矿采选产品	09009	0.000000	0.000000	0.000000	0.000000
	非金属矿采选产品	10010	0.000001	0.000011	0.000000	0.000030
	开采辅助服务和其他采矿产品	11011	0.000000	0.000000	0.000000	0.000000
	谷物磨制品	13012	0.001627	0.000000	0.035781	0.011376
	饲料加工品	13013	0.001028	0.000000	0.237505	0.161659
	植物油加工品	13014	0.000061	0.000000	0.000884	0.002125
	糖及糖制品	13015	0.000000	0.000000	0.000000	0.000000
	屠宰及肉类加工品	13016	0.000000	0.000000	0.000000	0.000000
	水产加工品	13017	0.000000	0.000000	0.000654	0.004344
	蔬菜、水果、坚果和其他农副食品加工品	13018	0.000000	0.000000	0.000000	0.000000
	方便食品	14019	0.000000	0.000000	0.000000	0.000000
	乳制品	14020	0.000000	0.000000	0.000000	0.000000
	调味品、发酵制品	14021	0.000000	0.000000	0.000000	0.000000
	其他食品	14022	0.000000	0.000000	0.000000	0.000000
	酒精和酒	15023	0.000022	0.000153	0.000017	0.000117
	饮料和精制茶加工品	15024	0.000004	0.000562	0.000003	0.000029
	烟草制品	16025	0.000000	0.000000	0.000000	0.000000
	棉、化纤纺织及印染精加工品	17026	0.000002	0.000197	0.000003	0.000006
	毛纺织及染整精加工品	17027	0.000000	0.000000	0.000000	0.000000
	麻、丝绢纺织及加工品	17028	0.000000	0.000000	0.000000	0.000000
	针织或钩针编织及其制品	17029	0.000003	0.000159	0.000003	0.000001

Matrix of Direct Input Coefficients

农、林、牧、渔服务	煤炭采选产品	石油和天然气开采产品	黑色金属矿采选产品	有色金属矿采选产品	非金属矿采选产品	代码
05005	06006	07007	08008	09009	10010	—
0.089031	0.000000	0.000000	0.000000	0.000000	0.000000	01001
0.002919	0.000686	0.000033	0.000315	0.000426	0.000460	02002
0.036601	0.000000	0.000000	0.000000	0.000000	0.000000	03003
0.008236	0.000000	0.000000	0.000000	0.000000	0.000000	04004
0.056621	0.000000	0.000000	0.000000	0.000000	0.000000	05005
0.000240	0.159746	0.002574	0.005717	0.006553	0.008862	06006
0.000000	0.000282	0.008260	0.000970	0.000166	0.001140	07007
0.000000	0.000573	0.000000	0.185805	0.001900	0.002624	08008
0.000000	0.000000	0.000001	0.002370	0.050659	0.000993	09009
0.000064	0.000168	0.000007	0.000945	0.000758	0.011652	10010
0.000000	0.002607	0.103953	0.001280	0.003257	0.003376	11011
0.015563	0.000000	0.000000	0.000000	0.000000	0.000000	13012
0.043219	0.000000	0.000000	0.000000	0.000000	0.000000	13013
0.008999	0.000000	0.000000	0.000000	0.000000	0.000000	13014
0.000000	0.000000	0.000000	0.000000	0.000000	0.000000	13015
0.000000	0.000000	0.000000	0.000000	0.000000	0.000000	13016
0.000000	0.000000	0.000000	0.000000	0.000000	0.000000	13017
0.002177	0.000000	0.000000	0.000000	0.000000	0.000000	13018
0.000000	0.000000	0.000000	0.000000	0.000000	0.000000	14019
0.000000	0.000000	0.000000	0.000000	0.000000	0.000000	14020
0.000000	0.000000	0.000000	0.000000	0.000000	0.000000	14021
0.000000	0.000000	0.000000	0.000000	0.000000	0.000000	14022
0.004061	0.000019	0.000148	0.000902	0.001734	0.000662	15023
0.001727	0.000460	0.000044	0.001781	0.000803	0.000747	15024
0.001933	0.002847	0.003969	0.002865	0.003455	0.005898	16025
0.003176	0.000514	0.000073	0.000205	0.001852	0.000180	17026
0.000000	0.000000	0.000000	0.000000	0.000000	0.000000	17027
0.000000	0.000025	0.000001	0.000108	0.000062	0.000069	17028
0.000395	0.000015	0.000005	0.000012	0.000281	0.000008	17029

表 4.2 续 1 (Table 4.2 Continue 1)

投入 \ 产出		代码	开采辅助服务和其他采矿产品	谷物磨制品	饲料加工品	植物油加工品
代码		—	11011	13012	13013	13014
中间投入	农产品	01001	0.000000	0.670772	0.356292	0.478594
	林产品	02002	0.001768	0.000009	0.000006	0.000132
	畜牧产品	03003	0.000000	0.000000	0.027491	0.000000
	渔产品	04004	0.000000	0.000000	0.051320	0.000000
	农、林、牧、渔服务	05005	0.000000	0.000000	0.002120	0.000000
	煤炭采选产品	06006	0.015027	0.001129	0.002389	0.001278
	石油和天然气开采产品	07007	0.002460	0.000000	0.000000	0.000000
	黑色金属矿采选产品	08008	0.000000	0.000000	0.000000	0.000000
	有色金属矿采选产品	09009	0.000000	0.000000	0.000000	0.000000
	非金属矿采选产品	10010	0.001404	0.000105	0.000089	0.000008
	开采辅助服务和其他采矿产品	11011	0.003979	0.000000	0.000000	0.000000
	谷物磨制品	13012	0.000000	0.060770	0.074700	0.009060
	饲料加工品	13013	0.000000	0.000000	0.061842	0.000000
	植物油加工品	13014	0.000000	0.000154	0.056580	0.235162
	糖及糖制品	13015	0.000000	0.000094	0.000153	0.000000
	屠宰及肉类加工品	13016	0.000000	0.000000	0.009281	0.000000
	水产加工品	13017	0.000000	0.000000	0.031421	0.000000
	蔬菜、水果、坚果和其他农副食品加工品	13018	0.000000	0.001632	0.019940	0.002850
	方便食品	14019	0.000000	0.000000	0.000000	0.000000
	乳制品	14020	0.000000	0.000000	0.000000	0.000000
	调味品、发酵制品	14021	0.000000	0.000148	0.005361	0.000589
	其他食品	14022	0.000000	0.000237	0.016328	0.000747
	酒精和酒	15023	0.000335	0.000255	0.002154	0.000092
	饮料和精制茶加工品	15024	0.000116	0.000246	0.000054	0.000055
	烟草制品	16025	0.000000	0.001321	0.001560	0.002126
	棉、化纤纺织及印染精加工品	17026	0.000710	0.000856	0.000522	0.001163
	毛纺织及染整精加工品	17027	0.000000	0.000000	0.000000	0.000000
	麻、丝绢纺织及加工品	17028	0.000005	0.000034	0.000036	0.000025
	针织或钩针编织及其制品	17029	0.000015	0.000005	0.000007	0.000004

糖及糖制品	屠宰及肉类加工品	水产加工品	蔬菜、水果、坚果和其他农副食品加工品	方便食品	乳制品	代码
13015	13016	13017	13018	14019	14020	—
0.443681	0.012862	0.001222	0.402016	0.060707	0.013606	01001
0.000023	0.000016	0.000037	0.001320	0.000119	0.000921	02002
0.000000	0.512187	0.000061	0.038654	0.001315	0.320524	03003
0.000000	0.000373	0.523472	0.006005	0.000157	0.002190	04004
0.000000	0.000000	0.000000	0.000000	0.000000	0.000000	05005
0.005362	0.000824	0.001287	0.002547	0.002079	0.002042	06006
0.000000	0.000000	0.000000	0.000000	0.000000	0.000000	07007
0.000000	0.000000	0.000000	0.000000	0.000000	0.000000	08008
0.000000	0.000000	0.000000	0.000000	0.000000	0.000000	09009
0.000156	0.000031	0.000045	0.000342	0.000005	0.000002	10010
0.000000	0.000000	0.000000	0.000000	0.000000	0.000000	11011
0.006842	0.000476	0.006972	0.046343	0.276655	0.000369	13012
0.000000	0.002720	0.001100	0.000000	0.000000	0.000000	13013
0.006034	0.000412	0.009457	0.049980	0.057893	0.006192	13014
0.110417	0.000415	0.001315	0.016198	0.004729	0.017510	13015
0.000000	0.136949	0.004295	0.005800	0.060692	0.002125	13016
0.000000	0.000000	0.107478	0.004541	0.004664	0.000000	13017
0.001213	0.005682	0.008166	0.053522	0.042741	0.012583	13018
0.000000	0.000000	0.000000	0.000000	0.029289	0.000000	14019
0.000000	0.000000	0.000000	0.001166	0.002961	0.132709	14020
0.000391	0.001795	0.016300	0.009940	0.040539	0.002121	14021
0.001365	0.027106	0.003667	0.005270	0.023561	0.027937	14022
0.000202	0.000843	0.000916	0.000969	0.000374	0.000578	15023
0.000161	0.000138	0.000346	0.001782	0.000091	0.002659	15024
0.002630	0.001521	0.001994	0.002292	0.001809	0.002540	16025
0.000502	0.000132	0.000079	0.002641	0.000491	0.000585	17026
0.000000	0.000000	0.000000	0.000000	0.000000	0.000000	17027
0.000010	0.000030	0.000074	0.000054	0.000001	0.000001	17028
0.000003	0.000032	0.000018	0.000008	0.000022	0.000046	17029

表 4.2 续 2 （Table 4.2 Continue 2）

投入 \ 产出		代码	调味品、发酵制品	其他食品	酒精和酒	饮料和精制茶加工品
代码		—	14021	14022	15023	15024
中间投入	农产品	01001	0.204964	0.111010	0.172968	0.081489
	林产品	02002	0.000032	0.000512	0.000084	0.001862
	畜牧产品	03003	0.003184	0.055231	0.000363	0.005207
	渔产品	04004	0.000615	0.010112	0.001976	0.001962
	农、林、牧、渔服务	05005	0.000000	0.000000	0.000000	0.000000
	煤炭采选产品	06006	0.003847	0.001841	0.006857	0.002195
	石油和天然气开采产品	07007	0.000000	0.000000	0.000000	0.000000
	黑色金属矿采选产品	08008	0.000000	0.000000	0.000000	0.000000
	有色金属矿采选产品	09009	0.000000	0.000000	0.000000	0.000000
	非金属矿采选产品	10010	0.000460	0.000521	0.000017	0.000002
	开采辅助服务和其他采矿产品	11011	0.000000	0.000000	0.000000	0.003633
	谷物磨制品	13012	0.061494	0.132546	0.099037	0.005695
	饲料加工品	13013	0.000000	0.000000	0.000000	0.000000
	植物油加工品	13014	0.042152	0.040984	0.000000	0.010557
	糖及糖制品	13015	0.019750	0.023267	0.001499	0.049212
	屠宰及肉类加工品	13016	0.026327	0.035810	0.000000	0.000000
	水产加工品	13017	0.001257	0.011033	0.000000	0.000000
	蔬菜、水果、坚果和其他农副食品加工品	13018	0.041692	0.072337	0.010213	0.040634
	方便食品	14019	0.000000	0.000000	0.000000	0.000000
	乳制品	14020	0.000014	0.023085	0.000248	0.037264
	调味品、发酵制品	14021	0.086622	0.014521	0.006018	0.002509
	其他食品	14022	0.066479	0.041073	0.013987	0.025666
	酒精和酒	15023	0.002265	0.002672	0.088339	0.017478
	饮料和精制茶加工品	15024	0.000177	0.000723	0.000360	0.130024
	烟草制品	16025	0.001769	0.001390	0.002042	0.001273
	棉、化纤纺织及印染精加工品	17026	0.000369	0.000331	0.001420	0.000493
	毛纺织及染整精加工品	17027	0.000000	0.000000	0.000000	0.000000
	麻、丝绢纺织及加工品	17028	0.000002	0.000001	0.000070	0.000048
	针织或钩针编织及其制品	17029	0.000020	0.000055	0.000025	0.000017

烟草制品	棉、化纤纺织及印染精加工品	毛纺织及染整精加工品	麻、丝绢纺织及加工品	针织或钩针编织及其制品	纺织制成品	代码
16025	17026	17027	17028	17029	17030	—
0.069218	0.149908	0.012823	0.149666	0.003975	0.003358	01001
0.000060	0.000153	0.000006	0.000326	0.000106	0.000023	02002
0.000000	0.000009	0.334203	0.094707	0.005675	0.002650	03003
0.000000	0.000000	0.000000	0.000000	0.000000	0.000000	04004
0.000000	0.044689	0.000175	0.069128	0.014241	0.000007	05005
0.001106	0.003408	0.004398	0.004431	0.002017	0.001319	06006
0.000000	0.000000	0.000000	0.000000	0.000000	0.000000	07007
0.000000	0.000000	0.000000	0.000000	0.000000	0.000000	08008
0.000000	0.000000	0.000000	0.000000	0.000000	0.000000	09009
0.000001	0.000004	0.000000	0.000001	0.000003	0.000010	10010
0.000000	0.000000	0.000000	0.000000	0.000000	0.000000	11011
0.000000	0.000000	0.000000	0.000000	0.000000	0.000000	13012
0.000000	0.000000	0.000000	0.000000	0.000000	0.000000	13013
0.000000	0.000000	0.000000	0.000000	0.000000	0.000000	13014
0.000000	0.000000	0.000000	0.000000	0.000000	0.000000	13015
0.000000	0.000000	0.000000	0.000000	0.000000	0.000000	13016
0.000000	0.000000	0.000000	0.000000	0.000000	0.000000	13017
0.000132	0.000190	0.000000	0.000000	0.000000	0.000000	13018
0.000000	0.000000	0.000000	0.000000	0.000000	0.000000	14019
0.000000	0.000000	0.000000	0.000000	0.000000	0.000000	14020
0.000000	0.000000	0.000000	0.000000	0.000000	0.000000	14021
0.001719	0.000017	0.000241	0.000236	0.000382	0.000336	14022
0.000937	0.000233	0.000275	0.000373	0.000298	0.000325	15023
0.001101	0.000210	0.000675	0.000431	0.003851	0.001191	15024
0.075667	0.001576	0.003598	0.004526	0.003152	0.004438	16025
0.000007	0.395333	0.060757	0.030766	0.339040	0.375903	17026
0.000000	0.007835	0.155114	0.016445	0.056671	0.052875	17027
0.000005	0.007583	0.003387	0.209794	0.008825	0.015687	17028
0.000015	0.000380	0.003421	0.005964	0.097937	0.050491	17029

表 4.2 续 3 (Table 4.2 Continue 3)

投入 \ 产出		代码	纺织服装服饰	皮革、毛皮、羽毛及其制品	鞋	木材加工品和木、竹、藤、棕、草制品
代码		—	18031	19032	19033	20034
中间投入	农产品	01001	0.003189	0.001043	0.001004	0.020773
	林产品	02002	0.000035	0.000085	0.003422	0.132963
	畜牧产品	03003	0.002019	0.085352	0.003409	0.000000
	渔产品	04004	0.000000	0.003829	0.000000	0.000000
	农、林、牧、渔服务	05005	0.000338	0.011841	0.011849	0.000022
	煤炭采选产品	06006	0.001161	0.001929	0.001768	0.003949
	石油和天然气开采产品	07007	0.000000	0.000000	0.000000	0.000000
	黑色金属矿采选产品	08008	0.000000	0.000000	0.000000	0.000000
	有色金属矿采选产品	09009	0.000000	0.000000	0.000000	0.000000
	非金属矿采选产品	10010	0.000000	0.000123	0.000003	0.000249
	开采辅助服务和其他采矿产品	11011	0.000000	0.000000	0.000000	0.000000
	谷物磨制品	13012	0.000000	0.000000	0.000000	0.000000
	饲料加工品	13013	0.000000	0.000000	0.000000	0.000000
	植物油加工品	13014	0.000000	0.000000	0.000000	0.000000
	糖及糖制品	13015	0.000000	0.000000	0.000000	0.000000
	屠宰及肉类加工品	13016	0.000000	0.146761	0.004425	0.000000
	水产加工品	13017	0.000000	0.000000	0.000000	0.000000
	蔬菜、水果、坚果和其他农副食品加工品	13018	0.000000	0.000000	0.000000	0.000000
	方便食品	14019	0.000000	0.000000	0.000000	0.000000
	乳制品	14020	0.000000	0.000000	0.000000	0.000000
	调味品、发酵制品	14021	0.000000	0.000000	0.000000	0.000000
	其他食品	14022	0.000000	0.000039	0.000000	0.000202
	酒精和酒	15023	0.000365	0.000354	0.000350	0.000556
	饮料和精制茶加工品	15024	0.000319	0.000333	0.017066	0.000619
	烟草制品	16025	0.002280	0.003541	0.003801	0.002930
	棉、化纤纺织及印染精加工品	17026	0.352922	0.044429	0.088044	0.001866
	毛纺织及染整精加工品	17027	0.053119	0.006605	0.001808	0.000001
	麻、丝绢纺织及加工品	17028	0.048530	0.001194	0.003407	0.000019
	针织或钩针编织及其制品	17029	0.066336	0.009456	0.012432	0.000033

家具	造纸和纸制品	印刷品和记录媒介复制品	文教、工美、体育和娱乐用品	精炼石油和核燃料加工品	炼焦产品	代码
21035	22036	23037	24038	25039	25040	—
0.003067	0.050927	0.000000	0.006969	0.000000	0.000000	01001
0.024503	0.028109	0.000000	0.006380	0.000039	0.000101	02002
0.000000	0.000000	0.000000	0.011611	0.000000	0.000000	03003
0.000000	0.000000	0.000000	0.001355	0.000000	0.000000	04004
0.000000	0.001214	0.000000	0.000000	0.000000	0.000000	05005
0.000438	0.019987	0.001468	0.001524	0.003965	0.426087	06006
0.000000	0.000000	0.000000	0.000000	0.640024	0.013775	07007
0.000000	0.000000	0.000000	0.000000	0.000000	0.000000	08008
0.000000	0.000000	0.000000	0.000000	0.000252	0.000000	09009
0.000037	0.000137	0.000001	0.004363	0.000000	0.000002	10010
0.000000	0.000000	0.000000	0.000000	0.000000	0.000000	11011
0.000000	0.000000	0.000000	0.000000	0.000000	0.000000	13012
0.000000	0.000000	0.000000	0.000000	0.000000	0.000000	13013
0.000000	0.000054	0.000000	0.000000	0.001343	0.000000	13014
0.000000	0.000000	0.000000	0.000000	0.000000	0.000000	13015
0.000000	0.000000	0.000000	0.000100	0.000000	0.000000	13016
0.000000	0.000000	0.000000	0.000000	0.000000	0.000000	13017
0.000000	0.000000	0.000000	0.000000	0.000000	0.000000	13018
0.000000	0.000000	0.000000	0.000000	0.000000	0.000000	14019
0.000000	0.000000	0.000000	0.000000	0.000000	0.000000	14020
0.000000	0.000000	0.000000	0.000000	0.000000	0.000000	14021
0.000097	0.000033	0.000000	0.000110	0.000000	0.000001	14022
0.000535	0.000771	0.002577	0.000382	0.000607	0.000228	15023
0.001091	0.000208	0.001042	0.002712	0.000114	0.000094	15024
0.003787	0.003368	0.003507	0.001468	0.004178	0.002396	16025
0.029441	0.001639	0.001445	0.063992	0.000008	0.000224	17026
0.000021	0.000125	0.000813	0.011253	0.000163	0.000000	17027
0.000577	0.000022	0.000005	0.008405	0.000000	0.000000	17028
0.001235	0.000011	0.000135	0.005237	0.000008	0.000010	17029

表 4.2 续 4 （Table 4.2 Continue 4）

	产出 / 投入	代码	基础化学原料	肥料	农药	涂料、油墨、颜料及类似产品
	代码	—	26041	26042	26043	26044
中间投入	农产品	01001	0.005445	0.009344	0.011821	0.002552
	林产品	02002	0.000063	0.000361	0.000021	0.000021
	畜牧产品	03003	0.000178	0.016461	0.000318	0.001707
	渔产品	04004	0.000146	0.000128	0.000166	0.000000
	农、林、牧、渔服务	05005	0.000000	0.000000	0.000000	0.000000
	煤炭采选产品	06006	0.047074	0.057250	0.006991	0.005923
	石油和天然气开采产品	07007	0.043693	0.017536	0.023362	0.006876
	黑色金属矿采选产品	08008	0.002514	0.000000	0.000000	0.000000
	有色金属矿采选产品	09009	0.016882	0.000566	0.000003	0.002698
	非金属矿采选产品	10010	0.028197	0.021328	0.001178	0.008754
	开采辅助服务和其他采矿产品	11011	0.000000	0.000000	0.000000	0.000000
	谷物磨制品	13012	0.000000	0.000000	0.000614	0.000000
	饲料加工品	13013	0.000000	0.000000	0.000198	0.000000
	植物油加工品	13014	0.004599	0.000000	0.002080	0.018058
	糖及糖制品	13015	0.000000	0.000000	0.000000	0.000000
	屠宰及肉类加工品	13016	0.000000	0.000000	0.000000	0.000000
	水产加工品	13017	0.000000	0.000000	0.000000	0.000000
	蔬菜、水果、坚果和其他农副食品加工品	13018	0.000160	0.000099	0.017189	0.000001
	方便食品	14019	0.000000	0.000000	0.000000	0.000000
	乳制品	14020	0.000000	0.000000	0.000000	0.000000
	调味品、发酵制品	14021	0.000000	0.000000	0.000000	0.000000
	其他食品	14022	0.000348	0.001389	0.003320	0.000012
	酒精和酒	15023	0.003838	0.000718	0.002242	0.017875
	饮料和精制茶加工品	15024	0.002561	0.001902	0.000368	0.000542
	烟草制品	16025	0.002332	0.002704	0.002247	0.003547
	棉、化纤纺织及印染精加工品	17026	0.001007	0.001761	0.003060	0.002068
	毛纺织及染整精加工品	17027	0.000017	0.000006	0.000000	0.000000
	麻、丝绢纺织及加工品	17028	0.000022	0.000041	0.000069	0.000039
	针织或钩针编织及其制品	17029	0.000011	0.000032	0.000015	0.000024

合成材料	专用化学产品和炸药、火工、焰火产品	日用化学产品	医药制品	化学纤维制品	橡胶制品	代码
26045	26046	26047	27048	28049	29050	—
0.000550	0.006818	0.013262	0.089090	0.004715	0.001754	01001
0.000103	0.021929	0.001291	0.000701	0.000602	0.086681	02002
0.000173	0.005343	0.000171	0.082644	0.000632	0.000000	03003
0.000000	0.000000	0.000075	0.000197	0.000000	0.000077	04004
0.000000	0.000000	0.000000	0.000000	0.000000	0.000000	05005
0.007694	0.018745	0.002330	0.002213	0.019354	0.005930	06006
0.011324	0.003456	0.000858	0.000045	0.000585	0.000478	07007
0.000000	0.000000	0.000863	0.000124	0.000001	0.000000	08008
0.000000	0.005494	0.000061	0.000045	0.000015	0.000000	09009
0.001668	0.003062	0.000114	0.000258	0.000042	0.000058	10010
0.000000	0.000000	0.000000	0.000000	0.000000	0.000000	11011
0.000000	0.000000	0.000000	0.001057	0.000000	0.000000	13012
0.000000	0.000000	0.000000	0.000000	0.000000	0.000000	13013
0.000054	0.034055	0.091760	0.003984	0.001234	0.000115	13014
0.000000	0.000000	0.000000	0.004080	0.000000	0.000000	13015
0.000000	0.000000	0.022529	0.002671	0.000000	0.000000	13016
0.000000	0.000000	0.000276	0.000563	0.000000	0.000000	13017
0.000001	0.008570	0.004345	0.005395	0.000000	0.000001	13018
0.000000	0.000000	0.000000	0.000000	0.000000	0.000000	14019
0.000000	0.000000	0.000283	0.000059	0.000000	0.000000	14020
0.000000	0.000000	0.000000	0.001117	0.000000	0.000000	14021
0.000053	0.000919	0.002066	0.002018	0.000008	0.000140	14022
0.000236	0.015980	0.010469	0.009951	0.000404	0.000325	15023
0.000235	0.000657	0.000592	0.000441	0.000166	0.000283	15024
0.002988	0.002239	0.003064	0.001340	0.003297	0.002930	16025
0.000865	0.001993	0.005059	0.013003	0.016645	0.024076	17026
0.000000	0.000000	0.000000	0.000001	0.000004	0.000004	17027
0.000015	0.000025	0.000134	0.000073	0.000096	0.000229	17028
0.000007	0.000025	0.000011	0.000015	0.000032	0.000004	17029

表 4.2 续 5 (Table 4.2 Continue 5)

投入 \ 产出		代码	塑料制品	水泥、石灰和石膏	石膏、水泥制品及类似制品	砖瓦、石材等建筑材料
代码		—	29051	30052	30053	30054
中间投入	农产品	01001	0.000045	0.000000	0.000003	0.000000
	林产品	02002	0.000066	0.000114	0.000478	0.000324
	畜牧产品	03003	0.000000	0.000078	0.000100	0.000078
	渔产品	04004	0.000000	0.000026	0.000033	0.000024
	农、林、牧、渔服务	05005	0.000000	0.000000	0.000000	0.000000
	煤炭采选产品	06006	0.004545	0.077320	0.022002	0.068183
	石油和天然气开采产品	07007	0.000181	0.000039	0.000297	0.001179
	黑色金属矿采选产品	08008	0.000000	0.006257	0.000058	0.000747
	有色金属矿采选产品	09009	0.000000	0.000281	0.000001	0.001657
	非金属矿采选产品	10010	0.000127	0.099393	0.032468	0.074696
	开采辅助服务和其他采矿产品	11011	0.000000	0.000000	0.000000	0.000000
	谷物磨制品	13012	0.000000	0.000000	0.000000	0.000000
	饲料加工品	13013	0.000000	0.000000	0.000000	0.000000
	植物油加工品	13014	0.000412	0.000000	0.000000	0.000000
	糖及糖制品	13015	0.000000	0.000000	0.000000	0.000000
	屠宰及肉类加工品	13016	0.000000	0.000000	0.000000	0.000000
	水产加工品	13017	0.000000	0.000000	0.000000	0.000000
	蔬菜、水果、坚果和其他农副食品加工品	13018	0.000120	0.000000	0.001379	0.000664
	方便食品	14019	0.000000	0.000000	0.000000	0.000000
	乳制品	14020	0.000000	0.000000	0.000000	0.000000
	调味品、发酵制品	14021	0.000000	0.000000	0.000000	0.000000
	其他食品	14022	0.000248	0.000000	0.000000	0.000001
	酒精和酒	15023	0.000562	0.000557	0.000901	0.000993
	饮料和精制茶加工品	15024	0.000442	0.000385	0.000345	0.000584
	烟草制品	16025	0.002765	0.003230	0.002235	0.002139
	棉、化纤纺织及印染精加工品	17026	0.033544	0.004658	0.000829	0.001872
	毛纺织及染整精加工品	17027	0.000388	0.000000	0.000000	0.000019
	麻、丝绢纺织及加工品	17028	0.000168	0.000270	0.000044	0.000269
	针织或钩针编织及其制品	17029	0.000574	0.000063	0.000039	0.000110

玻璃和玻璃制品	陶瓷制品	耐火材料制品	石墨及其他非金属矿物制品	钢、铁及其铸件	钢压延产品	代码
30055	30056	30057	30058	31059	31060	—
0.000003	0.000169	0.000026	0.000028	0.000000	0.000003	01001
0.000048	0.000093	0.000064	0.000128	0.000090	0.000035	02002
0.000069	0.000645	0.000114	0.000093	0.000043	0.000063	03003
0.000021	0.000036	0.000041	0.000033	0.000009	0.000016	04004
0.000000	0.000000	0.000000	0.000000	0.000000	0.000000	05005
0.027946	0.028102	0.039587	0.052279	0.040396	0.037252	06006
0.004553	0.003775	0.002818	0.002499	0.000363	0.000168	07007
0.000038	0.000001	0.001850	0.001625	0.209997	0.165911	08008
0.000853	0.002149	0.032576	0.005650	0.000703	0.000252	09009
0.053311	0.107662	0.069432	0.077171	0.001512	0.000886	10010
0.000000	0.000000	0.000000	0.000000	0.000000	0.000000	11011
0.000000	0.000000	0.000000	0.000000	0.000000	0.000000	13012
0.000000	0.000000	0.000000	0.000000	0.000000	0.000000	13013
0.000000	0.000000	0.000000	0.000000	0.000000	0.000000	13014
0.000000	0.000000	0.000000	0.000000	0.000000	0.000000	13015
0.000000	0.000000	0.000000	0.000000	0.000000	0.000000	13016
0.000000	0.000000	0.000000	0.000000	0.000000	0.000000	13017
0.000000	0.000072	0.000005	0.000000	0.000000	0.000000	13018
0.000000	0.000000	0.000000	0.000000	0.000000	0.000000	14019
0.000000	0.000000	0.000000	0.000000	0.000000	0.000000	14020
0.000000	0.000000	0.000000	0.000000	0.000000	0.000000	14021
0.000000	0.000043	0.000000	0.000000	0.000001	0.000003	14022
0.000721	0.001477	0.000956	0.000907	0.000410	0.000133	15023
0.001315	0.000642	0.000473	0.000142	0.000239	0.000128	15024
0.003336	0.003260	0.003265	0.002325	0.003409	0.003221	16025
0.006602	0.004359	0.002723	0.009114	0.000365	0.000245	17026
0.000000	0.000001	0.000000	0.000000	0.000000	0.000000	17027
0.000239	0.000231	0.000146	0.000128	0.000026	0.000027	17028
0.000480	0.000286	0.000034	0.000234	0.000006	0.000001	17029

表 4.2 续 6 （Table 4.2 Continue 6）

	投入＼产出	代码	铁合金产品	有色金属及其合金和铸件	有色金属压延加工品	金属制品
	代码	—	31061	32062	32063	33064
中间投入	农产品	01001	0.000063	0.000006	0.000025	0.000112
	林产品	02002	0.000054	0.000050	0.000078	0.000366
	畜牧产品	03003	0.000221	0.000000	0.000000	0.000000
	渔产品	04004	0.000039	0.000000	0.000000	0.000000
	农、林、牧、渔服务	05005	0.000000	0.000000	0.000000	0.000000
	煤炭采选产品	06006	0.010890	0.011930	0.003826	0.004212
	石油和天然气开采产品	07007	0.000803	0.000771	0.000519	0.000649
	黑色金属矿采选产品	08008	0.223369	0.007871	0.000010	0.004571
	有色金属矿采选产品	09009	0.061299	0.203424	0.010522	0.002143
	非金属矿采选产品	10010	0.001651	0.000672	0.000024	0.000349
	开采辅助服务和其他采矿产品	11011	0.000000	0.000000	0.000000	0.000000
	谷物磨制品	13012	0.000000	0.000000	0.000000	0.000000
	饲料加工品	13013	0.000000	0.000000	0.000000	0.000000
	植物油加工品	13014	0.000000	0.000000	0.000000	0.000000
	糖及糖制品	13015	0.000000	0.000000	0.000000	0.000000
	屠宰及肉类加工品	13016	0.000000	0.000000	0.000000	0.000000
	水产加工品	13017	0.000000	0.000000	0.000000	0.000000
	蔬菜、水果、坚果和其他农副食品加工品	13018	0.000000	0.000000	0.000000	0.000000
	方便食品	14019	0.000000	0.000000	0.000000	0.000000
	乳制品	14020	0.000000	0.000000	0.000000	0.000000
	调味品、发酵制品	14021	0.000000	0.000000	0.000000	0.000000
	其他食品	14022	0.000004	0.000016	0.000011	0.000000
	酒精和酒	15023	0.000620	0.000350	0.000261	0.000835
	饮料和精制茶加工品	15024	0.000091	0.000325	0.000121	0.000553
	烟草制品	16025	0.003965	0.003348	0.004063	0.003131
	棉、化纤纺织及印染精加工品	17026	0.000160	0.000656	0.001123	0.001239
	毛纺织及染整精加工品	17027	0.000000	0.000002	0.000160	0.000030
	麻、丝绢纺织及加工品	17028	0.000018	0.000005	0.000006	0.000744
	针织或钩针编织及其制品	17029	0.000004	0.000004	0.000001	0.000068

锅炉及原动设备	金属加工机械	物料搬运设备	泵、阀门、压缩机及类似机械	文化、办公用机械	其他通用设备	代码
34065	34066	34067	34068	34069	34070	—
0.000000	0.000000	0.000000	0.000000	0.000000	0.000000	01001
0.000056	0.000078	0.000015	0.000159	0.000008	0.000028	02002
0.000038	0.000056	0.000041	0.000059	0.000000	0.000057	03003
0.000007	0.000009	0.000005	0.000016	0.000000	0.000005	04004
0.000000	0.000000	0.000000	0.000000	0.000000	0.000000	05005
0.005851	0.001961	0.000372	0.000724	0.000929	0.001652	06006
0.001081	0.000325	0.000063	0.000171	0.000028	0.000282	07007
0.000717	0.000337	0.000000	0.000832	0.000000	0.000008	08008
0.000900	0.000017	0.000000	0.000519	0.000000	0.000137	09009
0.000043	0.000082	0.000000	0.000185	0.000015	0.000086	10010
0.000000	0.000000	0.000000	0.000000	0.000000	0.000000	11011
0.000001	0.000000	0.000000	0.000000	0.000000	0.000000	13012
0.000000	0.000000	0.000000	0.000000	0.000000	0.000000	13013
0.000000	0.000000	0.000000	0.000000	0.000000	0.000000	13014
0.000000	0.000000	0.000000	0.000000	0.000000	0.000000	13015
0.000000	0.000000	0.000000	0.000000	0.000000	0.000000	13016
0.000000	0.000000	0.000000	0.000000	0.000000	0.000000	13017
0.000000	0.000000	0.000000	0.000000	0.000000	0.000000	13018
0.000000	0.000000	0.000000	0.000000	0.000000	0.000000	14019
0.000000	0.000000	0.000000	0.000000	0.000000	0.000000	14020
0.000000	0.000000	0.000000	0.000000	0.000000	0.000000	14021
0.000000	0.000007	0.000000	0.000000	0.000000	0.000000	14022
0.000737	0.000869	0.000795	0.000738	0.000294	0.000792	15023
0.000422	0.000180	0.000207	0.000308	0.000320	0.000863	15024
0.003388	0.003139	0.002477	0.003273	0.004439	0.004775	16025
0.000697	0.000503	0.000274	0.000270	0.000451	0.000598	17026
0.000017	0.000000	0.000001	0.000000	0.000000	0.000021	17027
0.000032	0.000062	0.000052	0.000060	0.000007	0.000100	17028
0.000000	0.000002	0.000000	0.000000	0.000000	0.000006	17029

表 4.2 续 7 (Table 4.2 Continue 7)

	投入＼产出	代码	采矿、冶金、建筑专用设备	化工、木材、非金属加工专用设备	农、林、牧、渔专用机械	其他专用设备
	代码	—	35071	35072	35073	35074
中间投入	农产品	01001	0.000000	0.000000	0.001293	0.000371
	林产品	02002	0.000023	0.000039	0.000014	0.000010
	畜牧产品	03003	0.000008	0.000008	0.000007	0.000007
	渔产品	04004	0.000000	0.000000	0.000000	0.000012
	农、林、牧、渔服务	05005	0.000000	0.000000	0.000000	0.000000
	煤炭采选产品	06006	0.001275	0.004298	0.002162	0.003009
	石油和天然气开采产品	07007	0.001195	0.000881	0.000180	0.000172
	黑色金属矿采选产品	08008	0.000016	0.000000	0.000000	0.000588
	有色金属矿采选产品	09009	0.000043	0.000085	0.000004	0.000215
	非金属矿采选产品	10010	0.000051	0.000687	0.000025	0.001087
	开采辅助服务和其他采矿产品	11011	0.000000	0.000000	0.000000	0.000000
	谷物磨制品	13012	0.000000	0.000000	0.000000	0.000000
	饲料加工品	13013	0.000000	0.000000	0.000000	0.000000
	植物油加工品	13014	0.000000	0.000000	0.000000	0.000000
	糖及糖制品	13015	0.000000	0.000000	0.000000	0.000000
	屠宰及肉类加工品	13016	0.000000	0.000000	0.000000	0.000000
	水产加工品	13017	0.000000	0.000000	0.000000	0.000000
	蔬菜、水果、坚果和其他农副食品加工品	13018	0.000000	0.000000	0.000000	0.000000
	方便食品	14019	0.000000	0.000000	0.000000	0.000000
	乳制品	14020	0.000000	0.000000	0.000000	0.000000
	调味品、发酵制品	14021	0.000000	0.000000	0.000000	0.000000
	其他食品	14022	0.000007	0.000000	0.000000	0.000005
	酒精和酒	15023	0.000675	0.000993	0.000676	0.001263
	饮料和精制茶加工品	15024	0.000532	0.000290	0.000664	0.000653
	烟草制品	16025	0.002428	0.003006	0.002953	0.002386
	棉、化纤纺织及印染精加工品	17026	0.001630	0.000214	0.000120	0.002548
	毛纺织及染整精加工品	17027	0.000010	0.000014	0.000106	0.000406
	麻、丝绢纺织及加工品	17028	0.000007	0.000015	0.000010	0.000027
	针织或钩针编织及其制品	17029	0.000018	0.000007	0.000006	0.000006

汽车整车	汽车零部件及配件	铁路运输和城市轨道交通设备	船舶及相关装置	其他交通运输设备	电机	代码
36075	36076	37077	37078	37079	38080	—
0.000000	0.000000	0.000000	0.000000	0.000000	0.000000	01001
0.000022	0.000038	0.000028	0.000059	0.000028	0.000021	02002
0.000013	0.000012	0.000010	0.000019	0.000018	0.000002	03003
0.000003	0.000003	0.000006	0.000006	0.000007	0.000000	04004
0.000000	0.000000	0.000000	0.000000	0.000000	0.000000	05005
0.000499	0.000246	0.002086	0.000305	0.000953	0.000312	06006
0.000149	0.000274	0.000386	0.000167	0.000620	0.000000	07007
0.000027	0.000059	0.000089	0.000000	0.000000	0.000001	08008
0.000000	0.000000	0.000004	0.000243	0.000001	0.000079	09009
0.000049	0.000230	0.000132	0.000008	0.000001	0.000006	10010
0.000000	0.000000	0.000000	0.000000	0.000000	0.000000	11011
0.000000	0.000000	0.000000	0.000000	0.000000	0.000000	13012
0.000000	0.000000	0.000000	0.000000	0.000000	0.000000	13013
0.000000	0.000000	0.000000	0.000000	0.000000	0.000000	13014
0.000000	0.000000	0.000000	0.000000	0.000000	0.000000	13015
0.000000	0.000000	0.000000	0.000000	0.000000	0.000000	13016
0.000000	0.000000	0.000000	0.000000	0.000000	0.000000	13017
0.000000	0.000000	0.000000	0.000000	0.000000	0.000000	13018
0.000000	0.000000	0.000000	0.000000	0.000000	0.000000	14019
0.000000	0.000000	0.000000	0.000000	0.000000	0.000000	14020
0.000000	0.000000	0.000000	0.000000	0.000000	0.000000	14021
0.000000	0.000000	0.000001	0.000002	0.000005	0.000000	14022
0.000269	0.000383	0.000807	0.000385	0.000408	0.000714	15023
0.000106	0.000533	0.000329	0.000372	0.000306	0.000697	15024
0.002247	0.000000	0.002162	0.002772	0.004055	0.002968	16025
0.000271	0.002882	0.000160	0.000568	0.001935	0.000281	17026
0.000067	0.002314	0.000001	0.000000	0.000000	0.000018	17027
0.000036	0.000003	0.000164	0.000004	0.000006	0.000018	17028
0.000371	0.000776	0.000060	0.000003	0.000011	0.000031	17029

表 4.2 续 8 （Table 4.2 Continue 8）

投入＼产出	代码	输配电及控制设备	电线、电缆、光缆及电工器材	电池	家用器具
代码	—	38081	38082	38083	38084
中间投入 农产品	01001	0.000000	0.000000	0.000000	0.000000
林产品	02002	0.000068	0.000031	0.000041	0.000023
畜牧产品	03003	0.000000	0.000000	0.000002	0.000000
渔产品	04004	0.000000	0.000000	0.000000	0.000000
农、林、牧、渔服务	05005	0.000000	0.000000	0.000000	0.000000
煤炭采选产品	06006	0.000260	0.000356	0.001789	0.000200
石油和天然气开采产品	07007	0.000000	0.000000	0.000000	0.000000
黑色金属矿采选产品	08008	0.000086	0.000000	0.000524	0.000213
有色金属矿采选产品	09009	0.000042	0.000439	0.010548	0.000256
非金属矿采选产品	10010	0.000135	0.000090	0.010915	0.000043
开采辅助服务和其他采矿产品	11011	0.000000	0.000000	0.000000	0.000000
谷物磨制品	13012	0.000000	0.000000	0.000000	0.000000
饲料加工品	13013	0.000000	0.000000	0.000000	0.000000
植物油加工品	13014	0.000000	0.000000	0.000000	0.000000
糖及糖制品	13015	0.000000	0.000000	0.000000	0.000000
屠宰及肉类加工品	13016	0.000000	0.000000	0.000000	0.000000
水产加工品	13017	0.000000	0.000000	0.000000	0.000000
蔬菜、水果、坚果和其他农副食品加工品	13018	0.000000	0.000000	0.000000	0.000000
方便食品	14019	0.000000	0.000000	0.000000	0.000000
乳制品	14020	0.000000	0.000000	0.000000	0.000000
调味品、发酵制品	14021	0.000000	0.000000	0.000000	0.000000
其他食品	14022	0.000000	0.000000	0.000000	0.000000
酒精和酒	15023	0.001083	0.000432	0.001545	0.000436
饮料和精制茶加工品	15024	0.000303	0.000236	0.000208	0.000499
烟草制品	16025	0.002717	0.003023	0.000000	0.003641
棉、化纤纺织及印染精加工品	17026	0.000203	0.000545	0.000361	0.002136
毛纺织及染整精加工品	17027	0.000000	0.000060	0.000000	0.000000
麻、丝绢纺织及加工品	17028	0.000014	0.000020	0.000021	0.000129
针织或钩针编织及其制品	17029	0.000035	0.000011	0.000019	0.000102

其他电气机械和器材	计算机	通信设备	广播电视设备和雷达及配套设备	视听设备	电子元器件	代码
38085	39086	39087	39088	39089	39090	—
0.000000	0.000000	0.000000	0.000000	0.000000	0.000000	01001
0.000026	0.000000	0.000000	0.000000	0.000000	0.000000	02002
0.000002	0.000000	0.000000	0.000000	0.000000	0.000000	03003
0.000000	0.000000	0.000000	0.000000	0.000000	0.000000	04004
0.000000	0.000000	0.000000	0.000000	0.000000	0.000000	05005
0.000823	0.000000	0.000000	0.000000	0.000000	0.000000	06006
0.000000	0.000000	0.000000	0.000000	0.000000	0.000000	07007
0.001643	0.000000	0.000000	0.000000	0.000000	0.000000	08008
0.000000	0.000000	0.000000	0.000000	0.000000	0.000000	09009
0.000196	0.000000	0.000000	0.000000	0.000000	0.000000	10010
0.000000	0.000000	0.000000	0.000000	0.000000	0.000000	11011
0.000000	0.000000	0.000000	0.000000	0.000000	0.000000	13012
0.000000	0.000000	0.000000	0.000000	0.000000	0.000000	13013
0.000000	0.000000	0.000000	0.000000	0.000000	0.000000	13014
0.000000	0.000000	0.000000	0.000000	0.000000	0.000000	13015
0.000000	0.000000	0.000000	0.000000	0.000000	0.000000	13016
0.000000	0.000000	0.000000	0.000000	0.000000	0.000000	13017
0.000000	0.000000	0.000000	0.000000	0.000000	0.000000	13018
0.000000	0.000000	0.000000	0.000000	0.000000	0.000000	14019
0.000000	0.000000	0.000000	0.000000	0.000000	0.000000	14020
0.000000	0.000000	0.000000	0.000000	0.000000	0.000000	14021
0.000000	0.000000	0.000000	0.000000	0.000000	0.000000	14022
0.000513	0.000204	0.000555	0.001111	0.000303	0.000492	15023
0.000375	0.000056	0.000245	0.000244	0.000142	0.000245	15024
0.006341	0.003759	0.002836	0.004195	0.004147	0.003207	16025
0.000473	0.000063	0.000068	0.000731	0.000779	0.000319	17026
0.000001	0.000001	0.000000	0.000000	0.000024	0.000001	17027
0.000031	0.000000	0.000000	0.000004	0.000001	0.000001	17028
0.000060	0.000001	0.000002	0.000005	0.000014	0.000017	17029

表 4.2 续 9 (Table 4.2 Continue 9)

	投入 \ 产出	代码	其他电子设备	仪器仪表	其他制造产品	废弃资源和废旧材料回收加工品
	代码	—	39091	40092	41093	42094
中间投入	农产品	01001	0.000000	0.000000	0.012476	0.000152
	林产品	02002	0.000000	0.000000	0.002701	0.000018
	畜牧产品	03003	0.000000	0.000000	0.036664	0.000059
	渔产品	04004	0.000000	0.000000	0.000002	0.000018
	农、林、牧、渔服务	05005	0.000000	0.000000	0.000000	0.000000
	煤炭采选产品	06006	0.000000	0.000000	0.031796	0.002319
	石油和天然气开采产品	07007	0.000000	0.000000	0.000000	0.000000
	黑色金属矿采选产品	08008	0.000000	0.000000	0.000197	0.001201
	有色金属矿采选产品	09009	0.000000	0.000000	0.000267	0.000176
	非金属矿采选产品	10010	0.000000	0.000000	0.000135	0.000045
	开采辅助服务和其他采矿产品	11011	0.000000	0.000000	0.000000	0.000000
	谷物磨制品	13012	0.000000	0.000000	0.000000	0.000000
	饲料加工品	13013	0.000000	0.000000	0.000000	0.000000
	植物油加工品	13014	0.000000	0.000000	0.000793	0.000060
	糖及糖制品	13015	0.000000	0.000000	0.000000	0.000000
	屠宰及肉类加工品	13016	0.000000	0.000000	0.000000	0.000000
	水产加工品	13017	0.000000	0.000000	0.000000	0.000000
	蔬菜、水果、坚果和其他农副食品加工品	13018	0.000000	0.000000	0.000000	0.000028
	方便食品	14019	0.000000	0.000000	0.000000	0.000000
	乳制品	14020	0.000000	0.000000	0.000000	0.000000
	调味品、发酵制品	14021	0.000000	0.000000	0.000000	0.000024
	其他食品	14022	0.000000	0.000000	0.000000	0.000016
	酒精和酒	15023	0.000804	0.001509	0.001002	0.000439
	饮料和精制茶加工品	15024	0.000603	0.000493	0.014489	0.000267
	烟草制品	16025	0.001856	0.003016	0.001625	0.003990
	棉、化纤纺织及印染精加工品	17026	0.000960	0.000194	0.078224	0.005286
	毛纺织及染整精加工品	17027	0.000012	0.000240	0.001421	0.000008
	麻、丝绢纺织及加工品	17028	0.000001	0.000001	0.000696	0.000000
	针织或钩针编织及其制品	17029	0.000003	0.000001	0.004868	0.000000

金属制品、机械和设备修理服务	电力、热力生产和供应	燃气生产和供应	水的生产和供应	房屋建筑	土木工程建筑	代码
43095	44096	45097	46098	47099	48100	—
0.000000	0.000083	0.000003	0.000020	0.003047	0.002348	01001
0.000000	0.000017	0.000016	0.000426	0.007287	0.002274	02002
0.000000	0.000000	0.000000	0.000000	0.000000	0.000000	03003
0.000000	0.000000	0.000000	0.000000	0.000000	0.000000	04004
0.000000	0.000000	0.000000	0.000000	0.000000	0.000000	05005
0.004040	0.181801	0.065580	0.001209	0.000185	0.000512	06006
0.000000	0.009891	0.453785	0.000000	0.000000	0.000000	07007
0.000254	0.000001	0.002598	0.000000	0.000000	0.000000	08008
0.000687	0.000000	0.000000	0.000000	0.000000	0.000000	09009
0.000120	0.000109	0.000016	0.000013	0.004592	0.009693	10010
0.000000	0.000257	0.000000	0.000000	0.000000	0.000000	11011
0.000000	0.000000	0.000000	0.000000	0.000000	0.000000	13012
0.000000	0.000000	0.000000	0.000000	0.000000	0.000000	13013
0.000000	0.000024	0.000000	0.000000	0.000000	0.000000	13014
0.000000	0.000000	0.000000	0.000000	0.000000	0.000000	13015
0.000000	0.000000	0.000000	0.000000	0.000000	0.000000	13016
0.000000	0.000000	0.000000	0.000000	0.000000	0.000000	13017
0.000000	0.000000	0.000000	0.000000	0.000000	0.000000	13018
0.000000	0.000000	0.000000	0.000000	0.000000	0.000000	14019
0.000000	0.000000	0.000000	0.000000	0.000000	0.000000	14020
0.000000	0.000000	0.000000	0.000000	0.000000	0.000000	14021
0.000001	0.000000	0.000000	0.000109	0.000000	0.000000	14022
0.001222	0.000105	0.000276	0.001000	0.000675	0.000543	15023
0.000396	0.000321	0.000206	0.007589	0.000394	0.000731	15024
0.000000	0.002789	0.002761	0.003166	0.002084	0.000000	16025
0.000052	0.000004	0.000000	0.000013	0.000112	0.000017	17026
0.000550	0.000000	0.000000	0.000000	0.000013	0.000014	17027
0.000099	0.000000	0.000000	0.000000	0.000029	0.000029	17028
0.000758	0.000001	0.000009	0.000023	0.000141	0.000096	17029

表 4.2 续 10 （Table 4.2 Continue 10）

投入 \ 产出		代码	建筑安装	建筑装饰和其他建筑服务	批发和零售	铁路运输
代码		—	49101	50102	51103	53104
中间投入	农产品	01001	0.000142	0.002569	0.000080	0.000505
	林产品	02002	0.000167	0.002959	0.000028	0.000256
	畜牧产品	03003	0.000000	0.000000	0.000048	0.000016
	渔产品	04004	0.000000	0.000000	0.000040	0.000061
	农、林、牧、渔服务	05005	0.000000	0.000000	0.000000	0.000000
	煤炭采选产品	06006	0.000225	0.000193	0.000006	0.005224
	石油和天然气开采产品	07007	0.000000	0.000000	0.000000	0.000000
	黑色金属矿采选产品	08008	0.000000	0.000000	0.000000	0.000000
	有色金属矿采选产品	09009	0.000000	0.000000	0.000000	0.000000
	非金属矿采选产品	10010	0.005956	0.001346	0.000000	0.000193
	开采辅助服务和其他采矿产品	11011	0.000000	0.000000	0.000000	0.000000
	谷物磨制品	13012	0.000000	0.000000	0.000038	0.000188
	饲料加工品	13013	0.000000	0.000000	0.000035	0.000000
	植物油加工品	13014	0.000000	0.000000	0.000009	0.000344
	糖及糖制品	13015	0.000000	0.000000	0.000019	0.000183
	屠宰及肉类加工品	13016	0.000000	0.000000	0.000167	0.000819
	水产加工品	13017	0.000000	0.000000	0.000025	0.000104
	蔬菜、水果、坚果和其他农副食品加工品	13018	0.000000	0.000000	0.000000	0.001123
	方便食品	14019	0.000000	0.000000	0.000000	0.002267
	乳制品	14020	0.000000	0.000000	0.000000	0.000529
	调味品、发酵制品	14021	0.000000	0.000000	0.000000	0.000621
	其他食品	14022	0.000000	0.000000	0.000125	0.000255
	酒精和酒	15023	0.000823	0.000279	0.000664	0.001227
	饮料和精制茶加工品	15024	0.001985	0.000534	0.000296	0.011442
	烟草制品	16025	0.000000	0.000000	0.001550	0.004202
	棉、化纤纺织及印染精加工品	17026	0.000009	0.000006	0.000048	0.000530
	毛纺织及染整精加工品	17027	0.000016	0.000011	0.000003	0.000024
	麻、丝绢纺织及加工品	17028	0.000032	0.000024	0.000129	0.000012
	针织或钩针编织及其制品	17029	0.000078	0.000054	0.000046	0.000076

道路运输	水上运输	航空运输	管道运输	装卸搬运和运输代理	仓储	代码
54105	55106	56107	57108	58109	59110	—
0.000000	0.000008	0.000000	0.000000	0.000005	0.183891	01001
0.000011	0.000033	0.000105	0.000014	0.000008	0.000145	02002
0.000000	0.000006	0.000000	0.000000	0.000000	0.000000	03003
0.000000	0.000025	0.000000	0.000000	0.000000	0.000000	04004
0.000000	0.000000	0.000000	0.000000	0.000000	0.000000	05005
0.000747	0.000252	0.000539	0.000000	0.000000	0.000000	06006
0.000000	0.000000	0.000000	0.000000	0.000000	0.000000	07007
0.000000	0.000000	0.000000	0.000000	0.000000	0.000000	08008
0.000000	0.000000	0.000000	0.000000	0.000000	0.000000	09009
0.000000	0.000000	0.000000	0.000000	0.000000	0.000000	10010
0.000000	0.000000	0.000000	0.000000	0.000000	0.000000	11011
0.000000	0.000767	0.000000	0.000000	0.000000	0.000000	13012
0.000000	0.000000	0.000000	0.000000	0.000000	0.000000	13013
0.000000	0.000165	0.000000	0.000000	0.000000	0.018408	13014
0.000000	0.000193	0.000000	0.000000	0.000000	0.003753	13015
0.000000	0.000085	0.000000	0.000000	0.000000	0.018442	13016
0.000000	0.000008	0.000000	0.000000	0.000000	0.000000	13017
0.000000	0.004449	0.001680	0.000000	0.000000	0.000000	13018
0.000000	0.008930	0.001587	0.000000	0.000000	0.000000	14019
0.000000	0.000000	0.000000	0.000000	0.000000	0.000000	14020
0.000000	0.000535	0.000000	0.000000	0.000000	0.000000	14021
0.000000	0.000011	0.003235	0.000000	0.000000	0.000000	14022
0.000294	0.000383	0.007748	0.000357	0.000286	0.002597	15023
0.000657	0.000079	0.020964	0.001806	0.000531	0.001630	15024
0.001784	0.008886	0.002630	0.002677	0.002247	0.001058	16025
0.000003	0.000000	0.000000	0.000000	0.000000	0.000000	17026
0.000000	0.000000	0.000000	0.000000	0.000000	0.000256	17027
0.000000	0.000000	0.000000	0.000000	0.000000	0.000094	17028
0.000001	0.000000	0.000000	0.000003	0.000008	0.000105	17029

表 4.2 续 11 (Table 4.2 Continue 11)

	投入＼产出	代码	邮政	住宿	餐饮	电信和其他信息传输服务
	代码	—	60111	61112	62113	63114
中间投入	农产品	01001	0.000000	0.000934	0.020163	0.003497
	林产品	02002	0.000000	0.000613	0.000155	0.000002
	畜牧产品	03003	0.000000	0.000120	0.052936	0.000000
	渔产品	04004	0.000000	0.003531	0.065472	0.000000
	农、林、牧、渔服务	05005	0.000000	0.000000	0.000000	0.000000
	煤炭采选产品	06006	0.000893	0.000301	0.000112	0.000000
	石油和天然气开采产品	07007	0.000000	0.000000	0.000000	0.000000
	黑色金属矿采选产品	08008	0.000000	0.000000	0.000000	0.000000
	有色金属矿采选产品	09009	0.000000	0.000000	0.000000	0.000000
	非金属矿采选产品	10010	0.000000	0.000000	0.000000	0.000000
	开采辅助服务和其他采矿产品	11011	0.000000	0.000000	0.000000	0.000000
	谷物磨制品	13012	0.000000	0.000000	0.025173	0.000000
	饲料加工品	13013	0.000165	0.000000	0.000000	0.000000
	植物油加工品	13014	0.000000	0.002067	0.039645	0.004151
	糖及糖制品	13015	0.000000	0.000000	0.005325	0.000000
	屠宰及肉类加工品	13016	0.000000	0.019866	0.076816	0.000000
	水产加工品	13017	0.000000	0.009484	0.059959	0.000000
	蔬菜、水果、坚果和其他农副食品加工品	13018	0.000000	0.004326	0.026394	0.000000
	方便食品	14019	0.000000	0.010383	0.007806	0.000000
	乳制品	14020	0.000000	0.000000	0.007846	0.000171
	调味品、发酵制品	14021	0.000000	0.000000	0.015972	0.000000
	其他食品	14022	0.000000	0.000000	0.011466	0.000455
	酒精和酒	15023	0.000111	0.058312	0.023470	0.000178
	饮料和精制茶加工品	15024	0.007964	0.087807	0.020461	0.004076
	烟草制品	16025	0.001727	0.014681	0.010271	0.002816
	棉、化纤纺织及印染精加工品	17026	0.000000	0.000000	0.000000	0.000000
	毛纺织及染整精加工品	17027	0.000000	0.000189	0.000000	0.000000
	麻、丝绢纺织及加工品	17028	0.000001	0.000001	0.000000	0.000000
	针织或钩针编织及其制品	17029	0.000000	0.000001	0.000085	0.000003

软件和信息技术服务	货币金融和其他金融服务	资本市场服务	保险	房地产	租赁	代码
65115	66116	67117	68118	70119	71120	—
0.000000	0.000000	0.000000	0.000000	0.000210	0.000255	01001
0.000015	0.000007	0.000019	0.000042	0.000013	0.000007	02002
0.000000	0.000000	0.000000	0.000000	0.000000	0.000374	03003
0.000000	0.000000	0.000000	0.000000	0.000000	0.000000	04004
0.000000	0.000000	0.000000	0.000000	0.000000	0.000000	05005
0.000000	0.000000	0.000000	0.000000	0.000072	0.000548	06006
0.000000	0.000000	0.000000	0.000000	0.000000	0.000000	07007
0.000000	0.000000	0.000000	0.000000	0.000000	0.000000	08008
0.000000	0.000000	0.000000	0.000000	0.000000	0.000000	09009
0.000000	0.000000	0.000000	0.000000	0.000000	0.000000	10010
0.000000	0.000000	0.000000	0.000000	0.000000	0.000000	11011
0.000000	0.000000	0.000000	0.000000	0.000000	0.000000	13012
0.000000	0.000000	0.000000	0.000000	0.000000	0.000000	13013
0.000000	0.000000	0.000000	0.000000	0.000000	0.000000	13014
0.000000	0.000000	0.000000	0.000000	0.000000	0.000000	13015
0.000000	0.000000	0.000000	0.000000	0.000000	0.000000	13016
0.000000	0.000000	0.000000	0.000000	0.000000	0.000000	13017
0.000000	0.000000	0.000000	0.000000	0.000000	0.000000	13018
0.000000	0.000000	0.000000	0.000000	0.000000	0.000000	14019
0.000000	0.000000	0.000000	0.000000	0.000000	0.000000	14020
0.000000	0.000000	0.000000	0.000000	0.000000	0.000000	14021
0.000000	0.000000	0.000000	0.000000	0.000000	0.000000	14022
0.000632	0.000236	0.001198	0.003172	0.000722	0.000466	15023
0.000676	0.000725	0.000826	0.001586	0.001317	0.000737	15024
0.001263	0.001022	0.000466	0.003499	0.001701	0.000676	16025
0.000000	0.000000	0.000000	0.000000	0.000000	0.000000	17026
0.000000	0.000000	0.000000	0.000000	0.000001	0.000169	17027
0.000000	0.000000	0.000000	0.000000	0.000000	0.000173	17028
0.000027	0.000028	0.000013	0.000154	0.000047	0.000006	17029

表 4.2 续 12 (Table 4.2 Continue 12)

	投入 \ 产出	代码	商务服务	研究和试验发展	专业技术服务	科技推广和应用服务
	代码	—	72121	73122	74123	75124
中间投入	农产品	01001	0.007369	0.009957	0.000041	0.001403
	林产品	02002	0.000004	0.000006	0.000008	0.000002
	畜牧产品	03003	0.000000	0.009886	0.000000	0.000000
	渔产品	04004	0.000000	0.020079	0.000000	0.000000
	农、林、牧、渔服务	05005	0.000000	0.000000	0.000000	0.000000
	煤炭采选产品	06006	0.000000	0.000541	0.000189	0.001556
	石油和天然气开采产品	07007	0.000000	0.000000	0.000000	0.000000
	黑色金属矿采选产品	08008	0.000000	0.000553	0.000043	0.000000
	有色金属矿采选产品	09009	0.000000	0.001068	0.000024	0.000000
	非金属矿采选产品	10010	0.000000	0.000020	0.000055	0.000006
	开采辅助服务和其他采矿产品	11011	0.000000	0.000000	0.000000	0.000000
	谷物磨制品	13012	0.000000	0.002279	0.000000	0.000000
	饲料加工品	13013	0.000000	0.000000	0.000000	0.000000
	植物油加工品	13014	0.000063	0.002319	0.000000	0.000000
	糖及糖制品	13015	0.000000	0.000000	0.000000	0.000000
	屠宰及肉类加工品	13016	0.000000	0.000346	0.000000	0.000000
	水产加工品	13017	0.000342	0.001753	0.000000	0.000000
	蔬菜、水果、坚果和其他农副食品加工品	13018	0.010535	0.002948	0.000258	0.000260
	方便食品	14019	0.000000	0.000000	0.000000	0.000000
	乳制品	14020	0.000000	0.000000	0.000000	0.000000
	调味品、发酵制品	14021	0.000000	0.000000	0.000000	0.000000
	其他食品	14022	0.000000	0.006484	0.000000	0.000000
	酒精和酒	15023	0.000804	0.001055	0.000971	0.001784
	饮料和精制茶加工品	15024	0.001329	0.007729	0.001608	0.001148
	烟草制品	16025	0.002056	0.001382	0.001262	0.001000
	棉、化纤纺织及印染精加工品	17026	0.000000	0.002158	0.000045	0.000043
	毛纺织及染整精加工品	17027	0.000325	0.009030	0.000109	0.000205
	麻、丝绢纺织及加工品	17028	0.000031	0.000792	0.000021	0.000020
	针织或钩针编织及其制品	17029	0.000007	0.000006	0.000026	0.000078

水利管理	生态保护和环境治理	公共设施管理	居民服务	其他服务	教育	代码
76125	77126	78127	79128	80129	82130	—
0.003355	0.005552	0.094719	0.006284	0.000309	0.001114	01001
0.000027	0.001753	0.000189	0.000105	0.000271	0.000000	02002
0.000000	0.000001	0.000000	0.001386	0.000000	0.003236	03003
0.000000	0.000000	0.000000	0.000000	0.000000	0.001050	04004
0.000000	0.000000	0.000000	0.000000	0.000000	0.000000	05005
0.004672	0.011764	0.000795	0.002011	0.000188	0.001322	06006
0.000000	0.000000	0.000000	0.000000	0.000000	0.000000	07007
0.000000	0.000000	0.000000	0.000000	0.000000	0.000000	08008
0.000000	0.000000	0.000000	0.000000	0.000000	0.000000	09009
0.000000	0.000082	0.000015	0.000039	0.000002	0.000001	10010
0.000000	0.000000	0.000000	0.000000	0.000000	0.000000	11011
0.000000	0.000000	0.000000	0.001830	0.000000	0.003696	13012
0.000000	0.000000	0.000000	0.000000	0.000000	0.000000	13013
0.000000	0.000000	0.000000	0.000552	0.000403	0.003926	13014
0.000000	0.000000	0.000000	0.000000	0.000000	0.000206	13015
0.000000	0.011695	0.000000	0.001396	0.000000	0.000000	13016
0.000000	0.000288	0.000306	0.000420	0.000646	0.000605	13017
0.000512	0.002440	0.002294	0.002250	0.002502	0.005382	13018
0.000000	0.000000	0.000000	0.000000	0.000000	0.000000	14019
0.000000	0.000000	0.000000	0.001310	0.000000	0.000000	14020
0.000000	0.000000	0.000000	0.000000	0.000000	0.000000	14021
0.000000	0.000000	0.000000	0.007913	0.000000	0.003318	14022
0.003497	0.001977	0.001143	0.000879	0.015285	0.001135	15023
0.001949	0.001354	0.002977	0.010074	0.001494	0.001045	15024
0.001676	0.001272	0.001392	0.002253	0.002650	0.002195	16025
0.001757	0.003774	0.003953	0.001122	0.002120	0.001317	17026
0.000018	0.000276	0.000288	0.000002	0.000156	0.000717	17027
0.000008	0.000000	0.000000	0.000606	0.000125	0.000060	17028
0.000837	0.000009	0.000052	0.001234	0.000067	0.000065	17029

表 4.2 续 13 （Table 4.2 Continue 13）

投入＼产出		代码	卫生	社会工作	新闻和出版	广播、电视、电影和影视录音制作
代码		—	83131	84132	85133	86134
中间投入	农产品	01001	0.002661	0.015458	0.000443	0.000054
	林产品	02002	0.000000	0.000109	0.000011	0.000017
	畜牧产品	03003	0.000055	0.000000	0.000000	0.000030
	渔产品	04004	0.000126	0.000000	0.000000	0.000000
	农、林、牧、渔服务	05005	0.000000	0.000000	0.000000	0.000000
	煤炭采选产品	06006	0.001599	0.002806	0.001888	0.000043
	石油和天然气开采产品	07007	0.000000	0.000000	0.000000	0.000000
	黑色金属矿采选产品	08008	0.000000	0.000000	0.000000	0.000000
	有色金属矿采选产品	09009	0.000000	0.000000	0.000000	0.000000
	非金属矿采选产品	10010	0.000000	0.000059	0.000000	0.000000
	开采辅助服务和其他采矿产品	11011	0.000000	0.000000	0.000000	0.000000
	谷物磨制品	13012	0.002711	0.033311	0.000000	0.000000
	饲料加工品	13013	0.000000	0.000000	0.000000	0.000000
	植物油加工品	13014	0.000149	0.027862	0.000000	0.000000
	糖及糖制品	13015	0.000000	0.000039	0.000000	0.000440
	屠宰及肉类加工品	13016	0.000000	0.002564	0.000000	0.000683
	水产加工品	13017	0.000074	0.000210	0.000000	0.001399
	蔬菜、水果、坚果和其他农副食品加工品	13018	0.000196	0.000830	0.000000	0.000801
	方便食品	14019	0.000000	0.000000	0.000000	0.000771
	乳制品	14020	0.000000	0.000000	0.000000	0.000000
	调味品、发酵制品	14021	0.000000	0.000000	0.000000	0.000078
	其他食品	14022	0.002371	0.000000	0.000000	0.000069
	酒精和酒	15023	0.007396	0.002285	0.001398	0.001986
	饮料和精制茶加工品	15024	0.000135	0.000501	0.004301	0.001519
	烟草制品	16025	0.001686	0.004539	0.002562	0.003441
	棉、化纤纺织及印染精加工品	17026	0.011436	0.000361	0.002602	0.002018
	毛纺织及染整精加工品	17027	0.000081	0.000033	0.000000	0.001767
	麻、丝绢纺织及加工品	17028	0.000005	0.000002	0.000000	0.000611
	针织或钩针编织及其制品	17029	0.000416	0.000060	0.000100	0.000003

文化艺术	体育	娱乐	社会保障	公共管理和社会组织	中间使用合计	代码
87135	88136	89137	93138	90139	**TIU**	—
0.003055	0.001805	0.000146	0.000927	0.000000	**0.024219**	01001
0.000006	0.000277	0.000017	0.000000	0.000000	**0.002784**	02002
0.000306	0.000152	0.001030	0.000000	0.000000	**0.009281**	03003
0.000000	0.000000	0.007074	0.000000	0.000000	**0.002871**	04004
0.000000	0.000000	0.000000	0.000000	0.000000	**0.001585**	05005
0.001856	0.001359	0.000138	0.000715	0.000923	**0.014955**	06006
0.000000	0.000000	0.000000	0.000000	0.000000	**0.016257**	07007
0.000000	0.000000	0.000000	0.000000	0.000000	**0.009119**	08008
0.000000	0.000000	0.000000	0.000000	0.000000	**0.003842**	09009
0.000168	0.000121	0.000001	0.000000	0.000000	**0.003299**	10010
0.000000	0.000000	0.000000	0.000000	0.000000	**0.000885**	11011
0.000000	0.000000	0.001056	0.000511	0.000000	**0.003872**	13012
0.000000	0.000000	0.000000	0.000000	0.000000	**0.005399**	13013
0.000000	0.000000	0.000000	0.003434	0.002004	**0.003657**	13014
0.000000	0.000033	0.000227	0.000000	0.000000	**0.000714**	13015
0.000000	0.000000	0.003598	0.000000	0.000000	**0.003147**	13016
0.000906	0.000471	0.001713	0.000263	0.000000	**0.001341**	13017
0.000318	0.001097	0.002767	0.001082	0.000000	**0.002112**	13018
0.000000	0.000000	0.002132	0.000000	0.000000	**0.000212**	14019
0.000000	0.000000	0.003995	0.000000	0.000000	**0.000669**	14020
0.000000	0.000000	0.000000	0.000000	0.000000	**0.000644**	14021
0.000000	0.004421	0.017148	0.000000	0.000000	**0.001292**	14022
0.001140	0.001522	0.069984	0.000329	0.001981	**0.002081**	15023
0.006134	0.000761	0.095010	0.002974	0.008537	**0.002220**	15024
0.002777	0.004888	0.027635	0.000937	0.002114	**0.002767**	16025
0.002047	0.000247	0.001523	0.000368	0.004641	**0.014443**	17026
0.003926	0.000027	0.000657	0.000045	0.000095	**0.001423**	17027
0.000657	0.000000	0.000000	0.000002	0.000065	**0.001085**	17028
0.000003	0.000042	0.000251	0.000000	0.002513	**0.001298**	17029

表 4.2 续 14 (Table 4.2 Continue 14)

	投入＼产出	代码	农产品	林产品	畜牧产品	渔产品
	代码	—	01001	02002	03003	04004
中间投入	纺织制成品	17030	0.000000	0.000052	0.000000	0.000032
	纺织服装服饰	18031	0.000000	0.000404	0.000001	0.000003
	皮革、毛皮、羽毛及其制品	19032	0.000001	0.000091	0.000007	0.000004
	鞋	19033	0.000000	0.000000	0.000000	0.000000
	木材加工品和木、竹、藤、棕、草制品	20034	0.000021	0.000319	0.000015	0.000495
	家具	21035	0.000024	0.000431	0.000008	0.000583
	造纸和纸制品	22036	0.000015	0.000210	0.000001	0.000129
	印刷品和记录媒介复制品	23037	0.000011	0.000320	0.000004	0.000477
	文教、工美、体育和娱乐用品	24038	0.000001	0.000129	0.000001	0.000018
	精炼石油和核燃料加工品	25039	0.022193	0.025678	0.003238	0.018660
	炼焦产品	25040	0.000000	0.000000	0.000000	0.000000
	基础化学原料	26041	0.000001	0.000408	0.000000	0.000003
	肥料	26042	0.110249	0.034715	0.000003	0.000078
	农药	26043	0.023272	0.022105	0.000012	0.000097
	涂料、油墨、颜料及类似产品	26044	0.000000	0.000395	0.000000	0.000001
	合成材料	26045	0.000002	0.000299	0.000000	0.000062
	专用化学产品和炸药、火工、焰火产品	26046	0.000001	0.000098	0.000001	0.000009
	日用化学产品	26047	0.000005	0.000160	0.000001	0.000025
	医药制品	27048	0.000004	0.000564	0.010514	0.002154
	化学纤维制品	28049	0.000014	0.000000	0.000000	0.002885
	橡胶制品	29050	0.000009	0.000668	0.000003	0.000196
	塑料制品	29051	0.013902	0.002048	0.000000	0.000009
	水泥、石灰和石膏	30052	0.000006	0.000083	0.000001	0.000070
	石膏、水泥制品及类似制品	30053	0.000005	0.000068	0.000001	0.000097
	砖瓦、石材等建筑材料	30054	0.000011	0.000138	0.000012	0.001077
	玻璃和玻璃制品	30055	0.000004	0.000270	0.000001	0.000157
	陶瓷制品	30056	0.000009	0.000108	0.000002	0.000285
	耐火材料制品	30057	0.000006	0.000404	0.000001	0.000022
	石墨及其他非金属矿物制品	30058	0.000011	0.000447	0.000002	0.000060

农、林、牧、渔服务	煤炭采选产品	石油和天然气开采产品	黑色金属矿采选产品	有色金属矿采选产品	非金属矿采选产品	代码
05005	06006	07007	08008	09009	10010	—
0.000032	0.000183	0.000054	0.000049	0.000451	0.000413	17030
0.001645	0.002274	0.001662	0.002336	0.002736	0.001718	18031
0.006073	0.000073	0.000058	0.000001	0.000015	0.000047	19032
0.000000	0.000137	0.000151	0.000174	0.000137	0.000075	19033
0.000752	0.017863	0.000012	0.000376	0.003656	0.001344	20034
0.001250	0.000110	0.000107	0.000057	0.000056	0.000011	21035
0.000230	0.000224	0.000117	0.000115	0.000138	0.000547	22036
0.001371	0.000230	0.000141	0.002540	0.000247	0.000224	23037
0.000025	0.000640	0.000312	0.002451	0.001769	0.000667	24038
0.021781	0.006582	0.031712	0.039514	0.068444	0.060207	25039
0.000000	0.000047	0.000012	0.001491	0.001301	0.001051	25040
0.000027	0.000796	0.011472	0.011428	0.013642	0.014599	26041
0.000293	0.000000	0.000000	0.000000	0.000000	0.000000	26042
0.005189	0.000000	0.000000	0.000000	0.000000	0.000000	26043
0.000026	0.000859	0.000182	0.000046	0.000055	0.000060	26044
0.000147	0.002978	0.000068	0.000178	0.000397	0.000125	26045
0.000105	0.010509	0.012596	0.019704	0.040081	0.045100	26046
0.000473	0.001479	0.000099	0.000024	0.000047	0.000018	26047
0.026420	0.000245	0.000039	0.000295	0.000529	0.000024	27048
0.002585	0.000017	0.000000	0.000012	0.000033	0.000013	28049
0.000235	0.003634	0.000544	0.014730	0.002587	0.003659	29050
0.000028	0.000810	0.000187	0.000425	0.001032	0.006127	29051
0.000266	0.001640	0.000095	0.000458	0.003346	0.011060	30052
0.000186	0.001228	0.000135	0.000057	0.000789	0.002422	30053
0.000485	0.000868	0.000131	0.001525	0.000855	0.002730	30054
0.000482	0.000327	0.000183	0.000034	0.000165	0.000004	30055
0.000106	0.000002	0.000000	0.000006	0.000247	0.000174	30056
0.000107	0.000033	0.000033	0.000312	0.000386	0.000710	30057
0.000085	0.000258	0.000217	0.000597	0.003316	0.002309	30058

表 4.2 续 15 (Table 4.2 Continue 15)

投入 \ 产出		代码	开采辅助服务和其他采矿产品	谷物磨制品	饲料加工品	植物油加工品
代码		—	11011	13012	13013	13014
中间投入	纺织制成品	17030	0.000452	0.000009	0.000139	0.000054
	纺织服装服饰	18031	0.002768	0.000301	0.000488	0.000140
	皮革、毛皮、羽毛及其制品	19032	0.000007	0.000000	0.000000	0.000000
	鞋	19033	0.000422	0.000008	0.000011	0.000005
	木材加工品和木、竹、藤、棕、草制品	20034	0.000245	0.000103	0.000096	0.000090
	家具	21035	0.000083	0.000003	0.000005	0.000003
	造纸和纸制品	22036	0.000309	0.001091	0.000846	0.002924
	印刷品和记录媒介复制品	23037	0.000165	0.000204	0.000297	0.000075
	文教、工美、体育和娱乐用品	24038	0.000642	0.000331	0.000349	0.000122
	精炼石油和核燃料加工品	25039	0.048373	0.000673	0.000793	0.000796
	炼焦产品	25040	0.000007	0.000000	0.000000	0.000000
	基础化学原料	26041	0.010143	0.000000	0.000000	0.000938
	肥料	26042	0.000000	0.000000	0.000000	0.000000
	农药	26043	0.000000	0.000000	0.000000	0.000000
	涂料、油墨、颜料及类似产品	26044	0.000432	0.000053	0.000013	0.000023
	合成材料	26045	0.001416	0.000074	0.000005	0.000019
	专用化学产品和炸药、火工、焰火产品	26046	0.051811	0.000007	0.000716	0.000405
	日用化学产品	26047	0.001374	0.000027	0.000536	0.000065
	医药制品	27048	0.000551	0.000001	0.001242	0.000112
	化学纤维制品	28049	0.000000	0.000000	0.000000	0.000000
	橡胶制品	29050	0.012949	0.000060	0.000048	0.000028
	塑料制品	29051	0.020837	0.009572	0.004260	0.007120
	水泥、石灰和石膏	30052	0.023563	0.000002	0.000004	0.000005
	石膏、水泥制品及类似制品	30053	0.018569	0.000000	0.000001	0.000000
	砖瓦、石材等建筑材料	30054	0.003930	0.000010	0.000044	0.000007
	玻璃和玻璃制品	30055	0.000134	0.000208	0.000181	0.000149
	陶瓷制品	30056	0.000414	0.000004	0.000003	0.000016
	耐火材料制品	30057	0.000878	0.000025	0.000077	0.000021
	石墨及其他非金属矿物制品	30058	0.000327	0.000006	0.000008	0.000004

糖及糖制品	屠宰及肉类加工品	水产加工品	蔬菜、水果、坚果和其他农副食品加工品	方便食品	乳制品	代码
13015	13016	13017	13018	14019	14020	—
0.000056	0.000009	0.000057	0.000438	0.000310	0.000129	17030
0.000342	0.000382	0.001059	0.001182	0.000734	0.000512	18031
0.000000	0.000000	0.000000	0.000003	0.000056	0.000012	19032
0.000006	0.000011	0.000028	0.000012	0.000031	0.000015	19033
0.000077	0.000169	0.000492	0.000630	0.000237	0.000270	20034
0.000003	0.000002	0.000028	0.000006	0.000082	0.000026	21035
0.001111	0.003291	0.007416	0.005957	0.012869	0.031142	22036
0.000134	0.000235	0.001373	0.000619	0.000382	0.000808	23037
0.000342	0.000258	0.000892	0.001301	0.000950	0.002387	24038
0.002043	0.000678	0.001993	0.001663	0.000720	0.001190	25039
0.000000	0.000000	0.000000	0.000000	0.000000	0.000000	25040
0.007660	0.000000	0.000000	0.000315	0.000000	0.000000	26041
0.000000	0.000000	0.000000	0.000000	0.000000	0.000000	26042
0.000000	0.000000	0.000000	0.000000	0.000000	0.000000	26043
0.000020	0.000040	0.000002	0.000019	0.000028	0.000108	26044
0.000004	0.000014	0.000002	0.000001	0.000002	0.001302	26045
0.007038	0.000767	0.000042	0.000761	0.000058	0.000390	26046
0.000001	0.000596	0.000030	0.000305	0.000675	0.001776	26047
0.000256	0.001461	0.000851	0.000271	0.000004	0.000116	27048
0.000000	0.000000	0.000000	0.000000	0.000000	0.000000	28049
0.000148	0.000072	0.000105	0.000296	0.000095	0.000148	29050
0.002690	0.007211	0.009896	0.010771	0.017815	0.033630	29051
0.000112	0.000003	0.000117	0.000144	0.000005	0.000002	30052
0.000015	0.000005	0.000031	0.000020	0.000000	0.000000	30053
0.000002	0.000010	0.000037	0.000019	0.000005	0.000000	30054
0.000074	0.000164	0.000381	0.000328	0.002252	0.002762	30055
0.000001	0.000008	0.000009	0.000246	0.000001	0.000002	30056
0.000008	0.000078	0.000095	0.000007	0.000004	0.000000	30057
0.000004	0.000001	0.000002	0.000001	0.000001	0.000002	30058

表 4.2 续 16 (Table 4.2 Continue 16)

	投入＼产出	代码	调味品、发酵制品	其他食品	酒精和酒	饮料和精制茶加工品
	代码	—	14021	14022	15023	15024
中间投入	纺织制成品	17030	0.000094	0.000035	0.000032	0.000056
	纺织服装服饰	18031	0.001335	0.001120	0.001322	0.001226
	皮革、毛皮、羽毛及其制品	19032	0.000041	0.000040	0.000027	0.000026
	鞋	19033	0.000013	0.000023	0.000030	0.000007
	木材加工品和木、竹、藤、棕、草制品	20034	0.000304	0.000443	0.001322	0.000640
	家具	21035	0.000027	0.000027	0.000036	0.000019
	造纸和纸制品	22036	0.010131	0.013185	0.016059	0.011476
	印刷品和记录媒介复制品	23037	0.000395	0.001096	0.006976	0.004527
	文教、工美、体育和娱乐用品	24038	0.001215	0.001471	0.002452	0.000280
	精炼石油和核燃料加工品	25039	0.002211	0.002058	0.006561	0.001308
	炼焦产品	25040	0.000000	0.000000	0.000000	0.000000
	基础化学原料	26041	0.006529	0.004864	0.002469	0.000698
	肥料	26042	0.000000	0.000000	0.000000	0.000000
	农药	26043	0.000000	0.000000	0.000000	0.000000
	涂料、油墨、颜料及类似产品	26044	0.000029	0.000042	0.000025	0.000190
	合成材料	26045	0.000152	0.000505	0.000189	0.012300
	专用化学产品和炸药、火工、焰火产品	26046	0.001907	0.001801	0.001235	0.000797
	日用化学产品	26047	0.001464	0.002369	0.000830	0.005717
	医药制品	27048	0.002020	0.002556	0.000455	0.000500
	化学纤维制品	28049	0.000000	0.000028	0.000016	0.000000
	橡胶制品	29050	0.000488	0.000420	0.000327	0.000290
	塑料制品	29051	0.027275	0.016955	0.009196	0.051722
	水泥、石灰和石膏	30052	0.000074	0.000058	0.000030	0.000004
	石膏、水泥制品及类似制品	30053	0.000002	0.000049	0.000095	0.000017
	砖瓦、石材等建筑材料	30054	0.000005	0.000026	0.000077	0.000014
	玻璃和玻璃制品	30055	0.005802	0.003603	0.033174	0.014773
	陶瓷制品	30056	0.000006	0.000001	0.001595	0.000815
	耐火材料制品	30057	0.000014	0.000139	0.000016	0.000000
	石墨及其他非金属矿物制品	30058	0.000012	0.000027	0.000002	0.000003

烟草制品	棉、化纤纺织及印染精加工品	毛纺织及染整精加工品	麻、丝绢纺织及加工品	针织或钩针编织及其制品	纺织制成品	代码
16025	17026	17027	17028	17029	17030	—
0.000126	0.000704	0.000053	0.001014	0.001719	0.017495	17030
0.001752	0.002115	0.009914	0.004183	0.007443	0.001517	18031
0.000003	0.000702	0.000004	0.000054	0.000307	0.000724	19032
0.000003	0.000010	0.000009	0.000008	0.000008	0.000871	19033
0.000728	0.001202	0.001247	0.001585	0.002584	0.002263	20034
0.000037	0.000011	0.000003	0.000006	0.000033	0.000062	21035
0.034093	0.001413	0.003593	0.001545	0.004603	0.008223	22036
0.011050	0.000138	0.000215	0.000179	0.000798	0.001188	23037
0.000754	0.000370	0.000426	0.000423	0.002020	0.000776	24038
0.001406	0.000864	0.001527	0.002779	0.001781	0.001716	25039
0.000000	0.000000	0.000000	0.000000	0.000000	0.000000	25040
0.000179	0.001204	0.000047	0.001265	0.000033	0.001047	26041
0.000000	0.000000	0.000000	0.000000	0.000000	0.000000	26042
0.000000	0.000000	0.000000	0.000000	0.000000	0.000000	26043
0.000051	0.009393	0.017377	0.001519	0.005369	0.002463	26044
0.000020	0.002203	0.000061	0.000005	0.000071	0.003627	26045
0.000675	0.003174	0.002093	0.002900	0.011759	0.005729	26046
0.004577	0.000040	0.000094	0.000009	0.000019	0.000036	26047
0.000010	0.000002	0.000000	0.000018	0.000012	0.000088	27048
0.009918	0.074225	0.090215	0.076883	0.117117	0.077071	28049
0.000145	0.000437	0.000131	0.000233	0.000331	0.004983	29050
0.001941	0.001372	0.001927	0.001326	0.004036	0.015626	29051
0.000091	0.000022	0.000007	0.000043	0.000016	0.000007	30052
0.000000	0.000255	0.000006	0.000004	0.000080	0.000006	30053
0.000001	0.000010	0.000000	0.000065	0.000003	0.000170	30054
0.000008	0.000033	0.000003	0.000005	0.000015	0.001050	30055
0.000000	0.000025	0.000007	0.000000	0.000000	0.000000	30056
0.000000	0.000000	0.000001	0.000015	0.000432	0.000070	30057
0.000015	0.000673	0.000003	0.000001	0.000005	0.000041	30058

表 4.2 续 17 （Table 4.2 Continue 17）

投入＼产出		代码	纺织服装服饰	皮革、毛皮、羽毛及其制品	鞋	木材加工品和木、竹、藤、棕、草制品
代码		—	18031	19032	19033	20034
中间投入	纺织制成品	17030	0.024712	0.005467	0.002967	0.000198
	纺织服装服饰	18031	0.019769	0.008182	0.003433	0.002319
	皮革、毛皮、羽毛及其制品	19032	0.036304	0.229209	0.127652	0.000016
	鞋	19033	0.000645	0.000239	0.105378	0.000008
	木材加工品和木、竹、藤、棕、草制品	20034	0.000587	0.000587	0.002134	0.346370
	家具	21035	0.000183	0.000029	0.000017	0.002005
	造纸和纸制品	22036	0.003095	0.007703	0.010069	0.007557
	印刷品和记录媒介复制品	23037	0.001097	0.000320	0.001131	0.000469
	文教、工美、体育和娱乐用品	24038	0.001885	0.001110	0.002497	0.000736
	精炼石油和核燃料加工品	25039	0.001663	0.001261	0.002466	0.005608
	炼焦产品	25040	0.000000	0.000000	0.000000	0.000000
	基础化学原料	26041	0.000176	0.004319	0.002698	0.017352
	肥料	26042	0.000000	0.000000	0.000000	0.000000
	农药	26043	0.000000	0.000000	0.000000	0.000000
	涂料、油墨、颜料及类似产品	26044	0.000723	0.003144	0.001039	0.003075
	合成材料	26045	0.000338	0.002118	0.053500	0.004447
	专用化学产品和炸药、火工、焰火产品	26046	0.000292	0.016948	0.017298	0.050260
	日用化学产品	26047	0.000078	0.000800	0.001957	0.000056
	医药制品	27048	0.000017	0.001324	0.000385	0.000002
	化学纤维制品	28049	0.022067	0.003680	0.002204	0.000058
	橡胶制品	29050	0.000950	0.011537	0.048187	0.002853
	塑料制品	29051	0.005732	0.012387	0.057325	0.009069
	水泥、石灰和石膏	30052	0.000018	0.000022	0.000006	0.000415
	石膏、水泥制品及类似制品	30053	0.000020	0.000011	0.000071	0.000045
	砖瓦、石材等建筑材料	30054	0.000007	0.000021	0.000010	0.000133
	玻璃和玻璃制品	30055	0.000080	0.000225	0.000006	0.000274
	陶瓷制品	30056	0.000001	0.000000	0.000000	0.000001
	耐火材料制品	30057	0.000030	0.000972	0.000072	0.000210
	石墨及其他非金属矿物制品	30058	0.000041	0.000481	0.000052	0.001189

家具	造纸和纸制品	印刷品和记录媒介复制品	文教、工美、体育和娱乐用品	精炼石油和核燃料加工品	炼焦产品	代码
21035	22036	23037	24038	25039	25040	—
0.004774	0.002966	0.000143	0.006518	0.000031	0.000020	17030
0.003195	0.001541	0.001288	0.003657	0.000467	0.000511	18031
0.034762	0.000014	0.000315	0.006545	0.000002	0.000032	19032
0.000002	0.000020	0.000009	0.000185	0.000005	0.000013	19033
0.327143	0.013109	0.005278	0.027361	0.000203	0.000160	20034
0.007408	0.000011	0.000094	0.000295	0.000052	0.000058	21035
0.008809	0.299767	0.358816	0.051281	0.000193	0.000031	22036
0.001050	0.002609	0.028311	0.002154	0.000105	0.000041	23037
0.001138	0.001841	0.003028	0.091557	0.000102	0.000144	24038
0.003955	0.002702	0.002658	0.004482	0.077633	0.003825	25039
0.000000	0.000000	0.000000	0.000000	0.000000	0.020829	25040
0.004977	0.052948	0.002526	0.003932	0.011597	0.001571	26041
0.000000	0.000000	0.000000	0.000000	0.000000	0.000000	26042
0.000000	0.000000	0.000000	0.000000	0.000000	0.000000	26043
0.010393	0.004025	0.043150	0.005581	0.000059	0.000034	26044
0.009553	0.004471	0.006836	0.028391	0.001845	0.000021	26045
0.006682	0.045890	0.017102	0.011458	0.012664	0.001976	26046
0.001197	0.001395	0.000201	0.003300	0.000010	0.000012	26047
0.000019	0.001284	0.000007	0.000019	0.000023	0.000006	27048
0.004919	0.003017	0.000150	0.011621	0.000001	0.000680	28049
0.003907	0.001860	0.003655	0.005451	0.000140	0.000388	29050
0.024546	0.014451	0.051152	0.048027	0.001396	0.000274	29051
0.000228	0.000271	0.000020	0.000459	0.000488	0.000162	30052
0.000031	0.000003	0.000003	0.000181	0.000034	0.000000	30053
0.001849	0.000112	0.000004	0.000769	0.000051	0.000055	30054
0.013353	0.000029	0.000226	0.002941	0.000069	0.000008	30055
0.000028	0.000016	0.000000	0.000339	0.000003	0.000001	30056
0.000011	0.000931	0.000026	0.000015	0.000049	0.051924	30057
0.000273	0.000017	0.000078	0.001015	0.000024	0.000001	30058

表 4.2 续 18 （Table 4.2 Continue 18）

	产出 投入	代码	基础化学原料	肥料	农药	涂料、油墨、颜料及类似产品
	代码	—	26041	26042	26043	26044
中间投入	纺织制成品	17030	0.000052	0.000299	0.000081	0.000185
	纺织服装服饰	18031	0.001292	0.001062	0.002224	0.001486
	皮革、毛皮、羽毛及其制品	19032	0.000508	0.000920	0.001660	0.000802
	鞋	19033	0.000163	0.000009	0.000026	0.000041
	木材加工品和木、竹、藤、棕、草制品	20034	0.000289	0.000446	0.000702	0.001094
	家具	21035	0.000006	0.000016	0.000007	0.000047
	造纸和纸制品	22036	0.001716	0.000801	0.006919	0.003747
	印刷品和记录媒介复制品	23037	0.000146	0.000556	0.000634	0.001240
	文教、工美、体育和娱乐用品	24038	0.000381	0.000555	0.000742	0.000885
	精炼石油和核燃料加工品	25039	0.098873	0.027398	0.012118	0.035013
	炼焦产品	25040	0.015932	0.001470	0.000269	0.000180
	基础化学原料	26041	0.216387	0.162471	0.280123	0.182581
	肥料	26042	0.000406	0.151715	0.009469	0.000000
	农药	26043	0.000000	0.000000	0.193603	0.000000
	涂料、油墨、颜料及类似产品	26044	0.001212	0.000436	0.000201	0.147324
	合成材料	26045	0.012078	0.000535	0.005476	0.073376
	专用化学产品和炸药、火工、焰火产品	26046	0.035652	0.027862	0.031226	0.137179
	日用化学产品	26047	0.000016	0.000371	0.000043	0.000301
	医药制品	27048	0.000337	0.001260	0.017998	0.001855
	化学纤维制品	28049	0.000156	0.000009	0.000012	0.003939
	橡胶制品	29050	0.000614	0.000661	0.000127	0.000360
	塑料制品	29051	0.022170	0.087475	0.023630	0.009520
	水泥、石灰和石膏	30052	0.002225	0.000541	0.000042	0.001382
	石膏、水泥制品及类似制品	30053	0.000036	0.000044	0.000066	0.000003
	砖瓦、石材等建筑材料	30054	0.000675	0.000095	0.000018	0.000592
	玻璃和玻璃制品	30055	0.000316	0.000389	0.001773	0.000447
	陶瓷制品	30056	0.000006	0.000073	0.000003	0.000002
	耐火材料制品	30057	0.000237	0.000118	0.000022	0.001304
	石墨及其他非金属矿物制品	30058	0.002762	0.000159	0.000069	0.003177

合成材料	专用化学产品和炸药、火工、焰火产品	日用化学产品	医药制品	化学纤维制品	橡胶制品	代码
26045	26046	26047	27048	28049	29050	—
0.000289	0.000318	0.000050	0.001077	0.000342	0.002789	17030
0.000697	0.001117	0.001127	0.000995	0.002516	0.001503	18031
0.000424	0.002596	0.002500	0.000040	0.000001	0.001407	19032
0.000008	0.000026	0.000006	0.000037	0.000009	0.001424	19033
0.000308	0.000512	0.003712	0.000109	0.003351	0.001522	20034
0.000007	0.000019	0.000008	0.000043	0.000017	0.000001	21035
0.001528	0.002377	0.018780	0.009257	0.006457	0.005717	22036
0.000099	0.000490	0.008443	0.003748	0.001211	0.000416	23037
0.000355	0.000935	0.003747	0.002939	0.000986	0.000732	24038
0.190206	0.042906	0.002629	0.002188	0.065517	0.012084	25039
0.000117	0.017525	0.000000	0.000000	0.000000	0.000428	25040
0.262658	0.210063	0.100967	0.043850	0.119527	0.018924	26041
0.000000	0.000000	0.000000	0.000000	0.000000	0.000000	26042
0.000000	0.000000	0.000000	0.000000	0.000000	0.000000	26043
0.003609	0.001650	0.000708	0.000488	0.000851	0.001463	26044
0.137756	0.023031	0.003162	0.005620	0.169780	0.168734	26045
0.043128	0.160006	0.046268	0.007029	0.013123	0.062282	26046
0.000007	0.000130	0.106541	0.000356	0.000124	0.000158	26047
0.000037	0.000906	0.006085	0.205772	0.000187	0.000749	27048
0.000569	0.005243	0.000120	0.001476	0.272211	0.046958	28049
0.003626	0.002099	0.000131	0.001227	0.000225	0.133683	29050
0.015443	0.022366	0.061252	0.004847	0.028782	0.032956	29051
0.000280	0.000074	0.000324	0.000031	0.000064	0.000159	30052
0.000018	0.000022	0.000001	0.000008	0.000214	0.000000	30053
0.000133	0.000042	0.000015	0.000071	0.000072	0.000589	30054
0.002307	0.001051	0.001197	0.012410	0.000448	0.000287	30055
0.000033	0.000068	0.002914	0.000110	0.000012	0.000004	30056
0.000049	0.001003	0.000007	0.000023	0.000021	0.000147	30057
0.003858	0.002190	0.000307	0.000007	0.000029	0.002590	30058

表 4.2 续 19 （Table 4.2 Continue 19）

投入 \ 产出		代码	塑料制品	水泥、石灰和石膏	石膏、水泥制品及类似制品	砖瓦、石材等建筑材料
代码		—	29051	30052	30053	30054
中间投入	纺织制成品	17030	0.003218	0.000250	0.000068	0.000451
	纺织服装服饰	18031	0.001805	0.001360	0.005068	0.003437
	皮革、毛皮、羽毛及其制品	19032	0.000441	0.000075	0.000115	0.000016
	鞋	19033	0.000004	0.000024	0.000003	0.000014
	木材加工品和木、竹、藤、棕、草制品	20034	0.002723	0.003495	0.003426	0.005034
	家具	21035	0.000056	0.000013	0.000004	0.000016
	造纸和纸制品	22036	0.004619	0.031902	0.004790	0.010799
	印刷品和记录媒介复制品	23037	0.000515	0.000149	0.000224	0.000792
	文教、工美、体育和娱乐用品	24038	0.001062	0.000434	0.000896	0.001304
	精炼石油和核燃料加工品	25039	0.005424	0.025934	0.018990	0.041607
	炼焦产品	25040	0.000268	0.000810	0.001241	0.001464
	基础化学原料	26041	0.038876	0.005292	0.004168	0.029612
	肥料	26042	0.000000	0.000000	0.000000	0.000000
	农药	26043	0.000000	0.000000	0.000000	0.000000
	涂料、油墨、颜料及类似产品	26044	0.014783	0.001266	0.001198	0.011883
	合成材料	26045	0.289825	0.000624	0.000513	0.027113
	专用化学产品和炸药、火工、焰火产品	26046	0.032744	0.004639	0.036597	0.024155
	日用化学产品	26047	0.000240	0.000069	0.000045	0.000297
	医药制品	27048	0.000039	0.000663	0.001466	0.000004
	化学纤维制品	28049	0.002590	0.000008	0.000069	0.002740
	橡胶制品	29050	0.019760	0.003135	0.022821	0.007426
	塑料制品	29051	0.195989	0.004759	0.004240	0.004085
	水泥、石灰和石膏	30052	0.000196	0.082182	0.235199	0.060352
	石膏、水泥制品及类似制品	30053	0.000192	0.013782	0.061696	0.020000
	砖瓦、石材等建筑材料	30054	0.000129	0.015150	0.017630	0.075245
	玻璃和玻璃制品	30055	0.002482	0.002590	0.005042	0.006030
	陶瓷制品	30056	0.000003	0.000048	0.000007	0.002686
	耐火材料制品	30057	0.000484	0.004518	0.000470	0.004738
	石墨及其他非金属矿物制品	30058	0.003041	0.018644	0.011345	0.034985

玻璃和玻璃制品	陶瓷制品	耐火材料制品	石墨及其他非金属矿物制品	钢、铁及其铸件	钢压延产品	代码
30055	30056	30057	30058	31059	31060	—
0.000144	0.000384	0.000084	0.000109	0.000026	0.000000	17030
0.002056	0.006697	0.017933	0.001701	0.000750	0.001080	18031
0.000028	0.000013	0.000128	0.000007	0.000004	0.000001	19032
0.000012	0.000044	0.000015	0.000008	0.000007	0.000008	19033
0.004530	0.005852	0.003114	0.001178	0.000632	0.000389	20034
0.000050	0.000106	0.000008	0.000010	0.000004	0.000005	21035
0.008933	0.016665	0.006071	0.004591	0.000114	0.000215	22036
0.000659	0.002411	0.000386	0.000317	0.000141	0.000079	23037
0.000826	0.002000	0.000706	0.000688	0.000470	0.000161	24038
0.047414	0.035548	0.015757	0.064120	0.002926	0.005835	25039
0.000649	0.001215	0.001391	0.031375	0.077193	0.049506	25040
0.093799	0.017395	0.003630	0.018248	0.000609	0.002681	26041
0.000000	0.000000	0.000000	0.000000	0.000000	0.000000	26042
0.000000	0.000000	0.000000	0.000000	0.000000	0.000000	26043
0.004872	0.030686	0.010092	0.000223	0.000171	0.000733	26044
0.029493	0.011512	0.013891	0.006354	0.001351	0.000624	26045
0.019246	0.002839	0.005109	0.004111	0.001305	0.001515	26046
0.000774	0.000081	0.000006	0.000022	0.000005	0.000018	26047
0.000341	0.001154	0.000197	0.000001	0.000053	0.000108	27048
0.001446	0.000009	0.000026	0.000217	0.000001	0.000026	28049
0.003456	0.004902	0.002750	0.003366	0.000945	0.000885	29050
0.021633	0.016788	0.006811	0.003382	0.000855	0.000467	29051
0.002340	0.002672	0.009038	0.000808	0.000991	0.000836	30052
0.000190	0.000000	0.001193	0.000049	0.000020	0.000064	30053
0.009761	0.005756	0.004431	0.000027	0.000554	0.000258	30054
0.127981	0.007910	0.005290	0.014806	0.000018	0.000049	30055
0.000442	0.026717	0.000045	0.000010	0.000016	0.000009	30056
0.012825	0.009900	0.078994	0.010878	0.035971	0.008666	30057
0.023028	0.035611	0.048557	0.166506	0.001003	0.001055	30058

表 4.2 续 20 （Table 4.2 Continue 20）

投入＼产出		代码	铁合金产品	有色金属及其合金和铸件	有色金属压延加工品	金属制品
代码		—	31061	32062	32063	33064
中间投入	纺织制成品	17030	0.000205	0.000172	0.000025	0.000355
	纺织服装服饰	18031	0.000689	0.000952	0.000457	0.002051
	皮革、毛皮、羽毛及其制品	19032	0.000001	0.000003	0.000042	0.000051
	鞋	19033	0.000006	0.000043	0.000011	0.000054
	木材加工品和木、竹、藤、棕、草制品	20034	0.001019	0.000952	0.001159	0.007444
	家具	21035	0.000002	0.000004	0.000001	0.000093
	造纸和纸制品	22036	0.000225	0.000413	0.000753	0.002818
	印刷品和记录媒介复制品	23037	0.000094	0.000095	0.000165	0.000654
	文教、工美、体育和娱乐用品	24038	0.000547	0.000294	0.000363	0.001770
	精炼石油和核燃料加工品	25039	0.002327	0.027144	0.004682	0.006133
	炼焦产品	25040	0.049778	0.003903	0.000419	0.000853
	基础化学原料	26041	0.006907	0.039695	0.002949	0.009955
	肥料	26042	0.000000	0.000000	0.000000	0.000000
	农药	26043	0.000000	0.000000	0.000000	0.000000
	涂料、油墨、颜料及类似产品	26044	0.000002	0.000073	0.000640	0.015368
	合成材料	26045	0.000766	0.000237	0.000416	0.004901
	专用化学产品和炸药、火工、焰火产品	26046	0.000288	0.003015	0.001214	0.010087
	日用化学产品	26047	0.000001	0.000011	0.000013	0.000087
	医药制品	27048	0.001203	0.000123	0.000009	0.000299
	化学纤维制品	28049	0.000000	0.000029	0.000001	0.000591
	橡胶制品	29050	0.000791	0.000546	0.000340	0.003371
	塑料制品	29051	0.000584	0.000558	0.001564	0.009741
	水泥、石灰和石膏	30052	0.000754	0.000536	0.000029	0.000154
	石膏、水泥制品及类似制品	30053	0.000144	0.000022	0.000079	0.000419
	砖瓦、石材等建筑材料	30054	0.000021	0.000302	0.000297	0.002006
	玻璃和玻璃制品	30055	0.000047	0.000020	0.000314	0.004952
	陶瓷制品	30056	0.000001	0.000042	0.000001	0.000219
	耐火材料制品	30057	0.003340	0.001572	0.001553	0.000519
	石墨及其他非金属矿物制品	30058	0.013067	0.017807	0.001662	0.002359

锅炉及原动设备	金属加工机械	物料搬运设备	泵、阀门、压缩机及类似机械	文化、办公用机械	其他通用设备	代码
34065	34066	34067	34068	34069	34070	—
0.000049	0.000058	0.000855	0.000125	0.000052	0.000044	17030
0.001905	0.001364	0.001312	0.002855	0.000604	0.003208	18031
0.000012	0.000055	0.000047	0.000007	0.000339	0.000022	19032
0.000022	0.000040	0.000012	0.000013	0.000001	0.000022	19033
0.002284	0.005639	0.003710	0.004488	0.002923	0.004798	20034
0.000017	0.000004	0.000036	0.000008	0.000003	0.000368	21035
0.002116	0.004007	0.002668	0.003443	0.008072	0.006530	22036
0.000434	0.000821	0.000807	0.000605	0.001798	0.000565	23037
0.000858	0.001121	0.001405	0.002297	0.000808	0.001449	24038
0.004946	0.003556	0.006629	0.007214	0.000688	0.005417	25039
0.000000	0.000000	0.000000	0.000000	0.000000	0.000000	25040
0.000466	0.001202	0.000290	0.000456	0.002406	0.002619	26041
0.000000	0.000000	0.000000	0.000000	0.000000	0.000000	26042
0.000000	0.000000	0.000000	0.000000	0.000000	0.000000	26043
0.001215	0.000758	0.003289	0.002523	0.014334	0.000717	26044
0.004303	0.000674	0.000129	0.006468	0.042801	0.008335	26045
0.003252	0.000612	0.000913	0.001426	0.003417	0.007436	26046
0.000012	0.000013	0.000024	0.000093	0.000136	0.000057	26047
0.000000	0.000001	0.000000	0.000000	0.000095	0.000118	27048
0.000000	0.000000	0.000000	0.000013	0.003176	0.000458	28049
0.003061	0.003432	0.013249	0.013980	0.019741	0.009164	29050
0.000246	0.004646	0.002181	0.008226	0.073497	0.010293	29051
0.000196	0.000007	0.000036	0.000034	0.000231	0.000034	30052
0.000006	0.000008	0.000008	0.000006	0.000034	0.000065	30053
0.000070	0.000019	0.000573	0.000145	0.000003	0.000582	30054
0.000286	0.001476	0.000644	0.000847	0.042700	0.003443	30055
0.000004	0.000012	0.000019	0.000224	0.000002	0.000402	30056
0.002455	0.000658	0.000044	0.000150	0.001479	0.002585	30057
0.000908	0.001289	0.000055	0.001353	0.000634	0.003454	30058

表 4.2 续 21 (Table 4.2 Continue 21)

投入＼产出		代码	采矿、冶金、建筑专用设备	化工、木材、非金属加工专用设备	农、林、牧、渔专用机械	其他专用设备
代码		—	35071	35072	35073	35074
中间投入	纺织制成品	17030	0.000128	0.000048	0.000770	0.002558
	纺织服装服饰	18031	0.001568	0.002626	0.001599	0.002311
	皮革、毛皮、羽毛及其制品	19032	0.000010	0.000104	0.000007	0.000283
	鞋	19033	0.000043	0.000007	0.000008	0.003166
	木材加工品和木、竹、藤、棕、草制品	20034	0.001214	0.002855	0.001595	0.006493
	家具	21035	0.000112	0.000012	0.000017	0.000073
	造纸和纸制品	22036	0.000837	0.001598	0.001307	0.003983
	印刷品和记录媒介复制品	23037	0.000567	0.000516	0.000792	0.001081
	文教、工美、体育和娱乐用品	24038	0.001517	0.001337	0.001023	0.000299
	精炼石油和核燃料加工品	25039	0.006262	0.002695	0.004377	0.002995
	炼焦产品	25040	0.000000	0.000000	0.000000	0.000000
	基础化学原料	26041	0.000824	0.003721	0.000998	0.006343
	肥料	26042	0.000000	0.000000	0.000000	0.000000
	农药	26043	0.000000	0.000000	0.000000	0.000000
	涂料、油墨、颜料及类似产品	26044	0.001622	0.003771	0.002720	0.004086
	合成材料	26045	0.000976	0.009010	0.001768	0.013681
	专用化学产品和炸药、火工、焰火产品	26046	0.001647	0.001168	0.000157	0.005670
	日用化学产品	26047	0.000045	0.000037	0.000055	0.000240
	医药制品	27048	0.000002	0.000000	0.000000	0.001599
	化学纤维制品	28049	0.000007	0.000214	0.000151	0.004904
	橡胶制品	29050	0.015287	0.001956	0.062928	0.008006
	塑料制品	29051	0.003289	0.034674	0.017681	0.024809
	水泥、石灰和石膏	30052	0.000018	0.000029	0.000044	0.000927
	石膏、水泥制品及类似制品	30053	0.000113	0.000094	0.000009	0.000070
	砖瓦、石材等建筑材料	30054	0.000079	0.000000	0.000005	0.001751
	玻璃和玻璃制品	30055	0.000260	0.000222	0.001087	0.002493
	陶瓷制品	30056	0.000155	0.000002	0.000001	0.000512
	耐火材料制品	30057	0.001715	0.001183	0.000049	0.002834
	石墨及其他非金属矿物制品	30058	0.000084	0.001094	0.001880	0.000916

汽车整车	汽车零部件及配件	铁路运输和城市轨道交通设备	船舶及相关装置	其他交通运输设备	电机	代码
36075	36076	37077	37078	37079	38080	—
0.000821	0.003011	0.001291	0.000672	0.000479	0.000124	17030
0.001873	0.001759	0.001977	0.001475	0.002645	0.001142	18031
0.011223	0.003461	0.000121	0.000088	0.000830	0.000029	19032
0.000016	0.000021	0.000086	0.000040	0.000014	0.000807	19033
0.000494	0.001808	0.003280	0.002774	0.002465	0.001524	20034
0.010530	0.000107	0.004019	0.001259	0.001006	0.000010	21035
0.000317	0.001697	0.000852	0.000427	0.002712	0.004525	22036
0.000571	0.000527	0.000256	0.000087	0.000686	0.000330	23037
0.000250	0.001106	0.001704	0.000418	0.000905	0.000814	24038
0.003398	0.002136	0.006112	0.006970	0.003620	0.003928	25039
0.000000	0.000000	0.000000	0.000000	0.000000	0.000000	25040
0.000735	0.004186	0.000875	0.000561	0.001069	0.000211	26041
0.000000	0.000000	0.000000	0.000000	0.000000	0.000000	26042
0.000000	0.000000	0.000000	0.000000	0.000000	0.000000	26043
0.002753	0.002495	0.002221	0.011591	0.002297	0.002021	26044
0.000384	0.005750	0.001034	0.001867	0.016798	0.007931	26045
0.001117	0.005594	0.004499	0.003441	0.001268	0.001945	26046
0.000161	0.000042	0.000022	0.000021	0.000012	0.000124	26047
0.000001	0.000021	0.000001	0.000002	0.000130	0.000031	27048
0.000009	0.001766	0.000279	0.000843	0.000129	0.000140	28049
0.020779	0.021606	0.014642	0.004929	0.036017	0.002282	29050
0.008789	0.026271	0.005321	0.004520	0.032825	0.010974	29051
0.000014	0.000005	0.000048	0.000045	0.000008	0.000028	30052
0.000004	0.000128	0.000082	0.000217	0.000000	0.000025	30053
0.000073	0.000013	0.000145	0.000391	0.000054	0.000125	30054
0.006045	0.006123	0.003048	0.000952	0.005413	0.002279	30055
0.000000	0.010435	0.000027	0.000167	0.000355	0.000038	30056
0.000070	0.002634	0.001310	0.000803	0.000103	0.002763	30057
0.000102	0.000349	0.000389	0.000738	0.000873	0.000479	30058

表 4.2 续 22 (Table 4.2 Continue 22)

投入 \ 产出		代码	输配电及控制设备	电线、电缆、光缆及电工器材	电池	家用器具
代码		—	38081	38082	38083	38084
中间投入	纺织制成品	17030	0.000249	0.001440	0.000405	0.002292
	纺织服装服饰	18031	0.001352	0.001286	0.001477	0.000967
	皮革、毛皮、羽毛及其制品	19032	0.000415	0.000039	0.000056	0.000769
	鞋	19033	0.000106	0.000008	0.000008	0.000026
	木材加工品和木、竹、藤、棕、草制品	20034	0.000861	0.001499	0.002407	0.001884
	家具	21035	0.000021	0.000003	0.000021	0.000038
	造纸和纸制品	22036	0.004963	0.005102	0.009857	0.012900
	印刷品和记录媒介复制品	23037	0.000529	0.000315	0.002660	0.005264
	文教、工美、体育和娱乐用品	24038	0.006067	0.000524	0.000730	0.001721
	精炼石油和核燃料加工品	25039	0.006517	0.001581	0.002510	0.002167
	炼焦产品	25040	0.000000	0.000000	0.000000	0.000000
	基础化学原料	26041	0.001531	0.002987	0.084530	0.005536
	肥料	26042	0.000000	0.000000	0.000000	0.000000
	农药	26043	0.000000	0.000000	0.000000	0.000000
	涂料、油墨、颜料及类似产品	26044	0.002720	0.004408	0.000295	0.002752
	合成材料	26045	0.008202	0.032464	0.017121	0.023135
	专用化学产品和炸药、火工、焰火产品	26046	0.035256	0.003914	0.029679	0.006913
	日用化学产品	26047	0.000176	0.000063	0.000008	0.000344
	医药制品	27048	0.000016	0.000022	0.000024	0.000094
	化学纤维制品	28049	0.000000	0.001995	0.000032	0.000439
	橡胶制品	29050	0.002208	0.012172	0.001793	0.004867
	塑料制品	29051	0.023593	0.034272	0.035557	0.083676
	水泥、石灰和石膏	30052	0.000021	0.000189	0.000003	0.000031
	石膏、水泥制品及类似制品	30053	0.000039	0.000000	0.000002	0.000052
	砖瓦、石材等建筑材料	30054	0.000026	0.000669	0.005525	0.000478
	玻璃和玻璃制品	30055	0.006252	0.038949	0.004536	0.010792
	陶瓷制品	30056	0.001538	0.000644	0.000024	0.000951
	耐火材料制品	30057	0.001581	0.001099	0.000476	0.000069
	石墨及其他非金属矿物制品	30058	0.001073	0.001702	0.041043	0.001912

其他电气机械和器材	计算机	通信设备	广播电视设备和雷达及配套设备	视听设备	电子元器件	代码
38085	39086	39087	39088	39089	39090	—
0.000042	0.000008	0.000025	0.001048	0.000012	0.000070	17030
0.000951	0.000239	0.000377	0.002631	0.000401	0.000647	18031
0.000059	0.000008	0.000006	0.000095	0.000008	0.000109	19032
0.000015	0.000004	0.000005	0.000013	0.000002	0.000019	19033
0.004005	0.000106	0.000101	0.000950	0.000202	0.000990	20034
0.000020	0.000001	0.000004	0.000022	0.000001	0.000088	21035
0.007737	0.003206	0.003664	0.003563	0.003900	0.007701	22036
0.001365	0.000530	0.001244	0.001018	0.002483	0.000351	23037
0.001337	0.001002	0.002031	0.002887	0.001871	0.000637	24038
0.002430	0.001708	0.004035	0.004014	0.000377	0.001734	25039
0.000000	0.000000	0.000000	0.000000	0.000000	0.000000	25040
0.008666	0.000295	0.002726	0.000315	0.000562	0.012245	26041
0.000000	0.000000	0.000000	0.000000	0.000000	0.000000	26042
0.000000	0.000000	0.000000	0.000000	0.000000	0.000000	26043
0.006294	0.003552	0.001280	0.007387	0.000247	0.003987	26044
0.014242	0.011572	0.001081	0.001878	0.004882	0.007485	26045
0.015161	0.002212	0.003330	0.002013	0.000909	0.027825	26046
0.000350	0.000036	0.000043	0.000025	0.000015	0.000202	26047
0.000000	0.000007	0.000012	0.000011	0.000016	0.001106	27048
0.008714	0.000600	0.000000	0.000003	0.000022	0.000087	28049
0.007706	0.004732	0.003690	0.003116	0.000755	0.005004	29050
0.023842	0.015792	0.040604	0.015251	0.032011	0.021728	29051
0.000045	0.000003	0.000288	0.000027	0.000014	0.000022	30052
0.000004	0.000009	0.000117	0.000236	0.000027	0.000026	30053
0.000457	0.000357	0.000153	0.000001	0.000010	0.000412	30054
0.064760	0.003179	0.005648	0.000551	0.006557	0.012105	30055
0.000381	0.000005	0.000217	0.000001	0.000000	0.003704	30056
0.000157	0.000009	0.000001	0.000210	0.001086	0.001350	30057
0.001464	0.000267	0.000554	0.000033	0.000131	0.002468	30058

表 4.2 续 23 (Table 4.2 Continue 23)

投入＼产出		代码	其他电子设备	仪器仪表	其他制造产品	废弃资源和废旧材料回收加工品
代码		—	39091	40092	41093	42094
中间投入	纺织制成品	17030	0.000028	0.000558	0.007699	0.000045
	纺织服装服饰	18031	0.000717	0.001493	0.004614	0.000919
	皮革、毛皮、羽毛及其制品	19032	0.000007	0.000423	0.000976	0.000048
	鞋	19033	0.000010	0.000051	0.000006	0.000011
	木材加工品和木、竹、藤、棕、草制品	20034	0.000337	0.001395	0.028419	0.000485
	家具	21035	0.000071	0.000031	0.000188	0.000014
	造纸和纸制品	22036	0.013144	0.006117	0.012554	0.001670
	印刷品和记录媒介复制品	23037	0.001025	0.001289	0.000769	0.000021
	文教、工美、体育和娱乐用品	24038	0.000995	0.002327	0.001579	0.000457
	精炼石油和核燃料加工品	25039	0.001550	0.003395	0.005686	0.004051
	炼焦产品	25040	0.000000	0.000000	0.003707	0.001248
	基础化学原料	26041	0.000037	0.001307	0.021302	0.007606
	肥料	26042	0.000000	0.000000	0.000000	0.000000
	农药	26043	0.000000	0.000000	0.000000	0.000000
	涂料、油墨、颜料及类似产品	26044	0.000212	0.000809	0.000774	0.000001
	合成材料	26045	0.009010	0.010300	0.024488	0.003289
	专用化学产品和炸药、火工、焰火产品	26046	0.002293	0.001387	0.013035	0.005309
	日用化学产品	26047	0.000050	0.000098	0.002582	0.000011
	医药制品	27048	0.000024	0.000131	0.003489	0.000057
	化学纤维制品	28049	0.000093	0.000027	0.046648	0.000289
	橡胶制品	29050	0.009271	0.009877	0.011347	0.002539
	塑料制品	29051	0.021053	0.017554	0.057746	0.015407
	水泥、石灰和石膏	30052	0.000003	0.000386	0.000177	0.000899
	石膏、水泥制品及类似制品	30053	0.000001	0.000013	0.000001	0.000033
	砖瓦、石材等建筑材料	30054	0.000082	0.001577	0.003440	0.000195
	玻璃和玻璃制品	30055	0.013059	0.025786	0.008529	0.001548
	陶瓷制品	30056	0.000000	0.000315	0.000019	0.000000
	耐火材料制品	30057	0.000090	0.000788	0.001993	0.000353
	石墨及其他非金属矿物制品	30058	0.003561	0.001022	0.002207	0.000001

金属制品、机械和设备修理服务	电力、热力生产和供应	燃气生产和供应	水的生产和供应	房屋建筑	土木工程建筑	代码
43095	44096	45097	46098	47099	48100	—
0.001016	0.000003	0.000008	0.000049	0.000342	0.000032	17030
0.002820	0.000581	0.001517	0.004966	0.003221	0.003398	18031
0.000149	0.000001	0.000022	0.000056	0.000022	0.000015	19032
0.000421	0.000003	0.000020	0.000014	0.000074	0.000050	19033
0.003403	0.000009	0.000006	0.000019	0.012086	0.008109	20034
0.000101	0.000015	0.000112	0.000095	0.000905	0.000181	21035
0.004316	0.000639	0.000055	0.000087	0.000261	0.000206	22036
0.000425	0.000203	0.000289	0.000440	0.000182	0.000492	23037
0.001662	0.000554	0.000533	0.001970	0.001397	0.001191	24038
0.012106	0.039389	0.010369	0.002223	0.005734	0.031814	25039
0.000150	0.000055	0.004326	0.000000	0.000744	0.000821	25040
0.001235	0.000560	0.001337	0.008267	0.000703	0.009455	26041
0.000000	0.000000	0.000000	0.000000	0.000000	0.000000	26042
0.000000	0.000000	0.000000	0.000000	0.000000	0.000000	26043
0.006127	0.000036	0.000050	0.000037	0.008885	0.004169	26044
0.005255	0.000036	0.000611	0.000002	0.011067	0.011808	26045
0.008510	0.000288	0.001040	0.037101	0.001328	0.012689	26046
0.000388	0.000007	0.000021	0.000095	0.000345	0.000113	26047
0.000000	0.000026	0.000001	0.000113	0.000695	0.000741	27048
0.000000	0.000017	0.000384	0.000297	0.000185	0.000185	28049
0.010302	0.000053	0.000207	0.000190	0.001072	0.003753	29050
0.002529	0.000157	0.000971	0.022080	0.010906	0.016345	29051
0.000055	0.000243	0.000015	0.000292	0.053939	0.047434	30052
0.000230	0.000026	0.000002	0.000303	0.071324	0.039009	30053
0.000240	0.000036	0.000064	0.000188	0.078742	0.048708	30054
0.002406	0.000028	0.000004	0.000103	0.012645	0.000163	30055
0.000114	0.000071	0.000002	0.000001	0.009013	0.000038	30056
0.002181	0.000123	0.000197	0.000002	0.005442	0.000196	30057
0.000080	0.000209	0.000005	0.000002	0.004511	0.001725	30058

表 4.2 续 24 (Table 4.2 Continue 24)

	投入＼产出	代码	建筑安装	建筑装饰和其他建筑服务	批发和零售	铁路运输
	代码	—	49101	50102	51103	53104
中间投入	纺织制成品	17030	0.000024	0.000029	0.000006	0.000842
	纺织服装服饰	18031	0.004013	0.009593	0.000729	0.001108
	皮革、毛皮、羽毛及其制品	19032	0.000012	0.000008	0.000119	0.000274
	鞋	19033	0.000041	0.000028	0.000012	0.000586
	木材加工品和木、竹、藤、棕、草制品	20034	0.001376	0.153449	0.000015	0.001238
	家具	21035	0.000152	0.012964	0.000312	0.000353
	造纸和纸制品	22036	0.000193	0.002238	0.001019	0.002319
	印刷品和记录媒介复制品	23037	0.000326	0.000344	0.008380	0.000565
	文教、工美、体育和娱乐用品	24038	0.003636	0.005385	0.000838	0.000531
	精炼石油和核燃料加工品	25039	0.006376	0.007610	0.002932	0.068498
	炼焦产品	25040	0.000898	0.000661	0.000000	0.000138
	基础化学原料	26041	0.000903	0.001260	0.000000	0.000215
	肥料	26042	0.000000	0.000000	0.000000	0.000000
	农药	26043	0.000000	0.000000	0.000003	0.000000
	涂料、油墨、颜料及类似产品	26044	0.004478	0.025047	0.000003	0.000556
	合成材料	26045	0.031575	0.009328	0.000000	0.000058
	专用化学产品和炸药、火工、焰火产品	26046	0.000523	0.012825	0.000000	0.000573
	日用化学产品	26047	0.000227	0.000243	0.000107	0.000503
	医药制品	27048	0.000845	0.000586	0.000012	0.000166
	化学纤维制品	28049	0.000216	0.000154	0.000000	0.000060
	橡胶制品	29050	0.000355	0.001405	0.000184	0.000772
	塑料制品	29051	0.010199	0.008683	0.001634	0.000680
	水泥、石灰和石膏	30052	0.018399	0.014633	0.000012	0.000411
	石膏、水泥制品及类似制品	30053	0.013588	0.019362	0.000011	0.001472
	砖瓦、石材等建筑材料	30054	0.031414	0.067684	0.000006	0.001124
	玻璃和玻璃制品	30055	0.000605	0.009230	0.000006	0.000129
	陶瓷制品	30056	0.002318	0.022650	0.000022	0.000020
	耐火材料制品	30057	0.019103	0.010952	0.000000	0.000126
	石墨及其他非金属矿物制品	30058	0.000361	0.000836	0.000005	0.000212

道路运输	水上运输	航空运输	管道运输	装卸搬运和运输代理	仓储	代码
54105	55106	56107	57108	58109	59110	—
0.000043	0.000270	0.002815	0.000042	0.000062	0.003230	17030
0.002663	0.000148	0.003880	0.000100	0.010318	0.004037	18031
0.000031	0.000005	0.000071	0.000072	0.000056	0.000034	19032
0.000105	0.000008	0.000022	0.000002	0.000047	0.000733	19033
0.000007	0.000189	0.000001	0.000008	0.000000	0.000096	20034
0.000256	0.000148	0.000162	0.000031	0.001451	0.000454	21035
0.000446	0.000176	0.000196	0.000430	0.000588	0.000850	22036
0.000309	0.000062	0.000682	0.000318	0.000192	0.000896	23037
0.001968	0.000223	0.000929	0.001091	0.000373	0.012353	24038
0.144558	0.203471	0.255752	0.089517	0.215214	0.017167	25039
0.000000	0.000000	0.000000	0.000000	0.000000	0.000000	25040
0.000005	0.000110	0.000000	0.002754	0.000107	0.000000	26041
0.000000	0.000000	0.000000	0.000000	0.000000	0.000000	26042
0.000000	0.000000	0.000000	0.000305	0.000012	0.002293	26043
0.000002	0.000775	0.000000	0.004306	0.000164	0.002216	26044
0.000003	0.000017	0.000000	0.000484	0.000019	0.000001	26045
0.000065	0.000014	0.000028	0.000354	0.000621	0.038344	26046
0.000038	0.000000	0.000004	0.001422	0.000053	0.007479	26047
0.000136	0.000016	0.000141	0.000527	0.000032	0.000246	27048
0.000001	0.000016	0.000149	0.000546	0.000324	0.000352	28049
0.014557	0.000067	0.000618	0.000163	0.000361	0.002038	29050
0.000567	0.000291	0.000041	0.000075	0.000129	0.006329	29051
0.000001	0.000002	0.000000	0.000000	0.000034	0.000026	30052
0.000000	0.000000	0.000000	0.000000	0.000000	0.000000	30053
0.000021	0.000000	0.000012	0.000025	0.000019	0.000000	30054
0.000012	0.000019	0.000000	0.000000	0.000000	0.004356	30055
0.000000	0.000004	0.000027	0.000032	0.000192	0.001282	30056
0.000013	0.000000	0.000963	0.000001	0.000000	0.001438	30057
0.000000	0.000000	0.000000	0.000000	0.000000	0.000000	30058

表 4.2 续 25 (Table 4.2 Continue 25)

投入 \ 产出		代码	邮政	住宿	餐饮	电信和其他信息传输服务
代码		—	60111	61112	62113	63114
中间投入	纺织制成品	17030	0.000714	0.028107	0.000166	0.000110
	纺织服装服饰	18031	0.003233	0.013944	0.001527	0.001383
	皮革、毛皮、羽毛及其制品	19032	0.000000	0.000053	0.000009	0.000408
	鞋	19033	0.000467	0.000248	0.000067	0.000006
	木材加工品和木、竹、藤、棕、草制品	20034	0.002343	0.000038	0.000483	0.000002
	家具	21035	0.002624	0.001184	0.000285	0.000495
	造纸和纸制品	22036	0.001405	0.003509	0.001714	0.000695
	印刷品和记录媒介复制品	23037	0.023891	0.000489	0.000519	0.004403
	文教、工美、体育和娱乐用品	24038	0.005216	0.002711	0.000836	0.001844
	精炼石油和核燃料加工品	25039	0.026603	0.013640	0.000381	0.002572
	炼焦产品	25040	0.000000	0.000000	0.000000	0.000000
	基础化学原料	26041	0.000000	0.000000	0.000000	0.000000
	肥料	26042	0.000000	0.000000	0.000000	0.000000
	农药	26043	0.000000	0.000000	0.000000	0.000000
	涂料、油墨、颜料及类似产品	26044	0.000383	0.000074	0.000000	0.000034
	合成材料	26045	0.000189	0.000021	0.000000	0.000002
	专用化学产品和炸药、火工、焰火产品	26046	0.000000	0.000794	0.000202	0.000008
	日用化学产品	26047	0.001116	0.024697	0.000806	0.000028
	医药制品	27048	0.000444	0.000000	0.000000	0.000701
	化学纤维制品	28049	0.000046	0.000000	0.000000	0.000000
	橡胶制品	29050	0.001025	0.000086	0.000000	0.000015
	塑料制品	29051	0.003090	0.006739	0.001983	0.000058
	水泥、石灰和石膏	30052	0.001980	0.000017	0.000026	0.000001
	石膏、水泥制品及类似制品	30053	0.000000	0.000012	0.000000	0.000000
	砖瓦、石材等建筑材料	30054	0.003707	0.000079	0.000004	0.000031
	玻璃和玻璃制品	30055	0.000430	0.000283	0.000049	0.000000
	陶瓷制品	30056	0.001794	0.000689	0.000192	0.000333
	耐火材料制品	30057	0.001301	0.000005	0.000000	0.000000
	石墨及其他非金属矿物制品	30058	0.003051	0.000000	0.000000	0.000012

软件和信息技术服务	货币金融和其他金融服务	资本市场服务	保险	房地产	租赁	代码
65115	66116	67117	68118	70119	71120	—
0.000000	0.000065	0.000012	0.000008	0.000399	0.000006	17030
0.000047	0.005982	0.004818	0.000797	0.001428	0.000224	18031
0.000025	0.000006	0.000004	0.000078	0.000030	0.000136	19032
0.000022	0.000184	0.000011	0.000028	0.000409	0.000006	19033
0.000002	0.000032	0.000018	0.000000	0.000009	0.000000	20034
0.000331	0.000839	0.000129	0.000127	0.000503	0.000026	21035
0.009256	0.003002	0.002934	0.001959	0.000946	0.000063	22036
0.054657	0.015854	0.022666	0.009693	0.001803	0.025793	23037
0.003588	0.012985	0.013683	0.017363	0.002354	0.001764	24038
0.000834	0.004444	0.003331	0.002082	0.001650	0.118223	25039
0.000000	0.000000	0.000000	0.000000	0.000000	0.000000	25040
0.000000	0.000000	0.000000	0.000000	0.000063	0.000029	26041
0.000000	0.000000	0.000000	0.000000	0.000009	0.000000	26042
0.000000	0.000000	0.000000	0.000000	0.000007	0.000003	26043
0.000000	0.000000	0.000000	0.000000	0.000108	0.000044	26044
0.000000	0.000000	0.000000	0.000000	0.000011	0.000005	26045
0.015054	0.000558	0.000450	0.000084	0.000464	0.000177	26046
0.000017	0.000221	0.000032	0.000098	0.000047	0.000016	26047
0.000009	0.000102	0.000056	0.000053	0.000013	0.000089	27048
0.000000	0.000000	0.000000	0.000000	0.000007	0.000000	28049
0.000000	0.000012	0.000003	0.000068	0.000228	0.000396	29050
0.000000	0.000070	0.000016	0.000011	0.000388	0.000042	29051
0.000003	0.000000	0.000000	0.000000	0.000001	0.000000	30052
0.000000	0.000000	0.000000	0.000000	0.000000	0.000000	30053
0.000000	0.000000	0.000000	0.000000	0.000000	0.000000	30054
0.000000	0.000000	0.000000	0.000000	0.000051	0.000000	30055
0.000181	0.000049	0.000003	0.000324	0.000000	0.000047	30056
0.000441	0.000014	0.000008	0.000002	0.000053	0.001532	30057
0.000024	0.000000	0.000000	0.000000	0.000004	0.000000	30058

表 4.2 续 26 (Table 4.2 Continue 26)

投入 \ 产出		代码	商务服务	研究和试验发展	专业技术服务	科技推广和应用服务
代码		—	72121	73122	74123	75124
中间投入	纺织制成品	17030	0.000579	0.000004	0.000183	0.000045
	纺织服装服饰	18031	0.013544	0.000144	0.000598	0.001094
	皮革、毛皮、羽毛及其制品	19032	0.000006	0.000001	0.000008	0.000003
	鞋	19033	0.000253	0.000058	0.000107	0.000110
	木材加工品和木、竹、藤、棕、草制品	20034	0.000010	0.000005	0.000005	0.000108
	家具	21035	0.000530	0.000206	0.000213	0.000760
	造纸和纸制品	22036	0.039800	0.002550	0.001581	0.002819
	印刷品和记录媒介复制品	23037	0.037275	0.003238	0.004007	0.015169
	文教、工美、体育和娱乐用品	24038	0.006244	0.004272	0.002565	0.004091
	精炼石油和核燃料加工品	25039	0.056302	0.004245	0.036634	0.032034
	炼焦产品	25040	0.000000	0.000000	0.000000	0.000000
	基础化学原料	26041	0.000060	0.008813	0.006966	0.000987
	肥料	26042	0.000000	0.000735	0.000276	0.000000
	农药	26043	0.000004	0.003446	0.002679	0.000108
	涂料、油墨、颜料及类似产品	26044	0.000054	0.002247	0.003815	0.001438
	合成材料	26045	0.000006	0.003504	0.002822	0.000203
	专用化学产品和炸药、火工、焰火产品	26046	0.019259	0.053500	0.038560	0.005572
	日用化学产品	26047	0.000030	0.007286	0.004932	0.000468
	医药制品	27048	0.000145	0.004928	0.004354	0.000024
	化学纤维制品	28049	0.000000	0.001618	0.000287	0.000000
	橡胶制品	29050	0.000029	0.000323	0.000095	0.003209
	塑料制品	29051	0.001557	0.001613	0.000049	0.009924
	水泥、石灰和石膏	30052	0.000009	0.000000	0.000000	0.000004
	石膏、水泥制品及类似制品	30053	0.000000	0.000000	0.000000	0.000000
	砖瓦、石材等建筑材料	30054	0.000000	0.000000	0.000000	0.000000
	玻璃和玻璃制品	30055	0.000000	0.000621	0.000036	0.000034
	陶瓷制品	30056	0.000174	0.000275	0.000085	0.000167
	耐火材料制品	30057	0.000169	0.002096	0.002046	0.000151
	石墨及其他非金属矿物制品	30058	0.000116	0.003789	0.000244	0.000697

水利管理	生态保护和环境治理	公共设施管理	居民服务	其他服务	教育	代码
76125	77126	78127	79128	80129	82130	—
0.002556	0.002932	0.002942	0.003079	0.000290	0.000008	17030
0.003548	0.016902	0.005727	0.004634	0.001410	0.000174	18031
0.000523	0.000012	0.000005	0.000054	0.001632	0.000000	19032
0.000895	0.000163	0.000554	0.001517	0.000402	0.000128	19033
0.009045	0.005761	0.000039	0.000009	0.000122	0.000002	20034
0.000372	0.001079	0.000336	0.002275	0.000987	0.000000	21035
0.000515	0.000925	0.000631	0.001624	0.001692	0.008022	22036
0.003390	0.002564	0.003779	0.002565	0.002008	0.005411	23037
0.004984	0.004442	0.007900	0.009957	0.006003	0.009108	24038
0.037052	0.012532	0.017116	0.009009	0.005266	0.006816	25039
0.000000	0.000000	0.000000	0.000000	0.000000	0.000000	25040
0.000033	0.000972	0.001004	0.002387	0.000521	0.001286	26041
0.000000	0.000221	0.003433	0.000185	0.000040	0.000340	26042
0.004869	0.006521	0.009049	0.000503	0.001090	0.001747	26043
0.006598	0.005138	0.014186	0.002470	0.000798	0.003631	26044
0.007510	0.005212	0.007265	0.000419	0.000091	0.004289	26045
0.002086	0.046304	0.014237	0.021959	0.020715	0.001014	26046
0.008204	0.005801	0.008192	0.048285	0.009892	0.006144	26047
0.001383	0.004415	0.000066	0.001096	0.000050	0.000145	27048
0.000000	0.000000	0.000000	0.000000	0.000000	0.000000	28049
0.002336	0.001492	0.002195	0.000907	0.009845	0.000000	29050
0.002903	0.010250	0.016410	0.007311	0.004720	0.000023	29051
0.002049	0.000010	0.000000	0.000001	0.000005	0.000000	30052
0.001891	0.001086	0.000103	0.000000	0.000000	0.000001	30053
0.009259	0.000422	0.000128	0.000000	0.000000	0.000000	30054
0.000000	0.000612	0.000058	0.000004	0.000397	0.001427	30055
0.000422	0.000393	0.000007	0.000002	0.000328	0.000002	30056
0.000096	0.000044	0.000531	0.000084	0.001527	0.000379	30057
0.005904	0.004185	0.014760	0.000114	0.000126	0.000538	30058

表 4.2 续 27 （Table 4.2 Continue 27）

投入 \ 产出		代码	卫生	社会工作	新闻和出版	广播、电视、电影和影视录音制作
代码		—	83131	84132	85133	86134
中间投入	纺织制成品	17030	0.003757	0.000566	0.000048	0.000097
	纺织服装服饰	18031	0.008714	0.001005	0.001942	0.066866
	皮革、毛皮、羽毛及其制品	19032	0.000198	0.000000	0.000000	0.000041
	鞋	19033	0.000040	0.000283	0.000083	0.000531
	木材加工品和木、竹、藤、棕、草制品	20034	0.000006	0.000085	0.000008	0.000283
	家具	21035	0.000001	0.000653	0.000372	0.000535
	造纸和纸制品	22036	0.000629	0.001258	0.114285	0.000177
	印刷品和记录媒介复制品	23037	0.001850	0.001170	0.147227	0.027007
	文教、工美、体育和娱乐用品	24038	0.000913	0.005354	0.005512	0.001398
	精炼石油和核燃料加工品	25039	0.001808	0.008063	0.003989	0.003909
	炼焦产品	25040	0.000000	0.000000	0.000000	0.000000
	基础化学原料	26041	0.000269	0.000000	0.000000	0.000000
	肥料	26042	0.000000	0.000000	0.000000	0.000000
	农药	26043	0.000170	0.000000	0.000741	0.000000
	涂料、油墨、颜料及类似产品	26044	0.000120	0.000477	0.000658	0.000435
	合成材料	26045	0.000135	0.000492	0.000597	0.000495
	专用化学产品和炸药、火工、焰火产品	26046	0.000025	0.000325	0.039869	0.022542
	日用化学产品	26047	0.000185	0.000550	0.000717	0.000540
	医药制品	27048	0.359299	0.008164	0.000168	0.000093
	化学纤维制品	28049	0.000000	0.000000	0.000000	0.000000
	橡胶制品	29050	0.000802	0.000119	0.000100	0.000066
	塑料制品	29051	0.000438	0.000052	0.000045	0.000039
	水泥、石灰和石膏	30052	0.000330	0.000001	0.000002	0.001488
	石膏、水泥制品及类似制品	30053	0.000001	0.000000	0.000000	0.000000
	砖瓦、石材等建筑材料	30054	0.000124	0.000000	0.000000	0.000000
	玻璃和玻璃制品	30055	0.000249	0.000000	0.000000	0.000000
	陶瓷制品	30056	0.000126	0.000052	0.000000	0.000447
	耐火材料制品	30057	0.000016	0.000007	0.000011	0.000191
	石墨及其他非金属矿物制品	30058	0.000000	0.003771	0.000680	0.008845

文化艺术	体育	娱乐	社会保障	公共管理和社会组织	中间使用合计	代码
87135	88136	89137	93138	90139	**TIU**	—
0.000793	0.000892	0.000032	0.000126	0.002193	**0.000971**	17030
0.053353	0.012411	0.001445	0.000292	0.012427	**0.002772**	18031
0.000105	0.017338	0.000007	0.000022	0.003645	**0.002452**	19032
0.001042	0.001125	0.000337	0.000011	0.006302	**0.000625**	19033
0.017763	0.000379	0.000007	0.006301	0.000013	**0.007351**	20034
0.000508	0.000643	0.000274	0.000077	0.004305	**0.000625**	21035
0.000658	0.000631	0.000043	0.000802	0.006558	**0.007866**	22036
0.004087	0.003319	0.000829	0.004296	0.011679	**0.003498**	23037
0.012781	0.034003	0.007655	0.001418	0.006245	**0.002692**	24038
0.006718	0.007309	0.001027	0.006212	0.018297	**0.021147**	25039
0.000000	0.000000	0.000000	0.000000	0.000000	**0.003206**	25040
0.000000	0.000000	0.000000	0.000000	0.000000	**0.014903**	26041
0.000000	0.002094	0.000000	0.000000	0.000000	**0.003951**	26042
0.000000	0.001557	0.000000	0.002375	0.002607	**0.001151**	26043
0.001783	0.002591	0.000009	0.003281	0.001361	**0.003273**	26044
0.002007	0.002404	0.000011	0.000009	0.000404	**0.011183**	26045
0.002618	0.002111	0.000181	0.000027	0.000433	**0.010315**	26046
0.002202	0.002731	0.000022	0.002083	0.002814	**0.001115**	26047
0.000169	0.000036	0.000901	0.001088	0.000135	**0.007201**	27048
0.000000	0.000000	0.000046	0.000000	0.000000	**0.004004**	28049
0.000131	0.000061	0.000226	0.000000	0.000436	**0.004236**	29050
0.000104	0.000276	0.000028	0.000418	0.000049	**0.012012**	29051
0.000000	0.000758	0.000001	0.000365	0.000388	**0.006579**	30052
0.000000	0.000000	0.000000	0.000000	0.000000	**0.005452**	30053
0.000000	0.000000	0.000000	0.000000	0.000000	**0.006863**	30054
0.000000	0.000000	0.000000	0.000000	0.000000	**0.003446**	30055
0.000472	0.000012	0.000498	0.000035	0.000168	**0.001031**	30056
0.000192	0.000264	0.000012	0.000006	0.000000	**0.001978**	30057
0.003247	0.009653	0.000679	0.004648	0.003067	**0.002410**	30058

表 4.2 续 28 （Table 4.2 Continue 28）

	投入＼产出	代码	农产品	林产品	畜牧产品	渔产品
	代码	—	01001	02002	03003	04004
中间投入	钢、铁及其铸件	31059	0.000000	0.000000	0.000000	0.000000
	钢压延产品	31060	0.000003	0.000190	0.000004	0.000126
	铁合金产品	31061	0.000000	0.000000	0.000000	0.000000
	有色金属及其合金和铸件	32062	0.000000	0.000000	0.000000	0.000000
	有色金属压延加工品	32063	0.000000	0.000010	0.000000	0.000000
	金属制品	33064	0.000141	0.003356	0.000020	0.000937
	锅炉及原动设备	34065	0.000000	0.000015	0.000000	0.000001
	金属加工机械	34066	0.000000	0.000008	0.000000	0.000000
	物料搬运设备	34067	0.000000	0.000000	0.000000	0.000000
	泵、阀门、压缩机及类似机械	34068	0.000005	0.000056	0.000000	0.000008
	文化、办公用机械	34069	0.000001	0.000011	0.000000	0.000000
	其他通用设备	34070	0.000007	0.000391	0.000001	0.000392
	采矿、冶金、建筑专用设备	35071	0.000000	0.000000	0.000000	0.000000
	化工、木材、非金属加工专用设备	35072	0.000000	0.000000	0.000000	0.000000
	农、林、牧、渔专用机械	35073	0.008780	0.017136	0.001400	0.006562
	其他专用设备	35074	0.000001	0.000069	0.000000	0.000042
	汽车整车	36075	0.000000	0.000000	0.000000	0.000000
	汽车零部件及配件	36076	0.000249	0.002721	0.000285	0.001355
	铁路运输和城市轨道交通设备	37077	0.000000	0.000000	0.000000	0.000000
	船舶及相关装置	37078	0.000000	0.000000	0.000000	0.005867
	其他交通运输设备	37079	0.000027	0.000487	0.000028	0.000146
	电机	38080	0.000002	0.000075	0.000003	0.000018
	输配电及控制设备	38081	0.000000	0.000029	0.000000	0.000002
	电线、电缆、光缆及电工器材	38082	0.000001	0.000099	0.000000	0.000005
	电池	38083	0.000000	0.000000	0.000000	0.000000
	家用器具	38084	0.000005	0.000417	0.000001	0.000255
	其他电气机械和器材	38085	0.000001	0.000233	0.000001	0.000038
	计算机	39086	0.000000	0.000151	0.000000	0.000004
	通信设备	39087	0.000000	0.000009	0.000001	0.000098

农、林、牧、渔服务	煤炭采选产品	石油和天然气开采产品	黑色金属矿采选产品	有色金属矿采选产品	非金属矿采选产品	代码
05005	06006	07007	08008	09009	10010	—
0.000000	0.003183	0.001132	0.002996	0.005520	0.000348	31059
0.000006	0.040095	0.037088	0.008992	0.009618	0.006180	31060
0.000009	0.000003	0.000003	0.000081	0.000130	0.000003	31061
0.000019	0.000236	0.000006	0.000116	0.008299	0.000029	32062
0.000000	0.000152	0.000007	0.000082	0.000073	0.000004	32063
0.004437	0.019978	0.005112	0.020130	0.027961	0.026325	33064
0.000293	0.000105	0.000144	0.000586	0.001965	0.001429	34065
0.000007	0.000240	0.000048	0.000050	0.000891	0.001391	34066
0.000000	0.001383	0.001123	0.006261	0.002734	0.007169	34067
0.000047	0.001290	0.001054	0.002142	0.003437	0.002650	34068
0.000121	0.000045	0.000012	0.000086	0.000019	0.000019	34069
0.000843	0.016162	0.009534	0.012640	0.021886	0.011877	34070
0.000000	0.019179	0.015065	0.021666	0.034303	0.031633	35071
0.000000	0.000056	0.000210	0.000107	0.000023	0.000247	35072
0.003462	0.000001	0.000100	0.000008	0.000000	0.000009	35073
0.001955	0.000431	0.013836	0.001605	0.002807	0.009758	35074
0.000000	0.000183	0.000035	0.000233	0.002431	0.002054	36075
0.003751	0.000451	0.000746	0.001993	0.003565	0.007590	36076
0.000000	0.000047	0.000000	0.000169	0.000376	0.000014	37077
0.000000	0.000000	0.000000	0.000000	0.000000	0.000024	37078
0.000965	0.000056	0.000077	0.000011	0.000220	0.000103	37079
0.000136	0.000166	0.000173	0.000243	0.003148	0.003229	38080
0.000020	0.000604	0.000539	0.001693	0.005577	0.004556	38081
0.000027	0.003625	0.002406	0.001078	0.002327	0.001828	38082
0.000000	0.000088	0.000099	0.000036	0.000229	0.000219	38083
0.001739	0.000507	0.000170	0.000013	0.000210	0.000101	38084
0.000082	0.000260	0.000077	0.000480	0.000622	0.001316	38085
0.000410	0.000194	0.000243	0.000253	0.000355	0.000299	39086
0.000019	0.000101	0.000009	0.000034	0.000223	0.000213	39087

表 4.2　续 29　(Table 4.2　Continue 29)

投入 \ 产出		代码	开采辅助服务和其他采矿产品	谷物磨制品	饲料加工品	植物油加工品
代码		—	11011	13012	13013	13014
中间投入	钢、铁及其铸件	31059	0.000335	0.000000	0.000000	0.000000
	钢压延产品	31060	0.055186	0.000023	0.000045	0.000091
	铁合金产品	31061	0.000053	0.000000	0.000000	0.000000
	有色金属及其合金和铸件	32062	0.006848	0.000000	0.000006	0.000004
	有色金属压延加工品	32063	0.000037	0.000018	0.000000	0.000000
	金属制品	33064	0.032695	0.000962	0.000333	0.000376
	锅炉及原动设备	34065	0.001246	0.000054	0.000338	0.000118
	金属加工机械	34066	0.000242	0.000009	0.000013	0.000026
	物料搬运设备	34067	0.001552	0.000033	0.000039	0.000019
	泵、阀门、压缩机及类似机械	34068	0.007955	0.000003	0.000139	0.000081
	文化、办公用机械	34069	0.000100	0.000015	0.000003	0.000001
	其他通用设备	34070	0.001478	0.000573	0.000627	0.000489
	采矿、冶金、建筑专用设备	35071	0.080999	0.000164	0.000057	0.000000
	化工、木材、非金属加工专用设备	35072	0.000198	0.000000	0.000000	0.000000
	农、林、牧、渔专用机械	35073	0.000007	0.000000	0.000000	0.000000
	其他专用设备	35074	0.002118	0.000193	0.000695	0.000363
	汽车整车	36075	0.000813	0.000000	0.000000	0.000000
	汽车零部件及配件	36076	0.004150	0.000027	0.000029	0.000016
	铁路运输和城市轨道交通设备	37077	0.000001	0.000000	0.000000	0.000000
	船舶及相关装置	37078	0.000000	0.000000	0.000000	0.000000
	其他交通运输设备	37079	0.000023	0.000001	0.000001	0.000001
	电机	38080	0.000418	0.000021	0.000285	0.000005
	输配电及控制设备	38081	0.001786	0.000016	0.000163	0.000103
	电线、电缆、光缆及电工器材	38082	0.002290	0.000014	0.000113	0.000016
	电池	38083	0.001337	0.000000	0.000001	0.000001
	家用器具	38084	0.000410	0.000004	0.000004	0.000005
	其他电气机械和器材	38085	0.000163	0.000006	0.000085	0.000009
	计算机	39086	0.000823	0.000018	0.000022	0.000010
	通信设备	39087	0.000259	0.000007	0.000005	0.000004

糖及糖制品	屠宰及肉类加工品	水产加工品	蔬菜、水果、坚果和其他农副食品加工品	方便食品	乳制品	代码
13015	13016	13017	13018	14019	14020	—
0.000000	0.000000	0.000000	0.000000	0.000000	0.000000	31059
0.000227	0.000099	0.000187	0.000169	0.000013	0.000027	31060
0.000000	0.000000	0.000000	0.000000	0.000000	0.000000	31061
0.000010	0.000011	0.000000	0.000000	0.000000	0.000000	32062
0.000085	0.000000	0.000000	0.000000	0.000001	0.000001	32063
0.000222	0.000777	0.000944	0.001181	0.004053	0.004419	33064
0.000074	0.000051	0.000063	0.000046	0.000005	0.000044	34065
0.000081	0.000009	0.000044	0.000002	0.000020	0.000003	34066
0.000090	0.000018	0.000024	0.000043	0.000045	0.000012	34067
0.000473	0.000036	0.000234	0.000173	0.000060	0.000079	34068
0.000001	0.000012	0.000010	0.000017	0.000003	0.000008	34069
0.001523	0.000437	0.000262	0.002456	0.000681	0.000603	34070
0.000001	0.000025	0.000171	0.000039	0.000004	0.000000	35071
0.000000	0.000000	0.000000	0.000307	0.000002	0.000009	35072
0.000000	0.000000	0.000000	0.000441	0.000002	0.000000	35073
0.000178	0.000484	0.000168	0.001634	0.000394	0.000747	35074
0.000000	0.000000	0.000000	0.000000	0.000000	0.000050	36075
0.000041	0.000178	0.000118	0.000170	0.000132	0.000290	36076
0.000000	0.000000	0.000000	0.000000	0.000000	0.000000	37077
0.000000	0.000000	0.000000	0.000000	0.000000	0.000000	37078
0.000001	0.000001	0.000003	0.000002	0.000001	0.000002	37079
0.000038	0.000006	0.000021	0.000188	0.000038	0.000033	38080
0.000152	0.000017	0.000032	0.001015	0.000084	0.000047	38081
0.000089	0.000050	0.000018	0.000048	0.000111	0.000013	38082
0.000019	0.000001	0.000056	0.000036	0.000003	0.000004	38083
0.000004	0.000002	0.000011	0.000224	0.000023	0.000014	38084
0.000055	0.000018	0.000049	0.000371	0.000064	0.000016	38085
0.000037	0.000019	0.000057	0.000062	0.000042	0.000034	39086
0.000003	0.000001	0.000001	0.000000	0.000002	0.000000	39087

表 4.2 续 30 (Table 4.2 Continue 30)

投入＼产出	代码	调味品、发酵制品	其他食品	酒精和酒	饮料和精制茶加工品
代码	—	14021	14022	15023	15024
中间投入 钢、铁及其铸件	31059	0.000000	0.000000	0.000000	0.000000
钢压延产品	31060	0.000990	0.000190	0.000257	0.000159
铁合金产品	31061	0.000000	0.000000	0.000000	0.000000
有色金属及其合金和铸件	32062	0.000001	0.000014	0.000019	0.000006
有色金属压延加工品	32063	0.000005	0.000165	0.000049	0.000051
金属制品	33064	0.004581	0.005911	0.005991	0.013148
锅炉及原动设备	34065	0.000005	0.000020	0.000025	0.000018
金属加工机械	34066	0.000016	0.000014	0.000007	0.000008
物料搬运设备	34067	0.000184	0.000902	0.000037	0.000037
泵、阀门、压缩机及类似机械	34068	0.001664	0.000249	0.000556	0.000266
文化、办公用机械	34069	0.000035	0.000018	0.000016	0.000014
其他通用设备	34070	0.001349	0.001576	0.001225	0.001971
采矿、冶金、建筑专用设备	35071	0.000000	0.000019	0.000000	0.000001
化工、木材、非金属加工专用设备	35072	0.000002	0.000020	0.000006	0.000031
农、林、牧、渔专用机械	35073	0.000000	0.000041	0.000000	0.000044
其他专用设备	35074	0.001680	0.000711	0.003671	0.004230
汽车整车	36075	0.000000	0.000007	0.000013	0.000000
汽车零部件及配件	36076	0.000112	0.000082	0.000105	0.000075
铁路运输和城市轨道交通设备	37077	0.000000	0.000000	0.000000	0.000000
船舶及相关装置	37078	0.000000	0.000001	0.000000	0.000000
其他交通运输设备	37079	0.000001	0.000003	0.000002	0.000001
电机	38080	0.000043	0.000162	0.000155	0.000049
输配电及控制设备	38081	0.000019	0.000122	0.000099	0.000083
电线、电缆、光缆及电工器材	38082	0.000320	0.000069	0.000053	0.000065
电池	38083	0.000002	0.000008	0.000003	0.000013
家用器具	38084	0.000157	0.000013	0.000021	0.000051
其他电气机械和器材	38085	0.000116	0.000079	0.000150	0.000054
计算机	39086	0.000102	0.000088	0.000057	0.000080
通信设备	39087	0.000001	0.000003	0.000002	0.000012

烟草制品	棉、化纤纺织及印染精加工品	毛纺织及染整精加工品	麻、丝绢纺织及加工品	针织或钩针编织及其制品	纺织制成品	代码
16025	17026	17027	17028	17029	17030	—
0.000000	0.000000	0.000000	0.000000	0.000000	0.000000	31059
0.000005	0.000132	0.000011	0.000304	0.000230	0.001259	31060
0.000000	0.000000	0.000000	0.000000	0.000000	0.000000	31061
0.000006	0.000052	0.000002	0.000006	0.000140	0.000204	32062
0.000307	0.000002	0.000070	0.000005	0.000000	0.000635	32063
0.001088	0.000402	0.000584	0.000507	0.000751	0.001502	33064
0.000000	0.000108	0.000004	0.000111	0.000383	0.000002	34065
0.000067	0.000010	0.000072	0.000006	0.000273	0.000017	34066
0.000038	0.000040	0.000000	0.000001	0.000051	0.000009	34067
0.000093	0.000213	0.000049	0.000067	0.000192	0.000068	34068
0.000009	0.000004	0.000020	0.000013	0.000013	0.000019	34069
0.001258	0.002202	0.001089	0.002271	0.001779	0.001227	34070
0.000006	0.000076	0.000016	0.000011	0.001066	0.000061	35071
0.000000	0.000000	0.000000	0.000000	0.000000	0.000000	35072
0.000000	0.000000	0.000000	0.000000	0.000000	0.000000	35073
0.001630	0.004011	0.006193	0.004075	0.002452	0.000888	35074
0.000000	0.000000	0.000000	0.000000	0.000010	0.000000	36075
0.000252	0.000033	0.000057	0.000064	0.000042	0.000050	36076
0.000000	0.000000	0.000000	0.000000	0.000000	0.000000	37077
0.000000	0.000000	0.000000	0.000000	0.000000	0.000000	37078
0.000001	0.000000	0.000000	0.000000	0.000001	0.000000	37079
0.000052	0.000053	0.000083	0.000079	0.000029	0.000093	38080
0.000174	0.000219	0.000051	0.000046	0.000063	0.000349	38081
0.000002	0.000209	0.000210	0.000116	0.000092	0.000110	38082
0.000003	0.000005	0.000021	0.000032	0.000026	0.000006	38083
0.000028	0.000001	0.000000	0.000112	0.000001	0.000013	38084
0.000279	0.000037	0.000064	0.000042	0.000096	0.000150	38085
0.000028	0.000034	0.000025	0.000038	0.000054	0.000102	39086
0.000024	0.000000	0.000014	0.000001	0.000004	0.000079	39087

表 4.2 续 31 (Table 4.2 Continue 31)

投入＼产出		代码	纺织服装服饰	皮革、毛皮、羽毛及其制品	鞋	木材加工品和木、竹、藤、棕、草制品
代码		—	18031	19032	19033	20034
中间投入	钢、铁及其铸件	31059	0.000000	0.000000	0.000000	0.000000
	钢压延产品	31060	0.000024	0.000511	0.000268	0.000892
	铁合金产品	31061	0.000000	0.000000	0.000000	0.000000
	有色金属及其合金和铸件	32062	0.000001	0.000263	0.000544	0.000594
	有色金属压延加工品	32063	0.000001	0.000690	0.000014	0.000258
	金属制品	33064	0.002348	0.001419	0.001582	0.027221
	锅炉及原动设备	34065	0.000000	0.000032	0.000007	0.000058
	金属加工机械	34066	0.000098	0.000177	0.000028	0.000077
	物料搬运设备	34067	0.000000	0.000001	0.000095	0.000403
	泵、阀门、压缩机及类似机械	34068	0.000025	0.000597	0.000045	0.000243
	文化、办公用机械	34069	0.000012	0.000026	0.000018	0.000033
	其他通用设备	34070	0.001170	0.000997	0.002285	0.009043
	采矿、冶金、建筑专用设备	35071	0.000129	0.000075	0.000169	0.000178
	化工、木材、非金属加工专用设备	35072	0.000000	0.000000	0.000000	0.002627
	农、林、牧、渔专用机械	35073	0.000000	0.000000	0.000000	0.001094
	其他专用设备	35074	0.005562	0.003146	0.005013	0.000760
	汽车整车	36075	0.000000	0.000000	0.000024	0.000000
	汽车零部件及配件	36076	0.000064	0.000056	0.000245	0.000092
	铁路运输和城市轨道交通设备	37077	0.000000	0.000000	0.000000	0.000000
	船舶及相关装置	37078	0.000000	0.000000	0.000000	0.000000
	其他交通运输设备	37079	0.000012	0.000000	0.000001	0.000004
	电机	38080	0.000223	0.000008	0.000019	0.000257
	输配电及控制设备	38081	0.000135	0.000036	0.000061	0.000568
	电线、电缆、光缆及电工器材	38082	0.000061	0.000172	0.000037	0.000099
	电池	38083	0.000012	0.000000	0.000000	0.000015
	家用器具	38084	0.000390	0.000000	0.000001	0.000008
	其他电气机械和器材	38085	0.000187	0.000051	0.000063	0.000190
	计算机	39086	0.000096	0.000070	0.000099	0.000127
	通信设备	39087	0.000002	0.000002	0.000000	0.000004

家具	造纸和纸制品	印刷品和记录媒介复制品	文教、工美、体育和娱乐用品	精炼石油和核燃料加工品	炼焦产品	代码
21035	22036	23037	24038	25039	25040	—
0.000000	0.000000	0.000000	0.006536	0.000000	0.000054	31059
0.027035	0.000656	0.000385	0.008446	0.000117	0.000390	31060
0.000000	0.000000	0.000000	0.000120	0.000000	0.000000	31061
0.001483	0.000412	0.004409	0.082168	0.000024	0.000008	32062
0.002336	0.000597	0.007942	0.067358	0.000006	0.000000	32063
0.050847	0.004235	0.005532	0.011420	0.000437	0.001333	33064
0.000004	0.000146	0.000023	0.000023	0.000029	0.000079	34065
0.000083	0.000134	0.000350	0.000272	0.000001	0.000776	34066
0.000118	0.000098	0.000023	0.000029	0.000041	0.002308	34067
0.000038	0.001130	0.000128	0.000211	0.001205	0.002005	34068
0.000023	0.000058	0.000056	0.000051	0.000027	0.000009	34069
0.004496	0.001305	0.001935	0.002966	0.002426	0.019390	34070
0.000034	0.000001	0.000002	0.000004	0.000076	0.001880	35071
0.002175	0.000998	0.000226	0.000381	0.001372	0.000374	35072
0.000003	0.000000	0.000000	0.000000	0.000000	0.000000	35073
0.001020	0.004910	0.012574	0.001362	0.000920	0.000453	35074
0.000000	0.000000	0.000000	0.000000	0.000143	0.000000	36075
0.000079	0.000134	0.000162	0.000273	0.000146	0.000254	36076
0.000000	0.000000	0.000000	0.000000	0.000001	0.000033	37077
0.000000	0.000000	0.000000	0.000000	0.000001	0.000000	37078
0.000000	0.000000	0.000012	0.000065	0.000008	0.000001	37079
0.000290	0.000246	0.000077	0.001002	0.000279	0.000167	38080
0.000021	0.000466	0.000408	0.000834	0.000081	0.000197	38081
0.000073	0.000198	0.000058	0.000952	0.000497	0.000244	38082
0.000002	0.000003	0.000013	0.000556	0.000148	0.000000	38083
0.000557	0.000004	0.000012	0.000044	0.000035	0.000007	38084
0.000155	0.000257	0.000543	0.000441	0.000337	0.000081	38085
0.000051	0.000074	0.000839	0.000120	0.000529	0.000032	39086
0.000076	0.000001	0.000001	0.000004	0.000026	0.000037	39087

表 4.2 续 32 (Table 4.2 Continue 32)

	产出 投入	代码	基础化学原料	肥料	农药	涂料、油墨、颜料及类似产品
	代码	—	26041	26042	26043	26044
中间投入	钢、铁及其铸件	31059	0.000286	0.000160	0.000056	0.003164
	钢压延产品	31060	0.000830	0.002503	0.000389	0.000530
	铁合金产品	31061	0.000138	0.000000	0.000000	0.000000
	有色金属及其合金和铸件	32062	0.004310	0.000182	0.000041	0.000152
	有色金属压延加工品	32063	0.000534	0.000016	0.000032	0.000843
	金属制品	33064	0.003308	0.003695	0.005639	0.014759
	锅炉及原动设备	34065	0.000123	0.000291	0.000183	0.000018
	金属加工机械	34066	0.000052	0.000193	0.000117	0.000004
	物料搬运设备	34067	0.000116	0.000347	0.000204	0.000067
	泵、阀门、压缩机及类似机械	34068	0.001457	0.002120	0.001657	0.000554
	文化、办公用机械	34069	0.000011	0.000006	0.000032	0.000010
	其他通用设备	34070	0.008357	0.018548	0.001588	0.001079
	采矿、冶金、建筑专用设备	35071	0.000059	0.000077	0.000000	0.000005
	化工、木材、非金属加工专用设备	35072	0.004534	0.007933	0.000204	0.000165
	农、林、牧、渔专用机械	35073	0.000000	0.000022	0.000148	0.000000
	其他专用设备	35074	0.000282	0.000721	0.002526	0.000246
	汽车整车	36075	0.000228	0.000000	0.000006	0.000000
	汽车零部件及配件	36076	0.000079	0.000076	0.000083	0.000116
	铁路运输和城市轨道交通设备	37077	0.000001	0.000003	0.000070	0.000000
	船舶及相关装置	37078	0.000000	0.000000	0.000000	0.000000
	其他交通运输设备	37079	0.000045	0.000001	0.000002	0.000001
	电机	38080	0.000275	0.000251	0.000008	0.000188
	输配电及控制设备	38081	0.000346	0.000461	0.000018	0.000119
	电线、电缆、光缆及电工器材	38082	0.000201	0.000413	0.000061	0.000063
	电池	38083	0.000014	0.000001	0.000000	0.000035
	家用器具	38084	0.000044	0.000004	0.000004	0.000013
	其他电气机械和器材	38085	0.000382	0.000110	0.000109	0.000048
	计算机	39086	0.000409	0.000069	0.000058	0.000043
	通信设备	39087	0.000015	0.000005	0.000001	0.000000

合成材料	专用化学产品和炸药、火工、焰火产品	日用化学产品	医药制品	化学纤维制品	橡胶制品	代码
26045	26046	26047	27048	28049	29050	—
0.000356	0.000025	0.000317	0.000055	0.000092	0.000942	31059
0.000648	0.000548	0.000166	0.000149	0.000071	0.010627	31060
0.000235	0.000087	0.000166	0.000007	0.000028	0.000030	31061
0.000397	0.015454	0.000344	0.000142	0.001274	0.000323	32062
0.004136	0.009956	0.000087	0.000103	0.000001	0.000752	32063
0.001366	0.004798	0.005448	0.003056	0.000786	0.030186	33064
0.000074	0.000062	0.000017	0.000017	0.000020	0.000015	34065
0.000257	0.000157	0.000112	0.000045	0.000036	0.000061	34066
0.000024	0.000043	0.000024	0.000866	0.000006	0.000154	34067
0.000740	0.000955	0.000456	0.000250	0.000267	0.000247	34068
0.000000	0.000016	0.000012	0.000030	0.000005	0.000028	34069
0.003043	0.001230	0.002046	0.005331	0.001110	0.003574	34070
0.000015	0.000010	0.000090	0.000420	0.000197	0.000062	35071
0.005089	0.000313	0.000140	0.000074	0.000011	0.004299	35072
0.000000	0.000000	0.000000	0.000000	0.000000	0.000000	35073
0.000254	0.000287	0.002333	0.001106	0.000821	0.000325	35074
0.000000	0.000002	0.000000	0.000000	0.000000	0.000000	36075
0.000030	0.000231	0.000064	0.000067	0.000111	0.000107	36076
0.000000	0.000000	0.000000	0.000000	0.000000	0.000000	37077
0.000000	0.000000	0.000000	0.000000	0.000000	0.000000	37078
0.000000	0.000002	0.000001	0.000004	0.000000	0.000103	37079
0.000088	0.000425	0.000012	0.000058	0.000028	0.000081	38080
0.000215	0.000521	0.000127	0.000077	0.000176	0.000175	38081
0.000210	0.000175	0.000102	0.000093	0.000125	0.000139	38082
0.000004	0.004304	0.000000	0.000002	0.000002	0.000122	38083
0.000003	0.000009	0.001064	0.000013	0.000001	0.000020	38084
0.000115	0.000122	0.001593	0.000095	0.000018	0.000030	38085
0.000023	0.000088	0.000065	0.000165	0.000025	0.000060	39086
0.000007	0.000004	0.000000	0.000003	0.000000	0.000002	39087

表 4.2 续 33 (Table 4.2 Continue 33)

投入 \ 产出		代码	塑料制品	水泥、石灰和石膏	石膏、水泥制品及类似制品	砖瓦、石材等建筑材料
代码		—	29051	30052	30053	30054
中间投入	钢、铁及其铸件	31059	0.000375	0.001601	0.000593	0.001059
	钢压延产品	31060	0.001552	0.001368	0.060816	0.006704
	铁合金产品	31061	0.000000	0.000016	0.000006	0.000003
	有色金属及其合金和铸件	32062	0.000696	0.000102	0.001822	0.000885
	有色金属压延加工品	32063	0.001362	0.000010	0.000669	0.004235
	金属制品	33064	0.008197	0.037451	0.007516	0.037502
	锅炉及原动设备	34065	0.000094	0.000033	0.000605	0.000030
	金属加工机械	34066	0.000193	0.000016	0.000121	0.000175
	物料搬运设备	34067	0.000055	0.000830	0.003712	0.000202
	泵、阀门、压缩机及类似机械	34068	0.001188	0.002107	0.003018	0.000374
	文化、办公用机械	34069	0.000036	0.000006	0.000018	0.000022
	其他通用设备	34070	0.002834	0.039292	0.012073	0.007407
	采矿、冶金、建筑专用设备	35071	0.000020	0.016424	0.002578	0.001646
	化工、木材、非金属加工专用设备	35072	0.001380	0.001790	0.000316	0.001500
	农、林、牧、渔专用机械	35073	0.000000	0.000000	0.000000	0.000000
	其他专用设备	35074	0.000567	0.002214	0.000634	0.002224
	汽车整车	36075	0.000000	0.000006	0.000000	0.000000
	汽车零部件及配件	36076	0.000117	0.000431	0.021792	0.000137
	铁路运输和城市轨道交通设备	37077	0.000000	0.000000	0.000008	0.000001
	船舶及相关装置	37078	0.000000	0.000000	0.000000	0.000000
	其他交通运输设备	37079	0.000000	0.000001	0.000000	0.000001
	电机	38080	0.000251	0.000887	0.000227	0.000312
	输配电及控制设备	38081	0.000750	0.000800	0.001376	0.000312
	电线、电缆、光缆及电工器材	38082	0.000326	0.000525	0.000850	0.000485
	电池	38083	0.000000	0.000058	0.000429	0.000002
	家用器具	38084	0.000017	0.000012	0.000009	0.000052
	其他电气机械和器材	38085	0.000186	0.000511	0.000113	0.000203
	计算机	39086	0.000356	0.000066	0.000197	0.000061
	通信设备	39087	0.000019	0.000063	0.000098	0.000011

玻璃和玻璃制品	陶瓷制品	耐火材料制品	石墨及其他非金属矿物制品	钢、铁及其铸件	钢压延产品	代码
30055	30056	30057	30058	31059	31060	—
0.001316	0.006385	0.000456	0.000279	0.120245	0.179748	31059
0.002724	0.013700	0.002295	0.000550	0.023076	0.127977	31060
0.000043	0.001156	0.000224	0.005282	0.013742	0.030247	31061
0.001355	0.019759	0.038781	0.006361	0.009158	0.029208	32062
0.006278	0.006945	0.000961	0.000543	0.000372	0.000267	32063
0.030030	0.025481	0.020552	0.011579	0.003082	0.010295	33064
0.000089	0.000096	0.000011	0.000055	0.001726	0.000071	34065
0.000064	0.000008	0.000039	0.000023	0.000372	0.001610	34066
0.000359	0.000063	0.000694	0.000072	0.000874	0.000693	34067
0.002345	0.002906	0.000139	0.000348	0.000737	0.000881	34068
0.000021	0.000025	0.000020	0.000017	0.000008	0.000002	34069
0.005561	0.023977	0.004051	0.041718	0.022588	0.025511	34070
0.000937	0.000028	0.000989	0.000898	0.002830	0.004018	35071
0.000892	0.000637	0.000909	0.001117	0.000382	0.000094	35072
0.000000	0.000000	0.000000	0.000000	0.000000	0.000000	35073
0.002537	0.005256	0.000064	0.000069	0.000425	0.000178	35074
0.000000	0.000000	0.000002	0.000000	0.000000	0.000016	36075
0.000193	0.000468	0.000686	0.000115	0.000175	0.000426	36076
0.000003	0.000002	0.000000	0.000000	0.000001	0.000050	37077
0.000000	0.000000	0.000000	0.000000	0.000000	0.000000	37078
0.000001	0.000013	0.000000	0.000001	0.000000	0.000014	37079
0.000942	0.000690	0.000376	0.000585	0.000089	0.000450	38080
0.000497	0.000163	0.000127	0.000509	0.000365	0.000205	38081
0.000612	0.000076	0.000210	0.000591	0.000186	0.000435	38082
0.000050	0.000044	0.000000	0.000001	0.000002	0.000037	38083
0.000039	0.000077	0.000007	0.000010	0.000004	0.000154	38084
0.000289	0.001126	0.000527	0.000404	0.000157	0.000175	38085
0.000140	0.001121	0.000055	0.000095	0.000050	0.000100	39086
0.000001	0.000000	0.000006	0.000085	0.000000	0.000027	39087

表 4.2 续 34 （Table 4.2 Continue 34）

投入 \ 产出		代码	铁合金产品	有色金属及其合金和铸件	有色金属压延加工品	金属制品
代码		—	31061	32062	32063	33064
中间投入	钢、铁及其铸件	31059	0.046079	0.001387	0.000555	0.054326
	钢压延产品	31060	0.027506	0.002301	0.009225	0.201170
	铁合金产品	31061	0.071430	0.006360	0.000110	0.001417
	有色金属及其合金和铸件	32062	0.023110	0.198669	0.555131	0.049087
	有色金属压延加工品	32063	0.002003	0.024455	0.127849	0.039903
	金属制品	33064	0.001777	0.001215	0.002454	0.132679
	锅炉及原动设备	34065	0.000039	0.000475	0.000004	0.000101
	金属加工机械	34066	0.000018	0.000130	0.000350	0.010693
	物料搬运设备	34067	0.000018	0.000210	0.000163	0.001466
	泵、阀门、压缩机及类似机械	34068	0.000220	0.000601	0.000271	0.003065
	文化、办公用机械	34069	0.000003	0.000006	0.000008	0.000035
	其他通用设备	34070	0.004232	0.001410	0.000815	0.012676
	采矿、冶金、建筑专用设备	35071	0.000044	0.000779	0.000038	0.009160
	化工、木材、非金属加工专用设备	35072	0.000011	0.000070	0.001207	0.002132
	农、林、牧、渔专用机械	35073	0.000000	0.000000	0.000000	0.000000
	其他专用设备	35074	0.000152	0.000238	0.000051	0.000775
	汽车整车	36075	0.000009	0.000000	0.000004	0.000000
	汽车零部件及配件	36076	0.000205	0.000144	0.000068	0.001226
	铁路运输和城市轨道交通设备	37077	0.000037	0.000006	0.000000	0.000010
	船舶及相关装置	37078	0.000000	0.000000	0.000000	0.000000
	其他交通运输设备	37079	0.000000	0.000001	0.000000	0.000083
	电机	38080	0.000144	0.000077	0.000039	0.000404
	输配电及控制设备	38081	0.000954	0.000199	0.000067	0.001863
	电线、电缆、光缆及电工器材	38082	0.000090	0.000223	0.000994	0.000511
	电池	38083	0.000000	0.000011	0.000002	0.000078
	家用器具	38084	0.000001	0.000005	0.000002	0.000253
	其他电气机械和器材	38085	0.000053	0.000095	0.000052	0.001059
	计算机	39086	0.000010	0.000031	0.000028	0.000151
	通信设备	39087	0.000000	0.000011	0.000007	0.000147

锅炉及原动设备	金属加工机械	物料搬运设备	泵、阀门、压缩机及类似机械	文化、办公用机械	其他通用设备	代码
34065	34066	34067	34068	34069	34070	—
0.016916	0.049193	0.020852	0.035983	0.003512	0.023848	31059
0.092732	0.068515	0.136859	0.074218	0.009179	0.094930	31060
0.011990	0.003791	0.000071	0.017549	0.001112	0.001652	31061
0.013458	0.040426	0.001185	0.043867	0.001598	0.023615	32062
0.053736	0.038487	0.013220	0.081655	0.001536	0.036892	32063
0.036389	0.033534	0.041239	0.042800	0.028005	0.049374	33064
0.162761	0.002355	0.013446	0.000811	0.000000	0.010406	34065
0.012727	0.064215	0.005681	0.003252	0.000294	0.008890	34066
0.000069	0.001197	0.121723	0.003004	0.000004	0.000542	34067
0.042544	0.014047	0.021309	0.187049	0.002219	0.022595	34068
0.000022	0.000039	0.000016	0.000026	0.023829	0.000039	34069
0.085583	0.133513	0.071653	0.050374	0.034551	0.125394	34070
0.000005	0.000013	0.000927	0.001463	0.000113	0.000221	35071
0.000699	0.000493	0.000823	0.002234	0.001990	0.001313	35072
0.001116	0.000000	0.000000	0.000000	0.000000	0.000029	35073
0.002775	0.002841	0.002403	0.004493	0.021844	0.002341	35074
0.000017	0.000000	0.000000	0.000000	0.000000	0.000350	36075
0.006067	0.004270	0.048605	0.000514	0.000187	0.001058	36076
0.000003	0.000000	0.000198	0.000001	0.000000	0.000062	37077
0.000062	0.000000	0.000000	0.000000	0.000000	0.000000	37078
0.000025	0.000001	0.019623	0.000009	0.000034	0.000033	37079
0.017055	0.011357	0.034075	0.044032	0.004111	0.019250	38080
0.003572	0.035768	0.024614	0.004566	0.024166	0.027058	38081
0.001454	0.016632	0.018197	0.005513	0.003080	0.005441	38082
0.005412	0.000112	0.006562	0.000101	0.021219	0.006648	38083
0.000034	0.000011	0.000077	0.000124	0.000003	0.000543	38084
0.000188	0.001734	0.002038	0.000355	0.001939	0.003267	38085
0.000192	0.001434	0.000203	0.000204	0.007669	0.004701	39086
0.000000	0.000071	0.000575	0.000000	0.000326	0.000043	39087

表 4.2 续 35 (Table 4.2 Continue 35)

投入 \ 产出		代码	采矿、冶金、建筑专用设备	化工、木材、非金属加工专用设备	农、林、牧、渔专用机械	其他专用设备
代码		—	35071	35072	35073	35074
中间投入	钢、铁及其铸件	31059	0.012182	0.025907	0.030642	0.024345
	钢压延产品	31060	0.113487	0.182795	0.061074	0.084479
	铁合金产品	31061	0.004200	0.009499	0.001244	0.000694
	有色金属及其合金和铸件	32062	0.016347	0.013975	0.014744	0.012521
	有色金属压延加工品	32063	0.009266	0.039352	0.014858	0.024159
	金属制品	33064	0.046811	0.034918	0.028553	0.045451
	锅炉及原动设备	34065	0.028644	0.014374	0.056813	0.001165
	金属加工机械	34066	0.006610	0.011429	0.037266	0.020490
	物料搬运设备	34067	0.010142	0.000484	0.001378	0.003354
	泵、阀门、压缩机及类似机械	34068	0.029168	0.019434	0.021593	0.011920
	文化、办公用机械	34069	0.000034	0.000137	0.000102	0.000106
	其他通用设备	34070	0.054829	0.026460	0.068617	0.037160
	采矿、冶金、建筑专用设备	35071	0.132926	0.003191	0.000020	0.005187
	化工、木材、非金属加工专用设备	35072	0.000122	0.127056	0.001117	0.001624
	农、林、牧、渔专用机械	35073	0.000030	0.000233	0.121783	0.000008
	其他专用设备	35074	0.006418	0.003573	0.002845	0.103699
	汽车整车	36075	0.022925	0.000013	0.001017	0.000108
	汽车零部件及配件	36076	0.028058	0.000215	0.059977	0.000521
	铁路运输和城市轨道交通设备	37077	0.001049	0.000001	0.000047	0.000035
	船舶及相关装置	37078	0.000049	0.000000	0.000000	0.000043
	其他交通运输设备	37079	0.000000	0.000000	0.001139	0.000172
	电机	38080	0.018777	0.010363	0.003116	0.014665
	输配电及控制设备	38081	0.015941	0.011436	0.001190	0.011935
	电线、电缆、光缆及电工器材	38082	0.004241	0.004396	0.002444	0.023908
	电池	38083	0.002453	0.000001	0.004367	0.000599
	家用器具	38084	0.000013	0.000008	0.000017	0.000378
	其他电气机械和器材	38085	0.002788	0.000182	0.001162	0.002490
	计算机	39086	0.000183	0.000701	0.000187	0.003920
	通信设备	39087	0.000260	0.000260	0.000002	0.000784

汽车整车	汽车零部件及配件	铁路运输和城市轨道交通设备	船舶及相关装置	其他交通运输设备	电机	代码
36075	36076	37077	37078	37079	38080	—
0.006652	0.016329	0.019812	0.008152	0.008132	0.002603	31059
0.046174	0.065527	0.093503	0.120030	0.042316	0.092924	31060
0.000117	0.001820	0.001794	0.000081	0.002232	0.007735	31061
0.006369	0.055587	0.012161	0.002407	0.048066	0.044104	32062
0.012333	0.028817	0.037243	0.007439	0.020741	0.111675	32063
0.015982	0.017904	0.036691	0.029734	0.031657	0.027939	33064
0.016741	0.003103	0.012966	0.051246	0.012344	0.016741	34065
0.000461	0.001019	0.000729	0.002765	0.002741	0.001769	34066
0.001986	0.003499	0.001787	0.008742	0.000332	0.001088	34067
0.014296	0.006650	0.023360	0.016019	0.008820	0.003286	34068
0.000015	0.000015	0.000110	0.000030	0.000014	0.000011	34069
0.018458	0.020107	0.043124	0.039330	0.035620	0.068017	34070
0.000132	0.000141	0.000486	0.005378	0.000373	0.000000	35071
0.000421	0.000413	0.000603	0.000114	0.001629	0.000524	35072
0.000000	0.000000	0.000000	0.000000	0.000103	0.000000	35073
0.000729	0.000541	0.007507	0.001139	0.001427	0.007884	35074
0.082855	0.001486	0.000008	0.000022	0.000262	0.000000	36075
0.328330	0.291044	0.001436	0.001024	0.006004	0.000107	36076
0.000001	0.000001	0.141465	0.000347	0.000062	0.000594	37077
0.000000	0.000000	0.000000	0.113295	0.000829	0.000000	37078
0.000215	0.000025	0.001376	0.000541	0.242589	0.000001	37079
0.002039	0.001960	0.020842	0.033347	0.011756	0.064151	38080
0.001404	0.001840	0.047378	0.025713	0.009375	0.037622	38081
0.001524	0.004991	0.032533	0.016844	0.006452	0.075048	38082
0.007593	0.000001	0.002736	0.000797	0.048317	0.000514	38083
0.000026	0.000008	0.000678	0.000281	0.000030	0.000077	38084
0.003843	0.000389	0.028819	0.001880	0.008538	0.003808	38085
0.000230	0.000101	0.000675	0.000967	0.000133	0.000137	39086
0.000133	0.000073	0.001282	0.016815	0.012173	0.000959	39087

表 4.2 续 36 (Table 4.2 Continue 36)

	投入＼产出	代码	输配电及控制设备	电线、电缆、光缆及电工器材	电池	家用器具
	代码	—	38081	38082	38083	38084
中间投入	钢、铁及其铸件	31059	0.004288	0.000900	0.004545	0.003301
	钢压延产品	31060	0.060764	0.007995	0.006940	0.027308
	铁合金产品	31061	0.006989	0.000073	0.000540	0.000151
	有色金属及其合金和铸件	32062	0.039879	0.155215	0.122569	0.033292
	有色金属压延加工品	32063	0.084243	0.315308	0.053564	0.022681
	金属制品	33064	0.049475	0.043481	0.005282	0.047011
	锅炉及原动设备	34065	0.000071	0.000006	0.000000	0.000129
	金属加工机械	34066	0.000376	0.000891	0.000358	0.001391
	物料搬运设备	34067	0.000505	0.000309	0.000027	0.000113
	泵、阀门、压缩机及类似机械	34068	0.003684	0.001056	0.000664	0.060892
	文化、办公用机械	34069	0.000012	0.000020	0.000045	0.000029
	其他通用设备	34070	0.033847	0.003848	0.002669	0.013892
	采矿、冶金、建筑专用设备	35071	0.000291	0.000239	0.000009	0.000000
	化工、木材、非金属加工专用设备	35072	0.000514	0.000336	0.000430	0.002626
	农、林、牧、渔专用机械	35073	0.000000	0.000000	0.000000	0.000000
	其他专用设备	35074	0.003632	0.000406	0.000093	0.005390
	汽车整车	36075	0.000000	0.000000	0.000000	0.000000
	汽车零部件及配件	36076	0.000100	0.000094	0.000046	0.000409
	铁路运输和城市轨道交通设备	37077	0.000000	0.000000	0.000001	0.000000
	船舶及相关装置	37078	0.000000	0.000000	0.000000	0.000000
	其他交通运输设备	37079	0.000001	0.000002	0.000228	0.000007
	电机	38080	0.001800	0.000317	0.000048	0.050245
	输配电及控制设备	38081	0.154146	0.007594	0.007373	0.017446
	电线、电缆、光缆及电工器材	38082	0.040736	0.052735	0.006339	0.021583
	电池	38083	0.008725	0.000736	0.178268	0.000593
	家用器具	38084	0.000000	0.000000	0.000043	0.119328
	其他电气机械和器材	38085	0.002183	0.000094	0.000239	0.001537
	计算机	39086	0.000884	0.000067	0.000168	0.000325
	通信设备	39087	0.000235	0.000279	0.000003	0.000001

其他电气机械和器材	计算机	通信设备	广播电视设备和雷达及配套设备	视听设备	电子元器件	代码
38085	39086	39087	39088	39089	39090	—
0.004691	0.000839	0.001390	0.003852	0.000101	0.000834	31059
0.016409	0.002105	0.003307	0.004709	0.002360	0.002024	31060
0.000523	0.000006	0.000428	0.000137	0.000001	0.000397	31061
0.105480	0.004136	0.003613	0.013249	0.004824	0.028246	32062
0.117836	0.003722	0.004296	0.023127	0.011114	0.027126	32063
0.017783	0.012540	0.006831	0.023190	0.006998	0.019929	33064
0.000008	0.000000	0.000000	0.000000	0.000000	0.000002	34065
0.000918	0.000027	0.000039	0.003438	0.000004	0.000237	34066
0.000086	0.000005	0.000001	0.000367	0.000073	0.000096	34067
0.000828	0.000437	0.000152	0.000419	0.000013	0.000881	34068
0.001184	0.000039	0.000450	0.000217	0.000088	0.000109	34069
0.009456	0.001521	0.002891	0.008504	0.006118	0.004932	34070
0.000001	0.000003	0.000059	0.000000	0.000000	0.000001	35071
0.000979	0.000081	0.001115	0.003068	0.001452	0.001054	35072
0.000000	0.000000	0.000000	0.000000	0.000000	0.000000	35073
0.003045	0.000416	0.000959	0.023166	0.009432	0.003607	35074
0.000000	0.000000	0.000000	0.000000	0.000000	0.000000	36075
0.000124	0.000321	0.000944	0.002404	0.000029	0.000287	36076
0.000186	0.000000	0.000000	0.000000	0.000000	0.000000	37077
0.000000	0.000000	0.000000	0.000000	0.000000	0.000000	37078
0.000279	0.000000	0.000000	0.000008	0.000000	0.000000	37079
0.002101	0.000020	0.000020	0.001116	0.000258	0.000055	38080
0.023602	0.010569	0.008766	0.043664	0.012215	0.006164	38081
0.024863	0.004027	0.029764	0.018584	0.007060	0.010926	38082
0.002382	0.022476	0.043727	0.003929	0.002030	0.011991	38083
0.000161	0.000003	0.000002	0.000003	0.000002	0.000011	38084
0.079226	0.001007	0.000305	0.006713	0.000507	0.005709	38085
0.000152	0.147009	0.016784	0.014958	0.005808	0.004389	39086
0.000037	0.001132	0.135166	0.009420	0.000572	0.000604	39087

表 4.2 续 37 （Table 4.2 Continue 37）

	投入 \ 产出	代码	其他电子设备	仪器仪表	其他制造产品	废弃资源和废旧材料回收加工品
	代码	—	39091	40092	41093	42094
中间投入	钢、铁及其铸件	31059	0.001909	0.002256	0.001017	0.002607
	钢压延产品	31060	0.007161	0.029957	0.009266	0.002678
	铁合金产品	31061	0.000512	0.000153	0.000160	0.000703
	有色金属及其合金和铸件	32062	0.029158	0.020407	0.044576	0.007880
	有色金属压延加工品	32063	0.008107	0.011931	0.023458	0.009408
	金属制品	33064	0.017762	0.034971	0.026230	0.002501
	锅炉及原动设备	34065	0.000000	0.002359	0.000261	0.000000
	金属加工机械	34066	0.001658	0.003052	0.001346	0.000095
	物料搬运设备	34067	0.000155	0.000408	0.000448	0.000116
	泵、阀门、压缩机及类似机械	34068	0.000327	0.006605	0.001525	0.000585
	文化、办公用机械	34069	0.000422	0.000115	0.000022	0.000006
	其他通用设备	34070	0.008372	0.016729	0.018645	0.001742
	采矿、冶金、建筑专用设备	35071	0.000025	0.000866	0.002466	0.001203
	化工、木材、非金属加工专用设备	35072	0.001345	0.001420	0.000925	0.000001
	农、林、牧、渔专用机械	35073	0.000000	0.000000	0.000000	0.000000
	其他专用设备	35074	0.007598	0.015633	0.000738	0.000850
	汽车整车	36075	0.000000	0.000000	0.000000	0.000000
	汽车零部件及配件	36076	0.000172	0.001718	0.000884	0.000974
	铁路运输和城市轨道交通设备	37077	0.000000	0.000081	0.000004	0.000000
	船舶及相关装置	37078	0.000000	0.000000	0.000000	0.000000
	其他交通运输设备	37079	0.000030	0.000115	0.000001	0.000000
	电机	38080	0.000119	0.006380	0.001539	0.002706
	输配电及控制设备	38081	0.017877	0.030778	0.003361	0.000047
	电线、电缆、光缆及电工器材	38082	0.023027	0.011533	0.004409	0.010851
	电池	38083	0.010633	0.003242	0.002495	0.008916
	家用器具	38084	0.000003	0.002377	0.003805	0.000019
	其他电气机械和器材	38085	0.003707	0.001934	0.000495	0.000024
	计算机	39086	0.007618	0.005748	0.000228	0.000026
	通信设备	39087	0.001239	0.003132	0.000000	0.000000

金属制品、机械和设备修理服务	电力、热力生产和供应	燃气生产和供应	水的生产和供应	房屋建筑	土木工程建筑	代码
43095	44096	45097	46098	47099	48100	—
0.008701	0.000043	0.000792	0.001048	0.002890	0.000012	31059
0.048950	0.000355	0.000795	0.000331	0.149062	0.182702	31060
0.000753	0.000005	0.000254	0.000000	0.000519	0.000000	31061
0.061546	0.000050	0.000186	0.000149	0.013712	0.000000	32062
0.030828	0.000029	0.000001	0.000035	0.006814	0.000223	32063
0.078732	0.000304	0.000694	0.023711	0.039780	0.046865	33064
0.011947	0.002377	0.000250	0.000006	0.000057	0.000104	34065
0.006620	0.000007	0.000000	0.000261	0.000045	0.000000	34066
0.001232	0.000028	0.000001	0.000394	0.000112	0.000082	34067
0.016061	0.000309	0.000998	0.003002	0.001429	0.000067	34068
0.002201	0.000013	0.000007	0.000020	0.000239	0.001527	34069
0.020177	0.000613	0.000624	0.001708	0.001264	0.002650	34070
0.009797	0.000006	0.000248	0.000000	0.001512	0.001387	35071
0.004292	0.000007	0.000010	0.000000	0.000042	0.000003	35072
0.001248	0.000000	0.000000	0.000000	0.000000	0.000000	35073
0.002546	0.000452	0.000849	0.002063	0.000922	0.003324	35074
0.000000	0.000000	0.000000	0.000000	0.000000	0.000000	36075
0.004026	0.000060	0.000165	0.000190	0.000212	0.000690	36076
0.008067	0.000000	0.000000	0.000000	0.000173	0.000184	37077
0.034358	0.000000	0.000000	0.000000	0.000382	0.000408	37078
0.056412	0.000000	0.000005	0.000006	0.000045	0.000031	37079
0.019628	0.001007	0.000008	0.000098	0.000028	0.000021	38080
0.015459	0.040342	0.000071	0.000451	0.003443	0.002460	38081
0.017514	0.003893	0.000132	0.000162	0.032900	0.008258	38082
0.018691	0.000153	0.000035	0.000019	0.000055	0.000016	38083
0.003338	0.000005	0.000298	0.000076	0.000128	0.000113	38084
0.015953	0.000287	0.000158	0.000245	0.000630	0.000639	38085
0.000288	0.000104	0.000069	0.000152	0.000288	0.000393	39086
0.014348	0.000015	0.000003	0.000017	0.000085	0.000061	39087

表 4.2 续 38 （Table 4.2 Continue 38）

投入＼产出		代码	建筑安装	建筑装饰和其他建筑服务	批发和零售	铁路运输
代码		—	49101	50102	51103	53104
中间投入	钢、铁及其铸件	31059	0.000000	0.000000	0.000017	0.000400
	钢压延产品	31060	0.099178	0.013260	0.000015	0.021082
	铁合金产品	31061	0.000000	0.000146	0.000000	0.000049
	有色金属及其合金和铸件	32062	0.000000	0.004429	0.000012	0.000046
	有色金属压延加工品	32063	0.003644	0.010972	0.000019	0.000069
	金属制品	33064	0.051310	0.032636	0.000224	0.001520
	锅炉及原动设备	34065	0.000031	0.000286	0.000007	0.000117
	金属加工机械	34066	0.000003	0.000001	0.000000	0.000069
	物料搬运设备	34067	0.000000	0.000032	0.000020	0.000203
	泵、阀门、压缩机及类似机械	34068	0.014000	0.000999	0.000008	0.000191
	文化、办公用机械	34069	0.000436	0.000062	0.000012	0.000019
	其他通用设备	34070	0.012914	0.000151	0.000199	0.001766
	采矿、冶金、建筑专用设备	35071	0.000977	0.003226	0.000000	0.000027
	化工、木材、非金属加工专用设备	35072	0.000000	0.000000	0.000000	0.000000
	农、林、牧、渔专用机械	35073	0.000000	0.000000	0.000000	0.000000
	其他专用设备	35074	0.014577	0.009224	0.000010	0.000369
	汽车整车	36075	0.000000	0.000000	0.001193	0.000000
	汽车零部件及配件	36076	0.000217	0.000866	0.001221	0.000249
	铁路运输和城市轨道交通设备	37077	0.000000	0.000000	0.000000	0.064018
	船舶及相关装置	37078	0.000000	0.000000	0.000000	0.000463
	其他交通运输设备	37079	0.000025	0.000017	0.000005	0.000003
	电机	38080	0.000016	0.000011	0.000002	0.000061
	输配电及控制设备	38081	0.028255	0.019243	0.000002	0.000664
	电线、电缆、光缆及电工器材	38082	0.064034	0.027711	0.000002	0.001520
	电池	38083	0.000398	0.001166	0.000030	0.000858
	家用器具	38084	0.000095	0.000063	0.009144	0.000143
	其他电气机械和器材	38085	0.004429	0.006505	0.000272	0.000795
	计算机	39086	0.000299	0.000592	0.000377	0.000460
	通信设备	39087	0.016897	0.001337	0.000112	0.000631

道路运输	水上运输	航空运输	管道运输	装卸搬运和运输代理	仓储	代码
54105	55106	56107	57108	58109	59110	—
0.000066	0.000003	0.000000	0.000000	0.000000	0.000000	31059
0.000001	0.002056	0.000010	0.005182	0.008572	0.000003	31060
0.000000	0.000000	0.000000	0.000000	0.000000	0.000000	31061
0.000003	0.000000	0.000000	0.000000	0.000000	0.000000	32062
0.000000	0.000000	0.000000	0.000000	0.000000	0.000000	32063
0.000265	0.002316	0.000369	0.000140	0.026292	0.012561	33064
0.000063	0.000000	0.000005	0.000000	0.000019	0.000000	34065
0.000000	0.000002	0.000000	0.000000	0.000000	0.000000	34066
0.000079	0.000008	0.000040	0.000000	0.028341	0.013163	34067
0.000036	0.000007	0.000000	0.000000	0.000000	0.000000	34068
0.000029	0.000007	0.000018	0.000017	0.000036	0.000500	34069
0.000632	0.027581	0.033716	0.016752	0.022331	0.000661	34070
0.000000	0.000000	0.000000	0.000000	0.000000	0.000000	35071
0.000000	0.000000	0.000000	0.000000	0.000000	0.000000	35072
0.000000	0.000000	0.000000	0.000000	0.000000	0.000000	35073
0.000071	0.000014	0.023097	0.000007	0.000003	0.009240	35074
0.009937	0.000000	0.000000	0.000000	0.000000	0.000000	36075
0.080289	0.000068	0.000403	0.010143	0.000090	0.000820	36076
0.000756	0.000000	0.000000	0.000000	0.000013	0.000000	37077
0.000000	0.061499	0.000000	0.000000	0.000000	0.000000	37078
0.000097	0.000022	0.080043	0.001126	0.005077	0.001100	37079
0.000018	0.000009	0.000000	0.000000	0.000000	0.000000	38080
0.000154	0.000010	0.000018	0.000000	0.000000	0.000000	38081
0.000036	0.000006	0.000000	0.001014	0.000593	0.000412	38082
0.000188	0.000758	0.000692	0.000000	0.000000	0.000000	38083
0.000083	0.001736	0.000052	0.000002	0.000005	0.002059	38084
0.000088	0.000735	0.000024	0.000114	0.000000	0.000076	38085
0.000224	0.000027	0.000071	0.000091	0.001862	0.003835	39086
0.000014	0.000000	0.000007	0.004954	0.000000	0.000388	39087

表 4.2 续 39 (Table 4.2 Continue 39)

投入＼产出		代码	邮政	住宿	餐饮	电信和其他信息传输服务
代码		—	60111	61112	62113	63114
中间投入	钢、铁及其铸件	31059	0.000000	0.000000	0.000000	0.000000
	钢压延产品	31060	0.001177	0.000007	0.000000	0.000000
	铁合金产品	31061	0.000447	0.000000	0.000000	0.000000
	有色金属及其合金和铸件	32062	0.000000	0.000000	0.000000	0.000000
	有色金属压延加工品	32063	0.000430	0.000021	0.000000	0.000000
	金属制品	33064	0.002245	0.002497	0.000338	0.000163
	锅炉及原动设备	34065	0.000000	0.000022	0.000146	0.000000
	金属加工机械	34066	0.000000	0.000003	0.000000	0.000000
	物料搬运设备	34067	0.000558	0.000054	0.000000	0.000050
	泵、阀门、压缩机及类似机械	34068	0.000000	0.000217	0.000008	0.000011
	文化、办公用机械	34069	0.000015	0.000351	0.000025	0.000151
	其他通用设备	34070	0.000000	0.000234	0.000059	0.000111
	采矿、冶金、建筑专用设备	35071	0.000000	0.000000	0.000000	0.000000
	化工、木材、非金属加工专用设备	35072	0.000000	0.000000	0.000000	0.000000
	农、林、牧、渔专用机械	35073	0.000000	0.000000	0.000000	0.000000
	其他专用设备	35074	0.005654	0.000258	0.000160	0.000089
	汽车整车	36075	0.000000	0.000000	0.000000	0.000000
	汽车零部件及配件	36076	0.020680	0.004910	0.000249	0.000176
	铁路运输和城市轨道交通设备	37077	0.000000	0.000000	0.000000	0.000000
	船舶及相关装置	37078	0.000000	0.000000	0.000000	0.000000
	其他交通运输设备	37079	0.073809	0.000018	0.000006	0.000259
	电机	38080	0.000000	0.000015	0.000006	0.000013
	输配电及控制设备	38081	0.000000	0.000195	0.000001	0.000022
	电线、电缆、光缆及电工器材	38082	0.000191	0.000089	0.000001	0.066668
	电池	38083	0.000000	0.000000	0.000000	0.003131
	家用器具	38084	0.000000	0.000630	0.000058	0.000162
	其他电气机械和器材	38085	0.001208	0.000196	0.000080	0.016208
	计算机	39086	0.001456	0.000399	0.000128	0.005341
	通信设备	39087	0.003092	0.000009	0.000000	0.040458

软件和信息技术服务	货币金融和其他金融服务	资本市场服务	保险	房地产	租赁	代码
65115	66116	67117	68118	70119	71120	—
0.000000	0.000000	0.000000	0.000000	0.000000	0.000000	31059
0.000000	0.000000	0.000000	0.000000	0.000004	0.000002	31060
0.000000	0.000000	0.000000	0.000000	0.000000	0.000000	31061
0.000000	0.000000	0.000000	0.000000	0.000000	0.000000	32062
0.000000	0.000000	0.000000	0.000000	0.000000	0.000000	32063
0.000193	0.000158	0.000000	0.000019	0.001557	0.039365	33064
0.000000	0.000000	0.000000	0.000000	0.000000	0.000000	34065
0.000000	0.000000	0.000000	0.000000	0.000000	0.000000	34066
0.000000	0.000000	0.000000	0.000000	0.000000	0.000000	34067
0.000000	0.000000	0.000000	0.000000	0.000000	0.000000	34068
0.000013	0.000981	0.000007	0.000152	0.000268	0.000034	34069
0.000009	0.000057	0.000000	0.000009	0.000017	0.000126	34070
0.000000	0.000000	0.000000	0.000000	0.000000	0.000000	35071
0.000000	0.000000	0.000000	0.000000	0.000000	0.000000	35072
0.000000	0.000000	0.000000	0.000000	0.000000	0.000000	35073
0.000019	0.001626	0.001207	0.000146	0.000398	0.000002	35074
0.000000	0.000000	0.000000	0.000000	0.000000	0.000000	36075
0.011648	0.000933	0.000130	0.000453	0.000131	0.023866	36076
0.000000	0.000000	0.000000	0.000000	0.000000	0.000000	37077
0.000000	0.000000	0.000000	0.000000	0.000000	0.000000	37078
0.000931	0.000146	0.000084	0.000871	0.000008	0.001463	37079
0.000000	0.000004	0.000002	0.000056	0.000009	0.000007	38080
0.000003	0.000000	0.000000	0.000000	0.000009	0.000000	38081
0.009771	0.000000	0.000000	0.000000	0.000881	0.000746	38082
0.005146	0.000000	0.000000	0.000000	0.000022	0.000000	38083
0.000017	0.000148	0.000084	0.000022	0.000064	0.000004	38084
0.000008	0.000026	0.000002	0.000000	0.000109	0.001821	38085
0.108971	0.001098	0.000863	0.000184	0.000685	0.053972	39086
0.037583	0.000000	0.000000	0.000000	0.000001	0.002500	39087

表 4.2 续 40 (Table 4.2 Continue 40)

投入＼产出		代码	商务服务	研究和试验发展	专业技术服务	科技推广和应用服务
代码		—	72121	73122	74123	75124
中间投入	钢、铁及其铸件	31059	0.000000	0.000192	0.000397	0.000909
	钢压延产品	31060	0.000000	0.000027	0.001216	0.003434
	铁合金产品	31061	0.000000	0.000524	0.000209	0.000266
	有色金属及其合金和铸件	32062	0.000000	0.000000	0.000000	0.000000
	有色金属压延加工品	32063	0.000002	0.000000	0.000009	0.000483
	金属制品	33064	0.028265	0.030721	0.016702	0.128193
	锅炉及原动设备	34065	0.000002	0.000277	0.000066	0.000128
	金属加工机械	34066	0.000429	0.000067	0.000223	0.000030
	物料搬运设备	34067	0.000000	0.000000	0.000000	0.000000
	泵、阀门、压缩机及类似机械	34068	0.000000	0.000023	0.000639	0.000406
	文化、办公用机械	34069	0.000089	0.000116	0.000123	0.000362
	其他通用设备	34070	0.000158	0.000050	0.001027	0.000190
	采矿、冶金、建筑专用设备	35071	0.000000	0.000000	0.000000	0.000000
	化工、木材、非金属加工专用设备	35072	0.000000	0.000045	0.000000	0.000000
	农、林、牧、渔专用机械	35073	0.000000	0.000000	0.000000	0.000000
	其他专用设备	35074	0.000004	0.000136	0.000100	0.000426
	汽车整车	36075	0.000000	0.000000	0.000000	0.000000
	汽车零部件及配件	36076	0.044760	0.007554	0.010081	0.009540
	铁路运输和城市轨道交通设备	37077	0.000000	0.000000	0.000000	0.000000
	船舶及相关装置	37078	0.000000	0.000000	0.000000	0.000000
	其他交通运输设备	37079	0.000019	0.000149	0.000370	0.000540
	电机	38080	0.000002	0.000001	0.000011	0.000013
	输配电及控制设备	38081	0.000001	0.000045	0.000003	0.000013
	电线、电缆、光缆及电工器材	38082	0.048640	0.021669	0.028208	0.005724
	电池	38083	0.000014	0.006860	0.000042	0.000082
	家用器具	38084	0.000006	0.034375	0.000578	0.000234
	其他电气机械和器材	38085	0.000010	0.000002	0.000021	0.000053
	计算机	39086	0.042522	0.014632	0.074191	0.027062
	通信设备	39087	0.000012	0.000005	0.000488	0.000143

水利管理	生态保护和环境治理	公共设施管理	居民服务	其他服务	教育	代码
76125	77126	78127	79128	80129	82130	—
0.000000	0.000042	0.000531	0.000000	0.000218	0.000001	31059
0.002172	0.001347	0.000366	0.000033	0.000000	0.000000	31060
0.000000	0.000644	0.000000	0.000000	0.000000	0.000048	31061
0.000000	0.000000	0.000000	0.000000	0.000996	0.000000	32062
0.000431	0.000338	0.000338	0.000037	0.003104	0.000089	32063
0.014254	0.005307	0.003040	0.001895	0.016633	0.002006	33064
0.000026	0.000001	0.000354	0.000016	0.000191	0.000663	34065
0.000139	0.000004	0.000428	0.000003	0.000000	0.000000	34066
0.000000	0.000000	0.000000	0.000000	0.000000	0.000000	34067
0.000000	0.000000	0.000000	0.000011	0.000000	0.000012	34068
0.000456	0.000050	0.000388	0.000633	0.000423	0.000011	34069
0.013470	0.000203	0.000049	0.000049	0.001262	0.000334	34070
0.000000	0.000000	0.000000	0.000000	0.000000	0.000000	35071
0.000000	0.000000	0.000000	0.000000	0.000000	0.000000	35072
0.000000	0.000000	0.000000	0.000000	0.000000	0.000000	35073
0.000281	0.006109	0.000048	0.000057	0.001278	0.000031	35074
0.000000	0.000000	0.000000	0.000000	0.000019	0.000000	36075
0.013406	0.032304	0.026410	0.000457	0.051896	0.000008	36076
0.000000	0.000000	0.000000	0.000000	0.002890	0.000000	37077
0.010444	0.000576	0.000000	0.000000	0.002021	0.000000	37078
0.000054	0.000003	0.000069	0.000816	0.039102	0.000001	37079
0.000338	0.000003	0.000005	0.000072	0.000009	0.000001	38080
0.000000	0.000047	0.000266	0.000003	0.000030	0.000004	38081
0.000139	0.036394	0.012060	0.002944	0.022451	0.000013	38082
0.000346	0.000000	0.000016	0.001105	0.005880	0.000006	38083
0.000053	0.000008	0.006214	0.000115	0.004604	0.000004	38084
0.002132	0.000228	0.000021	0.000016	0.000135	0.000010	38085
0.001284	0.010964	0.000946	0.001409	0.008534	0.000299	39086
0.000051	0.000754	0.000074	0.000201	0.010549	0.000047	39087

表 4.2 续 41 （Table 4.2 Continue 41）

投入＼产出		代码	卫生	社会工作	新闻和出版	广播、电视、电影和影视录音制作
代码		—	83131	84132	85133	86134
中间投入	钢、铁及其铸件	31059	0.000000	0.000000	0.000000	0.000000
	钢压延产品	31060	0.000000	0.000000	0.000000	0.000423
	铁合金产品	31061	0.000000	0.000000	0.000000	0.000000
	有色金属及其合金和铸件	32062	0.000000	0.000000	0.000000	0.000000
	有色金属压延加工品	32063	0.000000	0.000000	0.000000	0.000079
	金属制品	33064	0.000270	0.000303	0.000631	0.000629
	锅炉及原动设备	34065	0.000001	0.000705	0.000000	0.000228
	金属加工机械	34066	0.000000	0.000000	0.000000	0.000193
	物料搬运设备	34067	0.000000	0.003199	0.000000	0.000000
	泵、阀门、压缩机及类似机械	34068	0.000003	0.000005	0.000016	0.000000
	文化、办公用机械	34069	0.000005	0.000252	0.000424	0.000018
	其他通用设备	34070	0.000013	0.000415	0.000062	0.000001
	采矿、冶金、建筑专用设备	35071	0.000000	0.000000	0.000000	0.000000
	化工、木材、非金属加工专用设备	35072	0.000000	0.000000	0.000000	0.000000
	农、林、牧、渔专用机械	35073	0.000000	0.000000	0.000000	0.000000
	其他专用设备	35074	0.035701	0.001518	0.000254	0.000017
	汽车整车	36075	0.000000	0.000000	0.000000	0.000000
	汽车零部件及配件	36076	0.001095	0.000757	0.000299	0.000490
	铁路运输和城市轨道交通设备	37077	0.000000	0.000000	0.000000	0.000000
	船舶及相关装置	37078	0.000000	0.000000	0.000000	0.000000
	其他交通运输设备	37079	0.000140	0.000029	0.000011	0.004254
	电机	38080	0.000472	0.000270	0.000004	0.000713
	输配电及控制设备	38081	0.000003	0.000007	0.000006	0.000000
	电线、电缆、光缆及电工器材	38082	0.000080	0.000000	0.000039	0.008370
	电池	38083	0.001352	0.000001	0.000018	0.000000
	家用器具	38084	0.000198	0.000038	0.000063	0.000002
	其他电气机械和器材	38085	0.000621	0.000048	0.000016	0.000003
	计算机	39086	0.000640	0.000199	0.000840	0.000161
	通信设备	39087	0.000064	0.000039	0.000195	0.000140

文化艺术	体育	娱乐	社会保障	公共管理和社会组织	中间使用合计	代码
87135	88136	89137	93138	90139	**TIU**	—
0.000000	0.000000	0.000000	0.000000	0.000000	**0.010224**	31059
0.000405	0.000001	0.000000	0.000008	0.000000	**0.031033**	31060
0.000000	0.000000	0.000000	0.000000	0.000000	**0.001763**	31061
0.000000	0.000000	0.000000	0.000000	0.000000	**0.017830**	32062
0.000084	0.000000	0.000000	0.000000	0.000000	**0.011017**	32063
0.000482	0.006333	0.000405	0.001650	0.002142	**0.015841**	33064
0.000003	0.000002	0.000000	0.000053	0.000246	**0.001847**	34065
0.000190	0.000502	0.000005	0.000000	0.000065	**0.001089**	34066
0.000027	0.000000	0.000000	0.000000	0.000000	**0.001108**	34067
0.000103	0.000000	0.000000	0.000000	0.000000	**0.003281**	34068
0.000025	0.000180	0.000318	0.000023	0.000113	**0.000159**	34069
0.000015	0.000013	0.000029	0.000021	0.000000	**0.008962**	34070
0.000000	0.000000	0.000000	0.000000	0.000000	**0.002538**	35071
0.000000	0.000000	0.000000	0.000000	0.000000	**0.000869**	35072
0.000000	0.000000	0.000000	0.000000	0.000000	**0.000607**	35073
0.000041	0.000038	0.000030	0.000031	0.000049	**0.002834**	35074
0.000000	0.000000	0.000000	0.000000	0.000000	**0.001871**	36075
0.001093	0.000171	0.000020	0.000038	0.014854	**0.014232**	36076
0.000000	0.000000	0.000000	0.000000	0.000000	**0.000557**	37077
0.000000	0.000000	0.000306	0.000000	0.000000	**0.000742**	37078
0.004318	0.000055	0.000116	0.000029	0.000664	**0.001610**	37079
0.000770	0.000599	0.000052	0.000278	0.000542	**0.001948**	38080
0.000006	0.000003	0.000010	0.000000	0.000000	**0.005219**	38081
0.002671	0.002452	0.000012	0.000000	0.000000	**0.007601**	38082
0.000000	0.000000	0.000004	0.000000	0.000458	**0.002079**	38083
0.000002	0.000027	0.000798	0.001503	0.001595	**0.001479**	38084
0.000063	0.000004	0.000037	0.000016	0.000161	**0.001040**	38085
0.001141	0.002781	0.000154	0.000609	0.001357	**0.004913**	39086
0.000022	0.000033	0.002095	0.000028	0.000590	**0.002062**	39087

表 4.2 续 42 (Table 4.2 Continue 42)

投入 \ 产出		代码	农产品	林产品	畜牧产品	渔产品
代码		—	01001	02002	03003	04004
中间投入	广播电视设备和雷达及配套设备	39088	0.000000	0.000000	0.000000	0.000000
	视听设备	39089	0.000000	0.000000	0.000000	0.000000
	电子元器件	39090	0.000000	0.000000	0.000000	0.000000
	其他电子设备	39091	0.000000	0.000000	0.000000	0.000000
	仪器仪表	40092	0.000000	0.000175	0.000002	0.000159
	其他制造产品	41093	0.000023	0.001225	0.000017	0.000387
	废弃资源和废旧材料回收加工品	42094	0.000001	0.000000	0.000000	0.000003
	金属制品、机械和设备修理服务	43095	0.000001	0.000010	0.000000	0.001166
	电力、热力生产和供应	44096	0.015758	0.007726	0.001932	0.006030
	燃气生产和供应	45097	0.000003	0.000016	0.000001	0.000039
	水的生产和供应	46098	0.000002	0.000349	0.000001	0.000030
	房屋建筑	47099	0.000051	0.000246	0.000004	0.000094
	土木工程建筑	48100	0.000019	0.000093	0.000002	0.000035
	建筑安装	49101	0.000000	0.000000	0.000000	0.000000
	建筑装饰和其他建筑服务	50102	0.000000	0.000000	0.000000	0.000000
	批发和零售	51103	0.009789	0.013574	0.020961	0.016858
	铁路运输	53104	0.001214	0.002401	0.002096	0.001198
	道路运输	54105	0.004032	0.009733	0.005947	0.007731
	水上运输	55106	0.000576	0.001083	0.001343	0.002057
	航空运输	56107	0.000072	0.000967	0.000026	0.000314
	管道运输	57108	0.000114	0.000139	0.000017	0.000114
	装卸搬运和运输代理	58109	0.001240	0.000994	0.001630	0.001216
	仓储	59110	0.002009	0.001947	0.000094	0.002889
	邮政	60111	0.000378	0.001460	0.000134	0.000857
	住宿	61112	0.000032	0.000581	0.000009	0.000318
	餐饮	62113	0.000091	0.003407	0.000049	0.000931
	电信和其他信息传输服务	63114	0.000294	0.002072	0.000098	0.002294
	软件和信息技术服务	65115	0.000000	0.000015	0.000000	0.000000
	货币金融和其他金融服务	66116	0.014588	0.011021	0.006071	0.015464
	资本市场服务	67117	0.000027	0.000505	0.000028	0.000633

农、林、牧、渔服务	煤炭采选产品	石油和天然气开采产品	黑色金属矿采选产品	有色金属矿采选产品	非金属矿采选产品	代码
05005	06006	07007	08008	09009	10010	—
0.000000	0.000001	0.000022	0.000001	0.000067	0.000000	39088
0.000000	0.000017	0.000004	0.000009	0.000017	0.000001	39089
0.000000	0.002470	0.000094	0.000244	0.000285	0.000053	39090
0.000000	0.000879	0.000781	0.000925	0.000245	0.000763	39091
0.002574	0.000260	0.011731	0.000233	0.001241	0.000214	40092
0.000660	0.001783	0.000177	0.000093	0.000277	0.000015	41093
0.000044	0.000217	0.000033	0.000067	0.000001	0.000420	42094
0.003200	0.000615	0.001425	0.000758	0.002232	0.001986	43095
0.005517	0.039564	0.045232	0.100633	0.093037	0.076057	44096
0.000074	0.000017	0.000114	0.000010	0.000004	0.000038	45097
0.000573	0.000477	0.000201	0.001548	0.000809	0.000920	46098
0.000551	0.000000	0.000000	0.000000	0.000000	0.000000	47099
0.000207	0.000000	0.000000	0.000000	0.000000	0.000000	48100
0.000000	0.000000	0.000000	0.000000	0.000000	0.000000	49101
0.000000	0.002581	0.001601	0.001258	0.003532	0.003811	50102
0.030479	0.013850	0.008788	0.013807	0.018428	0.019113	51103
0.003787	0.006695	0.001273	0.009713	0.004273	0.004616	53104
0.021035	0.010114	0.003684	0.013968	0.016722	0.028096	54105
0.003154	0.002095	0.000627	0.009556	0.001111	0.003368	55106
0.002649	0.000642	0.000376	0.001032	0.001231	0.000420	56107
0.000180	0.000211	0.000706	0.000694	0.000532	0.000339	57108
0.001876	0.001996	0.000398	0.002801	0.002606	0.004111	58109
0.000537	0.000666	0.000009	0.001864	0.000797	0.000808	59110
0.004436	0.000896	0.000187	0.000611	0.000232	0.000366	60111
0.002431	0.001097	0.000651	0.002107	0.001633	0.001428	61112
0.012637	0.002611	0.000765	0.004593	0.004508	0.004154	62113
0.014065	0.000615	0.000874	0.003240	0.001299	0.001220	63114
0.000049	0.000434	0.000023	0.000405	0.001172	0.001186	65115
0.005804	0.044136	0.014792	0.024362	0.037998	0.033343	66116
0.002687	0.000328	0.000309	0.000594	0.000432	0.000507	67117

表 4.2 续 43 （Table 4.2 Continue 43）

	投入 \ 产出	代码	开采辅助服务和其他采矿产品	谷物磨制品	饲料加工品	植物油加工品
	代码	—	11011	13012	13013	13014
中间投入	广播电视设备和雷达及配套设备	39088	0.000002	0.000000	0.000000	0.000000
	视听设备	39089	0.000035	0.000000	0.000003	0.000000
	电子元器件	39090	0.000190	0.000006	0.000013	0.000008
	其他电子设备	39091	0.000090	0.000002	0.000003	0.000002
	仪器仪表	40092	0.012308	0.000022	0.000058	0.000045
	其他制造产品	41093	0.004371	0.000001	0.000071	0.000092
	废弃资源和废旧材料回收加工品	42094	0.000002	0.000002	0.001278	0.000053
	金属制品、机械和设备修理服务	43095	0.003434	0.000289	0.000521	0.000197
	电力、热力生产和供应	44096	0.033700	0.008408	0.009043	0.005852
	燃气生产和供应	45097	0.000000	0.000032	0.000008	0.000008
	水的生产和供应	46098	0.001820	0.000386	0.000272	0.000075
	房屋建筑	47099	0.000000	0.000000	0.000000	0.000000
	土木工程建筑	48100	0.000000	0.000000	0.000000	0.000000
	建筑安装	49101	0.000000	0.000000	0.000000	0.000000
	建筑装饰和其他建筑服务	50102	0.002607	0.000360	0.000426	0.000329
	批发和零售	51103	0.023833	0.026091	0.037297	0.031539
	铁路运输	53104	0.001243	0.003975	0.002546	0.001463
	道路运输	54105	0.013402	0.015826	0.013516	0.013102
	水上运输	55106	0.000999	0.001346	0.001862	0.001777
	航空运输	56107	0.000931	0.000124	0.000455	0.000092
	管道运输	57108	0.000478	0.000008	0.000005	0.000006
	装卸搬运和运输代理	58109	0.001040	0.004011	0.003124	0.002728
	仓储	59110	0.000189	0.004035	0.001099	0.001185
	邮政	60111	0.000052	0.000110	0.000199	0.000159
	住宿	61112	0.001779	0.000710	0.001824	0.000268
	餐饮	62113	0.001772	0.001098	0.001417	0.000442
	电信和其他信息传输服务	63114	0.000837	0.000328	0.000682	0.000134
	软件和信息技术服务	65115	0.002496	0.000252	0.000228	0.000147
	货币金融和其他金融服务	66116	0.011453	0.010202	0.007980	0.014268
	资本市场服务	67117	0.001582	0.000077	0.000155	0.000058

糖及糖制品	屠宰及肉类加工品	水产加工品	蔬菜、水果、坚果和其他农副食品加工品	方便食品	乳制品	代码
13015	13016	13017	13018	14019	14020	—
0.000000	0.000000	0.000000	0.000000	0.000000	0.000000	39088
0.000001	0.000000	0.000001	0.000000	0.000000	0.000000	39089
0.000016	0.000020	0.000014	0.000045	0.000014	0.000055	39090
0.000001	0.000073	0.000008	0.000003	0.000018	0.000007	39091
0.000168	0.000028	0.000544	0.000043	0.000041	0.000383	40092
0.000002	0.000013	0.000007	0.000039	0.000037	0.000203	41093
0.000149	0.000001	0.000002	0.000002	0.000001	0.000001	42094
0.000440	0.000261	0.000006	0.000177	0.000751	0.000189	43095
0.021692	0.004905	0.005163	0.008818	0.008975	0.007027	44096
0.000080	0.000004	0.000004	0.000224	0.000022	0.000000	45097
0.000218	0.000225	0.000470	0.000734	0.000380	0.000427	46098
0.000000	0.000000	0.000000	0.000000	0.000000	0.000000	47099
0.000000	0.000000	0.000000	0.000000	0.000000	0.000000	48100
0.000000	0.000000	0.000000	0.000000	0.000000	0.000000	49101
0.000986	0.000555	0.000666	0.001259	0.000644	0.000806	50102
0.027504	0.070973	0.044445	0.036471	0.055103	0.058159	51103
0.000843	0.011386	0.001540	0.004576	0.001965	0.010789	53104
0.015966	0.019251	0.020914	0.019452	0.020396	0.028493	54105
0.001270	0.006236	0.003460	0.003144	0.001097	0.004435	55106
0.000202	0.000297	0.000916	0.001014	0.000476	0.000815	56107
0.000021	0.000004	0.000011	0.000038	0.000007	0.000006	57108
0.003054	0.004839	0.005621	0.004862	0.002762	0.003713	58109
0.002770	0.000674	0.003488	0.002923	0.004261	0.001653	59110
0.000222	0.000092	0.000320	0.000239	0.000473	0.001070	60111
0.000474	0.000291	0.000630	0.001194	0.001034	0.001651	61112
0.001036	0.000912	0.004500	0.004560	0.002308	0.002455	62113
0.000682	0.000421	0.000913	0.001548	0.000539	0.000937	63114
0.000046	0.000115	0.000196	0.000235	0.000076	0.000076	65115
0.023594	0.004583	0.011634	0.010364	0.006855	0.007954	66116
0.000110	0.000141	0.000175	0.000252	0.000145	0.000181	67117

表 4.2 续 44 （Table 4.2 Continue 44）

投入 \ 产出		代码	调味品、发酵制品	其他食品	酒精和酒	饮料和精制茶加工品
代码		—	14021	14022	15023	15024
中间投入	广播电视设备和雷达及配套设备	39088	0.000000	0.000000	0.000000	0.000000
	视听设备	39089	0.000000	0.000000	0.000002	0.000000
	电子元器件	39090	0.000161	0.000052	0.000038	0.000044
	其他电子设备	39091	0.000341	0.000020	0.000007	0.000009
	仪器仪表	40092	0.000054	0.000222	0.000229	0.000071
	其他制造产品	41093	0.000068	0.000067	0.000061	0.000254
	废弃资源和废旧材料回收加工品	42094	0.000002	0.000002	0.000005	0.000002
	金属制品、机械和设备修理服务	43095	0.000478	0.000409	0.000206	0.000428
	电力、热力生产和供应	44096	0.016903	0.011960	0.009217	0.008754
	燃气生产和供应	45097	0.000000	0.000076	0.000002	0.000000
	水的生产和供应	46098	0.000837	0.001117	0.001613	0.002820
	房屋建筑	47099	0.000000	0.000000	0.000000	0.000000
	土木工程建筑	48100	0.000000	0.000000	0.000000	0.000000
	建筑安装	49101	0.000000	0.000000	0.000000	0.000000
	建筑装饰和其他建筑服务	50102	0.001374	0.001574	0.002091	0.001194
	批发和零售	51103	0.048501	0.055526	0.059178	0.067112
	铁路运输	53104	0.004009	0.004258	0.002590	0.002413
	道路运输	54105	0.022668	0.021794	0.018207	0.029265
	水上运输	55106	0.002796	0.002078	0.001135	0.001321
	航空运输	56107	0.000539	0.001295	0.000778	0.000708
	管道运输	57108	0.000012	0.000021	0.000035	0.000009
	装卸搬运和运输代理	58109	0.003303	0.003310	0.003138	0.003877
	仓储	59110	0.000974	0.003325	0.001307	0.002303
	邮政	60111	0.000445	0.000647	0.001060	0.000981
	住宿	61112	0.001665	0.001922	0.002076	0.000840
	餐饮	62113	0.002080	0.004957	0.003735	0.002664
	电信和其他信息传输服务	63114	0.001005	0.001285	0.001239	0.000973
	软件和信息技术服务	65115	0.000112	0.000134	0.000205	0.000243
	货币金融和其他金融服务	66116	0.012518	0.010894	0.017459	0.016183
	资本市场服务	67117	0.000303	0.000291	0.000426	0.000242

烟草制品	棉、化纤纺织及印染精加工品	毛纺织及染整精加工品	麻、丝绢纺织及加工品	针织或钩针编织及其制品	纺织制成品	代码
16025	17026	17027	17028	17029	17030	—
0.000000	0.000000	0.000000	0.000000	0.000000	0.000000	39088
0.000001	0.000000	0.000000	0.000000	0.000000	0.000000	39089
0.000051	0.000043	0.000031	0.000019	0.000030	0.000031	39090
0.000026	0.000043	0.000000	0.000000	0.000000	0.000007	39091
0.000111	0.000029	0.000005	0.000266	0.000115	0.000029	40092
0.000023	0.000064	0.000004	0.000008	0.000429	0.000177	41093
0.000000	0.000018	0.000044	0.000025	0.000032	0.000023	42094
0.000108	0.000648	0.000397	0.000237	0.000248	0.000374	43095
0.004726	0.022657	0.008398	0.015090	0.020042	0.007103	44096
0.000002	0.000000	0.000009	0.000041	0.000106	0.000003	45097
0.000112	0.000483	0.000307	0.000684	0.000308	0.000298	46098
0.000000	0.000000	0.000000	0.000000	0.000000	0.000000	47099
0.000000	0.000000	0.000000	0.000000	0.000000	0.000000	48100
0.000000	0.000000	0.000000	0.000000	0.000000	0.000000	49101
0.003280	0.000643	0.000486	0.002080	0.000667	0.001062	50102
0.047161	0.032472	0.050598	0.033449	0.054044	0.048250	51103
0.000374	0.000854	0.007402	0.002630	0.000862	0.001189	53104
0.009721	0.010878	0.013580	0.016081	0.011623	0.011878	54105
0.000241	0.001375	0.004676	0.001862	0.001621	0.002265	55106
0.001064	0.000669	0.000626	0.000723	0.000690	0.000785	56107
0.000007	0.000005	0.000009	0.000020	0.000026	0.000010	57108
0.000630	0.002336	0.003808	0.002293	0.002331	0.002097	58109
0.000631	0.000542	0.000531	0.000473	0.000342	0.001063	59110
0.000205	0.000083	0.000136	0.000111	0.000244	0.000223	60111
0.001169	0.000534	0.000278	0.000630	0.000633	0.000630	61112
0.003905	0.001359	0.001243	0.001935	0.001442	0.001883	62113
0.000820	0.000667	0.000708	0.000780	0.000871	0.000689	63114
0.000014	0.000313	0.000323	0.000432	0.000574	0.000399	65115
0.003375	0.010099	0.010680	0.012929	0.011127	0.008738	66116
0.000156	0.000165	0.000210	0.000223	0.000233	0.000186	67117

表 4.2 续 45 （Table 4.2 Continue 45）

投入＼产出		代码	纺织服装服饰	皮革、毛皮、羽毛及其制品	鞋	木材加工品和木、竹、藤、棕、草制品
代码		—	18031	19032	19033	20034
中间投入	广播电视设备和雷达及配套设备	39088	0.000000	0.000000	0.000000	0.000000
	视听设备	39089	0.000000	0.000000	0.000000	0.000000
	电子元器件	39090	0.000304	0.000151	0.000189	0.000063
	其他电子设备	39091	0.000002	0.000005	0.000001	0.000413
	仪器仪表	40092	0.000008	0.000020	0.000014	0.000403
	其他制造产品	41093	0.004236	0.004517	0.001326	0.000074
	废弃资源和废旧材料回收加工品	42094	0.000024	0.000256	0.000002	0.000086
	金属制品、机械和设备修理服务	43095	0.000274	0.000347	0.000864	0.000667
	电力、热力生产和供应	44096	0.007858	0.002843	0.011910	0.023241
	燃气生产和供应	45097	0.000000	0.000048	0.000059	0.000008
	水的生产和供应	46098	0.000232	0.000345	0.000313	0.000689
	房屋建筑	47099	0.000000	0.000000	0.000000	0.000000
	土木工程建筑	48100	0.000000	0.000000	0.000000	0.000000
	建筑安装	49101	0.000000	0.000000	0.000000	0.000000
	建筑装饰和其他建筑服务	50102	0.001406	0.000504	0.001834	0.001508
	批发和零售	51103	0.063410	0.085639	0.082949	0.022252
	铁路运输	53104	0.001095	0.002579	0.001020	0.002617
	道路运输	54105	0.012842	0.013871	0.015575	0.023894
	水上运输	55106	0.001545	0.001862	0.001657	0.001378
	航空运输	56107	0.001461	0.000968	0.001187	0.000862
	管道运输	57108	0.000009	0.000013	0.000020	0.000030
	装卸搬运和运输代理	58109	0.003296	0.003123	0.002111	0.004739
	仓储	59110	0.001777	0.000564	0.001233	0.000828
	邮政	60111	0.000320	0.000206	0.000319	0.000197
	住宿	61112	0.000804	0.000529	0.000722	0.000976
	餐饮	62113	0.002047	0.001751	0.001795	0.002580
	电信和其他信息传输服务	63114	0.001204	0.000677	0.001286	0.001151
	软件和信息技术服务	65115	0.001033	0.000636	0.000573	0.000548
	货币金融和其他金融服务	66116	0.009923	0.009350	0.007711	0.016122
	资本市场服务	67117	0.000284	0.000200	0.000175	0.000334

家具	造纸和纸制品	印刷品和记录媒介复制品	文教、工美、体育和娱乐用品	精炼石油和核燃料加工品	炼焦产品	代码
21035	22036	23037	24038	25039	25040	—
0.000000	0.000000	0.000000	0.000000	0.000000	0.000000	39088
0.000000	0.000000	0.000002	0.000018	0.000012	0.000002	39089
0.000112	0.000973	0.000211	0.009320	0.000024	0.000018	39090
0.000001	0.000003	0.000065	0.000068	0.000811	0.000017	39091
0.000016	0.000318	0.000039	0.000209	0.001647	0.001552	40092
0.000127	0.000139	0.001261	0.002794	0.000255	0.000034	41093
0.000037	0.055483	0.000012	0.000318	0.000006	0.000194	42094
0.000682	0.000622	0.000417	0.000459	0.000508	0.000336	43095
0.013183	0.032111	0.007825	0.010306	0.014641	0.026620	44096
0.000001	0.000112	0.000010	0.000046	0.000947	0.000594	45097
0.000328	0.000923	0.000481	0.000314	0.000078	0.000368	46098
0.000000	0.000000	0.000000	0.000000	0.000000	0.000000	47099
0.000000	0.000000	0.000000	0.000000	0.000000	0.000000	48100
0.000000	0.000000	0.000000	0.000000	0.000000	0.000000	49101
0.002022	0.001609	0.001857	0.001895	0.001387	0.000808	50102
0.030245	0.021071	0.033371	0.047657	0.011169	0.016073	51103
0.001243	0.002241	0.001164	0.001456	0.000966	0.008048	53104
0.017105	0.023230	0.019251	0.012501	0.003787	0.015099	54105
0.001511	0.001821	0.000850	0.001762	0.001367	0.003485	55106
0.001174	0.000871	0.001913	0.001757	0.000198	0.000212	56107
0.000020	0.000029	0.000015	0.000029	0.007023	0.000204	57108
0.004287	0.003548	0.002673	0.002508	0.001197	0.002717	58109
0.001582	0.002331	0.001143	0.000991	0.001311	0.000213	59110
0.000576	0.000525	0.000395	0.000444	0.000157	0.000060	60111
0.000893	0.000588	0.001445	0.000668	0.000299	0.000277	61112
0.003553	0.002462	0.005560	0.001997	0.000490	0.000991	62113
0.001130	0.000970	0.001895	0.001215	0.000159	0.000311	63114
0.000740	0.000150	0.001128	0.000467	0.000149	0.000007	65115
0.013662	0.025019	0.018502	0.009318	0.009161	0.023768	66116
0.000333	0.000305	0.000347	0.000374	0.000697	0.000086	67117

表 4.2 续 46 (Table 4.2 Continue 46)

	投入 \ 产出	代码	基础化学原料	肥料	农药	涂料、油墨、颜料及类似产品
	代码	—	26041	26042	26043	26044
中间投入	广播电视设备和雷达及配套设备	39088	0.000000	0.000000	0.000000	0.000000
	视听设备	39089	0.000000	0.000000	0.000000	0.000000
	电子元器件	39090	0.000063	0.000267	0.000117	0.000034
	其他电子设备	39091	0.001311	0.000771	0.001810	0.000182
	仪器仪表	40092	0.000477	0.001377	0.000537	0.000106
	其他制造产品	41093	0.000082	0.000087	0.000001	0.000039
	废弃资源和废旧材料回收加工品	42094	0.000544	0.000110	0.000003	0.002337
	金属制品、机械和设备修理服务	43095	0.000766	0.000705	0.000728	0.000641
	电力、热力生产和供应	44096	0.129903	0.042263	0.021641	0.013926
	燃气生产和供应	45097	0.004648	0.001529	0.000001	0.000022
	水的生产和供应	46098	0.001013	0.001112	0.000912	0.000539
	房屋建筑	47099	0.000000	0.000000	0.000000	0.000000
	土木工程建筑	48100	0.000000	0.000000	0.000000	0.000000
	建筑安装	49101	0.000000	0.000000	0.000000	0.000000
	建筑装饰和其他建筑服务	50102	0.001554	0.001165	0.002200	0.000842
	批发和零售	51103	0.017966	0.027610	0.016496	0.031722
	铁路运输	53104	0.003564	0.011111	0.002630	0.002313
	道路运输	54105	0.013898	0.013885	0.014369	0.025163
	水上运输	55106	0.003020	0.002100	0.002677	0.001806
	航空运输	56107	0.000537	0.000670	0.000800	0.001550
	管道运输	57108	0.001528	0.000475	0.000244	0.000247
	装卸搬运和运输代理	58109	0.002950	0.005163	0.001521	0.002131
	仓储	59110	0.001327	0.001657	0.000411	0.001283
	邮政	60111	0.000253	0.000302	0.000197	0.000372
	住宿	61112	0.000541	0.000777	0.001035	0.001243
	餐饮	62113	0.001559	0.001998	0.002058	0.003519
	电信和其他信息传输服务	63114	0.001050	0.000638	0.000747	0.001377
	软件和信息技术服务	65115	0.000167	0.000142	0.000044	0.000061
	货币金融和其他金融服务	66116	0.021873	0.023954	0.026006	0.013206
	资本市场服务	67117	0.000233	0.000266	0.000187	0.000316

合成材料	专用化学产品和炸药、火工、焰火产品	日用化学产品	医药制品	化学纤维制品	橡胶制品	代码
26045	26046	26047	27048	28049	29050	—
0.000000	0.000000	0.000000	0.000000	0.000000	0.000000	39088
0.000009	0.000000	0.000000	0.000001	0.000000	0.000000	39089
0.000024	0.001294	0.000043	0.000278	0.000021	0.000040	39090
0.000138	0.000847	0.000003	0.000007	0.000393	0.000009	39091
0.000450	0.000382	0.000705	0.000255	0.000277	0.000206	40092
0.000035	0.000191	0.000074	0.000181	0.000015	0.000075	41093
0.001624	0.000956	0.000004	0.000001	0.003436	0.001357	42094
0.000544	0.000702	0.000654	0.000550	0.000610	0.000446	43095
0.027996	0.021868	0.010237	0.018020	0.033510	0.014775	44096
0.000000	0.000373	0.001970	0.000038	0.000423	0.000005	45097
0.000402	0.000698	0.000218	0.000436	0.000424	0.000809	46098
0.000000	0.000000	0.000000	0.000000	0.000000	0.000000	47099
0.000000	0.000000	0.000000	0.000000	0.000000	0.000000	48100
0.000000	0.000000	0.000000	0.000000	0.000000	0.000000	49101
0.001365	0.001237	0.000910	0.000970	0.000697	0.001007	50102
0.017568	0.032179	0.057429	0.038125	0.014768	0.029840	51103
0.002703	0.002497	0.002067	0.004513	0.002350	0.001590	53104
0.011431	0.023408	0.020372	0.017998	0.011879	0.020485	54105
0.002062	0.001549	0.001308	0.001907	0.001702	0.002112	55106
0.000462	0.001304	0.001458	0.005048	0.000524	0.000954	56107
0.001039	0.000293	0.000366	0.000020	0.000387	0.000066	57108
0.002096	0.001858	0.002874	0.002572	0.001279	0.001518	58109
0.001095	0.001021	0.005143	0.001796	0.000765	0.002169	59110
0.000068	0.000257	0.001990	0.000999	0.000076	0.000191	60111
0.000296	0.001223	0.004024	0.002918	0.000880	0.001199	61112
0.000984	0.003997	0.006377	0.010787	0.001776	0.001839	62113
0.000398	0.001270	0.001933	0.002273	0.000546	0.000696	63114
0.000022	0.000058	0.000053	0.000128	0.000085	0.000225	65115
0.015892	0.018323	0.010535	0.022040	0.021284	0.018682	66116
0.000193	0.000312	0.000184	0.000143	0.000116	0.000275	67117

表 4.2 续 47 (Table 4.2 Continue 47)

投入 \ 产出		代码	塑料制品	水泥、石灰和石膏	石膏、水泥制品及类似制品	砖瓦、石材等建筑材料
代码		—	29051	30052	30053	30054
中间投入	广播电视设备和雷达及配套设备	39088	0.000000	0.000000	0.000000	0.000000
	视听设备	39089	0.000000	0.000000	0.000004	0.000000
	电子元器件	39090	0.000371	0.000053	0.000032	0.000283
	其他电子设备	39091	0.000115	0.000096	0.000151	0.000009
	仪器仪表	40092	0.000322	0.001587	0.000562	0.000435
	其他制造产品	41093	0.000117	0.000415	0.000255	0.000153
	废弃资源和废旧材料回收加工品	42094	0.003255	0.002530	0.002119	0.006024
	金属制品、机械和设备修理服务	43095	0.000649	0.005113	0.000465	0.000851
	电力、热力生产和供应	44096	0.020582	0.097699	0.039676	0.052092
	燃气生产和供应	45097	0.000004	0.000012	0.000011	0.000000
	水的生产和供应	46098	0.000396	0.000754	0.001011	0.001120
	房屋建筑	47099	0.000000	0.000000	0.000000	0.000000
	土木工程建筑	48100	0.000000	0.000000	0.000000	0.000000
	建筑安装	49101	0.000000	0.000000	0.000000	0.000000
	建筑装饰和其他建筑服务	50102	0.000949	0.000866	0.001193	0.002044
	批发和零售	51103	0.038451	0.019502	0.024708	0.021490
	铁路运输	53104	0.001052	0.003533	0.002885	0.003425
	道路运输	54105	0.016989	0.021978	0.034598	0.027704
	水上运输	55106	0.001418	0.004334	0.002482	0.002116
	航空运输	56107	0.001308	0.000429	0.000770	0.001103
	管道运输	57108	0.000030	0.000132	0.000111	0.000218
	装卸搬运和运输代理	58109	0.002143	0.003015	0.003213	0.004640
	仓储	59110	0.000847	0.000984	0.002258	0.000669
	邮政	60111	0.000200	0.000071	0.000121	0.000316
	住宿	61112	0.000682	0.000525	0.000894	0.001627
	餐饮	62113	0.002682	0.002270	0.003959	0.005019
	电信和其他信息传输服务	63114	0.000978	0.000673	0.001134	0.001271
	软件和信息技术服务	65115	0.000360	0.001306	0.000698	0.000618
	货币金融和其他金融服务	66116	0.012322	0.044269	0.015060	0.016597
	资本市场服务	67117	0.000195	0.000266	0.000434	0.000405

玻璃和玻璃制品	陶瓷制品	耐火材料制品	石墨及其他非金属矿物制品	钢、铁及其铸件	钢压延产品	代码
30055	30056	30057	30058	31059	31060	—
0.000000	0.000000	0.000000	0.000000	0.000000	0.000000	39088
0.000000	0.000002	0.000000	0.000000	0.000000	0.000001	39089
0.000761	0.000595	0.000083	0.000031	0.000074	0.000112	39090
0.000182	0.000476	0.000008	0.000006	0.000003	0.000204	39091
0.000513	0.000774	0.000265	0.000340	0.000635	0.000579	40092
0.000042	0.000176	0.000199	0.000074	0.000303	0.000124	41093
0.010793	0.000815	0.003448	0.004891	0.097036	0.016953	42094
0.001181	0.001296	0.000860	0.001680	0.001017	0.000948	43095
0.046619	0.039135	0.030628	0.048992	0.041247	0.028729	44096
0.000005	0.003305	0.000019	0.000009	0.000031	0.000528	45097
0.000854	0.001784	0.000431	0.000312	0.000498	0.000326	46098
0.000000	0.000000	0.000000	0.000000	0.000000	0.000000	47099
0.000000	0.000000	0.000000	0.000000	0.000000	0.000000	48100
0.000000	0.000000	0.000000	0.000000	0.000000	0.000000	49101
0.002920	0.001881	0.005062	0.001903	0.001235	0.000899	50102
0.026203	0.021540	0.020014	0.019395	0.010028	0.009690	51103
0.002657	0.004301	0.006295	0.004327	0.003847	0.005060	53104
0.023041	0.025049	0.020551	0.020094	0.014826	0.012393	54105
0.002922	0.003064	0.002914	0.001759	0.002251	0.003580	55106
0.001803	0.002903	0.001193	0.002223	0.000453	0.000327	56107
0.000274	0.000639	0.000104	0.000341	0.000023	0.000100	57108
0.002701	0.003880	0.004649	0.002653	0.003517	0.001720	58109
0.001094	0.033335	0.000766	0.000662	0.000709	0.001271	59110
0.000301	0.000695	0.000834	0.000185	0.000162	0.000032	60111
0.001050	0.003589	0.001349	0.000733	0.000514	0.000313	61112
0.003395	0.011639	0.004641	0.003093	0.001882	0.000675	62113
0.001877	0.004387	0.002057	0.000748	0.000478	0.000313	63114
0.000384	0.000587	0.000543	0.000550	0.001449	0.000103	65115
0.020669	0.019088	0.014064	0.019366	0.022081	0.029479	66116
0.000230	0.000852	0.000428	0.000199	0.000924	0.000332	67117

表 4.2 续 48 （Table 4.2 Continue 48）

	投入 \ 产出	代码	铁合金产品	有色金属及其合金和铸件	有色金属压延加工品	金属制品
	代码	—	31061	32062	32063	33064
中间投入	广播电视设备和雷达及配套设备	39088	0.000000	0.000000	0.000000	0.000000
	视听设备	39089	0.000000	0.000000	0.000000	0.000020
	电子元器件	39090	0.001222	0.000064	0.000100	0.000347
	其他电子设备	39091	0.000001	0.000004	0.000015	0.000452
	仪器仪表	40092	0.000545	0.000217	0.000066	0.001490
	其他制造产品	41093	0.000206	0.000176	0.000015	0.000472
	废弃资源和废旧材料回收加工品	42094	0.024433	0.087351	0.006839	0.012490
	金属制品、机械和设备修理服务	43095	0.000949	0.000627	0.000336	0.000908
	电力、热力生产和供应	44096	0.106055	0.081477	0.020493	0.045316
	燃气生产和供应	45097	0.000994	0.000035	0.000005	0.000664
	水的生产和供应	46098	0.000623	0.000266	0.000243	0.000498
	房屋建筑	47099	0.000000	0.000000	0.000000	0.000000
	土木工程建筑	48100	0.000000	0.000000	0.000000	0.000000
	建筑安装	49101	0.000000	0.000000	0.000000	0.000000
	建筑装饰和其他建筑服务	50102	0.000362	0.000841	0.001022	0.002160
	批发和零售	51103	0.007014	0.006641	0.006070	0.023965
	铁路运输	53104	0.012858	0.003236	0.001212	0.002251
	道路运输	54105	0.020692	0.008435	0.008618	0.018172
	水上运输	55106	0.001671	0.000818	0.000822	0.002451
	航空运输	56107	0.000581	0.000425	0.000435	0.001685
	管道运输	57108	0.000148	0.000147	0.000028	0.000185
	装卸搬运和运输代理	58109	0.003960	0.001526	0.001123	0.002102
	仓储	59110	0.000550	0.000761	0.000902	0.002594
	邮政	60111	0.000050	0.000085	0.000098	0.000375
	住宿	61112	0.000766	0.000487	0.000310	0.001206
	餐饮	62113	0.003367	0.001461	0.001087	0.004151
	电信和其他信息传输服务	63114	0.000416	0.000491	0.000460	0.001586
	软件和信息技术服务	65115	0.000301	0.000027	0.000033	0.000606
	货币金融和其他金融服务	66116	0.024179	0.041754	0.013602	0.019178
	资本市场服务	67117	0.000409	0.000276	0.000182	0.000313

锅炉及原动设备	金属加工机械	物料搬运设备	泵、阀门、压缩机及类似机械	文化、办公用机械	其他通用设备	代码
34065	34066	34067	34068	34069	34070	—
0.000000	0.000000	0.000009	0.000000	0.000441	0.000000	39088
0.000001	0.000003	0.000009	0.000001	0.000462	0.000002	39089
0.013341	0.044481	0.006976	0.007749	0.307650	0.044474	39090
0.000145	0.000606	0.000520	0.000536	0.008152	0.016111	39091
0.003916	0.011575	0.005612	0.006519	0.006300	0.005147	40092
0.000517	0.000642	0.000151	0.000980	0.000091	0.000215	41093
0.000722	0.001785	0.000273	0.003917	0.000068	0.001551	42094
0.001334	0.000549	0.000724	0.000466	0.000776	0.001251	43095
0.012868	0.015720	0.010527	0.014223	0.005001	0.023078	44096
0.000274	0.000277	0.000019	0.000064	0.000004	0.002578	45097
0.000249	0.000546	0.000313	0.000344	0.000171	0.000859	46098
0.000000	0.000000	0.000000	0.000000	0.000000	0.000000	47099
0.000000	0.000000	0.000000	0.000000	0.000000	0.000000	48100
0.000000	0.000000	0.000000	0.000000	0.000000	0.000000	49101
0.002756	0.001897	0.002042	0.001209	0.000807	0.001702	50102
0.026943	0.025856	0.035057	0.027977	0.043044	0.029559	51103
0.001665	0.002203	0.001413	0.001958	0.000887	0.002401	53104
0.016917	0.019021	0.016486	0.016264	0.010280	0.017123	54105
0.001518	0.001696	0.007636	0.002604	0.002414	0.002632	55106
0.002510	0.002035	0.001945	0.002549	0.003882	0.002982	56107
0.000069	0.000057	0.000036	0.000049	0.000004	0.000370	57108
0.002682	0.003290	0.002915	0.002587	0.001617	0.002168	58109
0.000770	0.000931	0.001192	0.002824	0.000287	0.000913	59110
0.000272	0.000248	0.000366	0.000590	0.000209	0.001353	60111
0.001983	0.001735	0.001828	0.001901	0.000502	0.001416	61112
0.004152	0.004708	0.004666	0.004484	0.001370	0.004187	62113
0.001276	0.001274	0.002397	0.002221	0.001029	0.002302	63114
0.000576	0.000805	0.000611	0.000755	0.000176	0.000897	65115
0.017888	0.017893	0.016958	0.015540	0.006394	0.019391	66116
0.000392	0.000240	0.000493	0.000229	0.000232	0.000381	67117

表 4.2 续 49 （Table 4.2 Continue 49）

投入＼产出	代码	采矿、冶金、建筑专用设备	化工、木材、非金属加工专用设备	农、林、牧、渔专用机械	其他专用设备
代码	—	35071	35072	35073	35074
中间投入 广播电视设备和雷达及配套设备	39088	0.000000	0.000000	0.000000	0.000043
视听设备	39089	0.000014	0.000001	0.000040	0.000252
电子元器件	39090	0.022396	0.001842	0.000952	0.065463
其他电子设备	39091	0.000433	0.001020	0.000010	0.003992
仪器仪表	40092	0.006224	0.005046	0.000947	0.008756
其他制造产品	41093	0.001430	0.000012	0.000417	0.000538
废弃资源和废旧材料回收加工品	42094	0.000378	0.000437	0.000052	0.000200
金属制品、机械和设备修理服务	43095	0.000825	0.001363	0.000861	0.001064
电力、热力生产和供应	44096	0.009580	0.020830	0.012172	0.022400
燃气生产和供应	45097	0.000135	0.000022	0.000217	0.000025
水的生产和供应	46098	0.000213	0.000401	0.000219	0.000421
房屋建筑	47099	0.000000	0.000000	0.000000	0.000000
土木工程建筑	48100	0.000000	0.000000	0.000000	0.000000
建筑安装	49101	0.000000	0.000000	0.000000	0.000000
建筑装饰和其他建筑服务	50102	0.000991	0.001293	0.002130	0.001331
批发和零售	51103	0.031321	0.024891	0.035798	0.030202
铁路运输	53104	0.002153	0.001754	0.002219	0.002210
道路运输	54105	0.018735	0.016269	0.022534	0.016732
水上运输	55106	0.002301	0.002040	0.002132	0.001658
航空运输	56107	0.001603	0.004004	0.001637	0.003701
管道运输	57108	0.000058	0.000024	0.000052	0.000022
装卸搬运和运输代理	58109	0.002529	0.001704	0.003582	0.002231
仓储	59110	0.001034	0.000397	0.001516	0.001477
邮政	60111	0.000216	0.000426	0.000231	0.000538
住宿	61112	0.002298	0.002386	0.001394	0.002504
餐饮	62113	0.005483	0.005185	0.003845	0.005221
电信和其他信息传输服务	63114	0.001342	0.002210	0.002612	0.002091
软件和信息技术服务	65115	0.000459	0.000691	0.000695	0.000667
货币金融和其他金融服务	66116	0.025165	0.026299	0.009908	0.016009
资本市场服务	67117	0.000279	0.000310	0.000598	0.000382

汽车整车	汽车零部件及配件	铁路运输和城市轨道交通设备	船舶及相关装置	其他交通运输设备	电机	代码
36075	36076	37077	37078	37079	38080	—
0.000068	0.000000	0.000153	0.018354	0.000613	0.000000	39088
0.001312	0.005404	0.000015	0.000047	0.000001	0.000000	39089
0.002047	0.017361	0.022180	0.000110	0.009451	0.052733	39090
0.000352	0.000020	0.001480	0.000339	0.004163	0.001152	39091
0.005779	0.001950	0.002192	0.043938	0.015551	0.011510	40092
0.000127	0.000304	0.001020	0.002417	0.000179	0.000066	41093
0.000075	0.000867	0.002085	0.000277	0.000077	0.000037	42094
0.000335	0.000479	0.000925	0.002257	0.000746	0.000706	43095
0.004576	0.013085	0.013311	0.011904	0.007162	0.009669	44096
0.000003	0.000004	0.000039	0.000008	0.000016	0.000006	45097
0.000119	0.000303	0.000267	0.000147	0.000238	0.000194	46098
0.000000	0.000000	0.000000	0.000000	0.000000	0.000000	47099
0.000000	0.000000	0.000000	0.000000	0.000000	0.000000	48100
0.000000	0.000000	0.000000	0.000000	0.000000	0.000000	49101
0.000777	0.001158	0.001376	0.003417	0.001892	0.002595	50102
0.051150	0.045810	0.030934	0.030362	0.040645	0.025056	51103
0.001000	0.001164	0.003352	0.000677	0.001258	0.001356	53104
0.018731	0.014684	0.012724	0.009130	0.015147	0.016334	54105
0.002463	0.003444	0.002072	0.003815	0.001364	0.001359	55106
0.001681	0.002629	0.001752	0.000680	0.001342	0.001995	56107
0.000019	0.000017	0.000039	0.000037	0.000025	0.000021	57108
0.006757	0.008107	0.001566	0.001744	0.002108	0.001723	58109
0.000231	0.003017	0.000426	0.000318	0.000857	0.001482	59110
0.000542	0.000177	0.000118	0.000059	0.000261	0.000250	60111
0.000688	0.000684	0.001555	0.000942	0.000924	0.001662	61112
0.002379	0.002109	0.003604	0.001650	0.002470	0.003913	62113
0.000663	0.000710	0.000760	0.000381	0.000827	0.001044	63114
0.000035	0.000222	0.000157	0.000152	0.000196	0.000220	65115
0.011049	0.012574	0.015263	0.034980	0.010359	0.027566	66116
0.000136	0.000186	0.000286	0.000210	0.000312	0.000283	67117

表 4.2 续 50 (Table 4.2 Continue 50)

投入＼产出		代码	输配电及控制设备	电线、电缆、光缆及电工器材	电池	家用器具
代码		—	38081	38082	38083	38084
中间投入	广播电视设备和雷达及配套设备	39088	0.000001	0.000000	0.000000	0.000000
	视听设备	39089	0.000001	0.000000	0.000000	0.000001
	电子元器件	39090	0.072360	0.003107	0.042604	0.066992
	其他电子设备	39091	0.007986	0.000023	0.003452	0.000071
	仪器仪表	40092	0.010602	0.002046	0.000482	0.002867
	其他制造产品	41093	0.000071	0.000002	0.000873	0.001233
	废弃资源和废旧材料回收加工品	42094	0.000001	0.000057	0.000012	0.000035
	金属制品、机械和设备修理服务	43095	0.000539	0.000305	0.000772	0.000812
	电力、热力生产和供应	44096	0.011720	0.009946	0.019007	0.010138
	燃气生产和供应	45097	0.000067	0.000009	0.000005	0.000071
	水的生产和供应	46098	0.000379	0.000232	0.000766	0.000392
	房屋建筑	47099	0.000000	0.000000	0.000000	0.000000
	土木工程建筑	48100	0.000000	0.000000	0.000000	0.000000
	建筑安装	49101	0.000000	0.000000	0.000000	0.000000
	建筑装饰和其他建筑服务	50102	0.001433	0.000316	0.000653	0.001137
	批发和零售	51103	0.033105	0.019861	0.034890	0.051527
	铁路运输	53104	0.001981	0.001673	0.001803	0.001117
	道路运输	54105	0.015796	0.012130	0.016009	0.019391
	水上运输	55106	0.002662	0.000895	0.001083	0.003237
	航空运输	56107	0.002330	0.001122	0.001901	0.001553
	管道运输	57108	0.000042	0.000013	0.000014	0.000021
	装卸搬运和运输代理	58109	0.002220	0.001987	0.003134	0.003625
	仓储	59110	0.001347	0.000552	0.000424	0.004819
	邮政	60111	0.000462	0.000147	0.000177	0.000796
	住宿	61112	0.001845	0.000602	0.000753	0.002019
	餐饮	62113	0.005796	0.002371	0.001606	0.002660
	电信和其他信息传输服务	63114	0.001399	0.000881	0.000753	0.002031
	软件和信息技术服务	65115	0.000261	0.000278	0.000196	0.000220
	货币金融和其他金融服务	66116	0.020662	0.013643	0.013093	0.012853
	资本市场服务	67117	0.000207	0.000134	0.000218	0.000307

其他电气机械和器材	计算机	通信设备	广播电视设备和雷达及配套设备	视听设备	电子元器件	代码
38085	39086	39087	39088	39089	39090	—
0.000001	0.000096	0.002506	0.019520	0.000519	0.000199	39088
0.000013	0.000000	0.000124	0.003514	0.087044	0.000029	39089
0.097854	0.451863	0.321681	0.287014	0.453043	0.425365	39090
0.001748	0.005556	0.007834	0.009416	0.015118	0.013540	39091
0.003247	0.000913	0.000657	0.034821	0.002007	0.003991	40092
0.000020	0.000409	0.001209	0.005927	0.001189	0.001470	41093
0.000000	0.000001	0.000001	0.000003	0.000001	0.000276	42094
0.000537	0.000146	0.000107	0.000446	0.000739	0.000621	43095
0.020586	0.003479	0.006969	0.007322	0.004051	0.014314	44096
0.000245	0.000221	0.000033	0.000004	0.000116	0.000003	45097
0.000461	0.000174	0.000419	0.000384	0.000138	0.000418	46098
0.000000	0.000000	0.000000	0.000000	0.000000	0.000000	47099
0.000000	0.000000	0.000000	0.000000	0.000000	0.000000	48100
0.000000	0.000000	0.000000	0.000000	0.000000	0.000000	49101
0.002615	0.001002	0.002166	0.002270	0.001480	0.002441	50102
0.027416	0.047294	0.049683	0.035357	0.046478	0.032807	51103
0.001404	0.000447	0.001289	0.001838	0.000614	0.000912	53104
0.015803	0.005388	0.006256	0.009763	0.010106	0.007761	54105
0.001633	0.001412	0.001205	0.001094	0.001302	0.001441	55106
0.002148	0.002487	0.005819	0.005640	0.002310	0.003985	56107
0.000045	0.000038	0.000025	0.000038	0.000017	0.000009	57108
0.001970	0.000861	0.001355	0.001591	0.001720	0.001235	58109
0.001185	0.000730	0.000950	0.000092	0.001654	0.000306	59110
0.000250	0.000137	0.000445	0.000580	0.000449	0.000135	60111
0.001487	0.000441	0.001431	0.002663	0.000844	0.000839	61112
0.002900	0.000913	0.003203	0.005394	0.001274	0.001960	62113
0.002163	0.001622	0.002196	0.004241	0.000737	0.001036	63114
0.000383	0.011624	0.000397	0.000485	0.000162	0.001553	65115
0.010773	0.030943	0.018373	0.027885	0.042499	0.018622	66116
0.000358	0.000182	0.000113	0.000259	0.000151	0.000133	67117

表 4.2 续 51 (Table 4.2 Continue 51)

投入 \ 产出		代码	其他电子设备	仪器仪表	其他制造产品	废弃资源和废旧材料回收加工品
代码		—	39091	40092	41093	42094
中间投入	广播电视设备和雷达及配套设备	39088	0.004386	0.000390	0.000000	0.000000
	视听设备	39089	0.000685	0.001030	0.000001	0.000000
	电子元器件	39090	0.274983	0.171087	0.015106	0.000194
	其他电子设备	39091	0.068546	0.008134	0.000006	0.000000
	仪器仪表	40092	0.006127	0.138841	0.003379	0.000006
	其他制造产品	41093	0.002123	0.000215	0.027286	0.000011
	废弃资源和废旧材料回收加工品	42094	0.000004	0.000635	0.000114	0.045532
	金属制品、机械和设备修理服务	43095	0.000618	0.000510	0.000893	0.000362
	电力、热力生产和供应	44096	0.012760	0.010104	0.011576	0.010373
	燃气生产和供应	45097	0.000012	0.000025	0.002423	0.000106
	水的生产和供应	46098	0.000283	0.000426	0.004405	0.001408
	房屋建筑	47099	0.000000	0.000000	0.000000	0.000000
	土木工程建筑	48100	0.000000	0.000000	0.000000	0.000000
	建筑安装	49101	0.000000	0.000000	0.000000	0.000000
	建筑装饰和其他建筑服务	50102	0.001205	0.001526	0.002427	0.001720
	批发和零售	51103	0.031261	0.032468	0.044592	0.008098
	铁路运输	53104	0.002630	0.002659	0.002573	0.001047
	道路运输	54105	0.028027	0.013395	0.018857	0.012275
	水上运输	55106	0.003492	0.001136	0.001973	0.001080
	航空运输	56107	0.010757	0.005422	0.001317	0.000584
	管道运输	57108	0.000010	0.000034	0.000505	0.000036
	装卸搬运和运输代理	58109	0.002630	0.001898	0.003556	0.002353
	仓储	59110	0.000916	0.000861	0.000860	0.000676
	邮政	60111	0.000325	0.000491	0.000224	0.000177
	住宿	61112	0.001745	0.002976	0.001318	0.000793
	餐饮	62113	0.004268	0.007290	0.003573	0.001798
	电信和其他信息传输服务	63114	0.001265	0.002605	0.000995	0.000803
	软件和信息技术服务	65115	0.001442	0.000695	0.000562	0.000310
	货币金融和其他金融服务	66116	0.050689	0.024290	0.025191	0.012534
	资本市场服务	67117	0.000495	0.000209	0.000236	0.000132

金属制品、机械和设备修理服务	电力、热力生产和供应	燃气生产和供应	水的生产和供应	房屋建筑	土木工程建筑	代码
43095	44096	45097	46098	47099	48100	—
0.000060	0.000000	0.000000	0.000000	0.000000	0.000000	39088
0.000176	0.000002	0.000001	0.000004	0.000016	0.000009	39089
0.010413	0.000052	0.000678	0.000379	0.000122	0.000189	39090
0.005348	0.000304	0.000007	0.000070	0.000132	0.000968	39091
0.013073	0.024111	0.001626	0.004327	0.000277	0.000070	40092
0.000298	0.000043	0.000025	0.000014	0.000977	0.000055	41093
0.000000	0.000000	0.000000	0.000000	0.000000	0.000000	42094
0.004419	0.002660	0.001003	0.001724	0.000141	0.000358	43095
0.044566	0.326385	0.021798	0.157600	0.010547	0.009422	44096
0.000046	0.001286	0.103872	0.000168	0.000012	0.000000	45097
0.000949	0.001483	0.000305	0.043772	0.000758	0.000588	46098
0.000000	0.000000	0.000000	0.000000	0.000000	0.000000	47099
0.000000	0.000000	0.000000	0.000000	0.000000	0.000000	48100
0.000000	0.000000	0.000000	0.000000	0.000000	0.000000	49101
0.002794	0.004000	0.001438	0.006666	0.023241	0.038850	50102
0.031834	0.011399	0.007573	0.014688	0.019807	0.017294	51103
0.001142	0.002385	0.001147	0.000457	0.001129	0.001440	53104
0.016398	0.006696	0.003956	0.008450	0.019103	0.042049	54105
0.003636	0.001821	0.002955	0.000214	0.001122	0.001120	55106
0.003123	0.000511	0.000619	0.001277	0.001490	0.001902	56107
0.000079	0.000596	0.019268	0.000155	0.000031	0.000159	57108
0.002203	0.000966	0.000708	0.000472	0.001069	0.000872	58109
0.000338	0.000042	0.000155	0.000604	0.000002	0.000020	59110
0.000293	0.000057	0.000040	0.000215	0.000137	0.000100	60111
0.001804	0.000833	0.000970	0.001263	0.001174	0.001904	61112
0.006229	0.000898	0.002204	0.004486	0.003868	0.002812	62113
0.002455	0.001613	0.001190	0.002669	0.017476	0.001028	63114
0.000427	0.001449	0.000231	0.005982	0.000119	0.000014	65115
0.015691	0.046159	0.044468	0.069813	0.026788	0.036793	66116
0.000900	0.000489	0.000154	0.000426	0.000829	0.000458	67117

表 4.2 续 52 （Table 4.2 Continue 52）

投入 \ 产出		代码	建筑安装	建筑装饰和其他建筑服务	批发和零售	铁路运输
代码		—	49101	50102	51103	53104
中间投入	广播电视设备和雷达及配套设备	39088	0.000000	0.000000	0.000228	0.000272
	视听设备	39089	0.000007	0.000005	0.003744	0.000011
	电子元器件	39090	0.000092	0.000458	0.000024	0.000204
	其他电子设备	39091	0.000997	0.000131	0.000351	0.000255
	仪器仪表	40092	0.005639	0.000414	0.000024	0.000466
	其他制造产品	41093	0.000112	0.000108	0.000023	0.000485
	废弃资源和废旧材料回收加工品	42094	0.000000	0.000000	0.000000	0.000000
	金属制品、机械和设备修理服务	43095	0.000112	0.000014	0.000041	0.001633
	电力、热力生产和供应	44096	0.054321	0.003630	0.010627	0.047252
	燃气生产和供应	45097	0.000000	0.000000	0.000020	0.000817
	水的生产和供应	46098	0.000930	0.000688	0.000205	0.000572
	房屋建筑	47099	0.000000	0.000000	0.000000	0.000000
	土木工程建筑	48100	0.000000	0.000000	0.000000	0.000000
	建筑安装	49101	0.000000	0.000000	0.000000	0.000000
	建筑装饰和其他建筑服务	50102	0.023736	0.024362	0.002579	0.018930
	批发和零售	51103	0.021371	0.023403	0.028144	0.014867
	铁路运输	53104	0.002139	0.001157	0.004005	0.008315
	道路运输	54105	0.030113	0.015573	0.011216	0.004939
	水上运输	55106	0.000898	0.001369	0.004343	0.000509
	航空运输	56107	0.002709	0.000896	0.003049	0.000321
	管道运输	57108	0.000033	0.000039	0.000017	0.000449
	装卸搬运和运输代理	58109	0.015234	0.003287	0.002537	0.004889
	仓储	59110	0.000002	0.000122	0.008244	0.021071
	邮政	60111	0.000153	0.000217	0.000844	0.000019
	住宿	61112	0.002048	0.000645	0.002056	0.000807
	餐饮	62113	0.004047	0.001560	0.003343	0.001321
	电信和其他信息传输服务	63114	0.001695	0.000562	0.002576	0.022883
	软件和信息技术服务	65115	0.000042	0.000035	0.000526	0.000134
	货币金融和其他金融服务	66116	0.004052	0.008249	0.035829	0.084128
	资本市场服务	67117	0.000447	0.000261	0.000460	0.007802

道路运输	水上运输	航空运输	管道运输	装卸搬运和运输代理	仓储	代码
54105	55106	56107	57108	58109	59110	—
0.000010	0.000000	0.000000	0.000000	0.000000	0.000000	39088
0.000012	0.000003	0.000007	0.000001	0.000002	0.000045	39089
0.000287	0.000004	0.000013	0.000084	0.000017	0.000036	39090
0.000092	0.000021	0.000058	0.000121	0.000006	0.000074	39091
0.000075	0.000391	0.000010	0.000392	0.000160	0.000979	40092
0.000009	0.000003	0.000000	0.000289	0.000307	0.002184	41093
0.000000	0.000000	0.000000	0.000000	0.000000	0.000000	42094
0.000243	0.000020	0.001106	0.046536	0.000013	0.005930	43095
0.006696	0.000478	0.003295	0.065216	0.004259	0.012509	44096
0.020122	0.000540	0.000188	0.014957	0.000048	0.000540	45097
0.000249	0.000063	0.000152	0.000400	0.000091	0.001503	46098
0.000000	0.000000	0.000000	0.000000	0.000000	0.000000	47099
0.000000	0.000000	0.000000	0.000000	0.000000	0.000000	48100
0.000000	0.000000	0.000000	0.023534	0.000000	0.000000	49101
0.007186	0.000071	0.002774	0.006630	0.001496	0.017491	50102
0.018144	0.020020	0.028693	0.009180	0.019476	0.026817	51103
0.000385	0.000400	0.001145	0.003899	0.037878	0.018497	53104
0.059933	0.003573	0.006570	0.008471	0.053187	0.060390	54105
0.000961	0.059485	0.000798	0.002792	0.010612	0.018157	55106
0.000754	0.000379	0.135708	0.008027	0.030454	0.011587	56107
0.003345	0.001086	0.001301	0.011795	0.001081	0.000158	57108
0.039058	0.062622	0.019401	0.000722	0.009096	0.024240	58109
0.041362	0.052825	0.004994	0.003352	0.004234	0.034729	59110
0.000303	0.000136	0.000387	0.000148	0.001017	0.001130	60111
0.001158	0.000532	0.004677	0.004116	0.000434	0.004548	61112
0.017469	0.001607	0.011645	0.001973	0.001619	0.013955	62113
0.001920	0.033754	0.006307	0.000482	0.000949	0.014590	63114
0.000027	0.001110	0.003058	0.000031	0.000054	0.000300	65115
0.082727	0.096193	0.040886	0.059809	0.007660	0.056044	66116
0.002213	0.001345	0.001048	0.003887	0.014412	0.002073	67117

表 4.2 续 53 （Table 4.2 Continue 53）

投入＼产出		代码	邮政	住宿	餐饮	电信和其他信息传输服务
代码		—	60111	61112	62113	63114
中间投入	广播电视设备和雷达及配套设备	39088	0.000000	0.000174	0.000000	0.000172
	视听设备	39089	0.000000	0.000084	0.000024	0.003235
	电子元器件	39090	0.000000	0.000152	0.000033	0.001048
	其他电子设备	39091	0.000000	0.000220	0.000059	0.000002
	仪器仪表	40092	0.000281	0.000032	0.000011	0.003910
	其他制造产品	41093	0.000000	0.001188	0.000070	0.000139
	废弃资源和废旧材料回收加工品	42094	0.000000	0.000000	0.000000	0.000000
	金属制品、机械和设备修理服务	43095	0.000013	0.000120	0.000038	0.000770
	电力、热力生产和供应	44096	0.005986	0.032770	0.001451	0.020294
	燃气生产和供应	45097	0.000636	0.005790	0.002312	0.000020
	水的生产和供应	46098	0.000428	0.005980	0.000733	0.000169
	房屋建筑	47099	0.000000	0.000000	0.000000	0.000000
	土木工程建筑	48100	0.000000	0.000000	0.000000	0.000000
	建筑安装	49101	0.011192	0.000000	0.000000	0.000000
	建筑装饰和其他建筑服务	50102	0.003406	0.009020	0.002573	0.007137
	批发和零售	51103	0.066472	0.071604	0.057640	0.015468
	铁路运输	53104	0.007188	0.000672	0.002214	0.000469
	道路运输	54105	0.025086	0.011933	0.011836	0.003290
	水上运输	55106	0.001465	0.000544	0.001525	0.000177
	航空运输	56107	0.032525	0.001486	0.000521	0.001481
	管道运输	57108	0.000216	0.000829	0.000304	0.000016
	装卸搬运和运输代理	58109	0.006399	0.001649	0.002090	0.000462
	仓储	59110	0.000540	0.000053	0.000020	0.001150
	邮政	60111	0.051016	0.003057	0.000470	0.001758
	住宿	61112	0.008491	0.000527	0.000511	0.001898
	餐饮	62113	0.004911	0.001287	0.001282	0.004128
	电信和其他信息传输服务	63114	0.028793	0.015857	0.000957	0.110054
	软件和信息技术服务	65115	0.005184	0.000324	0.000034	0.005862
	货币金融和其他金融服务	66116	0.011222	0.036404	0.007160	0.028886
	资本市场服务	67117	0.000172	0.000357	0.000115	0.000453

软件和信息技术服务	货币金融和其他金融服务	资本市场服务	保险	房地产	租赁	代码
65115	66116	67117	68118	70119	71120	—
0.000000	0.000000	0.000000	0.000000	0.000000	0.000000	39088
0.003676	0.000062	0.000070	0.000009	0.000074	0.000035	39089
0.004687	0.000144	0.000039	0.000017	0.000035	0.000102	39090
0.001010	0.000163	0.000174	0.000025	0.000038	0.000004	39091
0.002120	0.000028	0.000000	0.000000	0.000052	0.000491	40092
0.000000	0.000603	0.000041	0.000006	0.001189	0.000102	41093
0.000000	0.000000	0.000000	0.000000	0.000000	0.000000	42094
0.000019	0.000047	0.000001	0.000000	0.000181	0.000004	43095
0.000625	0.006112	0.006388	0.000462	0.004833	0.000601	44096
0.000044	0.000035	0.000060	0.000068	0.001842	0.000023	45097
0.000051	0.000379	0.000713	0.000753	0.000528	0.000033	46098
0.000000	0.000000	0.000000	0.000000	0.003594	0.000000	47099
0.000000	0.000000	0.000000	0.000000	0.000000	0.000000	48100
0.000000	0.000000	0.000000	0.000000	0.000000	0.000000	49101
0.000377	0.009847	0.002496	0.001588	0.020395	0.001315	50102
0.042879	0.011905	0.013387	0.010964	0.004137	0.028094	51103
0.000856	0.001390	0.000552	0.000892	0.000342	0.003386	53104
0.005541	0.005855	0.002320	0.003521	0.001392	0.011013	54105
0.000434	0.000118	0.000102	0.000103	0.000188	0.002580	55106
0.007408	0.004573	0.003575	0.003085	0.002738	0.009711	56107
0.000010	0.000027	0.000025	0.000020	0.000249	0.000593	57108
0.000586	0.000156	0.000146	0.000135	0.000092	0.001176	58109
0.001458	0.000108	0.000293	0.000498	0.000368	0.005883	59110
0.001660	0.010523	0.001108	0.004581	0.000563	0.001267	60111
0.003464	0.011480	0.011585	0.052138	0.002019	0.003673	61112
0.003882	0.016519	0.016068	0.044899	0.002670	0.004012	62113
0.082913	0.017729	0.013796	0.035577	0.004102	0.002466	63114
0.051994	0.008104	0.004775	0.003172	0.000086	0.000071	65115
0.049105	0.018948	0.012425	0.115368	0.103009	0.122799	66116
0.000605	0.014360	0.017657	0.113937	0.000283	0.004881	67117

表 4.2 续 54 （Table 4.2 Continue 54）

投入 \ 产出		代码	商务服务	研究和试验发展	专业技术服务	科技推广和应用服务
代码		—	72121	73122	74123	75124
中间投入	广播电视设备和雷达及配套设备	39088	0.000000	0.000000	0.000000	0.000000
	视听设备	39089	0.000150	0.003549	0.016535	0.000776
	电子元器件	39090	0.000131	0.010878	0.000063	0.000698
	其他电子设备	39091	0.000007	0.000717	0.000018	0.000060
	仪器仪表	40092	0.000099	0.025607	0.034518	0.012914
	其他制造产品	41093	0.016112	0.001705	0.007867	0.010660
	废弃资源和废旧材料回收加工品	42094	0.000000	0.000000	0.000000	0.000000
	金属制品、机械和设备修理服务	43095	0.000066	0.000024	0.000295	0.000051
	电力、热力生产和供应	44096	0.002354	0.014208	0.001836	0.008116
	燃气生产和供应	45097	0.000227	0.000213	0.000097	0.000417
	水的生产和供应	46098	0.000091	0.001832	0.000118	0.000856
	房屋建筑	47099	0.000000	0.000000	0.000000	0.000000
	土木工程建筑	48100	0.000000	0.000000	0.000000	0.000000
	建筑安装	49101	0.000000	0.000000	0.000000	0.000000
	建筑装饰和其他建筑服务	50102	0.002160	0.008676	0.002148	0.010303
	批发和零售	51103	0.045000	0.029739	0.029227	0.032143
	铁路运输	53104	0.004526	0.004252	0.002348	0.003760
	道路运输	54105	0.022768	0.014233	0.010382	0.013008
	水上运输	55106	0.003187	0.001153	0.001580	0.001141
	航空运输	56107	0.014296	0.011128	0.008501	0.009150
	管道运输	57108	0.000311	0.000051	0.000196	0.000215
	装卸搬运和运输代理	58109	0.003386	0.001938	0.001359	0.000859
	仓储	59110	0.002230	0.000515	0.003134	0.007236
	邮政	60111	0.001393	0.002079	0.001241	0.003483
	住宿	61112	0.012282	0.012210	0.006946	0.016093
	餐饮	62113	0.028010	0.022819	0.019656	0.016269
	电信和其他信息传输服务	63114	0.003354	0.002826	0.002126	0.012368
	软件和信息技术服务	65115	0.001930	0.001654	0.000084	0.000220
	货币金融和其他金融服务	66116	0.053092	0.002309	0.030323	0.081049
	资本市场服务	67117	0.002794	0.000516	0.000226	0.000426

水利管理	生态保护和环境治理	公共设施管理	居民服务	其他服务	教育	代码
76125	77126	78127	79128	80129	82130	—
0.000000	0.000000	0.000000	0.000000	0.000000	0.000000	39088
0.000140	0.000012	0.000309	0.000605	0.008547	0.001642	39089
0.000037	0.000060	0.000826	0.000057	0.057438	0.000029	39090
0.000058	0.000371	0.000036	0.000102	0.000171	0.000020	39091
0.006996	0.026659	0.001610	0.001064	0.006510	0.008947	40092
0.000090	0.001172	0.008142	0.009105	0.006614	0.000000	41093
0.000000	0.000000	0.000000	0.000000	0.000000	0.000000	42094
0.000532	0.000846	0.000829	0.000046	0.002690	0.000175	43095
0.037298	0.017991	0.028074	0.018840	0.008577	0.005619	44096
0.000009	0.000049	0.004046	0.007397	0.000714	0.001066	45097
0.008966	0.001544	0.002682	0.002490	0.003140	0.001039	46098
0.000000	0.000000	0.000000	0.000000	0.000000	0.000000	47099
0.000000	0.000000	0.000000	0.000000	0.000000	0.000000	48100
0.000000	0.000000	0.000000	0.000000	0.000000	0.000000	49101
0.017513	0.025098	0.021441	0.009134	0.003101	0.005099	50102
0.016977	0.027903	0.024433	0.028257	0.035638	0.010605	51103
0.002561	0.004697	0.003766	0.001524	0.002897	0.002719	53104
0.017617	0.017903	0.020671	0.008734	0.010739	0.005090	54105
0.000738	0.004009	0.004501	0.001062	0.001645	0.000259	55106
0.006990	0.008565	0.002488	0.003780	0.004954	0.014229	56107
0.000195	0.000071	0.000616	0.001012	0.000123	0.000174	57108
0.000699	0.003291	0.002653	0.004272	0.002514	0.000257	58109
0.001411	0.000112	0.001796	0.000503	0.003797	0.000190	59110
0.003335	0.002365	0.001333	0.003711	0.000614	0.002925	60111
0.013651	0.006599	0.001919	0.002759	0.005017	0.006447	61112
0.020325	0.011937	0.005602	0.008406	0.009924	0.012205	62113
0.015156	0.003277	0.001828	0.004694	0.001741	0.013484	63114
0.000805	0.000602	0.007556	0.001337	0.001050	0.000584	65115
0.054876	0.044583	0.065720	0.014952	0.020426	0.035645	66116
0.001377	0.000892	0.001216	0.000266	0.001620	0.000072	67117

表 4.2 续 55 （Table 4.2 Continue 55）

投入＼产出		代码	卫生	社会工作	新闻和出版	广播、电视、电影和影视录音制作
代码		—	83131	84132	85133	86134
中间投入	广播电视设备和雷达及配套设备	39088	0.000000	0.000000	0.000000	0.000559
	视听设备	39089	0.000054	0.000016	0.000066	0.000242
	电子元器件	39090	0.000314	0.000031	0.000083	0.000006
	其他电子设备	39091	0.000000	0.000042	0.000070	0.000002
	仪器仪表	40092	0.000682	0.000015	0.000323	0.000212
	其他制造产品	41093	0.000126	0.004722	0.010156	0.000081
	废弃资源和废旧材料回收加工品	42094	0.000000	0.000000	0.000000	0.000000
	金属制品、机械和设备修理服务	43095	0.000171	0.000124	0.000064	0.000366
	电力、热力生产和供应	44096	0.006335	0.018294	0.010987	0.003537
	燃气生产和供应	45097	0.000480	0.001597	0.000654	0.000193
	水的生产和供应	46098	0.000798	0.003848	0.000341	0.000120
	房屋建筑	47099	0.000000	0.000000	0.000000	0.000000
	土木工程建筑	48100	0.000000	0.000000	0.000000	0.000000
	建筑安装	49101	0.000000	0.000000	0.000000	0.000000
	建筑装饰和其他建筑服务	50102	0.002342	0.033610	0.010149	0.010521
	批发和零售	51103	0.038390	0.013587	0.061598	0.038049
	铁路运输	53104	0.000835	0.000711	0.007803	0.006427
	道路运输	54105	0.009666	0.004835	0.031257	0.013294
	水上运输	55106	0.000543	0.000340	0.001434	0.001376
	航空运输	56107	0.001784	0.002261	0.008183	0.028099
	管道运输	57108	0.000072	0.000252	0.000106	0.000045
	装卸搬运和运输代理	58109	0.001186	0.000372	0.001094	0.000679
	仓储	59110	0.000085	0.000000	0.025140	0.000429
	邮政	60111	0.000370	0.001072	0.005927	0.000887
	住宿	61112	0.001981	0.002340	0.011794	0.020022
	餐饮	62113	0.003188	0.009458	0.016043	0.030852
	电信和其他信息传输服务	63114	0.013000	0.005046	0.004688	0.015725
	软件和信息技术服务	65115	0.000272	0.000022	0.012578	0.000028
	货币金融和其他金融服务	66116	0.013595	0.013799	0.014667	0.013555
	资本市场服务	67117	0.000083	0.000859	0.000370	0.000293

文化艺术	体育	娱乐	社会保障	公共管理和社会组织	中间使用合计	代码
87135	88136	89137	93138	90139	**TIU**	—
0.000000	0.000000	0.000000	0.000000	0.000000	**0.000147**	39088
0.000832	0.000038	0.000337	0.000026	0.001283	**0.000877**	39089
0.000064	0.000022	0.000045	0.000188	0.000017	**0.021274**	39090
0.000002	0.000029	0.000052	0.000000	0.000158	**0.001034**	39091
0.014836	0.000050	0.000050	0.000016	0.001787	**0.003260**	40092
0.002457	0.003737	0.000093	0.000098	0.000007	**0.001008**	41093
0.000000	0.000000	0.000000	0.000000	0.000000	**0.004042**	42094
0.000176	0.001138	0.000027	0.000018	0.000065	**0.000602**	43095
0.002599	0.013164	0.007492	0.005879	0.008850	**0.028631**	44096
0.002444	0.005920	0.000466	0.000035	0.000282	**0.001040**	45097
0.001064	0.001350	0.000560	0.000533	0.000724	**0.000603**	46098
0.000000	0.000000	0.000000	0.000000	0.000000	**0.000098**	47099
0.000000	0.000000	0.000000	0.000000	0.000000	**0.000001**	48100
0.000000	0.000000	0.000000	0.000000	0.000000	**0.000029**	49101
0.011594	0.011851	0.005477	0.006286	0.012708	**0.005280**	50102
0.029797	0.024126	0.067430	0.005212	0.021356	**0.026438**	51103
0.002750	0.002017	0.000718	0.002607	0.006347	**0.002657**	53104
0.009229	0.007221	0.010993	0.007016	0.013550	**0.014890**	54105
0.001135	0.000497	0.000332	0.000109	0.000405	**0.002120**	55106
0.015201	0.028264	0.001178	0.008147	0.021494	**0.003272**	56107
0.000353	0.000810	0.000067	0.000036	0.000129	**0.000429**	57108
0.000894	0.000435	0.001335	0.000134	0.000597	**0.003317**	58109
0.000617	0.000035	0.000023	0.000000	0.000000	**0.002625**	59110
0.003662	0.001029	0.000423	0.012811	0.015096	**0.001206**	60111
0.020632	0.013442	0.000889	0.008145	0.023619	**0.002661**	61112
0.006841	0.012870	0.004002	0.023507	0.015533	**0.004934**	62113
0.019545	0.003329	0.000886	0.010390	0.026985	**0.005669**	63114
0.000086	0.000093	0.000596	0.000103	0.000843	**0.001241**	65115
0.012236	0.023123	0.035384	0.051323	0.022462	**0.026970**	66116
0.001368	0.001099	0.000279	0.000455	0.003597	**0.001485**	67117

表 4.2 续 56 (Table 4.2 Continue 56)

	投入 \ 产出	代码	农产品	林产品	畜牧产品	渔产品
代码		—	01001	02002	03003	04004
中间投入	保险	68118	0.000071	0.001325	0.000074	0.001661
	房地产	70119	0.000018	0.000009	0.000000	0.000000
	租赁	71120	0.000107	0.000118	0.000029	0.000117
	商务服务	72121	0.000066	0.001017	0.000025	0.000907
	研究和试验发展	73122	0.000110	0.000058	0.000037	0.000194
	专业技术服务	74123	0.003173	0.006908	0.002170	0.002261
	科技推广和应用服务	75124	0.002466	0.007792	0.000993	0.002469
	水利管理	76125	0.002243	0.000284	0.000011	0.000743
	生态保护和环境治理	77126	0.000027	0.000036	0.000005	0.000014
	公共设施管理	78127	0.000000	0.000000	0.000000	0.000000
	居民服务	79128	0.000062	0.000486	0.000027	0.000640
	其他服务	80129	0.000169	0.001930	0.000037	0.001631
	教育	82130	0.000044	0.000240	0.000019	0.000257
	卫生	83131	0.000004	0.000085	0.000147	0.000014
	社会工作	84132	0.000000	0.000000	0.000000	0.000000
	新闻和出版	85133	0.000002	0.000034	0.000000	0.000008
	广播、电视、电影和影视录音制作	86134	0.000001	0.000021	0.000001	0.000001
	文化艺术	87135	0.000012	0.000094	0.000007	0.000080
	体育	88136	0.000000	0.000000	0.000000	0.000000
	娱乐	89137	0.000001	0.000039	0.000001	0.000006
	社会保障	93138	0.000141	0.000109	0.000118	0.000093
	公共管理和社会组织	90139	0.000260	0.000377	0.000212	0.000322
	中间投入合计	**TII**	**0.356288**	**0.338197**	**0.517152**	**0.395027**
增加值	劳动者报酬	VA001	0.655320	0.671376	0.484020	0.607268
	生产税净额	VA002	−0.039362	−0.037670	−0.022296	−0.027890
	固定资产折旧	VA003	0.027754	0.028097	0.021125	0.025596
	营业盈余	VA004	0.000000	0.000000	0.000000	0.000000
	增加值合计	**TVA**	**0.643712**	**0.661803**	**0.482848**	**0.604973**
总投入		**TI**	**1.000000**	**1.000000**	**1.000000**	**1.000000**

农、林、牧、渔服务	煤炭采选产品	石油和天然气开采产品	黑色金属矿采选产品	有色金属矿采选产品	非金属矿采选产品	代码
05005	06006	07007	08008	09009	10010	—
0.007055	0.002647	0.000811	0.001561	0.001135	0.001332	68118
0.000112	0.000238	0.000185	0.000098	0.000064	0.000320	70119
0.000321	0.001094	0.000634	0.000553	0.000272	0.001208	71120
0.002351	0.019971	0.005803	0.019347	0.021562	0.019007	72121
0.007846	0.002812	0.007858	0.000183	0.001135	0.000564	73122
0.005598	0.005266	0.005864	0.003621	0.016240	0.010258	74123
0.007381	0.000116	0.000180	0.000156	0.005425	0.004311	75124
0.004090	0.000022	0.000525	0.000332	0.000593	0.002152	76125
0.000351	0.000356	0.000098	0.000557	0.001610	0.001015	77126
0.000000	0.000048	0.000013	0.000075	0.000081	0.000060	78127
0.000838	0.000236	0.000460	0.000079	0.000193	0.000253	79128
0.010568	0.005822	0.002126	0.001717	0.001638	0.006227	80129
0.001837	0.000723	0.000133	0.000539	0.000367	0.000300	82130
0.000642	0.000301	0.000056	0.000309	0.000167	0.000448	83131
0.000000	0.000000	0.000000	0.000000	0.000000	0.000000	84132
0.000051	0.000376	0.000127	0.001405	0.000441	0.000276	85133
0.000191	0.000218	0.000242	0.000169	0.000223	0.000265	86134
0.000109	0.000041	0.000098	0.000032	0.000051	0.000053	87135
0.000000	0.000000	0.000000	0.000000	0.000000	0.000000	88136
0.000014	0.000442	0.000115	0.000684	0.000741	0.000547	89137
0.000127	0.000125	0.000202	0.000098	0.000156	0.000165	93138
0.000437	0.000136	0.000230	0.000600	0.000387	0.000229	90139
0.532843	**0.507063**	**0.389071**	**0.613230**	**0.604512**	**0.549070**	**TII**
0.469638	0.250667	0.123288	0.180736	0.136192	0.159280	VA001
−0.022018	0.102377	0.184107	0.075476	0.061440	0.129874	VA002
0.019537	0.042686	0.076182	0.043588	0.045671	0.049271	VA003
0.000000	0.097207	0.227351	0.086970	0.152184	0.112506	VA004
0.467157	**0.492937**	**0.610929**	**0.386770**	**0.395488**	**0.450930**	**TVA**
1.000000	**1.000000**	**1.000000**	**1.000000**	**1.000000**	**1.000000**	**TI**

表 4.2 续 57 （Table 4.2 Continue 57）

投入 \ 产出		代码	开采辅助服务和其他采矿产品	谷物磨制品	饲料加工品	植物油加工品
代码		—	11011	13012	13013	13014
中间投入	保险	68118	0.007694	0.000201	0.000406	0.000151
	房地产	70119	0.000460	0.000114	0.000130	0.000033
	租赁	71120	0.001115	0.000093	0.000157	0.000063
	商务服务	72121	0.007563	0.004815	0.004015	0.001891
	研究和试验发展	73122	0.000768	0.000627	0.000555	0.000407
	专业技术服务	74123	0.007404	0.000453	0.001537	0.000943
	科技推广和应用服务	75124	0.010629	0.000111	0.000932	0.000001
	水利管理	76125	0.000000	0.000000	0.000000	0.000000
	生态保护和环境治理	77126	0.000000	0.000067	0.000048	0.000032
	公共设施管理	78127	0.000029	0.000030	0.000022	0.000012
	居民服务	79128	0.000000	0.000029	0.000030	0.000033
	其他服务	80129	0.003067	0.001045	0.000791	0.000355
	教育	82130	0.000193	0.000050	0.000058	0.000026
	卫生	83131	0.000000	0.000005	0.000016	0.000025
	社会工作	84132	0.000000	0.000000	0.000000	0.000000
	新闻和出版	85133	0.000397	0.000093	0.000057	0.000019
	广播、电视、电影和影视录音制作	86134	0.000000	0.000126	0.000067	0.000060
	文化艺术	87135	0.000000	0.000011	0.000011	0.000015
	体育	88136	0.000000	0.000000	0.000000	0.000000
	娱乐	89137	0.000264	0.000197	0.000131	0.000073
	社会保障	93138	0.000000	0.000035	0.000033	0.000045
	公共管理和社会组织	90139	0.000451	0.000204	0.000167	0.000151
	中间投入合计	**TII**	**0.590816**	**0.838704**	**0.826060**	**0.825106**
增加值	劳动者报酬	VA001	0.303699	0.045198	0.058263	0.043744
	生产税净额	VA002	0.060784	0.025933	0.034252	0.047628
	固定资产折旧	VA003	0.037693	0.033130	0.014571	0.017340
	营业盈余	VA004	0.007007	0.057036	0.066854	0.066181
	增加值合计	**TVA**	**0.409184**	**0.161296**	**0.173940**	**0.174894**
总投入		**TI**	**1.000000**	**1.000000**	**1.000000**	**1.000000**

糖及糖制品	屠宰及肉类加工品	水产加工品	蔬菜、水果、坚果和其他农副食品加工品	方便食品	乳制品	代码
13015	13016	13017	13018	14019	14020	—
0.000288	0.000371	0.000461	0.001304	0.000381	0.000475	68118
0.000079	0.000072	0.000094	0.000983	0.000292	0.000097	70119
0.000553	0.000135	0.000183	0.000362	0.000090	0.000818	71120
0.003114	0.000642	0.004447	0.026845	0.005575	0.028979	72121
0.000960	0.000359	0.000916	0.000845	0.000319	0.000672	73122
0.000083	0.000229	0.000176	0.000528	0.000259	0.000276	74123
0.000008	0.000110	0.000123	0.001005	0.000287	0.003437	75124
0.000000	0.000000	0.000000	0.000000	0.000000	0.000000	76125
0.000862	0.000077	0.000256	0.000181	0.000105	0.000157	77126
0.000017	0.000023	0.000079	0.000074	0.000013	0.000036	78127
0.000071	0.000030	0.000054	0.000062	0.000047	0.000047	79128
0.001207	0.000557	0.001816	0.001559	0.001796	0.006257	80129
0.000067	0.000081	0.000218	0.000172	0.000129	0.000130	82130
0.000443	0.000103	0.000084	0.000027	0.000018	0.000027	83131
0.000000	0.000000	0.000000	0.000000	0.000000	0.000000	84132
0.000057	0.000087	0.000225	0.001028	0.000027	0.000238	85133
0.000276	0.000065	0.000210	0.000471	0.000435	0.000639	86134
0.000016	0.000008	0.000018	0.000016	0.000012	0.000014	87135
0.000000	0.000000	0.000000	0.000000	0.000000	0.000000	88136
0.000155	0.000107	0.000459	0.000478	0.000118	0.000216	89137
0.000050	0.000025	0.000055	0.000051	0.000037	0.000045	93138
0.000066	0.000103	0.000230	0.000280	0.000085	0.000047	90139
0.714463	**0.851741**	**0.831464**	**0.823817**	**0.772399**	**0.804514**	**TII**
0.089152	0.049992	0.056199	0.077556	0.099095	0.090589	VA001
0.057825	0.022055	0.020014	0.027606	0.030668	0.034120	VA002
0.038690	0.020056	0.018450	0.014726	0.020514	0.017267	VA003
0.099869	0.056156	0.073873	0.056295	0.077324	0.053510	VA004
0.285537	**0.148259**	**0.168536**	**0.176183**	**0.227601**	**0.195486**	**TVA**
1.000000	**1.000000**	**1.000000**	**1.000000**	**1.000000**	**1.000000**	**TI**

表 4.2 续 58 (Table 4.2 Continue 58)

	投入 \ 产出	代码	调味品、发酵制品	其他食品	酒精和酒	饮料和精制茶加工品
代码		—	14021	14022	15023	15024
中间投入	保险	68118	0.000794	0.000765	0.001120	0.000635
	房地产	70119	0.000147	0.000248	0.000149	0.000289
	租赁	71120	0.000245	0.000565	0.000230	0.000621
	商务服务	72121	0.012674	0.013397	0.026038	0.038739
	研究和试验发展	73122	0.000415	0.000611	0.001576	0.000638
	专业技术服务	74123	0.002452	0.000967	0.000918	0.002968
	科技推广和应用服务	75124	0.004497	0.001457	0.001104	0.002010
	水利管理	76125	0.000000	0.000000	0.000000	0.001555
	生态保护和环境治理	77126	0.000491	0.000225	0.000762	0.000151
	公共设施管理	78127	0.000033	0.000048	0.000050	0.000037
	居民服务	79128	0.000053	0.000073	0.000143	0.000073
	其他服务	80129	0.001925	0.005987	0.003461	0.001982
	教育	82130	0.000287	0.000256	0.000196	0.000225
	卫生	83131	0.000025	0.000022	0.000018	0.000057
	社会工作	84132	0.000000	0.000000	0.000000	0.000000
	新闻和出版	85133	0.000266	0.000178	0.000175	0.000090
	广播、电视、电影和影视录音制作	86134	0.000598	0.000513	0.000111	0.000377
	文化艺术	87135	0.000015	0.000014	0.000031	0.000013
	体育	88136	0.000000	0.000000	0.000000	0.000000
	娱乐	89137	0.000298	0.000307	0.000349	0.000219
	社会保障	93138	0.000048	0.000043	0.000095	0.000039
	公共管理和社会组织	90139	0.000173	0.000394	0.000184	0.000160
	中间投入合计	**TII**	**0.783004**	**0.795789**	**0.665335**	**0.738682**
增加值	劳动者报酬	VA001	0.083405	0.091849	0.105013	0.097876
	生产税净额	VA002	0.039099	0.033394	0.094299	0.043520
	固定资产折旧	VA003	0.026311	0.020403	0.028635	0.031313
	营业盈余	VA004	0.068181	0.058565	0.106718	0.088609
	增加值合计	**TVA**	**0.216996**	**0.204211**	**0.334665**	**0.261318**
总投入		**TI**	**1.000000**	**1.000000**	**1.000000**	**1.000000**

烟草制品	棉、化纤纺织及印染精加工品	毛纺织及染整精加工品	麻、丝绢纺织及加工品	针织或钩针编织及其制品	纺织制成品	代码
16025	17026	17027	17028	17029	17030	—
0.000409	0.000435	0.000551	0.000586	0.000612	0.000489	68118
0.000390	0.000217	0.000220	0.000154	0.000662	0.000356	70119
0.000086	0.000092	0.000281	0.000187	0.000221	0.000307	71120
0.010652	0.003082	0.003379	0.004486	0.003945	0.006209	72121
0.002327	0.000398	0.000391	0.000285	0.001223	0.001417	73122
0.000031	0.000239	0.002377	0.000867	0.001150	0.000520	74123
0.001472	0.000085	0.000405	0.000214	0.000062	0.000822	75124
0.000000	0.000000	0.000000	0.000000	0.000000	0.000000	76125
0.000730	0.001941	0.002741	0.000205	0.000390	0.000250	77126
0.000092	0.000032	0.000023	0.000032	0.000026	0.000027	78127
0.000092	0.000043	0.000061	0.000066	0.000095	0.000201	79128
0.002019	0.000807	0.001108	0.000953	0.000819	0.001356	80129
0.000501	0.000082	0.000062	0.000123	0.000161	0.000103	82130
0.000037	0.000041	0.000021	0.000013	0.000031	0.000178	83131
0.000000	0.000000	0.000000	0.000000	0.000000	0.000000	84132
0.000147	0.000128	0.000056	0.000206	0.000216	0.000085	85133
0.000037	0.000223	0.000564	0.000454	0.000547	0.000962	86134
0.000059	0.000012	0.000021	0.000028	0.000031	0.000038	87135
0.000000	0.000000	0.000000	0.000000	0.000000	0.000000	88136
0.000712	0.000184	0.000215	0.000293	0.000237	0.000247	89137
0.000181	0.000037	0.000065	0.000087	0.000094	0.000116	93138
0.000543	0.000123	0.000112	0.000097	0.000163	0.000081	90139
0.321334	**0.815146**	**0.833812**	**0.793125**	**0.823837**	**0.765462**	**TII**
0.106195	0.089978	0.060281	0.103000	0.083832	0.110867	VA001
0.461305	0.026698	0.024173	0.027455	0.019046	0.031909	VA002
0.053447	0.022070	0.017076	0.015710	0.030695	0.027640	VA003
0.057719	0.046107	0.064657	0.060710	0.042590	0.064123	VA004
0.678666	**0.184854**	**0.166188**	**0.206875**	**0.176163**	**0.234538**	**TVA**
1.000000	**1.000000**	**1.000000**	**1.000000**	**1.000000**	**1.000000**	**TI**

表 4.2 续 59 (Table 4.2 Continue 59)

投入＼产出		代码	纺织服装服饰	皮革、毛皮、羽毛及其制品	鞋	木材加工品和木、竹、藤、棕、草制品
代码		—	18031	19032	19033	20034
中间投入	保险	68118	0.000745	0.000526	0.000461	0.000877
	房地产	70119	0.000668	0.000681	0.000951	0.000523
	租赁	71120	0.001311	0.000299	0.000262	0.000491
	商务服务	72121	0.011099	0.006445	0.009204	0.007291
	研究和试验发展	73122	0.000567	0.000467	0.000435	0.000521
	专业技术服务	74123	0.001039	0.000433	0.001202	0.002833
	科技推广和应用服务	75124	0.002251	0.000303	0.000600	0.001101
	水利管理	76125	0.000000	0.000000	0.000000	0.000000
	生态保护和环境治理	77126	0.000169	0.000167	0.000171	0.000148
	公共设施管理	78127	0.000046	0.000029	0.000030	0.000039
	居民服务	79128	0.000137	0.000155	0.000168	0.000097
	其他服务	80129	0.001625	0.001114	0.001393	0.002029
	教育	82130	0.000225	0.000169	0.000160	0.000176
	卫生	83131	0.000015	0.000269	0.000310	0.000153
	社会工作	84132	0.000000	0.000000	0.000000	0.000000
	新闻和出版	85133	0.000096	0.000103	0.000367	0.000233
	广播、电视、电影和影视录音制作	86134	0.000717	0.000320	0.000327	0.000388
	文化艺术	87135	0.000020	0.000015	0.000018	0.000023
	体育	88136	0.000000	0.000000	0.000000	0.000000
	娱乐	89137	0.000285	0.000266	0.000275	0.000360
	社会保障	93138	0.000063	0.000086	0.000108	0.000070
	公共管理和社会组织	90139	0.000172	0.000087	0.000250	0.000371
	中间投入合计	**TII**	**0.798316**	**0.780276**	**0.757504**	**0.787129**
增加值	劳动者报酬	VA001	0.115790	0.109779	0.129614	0.087426
	生产税净额	VA002	0.024481	0.032780	0.028253	0.045361
	固定资产折旧	VA003	0.015433	0.015339	0.026599	0.028234
	营业盈余	VA004	0.045980	0.061826	0.058030	0.051851
	增加值合计	**TVA**	**0.201684**	**0.219724**	**0.242496**	**0.212871**
总投入		**TI**	**1.000000**	**1.000000**	**1.000000**	**1.000000**

家具	造纸和纸制品	印刷品和记录媒介复制品	文教、工美、体育和娱乐用品	精炼石油和核燃料加工品	炼焦产品	代码
21035	22036	23037	24038	25039	25040	—
0.000875	0.000801	0.000910	0.000981	0.000329	0.000226	68118
0.001218	0.000464	0.001261	0.001218	0.000164	0.000003	70119
0.000543	0.001441	0.000409	0.000473	0.000065	0.000278	71120
0.009519	0.009033	0.010024	0.027165	0.005634	0.004713	72121
0.001692	0.000644	0.001254	0.000387	0.000609	0.000675	73122
0.001560	0.004518	0.001913	0.001835	0.000041	0.000180	74123
0.000215	0.001012	0.000247	0.000159	0.000261	0.000008	75124
0.000000	0.003347	0.000000	0.000000	0.000015	0.000277	76125
0.000331	0.000392	0.000402	0.000058	0.000280	0.001332	77126
0.000047	0.000039	0.000090	0.000032	0.000009	0.000019	78127
0.000150	0.000088	0.000134	0.000055	0.000219	0.000105	79128
0.001782	0.003969	0.003585	0.001514	0.000898	0.003813	80129
0.000278	0.000210	0.000394	0.000177	0.000079	0.000121	82130
0.000058	0.000258	0.000020	0.000071	0.000586	0.000289	83131
0.000000	0.000000	0.000000	0.000000	0.000000	0.000000	84132
0.000218	0.000133	0.000571	0.000156	0.000024	0.000030	85133
0.000521	0.000136	0.000847	0.000301	0.000128	0.000230	86134
0.000029	0.000029	0.000034	0.000010	0.000011	0.000026	87135
0.000000	0.000000	0.000000	0.000000	0.000000	0.000000	88136
0.000431	0.000360	0.000826	0.000295	0.000083	0.000176	89137
0.000089	0.000089	0.000104	0.000031	0.000034	0.000080	93138
0.000210	0.000217	0.000416	0.000164	0.000042	0.000044	90139
0.744354	**0.782601**	**0.697053**	**0.773009**	**0.834818**	**0.670529**	**TII**
0.121419	0.088092	0.148001	0.122195	0.023916	0.128139	VA001
0.039799	0.037970	0.052168	0.032444	0.109560	0.049969	VA002
0.030960	0.043431	0.048627	0.020772	0.013864	0.078017	VA003
0.063468	0.047906	0.054152	0.051579	0.017842	0.073346	VA004
0.255646	**0.217399**	**0.302947**	**0.226991**	**0.165182**	**0.329471**	**TVA**
1.000000	**1.000000**	**1.000000**	**1.000000**	**1.000000**	**1.000000**	**TI**

表 4.2 续 60 （Table 4.2 Continue 60）

投入 \ 产出		代码	基础化学原料	肥料	农药	涂料、油墨、颜料及类似产品
代码		—	26041	26042	26043	26044
中间投入	保险	68118	0.000611	0.000699	0.000491	0.000830
	房地产	70119	0.000117	0.000157	0.000039	0.000337
	租赁	71120	0.000293	0.000133	0.000104	0.000359
	商务服务	72121	0.005675	0.012483	0.006296	0.014541
	研究和试验发展	73122	0.002038	0.001843	0.004749	0.003978
	专业技术服务	74123	0.000430	0.000854	0.000912	0.000306
	科技推广和应用服务	75124	0.002380	0.001596	0.005211	0.010334
	水利管理	76125	0.000743	0.001336	0.000018	0.000000
	生态保护和环境治理	77126	0.000430	0.001163	0.000671	0.000692
	公共设施管理	78127	0.000026	0.000030	0.000027	0.000044
	居民服务	79128	0.000138	0.000147	0.000080	0.000148
	其他服务	80129	0.001933	0.001673	0.001908	0.001550
	教育	82130	0.000125	0.000150	0.000199	0.000220
	卫生	83131	0.000069	0.000096	0.000015	0.000054
	社会工作	84132	0.000000	0.000000	0.000000	0.000000
	新闻和出版	85133	0.000160	0.000119	0.000291	0.000145
	广播、电视、电影和影视录音制作	86134	0.000162	0.000521	0.000582	0.000498
	文化艺术	87135	0.000019	0.000022	0.000018	0.000021
	体育	88136	0.000000	0.000000	0.000000	0.000000
	娱乐	89137	0.000236	0.000277	0.000244	0.000406
	社会保障	93138	0.000058	0.000066	0.000056	0.000065
	公共管理和社会组织	90139	0.000103	0.000240	0.000279	0.000364
	中间投入合计	**TII**	**0.826740**	**0.801322**	**0.797342**	**0.840855**
增加值	劳动者报酬	VA001	0.041668	0.056059	0.067234	0.055668
	生产税净额	VA002	0.029766	0.019416	0.024240	0.021646
	固定资产折旧	VA003	0.030735	0.028407	0.043634	0.022042
	营业盈余	VA004	0.071091	0.094796	0.067550	0.059789
	增加值合计	**TVA**	**0.173260**	**0.198678**	**0.202658**	**0.159145**
总投入		**TI**	**1.000000**	**1.000000**	**1.000000**	**1.000000**

合成材料	专用化学产品和炸药、火工、焰火产品	日用化学产品	医药制品	化学纤维制品	橡胶制品	代码
26045	26046	26047	27048	28049	29050	—
0.000506	0.000819	0.000484	0.000376	0.000304	0.000722	68118
0.000028	0.000393	0.000177	0.000174	0.000192	0.000498	70119
0.000115	0.000210	0.000606	0.000236	0.000096	0.000134	71120
0.004955	0.008839	0.044417	0.053633	0.004241	0.010879	72121
0.003032	0.002552	0.008280	0.005207	0.000628	0.004805	73122
0.001175	0.001496	0.001067	0.001082	0.000168	0.000754	74123
0.002641	0.015503	0.016336	0.004775	0.004443	0.007631	75124
0.000260	0.005884	0.000024	0.000040	0.000531	0.000012	76125
0.000295	0.000289	0.000161	0.000309	0.000653	0.000218	77126
0.000015	0.000042	0.000025	0.000078	0.000027	0.000028	78127
0.000162	0.000075	0.000142	0.000122	0.000054	0.000093	79128
0.001139	0.001429	0.017829	0.003103	0.001258	0.003078	80129
0.000129	0.000204	0.000261	0.000425	0.000143	0.000119	82130
0.000047	0.000045	0.000082	0.000191	0.000045	0.000026	83131
0.000000	0.000000	0.000000	0.000000	0.000000	0.000000	84132
0.000023	0.000177	0.000211	0.000711	0.000045	0.000091	85133
0.000199	0.000410	0.000072	0.000752	0.000085	0.000076	86134
0.000022	0.000011	0.000031	0.000020	0.000019	0.000022	87135
0.000000	0.000000	0.000000	0.000000	0.000000	0.000000	88136
0.000142	0.000384	0.000225	0.000714	0.000245	0.000259	89137
0.000067	0.000035	0.000095	0.000063	0.000059	0.000067	93138
0.000077	0.000260	0.000229	0.000755	0.000110	0.000206	90139
0.814767	**0.825052**	**0.767088**	**0.741842**	**0.850686**	**0.803543**	**TII**
0.041078	0.056960	0.088345	0.099828	0.057235	0.081248	VA001
0.039408	0.024246	0.048866	0.046534	0.021382	0.028253	VA002
0.035867	0.027729	0.017733	0.024652	0.029236	0.032224	VA003
0.068879	0.066012	0.077967	0.087144	0.041461	0.054732	VA004
0.185233	**0.174948**	**0.232912**	**0.258158**	**0.149314**	**0.196457**	**TVA**
1.000000	**1.000000**	**1.000000**	**1.000000**	**1.000000**	**1.000000**	**TI**

表 4.2　续 61　(Table 4.2　Continue 61)

投入＼产出		代码	塑料制品	水泥、石灰和石膏	石膏、水泥制品及类似制品	砖瓦、石材等建筑材料
代码		—	29051	30052	30053	30054
中间投入	保险	68118	0.000513	0.000699	0.001140	0.001063
	房地产	70119	0.001071	0.000247	0.000736	0.000569
	租赁	71120	0.000261	0.000200	0.000694	0.000823
	商务服务	72121	0.009808	0.011375	0.009224	0.009068
	研究和试验发展	73122	0.000875	0.000309	0.000547	0.000564
	专业技术服务	74123	0.001287	0.000268	0.002695	0.001294
	科技推广和应用服务	75124	0.000836	0.000063	0.000637	0.000241
	水利管理	76125	0.000004	0.000085	0.000015	0.000031
	生态保护和环境治理	77126	0.000156	0.000786	0.000124	0.000269
	公共设施管理	78127	0.000052	0.000040	0.000063	0.000072
	居民服务	79128	0.000091	0.000115	0.000075	0.000089
	其他服务	80129	0.002068	0.002035	0.003376	0.003737
	教育	82130	0.000169	0.000181	0.000217	0.000420
	卫生	83131	0.000016	0.000231	0.000267	0.000226
	社会工作	84132	0.000000	0.000000	0.000000	0.000000
	新闻和出版	85133	0.000270	0.000157	0.000155	0.000335
	广播、电视、电影和影视录音制作	86134	0.000745	0.000807	0.000537	0.000628
	文化艺术	87135	0.000021	0.000031	0.000021	0.000023
	体育	88136	0.000000	0.000000	0.000000	0.000000
	娱乐	89137	0.000430	0.000369	0.000579	0.000664
	社会保障	93138	0.000063	0.000096	0.000065	0.000071
	公共管理和社会组织	90139	0.000309	0.000114	0.000245	0.000389
	中间投入合计	**TII**	**0.811729**	**0.751724**	**0.778360**	**0.766172**
增加值	劳动者报酬	VA001	0.089745	0.082640	0.080532	0.108555
	生产税净额	VA002	0.033102	0.058263	0.049602	0.047867
	固定资产折旧	VA003	0.027130	0.067396	0.027919	0.030732
	营业盈余	VA004	0.038294	0.039976	0.063587	0.046674
	增加值合计	**TVA**	**0.188271**	**0.248276**	**0.221640**	**0.233828**
总投入		**TI**	**1.000000**	**1.000000**	**1.000000**	**1.000000**

玻璃和玻璃制品	陶瓷制品	耐火材料制品	石墨及其他非金属矿物制品	钢、铁及其铸件	钢压延产品	代码
30055	30056	30057	30058	31059	31060	—
0.000603	0.002237	0.001124	0.000523	0.000798	0.000360	68118
0.000640	0.001096	0.001254	0.000588	0.000139	0.000113	70119
0.000348	0.002811	0.000211	0.000147	0.000138	0.000147	71120
0.009484	0.028770	0.010119	0.006389	0.006740	0.004693	72121
0.002152	0.002975	0.001154	0.001436	0.001120	0.004433	73122
0.002494	0.002957	0.001015	0.000407	0.000672	0.002328	74123
0.001398	0.003628	0.018554	0.003673	0.000943	0.001666	75124
0.000149	0.000045	0.000099	0.000065	0.000347	0.000537	76125
0.000765	0.000267	0.000377	0.000208	0.000551	0.000454	77126
0.000052	0.000113	0.000068	0.000055	0.000034	0.000011	78127
0.000117	0.000200	0.000141	0.000083	0.000108	0.000167	79128
0.003728	0.008760	0.002941	0.002173	0.003833	0.001877	80129
0.000267	0.000434	0.000307	0.000180	0.000082	0.000067	82130
0.000396	0.000042	0.000048	0.000111	0.000099	0.000201	83131
0.000000	0.000000	0.000000	0.000000	0.000000	0.000000	84132
0.000172	0.000391	0.000747	0.000222	0.000102	0.000062	85133
0.000759	0.001360	0.000229	0.000171	0.000223	0.000341	86134
0.000031	0.000039	0.000034	0.000027	0.000024	0.000024	87135
0.000000	0.000000	0.000000	0.000000	0.000000	0.000000	88136
0.000478	0.001035	0.000619	0.000505	0.000315	0.000104	89137
0.000097	0.000119	0.000105	0.000084	0.000073	0.000073	93138
0.000254	0.001070	0.000223	0.000160	0.001097	0.000111	90139
0.750636	**0.752205**	**0.622717**	**0.708546**	**0.807008**	**0.829064**	**TII**
0.106064	0.122785	0.167484	0.089074	0.061700	0.057071	VA001
0.042332	0.049242	0.085635	0.062415	0.031253	0.025459	VA002
0.042499	0.021889	0.051904	0.032968	0.033971	0.044233	VA003
0.058469	0.053879	0.072260	0.106998	0.066069	0.044173	VA004
0.249364	**0.247795**	**0.377283**	**0.291454**	**0.192992**	**0.170936**	**TVA**
1.000000	**1.000000**	**1.000000**	**1.000000**	**1.000000**	**1.000000**	**TI**

表 4.2 续 62 (Table 4.2 Continue 62)

投入 \ 产出		代码	铁合金产品	有色金属及其合金和铸件	有色金属压延加工品	金属制品
代码		—	31061	32062	32063	33064
中间投入	保险	68118	0.001073	0.000724	0.000478	0.000822
	房地产	70119	0.000120	0.000256	0.000224	0.000768
	租赁	71120	0.000030	0.000263	0.000182	0.000586
	商务服务	72121	0.005645	0.004841	0.002513	0.010553
	研究和试验发展	73122	0.000643	0.001541	0.000888	0.001153
	专业技术服务	74123	0.000260	0.000418	0.000782	0.003808
	科技推广和应用服务	75124	0.000338	0.000731	0.003239	0.000658
	水利管理	76125	0.000432	0.000133	0.000009	0.000011
	生态保护和环境治理	77126	0.000343	0.000320	0.000183	0.000211
	公共设施管理	78127	0.000052	0.000023	0.000019	0.000068
	居民服务	79128	0.000045	0.000043	0.000031	0.000093
	其他服务	80129	0.000408	0.001023	0.000761	0.004224
	教育	82130	0.000088	0.000112	0.000058	0.000336
	卫生	83131	0.000045	0.000102	0.000122	0.000340
	社会工作	84132	0.000000	0.000000	0.000000	0.000000
	新闻和出版	85133	0.000445	0.000071	0.000065	0.000297
	广播、电视、电影和影视录音制作	86134	0.000277	0.000377	0.000370	0.000337
	文化艺术	87135	0.000030	0.000019	0.000014	0.000025
	体育	88136	0.000000	0.000000	0.000000	0.000000
	娱乐	89137	0.000481	0.000213	0.000177	0.000622
	社会保障	93138	0.000091	0.000058	0.000042	0.000076
	公共管理和社会组织	90139	0.000154	0.000161	0.000048	0.000355
	中间投入合计	**TII**	**0.787553**	**0.816159**	**0.813727**	**0.801754**
增加值	劳动者报酬	VA001	0.080913	0.053643	0.047814	0.087448
	生产税净额	VA002	0.030142	0.035195	0.028262	0.032869
	固定资产折旧	VA003	0.025206	0.025719	0.024754	0.026056
	营业盈余	VA004	0.076185	0.069283	0.085444	0.051874
	增加值合计	**TVA**	**0.212447**	**0.183841**	**0.186273**	**0.198246**
总投入		**TI**	**1.000000**	**1.000000**	**1.000000**	**1.000000**

锅炉及原动设备	金属加工机械	物料搬运设备	泵、阀门、压缩机及类似机械	文化、办公用机械	其他通用设备	代码
34065	34066	34067	34068	34069	34070	—
0.001029	0.000630	0.001295	0.000601	0.000609	0.001001	68118
0.001026	0.000576	0.000310	0.000684	0.000350	0.000904	70119
0.000424	0.000382	0.000520	0.000314	0.000405	0.000973	71120
0.016638	0.013756	0.010397	0.014427	0.006678	0.015342	72121
0.005654	0.007307	0.003360	0.003294	0.003956	0.002879	73122
0.001951	0.000892	0.004540	0.002637	0.000541	0.005152	74123
0.008684	0.002005	0.006870	0.002784	0.006386	0.004089	75124
0.000000	0.000000	0.000000	0.000008	0.000000	0.000488	76125
0.000085	0.000291	0.000084	0.000695	0.000189	0.000398	77126
0.000062	0.000074	0.000068	0.000061	0.000025	0.000067	78127
0.000150	0.000162	0.000094	0.000142	0.000138	0.000173	79128
0.004891	0.004326	0.005002	0.003892	0.001455	0.003984	80129
0.000350	0.000236	0.000260	0.000341	0.000080	0.000377	82130
0.002188	0.000410	0.000228	0.000281	0.000101	0.000114	83131
0.000000	0.000000	0.000000	0.000000	0.000000	0.000000	84132
0.000690	0.000138	0.000143	0.000206	0.000069	0.000606	85133
0.001128	0.001089	0.000938	0.000495	0.000295	0.000714	86134
0.000031	0.000029	0.000019	0.000029	0.000023	0.000040	87135
0.000000	0.000000	0.000000	0.000000	0.000000	0.000000	88136
0.000567	0.000682	0.000624	0.000563	0.000230	0.000618	89137
0.000095	0.000089	0.000057	0.000088	0.000072	0.000123	93138
0.000356	0.000366	0.000320	0.000273	0.000244	0.000526	90139
0.772449	**0.756660**	**0.805713**	**0.818868**	**0.843083**	**0.775741**	**TII**
0.116100	0.116491	0.081565	0.078388	0.087221	0.103419	VA001
0.044130	0.044573	0.038143	0.030332	0.017083	0.039741	VA002
0.025437	0.030134	0.018259	0.019362	0.017719	0.031134	VA003
0.041884	0.052142	0.056321	0.053050	0.034893	0.049966	VA004
0.227551	**0.243340**	**0.194287**	**0.181132**	**0.156917**	**0.224259**	**TVA**
1.000000	**1.000000**	**1.000000**	**1.000000**	**1.000000**	**1.000000**	**TI**

表4.2 续63 (Table 4.2 Continue 63)

投入 \ 产出		代码	采矿、冶金、建筑专用设备	化工、木材、非金属加工专用设备	农、林、牧、渔专用机械	其他专用设备
代码		—	35071	35072	35073	35074
中间投入	保险	68118	0.000733	0.000813	0.001571	0.001004
	房地产	70119	0.000441	0.001118	0.000683	0.000960
	租赁	71120	0.000338	0.000685	0.000493	0.000424
	商务服务	72121	0.015721	0.009593	0.011430	0.015950
	研究和试验发展	73122	0.003940	0.004712	0.003997	0.008330
	专业技术服务	74123	0.000809	0.003098	0.010402	0.002695
	科技推广和应用服务	75124	0.004658	0.004976	0.005497	0.008889
	水利管理	76125	0.000016	0.000000	0.000007	0.000011
	生态保护和环境治理	77126	0.000166	0.000183	0.000281	0.000212
	公共设施管理	78127	0.000058	0.000086	0.000059	0.000081
	居民服务	79128	0.000096	0.000132	0.000078	0.000142
	其他服务	80129	0.004488	0.002803	0.004645	0.003955
	教育	82130	0.000282	0.000327	0.000184	0.000466
	卫生	83131	0.000285	0.000365	0.000102	0.000473
	社会工作	84132	0.000000	0.000000	0.000000	0.000000
	新闻和出版	85133	0.000139	0.000247	0.000147	0.000215
	广播、电视、电影和影视录音制作	86134	0.000361	0.000446	0.000411	0.000602
	文化艺术	87135	0.000019	0.000029	0.000021	0.000023
	体育	88136	0.000000	0.000000	0.000000	0.000000
	娱乐	89137	0.000536	0.000792	0.000545	0.000745
	社会保障	93138	0.000058	0.000089	0.000064	0.000070
	公共管理和社会组织	90139	0.000277	0.000381	0.000392	0.000575
	中间投入合计	**TII**	**0.785266**	**0.771634**	**0.794338**	**0.786721**
增加值	劳动者报酬	VA001	0.093441	0.123822	0.097965	0.103865
	生产税净额	VA002	0.033491	0.029107	0.028886	0.033867
	固定资产折旧	VA003	0.025951	0.032382	0.019947	0.022818
	营业盈余	VA004	0.061851	0.043056	0.058865	0.052729
	增加值合计	**TVA**	**0.214734**	**0.228366**	**0.205662**	**0.213279**
总投入		**TI**	**1.000000**	**1.000000**	**1.000000**	**1.000000**

汽车整车	汽车零部件及配件	铁路运输和城市轨道交通设备	船舶及相关装置	其他交通运输设备	电机	代码
36075	36076	37077	37078	37079	38080	—
0.000357	0.000487	0.000751	0.000552	0.000818	0.000743	68118
0.000126	0.000439	0.000515	0.000234	0.000378	0.000514	70119
0.000313	0.000460	0.000200	0.000279	0.000446	0.000341	71120
0.013781	0.015357	0.012614	0.005710	0.009569	0.012455	72121
0.009451	0.000000	0.008405	0.002215	0.006373	0.004159	73122
0.000809	0.001034	0.006109	0.002931	0.003658	0.001138	74123
0.012654	0.010158	0.005436	0.002012	0.003957	0.003512	75124
0.000000	0.000000	0.000013	0.000000	0.000026	0.000000	76125
0.000503	0.000000	0.000378	0.000491	0.000645	0.000242	77126
0.000023	0.000033	0.000068	0.000032	0.000034	0.000054	78127
0.000118	0.000000	0.000086	0.000101	0.000144	0.000077	79128
0.006247	0.005780	0.004007	0.002355	0.003103	0.005275	80129
0.000207	0.000221	0.000285	0.000149	0.000304	0.000260	82130
0.000400	0.000000	0.000413	0.000028	0.000536	0.000585	83131
0.000000	0.000000	0.000000	0.000000	0.000000	0.000000	84132
0.000058	0.000080	0.000223	0.000071	0.000097	0.000173	85133
0.000525	0.000000	0.000642	0.000093	0.000144	0.000440	86134
0.000034	0.000000	0.000016	0.000029	0.000030	0.000022	87135
0.000000	0.000000	0.000000	0.000000	0.000000	0.000000	88136
0.000208	0.000299	0.000619	0.000292	0.000310	0.000493	89137
0.000104	0.000000	0.000050	0.000090	0.000093	0.000067	93138
0.000089	0.002999	0.000201	0.000145	0.000183	0.000476	90139
0.802820	**0.808012**	**0.791852**	**0.740854**	**0.833162**	**0.813048**	**TII**
0.067091	0.094264	0.097544	0.165092	0.090916	0.091562	VA001
0.048696	0.026696	0.029750	0.025334	0.019096	0.026166	VA002
0.017192	0.026464	0.028961	0.034885	0.020358	0.018761	VA003
0.064201	0.044563	0.051892	0.033835	0.036468	0.050463	VA004
0.197180	**0.191988**	**0.208148**	**0.259146**	**0.166838**	**0.186952**	**TVA**
1.000000	**1.000000**	**1.000000**	**1.000000**	**1.000000**	**1.000000**	**TI**

表 4.2 续 64 (Table 4.2 Continue 64)

投入 \ 产出		代码	输配电及控制设备	电线、电缆、光缆及电工器材	电池	家用器具
代码		—	38081	38082	38083	38084
中间投入	保险	68118	0.000543	0.000351	0.000573	0.000806
	房地产	70119	0.000927	0.000503	0.000418	0.000499
	租赁	71120	0.000233	0.000094	0.000218	0.000643
	商务服务	72121	0.012177	0.007149	0.012573	0.028110
	研究和试验发展	73122	0.007317	0.001312	0.000000	0.007965
	专业技术服务	74123	0.001774	0.001416	0.000612	0.002938
	科技推广和应用服务	75124	0.001273	0.001525	0.006697	0.003714
	水利管理	76125	0.000000	0.000156	0.000000	0.000000
	生态保护和环境治理	77126	0.000186	0.000096	0.000000	0.000527
	公共设施管理	78127	0.000080	0.000034	0.000023	0.000035
	居民服务	79128	0.000108	0.000055	0.000000	0.000125
	其他服务	80129	0.003746	0.003020	0.002508	0.004242
	教育	82130	0.000233	0.000140	0.000168	0.000151
	卫生	83131	0.000319	0.000114	0.000000	0.000089
	社会工作	84132	0.000000	0.000000	0.000000	0.000000
	新闻和出版	85133	0.000159	0.000242	0.000098	0.000485
	广播、电视、电影和影视录音制作	86134	0.000402	0.000482	0.000000	0.000556
	文化艺术	87135	0.000017	0.000016	0.000000	0.000021
	体育	88136	0.000000	0.000000	0.000000	0.000000
	娱乐	89137	0.000734	0.000314	0.000212	0.000322
	社会保障	93138	0.000051	0.000051	0.000000	0.000065
	公共管理和社会组织	90139	0.000535	0.000149	0.000247	0.000274
	中间投入合计	**TII**	**0.833723**	**0.833242**	**0.826270**	**0.848919**
增加值	劳动者报酬	VA001	0.064904	0.061277	0.074955	0.058746
	生产税净额	VA002	0.024894	0.028500	0.017386	0.021113
	固定资产折旧	VA003	0.020825	0.015850	0.016987	0.012636
	营业盈余	VA004	0.055654	0.061131	0.064401	0.058585
	增加值合计	**TVA**	**0.166277**	**0.166758**	**0.173730**	**0.151081**
总投入		**TI**	**1.000000**	**1.000000**	**1.000000**	**1.000000**

其他电气机械和器材	计算机	通信设备	广播电视设备和雷达及配套设备	视听设备	电子元器件	代码
38085	39086	39087	39088	39089	39090	—
0.000939	0.000478	0.000296	0.000681	0.000396	0.000350	68118
0.000759	0.000222	0.000947	0.003262	0.000420	0.000771	70119
0.000429	0.000224	0.000771	0.000684	0.000345	0.000290	71120
0.011672	0.005599	0.025971	0.016117	0.012873	0.010398	72121
0.007897	0.002796	0.025998	0.031902	0.000685	0.006742	73122
0.001894	0.001528	0.001751	0.003701	0.001821	0.004304	74123
0.006797	0.001453	0.001492	0.002119	0.007848	0.008727	75124
0.000000	0.000000	0.000000	0.000000	0.000000	0.000000	76125
0.000534	0.000065	0.000092	0.000795	0.000095	0.000285	77126
0.000041	0.000017	0.000046	0.000084	0.000022	0.000024	78127
0.000157	0.000048	0.000072	0.000512	0.000060	0.000088	79128
0.002957	0.001834	0.002942	0.004313	0.004318	0.002200	80129
0.000184	0.000069	0.000265	0.000318	0.000248	0.000135	82130
0.000489	0.000054	0.000132	0.000481	0.000063	0.000052	83131
0.000000	0.000000	0.000000	0.000000	0.000000	0.000000	84132
0.000157	0.000028	0.000208	0.000227	0.000025	0.000054	85133
0.001378	0.000457	0.001025	0.001858	0.000254	0.000324	86134
0.000044	0.000017	0.000019	0.000017	0.000017	0.000021	87135
0.000000	0.000000	0.000000	0.000000	0.000000	0.000000	88136
0.000373	0.000152	0.000422	0.000769	0.000203	0.000217	89137
0.000137	0.000053	0.000059	0.000053	0.000054	0.000064	93138
0.001106	0.000080	0.002752	0.003212	0.000809	0.000125	90139
0.828212	**0.849515**	**0.837660**	**0.800499**	**0.839286**	**0.816563**	**TII**
0.079679	0.072567	0.104635	0.113690	0.081437	0.095612	VA001
0.021443	0.013765	0.022587	0.021604	0.029284	0.015343	VA002
0.025238	0.026247	0.011275	0.018773	0.012070	0.034702	VA003
0.045428	0.037906	0.023843	0.045435	0.037923	0.037781	VA004
0.171788	**0.150485**	**0.162340**	**0.199501**	**0.160714**	**0.183437**	**TVA**
1.000000	**1.000000**	**1.000000**	**1.000000**	**1.000000**	**1.000000**	**TI**

表 4.2 续 65 （Table 4.2 Continue 65）

投入＼产出		代码	其他电子设备	仪器仪表	其他制造产品	废弃资源和废旧材料回收加工品
代码		—	39091	40092	41093	42094
中间投入	保险	68118	0.001301	0.000549	0.000621	0.000348
	房地产	70119	0.001526	0.001933	0.000821	0.000528
	租赁	71120	0.000358	0.000709	0.000277	0.000981
	商务服务	72121	0.006347	0.009641	0.006586	0.004067
	研究和试验发展	73122	0.004283	0.009424	0.001866	0.000263
	专业技术服务	74123	0.005046	0.002945	0.000938	0.000675
	科技推广和应用服务	75124	0.003814	0.005318	0.001347	0.000048
	水利管理	76125	0.000000	0.000010	0.000000	0.000000
	生态保护和环境治理	77126	0.000055	0.000157	0.001081	0.000207
	公共设施管理	78127	0.000067	0.000108	0.000063	0.000032
	居民服务	79128	0.000083	0.000198	0.000488	0.000044
	其他服务	80129	0.002256	0.003324	0.002270	0.001497
	教育	82130	0.000235	0.000445	0.000446	0.000129
	卫生	83131	0.000032	0.000322	0.000083	0.000060
	社会工作	84132	0.000000	0.000000	0.000000	0.000000
	新闻和出版	85133	0.000232	0.000301	0.000189	0.000386
	广播、电视、电影和影视录音制作	86134	0.000115	0.000165	0.000687	0.000000
	文化艺术	87135	0.000021	0.000028	0.000106	0.000000
	体育	88136	0.000000	0.000000	0.000000	0.000000
	娱乐	89137	0.000615	0.000993	0.000580	0.000295
	社会保障	93138	0.000063	0.000087	0.000328	0.000000
	公共管理和社会组织	90139	0.000761	0.000468	0.000319	0.000099
	中间投入合计	**TII**	**0.768789**	**0.774287**	**0.792679**	**0.226615**
增加值	劳动者报酬	VA001	0.119220	0.102981	0.104396	0.036404
	生产税净额	VA002	0.026821	0.027461	0.026345	0.013702
	固定资产折旧	VA003	0.026322	0.019873	0.020698	0.009636
	营业盈余	VA004	0.058848	0.075398	0.055881	0.713643
	增加值合计	**TVA**	**0.231211**	**0.225713**	**0.207321**	**0.773385**
总投入		**TI**	**1.000000**	**1.000000**	**1.000000**	**1.000000**

金属制品、机械和设备修理服务	电力、热力生产和供应	燃气生产和供应	水的生产和供应	房屋建筑	土木工程建筑	代码
43095	44096	45097	46098	47099	48100	—
0.002364	0.001283	0.000405	0.001119	0.001414	0.001203	68118
0.000465	0.000056	0.001295	0.000133	0.000059	0.000097	70119
0.000686	0.000422	0.000323	0.000567	0.003120	0.004460	71120
0.019968	0.003267	0.004482	0.002635	0.002157	0.002829	72121
0.000000	0.000878	0.000271	0.000422	0.001686	0.000000	73122
0.001466	0.002799	0.000580	0.001650	0.016873	0.073874	74123
0.001308	0.000566	0.000000	0.000000	0.000012	0.000024	75124
0.000000	0.003192	0.000815	0.068257	0.000000	0.000000	76125
0.000000	0.000162	0.000122	0.001101	0.000115	0.000000	77126
0.000107	0.000009	0.000043	0.000091	0.000067	0.000054	78127
0.000000	0.000125	0.000119	0.000390	0.000760	0.000000	79128
0.003021	0.001795	0.002270	0.006597	0.002452	0.006269	80129
0.001064	0.000103	0.000245	0.000815	0.000516	0.000367	82130
0.000000	0.000223	0.000292	0.000027	0.000289	0.000000	83131
0.000000	0.000000	0.000000	0.000000	0.000000	0.000000	84132
0.000343	0.000443	0.000145	0.000857	0.000208	0.000684	85133
0.000000	0.001058	0.000838	0.002060	0.000197	0.000000	86134
0.000000	0.000036	0.000011	0.000053	0.000037	0.000000	87135
0.000000	0.000000	0.000000	0.000000	0.000000	0.000000	88136
0.000979	0.000084	0.000394	0.000834	0.000611	0.000491	89137
0.000000	0.000110	0.000035	0.000163	0.000114	0.000000	93138
0.003112	0.000092	0.000175	0.000261	0.000295	0.000202	90139
0.791692	**0.742177**	**0.783329**	**0.540627**	**0.732447**	**0.760346**	**TII**
0.139999	0.073991	0.061745	0.228644	0.169091	0.139495	VA001
0.032962	0.042098	0.022431	0.051427	0.037320	0.034458	VA002
0.020918	0.090062	0.050474	0.159831	0.010716	0.013104	VA003
0.014429	0.051672	0.082020	0.019471	0.050426	0.052598	VA004
0.208308	**0.257823**	**0.216671**	**0.459373**	**0.267553**	**0.239654**	**TVA**
1.000000	**1.000000**	**1.000000**	**1.000000**	**1.000000**	**1.000000**	**TI**

表 4.2 续 66 (Table 4.2 Continue 66)

	投入 \ 产出	代码	建筑安装	建筑装饰和其他建筑服务	批发和零售	铁路运输
	代码	—	49101	50102	51103	53104
中间投入	保险	68118	0.001173	0.000686	0.003008	0.020485
	房地产	70119	0.000106	0.000133	0.045956	0.000648
	租赁	71120	0.001612	0.002742	0.002741	0.001986
	商务服务	72121	0.005295	0.013461	0.086370	0.001066
	研究和试验发展	73122	0.000000	0.000000	0.002076	0.002243
	专业技术服务	74123	0.094367	0.008033	0.001765	0.001958
	科技推广和应用服务	75124	0.000000	0.000029	0.000033	0.000667
	水利管理	76125	0.000000	0.000000	0.000000	0.000000
	生态保护和环境治理	77126	0.000000	0.000000	0.000320	0.002322
	公共设施管理	78127	0.000081	0.000028	0.000213	0.000024
	居民服务	79128	0.000000	0.000000	0.005203	0.000053
	其他服务	80129	0.002398	0.010423	0.001866	0.012583
	教育	82130	0.000483	0.000169	0.000602	0.002158
	卫生	83131	0.000000	0.000000	0.000208	0.000000
	社会工作	84132	0.000000	0.000000	0.000000	0.000000
	新闻和出版	85133	0.001781	0.000346	0.000131	0.001005
	广播、电视、电影和影视录音制作	86134	0.000000	0.000000	0.000165	0.000938
	文化艺术	87135	0.000000	0.000000	0.000043	0.000091
	体育	88136	0.000000	0.000000	0.000000	0.000000
	娱乐	89137	0.000744	0.000252	0.000584	0.000216
	社会保障	93138	0.000000	0.000000	0.000132	0.000282
	公共管理和社会组织	90139	0.000257	0.000129	0.000292	0.000673
	中间投入合计	**TII**	**0.752554**	**0.661711**	**0.309393**	**0.502274**
增加值	劳动者报酬	VA001	0.136164	0.195388	0.205090	0.361683
	生产税净额	VA002	0.035845	0.042075	0.226008	0.033813
	固定资产折旧	VA003	0.013929	0.015227	0.038754	0.183472
	营业盈余	VA004	0.061508	0.085598	0.220755	−0.081242
	增加值合计	**TVA**	**0.247446**	**0.338289**	**0.690607**	**0.497726**
总投入		**TI**	**1.000000**	**1.000000**	**1.000000**	**1.000000**

道路运输	水上运输	航空运输	管道运输	装卸搬运和运输代理	仓储	代码
54105	55106	56107	57108	58109	59110	—
0.005811	0.003532	0.012571	0.010206	0.043685	0.005443	68118
0.001283	0.000288	0.006862	0.005963	0.007520	0.015196	70119
0.000490	0.004650	0.011519	0.002215	0.003400	0.003696	71120
0.005569	0.021125	0.004241	0.007764	0.006710	0.040591	72121
0.000119	0.000776	0.000059	0.004857	0.000118	0.000000	73122
0.000766	0.002126	0.000410	0.001252	0.000020	0.000014	74123
0.000111	0.000203	0.000000	0.000000	0.000486	0.000000	75124
0.000000	0.000000	0.000000	0.000000	0.000000	0.000000	76125
0.000097	0.000537	0.000765	0.002243	0.000115	0.000100	77126
0.000032	0.000035	0.000026	0.000035	0.000028	0.000326	78127
0.000033	0.000074	0.000025	0.000076	0.000074	0.000008	79128
0.014280	0.003657	0.003689	0.095066	0.064962	0.009602	80129
0.000485	0.000213	0.000646	0.000112	0.000108	0.000808	82130
0.000272	0.000088	0.000021	0.005341	0.000009	0.000070	83131
0.000000	0.000000	0.000000	0.000000	0.000000	0.000000	84132
0.001080	0.000113	0.000252	0.000232	0.000050	0.002046	85133
0.000097	0.000238	0.001214	0.000145	0.000170	0.000025	86134
0.000028	0.000137	0.000023	0.000046	0.000034	0.000010	87135
0.000000	0.000000	0.000000	0.000000	0.000000	0.000000	88136
0.000265	0.000325	0.000239	0.000323	0.000474	0.003138	89137
0.000086	0.000424	0.000072	0.000141	0.000106	0.000264	93138
0.000200	0.000068	0.000439	0.000338	0.000107	0.001221	90139
0.598278	**0.702980**	**0.760843**	**0.560203**	**0.653423**	**0.792508**	**TII**
0.183994	0.106692	0.105569	0.045819	0.153583	0.065082	VA001
0.009002	−0.000470	0.013998	0.004479	0.019487	0.016076	VA002
0.076125	0.069669	0.090266	0.160211	0.033681	0.057036	VA003
0.132600	0.121129	0.029324	0.229288	0.139825	0.069299	VA004
0.401722	**0.297020**	**0.239157**	**0.439797**	**0.346577**	**0.207492**	**TVA**
1.000000	**1.000000**	**1.000000**	**1.000000**	**1.000000**	**1.000000**	**TI**

表 4.2 续 67 （Table 4.2 Continue 67）

投入＼产出		代码	邮政	住宿	餐饮	电信和其他信息传输服务
代码		—	60111	61112	62113	63114
中间投入	保险	68118	0.000451	0.000936	0.000303	0.002541
	房地产	70119	0.011780	0.022963	0.006630	0.016466
	租赁	71120	0.001798	0.000735	0.000770	0.004760
	商务服务	72121	0.033853	0.021409	0.006473	0.034646
	研究和试验发展	73122	0.000209	0.000025	0.000010	0.000725
	专业技术服务	74123	0.000094	0.000085	0.000000	0.000002
	科技推广和应用服务	75124	0.001581	0.000000	0.000000	0.000814
	水利管理	76125	0.000000	0.000000	0.000000	0.000000
	生态保护和环境治理	77126	0.000344	0.000252	0.000232	0.000442
	公共设施管理	78127	0.000000	0.000025	0.000041	0.000364
	居民服务	79128	0.001875	0.000132	0.000033	0.000084
	其他服务	80129	0.001544	0.003944	0.004104	0.003721
	教育	82130	0.000805	0.000517	0.000278	0.000883
	卫生	83131	0.000003	0.000090	0.000039	0.000004
	社会工作	84132	0.000000	0.000000	0.000000	0.000000
	新闻和出版	85133	0.002309	0.000360	0.000356	0.003190
	广播、电视、电影和影视录音制作	86134	0.001514	0.002276	0.000063	0.001090
	文化艺术	87135	0.000032	0.000034	0.000028	0.000066
	体育	88136	0.000000	0.000000	0.000000	0.000000
	娱乐	89137	0.003406	0.000425	0.001540	0.001035
	社会保障	93138	0.000099	0.000106	0.000086	0.000205
	公共管理和社会组织	90139	0.001183	0.000200	0.000115	0.001400
	中间投入合计	**TII**	**0.541378**	**0.576784**	**0.595124**	**0.446390**
增加值	劳动者报酬	VA001	0.362632	0.236203	0.283286	0.104901
	生产税净额	VA002	0.007205	0.055224	0.031942	0.020188
	固定资产折旧	VA003	0.071015	0.106428	0.029571	0.189910
	营业盈余	VA004	0.017769	0.025362	0.060077	0.238612
	增加值合计	**TVA**	**0.458622**	**0.423216**	**0.404876**	**0.553610**
总投入		**TI**	**1.000000**	**1.000000**	**1.000000**	**1.000000**

软件和信息技术服务	货币金融和其他金融服务	资本市场服务	保险	房地产	租赁	代码
65115	66116	67117	68118	70119	71120	—
0.001589	0.001821	0.000227	0.075461	0.001937	0.030031	68118
0.028565	0.069173	0.053183	0.018629	0.032148	0.021126	70119
0.001866	0.005628	0.000368	0.000742	0.000599	0.017093	71120
0.052599	0.095112	0.051907	0.039124	0.039362	0.018421	72121
0.028682	0.000518	0.000455	0.001291	0.000128	0.000048	73122
0.000073	0.001271	0.000043	0.000002	0.000007	0.000021	74123
0.003721	0.000021	0.000470	0.000651	0.000087	0.000468	75124
0.000000	0.000000	0.000000	0.000000	0.000000	0.000000	76125
0.000038	0.000179	0.000142	0.000052	0.000204	0.000108	77126
0.000065	0.001070	0.000118	0.000347	0.000083	0.000046	78127
0.000073	0.000004	0.000003	0.000070	0.000114	0.000070	79128
0.002122	0.006754	0.000846	0.001711	0.001838	0.016789	80129
0.000507	0.005673	0.000905	0.002246	0.000345	0.000222	82130
0.000003	0.000256	0.000133	0.000537	0.000002	0.000004	83131
0.000000	0.000000	0.000000	0.000000	0.000000	0.000000	84132
0.000061	0.000784	0.001064	0.000657	0.000523	0.000020	85133
0.000133	0.000263	0.000354	0.002375	0.000385	0.000128	86134
0.000017	0.000028	0.000154	0.000034	0.000052	0.000012	87135
0.000000	0.000000	0.000000	0.000000	0.000000	0.000000	88136
0.000571	0.009805	0.001082	0.013838	0.000995	0.001406	89137
0.000051	0.000087	0.000143	0.000104	0.000161	0.000323	93138
0.001961	0.000816	0.000237	0.001948	0.001170	0.000342	90139
0.649522	**0.390091**	**0.272706**	**0.594777**	**0.254369**	**0.586936**	**TII**
0.205781	0.166873	0.388626	0.237133	0.092539	0.134662	VA001
0.020300	0.061830	0.148491	0.059295	0.130917	0.046378	VA002
0.016703	0.015169	0.017996	0.016039	0.373095	0.103787	VA003
0.107695	0.366037	0.172182	0.092756	0.149081	0.128237	VA004
0.350478	**0.609909**	**0.727294**	**0.405223**	**0.745631**	**0.413064**	**TVA**
1.000000	**1.000000**	**1.000000**	**1.000000**	**1.000000**	**1.000000**	**TI**

表 4.2 续 68 （Table 4.2 Continue 68）

投入 \ 产出		代码	商务服务	研究和试验发展	专业技术服务	科技推广和应用服务
代码		—	72121	73122	74123	75124
中间投入	保险	68118	0.007335	0.001355	0.004537	0.003273
	房地产	70119	0.008161	0.004337	0.004280	0.009734
	租赁	71120	0.000671	0.003285	0.001456	0.000507
	商务服务	72121	0.057497	0.030393	0.014183	0.030740
	研究和试验发展	73122	0.000447	0.013268	0.000644	0.005249
	专业技术服务	74123	0.000007	0.036579	0.139251	0.120938
	科技推广和应用服务	75124	0.000074	0.015866	0.004175	0.013197
	水利管理	76125	0.000000	0.000000	0.000000	0.000000
	生态保护和环境治理	77126	0.000631	0.000288	0.000141	0.000078
	公共设施管理	78127	0.003225	0.000113	0.000094	0.000174
	居民服务	79128	0.000119	0.007858	0.005882	0.004416
	其他服务	80129	0.006702	0.006829	0.005497	0.002536
	教育	82130	0.000430	0.004103	0.000839	0.001575
	卫生	83131	0.000007	0.000114	0.000059	0.000008
	社会工作	84132	0.000000	0.000000	0.000000	0.000000
	新闻和出版	85133	0.000617	0.002210	0.000668	0.001612
	广播、电视、电影和影视录音制作	86134	0.000194	0.000083	0.000012	0.000311
	文化艺术	87135	0.000022	0.000015	0.000025	0.000017
	体育	88136	0.000000	0.000000	0.000000	0.000000
	娱乐	89137	0.000875	0.001090	0.001042	0.001770
	社会保障	93138	0.000067	0.000186	0.000078	0.000267
	公共管理和社会组织	90139	0.007672	0.000411	0.000694	0.001084
	中间投入合计	**TII**	**0.678664**	**0.610591**	**0.616893**	**0.704715**
增加值	劳动者报酬	VA001	0.162029	0.207557	0.204259	0.172241
	生产税净额	VA002	0.032104	0.011474	0.030401	0.019775
	固定资产折旧	VA003	0.068750	0.017257	0.033934	0.032096
	营业盈余	VA004	0.058453	0.153120	0.114514	0.071174
	增加值合计	**TVA**	**0.321336**	**0.389409**	**0.383107**	**0.295285**
总投入		**TI**	**1.000000**	**1.000000**	**1.000000**	**1.000000**

水利管理	生态保护和环境治理	公共设施管理	居民服务	其他服务	教育	代码
76125	77126	78127	79128	80129	82130	—
0.003615	0.002343	0.003192	0.001914	0.004253	0.000189	68118
0.007953	0.005677	0.002796	0.064554	0.033329	0.008524	70119
0.001425	0.000604	0.001604	0.003330	0.001116	0.000254	71120
0.011675	0.005810	0.018926	0.017425	0.015814	0.005373	72121
0.000000	0.001530	0.000449	0.000029	0.000051	0.004821	73122
0.014174	0.000011	0.000347	0.000033	0.000010	0.000010	74123
0.000000	0.001295	0.000000	0.000000	0.000040	0.002595	75124
0.049603	0.000000	0.000000	0.000378	0.000000	0.000000	76125
0.001087	0.016565	0.002244	0.001106	0.000185	0.000442	77126
0.000345	0.000164	0.005885	0.000087	0.000195	0.000040	78127
0.003431	0.003020	0.012489	0.017033	0.010810	0.006952	79128
0.044237	0.040041	0.030821	0.006086	0.004045	0.004398	80129
0.006510	0.002979	0.001843	0.000429	0.001210	0.013575	82130
0.000438	0.000129	0.000130	0.000306	0.000112	0.000328	83131
0.000000	0.000000	0.000000	0.000000	0.000000	0.000000	84132
0.001448	0.001220	0.001285	0.002335	0.000589	0.002990	85133
0.000223	0.000074	0.000715	0.000035	0.000061	0.000580	86134
0.000041	0.000028	0.000026	0.000044	0.000039	0.000058	87135
0.000000	0.000000	0.000000	0.000000	0.000000	0.000000	88136
0.003161	0.002615	0.001096	0.003031	0.000343	0.000366	89137
0.000126	0.000087	0.000079	0.000137	0.000120	0.000179	93138
0.002932	0.001109	0.000940	0.001648	0.000859	0.001106	90139
0.576983	**0.573863**	**0.589355**	**0.426035**	**0.541781**	**0.265916**	**TII**
0.271174	0.284917	0.229920	0.419713	0.274043	0.629646	VA001
−0.002794	−0.001329	0.008479	0.039372	0.049842	0.004153	VA002
0.118977	0.057983	0.072305	0.024516	0.029076	0.078309	VA003
0.035660	0.084566	0.099941	0.090364	0.105258	0.021975	VA004
0.423017	**0.426137**	**0.410645**	**0.573965**	**0.458219**	**0.734084**	**TVA**
1.000000	**1.000000**	**1.000000**	**1.000000**	**1.000000**	**1.000000**	**TI**

表 4.2 续 69 （Table 4.2 Continue 69）

投入 \ 产出		代码	卫生	社会工作	新闻和出版	广播、电视、电影和影视录音制作
代码		—	83131	84132	85133	86134
中间投入	保险	68118	0.000217	0.002255	0.000971	0.000770
	房地产	70119	0.006106	0.007374	0.007238	0.006055
	租赁	71120	0.000185	0.003258	0.002383	0.007079
	商务服务	72121	0.000833	0.008630	0.011630	0.027376
	研究和试验发展	73122	0.000449	0.000000	0.000032	0.000016
	专业技术服务	74123	0.000004	0.000013	0.000017	0.000003
	科技推广和应用服务	75124	0.000357	0.000000	0.000000	0.000000
	水利管理	76125	0.000000	0.000000	0.000000	0.000000
	生态保护和环境治理	77126	0.000368	0.000902	0.000255	0.000396
	公共设施管理	78127	0.000075	0.000225	0.000138	0.001781
	居民服务	79128	0.004679	0.035506	0.003265	0.008894
	其他服务	80129	0.001864	0.019157	0.008863	0.013296
	教育	82130	0.002342	0.001614	0.001655	0.001856
	卫生	83131	0.004653	0.007496	0.000092	0.000330
	社会工作	84132	0.000000	0.000000	0.000000	0.000000
	新闻和出版	85133	0.001097	0.000951	0.008091	0.000328
	广播、电视、电影和影视录音制作	86134	0.000191	0.002302	0.000110	0.033836
	文化艺术	87135	0.000024	0.000127	0.000046	0.000039
	体育	88136	0.000000	0.000000	0.000000	0.000000
	娱乐	89137	0.000466	0.002065	0.006167	0.001495
	社会保障	93138	0.000074	0.000391	0.000143	0.000120
	公共管理和社会组织	90139	0.000476	0.001071	0.000830	0.000920
	中间投入合计	**TII**	**0.572772**	**0.341852**	**0.620738**	**0.457664**
增加值	劳动者报酬	VA001	0.356288	0.588184	0.200319	0.289777
	生产税净额	VA002	0.004436	0.004117	0.031725	0.051647
	固定资产折旧	VA003	0.042178	0.055077	0.041137	0.071287
	营业盈余	VA004	0.024326	0.010770	0.106080	0.129625
	增加值合计	**TVA**	**0.427228**	**0.658148**	**0.379262**	**0.542336**
总投入		**TI**	**1.000000**	**1.000000**	**1.000000**	**1.000000**

文化艺术	体育	娱乐	社会保障	公共管理和社会组织	中间使用合计	代码
87135	88136	89137	93138	90139	TIU	—
0.003592	0.002886	0.000732	0.001194	0.001537	**0.001871**	68118
0.014815	0.003298	0.027328	0.001919	0.009972	**0.007356**	70119
0.005006	0.000849	0.002707	0.001491	0.001393	**0.001139**	71120
0.006857	0.012614	0.013081	0.004419	0.014648	**0.018120**	72121
0.000000	0.000000	0.004645	0.000000	0.000018	**0.002276**	73122
0.000159	0.000004	0.000004	0.000031	0.000380	**0.006302**	74123
0.000000	0.000000	0.000000	0.000000	0.000000	**0.002058**	75124
0.000000	0.000000	0.000000	0.000000	0.000000	**0.000446**	76125
0.002292	0.005671	0.000000	0.000111	0.000222	**0.000322**	77126
0.000112	0.000150	0.000036	0.000192	0.001701	**0.000205**	78127
0.006784	0.015236	0.000772	0.002587	0.001450	**0.000850**	79128
0.005902	0.009481	0.002103	0.013188	0.018658	**0.004046**	80129
0.002683	0.002014	0.000246	0.006790	0.007946	**0.000870**	82130
0.000397	0.002502	0.000027	0.000873	0.002767	**0.000285**	83131
0.000000	0.000000	0.000000	0.000000	0.000000	**0.000000**	84132
0.004128	0.000335	0.001537	0.003155	0.006007	**0.000525**	85133
0.000951	0.006404	0.004527	0.001389	0.001054	**0.000410**	86134
0.097991	0.000060	0.000030	0.000052	0.000648	**0.000117**	87135
0.000000	0.097048	0.000000	0.000000	0.000000	**0.000026**	88136
0.001060	0.001460	0.002413	0.001759	0.003596	**0.000870**	89137
0.000089	0.000184	0.000093	0.000160	0.000143	**0.000090**	93138
0.002314	0.000314	0.000140	0.001668	0.005345	**0.000683**	90139
0.461045	**0.449214**	**0.454321**	**0.233821**	**0.404610**	**0.664841**	**TII**
0.383817	0.332466	0.240546	0.673977	0.518061	**0.164916**	VA001
0.010091	0.046335	0.054646	−0.038767	0.000509	**0.045957**	VA002
0.085980	0.122954	0.113094	0.024631	0.068474	**0.044756**	VA003
0.059066	0.049031	0.137394	0.106338	0.008347	**0.079530**	VA004
0.538955	**0.550786**	**0.545679**	**0.766179**	**0.595390**	**0.335159**	**TVA**
1.000000	**1.000000**	**1.000000**	**1.000000**	**1.000000**	**1.000000**	**TI**

完全消耗系数表

表 4.3 （Table 4.3）

投入 \ 产出	代码	农产品	林产品	畜牧产品	渔产品
代　码	—	01001	02002	03003	04004
农产品	01001	0.131786	0.029583	0.313101	0.155043
林产品	02002	0.001535	0.088991	0.000959	0.002081
畜牧产品	03003	0.004787	0.006639	0.100461	0.011616
渔产品	04004	0.000888	0.001846	0.021786	0.060173
农、林、牧、渔服务	05005	0.011479	0.057457	0.005951	0.033207
煤炭采选产品	06006	0.032911	0.019173	0.014984	0.013849
石油和天然气开采产品	07007	0.045224	0.040005	0.022370	0.030424
黑色金属矿采选产品	08008	0.004138	0.004544	0.002261	0.003258
有色金属矿采选产品	09009	0.003235	0.003025	0.001689	0.002025
非金属矿采选产品	10010	0.005506	0.002737	0.001879	0.001506
开采辅助服务和其他采矿产品	11011	0.004863	0.004269	0.002401	0.003241
谷物磨制品	13012	0.003140	0.002391	0.067325	0.030570
饲料加工品	13013	0.003146	0.004691	0.282994	0.187350
植物油加工品	13014	0.002466	0.002932	0.024522	0.019178
糖及糖制品	13015	0.000186	0.000273	0.000584	0.000438
屠宰及肉类加工品	13016	0.000725	0.001221	0.004053	0.003102
水产加工品	13017	0.000431	0.000785	0.011277	0.012219
蔬菜、水果、坚果和其他农副食品加工品	13018	0.001397	0.001628	0.007555	0.005276
方便食品	14019	0.000092	0.000140	0.000104	0.000120
乳制品	14020	0.000125	0.000197	0.000244	0.000212
调味品、发酵制品	14021	0.000149	0.000250	0.002177	0.001577
其他食品	14022	0.000649	0.000623	0.005508	0.003748
酒精和酒	15023	0.001617	0.001951	0.001871	0.001840
饮料和精制茶加工品	15024	0.001432	0.002196	0.001025	0.001173
烟草制品	16025	0.002651	0.002306	0.002174	0.002157
棉、化纤纺织及印染精加工品	17026	0.005632	0.005107	0.003766	0.003585
毛纺织及染整精加工品	17027	0.000336	0.000383	0.000247	0.000277
麻、丝绢纺织及加工品	17028	0.000245	0.000261	0.000199	0.000202

Matrix of Cumulative Input Coefficients

农、林、牧、渔服务	煤炭采选产品	石油和天然气开采产品	黑色金属矿采选产品	有色金属矿采选产品	非金属矿采选产品	代码
05005	06006	07007	08008	09009	10010	—
0.186565	0.011479	0.008065	0.014307	0.015985	0.014619	01001
0.005288	0.008594	0.002726	0.005817	0.005789	0.005358	02002
0.053922	0.002767	0.001942	0.003400	0.003699	0.003349	03003
0.016534	0.001417	0.001025	0.001764	0.001843	0.001682	04004
0.063632	0.001125	0.000615	0.001082	0.001268	0.001020	05005
0.018734	0.230279	0.044429	0.076277	0.073763	0.067749	06006
0.041654	0.032500	0.057876	0.075078	0.092169	0.084608	07007
0.004819	0.026805	0.022485	0.245711	0.023083	0.020013	08008
0.003581	0.007118	0.006528	0.011051	0.065731	0.010362	09009
0.002248	0.002716	0.002933	0.004348	0.005191	0.017103	10010
0.004450	0.006718	0.110621	0.009768	0.013414	0.012572	11011
0.027903	0.001107	0.000810	0.001579	0.001733	0.001512	13012
0.065727	0.001017	0.000710	0.001239	0.001340	0.001209	13013
0.020893	0.003133	0.002781	0.004306	0.005458	0.005464	13014
0.000803	0.000310	0.000189	0.000502	0.000418	0.000383	13015
0.004624	0.001445	0.000896	0.001841	0.001862	0.001737	13016
0.003938	0.000840	0.000525	0.001083	0.001112	0.001024	13017
0.006105	0.001583	0.001090	0.002071	0.002246	0.002142	13018
0.000304	0.000223	0.000133	0.000376	0.000260	0.000261	14019
0.000460	0.000252	0.000151	0.000395	0.000332	0.000303	14020
0.001058	0.000276	0.000173	0.000383	0.000383	0.000350	14021
0.002242	0.000540	0.000417	0.000724	0.000752	0.000688	14022
0.007649	0.002486	0.002237	0.004389	0.005751	0.004428	15023
0.004501	0.002852	0.001673	0.005256	0.003783	0.003429	15024
0.005276	0.007469	0.007684	0.008875	0.009509	0.011562	16025
0.013424	0.009020	0.006239	0.009875	0.013300	0.009335	17026
0.000829	0.000802	0.000659	0.000904	0.001050	0.000869	17027
0.000523	0.000664	0.000452	0.000878	0.000874	0.000725	17028

表 4.3 续 1 （Table 4.3 Continue 1）

投入＼产出	代码	开采辅助服务和其他采矿产品	谷物磨制品	饲料加工品	植物油加工品
代码	—	11011	13012	13013	13014
农产品	01001	0.015390	0.813840	0.589395	0.724779
林产品	02002	0.008241	0.001686	0.001833	0.001913
畜牧产品	03003	0.003609	0.004300	0.046558	0.004075
渔产品	04004	0.001522	0.001076	0.081344	0.001003
农、林、牧、渔服务	05005	0.001418	0.008500	0.011151	0.007670
煤炭采选产品	06006	0.075065	0.031316	0.029720	0.029395
石油和天然气开采产品	07007	0.078977	0.041402	0.036807	0.038433
黑色金属矿采选产品	08008	0.035913	0.004161	0.004003	0.003857
有色金属矿采选产品	09009	0.013299	0.003189	0.003051	0.002995
非金属矿采选产品	10010	0.009829	0.004431	0.003546	0.003967
开采辅助服务和其他采矿产品	11011	0.012602	0.004459	0.003970	0.004139
谷物磨制品	13012	0.001469	0.067448	0.097581	0.015362
饲料加工品	13013	0.001267	0.002569	0.092977	0.002363
植物油加工品	13014	0.006131	0.002845	0.087107	0.310110
糖及糖制品	13015	0.000338	0.000408	0.001700	0.000334
屠宰及肉类加工品	13016	0.001623	0.001069	0.014321	0.000993
水产加工品	13017	0.000903	0.000577	0.039860	0.000540
蔬菜、水果、坚果和其他农副食品加工品	13018	0.002095	0.003275	0.027092	0.005367
方便食品	14019	0.000233	0.000145	0.000182	0.000136
乳制品	14020	0.000260	0.000179	0.000745	0.000179
调味品、发酵制品	14021	0.000310	0.000390	0.008030	0.001081
其他食品	14022	0.000665	0.000912	0.020505	0.001674
酒精和酒	15023	0.004447	0.002037	0.004604	0.001753
饮料和精制茶加工品	15024	0.002902	0.001958	0.001964	0.001593
烟草制品	16025	0.005900	0.004241	0.005007	0.005601
棉、化纤纺织及印染精加工品	17026	0.014118	0.007771	0.007413	0.008360
毛纺织及染整精加工品	17027	0.001037	0.000441	0.000478	0.000422
麻、丝绢纺织及加工品	17028	0.000820	0.000368	0.000411	0.000353

糖及糖制品	屠宰及肉类加工品	水产加工品	蔬菜、水果、坚果和其他农副食品加工品	方便食品	乳制品	代码
13015	13016	13017	13018	14019	14020	—
0.582306	0.227380	0.130870	0.600191	0.424905	0.186776	01001
0.001845	0.001632	0.002665	0.003981	0.002840	0.005169	02002
0.003731	0.658154	0.013409	0.054976	0.053480	0.414988	03003
0.001036	0.014945	0.623266	0.012482	0.006580	0.012843	04004
0.006166	0.004266	0.020264	0.007247	0.005146	0.003890	05005
0.038169	0.018428	0.018728	0.032104	0.029838	0.027111	06006
0.037000	0.027902	0.033512	0.041505	0.036133	0.036934	07007
0.004034	0.003197	0.003806	0.004867	0.004499	0.004894	08008
0.003290	0.002321	0.002620	0.003804	0.003380	0.003891	09009
0.003881	0.001882	0.001753	0.004146	0.003271	0.002659	10010
0.004019	0.002996	0.003586	0.004482	0.003903	0.003990	11011
0.010695	0.047158	0.030427	0.060751	0.319618	0.033261	13012
0.002055	0.173028	0.113224	0.017103	0.015615	0.107690	13013
0.011701	0.019226	0.028854	0.074615	0.089774	0.024600	13014
0.124435	0.002174	0.002945	0.020223	0.008781	0.024704	13015
0.001078	0.163331	0.009448	0.009580	0.077192	0.007385	13016
0.000572	0.007666	0.128479	0.007058	0.007422	0.005541	13017
0.002932	0.014886	0.015075	0.060376	0.054139	0.022718	13018
0.000132	0.000237	0.000227	0.000235	0.030371	0.000281	14019
0.000202	0.001150	0.000459	0.001947	0.004639	0.154394	14020
0.000716	0.004386	0.021394	0.012239	0.047525	0.004549	14021
0.002208	0.036693	0.008552	0.008066	0.032165	0.036784	14022
0.002033	0.003176	0.003361	0.003453	0.002860	0.003620	15023
0.001743	0.001776	0.002204	0.004328	0.002226	0.005866	15024
0.005783	0.004646	0.005219	0.006141	0.006028	0.006965	16025
0.006220	0.005553	0.006388	0.013010	0.009726	0.011035	17026
0.000422	0.000406	0.000530	0.000713	0.000616	0.000729	17027
0.000321	0.000358	0.000497	0.000601	0.000479	0.000530	17028

表 4.3 续 2 （Table 4.3 Continue 2）

投入 \ 产出	代码	调味品、发酵制品	其他食品	酒精和酒	饮料和精制茶加工品
代码	—	14021	14022	15023	15024
农产品	01001	0.427168	0.384638	0.330457	0.223379
林产品	02002	0.003117	0.003753	0.003593	0.006214
畜牧产品	03003	0.036615	0.106586	0.006630	0.033650
渔产品	04004	0.005525	0.022972	0.004341	0.005895
农、林、牧、渔服务	05005	0.005187	0.005404	0.004211	0.003545
煤炭采选产品	06006	0.038191	0.031789	0.037030	0.034768
石油和天然气开采产品	07007	0.042683	0.039658	0.040089	0.046476
黑色金属矿采选产品	08008	0.005906	0.005321	0.005555	0.007287
有色金属矿采选产品	09009	0.004375	0.004074	0.004252	0.005342
非金属矿采选产品	10010	0.004632	0.004110	0.005674	0.004669
开采辅助服务和其他采矿产品	11011	0.004624	0.004288	0.004348	0.009207
谷物磨制品	13012	0.090797	0.163059	0.121332	0.021337
饲料加工品	13013	0.011052	0.031774	0.002998	0.009964
植物油加工品	13014	0.072455	0.069037	0.005274	0.027315
糖及糖制品	13015	0.027808	0.030350	0.003064	0.066940
屠宰及肉类加工品	13016	0.038701	0.046899	0.002609	0.004058
水产加工品	13017	0.003992	0.015664	0.001272	0.002052
蔬菜、水果、坚果和其他农副食品加工品	13018	0.056859	0.084618	0.015468	0.055562
方便食品	14019	0.000235	0.000258	0.000216	0.000240
乳制品	14020	0.002403	0.028294	0.001030	0.050629
调味品、发酵制品	14021	0.097233	0.018588	0.007977	0.004986
其他食品	14022	0.078448	0.048108	0.017348	0.034190
酒精和酒	15023	0.005493	0.005902	0.099352	0.025066
饮料和精制茶加工品	15024	0.002653	0.003470	0.002758	0.152238
烟草制品	16025	0.006238	0.005787	0.006006	0.006314
棉、化纤纺织及印染精加工品	17026	0.010979	0.009989	0.011224	0.014170
毛纺织及染整精加工品	17027	0.000730	0.000693	0.000745	0.000893
麻、丝绢纺织及加工品	17028	0.000564	0.000538	0.000666	0.000745

烟草制品	棉、化纤纺织及印染精加工品	毛纺织及染整精加工品	麻、丝绢纺织及加工品	针织或钩针编织及其制品	纺织制成品	代码
16025	17026	17027	17028	17029	17030	—
0.095401	0.311960	0.177061	0.294792	0.154239	0.155684	01001
0.003367	0.003796	0.002984	0.003725	0.004937	0.004972	02002
0.002243	0.015263	0.439600	0.149542	0.045209	0.039067	03003
0.001070	0.002614	0.009678	0.005407	0.002942	0.002598	04004
0.001504	0.083885	0.010557	0.100707	0.051301	0.037766	05005
0.014377	0.052160	0.039834	0.042802	0.055298	0.046150	06006
0.016434	0.056029	0.049417	0.050748	0.064013	0.056979	07007
0.002244	0.005958	0.005109	0.005293	0.006537	0.006190	08008
0.002033	0.005125	0.004427	0.004321	0.006027	0.005456	09009
0.001323	0.004526	0.003609	0.003672	0.004648	0.004246	10010
0.001784	0.006065	0.005326	0.005476	0.006931	0.006149	11011
0.001347	0.004310	0.027970	0.012699	0.005381	0.004591	13012
0.000934	0.008533	0.113657	0.043767	0.014498	0.012261	13013
0.002418	0.005685	0.013219	0.007963	0.006856	0.005733	13014
0.000307	0.000344	0.000503	0.000416	0.000657	0.000445	13015
0.001197	0.001896	0.002770	0.002105	0.002045	0.002019	13016
0.000633	0.001075	0.005048	0.002454	0.001395	0.001279	13017
0.001300	0.002274	0.004190	0.002787	0.002583	0.002218	13018
0.000118	0.000205	0.000240	0.000212	0.000234	0.000229	14019
0.000254	0.000245	0.000306	0.000282	0.000487	0.000329	14020
0.000236	0.000338	0.001076	0.000600	0.000431	0.000388	14021
0.002373	0.000834	0.002944	0.001748	0.001556	0.001323	14022
0.002531	0.003747	0.003557	0.003506	0.004319	0.003822	15023
0.002552	0.002715	0.002992	0.002929	0.007649	0.004198	15024
0.083632	0.007457	0.009058	0.010527	0.010513	0.011296	16025
0.005060	0.672069	0.140923	0.087330	0.655016	0.691357	17026
0.000480	0.016744	0.186679	0.027011	0.082394	0.075446	17027
0.000349	0.016750	0.007605	0.267268	0.020194	0.028495	17028

表 4.3 续 3 （Table 4.3 Continue 3）

投入＼产出	代码	纺织服装服饰	皮革、毛皮、羽毛及其制品	鞋	木材加工品和木、竹、藤、棕、草制品
代码	—	18031	19032	19033	20034
农产品	01001	0.165596	0.117797	0.076241	0.059528
林产品	02002	0.003799	0.005210	0.015377	0.227317
畜牧产品	03003	0.053984	0.256584	0.051848	0.004912
渔产品	04004	0.003181	0.011997	0.003638	0.001880
农、林、牧、渔服务	05005	0.041951	0.025142	0.029061	0.013426
煤炭采选产品	06006	0.041051	0.027884	0.042225	0.053055
石油和天然气开采产品	07007	0.048337	0.036480	0.061459	0.056993
黑色金属矿采选产品	08008	0.005825	0.004853	0.006951	0.012212
有色金属矿采选产品	09009	0.004951	0.004552	0.006445	0.008820
非金属矿采选产品	10010	0.003426	0.003061	0.004516	0.005405
开采辅助服务和其他采矿产品	11011	0.005225	0.003937	0.006685	0.006195
谷物磨制品	13012	0.005583	0.018559	0.005616	0.002173
饲料加工品	13013	0.016367	0.068971	0.015298	0.002263
植物油加工品	13014	0.005427	0.010549	0.007568	0.007838
糖及糖制品	13015	0.000420	0.000762	0.001696	0.000441
屠宰及肉类加工品	13016	0.010156	0.223296	0.039262	0.001853
水产加工品	13017	0.001486	0.003517	0.001464	0.001062
蔬菜、水果、坚果和其他农副食品加工品	13018	0.002343	0.005234	0.003759	0.002635
方便食品	14019	0.000236	0.000227	0.000232	0.000247
乳制品	14020	0.000302	0.000450	0.001254	0.000334
调味品、发酵制品	14021	0.000440	0.001332	0.000596	0.000379
其他食品	14022	0.001266	0.008229	0.002705	0.001166
酒精和酒	15023	0.003684	0.003804	0.004721	0.005507
饮料和精制茶加工品	15024	0.003448	0.002785	0.024678	0.003852
烟草制品	16025	0.009048	0.009169	0.010817	0.009426
棉、化纤纺织及印染精加工品	17026	0.684992	0.126095	0.210658	0.015856
毛纺织及染整精加工品	17027	0.079980	0.014086	0.008527	0.001003
麻、丝绢纺织及加工品	17028	0.071668	0.004602	0.008300	0.000851

家具	造纸和纸制品	印刷品和记录媒介复制品	文教、工美、体育和娱乐用品	精炼石油和核燃料加工品	炼焦产品	代码
21035	22036	23037	24038	25039	25040	—
0.048654	0.104037	0.051954	0.064794	0.011064	0.009756	01001
0.104962	0.052932	0.023619	0.021738	0.003034	0.005029	02002
0.013746	0.004723	0.004949	0.027988	0.002237	0.002352	03003
0.002309	0.001765	0.002079	0.003843	0.001070	0.001227	04004
0.010337	0.006672	0.003528	0.010292	0.000674	0.000862	05005
0.048487	0.088258	0.055678	0.056318	0.048449	0.556272	06006
0.053041	0.060304	0.054726	0.064530	0.745749	0.046699	07007
0.022242	0.009090	0.008489	0.016970	0.017682	0.016433	08008
0.009609	0.009398	0.010608	0.046704	0.006793	0.008313	09009
0.005583	0.006861	0.005549	0.010522	0.003234	0.006438	10010
0.005786	0.006640	0.005964	0.007149	0.078053	0.006437	11011
0.002574	0.002096	0.002336	0.003398	0.001011	0.000994	13012
0.004442	0.001932	0.001842	0.008310	0.000799	0.000864	13013
0.006184	0.008164	0.007963	0.006382	0.005338	0.002470	13014
0.000478	0.000409	0.000480	0.000580	0.000227	0.000269	13015
0.009700	0.001864	0.002156	0.003677	0.001015	0.001281	13016
0.001204	0.001019	0.001233	0.001265	0.000575	0.000733	13017
0.002333	0.002519	0.002446	0.002584	0.001324	0.001318	13018
0.000257	0.000244	0.000266	0.000249	0.000156	0.000231	14019
0.000366	0.000297	0.000371	0.000438	0.000171	0.000219	14020
0.000418	0.000369	0.000442	0.000409	0.000200	0.000249	14021
0.001284	0.000897	0.000950	0.001159	0.000477	0.000468	14022
0.004880	0.005967	0.008584	0.004554	0.003224	0.002426	15023
0.004363	0.003206	0.004243	0.006406	0.001941	0.002387	15024
0.010951	0.010372	0.010733	0.009015	0.011290	0.007887	16025
0.072224	0.018510	0.019391	0.146081	0.006443	0.008104	17026
0.002533	0.001462	0.002221	0.018376	0.000865	0.000725	17027
0.002447	0.000878	0.000844	0.014230	0.000460	0.000594	17028

表 4.3 续 4 (Table 4.3 Continue 4)

投入＼产出	代码	基础化学原料	肥料	农药	涂料、油墨、颜料及类似产品
代码	—	26041	26042	26043	26044
农产品	01001	0.030433	0.040834	0.061965	0.055904
林产品	02002	0.005274	0.005828	0.005505	0.008992
畜牧产品	03003	0.004006	0.025804	0.009426	0.008216
渔产品	04004	0.001832	0.002397	0.002591	0.002349
农、林、牧、渔服务	05005	0.001371	0.001957	0.002145	0.002068
煤炭采选产品	06006	0.173750	0.159827	0.100359	0.093195
石油和天然气开采产品	07007	0.204680	0.127075	0.141135	0.147235
黑色金属矿采选产品	08008	0.018478	0.015105	0.012329	0.014463
有色金属矿采选产品	09009	0.032482	0.013613	0.015751	0.019753
非金属矿采选产品	10010	0.040970	0.036645	0.018599	0.025582
开采辅助服务和其他采矿产品	11011	0.022195	0.013944	0.015191	0.015843
谷物磨制品	13012	0.002303	0.003478	0.005390	0.005499
饲料加工品	13013	0.001436	0.007092	0.003274	0.002654
植物油加工品	13014	0.013936	0.008299	0.014608	0.043361
糖及糖制品	13015	0.000589	0.000639	0.001167	0.000630
屠宰及肉类加工品	13016	0.001788	0.002220	0.002751	0.002494
水产加工品	13017	0.000934	0.001256	0.001299	0.001289
蔬菜、水果、坚果和其他农副食品加工品	13018	0.002634	0.002920	0.025665	0.004514
方便食品	14019	0.000262	0.000291	0.000283	0.000304
乳制品	14020	0.000441	0.000485	0.000522	0.000426
调味品、发酵制品	14021	0.000386	0.000455	0.000778	0.000660
其他食品	14022	0.001358	0.002804	0.005660	0.001658
酒精和酒	15023	0.009397	0.006069	0.009336	0.031373
饮料和精制茶加工品	15024	0.006490	0.006259	0.004682	0.004885
烟草制品	16025	0.010433	0.010543	0.009905	0.012212
棉、化纤纺织及印染精加工品	17026	0.013095	0.021054	0.020655	0.017196
毛纺织及染整精加工品	17027	0.000987	0.001147	0.001209	0.001139
麻、丝绢纺织及加工品	17028	0.000738	0.000892	0.000997	0.000894

合成材料	专用化学产品和炸药、火工、焰火产品	日用化学产品	医药制品	化学纤维制品	橡胶制品	代码
26045	26046	26047	27048	28049	29050	—
0.021937	0.073077	0.131272	0.198491	0.036438	0.035889	01001
0.005718	0.032635	0.008567	0.004525	0.006969	0.115340	02002
0.003863	0.012608	0.024142	0.122531	0.005025	0.005717	03003
0.001580	0.002445	0.003439	0.006137	0.001742	0.002058	04004
0.001278	0.003477	0.003315	0.004500	0.003466	0.009730	05005
0.099809	0.113855	0.055308	0.041552	0.116395	0.071168	06006
0.262267	0.130898	0.071129	0.049669	0.185817	0.112574	07007
0.014254	0.012442	0.010131	0.006837	0.011915	0.017079	08008
0.016031	0.027333	0.010391	0.006597	0.013191	0.011374	09009
0.017620	0.017224	0.008874	0.006176	0.012845	0.008589	10010
0.027831	0.014187	0.007692	0.005384	0.019869	0.012072	11011
0.001773	0.005940	0.007081	0.013406	0.001903	0.002181	13012
0.001342	0.003868	0.007104	0.032533	0.001782	0.002302	13013
0.009784	0.060477	0.143656	0.014636	0.010053	0.009642	13014
0.000413	0.000791	0.000863	0.006635	0.000417	0.000443	13015
0.001647	0.002880	0.032662	0.007275	0.001771	0.002302	13016
0.000843	0.001356	0.002125	0.003855	0.000979	0.001048	13017
0.002400	0.013495	0.009618	0.011293	0.002219	0.002873	13018
0.000236	0.000289	0.000341	0.000375	0.000263	0.000265	14019
0.000307	0.000452	0.000892	0.000633	0.000319	0.000321	14020
0.000322	0.000745	0.000903	0.002579	0.000353	0.000377	14021
0.000975	0.002576	0.004823	0.004698	0.000908	0.001131	14022
0.006220	0.025688	0.018608	0.017430	0.005770	0.005944	15023
0.003912	0.004769	0.004644	0.004110	0.003847	0.003687	15024
0.011686	0.009876	0.009755	0.006217	0.012871	0.010690	16025
0.012729	0.016879	0.025571	0.037397	0.052929	0.064237	17026
0.000955	0.001072	0.001309	0.001276	0.001562	0.001776	17027
0.000670	0.000801	0.001094	0.001050	0.001406	0.001682	17028

表 4.3 续 5 (Table 4.3 Continue 5)

投入 \ 产出	代码	塑料制品	水泥、石灰和石膏	石膏、水泥制品及类似制品	砖瓦、石材等建筑材料
代码	—	29051	30052	30053	30054
农产品	01001	0.035391	0.018516	0.020830	0.019902
林产品	02002	0.008960	0.007210	0.009825	0.008034
畜牧产品	03003	0.005168	0.003536	0.004607	0.004214
渔产品	04004	0.001891	0.001743	0.002049	0.002077
农、林、牧、渔服务	05005	0.005152	0.001728	0.001834	0.001684
煤炭采选产品	06006	0.078855	0.177943	0.124491	0.166437
石油和天然气开采产品	07007	0.137321	0.070045	0.072215	0.097540
黑色金属矿采选产品	08008	0.012137	0.028982	0.037991	0.021625
有色金属矿采选产品	09009	0.012412	0.010656	0.011592	0.013664
非金属矿采选产品	10010	0.011499	0.117982	0.070997	0.100687
开采辅助服务和其他采矿产品	11011	0.014691	0.008324	0.008252	0.011094
谷物磨制品	13012	0.002140	0.001486	0.001918	0.001900
饲料加工品	13013	0.001922	0.001305	0.001638	0.001535
植物油加工品	13014	0.009917	0.003895	0.006096	0.006273
糖及糖制品	13015	0.000457	0.000386	0.000471	0.000459
屠宰及肉类加工品	13016	0.002035	0.001770	0.002147	0.002078
水产加工品	13017	0.001065	0.001035	0.001207	0.001235
蔬菜、水果、坚果和其他农副食品加工品	13018	0.002808	0.001893	0.003902	0.003027
方便食品	14019	0.000261	0.000291	0.000304	0.000301
乳制品	14020	0.000345	0.000304	0.000337	0.000357
调味品、发酵制品	14021	0.000390	0.000350	0.000430	0.000429
其他食品	14022	0.001272	0.000663	0.000806	0.000822
酒精和酒	15023	0.006535	0.004001	0.005359	0.005708
饮料和精制茶加工品	15024	0.004005	0.003382	0.003547	0.003927
烟草制品	16025	0.011486	0.010789	0.010126	0.009828
棉、化纤纺织及印染精加工品	17026	0.085386	0.019184	0.018348	0.017267
毛纺织及染整精加工品	17027	0.002615	0.001045	0.001413	0.001235
麻、丝绢纺织及加工品	17028	0.001843	0.001235	0.001247	0.001382

玻璃和玻璃制品	陶瓷制品	耐火材料制品	石墨及其他非金属矿物制品	钢、铁及其铸件	钢压延产品	代码
30055	30056	30057	30058	31059	31060	—
0.021264	0.031275	0.017387	0.016330	0.012216	0.012803	01001
0.006518	0.006943	0.004897	0.004719	0.004270	0.004339	02002
0.003976	0.006578	0.004255	0.003227	0.002948	0.003104	03003
0.001896	0.003075	0.001837	0.001685	0.001584	0.001664	04004
0.002010	0.002147	0.002006	0.001903	0.000990	0.000987	05005
0.112616	0.098172	0.103403	0.150053	0.160265	0.160851	06006
0.116281	0.092188	0.063575	0.104154	0.048971	0.053882	07007
0.016638	0.022389	0.016341	0.019397	0.320036	0.323551	08008
0.014937	0.019886	0.056289	0.018657	0.015550	0.022901	09009
0.074907	0.122597	0.086664	0.099801	0.008653	0.006711	10010
0.012822	0.010446	0.007451	0.011742	0.006081	0.006618	11011
0.001776	0.002524	0.001583	0.001428	0.001306	0.001329	13012
0.001459	0.002345	0.001515	0.001222	0.001086	0.001140	13013
0.006450	0.007050	0.003948	0.003679	0.003027	0.003221	13014
0.000492	0.000715	0.000372	0.000336	0.000367	0.000379	13015
0.001893	0.003654	0.001926	0.001617	0.001598	0.001618	13016
0.001085	0.001849	0.001077	0.000972	0.000948	0.000942	13017
0.002210	0.002759	0.001726	0.001609	0.001604	0.001671	13018
0.000282	0.000413	0.000274	0.000250	0.000284	0.000311	14019
0.000382	0.000473	0.000304	0.000273	0.000295	0.000299	14020
0.000382	0.000605	0.000362	0.000328	0.000325	0.000323	14021
0.000861	0.001100	0.000667	0.000630	0.000600	0.000640	14022
0.005445	0.006847	0.004465	0.004202	0.003525	0.003393	15023
0.004970	0.004680	0.003268	0.002875	0.003455	0.003524	15024
0.011064	0.011011	0.009453	0.009335	0.010851	0.011569	16025
0.025849	0.024349	0.026734	0.027604	0.010541	0.010109	17026
0.001213	0.001653	0.002264	0.001071	0.000847	0.000922	17027
0.001303	0.001615	0.002163	0.001064	0.000754	0.000797	17028

表 4.3 续 6 (Table 4.3 Continue 6)

投入 \ 产出	代码	铁合金产品	有色金属及其合金和铸件	有色金属压延加工品	金属制品
代码	—	31061	32062	32063	33064
农产品	01001	0.013046	0.013501	0.012863	0.017708
林产品	02002	0.004208	0.003997	0.003767	0.006937
畜牧产品	03003	0.003511	0.002958	0.002813	0.004007
渔产品	04004	0.001829	0.001568	0.001477	0.002036
农、林、牧、渔服务	05005	0.000943	0.001052	0.001031	0.001502
煤炭采选产品	06006	0.131099	0.099793	0.084360	0.099460
石油和天然气开采产品	07007	0.059091	0.083966	0.068303	0.059723
黑色金属矿采选产品	08008	0.332767	0.029118	0.024502	0.112221
有色金属矿采选产品	09009	0.085649	0.282887	0.194713	0.039621
非金属矿采选产品	10010	0.007257	0.008067	0.006264	0.006744
开采辅助服务和其他采矿产品	11011	0.007332	0.010095	0.008106	0.006856
谷物磨制品	13012	0.001479	0.001363	0.001261	0.001762
饲料加工品	13013	0.001270	0.001090	0.001036	0.001465
植物油加工品	13014	0.003297	0.003948	0.003385	0.004899
糖及糖制品	13015	0.000403	0.000361	0.000331	0.000456
屠宰及肉类加工品	13016	0.001796	0.001551	0.001477	0.002064
水产加工品	13017	0.001088	0.000925	0.000872	0.001211
蔬菜、水果、坚果和其他农副食品加工品	13018	0.001708	0.001681	0.001503	0.002049
方便食品	14019	0.000322	0.000233	0.000220	0.000318
乳制品	14020	0.000328	0.000290	0.000265	0.000358
调味品、发酵制品	14021	0.000375	0.000317	0.000296	0.000411
其他食品	14022	0.000665	0.000663	0.000618	0.000792
酒精和酒	15023	0.003974	0.004092	0.003685	0.005197
饮料和精制茶加工品	15024	0.003604	0.003394	0.003020	0.004041
烟草制品	16025	0.011578	0.011344	0.013517	0.011948
棉、化纤纺织及印染精加工品	17026	0.009369	0.011944	0.012089	0.014731
毛纺织及染整精加工品	17027	0.000815	0.000884	0.001026	0.001169
麻、丝绢纺织及加工品	17028	0.000698	0.000687	0.000638	0.001946

锅炉及原动设备	金属加工机械	物料搬运设备	泵、阀门、压缩机及类似机械	文化、办公用机械	其他通用设备	代码
34065	34066	34067	34068	34069	34070	—
0.015962	0.016020	0.016904	0.017502	0.021015	0.017641	01001
0.005266	0.006132	0.007189	0.007449	0.008860	0.006947	02002
0.004069	0.003995	0.004279	0.004226	0.004211	0.004122	03003
0.002299	0.002336	0.002356	0.002319	0.002043	0.002202	04004
0.001246	0.001280	0.001434	0.001489	0.001860	0.001472	05005
0.071436	0.066396	0.068077	0.071186	0.058230	0.069887	06006
0.051088	0.049603	0.053405	0.058393	0.071558	0.056522	07007
0.071599	0.065796	0.083417	0.074096	0.023881	0.064224	08008
0.036316	0.039475	0.026842	0.052311	0.024751	0.034030	09009
0.004734	0.004974	0.004931	0.005280	0.010771	0.005932	10010
0.005794	0.005629	0.006010	0.006618	0.007816	0.006350	11011
0.001775	0.001769	0.001868	0.001820	0.001849	0.001800	13012
0.001513	0.001502	0.001587	0.001569	0.001539	0.001522	13013
0.003801	0.003853	0.004081	0.004116	0.006473	0.004447	13014
0.000462	0.000436	0.000464	0.000471	0.000449	0.000487	13015
0.002143	0.002143	0.002340	0.002280	0.002014	0.002138	13016
0.001322	0.001321	0.001379	0.001353	0.001124	0.001287	13017
0.002094	0.002027	0.002121	0.002106	0.002348	0.002189	13018
0.000327	0.000320	0.000408	0.000346	0.000300	0.000329	14019
0.000371	0.000356	0.000373	0.000375	0.000345	0.000391	14020
0.000429	0.000428	0.000455	0.000443	0.000388	0.000429	14021
0.000835	0.000840	0.000844	0.000842	0.000931	0.000854	14022
0.004794	0.004852	0.005040	0.004943	0.005626	0.005005	15023
0.004091	0.003723	0.003913	0.004036	0.004052	0.004577	15024
0.012348	0.011980	0.011476	0.012913	0.014399	0.013806	16025
0.012925	0.012581	0.014234	0.014889	0.020409	0.014932	17026
0.001200	0.001125	0.001421	0.001283	0.001222	0.001269	17027
0.000957	0.000938	0.001018	0.001122	0.000926	0.001153	17028

表 4.3 续 7 （Table 4.3 Continue 7）

投入＼产出	代码	采矿、冶金、建筑专用设备	化工、木材、非金属加工专用设备	农、林、牧、渔专用机械	其他专用设备
代码	—	35071	35072	35073	35074
农产品	01001	0.016949	0.015812	0.019432	0.020806
林产品	02002	0.006593	0.004921	0.012713	0.007254
畜牧产品	03003	0.004445	0.003973	0.004322	0.005142
渔产品	04004	0.002470	0.002309	0.002256	0.002559
农、林、牧、渔服务	05005	0.001508	0.001303	0.001922	0.001929
煤炭采选产品	06006	0.064634	0.082656	0.064296	0.070994
石油和天然气开采产品	07007	0.052492	0.053266	0.055754	0.057173
黑色金属矿采选产品	08008	0.074565	0.097626	0.061160	0.060759
有色金属矿采选产品	09009	0.027842	0.029644	0.026692	0.029275
非金属矿采选产品	10010	0.004703	0.005739	0.005043	0.007369
开采辅助服务和其他采矿产品	11011	0.005897	0.006070	0.006218	0.006406
谷物磨制品	13012	0.001875	0.001801	0.001809	0.002085
饲料加工品	13013	0.001652	0.001493	0.001605	0.001868
植物油加工品	13014	0.004031	0.003931	0.004253	0.004970
糖及糖制品	13015	0.000490	0.000448	0.000482	0.000526
屠宰及肉类加工品	13016	0.002461	0.002193	0.002269	0.002535
水产加工品	13017	0.001448	0.001342	0.001304	0.001431
蔬菜、水果、坚果和其他农副食品加工品	13018	0.002190	0.001984	0.002110	0.002353
方便食品	14019	0.000358	0.000343	0.000327	0.000347
乳制品	14020	0.000399	0.000371	0.000383	0.000414
调味品、发酵制品	14021	0.000468	0.000438	0.000429	0.000473
其他食品	14022	0.000873	0.000848	0.000858	0.000986
酒精和酒	15023	0.004821	0.005051	0.004850	0.005956
饮料和精制茶加工品	15024	0.004341	0.003952	0.004383	0.004701
烟草制品	16025	0.011032	0.011691	0.011618	0.011168
棉、化纤纺织及印染精加工品	17026	0.016420	0.014530	0.018003	0.022073
毛纺织及染整精加工品	17027	0.001374	0.001217	0.001675	0.002064
麻、丝绢纺织及加工品	17028	0.000975	0.000973	0.001004	0.001145

汽车整车	汽车零部件及配件	铁路运输和城市轨道交通设备	船舶及相关装置	其他交通运输设备	电机	代码
36075	36076	37077	37078	37079	38080	—
0.018945	0.020024	0.016883	0.014718	0.019456	0.016711	01001
0.008813	0.007993	0.007550	0.005534	0.010675	0.005205	02002
0.008140	0.006593	0.004258	0.003583	0.004477	0.003957	03003
0.002314	0.001939	0.002351	0.001870	0.002222	0.002226	04004
0.002150	0.002206	0.001510	0.001235	0.002102	0.001287	05005
0.052665	0.063099	0.067618	0.060293	0.062062	0.066424	06006
0.052214	0.058262	0.053765	0.048118	0.064418	0.056345	07007
0.047767	0.053198	0.066231	0.069225	0.044066	0.057754	08008
0.027713	0.042017	0.036448	0.023415	0.043589	0.060883	09009
0.005672	0.007700	0.005503	0.004703	0.007322	0.005765	10010
0.005799	0.006527	0.006060	0.005404	0.007157	0.006400	11011
0.001941	0.001816	0.001832	0.001544	0.001797	0.001772	13012
0.002601	0.002142	0.001583	0.001313	0.001648	0.001474	13013
0.004185	0.004555	0.004343	0.003986	0.004746	0.004249	13014
0.000431	0.000459	0.000452	0.000396	0.000445	0.000477	13015
0.005194	0.003080	0.002183	0.001811	0.002322	0.002160	13016
0.001232	0.001144	0.001296	0.001064	0.001217	0.001290	13017
0.002157	0.002159	0.002144	0.001825	0.002145	0.002103	13018
0.000313	0.000316	0.000328	0.000301	0.000298	0.000314	14019
0.000334	0.000345	0.000366	0.000316	0.000350	0.000382	14020
0.000403	0.000386	0.000426	0.000355	0.000402	0.000424	14021
0.000924	0.000809	0.000876	0.000724	0.000894	0.000846	14022
0.004238	0.004499	0.005108	0.004378	0.004873	0.004967	15023
0.003628	0.004097	0.004005	0.003643	0.003912	0.004402	15024
0.009463	0.007501	0.011242	0.011142	0.013913	0.012618	16025
0.021673	0.026889	0.015117	0.013153	0.023385	0.013453	17026
0.003144	0.005525	0.001366	0.001107	0.001501	0.001157	17027
0.001150	0.001167	0.001233	0.000854	0.001138	0.000877	17028

表 4.3 续 8 (Table 4.3 Continue 8)

投入＼产出	代码	输配电及控制设备	电线、电缆、光缆及电工器材	电池	家用器具
代码	—	38081	38082	38083	38084
农产品	01001	0.020658	0.016313	0.020356	0.023647
林产品	02002	0.006405	0.005993	0.006534	0.007035
畜牧产品	03003	0.004960	0.003439	0.003798	0.004874
渔产品	04004	0.002641	0.001761	0.001759	0.002399
农、林、牧、渔服务	05005	0.001520	0.001468	0.001531	0.002109
煤炭采选产品	06006	0.066639	0.072729	0.082272	0.061052
石油和天然气开采产品	07007	0.064029	0.071861	0.083278	0.068532
黑色金属矿采选产品	08008	0.048141	0.024960	0.020920	0.036849
有色金属矿采选产品	09009	0.053762	0.117669	0.080799	0.038372
非金属矿采选产品	10010	0.007165	0.009335	0.028355	0.007200
开采辅助服务和其他采矿产品	11011	0.007172	0.008197	0.009355	0.007561
谷物磨制品	13012	0.002200	0.001525	0.001905	0.001989
饲料加工品	13013	0.001817	0.001269	0.001368	0.001785
植物油加工品	13014	0.006921	0.004447	0.007033	0.005757
糖及糖制品	13015	0.000505	0.000384	0.000423	0.000524
屠宰及肉类加工品	13016	0.002549	0.001755	0.001806	0.002541
水产加工品	13017	0.001494	0.001037	0.001035	0.001339
蔬菜、水果、坚果和其他农副食品加工品	13018	0.002719	0.001827	0.002423	0.002629
方便食品	14019	0.000357	0.000253	0.000265	0.000349
乳制品	14020	0.000404	0.000307	0.000324	0.000392
调味品、发酵制品	14021	0.000500	0.000351	0.000376	0.000443
其他食品	14022	0.001024	0.000731	0.000859	0.000983
酒精和酒	15023	0.006555	0.004493	0.007134	0.005363
饮料和精制茶加工品	15024	0.004198	0.003439	0.003785	0.004537
烟草制品	16025	0.012333	0.013117	0.008207	0.013397
棉、化纤纺织及印染精加工品	17026	0.015671	0.017129	0.016639	0.025782
毛纺织及染整精加工品	17027	0.001329	0.001262	0.001111	0.001621
麻、丝绢纺织及加工品	17028	0.001012	0.000902	0.000875	0.001312

其他电气机械和器材	计算机	通信设备	广播电视设备和雷达及配套设备	视听设备	电子元器件	代码
38085	39086	39087	39088	39089	39090	—
0.019601	0.018203	0.020451	0.020668	0.019018	0.020393	01001
0.007177	0.006074	0.005924	0.005714	0.005616	0.007016	02002
0.004080	0.003894	0.004858	0.005482	0.004058	0.004443	03003
0.002184	0.001995	0.002970	0.003275	0.002033	0.002166	04004
0.001544	0.001339	0.001518	0.001614	0.001465	0.001488	05005
0.070619	0.045329	0.046839	0.046234	0.044444	0.055019	06006
0.069474	0.054206	0.057705	0.052469	0.052326	0.059561	07007
0.027877	0.015412	0.015596	0.021149	0.015266	0.017007	08008
0.072554	0.028327	0.029315	0.031956	0.028089	0.037409	09009
0.011550	0.007192	0.007629	0.005795	0.006726	0.008782	10010
0.007807	0.005954	0.006333	0.005794	0.005754	0.006584	11011
0.001829	0.001718	0.002118	0.002304	0.001758	0.001926	13012
0.001513	0.001424	0.001848	0.002063	0.001479	0.001601	13013
0.005888	0.005681	0.005899	0.005682	0.005393	0.007047	13014
0.000457	0.000415	0.000507	0.000529	0.000440	0.000456	13015
0.002046	0.001863	0.002255	0.002497	0.001987	0.001997	13016
0.001208	0.001099	0.001426	0.001585	0.001165	0.001176	13017
0.002303	0.002288	0.002788	0.002638	0.002367	0.002606	13018
0.000300	0.000283	0.000332	0.000357	0.000295	0.000293	14019
0.000358	0.000320	0.000398	0.000430	0.000338	0.000347	14020
0.000405	0.000370	0.000457	0.000502	0.000389	0.000403	14021
0.000909	0.000863	0.001161	0.001217	0.000864	0.000954	14022
0.005358	0.005084	0.005671	0.006285	0.005098	0.005888	15023
0.004099	0.003579	0.004447	0.004662	0.003800	0.003948	15024
0.016493	0.013919	0.012292	0.013419	0.014060	0.012724	16025
0.016157	0.013741	0.016344	0.017943	0.016515	0.015011	17026
0.001179	0.001037	0.001442	0.001745	0.001142	0.001119	17027
0.000896	0.000743	0.000848	0.001055	0.000806	0.000791	17028

表 4.3 续 9 (Table 4.3 Continue 9)

投入＼产出	代码	其他电子设备	仪器仪表	其他制造产品	废弃资源和废旧材料回收加工品
代码	—	39091	40092	41093	42094
农产品	01001	0.018686	0.019051	0.077274	0.007392
林产品	02002	0.006325	0.006352	0.015896	0.001686
畜牧产品	03003	0.004196	0.004944	0.048789	0.001300
渔产品	04004	0.002325	0.002863	0.002913	0.000643
农、林、牧、渔服务	05005	0.001462	0.001477	0.009916	0.000874
煤炭采选产品	06006	0.046869	0.051319	0.096386	0.019268
石油和天然气开采产品	07007	0.054982	0.054151	0.071440	0.019477
黑色金属矿采选产品	08008	0.018147	0.030915	0.017938	0.006887
有色金属矿采选产品	09009	0.031612	0.029266	0.027991	0.008646
非金属矿采选产品	10010	0.006719	0.007560	0.007316	0.001925
开采辅助服务和其他采矿产品	11011	0.006057	0.005994	0.007955	0.002142
谷物磨制品	13012	0.001897	0.002206	0.004993	0.000572
饲料加工品	13013	0.001563	0.001848	0.013409	0.000492
植物油加工品	13014	0.004955	0.004992	0.008268	0.001583
糖及糖制品	13015	0.000496	0.000529	0.001426	0.000143
屠宰及肉类加工品	13016	0.002184	0.002649	0.002456	0.000649
水产加工品	13017	0.001329	0.001603	0.001585	0.000377
蔬菜、水果、坚果和其他农副食品加工品	13018	0.002251	0.002374	0.003234	0.000671
方便食品	14019	0.000354	0.000367	0.000278	0.000094
乳制品	14020	0.000397	0.000437	0.001068	0.000113
调味品、发酵制品	14021	0.000442	0.000520	0.000542	0.000155
其他食品	14022	0.000944	0.001052	0.001572	0.000275
酒精和酒	15023	0.005366	0.006415	0.005663	0.001670
饮料和精制茶加工品	15024	0.004578	0.004640	0.020363	0.001277
烟草制品	16025	0.010261	0.011835	0.009034	0.006306
棉、化纤纺织及印染精加工品	17026	0.015446	0.015112	0.162414	0.013660
毛纺织及染整精加工品	17027	0.001090	0.001604	0.005378	0.000432
麻、丝绢纺织及加工品	17028	0.000779	0.000911	0.003620	0.000342

金属制品、机械和设备修理服务	电力、热力生产和供应	燃气生产和供应	水的生产和供应	房屋建筑	土木工程建筑	代码
43095	44096	45097	46098	47099	48100	—
0.017775	0.010390	0.009146	0.015570	0.019776	0.019493	01001
0.006969	0.004166	0.002839	0.004369	0.016028	0.010649	02002
0.004628	0.002531	0.002361	0.003690	0.003882	0.004026	03003
0.002391	0.001400	0.001319	0.001798	0.001954	0.001989	04004
0.001526	0.000792	0.000692	0.001111	0.001916	0.001605	05005
0.075425	0.346883	0.128849	0.077069	0.082107	0.077999	06006
0.062127	0.083454	0.557206	0.039218	0.057089	0.078669	07007
0.048623	0.014793	0.019650	0.009270	0.064847	0.073751	08008
0.046002	0.009037	0.005533	0.006443	0.020302	0.013495	09009
0.005888	0.002549	0.002330	0.002919	0.030390	0.027756	10010
0.006976	0.010086	0.058582	0.004457	0.006473	0.008695	11011
0.001993	0.001091	0.001022	0.001724	0.001651	0.001717	13012
0.001686	0.000937	0.000873	0.001321	0.001440	0.001468	13013
0.004855	0.002731	0.002592	0.005012	0.004366	0.005006	13014
0.000477	0.000312	0.000261	0.000867	0.000417	0.000463	13015
0.002398	0.001382	0.001255	0.001835	0.001945	0.002051	13016
0.001438	0.000833	0.000764	0.001097	0.001157	0.001205	13017
0.002313	0.001411	0.001280	0.002316	0.001982	0.002151	13018
0.000356	0.000234	0.000211	0.000231	0.000280	0.000302	14019
0.000392	0.000256	0.000216	0.000685	0.000338	0.000366	14020
0.000475	0.000271	0.000248	0.000395	0.000387	0.000404	14021
0.000879	0.000534	0.000494	0.001069	0.000753	0.000784	14022
0.005766	0.002680	0.002627	0.004978	0.004574	0.004812	15023
0.004132	0.003001	0.002358	0.011845	0.003667	0.004276	15024
0.008775	0.009610	0.009145	0.007943	0.009561	0.007352	16025
0.015420	0.007341	0.007074	0.011754	0.014351	0.013811	17026
0.002014	0.000751	0.000750	0.001080	0.001204	0.001200	17027
0.001192	0.000553	0.000555	0.000872	0.001077	0.001056	17028

表 4.3 续 10 （Table 4.3 Continue 10）

产出 / 投入	代码	建筑安装	建筑装饰和其他建筑服务	批发和零售	铁路运输
代　码	—	49101	50102	51103	53104
农产品	01001	0.016710	0.026938	0.011337	0.020927
林产品	02002	0.005621	0.044123	0.001739	0.003716
畜牧产品	03003	0.004252	0.004235	0.002579	0.004197
渔产品	04004	0.002175	0.001614	0.001433	0.001614
农、林、牧、渔服务	05005	0.001350	0.003734	0.000584	0.000948
煤炭采选产品	06006	0.077089	0.054101	0.011546	0.042524
石油和天然气开采产品	07007	0.065237	0.055953	0.020132	0.073002
黑色金属矿采选产品	08008	0.050744	0.019411	0.002973	0.015986
有色金属矿采选产品	09009	0.022650	0.017245	0.003030	0.006543
非金属矿采选产品	10010	0.018877	0.019798	0.000897	0.002497
开采辅助服务和其他采矿产品	11011	0.007282	0.006168	0.002166	0.007867
谷物磨制品	13012	0.001813	0.001654	0.001158	0.002625
饲料加工品	13013	0.001543	0.001562	0.000985	0.001420
植物油加工品	13014	0.004496	0.005811	0.002019	0.004154
糖及糖制品	13015	0.000564	0.000384	0.000345	0.001422
屠宰及肉类加工品	13016	0.002198	0.001815	0.001734	0.003122
水产加工品	13017	0.001311	0.000953	0.000897	0.000993
蔬菜、水果、坚果和其他农副食品加工品	13018	0.002114	0.002122	0.002030	0.003299
方便食品	14019	0.000317	0.000231	0.000230	0.002553
乳制品	14020	0.000450	0.000292	0.000240	0.001449
调味品、发酵制品	14021	0.000440	0.000332	0.000280	0.001143
其他食品	14022	0.000859	0.000739	0.000647	0.001390
酒精和酒	15023	0.005040	0.004896	0.002495	0.004156
饮料和精制茶加工品	15024	0.005862	0.003437	0.002428	0.015676
烟草制品	16025	0.007721	0.006543	0.003925	0.008696
棉、化纤纺织及印染精加工品	17026	0.014277	0.019202	0.005291	0.008361
毛纺织及染整精加工品	17027	0.001317	0.001709	0.000606	0.000824
麻、丝绢纺织及加工品	17028	0.001128	0.001517	0.000565	0.000583

道路运输	水上运输	航空运输	管道运输	装卸搬运和运输代理	仓储	代码
54105	55106	56107	57108	58109	59110	—
0.023932	0.033233	0.027332	0.012890	0.015068	0.256988	01001
0.004519	0.002674	0.003682	0.002863	0.002934	0.005365	02002
0.005507	0.004410	0.006028	0.003254	0.003601	0.019453	03003
0.003242	0.001765	0.003109	0.001659	0.001724	0.003573	04004
0.001186	0.000978	0.001347	0.000754	0.001176	0.003900	05005
0.027357	0.026427	0.033146	0.045375	0.029020	0.034496	06006
0.151992	0.192435	0.245409	0.102400	0.195129	0.069086	07007
0.010996	0.014328	0.015447	0.012337	0.017078	0.009977	08008
0.007286	0.006967	0.009933	0.008215	0.007364	0.007946	09009
0.002235	0.002161	0.002896	0.002587	0.002173	0.004514	10010
0.016010	0.020229	0.025896	0.010916	0.020529	0.007400	11011
0.002078	0.005636	0.004744	0.001532	0.001635	0.004509	13012
0.002051	0.001517	0.002169	0.001167	0.001289	0.006085	13013
0.005013	0.006340	0.005535	0.003391	0.003580	0.032923	13014
0.000680	0.001009	0.002276	0.000490	0.000488	0.005134	13015
0.004072	0.003719	0.003302	0.001782	0.002025	0.025706	13016
0.002032	0.001091	0.001893	0.001019	0.001082	0.002179	13017
0.002053	0.007343	0.005853	0.001881	0.001909	0.003872	13018
0.000361	0.010026	0.002266	0.000288	0.000485	0.000638	14019
0.000448	0.000341	0.001741	0.000369	0.000383	0.000625	14020
0.000626	0.001454	0.000902	0.000329	0.000390	0.000802	14021
0.000902	0.001077	0.005788	0.000739	0.000811	0.002041	14022
0.003649	0.003538	0.014054	0.004998	0.004695	0.008009	15023
0.003675	0.003066	0.031263	0.005240	0.004661	0.006548	15024
0.006882	0.016220	0.010619	0.007746	0.008746	0.006703	16025
0.010558	0.007753	0.013811	0.007293	0.013997	0.016670	17026
0.001341	0.000866	0.001444	0.000827	0.001561	0.001966	17027
0.000741	0.000593	0.000980	0.000507	0.001249	0.001292	17028

表 4.3 续 11 （Table 4.3 Continue 11）

投入 \ 产出	代码	邮政	住宿	餐饮	电信和其他信息传输服务
代码	—	60111	61112	62113	63114
农产品	01001	0.016218	0.072142	0.175390	0.018749
林产品	02002	0.004402	0.003802	0.002050	0.002420
畜牧产品	03003	0.003859	0.021587	0.119347	0.002960
渔产品	04004	0.001933	0.011856	0.110661	0.001539
农、林、牧、渔服务	05005	0.001155	0.003289	0.005660	0.000777
煤炭采选产品	06006	0.024737	0.029492	0.014756	0.022921
石油和天然气开采产品	07007	0.056443	0.039706	0.023712	0.023914
黑色金属矿采选产品	08008	0.010315	0.004759	0.002761	0.005400
有色金属矿采选产品	09009	0.008715	0.003975	0.002150	0.014071
非金属矿采选产品	10010	0.003563	0.002303	0.001703	0.002240
开采辅助服务和其他采矿产品	11011	0.006076	0.004648	0.002631	0.002662
谷物磨制品	13012	0.001730	0.014915	0.049916	0.001335
饲料加工品	13013	0.001579	0.007835	0.050094	0.001079
植物油加工品	13014	0.003388	0.012565	0.064067	0.008387
糖及糖制品	13015	0.001024	0.006523	0.009541	0.000601
屠宰及肉类加工品	13016	0.002130	0.026424	0.093136	0.001575
水产加工品	13017	0.001199	0.011878	0.070568	0.000933
蔬菜、水果、坚果和其他农副食品加工品	13018	0.002479	0.012726	0.035556	0.001865
方便食品	14019	0.000401	0.010877	0.008203	0.000195
乳制品	14020	0.000815	0.004770	0.010806	0.000693
调味品、发酵制品	14021	0.000416	0.001945	0.020741	0.000320
其他食品	14022	0.001175	0.005719	0.019308	0.001208
酒精和酒	15023	0.003935	0.068398	0.028173	0.002515
饮料和精制茶加工品	15024	0.014273	0.103237	0.025219	0.007438
烟草制品	16025	0.006728	0.019773	0.013964	0.007062
棉、化纤纺织及印染精加工品	17026	0.011807	0.036283	0.005991	0.007021
毛纺织及染整精加工品	17027	0.001235	0.004070	0.000508	0.000706
麻、丝绢纺织及加工品	17028	0.000842	0.002261	0.000408	0.000499

软件和信息技术服务	货币金融和其他金融服务	资本市场服务	保险	房地产	租赁	代码
65115	66116	67117	68118	70119	71120	—
0.019012	0.015348	0.011830	0.025000	0.007390	0.014170	01001
0.004967	0.002759	0.001991	0.002504	0.002035	0.002973	02002
0.004236	0.004893	0.003962	0.009920	0.001900	0.003853	03003
0.002746	0.003115	0.002601	0.007510	0.001058	0.001945	04004
0.001126	0.001083	0.000835	0.001262	0.000534	0.000832	05005
0.023717	0.012320	0.009385	0.011426	0.008083	0.022159	06006
0.032895	0.022474	0.014773	0.020014	0.012780	0.111566	07007
0.006960	0.003266	0.002054	0.002878	0.002265	0.010932	08008
0.011595	0.003877	0.002631	0.003877	0.002209	0.007532	09009
0.003142	0.001285	0.000841	0.001270	0.001036	0.002173	10010
0.003585	0.002428	0.001602	0.002195	0.001386	0.011777	11011
0.001877	0.002083	0.001713	0.004915	0.000853	0.001564	13012
0.001631	0.001857	0.001514	0.003922	0.000701	0.001375	13013
0.005044	0.003129	0.002422	0.005849	0.001334	0.003228	13014
0.000507	0.000593	0.000444	0.001337	0.000292	0.000464	13015
0.002080	0.002977	0.002500	0.007384	0.001059	0.002100	13016
0.001342	0.001987	0.001683	0.004937	0.000676	0.001224	13017
0.002747	0.002914	0.001979	0.004360	0.001328	0.001899	13018
0.000300	0.000426	0.000351	0.001220	0.000150	0.000332	14019
0.000420	0.000552	0.000398	0.001262	0.000244	0.000372	14020
0.000418	0.000592	0.000499	0.001419	0.000215	0.000386	14021
0.001070	0.001045	0.000704	0.002195	0.000410	0.000743	14022
0.004651	0.004078	0.003811	0.012132	0.002264	0.004091	15023
0.004905	0.005584	0.003980	0.013126	0.003299	0.004375	15024
0.007145	0.004276	0.002630	0.008644	0.003426	0.005808	16025
0.009244	0.011414	0.008764	0.010873	0.005303	0.007497	17026
0.001275	0.001330	0.001034	0.001287	0.000574	0.001077	17027
0.000621	0.000997	0.000785	0.000888	0.000423	0.000786	17028

表 4.3 续 12 （Table 4.3 Continue 12）

投入＼产出	代码	商务服务	研究和试验发展	专业技术服务	科技推广和应用服务
代码	—	72121	73122	74123	75124
农产品	01001	0.043607	0.051958	0.021969	0.024173
林产品	02002	0.006693	0.005093	0.004397	0.004970
畜牧产品	03003	0.009180	0.023799	0.007056	0.006725
渔产品	04004	0.005152	0.027272	0.003911	0.003968
农、林、牧、渔服务	05005	0.002359	0.002516	0.001167	0.001399
煤炭采选产品	06006	0.032367	0.036784	0.029761	0.037772
石油和天然气开采产品	07007	0.081157	0.046926	0.067018	0.064019
黑色金属矿采选产品	08008	0.012178	0.012511	0.010880	0.022440
有色金属矿采选产品	09009	0.014677	0.014116	0.013449	0.012720
非金属矿采选产品	10010	0.003369	0.004868	0.004099	0.003449
开采辅助服务和其他采矿产品	11011	0.008674	0.005146	0.007184	0.006911
谷物磨制品	13012	0.003901	0.008542	0.002865	0.002931
饲料加工品	13013	0.003391	0.010923	0.002557	0.002496
植物油加工品	13014	0.007339	0.013504	0.008010	0.005735
糖及糖制品	13015	0.001045	0.001485	0.000768	0.000812
屠宰及肉类加工品	13016	0.004830	0.005046	0.003918	0.004012
水产加工品	13017	0.003522	0.005133	0.002456	0.002483
蔬菜、水果、坚果和其他农副食品加工品	13018	0.014865	0.007928	0.003513	0.003412
方便食品	14019	0.000642	0.000552	0.000486	0.000596
乳制品	14020	0.000746	0.001180	0.000638	0.000676
调味品、发酵制品	14021	0.001072	0.001109	0.000783	0.000764
其他食品	14022	0.001479	0.008724	0.001332	0.001342
酒精和酒	15023	0.006319	0.007261	0.006509	0.007414
饮料和精制茶加工品	15024	0.007074	0.013923	0.006423	0.007425
烟草制品	16025	0.008583	0.007117	0.007354	0.007473
棉、化纤纺织及印染精加工品	17026	0.023034	0.014865	0.010374	0.013289
毛纺织及染整精加工品	17027	0.002802	0.011781	0.001054	0.001478
麻、丝绢纺织及加工品	17028	0.001798	0.001753	0.000651	0.000967

水利管理	生态保护和环境治理	公共设施管理	居民服务	其他服务	教育	代码
76125	77126	78127	79128	80129	82130	—
0.025457	0.034077	0.128081	0.036185	0.025048	0.023890	01001
0.005958	0.008744	0.004592	0.003704	0.005494	0.001912	02002
0.006431	0.014474	0.005345	0.009572	0.005443	0.007834	03003
0.003824	0.003145	0.002174	0.002496	0.002842	0.003852	04004
0.001649	0.002564	0.002869	0.001684	0.001549	0.000875	05005
0.042730	0.048170	0.037216	0.025690	0.029701	0.012872	06006
0.060809	0.047921	0.053477	0.035100	0.037078	0.021380	07007
0.010361	0.010073	0.007818	0.004100	0.012060	0.002691	08008
0.007123	0.012324	0.008349	0.004621	0.015013	0.002712	09009
0.004622	0.004530	0.005212	0.002330	0.003625	0.001397	10010
0.006566	0.005238	0.005783	0.003829	0.004061	0.002304	11011
0.003120	0.003283	0.002303	0.005648	0.003867	0.006707	13012
0.002411	0.004418	0.002015	0.002992	0.001982	0.002725	13013
0.006024	0.007737	0.006031	0.012281	0.006821	0.009167	13014
0.000791	0.000688	0.000643	0.001373	0.000629	0.000851	13015
0.004164	0.016865	0.002346	0.005476	0.003160	0.002347	13016
0.002454	0.002143	0.001556	0.001847	0.002212	0.002131	13017
0.003469	0.005698	0.004989	0.005824	0.005165	0.007537	13018
0.000528	0.000410	0.000291	0.000242	0.000328	0.000283	14019
0.000679	0.000515	0.000491	0.002610	0.000465	0.000470	14020
0.000774	0.000656	0.000445	0.000639	0.000628	0.000557	14021
0.001357	0.001611	0.001060	0.009777	0.001249	0.004368	14022
0.009389	0.007681	0.005382	0.004873	0.020592	0.003571	15023
0.007407	0.005519	0.006576	0.014646	0.005105	0.003899	15024
0.006882	0.006433	0.005863	0.005719	0.007952	0.004486	16025
0.016796	0.029952	0.024060	0.017164	0.016085	0.007075	17026
0.001480	0.002916	0.002061	0.001437	0.001407	0.001430	17027
0.000992	0.001948	0.001202	0.001762	0.000935	0.000471	17028

表 4.3 续 13 (Table 4.3 Continue 13)

投入＼产出	代码	卫生	社会工作	新闻和出版	广播、电视、电影和影视录音制作
代 码	—	83131	84132	85133	86134
农产品	01001	0.090342	0.077727	0.042205	0.032053
林产品	02002	0.002743	0.002983	0.012766	0.003515
畜牧产品	03003	0.046705	0.006303	0.006532	0.011424
渔产品	04004	0.003312	0.001976	0.003320	0.005743
农、林、牧、渔服务	05005	0.003486	0.001434	0.002441	0.004054
煤炭采选产品	06006	0.026609	0.021119	0.037911	0.018754
石油和天然气开采产品	07007	0.029856	0.022836	0.042631	0.032926
黑色金属矿采选产品	08008	0.005962	0.003396	0.005624	0.004304
有色金属矿采选产品	09009	0.004792	0.002957	0.006435	0.005099
非金属矿采选产品	10010	0.003148	0.002165	0.003442	0.002997
开采辅助服务和其他采矿产品	11011	0.003246	0.002485	0.004646	0.003556
谷物磨制品	13012	0.009716	0.037859	0.002863	0.003934
饲料加工品	13013	0.012671	0.002105	0.002404	0.004130
植物油加工品	13014	0.006888	0.039099	0.007973	0.006029
糖及糖制品	13015	0.002652	0.000486	0.001020	0.001380
屠宰及肉类加工品	13016	0.003685	0.004825	0.003872	0.006062
水产加工品	13017	0.002027	0.001400	0.002081	0.004751
蔬菜、水果、坚果和其他农副食品加工品	13018	0.005247	0.002603	0.003167	0.004168
方便食品	14019	0.000251	0.000203	0.000496	0.001513
乳制品	14020	0.000446	0.000366	0.000770	0.000768
调味品、发酵制品	14021	0.001192	0.000438	0.000684	0.001109
其他食品	14022	0.004656	0.001115	0.001413	0.001676
酒精和酒	15023	0.015569	0.004883	0.007824	0.007428
饮料和精制茶加工品	15024	0.002912	0.003034	0.010246	0.007528
烟草制品	16025	0.005660	0.007255	0.008499	0.007892
棉、化纤纺织及印染精加工品	17026	0.044121	0.007911	0.017479	0.056979
毛纺织及染整精加工品	17027	0.002020	0.000681	0.001291	0.008324
麻、丝绢纺织及加工品	17028	0.001490	0.000501	0.000821	0.006188

文化艺术	体育	娱乐	社会保障	公共管理和社会组织	代码
87135	88136	89137	93138	90139	—
0.029502	0.024459	0.066563	0.015515	0.022759	01001
0.007091	0.003511	0.002210	0.002693	0.003396	02002
0.009356	0.011607	0.013275	0.004429	0.006862	03003
0.002742	0.003369	0.011135	0.003422	0.002998	04004
0.003880	0.002262	0.001682	0.000649	0.002240	05005
0.018492	0.022767	0.014709	0.009953	0.018114	06006
0.030227	0.035909	0.019472	0.016672	0.037164	07007
0.004319	0.004799	0.002853	0.002082	0.004647	08008
0.004599	0.005289	0.002670	0.001908	0.004274	09009
0.002353	0.003185	0.001714	0.001348	0.001999	10010
0.003288	0.003877	0.002505	0.001809	0.004022	11011
0.002312	0.003456	0.016685	0.002620	0.002661	13012
0.003067	0.003678	0.005458	0.001774	0.002402	13013
0.003595	0.004260	0.006101	0.007713	0.006597	13014
0.000932	0.000801	0.007733	0.000660	0.001167	13015
0.002919	0.007558	0.006836	0.003036	0.004282	13016
0.002494	0.002458	0.003320	0.002392	0.001936	13017
0.002473	0.003870	0.011989	0.003023	0.002677	13018
0.000472	0.000469	0.002373	0.000377	0.000563	14019
0.000740	0.000658	0.010171	0.000580	0.000954	14020
0.000450	0.000667	0.001767	0.000653	0.000618	14021
0.001130	0.006444	0.023293	0.000976	0.001414	14022
0.005391	0.005668	0.080776	0.003080	0.006877	15023
0.012787	0.005775	0.111300	0.006419	0.015669	15024
0.006858	0.009266	0.032535	0.002961	0.005907	16025
0.052931	0.024374	0.009931	0.004298	0.027907	17026
0.010751	0.002694	0.001566	0.000426	0.002381	17027
0.005785	0.002026	0.000592	0.000269	0.001684	17028

表 4.3 续 14 （Table 4.3 Continue 14）

投入＼产出	代码	农产品	林产品	畜牧产品	渔产品
代码	—	01001	02002	03003	04004
针织或钩针编织及其制品	17029	0.000251	0.000482	0.000187	0.000214
纺织制成品	17030	0.000484	0.000502	0.000371	0.000418
纺织服装服饰	18031	0.001758	0.002094	0.001390	0.001492
皮革、毛皮、羽毛及其制品	19032	0.000685	0.001072	0.000357	0.000584
鞋	19033	0.000091	0.000087	0.000067	0.000076
木材加工品和木、竹、藤、棕、草制品	20034	0.002787	0.003133	0.001762	0.003032
家具	21035	0.000211	0.000722	0.000184	0.000842
造纸和纸制品	22036	0.004725	0.005068	0.004681	0.004995
印刷品和记录媒介复制品	23037	0.002294	0.002746	0.002279	0.002899
文教、工美、体育和娱乐用品	24038	0.001585	0.001667	0.001377	0.001555
精炼石油和核燃料加工品	25039	0.058178	0.055335	0.030327	0.043856
炼焦产品	25040	0.002642	0.002115	0.001174	0.001326
基础化学原料	26041	0.059910	0.034042	0.021115	0.015600
肥料	26042	0.147562	0.048802	0.040856	0.020412
农药	26043	0.032860	0.031166	0.009177	0.004944
涂料、油墨、颜料及类似产品	26044	0.001910	0.002008	0.001049	0.001232
合成材料	26045	0.018418	0.009575	0.007865	0.007214
专用化学产品和炸药、火工、焰火产品	26046	0.017577	0.011974	0.008032	0.007668
日用化学产品	26047	0.000501	0.000748	0.000550	0.000617
医药制品	27048	0.001725	0.003924	0.015851	0.004837
化学纤维制品	28049	0.001626	0.001829	0.001139	0.005419
橡胶制品	29050	0.003608	0.004753	0.002083	0.002798
塑料制品	29051	0.042535	0.015417	0.016563	0.011104
水泥、石灰和石膏	30052	0.000806	0.000746	0.000386	0.000619
石膏、水泥制品及类似制品	30053	0.000307	0.000358	0.000173	0.000343
砖瓦、石材等建筑材料	30054	0.000526	0.000661	0.000367	0.001628
玻璃和玻璃制品	30055	0.001247	0.001668	0.001100	0.001280
陶瓷制品	30056	0.000235	0.000412	0.000191	0.000542
耐火材料制品	30057	0.000801	0.001301	0.000480	0.000642
石墨及其他非金属矿物制品	30058	0.001242	0.001675	0.000642	0.000879

农、林、牧、渔服务	煤炭采选产品	石油和天然气开采产品	黑色金属矿采选产品	有色金属矿采选产品	非金属矿采选产品	代码
05005	06006	07007	08008	09009	10010	—
0.001009	0.000638	0.000454	0.000705	0.001090	0.000651	17029
0.000803	0.000953	0.000681	0.000997	0.001430	0.001347	17030
0.004028	0.005953	0.004285	0.006559	0.007016	0.005581	18031
0.009035	0.000870	0.000714	0.000969	0.001126	0.001108	19032
0.000131	0.000336	0.000394	0.000462	0.000380	0.000322	19033
0.004861	0.037918	0.004512	0.007343	0.013476	0.009280	20034
0.001633	0.000574	0.000373	0.000478	0.000572	0.000487	21035
0.008687	0.010718	0.007068	0.013132	0.012616	0.012593	22036
0.005314	0.005413	0.003279	0.008693	0.006215	0.005673	23037
0.002430	0.004038	0.002547	0.006706	0.005881	0.004291	24038
0.059278	0.044142	0.070095	0.104652	0.132120	0.119341	25039
0.002045	0.008013	0.007248	0.008347	0.009448	0.008038	25040
0.026635	0.025976	0.038334	0.049527	0.058786	0.059233	26041
0.025002	0.001876	0.001198	0.002139	0.002369	0.002169	26042
0.012551	0.000693	0.000435	0.000702	0.000816	0.000739	26043
0.002124	0.004128	0.002517	0.003475	0.003985	0.003898	26044
0.010958	0.015565	0.010921	0.017202	0.016564	0.018098	26045
0.012982	0.031465	0.035106	0.048753	0.072751	0.075481	26046
0.001587	0.002767	0.000949	0.000962	0.001099	0.001035	26047
0.037355	0.001168	0.000744	0.001355	0.001701	0.001078	27048
0.006769	0.003147	0.002384	0.004497	0.004217	0.003769	28049
0.004143	0.009783	0.006483	0.026365	0.009776	0.011105	29050
0.015311	0.011711	0.012266	0.014117	0.016544	0.022472	29051
0.001086	0.003630	0.004359	0.002089	0.005747	0.014634	30052
0.000571	0.002100	0.002678	0.000745	0.001728	0.003593	30053
0.001272	0.002266	0.001567	0.003197	0.002507	0.004648	30054
0.003102	0.002964	0.002756	0.003000	0.003825	0.003397	30055
0.000556	0.000538	0.000472	0.000618	0.001029	0.000982	30056
0.001111	0.003182	0.002860	0.003126	0.003819	0.003643	30057
0.001476	0.002811	0.002495	0.003550	0.007682	0.006164	30058

表 4.3 续 15 （Table 4.3 Continue 15）

投入 \ 产出	代码	开采辅助服务和其他采矿产品	谷物磨制品	饲料加工品	植物油加工品
代码	—	11011	13012	13013	13014
针织或钩针编织及其制品	17029	0.000818	0.000322	0.000363	0.000301
纺织制成品	17030	0.001572	0.000593	0.000779	0.000615
纺织服装服饰	18031	0.006863	0.002402	0.002774	0.002191
皮革、毛皮、羽毛及其制品	19032	0.001273	0.000656	0.000645	0.000606
鞋	19033	0.000702	0.000117	0.000123	0.000108
木材加工品和木、竹、藤、棕、草制品	20034	0.008344	0.003248	0.003433	0.003190
家具	21035	0.000527	0.000263	0.000328	0.000258
造纸和纸制品	22036	0.013019	0.007686	0.009589	0.011376
印刷品和记录媒介复制品	23037	0.005420	0.003337	0.003981	0.003325
文教、工美、体育和娱乐用品	24038	0.004361	0.002349	0.002567	0.002141
精炼石油和核燃料加工品	25039	0.108398	0.054226	0.049009	0.050425
炼焦产品	25040	0.012266	0.002390	0.002125	0.002237
基础化学原料	26041	0.065227	0.048557	0.038684	0.045935
肥料	26042	0.002391	0.106138	0.076906	0.094542
农药	26043	0.000814	0.023684	0.017233	0.021103
涂料、油墨、颜料及类似产品	26044	0.005317	0.002174	0.001964	0.002023
合成材料	26045	0.030662	0.019450	0.015667	0.017851
专用化学产品和炸药、火工、焰火产品	26046	0.087634	0.016295	0.015107	0.015777
日用化学产品	26047	0.002505	0.000639	0.001390	0.000658
医药制品	27048	0.001693	0.001367	0.003936	0.001455
化学纤维制品	28049	0.005563	0.001992	0.002303	0.002025
橡胶制品	29050	0.024294	0.003920	0.003635	0.003621
塑料制品	29051	0.043413	0.045236	0.034564	0.041232
水泥、石灰和石膏	30052	0.032915	0.000752	0.000710	0.000707
石膏、水泥制品及类似制品	30053	0.021095	0.000314	0.000312	0.000293
砖瓦、石材等建筑材料	30054	0.006603	0.000587	0.000722	0.000557
玻璃和玻璃制品	30055	0.004249	0.001616	0.001908	0.001493
陶瓷制品	30056	0.001181	0.000301	0.000349	0.000303
耐火材料制品	30057	0.005569	0.000856	0.000909	0.000805
石墨及其他非金属矿物制品	30058	0.005513	0.001259	0.001185	0.001173

糖及糖制品	屠宰及肉类加工品	水产加工品	蔬菜、水果、坚果和其他农副食品加工品	方便食品	乳制品	代码
13015	13016	13017	13018	14019	14020	—
0.000308	0.000347	0.000426	0.000516	0.000484	0.000572	17029
0.000573	0.000553	0.000717	0.001248	0.001136	0.001206	17030
0.002464	0.002463	0.003416	0.004113	0.003510	0.003789	18031
0.000597	0.000474	0.000661	0.000757	0.000743	0.000732	19032
0.000110	0.000117	0.000143	0.000153	0.000164	0.000168	19033
0.003461	0.003063	0.004588	0.005064	0.004539	0.005561	20034
0.000267	0.000287	0.000699	0.000343	0.000400	0.000400	21035
0.007794	0.012922	0.020268	0.019564	0.029928	0.063751	22036
0.003409	0.004037	0.005681	0.005614	0.004762	0.006776	23037
0.002506	0.002317	0.003339	0.004064	0.003726	0.005916	24038
0.048217	0.038506	0.047678	0.055344	0.048288	0.050563	25039
0.002447	0.001500	0.001618	0.002516	0.002269	0.002386	25040
0.049857	0.022262	0.020205	0.043885	0.038679	0.037238	26041
0.075978	0.029715	0.017245	0.078396	0.055506	0.024579	26042
0.016985	0.006719	0.004152	0.017582	0.012474	0.005667	26043
0.001801	0.001675	0.001939	0.002565	0.002669	0.003456	26044
0.013930	0.011876	0.013013	0.019768	0.022357	0.029706	26045
0.023322	0.011249	0.011138	0.018454	0.016664	0.020046	26046
0.000588	0.001517	0.000849	0.001160	0.001770	0.003382	26047
0.001676	0.012019	0.004509	0.002409	0.002090	0.006854	27048
0.001787	0.001664	0.004435	0.003023	0.002599	0.003208	28049
0.003468	0.003113	0.003755	0.004615	0.004453	0.005245	29050
0.029063	0.025831	0.026486	0.043738	0.052521	0.066443	29051
0.000874	0.000515	0.000810	0.000971	0.000737	0.000751	30052
0.000334	0.000268	0.000387	0.000383	0.000326	0.000352	30053
0.000615	0.000557	0.001330	0.000763	0.000701	0.000785	30054
0.001409	0.001755	0.002201	0.002313	0.004811	0.005844	30055
0.000308	0.000318	0.000535	0.000674	0.000388	0.000458	30056
0.000824	0.000770	0.000909	0.001008	0.000982	0.001118	30057
0.001187	0.000900	0.001110	0.001455	0.001424	0.001663	30058

表 4.3 续 16 （Table 4.3 Continue 16）

投入＼产出	代码	调味品、发酵制品	其他食品	酒精和酒	饮料和精制茶加工品
代　码	—	14021	14022	15023	15024
针织或钩针编织及其制品	17029	0.000580	0.000579	0.000574	0.000694
纺织制成品	17030	0.001044	0.000961	0.000902	0.001258
纺织服装服饰	18031	0.004583	0.004248	0.004514	0.005402
皮革、毛皮、羽毛及其制品	19032	0.000843	0.000809	0.000763	0.000926
鞋	19033	0.000165	0.000173	0.000186	0.000200
木材加工品和木、竹、藤、棕、草制品	20034	0.005438	0.005497	0.007578	0.006957
家具	21035	0.000387	0.000402	0.000396	0.000438
造纸和纸制品	22036	0.028042	0.032648	0.040089	0.039004
印刷品和记录媒介复制品	23037	0.005490	0.006268	0.013141	0.012479
文教、工美、体育和娱乐用品	24038	0.004384	0.004657	0.005712	0.004023
精炼石油和核燃料加工品	25039	0.056780	0.053121	0.054365	0.062703
炼焦产品	25040	0.003000	0.002675	0.002735	0.003490
基础化学原料	26041	0.053711	0.046069	0.043455	0.055340
肥料	26042	0.055822	0.050305	0.043236	0.029400
农药	26043	0.012558	0.011355	0.009766	0.006771
涂料、油墨、颜料及类似产品	26044	0.003227	0.002947	0.003376	0.005082
合成材料	26045	0.028004	0.022837	0.019153	0.057192
专用化学产品和炸药、火工、焰火产品	26046	0.022204	0.020474	0.020056	0.026695
日用化学产品	26047	0.002876	0.003813	0.001931	0.008512
医药制品	27048	0.004694	0.006078	0.001725	0.002355
化学纤维制品	28049	0.003033	0.002906	0.003021	0.003903
橡胶制品	29050	0.005663	0.005112	0.004598	0.006879
塑料制品	29051	0.064866	0.049667	0.035755	0.098438
水泥、石灰和石膏	30052	0.001011	0.000932	0.001067	0.001188
石膏、水泥制品及类似制品	30053	0.000408	0.000437	0.000520	0.000550
砖瓦、石材等建筑材料	30054	0.000913	0.000905	0.001383	0.001210
玻璃和玻璃制品	30055	0.009708	0.006602	0.043631	0.023053
陶瓷制品	30056	0.000464	0.000478	0.002250	0.001555
耐火材料制品	30057	0.001290	0.001309	0.001734	0.001723
石墨及其他非金属矿物制品	30058	0.001924	0.001700	0.002765	0.002847

烟草制品	棉、化纤纺织及印染精加工品	毛纺织及染整精加工品	麻、丝绢纺织及加工品	针织或钩针编织及其制品	纺织制成品	代码
16025	17026	17027	17028	17029	17030	—
0.000371	0.001693	0.005928	0.009462	0.110751	0.058590	17029
0.000705	0.002074	0.001210	0.002229	0.003607	0.019437	17030
0.003375	0.007161	0.015421	0.008987	0.014611	0.007889	18031
0.000420	0.003062	0.001424	0.001857	0.002757	0.003006	19032
0.000077	0.000189	0.000187	0.000169	0.000210	0.001176	19033
0.005122	0.008744	0.007441	0.008658	0.012459	0.011259	20034
0.000245	0.000456	0.000348	0.000473	0.000494	0.000480	21035
0.063867	0.013487	0.016364	0.012681	0.022025	0.026056	22036
0.014990	0.004832	0.004857	0.004704	0.006604	0.006533	23037
0.002253	0.003414	0.003241	0.003211	0.005942	0.004197	24038
0.022123	0.074608	0.066773	0.068563	0.085785	0.076521	25039
0.001206	0.003632	0.003062	0.003032	0.004268	0.003828	25040
0.021349	0.081722	0.069739	0.066377	0.097629	0.086277	26041
0.012586	0.040886	0.023242	0.038646	0.020379	0.020557	26042
0.002917	0.009770	0.005390	0.009358	0.005040	0.004987	26043
0.002147	0.021386	0.028126	0.006171	0.019047	0.015654	26044
0.010249	0.056374	0.048574	0.043870	0.072744	0.069529	26045
0.011913	0.031653	0.027190	0.024781	0.046974	0.037455	26046
0.006036	0.000909	0.000958	0.000840	0.001025	0.000966	26047
0.000558	0.003918	0.007144	0.006230	0.003203	0.002757	27048
0.016366	0.176761	0.165190	0.149708	0.260596	0.202581	28049
0.002075	0.005119	0.004024	0.004335	0.005479	0.010909	29050
0.012704	0.029860	0.025437	0.026655	0.034318	0.045631	29051
0.000549	0.001266	0.000961	0.001074	0.001332	0.001193	30052
0.000225	0.000941	0.000463	0.000508	0.000816	0.000693	30053
0.000570	0.000928	0.000779	0.001035	0.001001	0.001131	30054
0.000955	0.002200	0.001931	0.001973	0.002501	0.003449	30055
0.000285	0.000460	0.000385	0.000436	0.000478	0.000449	30056
0.000566	0.001247	0.001093	0.001118	0.001905	0.001401	30057
0.000744	0.003311	0.001820	0.001703	0.002824	0.002771	30058

表 4.3 续 17 （Table 4.3 Continue 17）

产出 / 投入	代码	纺织服装服饰	皮革、毛皮、羽毛及其制品	鞋	木材加工品和木、竹、藤、棕、草制品
代码	—	18031	19032	19033	20034
针织或钩针编织及其制品	17029	0.078845	0.015442	0.018808	0.000863
纺织制成品	17030	0.027580	0.008462	0.006072	0.001303
纺织服装服饰	18031	0.027177	0.014260	0.009791	0.007198
皮革、毛皮、羽毛及其制品	19032	0.050048	0.298980	0.186908	0.001491
鞋	19033	0.000969	0.000537	0.118144	0.000198
木材加工品和木、竹、藤、棕、草制品	20034	0.008771	0.005990	0.010596	0.537919
家具	21035	0.000633	0.000414	0.000473	0.003597
造纸和纸制品	22036	0.019665	0.025869	0.032409	0.027115
印刷品和记录媒介复制品	23037	0.007018	0.005796	0.007440	0.005775
文教、工美、体育和娱乐用品	24038	0.005604	0.004289	0.006521	0.004460
精炼石油和核燃料加工品	25039	0.065407	0.049222	0.082072	0.075487
炼焦产品	25040	0.003202	0.003054	0.004670	0.007020
基础化学原料	26041	0.063424	0.050062	0.094195	0.096070
肥料	26042	0.021791	0.015607	0.010636	0.017191
农药	26043	0.005270	0.003798	0.002920	0.008161
涂料、油墨、颜料及类似产品	26044	0.013656	0.009055	0.009420	0.009706
合成材料	26045	0.046687	0.031316	0.134672	0.031853
专用化学产品和炸药、火工、焰火产品	26046	0.027508	0.045057	0.062499	0.114255
日用化学产品	26047	0.001063	0.002138	0.003728	0.001057
医药制品	27048	0.003022	0.007781	0.003608	0.001706
化学纤维制品	28049	0.136309	0.028499	0.038321	0.004985
橡胶制品	29050	0.006625	0.021423	0.071399	0.011100
塑料制品	29051	0.031609	0.038614	0.106514	0.036148
水泥、石灰和石膏	30052	0.001073	0.000816	0.001260	0.001990
石膏、水泥制品及类似制品	30053	0.000667	0.000388	0.000650	0.000627
砖瓦、石材等建筑材料	30054	0.000971	0.000791	0.001119	0.001437
玻璃和玻璃制品	30055	0.002330	0.002311	0.003166	0.003361
陶瓷制品	30056	0.000483	0.000390	0.000528	0.000572
耐火材料制品	30057	0.001353	0.002473	0.001831	0.002638
石墨及其他非金属矿物制品	30058	0.002480	0.002583	0.003427	0.005179

家具	造纸和纸制品	印刷品和记录媒介复制品	文教、工美、体育和娱乐用品	精炼石油和核燃料加工品	炼焦产品	代码
21035	22036	23037	24038	25039	25040	—
0.003120	0.000952	0.000989	0.008122	0.000477	0.000588	17029
0.006401	0.005296	0.002915	0.009002	0.000716	0.000769	17030
0.008762	0.006093	0.005926	0.009343	0.004380	0.005652	18031
0.046753	0.001290	0.001633	0.010789	0.000743	0.000763	19032
0.000214	0.000266	0.000272	0.000463	0.000327	0.000238	19033
0.512003	0.035705	0.025349	0.055562	0.005218	0.019505	20034
0.008945	0.000516	0.000558	0.000872	0.000430	0.000499	21035
0.030657	0.441497	0.540000	0.096751	0.008248	0.009490	22036
0.006698	0.009197	0.036086	0.009111	0.003851	0.004654	23037
0.005055	0.006423	0.007825	0.104708	0.002751	0.003432	24038
0.070892	0.075761	0.070825	0.086755	0.146889	0.044136	25039
0.008485	0.007037	0.005779	0.007735	0.006413	0.026590	25040
0.078167	0.158941	0.112610	0.093757	0.053212	0.022852	26041
0.010721	0.015830	0.007811	0.009399	0.001607	0.001501	26042
0.004472	0.004670	0.002310	0.002652	0.000527	0.000533	26043
0.020036	0.010793	0.059192	0.014640	0.002612	0.003578	26044
0.047519	0.037403	0.058646	0.086130	0.014092	0.012477	26045
0.065732	0.106231	0.084700	0.055921	0.045497	0.023138	26046
0.002394	0.003298	0.002062	0.005150	0.000943	0.001594	26047
0.001629	0.003692	0.001998	0.001840	0.001037	0.000910	27048
0.019007	0.011393	0.008382	0.041939	0.002536	0.003563	28049
0.013129	0.009181	0.012111	0.014519	0.005832	0.007086	29050
0.055051	0.048095	0.093431	0.088517	0.014112	0.010246	29051
0.001989	0.002056	0.001584	0.002441	0.003942	0.002876	30052
0.000682	0.000618	0.000537	0.000916	0.002053	0.001254	30053
0.003568	0.001473	0.001283	0.002368	0.001505	0.001818	30054
0.018542	0.002947	0.003252	0.007201	0.002776	0.002791	30055
0.000604	0.000599	0.000565	0.001048	0.000493	0.000488	30056
0.003389	0.003387	0.002459	0.003258	0.002487	0.059811	30057
0.004838	0.003133	0.003502	0.009009	0.002411	0.005593	30058

表 4.3 续 18 （Table 4.3 Continue 18）

投入＼产出	代码	基础化学原料	肥料	农药	涂料、油墨、颜料及类似产品
代码	—	26041	26042	26043	26044
针织或钩针编织及其制品	17029	0.000716	0.000858	0.000871	0.000829
纺织制成品	17030	0.001086	0.001755	0.001303	0.001414
纺织服装服饰	18031	0.006177	0.006221	0.007523	0.006838
皮革、毛皮、羽毛及其制品	19032	0.001934	0.002712	0.004144	0.003137
鞋	19033	0.000479	0.000296	0.000341	0.000348
木材加工品和木、竹、藤、棕、草制品	20034	0.010479	0.010734	0.009570	0.010014
家具	21035	0.000492	0.000511	0.000482	0.000544
造纸和纸制品	22036	0.014827	0.015297	0.025995	0.022100
印刷品和记录媒介复制品	23037	0.005760	0.006777	0.006748	0.008186
文教、工美、体育和娱乐用品	24038	0.004467	0.004799	0.005067	0.005374
精炼石油和核燃料加工品	25039	0.211681	0.133441	0.129599	0.177099
炼焦产品	25040	0.027439	0.012347	0.013385	0.015044
基础化学原料	26041	0.335514	0.312474	0.508255	0.404556
肥料	26042	0.004837	0.184575	0.022405	0.007867
农药	26043	0.001178	0.001506	0.242194	0.002042
涂料、油墨、颜料及类似产品	26044	0.005829	0.006880	0.005246	0.178176
合成材料	26045	0.045894	0.066574	0.047047	0.136223
专用化学产品和炸药、火工、焰火产品	26046	0.085550	0.082446	0.092462	0.238611
日用化学产品	26047	0.001236	0.001724	0.001222	0.001625
医药制品	27048	0.001561	0.003281	0.029396	0.004161
化学纤维制品	28049	0.004359	0.005602	0.005250	0.012272
橡胶制品	29050	0.008010	0.010257	0.007100	0.008056
塑料制品	29051	0.051722	0.152315	0.067515	0.047173
水泥、石灰和石膏	30052	0.005877	0.003540	0.003055	0.004719
石膏、水泥制品及类似制品	30053	0.001313	0.001077	0.000998	0.000964
砖瓦、石材等建筑材料	30054	0.002626	0.001832	0.001807	0.002480
玻璃和玻璃制品	30055	0.004111	0.004246	0.006275	0.005305
陶瓷制品	30056	0.000672	0.000713	0.000636	0.000689
耐火材料制品	30057	0.004022	0.003024	0.002675	0.004864
石墨及其他非金属矿物制品	30058	0.007808	0.004748	0.004633	0.009820

合成材料	专用化学产品和炸药、火工、焰火产品	日用化学产品	医药制品	化学纤维制品	橡胶制品	代码
26045	26046	26047	27048	28049	29050	—
0.000653	0.000808	0.000840	0.000746	0.000973	0.001033	17029
0.001296	0.001516	0.001602	0.002432	0.001757	0.004561	17030
0.005399	0.006026	0.005972	0.005407	0.008244	0.006416	18031
0.001961	0.005190	0.004977	0.000988	0.001527	0.003977	19032
0.000321	0.000320	0.000257	0.000248	0.000297	0.002068	19033
0.008117	0.009336	0.013566	0.005750	0.015409	0.010439	20034
0.000454	0.000512	0.000510	0.000474	0.000493	0.000499	21035
0.014108	0.017784	0.052138	0.034347	0.026067	0.023063	22036
0.005262	0.006821	0.017600	0.012432	0.007286	0.006408	23037
0.004066	0.005193	0.008742	0.007575	0.005391	0.004819	24038
0.346509	0.161433	0.085638	0.064109	0.248876	0.149215	25039
0.013209	0.031637	0.007710	0.004264	0.010369	0.010722	25040
0.451879	0.377930	0.214628	0.110395	0.357741	0.191680	26041
0.003327	0.011066	0.017583	0.026120	0.005221	0.009545	26042
0.000943	0.003220	0.004250	0.006024	0.001404	0.004418	26043
0.009115	0.006957	0.007029	0.004295	0.007594	0.008728	26044
0.193683	0.067563	0.054844	0.027230	0.311957	0.280858	26045
0.106804	0.233118	0.097840	0.033380	0.077478	0.131168	26046
0.001076	0.001414	0.120797	0.001573	0.001310	0.001332	26047
0.001213	0.002702	0.010153	0.261852	0.001487	0.002597	27048
0.005341	0.013090	0.006339	0.008821	0.382863	0.085127	28049
0.011360	0.009869	0.007926	0.006340	0.008417	0.162560	29050
0.048930	0.059814	0.112285	0.028390	0.078064	0.076256	29051
0.003691	0.002836	0.002053	0.001210	0.002990	0.002209	30052
0.001181	0.000929	0.000581	0.000458	0.001304	0.000776	30053
0.001912	0.001794	0.001279	0.001222	0.001705	0.002153	30054
0.006287	0.005487	0.005513	0.020743	0.004467	0.004227	30055
0.000616	0.000746	0.003997	0.000695	0.000591	0.000593	30056
0.002922	0.005000	0.002137	0.001685	0.002420	0.003124	30057
0.009823	0.008393	0.004096	0.002638	0.005227	0.008473	30058

表 4.3 续 19 （Table 4.3 Continue 19）

投入 \ 产出	代码	塑料制品	水泥、石灰和石膏	石膏、水泥制品及类似制品	砖瓦、石材等建筑材料
代码	—	29051	30052	30053	30054
针织或钩针编织及其制品	17029	0.001831	0.000822	0.001149	0.001069
纺织制成品	17030	0.005300	0.001434	0.001483	0.001682
纺织服装服饰	18031	0.007033	0.006612	0.010665	0.008794
皮革、毛皮、羽毛及其制品	19032	0.002401	0.001043	0.001647	0.001250
鞋	19033	0.000302	0.000279	0.000287	0.000281
木材加工品和木、竹、藤、棕、草制品	20034	0.012606	0.017785	0.016548	0.019717
家具	21035	0.000523	0.000528	0.000502	0.000516
造纸和纸制品	22036	0.022006	0.063214	0.032949	0.033210
印刷品和记录媒介复制品	23037	0.006526	0.006571	0.006307	0.006578
文教、工美、体育和娱乐用品	24038	0.005208	0.004988	0.005298	0.005512
精炼石油和核燃料加工品	25039	0.179260	0.097666	0.099974	0.133867
炼焦产品	25040	0.010148	0.008891	0.014272	0.011654
基础化学原料	26041	0.268794	0.047784	0.060059	0.105507
肥料	26042	0.005125	0.002745	0.003162	0.002988
农药	26043	0.001434	0.000868	0.001022	0.000935
涂料、油墨、颜料及类似产品	26044	0.028032	0.006585	0.006496	0.020098
合成材料	26045	0.452648	0.020618	0.027853	0.058296
专用化学产品和炸药、火工、焰火产品	26046	0.109133	0.039356	0.079024	0.069683
日用化学产品	26047	0.001375	0.001292	0.001221	0.001571
医药制品	27048	0.001300	0.002028	0.003352	0.001253
化学纤维制品	28049	0.019255	0.005069	0.007163	0.009540
橡胶制品	29050	0.035889	0.012550	0.037836	0.017605
塑料制品	29051	0.275516	0.023128	0.026028	0.025140
水泥、石灰和石膏	30052	0.002702	0.098123	0.278427	0.080688
石膏、水泥制品及类似制品	30053	0.001075	0.017575	0.071227	0.025353
砖瓦、石材等建筑材料	30054	0.001707	0.020154	0.026635	0.085103
玻璃和玻璃制品	30055	0.007673	0.007518	0.011059	0.012067
陶瓷制品	30056	0.000590	0.000819	0.001123	0.003678
耐火材料制品	30057	0.003206	0.009105	0.006883	0.009890
石墨及其他非金属矿物制品	30058	0.010348	0.029490	0.025889	0.052079

玻璃和玻璃制品	陶瓷制品	耐火材料制品	石墨及其他非金属矿物制品	钢、铁及其铸件	钢压延产品	代码
30055	30056	30057	30058	31059	31060	—
0.001412	0.001586	0.002076	0.001000	0.000663	0.000690	17029
0.001312	0.001977	0.001480	0.001036	0.000873	0.000895	17030
0.007257	0.012485	0.023774	0.006420	0.006307	0.006651	18031
0.001229	0.001407	0.001863	0.000877	0.000817	0.000840	19032
0.000275	0.000363	0.000228	0.000227	0.000271	0.000283	19033
0.017366	0.018895	0.014199	0.011748	0.010470	0.010554	20034
0.000549	0.000666	0.000483	0.000461	0.000456	0.000484	21035
0.027662	0.040987	0.020864	0.018806	0.011732	0.012246	22036
0.006390	0.009508	0.005594	0.005351	0.006139	0.006500	23037
0.004863	0.006993	0.004197	0.004331	0.004878	0.004968	24038
0.150040	0.120980	0.084580	0.145206	0.064870	0.072048	25039
0.010789	0.011141	0.008971	0.044741	0.098260	0.085402	25040
0.202367	0.084171	0.050380	0.065957	0.032576	0.037779	26041
0.003152	0.004420	0.002504	0.002367	0.001795	0.001882	26042
0.000951	0.001366	0.000771	0.000728	0.000598	0.000647	26043
0.011984	0.042190	0.016731	0.004116	0.003769	0.004561	26044
0.071401	0.043444	0.035775	0.026405	0.016787	0.015797	26045
0.065656	0.046791	0.036072	0.034819	0.028290	0.030147	26046
0.002116	0.001715	0.000982	0.001056	0.001048	0.001149	26047
0.001717	0.002676	0.001137	0.000899	0.001016	0.001283	27048
0.008246	0.006458	0.006322	0.005762	0.003572	0.003640	28049
0.012015	0.013816	0.009512	0.011251	0.012447	0.012755	29050
0.051772	0.041094	0.022863	0.019804	0.015033	0.014088	29051
0.007035	0.006922	0.014214	0.004217	0.003556	0.003368	30052
0.001608	0.001297	0.002641	0.001179	0.000839	0.000887	30053
0.014105	0.008531	0.007277	0.002013	0.002722	0.002435	30054
0.150906	0.014006	0.010362	0.023453	0.003300	0.003298	30055
0.001229	0.028272	0.000726	0.000644	0.000596	0.000628	30056
0.019341	0.015430	0.089160	0.019173	0.052661	0.027444	30057
0.037364	0.049789	0.068038	0.204764	0.007769	0.007828	30058

表 4.3 续 20 (Table 4.3 Continue 20)

投入＼产出	代码	铁合金产品	有色金属及其合金和铸件	有色金属压延加工品	金属制品
代码	—	31061	32062	32063	33064
针织或钩针编织及其制品	17029	0.000653	0.000729	0.000640	0.000920
纺织制成品	17030	0.001095	0.001140	0.000979	0.001481
纺织服装服饰	18031	0.005719	0.005928	0.005362	0.007532
皮革、毛皮、羽毛及其制品	19032	0.000785	0.000860	0.000814	0.001122
鞋	19033	0.000282	0.000304	0.000255	0.000317
木材加工品和木、竹、藤、棕、草制品	20034	0.010224	0.010584	0.010711	0.022168
家具	21035	0.000453	0.000460	0.000421	0.000622
造纸和纸制品	22036	0.011635	0.011854	0.011805	0.018009
印刷品和记录媒介复制品	23037	0.006259	0.005738	0.005385	0.007063
文教、工美、体育和娱乐用品	24038	0.005257	0.004793	0.004521	0.006606
精炼石油和核燃料加工品	25039	0.077225	0.114601	0.092722	0.078444
炼焦产品	25040	0.067696	0.013000	0.010764	0.031834
基础化学原料	26041	0.042166	0.099230	0.074544	0.066647
肥料	26042	0.001905	0.001985	0.001880	0.002641
农药	26043	0.000617	0.000634	0.000600	0.000865
涂料、油墨、颜料及类似产品	26044	0.002989	0.003084	0.003675	0.024875
合成材料	26045	0.014313	0.015012	0.013974	0.030101
专用化学产品和炸药、火工、焰火产品	26046	0.029933	0.039482	0.032228	0.045127
日用化学产品	26047	0.000990	0.000960	0.000901	0.001247
医药制品	27048	0.002586	0.001212	0.001043	0.001669
化学纤维制品	28049	0.003362	0.003451	0.003271	0.005685
橡胶制品	29050	0.012058	0.007137	0.006377	0.013270
塑料制品	29051	0.013107	0.016285	0.015710	0.030364
水泥、石灰和石膏	30052	0.003067	0.003589	0.002783	0.002747
石膏、水泥制品及类似制品	30053	0.000959	0.000992	0.000910	0.001308
砖瓦、石材等建筑材料	30054	0.001935	0.002019	0.002029	0.004387
玻璃和玻璃制品	30055	0.003239	0.003461	0.003361	0.010143
陶瓷制品	30056	0.000608	0.000696	0.000609	0.000977
耐火材料制品	30057	0.012711	0.005370	0.006156	0.012550
石墨及其他非金属矿物制品	30058	0.021270	0.031329	0.023027	0.010713

锅炉及原动设备	金属加工机械	物料搬运设备	泵、阀门、压缩机及类似机械	文化、办公用机械	其他通用设备	代码
34065	34066	34067	34068	34069	34070	—
0.000831	0.000776	0.000939	0.000954	0.000857	0.000945	17029
0.001214	0.001233	0.002472	0.001465	0.001748	0.001316	17030
0.007812	0.006929	0.007264	0.008958	0.006123	0.008929	18031
0.001034	0.001079	0.001491	0.001130	0.001818	0.001201	19032
0.000303	0.000313	0.000340	0.000363	0.000382	0.000316	19033
0.014383	0.019150	0.016732	0.018120	0.015150	0.017976	20034
0.000574	0.000562	0.000643	0.000541	0.000567	0.000944	21035
0.019602	0.023010	0.021156	0.021783	0.036344	0.027422	22036
0.007469	0.007404	0.007946	0.007508	0.009028	0.007608	23037
0.005782	0.006141	0.006783	0.007748	0.005812	0.006570	24038
0.067830	0.066588	0.073122	0.079703	0.094508	0.074309	25039
0.020225	0.019686	0.023843	0.021373	0.010087	0.019450	25040
0.043349	0.047304	0.046317	0.052879	0.118594	0.057988	26041
0.002339	0.002385	0.002542	0.002632	0.003182	0.002633	26042
0.000785	0.000808	0.000873	0.000891	0.001035	0.000884	26043
0.007020	0.006695	0.010668	0.009239	0.027981	0.007307	26044
0.026178	0.026250	0.029769	0.037001	0.127349	0.040127	26045
0.032832	0.033865	0.033993	0.034073	0.070577	0.044442	26046
0.001210	0.001195	0.001267	0.001333	0.001530	0.001289	26047
0.002266	0.001366	0.001274	0.001307	0.002198	0.001442	27048
0.004442	0.004548	0.006122	0.005874	0.012497	0.006130	28049
0.014393	0.014851	0.030844	0.029033	0.037285	0.021526	29050
0.020114	0.029737	0.029321	0.033057	0.137812	0.038120	29051
0.002076	0.001812	0.001944	0.002031	0.002380	0.001979	30052
0.000705	0.000668	0.000714	0.000716	0.000788	0.000780	30053
0.002038	0.001949	0.002712	0.002071	0.002809	0.002669	30054
0.005746	0.009666	0.008350	0.006728	0.064554	0.011672	30055
0.001057	0.001330	0.001841	0.001145	0.002988	0.001677	30056
0.011428	0.009870	0.009915	0.009212	0.007363	0.011213	30057
0.009269	0.010067	0.007497	0.011149	0.012468	0.012751	30058

表 4.3 续 21 (Table 4.3 Continue 21)

投入 \ 产出	代码	采矿、冶金、建筑专用设备	化工、木材、非金属加工专用设备	农、林、牧、渔专用机械	其他专用设备
代码	—	35071	35072	35073	35074
针织或钩针编织及其制品	17029	0.000935	0.000891	0.000996	0.001125
纺织制成品	17030	0.001606	0.001304	0.002609	0.004300
纺织服装服饰	18031	0.007479	0.008263	0.007432	0.008042
皮革、毛皮、羽毛及其制品	19032	0.001768	0.001171	0.001660	0.002210
鞋	19033	0.000381	0.000273	0.000398	0.004226
木材加工品和木、竹、藤、棕、草制品	20034	0.012094	0.014140	0.013063	0.020815
家具	21035	0.000976	0.000510	0.000589	0.000629
造纸和纸制品	22036	0.018020	0.016687	0.018684	0.024262
印刷品和记录媒介复制品	23037	0.007756	0.007086	0.007692	0.008221
文教、工美、体育和娱乐用品	24038	0.006849	0.006265	0.005943	0.005124
精炼石油和核燃料加工品	25039	0.069889	0.070359	0.075263	0.076407
炼焦产品	25040	0.021274	0.027492	0.018533	0.018475
基础化学原料	26041	0.045128	0.054802	0.056446	0.071763
肥料	26042	0.002521	0.002309	0.003107	0.003070
农药	26043	0.000840	0.000761	0.001127	0.001006
涂料、油墨、颜料及类似产品	26044	0.008423	0.010773	0.009784	0.012473
合成材料	26045	0.029113	0.046494	0.050659	0.057658
专用化学产品和炸药、火工、焰火产品	26046	0.033461	0.031683	0.036999	0.045874
日用化学产品	26047	0.001262	0.001199	0.001317	0.001608
医药制品	27048	0.001325	0.001248	0.001304	0.003812
化学纤维制品	28049	0.006366	0.004895	0.011001	0.014240
橡胶制品	29050	0.032648	0.012541	0.095296	0.021251
塑料制品	29051	0.028300	0.066552	0.050871	0.060589
水泥、石灰和石膏	30052	0.001814	0.002018	0.001803	0.003183
石膏、水泥制品及类似制品	30053	0.000787	0.000792	0.000683	0.000835
砖瓦、石材等建筑材料	30054	0.001937	0.001760	0.001860	0.004062
玻璃和玻璃制品	30055	0.007110	0.004884	0.007068	0.011777
陶瓷制品	30056	0.001823	0.000741	0.001876	0.001924
耐火材料制品	30057	0.010792	0.011740	0.008468	0.011237
石墨及其他非金属矿物制品	30058	0.007173	0.008343	0.009676	0.008886

汽车整车	汽车零部件及配件	铁路运输和城市轨道交通设备	船舶及相关装置	其他交通运输设备	电机	代码
36075	36076	37077	37078	37079	38080	—
0.002118	0.002434	0.001034	0.000808	0.001069	0.000842	17029
0.003860	0.005701	0.002858	0.001929	0.002251	0.001472	17030
0.008083	0.007839	0.007730	0.006832	0.008923	0.006836	18031
0.019790	0.007550	0.001529	0.001193	0.002842	0.001221	19032
0.000330	0.000355	0.000442	0.000330	0.000370	0.001252	19033
0.015792	0.012446	0.018002	0.015009	0.015517	0.012735	20034
0.012155	0.000710	0.005240	0.001961	0.001880	0.000564	21035
0.017442	0.019158	0.018290	0.016119	0.023251	0.024001	22036
0.008015	0.007758	0.007045	0.006585	0.007933	0.007210	23037
0.005161	0.006094	0.007151	0.005436	0.006009	0.006054	24038
0.071039	0.078397	0.072676	0.065389	0.085631	0.076469	25039
0.014593	0.016622	0.019646	0.019918	0.014529	0.017440	25040
0.053958	0.068128	0.053113	0.045936	0.083805	0.059679	26041
0.002882	0.002986	0.002563	0.002186	0.003040	0.002440	26042
0.000997	0.000972	0.000910	0.000737	0.001064	0.000798	26043
0.010548	0.010401	0.009548	0.021149	0.010549	0.008893	26044
0.040170	0.052189	0.033269	0.029341	0.081245	0.041316	26045
0.035974	0.043168	0.041908	0.035574	0.045643	0.038847	26046
0.001447	0.001201	0.001309	0.001100	0.001266	0.001356	26047
0.001369	0.001165	0.001471	0.001161	0.001792	0.001575	27048
0.009645	0.012622	0.007161	0.006180	0.009850	0.005058	28049
0.047358	0.044159	0.030176	0.016609	0.065601	0.013686	29050
0.048375	0.066842	0.033877	0.029584	0.083553	0.041126	29051
0.001634	0.001970	0.001956	0.001911	0.001983	0.002110	30052
0.000655	0.000851	0.000779	0.000936	0.000727	0.000768	30053
0.001805	0.001845	0.002165	0.002490	0.002505	0.002272	30054
0.015997	0.014869	0.014658	0.009461	0.016214	0.013603	30055
0.006196	0.016004	0.001185	0.001244	0.001594	0.001381	30056
0.007608	0.010924	0.009982	0.009075	0.006351	0.010595	30057
0.007292	0.009295	0.008780	0.007346	0.013904	0.011455	30058

表 4.3 续 22 (Table 4.3 Continue 22)

投入＼产出	代码	输配电及控制设备	电线、电缆、光缆及电工器材	电池	家用器具
代码	—	38081	38082	38083	38084
针织或钩针编织及其制品	17029	0.000938	0.000887	0.000885	0.001229
纺织制成品	17030	0.001734	0.002777	0.001813	0.004460
纺织服装服饰	18031	0.007072	0.006492	0.006903	0.007140
皮革、毛皮、羽毛及其制品	19032	0.001928	0.001072	0.001345	0.002422
鞋	19033	0.000413	0.000276	0.000274	0.000391
木材加工品和木、竹、藤、棕、草制品	20034	0.011707	0.012026	0.013437	0.014121
家具	21035	0.000562	0.000445	0.000507	0.000605
造纸和纸制品	22036	0.026528	0.021190	0.033836	0.044207
印刷品和记录媒介复制品	23037	0.007614	0.006153	0.009750	0.014260
文教、工美、体育和娱乐用品	24038	0.012646	0.004954	0.005316	0.007453
精炼石油和核燃料加工品	25039	0.086423	0.096575	0.106018	0.091863
炼焦产品	25040	0.016129	0.010459	0.013017	0.012827
基础化学原料	26041	0.080621	0.094836	0.214603	0.095971
肥料	26042	0.003018	0.002432	0.003038	0.003443
农药	26043	0.000967	0.000776	0.000906	0.001103
涂料、油墨、颜料及类似产品	26044	0.011011	0.011224	0.006217	0.013291
合成材料	26045	0.050605	0.077297	0.066230	0.099920
专用化学产品和炸药、火工、焰火产品	26046	0.088240	0.043172	0.086188	0.056433
日用化学产品	26047	0.001532	0.001111	0.001084	0.001893
医药制品	27048	0.001594	0.001148	0.001221	0.001610
化学纤维制品	28049	0.005607	0.008574	0.005245	0.008350
橡胶制品	29050	0.013575	0.022601	0.011292	0.019704
塑料制品	29051	0.062646	0.064634	0.078931	0.147961
水泥、石灰和石膏	30052	0.002092	0.002772	0.003197	0.002042
石膏、水泥制品及类似制品	30053	0.000791	0.000828	0.000985	0.000806
砖瓦、石材等建筑材料	30054	0.002205	0.003021	0.009065	0.002630
玻璃和玻璃制品	30055	0.018238	0.051057	0.012802	0.022870
陶瓷制品	30056	0.003254	0.001370	0.001065	0.002506
耐火材料制品	30057	0.008586	0.006578	0.005403	0.005869
石墨及其他非金属矿物制品	30058	0.012374	0.018745	0.070706	0.011548

其他电气机械和器材	计算机	通信设备	广播电视设备和雷达及配套设备	视听设备	电子元器件	代码
38085	39086	39087	39088	39089	39090	—
0.000893	0.000712	0.000812	0.001048	0.000796	0.000781	17029
0.001404	0.001326	0.001601	0.002683	0.001459	0.001446	17030
0.006420	0.005380	0.005893	0.008142	0.005783	0.005838	18031
0.001239	0.001187	0.001229	0.001462	0.001212	0.001412	19032
0.000302	0.000260	0.000285	0.000389	0.000301	0.000291	19033
0.016970	0.009573	0.009805	0.011457	0.010006	0.011654	20034
0.000563	0.000589	0.000608	0.000622	0.000621	0.000667	21035
0.030539	0.032222	0.032595	0.029073	0.033809	0.035281	22036
0.008201	0.009196	0.009997	0.008893	0.011044	0.007732	23037
0.006289	0.006427	0.007652	0.008639	0.007611	0.005570	24038
0.092342	0.072067	0.077514	0.070932	0.069793	0.078458	25039
0.010739	0.007259	0.007322	0.008294	0.006984	0.008591	25040
0.103105	0.086755	0.088440	0.069836	0.080224	0.105698	26041
0.002923	0.002687	0.002999	0.003013	0.002769	0.003024	26042
0.000962	0.000879	0.001064	0.001087	0.000892	0.000994	26043
0.014941	0.014883	0.011342	0.017639	0.010560	0.014329	26044
0.061702	0.063768	0.059324	0.044660	0.058584	0.056669	26045
0.065031	0.067361	0.064015	0.056007	0.062139	0.092874	26046
0.001766	0.001407	0.001669	0.001733	0.001437	0.001625	26047
0.001682	0.002356	0.002240	0.002374	0.002309	0.003631	27048
0.018753	0.006419	0.005983	0.006628	0.005681	0.006020	28049
0.019243	0.019009	0.017502	0.015577	0.014155	0.018060	29050
0.061763	0.070445	0.102068	0.060111	0.089186	0.071182	29051
0.002538	0.001668	0.002117	0.001757	0.001655	0.001963	30052
0.000841	0.000663	0.000835	0.000919	0.000682	0.000756	30053
0.003375	0.002841	0.002745	0.002250	0.002300	0.002941	30054
0.089087	0.022915	0.024083	0.016841	0.026398	0.030873	30055
0.001984	0.004300	0.003661	0.003068	0.004142	0.007464	30056
0.006095	0.004573	0.004380	0.005053	0.005828	0.006292	30057
0.015754	0.011676	0.012951	0.009254	0.010076	0.014374	30058

表 4.3 续 23 （Table 4.3 Continue 23）

投入＼产出	代码	其他电子设备	仪器仪表	其他制造产品	废弃资源和废旧材料回收加工品
代码	—	39091	40092	41093	42094
针织或钩针编织及其制品	17029	0.000750	0.000869	0.007179	0.000264
纺织制成品	17030	0.001456	0.002094	0.009649	0.000456
纺织服装服饰	18031	0.005760	0.006759	0.010092	0.002309
皮革、毛皮、羽毛及其制品	19032	0.001105	0.001785	0.002825	0.000411
鞋	19033	0.000301	0.000400	0.000263	0.000085
木材加工品和木、竹、藤、棕、草制品	20034	0.009637	0.011894	0.054668	0.003292
家具	21035	0.000636	0.000573	0.000779	0.000170
造纸和纸制品	22036	0.041320	0.030476	0.034099	0.006661
印刷品和记录媒介复制品	23037	0.008452	0.008485	0.007049	0.001910
文教、工美、体育和娱乐用品	24038	0.006263	0.007790	0.005931	0.001720
精炼石油和核燃料加工品	25039	0.074356	0.073086	0.093232	0.026188
炼焦产品	25040	0.007556	0.010646	0.011994	0.003631
基础化学原料	26041	0.070903	0.069147	0.119353	0.028531
肥料	26042	0.002752	0.002805	0.010799	0.001050
农药	26043	0.000904	0.000935	0.002870	0.000304
涂料、油墨、颜料及类似产品	26044	0.008380	0.009042	0.008881	0.001588
合成材料	26045	0.053862	0.054099	0.095260	0.017205
专用化学产品和炸药、火工、焰火产品	26046	0.051823	0.046874	0.056393	0.015511
日用化学产品	26047	0.001375	0.001521	0.004234	0.000342
医药制品	27048	0.001832	0.001992	0.006543	0.000370
化学纤维制品	28049	0.005989	0.006021	0.089240	0.002953
橡胶制品	29050	0.022467	0.023733	0.022054	0.005495
塑料制品	29051	0.064277	0.058425	0.101241	0.025925
水泥、石灰和石膏	30052	0.001617	0.002384	0.002326	0.001560
石膏、水泥制品及类似制品	30053	0.000628	0.000722	0.000867	0.000270
砖瓦、石材等建筑材料	30054	0.002229	0.004268	0.005502	0.000817
玻璃和玻璃制品	30055	0.029839	0.045404	0.014806	0.003390
陶瓷制品	30056	0.002789	0.002618	0.000810	0.000236
耐火材料制品	30057	0.004474	0.006519	0.005625	0.001448
石墨及其他非金属矿物制品	30058	0.013882	0.010394	0.009350	0.002252

金属制品、机械和设备修理服务	电力、热力生产和供应	燃气生产和供应	水的生产和供应	房屋建筑	土木工程建筑	代码
43095	44096	45097	46098	47099	48100	—
0.001852	0.000556	0.000580	0.000980	0.001116	0.001046	17029
0.002458	0.000839	0.000740	0.001184	0.001537	0.001260	17030
0.008600	0.005058	0.005671	0.009003	0.008908	0.009004	18031
0.001565	0.000742	0.000758	0.001169	0.001164	0.001214	19032
0.000795	0.000234	0.000316	0.000260	0.000305	0.000314	19033
0.016379	0.014770	0.007153	0.008905	0.034095	0.030744	20034
0.000816	0.000527	0.000534	0.000611	0.001708	0.001219	21035
0.023550	0.012521	0.008564	0.010774	0.018517	0.017323	22036
0.007570	0.006036	0.004838	0.006399	0.006023	0.006896	23037
0.006822	0.005194	0.003853	0.006431	0.005907	0.006136	24038
0.084839	0.100128	0.066064	0.050451	0.078072	0.110656	25039
0.015326	0.004929	0.010199	0.004475	0.020105	0.022529	25040
0.061002	0.024914	0.029646	0.046836	0.054876	0.065764	26041
0.002649	0.001551	0.001337	0.002248	0.003284	0.003054	26042
0.000864	0.000563	0.000468	0.001145	0.001205	0.001270	26043
0.014720	0.003468	0.002600	0.004268	0.017952	0.012504	26044
0.037379	0.013670	0.011004	0.022255	0.040348	0.041995	26045
0.045330	0.023911	0.026221	0.062966	0.038158	0.052783	26046
0.001582	0.001411	0.001103	0.001819	0.001571	0.001716	26047
0.001194	0.000988	0.000873	0.000991	0.002333	0.002543	27048
0.006332	0.002597	0.003031	0.003958	0.005264	0.005224	28049
0.025322	0.006191	0.005561	0.004954	0.012288	0.014738	29050
0.032460	0.013826	0.011565	0.041114	0.032293	0.038762	29051
0.002114	0.002312	0.002852	0.001891	0.087589	0.069580	30052
0.001022	0.001117	0.001704	0.001141	0.080359	0.045326	30053
0.002513	0.001860	0.001478	0.002516	0.091584	0.059119	30054
0.012010	0.004841	0.002424	0.003105	0.021287	0.005759	30055
0.001254	0.000898	0.000491	0.000719	0.010702	0.001822	30056
0.008897	0.002532	0.002701	0.001780	0.014271	0.008902	30057
0.010069	0.003158	0.002073	0.002843	0.018347	0.011122	30058

表 4.3 续 24 (Table 4.3 Continue 24)

投入＼产出	代码	建筑安装	建筑装饰和其他建筑服务	批发和零售	铁路运输
代码	—	49101	50102	51103	53104
针织或钩针编织及其制品	17029	0.001099	0.001530	0.000485	0.000677
纺织制成品	17030	0.001404	0.001469	0.000730	0.001738
纺织服装服饰	18031	0.009694	0.015163	0.003846	0.004779
皮革、毛皮、羽毛及其制品	19032	0.001221	0.002169	0.000663	0.001142
鞋	19033	0.000338	0.000267	0.000163	0.000847
木材加工品和木、竹、藤、棕、草制品	20034	0.017120	0.255363	0.003586	0.011785
家具	21035	0.000958	0.014280	0.000684	0.001321
造纸和纸制品	22036	0.016850	0.021339	0.018464	0.013743
印刷品和记录媒介复制品	23037	0.006580	0.005789	0.015494	0.006477
文教、工美、体育和娱乐用品	24038	0.008675	0.009846	0.003883	0.005212
精炼石油和核燃料加工品	25039	0.089199	0.075922	0.028763	0.107568
炼焦产品	25040	0.016366	0.008677	0.001221	0.005127
基础化学原料	26041	0.060858	0.069988	0.011352	0.020359
肥料	26042	0.002491	0.005378	0.001565	0.002904
农药	26043	0.001131	0.002154	0.000478	0.000904
涂料、油墨、颜料及类似产品	26044	0.013256	0.037958	0.002153	0.003819
合成材料	26045	0.066414	0.042018	0.007007	0.010727
专用化学产品和炸药、火工、焰火产品	26046	0.039261	0.063976	0.010371	0.017487
日用化学产品	26047	0.001982	0.001362	0.001017	0.001754
医药制品	27048	0.002740	0.001945	0.000485	0.000894
化学纤维制品	28049	0.005354	0.006358	0.001744	0.002824
橡胶制品	29050	0.010786	0.010587	0.002519	0.005932
塑料制品	29051	0.036955	0.034068	0.010077	0.012234
水泥、石灰和石膏	30052	0.029065	0.029126	0.000480	0.002406
石膏、水泥制品及类似制品	30053	0.016860	0.023754	0.000282	0.002503
砖瓦、石材等建筑材料	30054	0.038298	0.077541	0.000702	0.003558
玻璃和玻璃制品	30055	0.010082	0.017330	0.001665	0.003574
陶瓷制品	30056	0.003936	0.024693	0.000492	0.000974
耐火材料制品	30057	0.027541	0.016279	0.000712	0.002586
石墨及其他非金属矿物制品	30058	0.009896	0.011719	0.000966	0.002481

道路运输	水上运输	航空运输	管道运输	装卸搬运和运输代理	仓储	代码
54105	55106	56107	57108	58109	59110	—
0.000878	0.000612	0.001106	0.000555	0.001325	0.001379	17029
0.001443	0.001349	0.004561	0.001054	0.001346	0.004826	17030
0.007171	0.005376	0.009381	0.003979	0.014539	0.009324	18031
0.001660	0.000779	0.001248	0.001028	0.001505	0.001650	19032
0.000385	0.000276	0.000379	0.000245	0.000316	0.001132	19033
0.006693	0.005851	0.007030	0.007111	0.006452	0.011150	20034
0.001012	0.000873	0.000846	0.000626	0.002011	0.001292	21035
0.011286	0.013761	0.014023	0.011515	0.011427	0.018320	22036
0.006252	0.007681	0.007541	0.005892	0.005881	0.009095	23037
0.006920	0.005624	0.005393	0.005759	0.005162	0.018803	24038
0.213727	0.292590	0.373615	0.140219	0.296340	0.096858	25039
0.003965	0.004786	0.005314	0.004345	0.005493	0.004963	25040
0.026917	0.027932	0.035878	0.029228	0.027526	0.052667	26041
0.003329	0.004468	0.003744	0.001837	0.002112	0.033776	26042
0.001058	0.001320	0.001034	0.001108	0.000733	0.010667	26043
0.003154	0.004810	0.003658	0.008492	0.003567	0.007210	26044
0.016414	0.012103	0.020174	0.014238	0.012497	0.022346	26045
0.022243	0.024396	0.026652	0.021818	0.023473	0.070039	26046
0.001390	0.001446	0.001344	0.003696	0.001714	0.009913	26047
0.001012	0.000863	0.001216	0.003870	0.000785	0.001858	27048
0.004644	0.002948	0.004889	0.003436	0.004484	0.006071	28049
0.025168	0.005360	0.011614	0.006835	0.007867	0.009322	29050
0.016147	0.013967	0.022108	0.013674	0.013107	0.033391	29051
0.001435	0.001479	0.001899	0.001946	0.001593	0.001675	30052
0.000800	0.000762	0.000955	0.001083	0.000842	0.000945	30053
0.001514	0.001144	0.001510	0.002352	0.001295	0.002537	30054
0.003332	0.003383	0.004919	0.003568	0.003062	0.008664	30055
0.002045	0.000682	0.000806	0.001069	0.000929	0.002521	30056
0.002222	0.002298	0.003775	0.002813	0.002534	0.003825	30057
0.002157	0.002349	0.003486	0.002600	0.002419	0.002900	30058

表 4.3 续 25 （Table 4.3 Continue 25）

投入 \ 产出	代码	邮政	住宿	餐饮	电信和其他信息传输服务
代码	—	60111	61112	62113	63114
针织或钩针编织及其制品	17029	0.000907	0.003191	0.000501	0.000526
纺织制成品	17030	0.002216	0.029775	0.000713	0.000949
纺织服装服饰	18031	0.007661	0.017906	0.003659	0.004602
皮革、毛皮、羽毛及其制品	19032	0.001348	0.001633	0.000551	0.001186
鞋	19033	0.000762	0.000466	0.000172	0.000147
木材加工品和木、竹、藤、棕、草制品	20034	0.011577	0.007593	0.004209	0.006143
家具	21035	0.003364	0.001700	0.000631	0.000962
造纸和纸制品	22036	0.029071	0.022405	0.013641	0.016600
印刷品和记录媒介复制品	23037	0.032839	0.007986	0.004751	0.011440
文教、工美、体育和娱乐用品	24038	0.009352	0.006442	0.003005	0.005249
精炼石油和核燃料加工品	25039	0.081841	0.051439	0.031056	0.032888
炼焦产品	25040	0.003789	0.002159	0.001302	0.002294
基础化学原料	26041	0.026572	0.028499	0.018931	0.022755
肥料	26042	0.002318	0.009580	0.022964	0.002565
农药	26043	0.000695	0.002292	0.005235	0.000705
涂料、油墨、颜料及类似产品	26044	0.005303	0.003413	0.001602	0.003484
合成材料	26045	0.019393	0.018858	0.010246	0.015028
专用化学产品和炸药、火工、焰火产品	26046	0.018708	0.017421	0.009674	0.015384
日用化学产品	26047	0.002490	0.029197	0.001862	0.000763
医药制品	27048	0.001323	0.001370	0.002999	0.001526
化学纤维制品	28049	0.004051	0.010119	0.002255	0.002713
橡胶制品	29050	0.010982	0.004026	0.002636	0.004628
塑料制品	29051	0.023820	0.031156	0.020278	0.017383
水泥、石灰和石膏	30052	0.003884	0.001015	0.000567	0.000898
石膏、水泥制品及类似制品	30053	0.000798	0.000582	0.000287	0.000457
砖瓦、石材等建筑材料	30054	0.005864	0.001551	0.000777	0.001471
玻璃和玻璃制品	30055	0.004535	0.006655	0.002910	0.008165
陶瓷制品	30056	0.002973	0.001681	0.000629	0.001181
耐火材料制品	30057	0.003686	0.001167	0.000656	0.001454
石墨及其他非金属矿物制品	30058	0.007009	0.001660	0.000879	0.003411

软件和信息技术服务	货币金融和其他金融服务	资本市场服务	保险	房地产	租赁	代码
65115	66116	67117	68118	70119	71120	—
0.000643	0.001044	0.000784	0.001045	0.000512	0.000579	17029
0.001259	0.001352	0.001039	0.002553	0.000951	0.001096	17030
0.004517	0.009845	0.007361	0.006149	0.004098	0.004374	18031
0.001030	0.001017	0.000708	0.000968	0.000561	0.001021	19032
0.000236	0.000390	0.000129	0.000231	0.000574	0.000217	19033
0.006862	0.006941	0.003893	0.005170	0.007627	0.005653	20034
0.000886	0.001377	0.000416	0.000718	0.001073	0.000540	21035
0.062918	0.028473	0.026350	0.026162	0.011255	0.026913	22036
0.068485	0.024846	0.028654	0.022236	0.007291	0.034739	23037
0.009075	0.017721	0.017301	0.027078	0.005652	0.007515	24038
0.044967	0.032032	0.020838	0.028021	0.016789	0.168327	25039
0.003591	0.001427	0.000937	0.001283	0.000945	0.003809	25040
0.041728	0.014601	0.010727	0.014396	0.008168	0.025882	26041
0.002743	0.002136	0.001635	0.003379	0.001066	0.001992	26042
0.000939	0.000619	0.000444	0.000879	0.000323	0.000618	26043
0.007792	0.003213	0.002650	0.002801	0.002097	0.005255	26044
0.022672	0.008446	0.006165	0.008815	0.004812	0.013656	26045
0.047894	0.013105	0.009218	0.011342	0.007489	0.020977	26046
0.001337	0.001286	0.000794	0.002565	0.000508	0.001152	26047
0.001236	0.000753	0.000482	0.001013	0.000301	0.000825	27048
0.003769	0.003247	0.002440	0.003286	0.001645	0.002827	28049
0.006866	0.002684	0.001685	0.002560	0.001707	0.006058	29050
0.028432	0.010207	0.007801	0.011499	0.005513	0.016174	29051
0.000915	0.000776	0.000407	0.000562	0.001168	0.001131	30052
0.000400	0.000479	0.000232	0.000305	0.000917	0.000579	30053
0.001254	0.001399	0.000613	0.000851	0.002281	0.001155	30054
0.006901	0.001994	0.001227	0.002264	0.001412	0.003780	30055
0.001567	0.000757	0.000343	0.000923	0.000773	0.001145	30056
0.002441	0.000937	0.000533	0.000744	0.000823	0.003592	30057
0.004244	0.001263	0.000773	0.001213	0.000858	0.002478	30058

表 4.3 续 26 (Table 4.3 Continue 26)

投入＼产出	代码	商务服务	研究和试验发展	专业技术服务	科技推广和应用服务
代码	—	72121	73122	74123	75124
针织或钩针编织及其制品	17029	0.001993	0.000682	0.000689	0.000963
纺织制成品	17030	0.002988	0.001506	0.001514	0.001862
纺织服装服饰	18031	0.019129	0.004361	0.004527	0.006356
皮革、毛皮、羽毛及其制品	19032	0.002051	0.001163	0.001094	0.001108
鞋	19033	0.000571	0.000272	0.000338	0.000390
木材加工品和木、竹、藤、棕、草制品	20034	0.009415	0.008340	0.006488	0.011453
家具	21035	0.001115	0.000774	0.000699	0.001503
造纸和纸制品	22036	0.094430	0.021593	0.019310	0.029323
印刷品和记录媒介复制品	23037	0.047245	0.010433	0.010915	0.024723
文教、工美、体育和娱乐用品	24038	0.011844	0.008557	0.007210	0.010228
精炼石油和核燃料加工品	25039	0.118108	0.062925	0.095417	0.091548
炼焦产品	25040	0.005203	0.006214	0.005509	0.007580
基础化学原料	26041	0.047077	0.068738	0.061778	0.042499
肥料	26042	0.006006	0.007973	0.003508	0.003447
农药	26043	0.001643	0.006265	0.004743	0.001609
涂料、油墨、颜料及类似产品	26044	0.007206	0.008066	0.010006	0.010018
合成材料	26045	0.023852	0.028635	0.026588	0.024590
专用化学产品和炸药、火工、焰火产品	26046	0.051473	0.090766	0.078244	0.039208
日用化学产品	26047	0.001624	0.010352	0.007954	0.003195
医药制品	27048	0.001354	0.008078	0.007538	0.001893
化学纤维制品	28049	0.007781	0.008275	0.004872	0.005278
橡胶制品	29050	0.008426	0.006984	0.007231	0.010835
塑料制品	29051	0.028542	0.029375	0.024770	0.033660
水泥、石灰和石膏	30052	0.001273	0.001364	0.001208	0.001521
石膏、水泥制品及类似制品	30053	0.000584	0.000647	0.000514	0.000809
砖瓦、石材等建筑材料	30054	0.001412	0.001922	0.001430	0.002352
玻璃和玻璃制品	30055	0.006553	0.007633	0.008121	0.005986
陶瓷制品	30056	0.001691	0.001449	0.001296	0.001410
耐火材料制品	30057	0.002719	0.004874	0.004924	0.003869
石墨及其他非金属矿物制品	30058	0.003903	0.008870	0.004381	0.004794

水利管理	生态保护和环境治理	公共设施管理	居民服务	其他服务	教育	代码
76125	77126	78127	79128	80129	82130	—
0.002033	0.002139	0.001363	0.002460	0.000905	0.000404	17029
0.004171	0.004806	0.004366	0.004175	0.001768	0.000712	17030
0.007908	0.021539	0.009922	0.007608	0.005312	0.002056	18031
0.002083	0.002234	0.001591	0.001571	0.003578	0.000474	19032
0.001285	0.000432	0.000842	0.001889	0.000680	0.000248	19033
0.024918	0.021598	0.011121	0.008131	0.007711	0.004071	20034
0.001180	0.001920	0.001095	0.002792	0.001523	0.000309	21035
0.015460	0.015298	0.016191	0.015831	0.017966	0.021529	22036
0.009870	0.008345	0.010646	0.008035	0.007919	0.009168	23037
0.010060	0.009021	0.012963	0.013911	0.010304	0.012130	24038
0.087162	0.065634	0.070505	0.042717	0.049916	0.029324	25039
0.004177	0.005347	0.004470	0.002625	0.005094	0.001284	25040
0.035256	0.055222	0.052381	0.038522	0.044610	0.018121	26041
0.003674	0.005200	0.021115	0.005123	0.003588	0.003642	26042
0.007506	0.009621	0.015292	0.001878	0.002352	0.003022	26043
0.012533	0.011121	0.021157	0.005760	0.005801	0.006135	26044
0.025562	0.031337	0.034270	0.016714	0.026676	0.011712	26045
0.025918	0.079515	0.041963	0.043156	0.049641	0.011103	26046
0.011754	0.008266	0.011159	0.055854	0.012686	0.008063	26047
0.003133	0.006995	0.001401	0.002685	0.001194	0.000942	27048
0.004813	0.007590	0.006396	0.005200	0.005803	0.001963	28049
0.008785	0.009402	0.008958	0.004455	0.021245	0.001938	29050
0.019606	0.034129	0.042172	0.026086	0.032401	0.008227	29051
0.005173	0.002112	0.001641	0.000954	0.001073	0.000551	30052
0.003281	0.002221	0.001035	0.000532	0.000486	0.000299	30053
0.013010	0.003489	0.002686	0.001434	0.001435	0.000836	30054
0.004092	0.007275	0.004200	0.002442	0.008135	0.003260	30055
0.001766	0.002175	0.001481	0.000767	0.002258	0.000397	30056
0.002424	0.002623	0.002782	0.001157	0.004233	0.001113	30057
0.010535	0.008654	0.020521	0.001791	0.004782	0.001669	30058

表 4.3 续 27 (Table 4.3 Continue 27)

投入＼产出	代码	卫生	社会工作	新闻和出版	广播、电视、电影和影视录音制作
代码	—	83131	84132	85133	86134
针织或钩针编织及其制品	17029	0.001836	0.000601	0.000966	0.005903
纺织制成品	17030	0.005409	0.001318	0.002193	0.003308
纺织服装服饰	18031	0.012249	0.003503	0.006141	0.074038
皮革、毛皮、羽毛及其制品	19032	0.001364	0.000643	0.001198	0.004255
鞋	19033	0.000355	0.000484	0.000315	0.000827
木材加工品和木、竹、藤、棕、草制品	20034	0.004791	0.011750	0.014058	0.007370
家具	21035	0.000371	0.001424	0.000989	0.001090
造纸和纸制品	22036	0.018949	0.009576	0.254801	0.025507
印刷品和记录媒介复制品	23037	0.008803	0.004492	0.159690	0.033925
文教、工美、体育和娱乐用品	24038	0.005041	0.008298	0.010683	0.004532
精炼石油和核燃料加工品	25039	0.039274	0.030608	0.056816	0.046248
炼焦产品	25040	0.002783	0.001630	0.004179	0.002784
基础化学原料	26041	0.049703	0.016115	0.061963	0.027940
肥料	26042	0.011924	0.010274	0.006078	0.004354
农药	26043	0.003016	0.002443	0.002700	0.001162
涂料、油墨、颜料及类似产品	26044	0.003334	0.003209	0.012888	0.005155
合成材料	26045	0.016296	0.008448	0.023193	0.013781
专用化学产品和炸药、火工、焰火产品	26046	0.018098	0.011353	0.083765	0.041753
日用化学产品	26047	0.001421	0.003334	0.002913	0.002525
医药制品	27048	0.455919	0.014284	0.001570	0.001085
化学纤维制品	28049	0.008465	0.002458	0.006234	0.012367
橡胶制品	29050	0.005155	0.002671	0.006111	0.003930
塑料制品	29051	0.017089	0.010496	0.029867	0.013999
水泥、石灰和石膏	30052	0.001191	0.001375	0.001285	0.002599
石膏、水泥制品及类似制品	30053	0.000367	0.000983	0.000639	0.000568
砖瓦、石材等建筑材料	30054	0.001146	0.003020	0.001736	0.001467
玻璃和玻璃制品	30055	0.009243	0.002072	0.002843	0.002683
陶瓷制品	30056	0.000679	0.001151	0.000817	0.001152
耐火材料制品	30057	0.001358	0.001204	0.001793	0.001524
石墨及其他非金属矿物制品	30058	0.001852	0.005740	0.003015	0.012669

文化艺术	体育	娱乐	社会保障	公共管理和社会组织	代码
87135	88136	89137	93138	90139	—
0.005259	0.002235	0.000798	0.000278	0.004566	17029
0.003887	0.002974	0.000681	0.000747	0.004127	17030
0.063549	0.017858	0.004379	0.002154	0.016015	18031
0.003988	0.026770	0.000654	0.000389	0.007460	19032
0.001493	0.001573	0.000497	0.000112	0.007242	19033
0.037742	0.009532	0.004892	0.013198	0.009288	20034
0.001167	0.001255	0.000651	0.000442	0.004921	21035
0.014395	0.014839	0.016057	0.009608	0.026654	22036
0.009600	0.008246	0.007386	0.008175	0.017830	23037
0.018282	0.044180	0.011146	0.003687	0.009830	24038
0.040863	0.046143	0.026550	0.023647	0.053491	25039
0.002076	0.002500	0.001314	0.001084	0.002029	25040
0.021990	0.022565	0.016427	0.010870	0.020276	26041
0.004159	0.006115	0.008783	0.002179	0.003170	26042
0.001179	0.003089	0.002072	0.003544	0.004138	26043
0.005826	0.006517	0.002081	0.005346	0.005037	26044
0.015193	0.015194	0.011600	0.005099	0.011873	26045
0.017891	0.017290	0.010314	0.007572	0.014362	26046
0.004543	0.005651	0.001667	0.003274	0.004875	26047
0.001189	0.002176	0.001998	0.002193	0.002172	27048
0.011944	0.006322	0.002976	0.001232	0.006247	28049
0.003873	0.003767	0.002774	0.001702	0.004783	29050
0.013062	0.013639	0.018112	0.006453	0.013077	29051
0.000955	0.001931	0.000631	0.000920	0.001403	30052
0.000578	0.000613	0.000365	0.000301	0.000593	30053
0.001634	0.001650	0.000995	0.000875	0.001652	30054
0.002964	0.002424	0.006313	0.001235	0.002647	30055
0.001272	0.000708	0.001177	0.000444	0.001155	30056
0.001394	0.001653	0.000796	0.000646	0.001254	30057
0.005962	0.014551	0.001991	0.006350	0.005266	30058

表 4.3 续 28 (Table 4.3 Continue 28)

投入 \ 产出	代码	农产品	林产品	畜牧产品	渔产品
代 码	—	01001	02002	03003	04004
钢、铁及其铸件	31059	0.004503	0.005376	0.002503	0.003687
钢压延产品	31060	0.011689	0.012738	0.006451	0.009515
铁合金产品	31061	0.000742	0.000822	0.000413	0.000592
有色金属及其合金和铸件	32062	0.008215	0.009594	0.005191	0.007035
有色金属压延加工品	32063	0.004718	0.005368	0.003027	0.004071
金属制品	33064	0.008755	0.013376	0.005421	0.007831
锅炉及原动设备	34065	0.001481	0.002096	0.000859	0.001636
金属加工机械	34066	0.000921	0.001356	0.000468	0.000747
物料搬运设备	34067	0.000662	0.000600	0.000507	0.000601
泵、阀门、压缩机及类似机械	34068	0.002144	0.002177	0.001107	0.001513
文化、办公用机械	34069	0.000076	0.000090	0.000058	0.000076
其他通用设备	34070	0.009177	0.008120	0.004586	0.005808
采矿、冶金、建筑专用设备	35071	0.002684	0.002183	0.001343	0.001661
化工、木材、非金属加工专用设备	35072	0.002097	0.001006	0.000711	0.000552
农、林、牧、渔专用机械	35073	0.011427	0.021817	0.005104	0.009679
其他专用设备	35074	0.001861	0.001901	0.001309	0.001575
汽车整车	36075	0.000373	0.000427	0.000378	0.000379
汽车零部件及配件	36076	0.005756	0.011532	0.005573	0.007843
铁路运输和城市轨道交通设备	37077	0.000435	0.000457	0.000478	0.000369
船舶及相关装置	37078	0.000276	0.000287	0.000459	0.007423
其他交通运输设备	37079	0.000759	0.001872	0.000661	0.001199
电机	38080	0.000878	0.000956	0.000593	0.000984
输配电及控制设备	38081	0.004531	0.003283	0.002470	0.002891
电线、电缆、光缆及电工器材	38082	0.002993	0.003368	0.002268	0.002886
电池	38083	0.000739	0.000886	0.000483	0.000691
家用器具	38084	0.000565	0.001207	0.000724	0.001014
其他电气机械和器材	38085	0.000441	0.000756	0.000322	0.000485
计算机	39086	0.002214	0.003071	0.001915	0.002083
通信设备	39087	0.000336	0.000527	0.000286	0.000753

农、林、牧、渔服务	煤炭采选产品	石油和天然气开采产品	黑色金属矿采选产品	有色金属矿采选产品	非金属矿采选产品	代码
05005	06006	07007	08008	09009	10010	—
0.005463	0.027353	0.021500	0.021392	0.026595	0.018418	31059
0.013664	0.083914	0.075223	0.050382	0.056588	0.049395	31060
0.000894	0.003952	0.003536	0.003079	0.003807	0.003089	31061
0.012612	0.026295	0.022972	0.028110	0.046133	0.032258	32062
0.007170	0.014329	0.011969	0.016156	0.020713	0.018585	32063
0.016517	0.044871	0.025707	0.048591	0.058419	0.053699	33064
0.001588	0.002501	0.002587	0.004018	0.006220	0.005088	34065
0.000894	0.001881	0.001683	0.001846	0.003202	0.003622	34066
0.000758	0.003262	0.002730	0.010443	0.005226	0.010180	34067
0.002098	0.005750	0.006145	0.008029	0.010468	0.008825	34068
0.000236	0.000203	0.000123	0.000258	0.000196	0.000183	34069
0.008245	0.034852	0.023870	0.033418	0.044772	0.031781	34070
0.002375	0.030694	0.031701	0.036748	0.048830	0.043652	35071
0.000821	0.000967	0.001090	0.001327	0.001351	0.001581	35072
0.006397	0.000364	0.000285	0.000321	0.000344	0.000321	35073
0.004554	0.003011	0.018422	0.005788	0.007518	0.014850	35074
0.000644	0.001481	0.001273	0.001856	0.004712	0.004161	36075
0.015384	0.011892	0.009413	0.016532	0.020994	0.027327	36076
0.000710	0.001098	0.000477	0.001645	0.001381	0.000932	37077
0.000799	0.000514	0.000382	0.001280	0.000588	0.000775	37078
0.003935	0.001817	0.001294	0.001929	0.002249	0.002267	37079
0.001309	0.002714	0.002821	0.003616	0.007421	0.007108	38080
0.003939	0.009929	0.010166	0.018192	0.022454	0.018805	38081
0.005773	0.011579	0.008828	0.010331	0.012886	0.011423	38082
0.001441	0.001988	0.002020	0.002254	0.003034	0.002794	38083
0.003428	0.001653	0.001274	0.001022	0.001409	0.001209	38084
0.001025	0.001312	0.001010	0.001893	0.002128	0.002747	38085
0.004392	0.005341	0.004182	0.005629	0.007730	0.006515	39086
0.001523	0.000892	0.000677	0.001061	0.001243	0.001220	39087

表 4.3 续 29 (Table 4.3 Continue 29)

投入 \ 产出	代码	开采辅助服务和其他采矿产品	谷物磨制品	饲料加工品	植物油加工品
代码	—	11011	13012	13013	13014
钢、铁及其铸件	31059	0.034179	0.004549	0.004387	0.004199
钢压延产品	31060	0.117258	0.011838	0.011429	0.010980
铁合金产品	31061	0.006113	0.000750	0.000737	0.000699
有色金属及其合金和铸件	32062	0.048084	0.009031	0.009314	0.008467
有色金属压延加工品	32063	0.020696	0.005248	0.005481	0.004913
金属制品	33064	0.067940	0.010201	0.009825	0.008969
锅炉及原动设备	34065	0.006665	0.001351	0.001645	0.001348
金属加工机械	34066	0.002962	0.000820	0.000769	0.000779
物料搬运设备	34067	0.004605	0.000907	0.000890	0.000791
泵、阀门、压缩机及类似机械	34068	0.017624	0.001973	0.002055	0.001963
文化、办公用机械	34069	0.000258	0.000108	0.000099	0.000096
其他通用设备	34070	0.027439	0.008918	0.008462	0.008350
采矿、冶金、建筑专用设备	35071	0.101851	0.002726	0.002427	0.002348
化工、木材、非金属加工专用设备	35072	0.001857	0.001677	0.001324	0.001530
农、林、牧、渔专用机械	35073	0.000388	0.008239	0.006687	0.007349
其他专用设备	35074	0.006929	0.002117	0.002784	0.002317
汽车整车	36075	0.004147	0.000588	0.000628	0.000583
汽车零部件及配件	36076	0.023028	0.008218	0.008748	0.007841
铁路运输和城市轨道交通设备	37077	0.000806	0.000743	0.000678	0.000540
船舶及相关装置	37078	0.000655	0.000392	0.001024	0.000436
其他交通运输设备	37079	0.001999	0.000994	0.001133	0.000921
电机	38080	0.005455	0.000914	0.001258	0.000850
输配电及控制设备	38081	0.014647	0.004714	0.004753	0.004472
电线、电缆、光缆及电工器材	38082	0.011135	0.003653	0.004075	0.003442
电池	38083	0.004476	0.000816	0.000864	0.000768
家用器具	38084	0.001763	0.000885	0.001163	0.000990
其他电气机械和器材	38085	0.001708	0.000500	0.000634	0.000476
计算机	39086	0.006908	0.002764	0.003063	0.002657
通信设备	39087	0.001361	0.000451	0.000530	0.000417

糖及糖制品	屠宰及肉类加工品	水产加工品	蔬菜、水果、坚果和其他农副食品加工品	方便食品	乳制品	代码
13015	13016	13017	13018	14019	14020	—
0.004321	0.003511	0.004237	0.005371	0.005004	0.005463	31059
0.011495	0.009260	0.011059	0.013860	0.012764	0.013830	31060
0.000740	0.000580	0.000695	0.000895	0.000805	0.000879	31061
0.009311	0.007707	0.009128	0.012051	0.010701	0.013002	32062
0.005473	0.004504	0.005304	0.007185	0.006225	0.007638	32063
0.008892	0.008515	0.010370	0.012918	0.015421	0.018120	33064
0.001240	0.000944	0.001394	0.001354	0.001086	0.001045	34065
0.000787	0.000529	0.000738	0.000896	0.000765	0.000740	34066
0.000888	0.000880	0.000980	0.001038	0.001054	0.001010	34067
0.002425	0.001443	0.001961	0.002382	0.002036	0.002013	34068
0.000103	0.000095	0.000112	0.000127	0.000114	0.000123	34069
0.009281	0.006215	0.006692	0.011534	0.008558	0.008125	34070
0.002529	0.001725	0.002157	0.002716	0.002476	0.002437	35071
0.001338	0.000723	0.000662	0.001829	0.001259	0.001101	35072
0.005915	0.003505	0.006142	0.006841	0.004507	0.002771	35073
0.002021	0.002278	0.002198	0.004176	0.002806	0.003419	35074
0.000574	0.000741	0.000726	0.000716	0.000818	0.000987	36075
0.007846	0.009375	0.011035	0.011470	0.010843	0.014498	36076
0.000450	0.001470	0.000552	0.000849	0.000783	0.001465	37077
0.000372	0.000963	0.004784	0.000653	0.000545	0.000837	37078
0.001002	0.001028	0.001523	0.001340	0.001325	0.001804	37079
0.000947	0.000803	0.001023	0.001288	0.001007	0.001059	38080
0.005588	0.003337	0.003587	0.006275	0.004860	0.004583	38081
0.003814	0.003490	0.003984	0.005772	0.004538	0.006297	38082
0.000883	0.000717	0.000936	0.001090	0.000928	0.001145	38083
0.000888	0.001594	0.001474	0.001420	0.001497	0.001592	38084
0.000559	0.000531	0.000627	0.001047	0.000671	0.000701	38085
0.002628	0.002682	0.003003	0.004491	0.003354	0.005125	39086
0.000465	0.000479	0.000777	0.000609	0.000553	0.000703	39087

表 4.3 续 30 (Table 4.3 Continue 30)

投入 \ 产出	代码	调味品、发酵制品	其他食品	酒精和酒	饮料和精制茶加工品
代 码	—	14021	14022	15023	15024
钢、铁及其铸件	31059	0.006459	0.005914	0.006229	0.008281
钢压延产品	31060	0.016878	0.015056	0.015635	0.020400
铁合金产品	31061	0.001072	0.000949	0.000989	0.001268
有色金属及其合金和铸件	32062	0.013571	0.012958	0.013683	0.017323
有色金属压延加工品	32063	0.008002	0.007676	0.008158	0.010237
金属制品	33064	0.019047	0.019102	0.020730	0.033545
锅炉及原动设备	34065	0.001222	0.001206	0.001048	0.001160
金属加工机械	34066	0.000917	0.000862	0.000900	0.001148
物料搬运设备	34067	0.001306	0.002090	0.000987	0.001230
泵、阀门、压缩机及类似机械	34068	0.004469	0.002447	0.002841	0.002960
文化、办公用机械	34069	0.000160	0.000139	0.000133	0.000155
其他通用设备	34070	0.010784	0.010373	0.009721	0.012199
采矿、冶金、建筑专用设备	35071	0.003023	0.002763	0.003004	0.003731
化工、木材、非金属加工专用设备	35072	0.001462	0.001329	0.001231	0.001598
农、林、牧、渔专用机械	35073	0.004504	0.004392	0.003463	0.002575
其他专用设备	35074	0.004591	0.003412	0.007005	0.008428
汽车整车	36075	0.000851	0.000854	0.000756	0.001041
汽车零部件及配件	36076	0.011902	0.012218	0.011361	0.015754
铁路运输和城市轨道交通设备	37077	0.000889	0.000948	0.000665	0.000770
船舶及相关装置	37078	0.000648	0.000731	0.000431	0.000576
其他交通运输设备	37079	0.001443	0.001780	0.001496	0.001743
电机	38080	0.001313	0.001314	0.001311	0.001404
输配电及控制设备	38081	0.006039	0.005537	0.005067	0.005933
电线、电缆、光缆及电工器材	38082	0.005967	0.005601	0.006085	0.007913
电池	38083	0.001126	0.001148	0.001081	0.001339
家用器具	38084	0.001606	0.001548	0.001446	0.001798
其他电气机械和器材	38085	0.000848	0.000797	0.000836	0.000890
计算机	39086	0.004516	0.004289	0.004666	0.006563
通信设备	39087	0.000643	0.000711	0.000633	0.000743

烟草制品	棉、化纤纺织及印染精加工品	毛纺织及染整精加工品	麻、丝绢纺织及加工品	针织或钩针编织及其制品	纺织制成品	代码
16025	17026	17027	17028	17029	17030	—
0.002476	0.006407	0.005553	0.005684	0.006936	0.006479	31059
0.006226	0.016772	0.014344	0.015067	0.018342	0.017659	31060
0.000414	0.001096	0.000918	0.000955	0.001206	0.001115	31061
0.006635	0.014270	0.012334	0.012408	0.016580	0.015323	32062
0.004180	0.008239	0.007205	0.007170	0.009335	0.009074	32063
0.007147	0.013791	0.012222	0.012425	0.015522	0.015251	33064
0.000424	0.001563	0.001104	0.001380	0.001928	0.001258	34065
0.000448	0.000992	0.000946	0.000887	0.001298	0.000900	34066
0.000405	0.001047	0.000973	0.000891	0.001159	0.001020	34067
0.001060	0.002903	0.002206	0.002318	0.003106	0.002623	34068
0.000062	0.000135	0.000134	0.000139	0.000156	0.000150	34069
0.004872	0.013821	0.010087	0.012013	0.014137	0.012430	34070
0.001179	0.003882	0.003190	0.003279	0.005557	0.003848	35071
0.000535	0.001591	0.001265	0.001366	0.001650	0.001579	35072
0.001049	0.003596	0.002667	0.003722	0.001968	0.001913	35073
0.003438	0.010438	0.011340	0.008959	0.009771	0.007707	35074
0.000372	0.000766	0.000764	0.000762	0.000933	0.000831	36075
0.005700	0.010227	0.009840	0.010410	0.011292	0.010647	36076
0.000218	0.000608	0.001177	0.000746	0.000680	0.000653	37077
0.000168	0.000593	0.000871	0.000589	0.000663	0.000672	37078
0.000771	0.001591	0.001328	0.001499	0.001651	0.001564	37079
0.000576	0.001504	0.001327	0.001338	0.001602	0.001449	38080
0.002550	0.008349	0.005662	0.006282	0.008695	0.007489	38081
0.002951	0.005938	0.005365	0.005220	0.006478	0.005958	38082
0.000580	0.001270	0.001109	0.001158	0.001480	0.001298	38083
0.000973	0.001506	0.001506	0.001592	0.001869	0.001713	38084
0.000671	0.000826	0.000770	0.000763	0.000976	0.000948	38085
0.002190	0.003662	0.003728	0.003577	0.004327	0.004093	39086
0.000337	0.000722	0.000651	0.000694	0.000793	0.000805	39087

表 4.3 续 31 （Table 4.3 Continue 31）

投入＼产出	代码	纺织服装服饰	皮革、毛皮、羽毛及其制品	鞋	木材加工品和木、竹、藤、棕、草制品
代码	—	18031	19032	19033	20034
钢、铁及其铸件	31059	0.006401	0.005252	0.007455	0.013972
钢压延产品	31060	0.016385	0.013709	0.019514	0.034166
铁合金产品	31061	0.001061	0.000892	0.001263	0.002091
有色金属及其合金和铸件	32062	0.015215	0.014061	0.018439	0.026698
有色金属压延加工品	32063	0.008833	0.008374	0.010388	0.014303
金属制品	33064	0.016495	0.013656	0.019664	0.065321
锅炉及原动设备	34065	0.001246	0.000970	0.001215	0.002056
金属加工机械	34066	0.001126	0.000992	0.001108	0.001973
物料搬运设备	34067	0.001060	0.000931	0.001196	0.002048
泵、阀门、压缩机及类似机械	34068	0.002568	0.002847	0.002956	0.003910
文化、办公用机械	34069	0.000148	0.000146	0.000159	0.000197
其他通用设备	34070	0.012291	0.009127	0.013760	0.027909
采矿、冶金、建筑专用设备	35071	0.003577	0.002622	0.004104	0.005078
化工、木材、非金属加工专用设备	35072	0.001275	0.001081	0.002361	0.006181
农、林、牧、渔专用机械	35073	0.002030	0.001897	0.001318	0.007041
其他专用设备	35074	0.013250	0.007547	0.011045	0.004285
汽车整车	36075	0.000863	0.000861	0.000998	0.001040
汽车零部件及配件	36076	0.011520	0.010751	0.012418	0.014614
铁路运输和城市轨道交通设备	37077	0.000667	0.000901	0.000673	0.000837
船舶及相关装置	37078	0.000631	0.000723	0.000655	0.000572
其他交通运输设备	37079	0.001756	0.001442	0.001744	0.001978
电机	38080	0.001674	0.001148	0.001537	0.002332
输配电及控制设备	38081	0.006987	0.004456	0.006988	0.009802
电线、电缆、光缆及电工器材	38082	0.006504	0.005272	0.006588	0.006763
电池	38083	0.001312	0.001164	0.001531	0.002102
家用器具	38084	0.002387	0.002191	0.002198	0.001344
其他电气机械和器材	38085	0.001030	0.000734	0.000962	0.001336
计算机	39086	0.004766	0.003954	0.004848	0.005095
通信设备	39087	0.000811	0.000654	0.000793	0.000853

家具	造纸和纸制品	印刷品和记录媒介复制品	文教、工美、体育和娱乐用品	精炼石油和核燃料加工品	炼焦产品	代码
21035	22036	23037	24038	25039	25040	—
0.022800	0.009487	0.009232	0.021439	0.017126	0.017181	31059
0.069669	0.024560	0.022781	0.037812	0.058000	0.049845	31060
0.003417	0.001667	0.001574	0.003634	0.002872	0.002648	31061
0.031843	0.024816	0.034110	0.199989	0.021766	0.024080	32062
0.017431	0.014274	0.022250	0.103885	0.011757	0.012350	32063
0.092376	0.025139	0.026603	0.036292	0.022584	0.030204	33064
0.001689	0.001745	0.001341	0.001759	0.002237	0.002171	34065
0.002179	0.001400	0.001776	0.001705	0.001454	0.002316	34066
0.001860	0.001489	0.001288	0.001561	0.002239	0.004742	34067
0.003654	0.005010	0.003760	0.003867	0.006621	0.006834	34068
0.000184	0.000247	0.000239	0.000216	0.000156	0.000170	34069
0.023878	0.014666	0.014166	0.018540	0.022404	0.043095	34070
0.005517	0.005313	0.004389	0.006866	0.023172	0.017835	35071
0.005645	0.003517	0.002626	0.002704	0.002781	0.001269	35072
0.003273	0.002182	0.001064	0.001273	0.000287	0.000251	35073
0.005036	0.010980	0.020195	0.006477	0.014653	0.003276	35074
0.000995	0.001025	0.000975	0.001064	0.001240	0.001128	36075
0.013421	0.013919	0.013258	0.013868	0.009647	0.011436	36076
0.000751	0.000789	0.000668	0.000764	0.000533	0.001357	37077
0.000613	0.000680	0.000548	0.000645	0.000497	0.000657	37078
0.001935	0.002000	0.002021	0.002002	0.001434	0.001686	37079
0.002311	0.002364	0.002014	0.003166	0.002825	0.002784	38080
0.008544	0.010504	0.008460	0.010541	0.009881	0.009587	38081
0.006835	0.008487	0.007611	0.009945	0.008701	0.008550	38082
0.001781	0.002860	0.002170	0.002980	0.002150	0.001766	38083
0.002113	0.001250	0.001392	0.001664	0.001280	0.001265	38084
0.001282	0.001374	0.001682	0.001687	0.001355	0.001178	38085
0.004940	0.005354	0.006106	0.006174	0.004829	0.004312	39086
0.000937	0.000859	0.000910	0.000862	0.000775	0.000818	39087

表 4.3 续 32 （Table 4.3 Continue 32）

投入＼产出	代码	基础化学原料	肥料	农药	涂料、油墨、颜料及类似产品
代　码	—	26041	26042	26043	26044
钢、铁及其铸件	31059	0.015165	0.015279	0.011721	0.017403
钢压延产品	31060	0.042632	0.042459	0.031809	0.035296
铁合金产品	31061	0.002823	0.002653	0.002052	0.002340
有色金属及其合金和铸件	32062	0.034340	0.028452	0.025683	0.032398
有色金属压延加工品	32063	0.016561	0.016112	0.013579	0.017548
金属制品	33064	0.030211	0.030766	0.030354	0.044569
锅炉及原动设备	34065	0.002947	0.002898	0.002205	0.001947
金属加工机械	34066	0.001654	0.001971	0.001507	0.001501
物料搬运设备	34067	0.002355	0.002482	0.001926	0.001902
泵、阀门、压缩机及类似机械	34068	0.007161	0.008366	0.006977	0.005415
文化、办公用机械	34069	0.000199	0.000193	0.000224	0.000192
其他通用设备	34070	0.031028	0.043954	0.020846	0.020073
采矿、冶金、建筑专用设备	35071	0.013854	0.010395	0.008617	0.009299
化工、木材、非金属加工专用设备	35072	0.008238	0.013781	0.004225	0.004141
农、林、牧、渔专用机械	35073	0.000485	0.000663	0.001031	0.000815
其他专用设备	35074	0.006748	0.005971	0.008503	0.005604
汽车整车	36075	0.001573	0.001204	0.001164	0.001398
汽车零部件及配件	36076	0.013063	0.013481	0.012895	0.016066
铁路运输和城市轨道交通设备	37077	0.001005	0.001675	0.001036	0.000940
船舶及相关装置	37078	0.000827	0.000763	0.000815	0.000759
其他交通运输设备	37079	0.001988	0.001979	0.001926	0.002118
电机	38080	0.003360	0.003413	0.002376	0.002569
输配电及控制设备	38081	0.020896	0.015005	0.013076	0.012133
电线、电缆、光缆及电工器材	38082	0.010099	0.009761	0.008471	0.009026
电池	38083	0.002508	0.002381	0.002182	0.003032
家用器具	38084	0.001503	0.001573	0.001559	0.001786
其他电气机械和器材	38085	0.001868	0.001524	0.001429	0.001360
计算机	39086	0.005860	0.005840	0.005563	0.006403
通信设备	39087	0.001023	0.000949	0.000908	0.000960

合成材料	专用化学产品和炸药、火工、焰火产品	日用化学产品	医药制品	化学纤维制品	橡胶制品	代码
26045	26046	26047	27048	28049	29050	—
0.013592	0.011804	0.009545	0.007202	0.011510	0.018343	31059
0.038732	0.032037	0.023281	0.018153	0.032451	0.049764	31060
0.002719	0.002380	0.001759	0.001198	0.002124	0.002857	31061
0.030370	0.058132	0.024867	0.018289	0.026543	0.029516	32062
0.019366	0.027848	0.013758	0.010736	0.014003	0.016616	32063
0.024810	0.030577	0.029338	0.020916	0.023340	0.061233	33064
0.002300	0.002019	0.001439	0.001308	0.002007	0.001867	34065
0.001689	0.001506	0.001300	0.001016	0.001325	0.001848	34066
0.001843	0.001769	0.001395	0.002272	0.001617	0.001684	34067
0.006222	0.005645	0.004004	0.002938	0.005033	0.004495	34068
0.000171	0.000202	0.000187	0.000184	0.000188	0.000201	34069
0.023997	0.019754	0.015360	0.017261	0.020004	0.020812	34070
0.011946	0.009098	0.005032	0.004118	0.010082	0.007232	35071
0.010499	0.003747	0.002583	0.001588	0.004749	0.009322	35072
0.000408	0.001463	0.001595	0.002358	0.000587	0.002711	35073
0.007168	0.005202	0.006844	0.004691	0.007061	0.004918	35074
0.001198	0.001304	0.001061	0.000849	0.001145	0.001100	36075
0.011841	0.014911	0.017267	0.015143	0.012483	0.014264	36076
0.000891	0.000922	0.000862	0.000926	0.000921	0.000794	37077
0.000739	0.000770	0.000669	0.000599	0.000755	0.000709	37078
0.001735	0.002003	0.003088	0.002509	0.001804	0.002136	37079
0.002695	0.002744	0.001813	0.001538	0.002299	0.002149	38080
0.013959	0.012768	0.008472	0.007094	0.013840	0.010017	38081
0.008686	0.008766	0.010095	0.009303	0.008452	0.007865	38082
0.002316	0.008191	0.002293	0.001596	0.002087	0.002436	38083
0.001480	0.001639	0.003538	0.001594	0.001398	0.001745	38084
0.001447	0.001419	0.002992	0.000985	0.001266	0.001154	38085
0.005203	0.006203	0.008132	0.007647	0.005167	0.005618	39086
0.000867	0.000938	0.001125	0.000850	0.000887	0.000864	39087

表 4.3 续 33 （Table 4.3 Continue 33）

投入 \ 产出	代码	塑料制品	水泥、石灰和石膏	石膏、水泥制品及类似制品	砖瓦、石材等建筑材料
代码	—	29051	30052	30053	30054
钢、铁及其铸件	31059	0.012631	0.024167	0.033836	0.021990
钢压延产品	31060	0.033094	0.057262	0.118452	0.056971
铁合金产品	31061	0.002230	0.003658	0.005666	0.003460
有色金属及其合金和铸件	32062	0.028744	0.036067	0.039623	0.036439
有色金属压延加工品	32063	0.017510	0.020621	0.019792	0.022471
金属制品	33064	0.033019	0.078323	0.049932	0.076974
锅炉及原动设备	34065	0.001929	0.003912	0.003684	0.002541
金属加工机械	34066	0.001649	0.002804	0.002279	0.002402
物料搬运设备	34067	0.001579	0.004106	0.007443	0.003094
泵、阀门、压缩机及类似机械	34068	0.006089	0.009515	0.010124	0.005684
文化、办公用机械	34069	0.000206	0.000222	0.000203	0.000198
其他通用设备	34070	0.020926	0.070990	0.048725	0.034050
采矿、冶金、建筑专用设备	35071	0.007674	0.033854	0.018841	0.016370
化工、木材、非金属加工专用设备	35072	0.007031	0.003760	0.002564	0.004023
农、林、牧、渔专用机械	35073	0.000615	0.000405	0.000476	0.000435
其他专用设备	35074	0.005817	0.008173	0.006073	0.008087
汽车整车	36075	0.001146	0.001978	0.001761	0.001604
汽车零部件及配件	36076	0.013457	0.017554	0.050647	0.016982
铁路运输和城市轨道交通设备	37077	0.000777	0.001045	0.001035	0.001009
船舶及相关装置	37078	0.000702	0.001068	0.000866	0.000749
其他交通运输设备	37079	0.001944	0.002323	0.002245	0.002142
电机	38080	0.002524	0.005601	0.004188	0.003470
输配电及控制设备	38081	0.012371	0.019450	0.016182	0.014442
电线、电缆、光缆及电工器材	38082	0.008495	0.010863	0.010455	0.009589
电池	38083	0.002213	0.002886	0.003192	0.002350
家用器具	38084	0.001699	0.001345	0.001431	0.001418
其他电气机械和器材	38085	0.001413	0.002338	0.001697	0.001693
计算机	39086	0.005803	0.005871	0.005954	0.005397
通信设备	39087	0.000910	0.001226	0.001182	0.001038

玻璃和玻璃制品	陶瓷制品	耐火材料制品	石墨及其他非金属矿物制品	钢、铁及其铸件	钢压延产品	代码
30055	30056	30057	30058	31059	31060	—
0.018451	0.027773	0.014433	0.016845	0.159396	0.255541	31059
0.044349	0.058033	0.035878	0.042339	0.069085	0.197351	31060
0.002971	0.005060	0.003094	0.009459	0.020563	0.044173	31061
0.037868	0.064066	0.077578	0.038436	0.044540	0.076818	32062
0.024787	0.027061	0.015367	0.017219	0.017081	0.018669	32063
0.064394	0.060329	0.051177	0.042677	0.033767	0.045030	33064
0.002311	0.002650	0.002000	0.002839	0.005069	0.003612	34065
0.001979	0.002261	0.001615	0.002090	0.002204	0.004017	34066
0.002698	0.003335	0.003120	0.002587	0.005223	0.005256	34067
0.007821	0.008821	0.003975	0.006074	0.006582	0.007453	34068
0.000195	0.000229	0.000169	0.000181	0.000196	0.000212	34069
0.026801	0.048667	0.023189	0.074462	0.051621	0.061918	34070
0.012197	0.012200	0.012546	0.013538	0.019103	0.021841	35071
0.003738	0.002595	0.002436	0.002991	0.001560	0.001351	35072
0.000416	0.000540	0.000334	0.000323	0.000262	0.000270	35073
0.008477	0.012013	0.004377	0.005293	0.004216	0.004220	35074
0.001389	0.001522	0.001357	0.001384	0.001287	0.001416	36075
0.014904	0.018478	0.014395	0.013623	0.013805	0.014680	36076
0.000896	0.001098	0.001098	0.001021	0.001261	0.001526	37077
0.000796	0.000864	0.000667	0.000669	0.000868	0.001034	37078
0.002170	0.002909	0.001890	0.002057	0.001939	0.001958	37079
0.003965	0.004278	0.002868	0.004390	0.003545	0.004181	38080
0.013994	0.013207	0.010442	0.014548	0.014160	0.014855	38081
0.009662	0.010803	0.007887	0.009146	0.009988	0.010169	38082
0.002369	0.002660	0.001795	0.002416	0.003363	0.002875	38083
0.001496	0.001649	0.001147	0.001274	0.001100	0.001513	38084
0.001726	0.002854	0.001797	0.001943	0.001532	0.001705	38085
0.005564	0.008646	0.005371	0.005107	0.005088	0.005610	39086
0.001017	0.001347	0.000921	0.001012	0.000979	0.000997	39087

表 4.3 续 34 (Table 4.3 Continue 34)

投入 \ 产出	代码	铁合金产品	有色金属及其合金和铸件	有色金属压延加工品	金属制品
代码	—	31061	32062	32063	33064
钢、铁及其铸件	31059	0.078057	0.017025	0.016817	0.142311
钢压延产品	31060	0.071079	0.036745	0.042443	0.306478
铁合金产品	31061	0.081623	0.011304	0.008248	0.015876
有色金属及其合金和铸件	32062	0.060851	0.301673	0.835097	0.151654
有色金属压延加工品	32063	0.017762	0.050895	0.182576	0.074101
金属制品	33064	0.031874	0.029771	0.027494	0.183322
锅炉及原动设备	34065	0.003082	0.003700	0.002836	0.003393
金属加工机械	34066	0.001565	0.001720	0.001849	0.015393
物料搬运设备	34067	0.004325	0.002690	0.002331	0.004789
泵、阀门、压缩机及类似机械	34068	0.005441	0.005947	0.004980	0.010206
文化、办公用机械	34069	0.000199	0.000201	0.000186	0.000231
其他通用设备	34070	0.030014	0.024240	0.020203	0.047735
采矿、冶金、建筑专用设备	35071	0.018098	0.019034	0.014103	0.023483
化工、木材、非金属加工专用设备	35072	0.001086	0.001469	0.002767	0.004351
农、林、牧、渔专用机械	35073	0.000270	0.000269	0.000254	0.000390
其他专用设备	35074	0.004252	0.004905	0.004033	0.005053
汽车整车	36075	0.001514	0.001836	0.001478	0.001542
汽车零部件及配件	36076	0.014453	0.013167	0.012025	0.017219
铁路运输和城市轨道交通设备	37077	0.002048	0.001061	0.000922	0.001109
船舶及相关装置	37078	0.000843	0.000546	0.000526	0.000859
其他交通运输设备	37079	0.001798	0.001757	0.001628	0.002430
电机	38080	0.003170	0.003747	0.002978	0.004326
输配电及控制设备	38081	0.020048	0.018122	0.014870	0.017673
电线、电缆、光缆及电工器材	38082	0.009582	0.010564	0.010013	0.010849
电池	38083	0.002392	0.003236	0.002583	0.002990
家用器具	38084	0.001038	0.001107	0.001026	0.001787
其他电气机械和器材	38085	0.001459	0.001408	0.001222	0.002773
计算机	39086	0.004874	0.005185	0.004723	0.006150
通信设备	39087	0.000948	0.000935	0.000841	0.001269

锅炉及原动设备	金属加工机械	物料搬运设备	泵、阀门、压缩机及类似机械	文化、办公用机械	其他通用设备	代码
34065	34066	34067	34068	34069	34070	—
0.080999	0.106829	0.097340	0.099824	0.028680	0.081717	31059
0.196209	0.153814	0.257841	0.170823	0.062920	0.182988	31060
0.026591	0.014188	0.013461	0.033385	0.005871	0.012354	31061
0.140033	0.164871	0.106611	0.212478	0.093196	0.137746	32062
0.114541	0.097192	0.071940	0.156529	0.053995	0.090210	32063
0.089021	0.083233	0.098230	0.095412	0.080431	0.099740	33064
0.198703	0.007522	0.023392	0.005717	0.002443	0.016936	34065
0.020173	0.072715	0.011222	0.007775	0.003532	0.013856	34066
0.002675	0.003862	0.141607	0.006760	0.001861	0.003038	34067
0.070722	0.027972	0.039755	0.237464	0.009469	0.037644	34068
0.000224	0.000244	0.000224	0.000229	0.024674	0.000261	34069
0.148012	0.190330	0.131294	0.100654	0.064396	0.174571	34070
0.009190	0.008838	0.010702	0.012174	0.007293	0.009341	35071
0.002824	0.002563	0.003105	0.005116	0.005933	0.003733	35072
0.001852	0.000361	0.000412	0.000399	0.000454	0.000439	35073
0.008484	0.008458	0.008134	0.011052	0.032130	0.008064	35074
0.001223	0.001214	0.001374	0.001309	0.001105	0.001583	36075
0.025513	0.021258	0.093865	0.016422	0.014155	0.016804	36076
0.000972	0.000968	0.001260	0.001057	0.000781	0.001071	37077
0.000834	0.000716	0.001325	0.000829	0.000804	0.000838	37078
0.002638	0.002432	0.032098	0.002643	0.002794	0.002769	37079
0.030083	0.020177	0.048876	0.062517	0.008428	0.028184	38080
0.022075	0.063523	0.050779	0.024064	0.046753	0.051456	38081
0.015939	0.034164	0.038931	0.023254	0.022629	0.022239	38082
0.012049	0.006250	0.015349	0.003963	0.038685	0.014391	38083
0.001873	0.001908	0.002039	0.001909	0.002197	0.002393	38084
0.002411	0.004743	0.005104	0.002566	0.007438	0.006423	38085
0.007859	0.009427	0.007916	0.007320	0.019340	0.013900	39086
0.001166	0.001313	0.002499	0.001273	0.001947	0.001395	39087

表 4.3 续 35 （Table 4.3 Continue 35）

投入 \ 产出	代码	采矿、冶金、建筑专用设备	化工、木材、非金属加工专用设备	农、林、牧、渔专用机械	其他专用设备
代码	—	35071	35072	35073	35074
钢、铁及其铸件	31059	0.081180	0.108201	0.091622	0.079594
钢压延产品	31060	0.228773	0.297291	0.157971	0.168980
铁合金产品	31061	0.017550	0.025729	0.011927	0.010061
有色金属及其合金和铸件	32062	0.110954	0.114663	0.106805	0.115780
有色金属压延加工品	32063	0.058573	0.083729	0.061665	0.078087
金属制品	33064	0.103610	0.079782	0.080564	0.097123
锅炉及原动设备	34065	0.044121	0.022869	0.081314	0.005031
金属加工机械	34066	0.012601	0.017323	0.049893	0.027613
物料搬运设备	34067	0.016160	0.003290	0.004577	0.006616
泵、阀门、压缩机及类似机械	34068	0.051978	0.034589	0.043106	0.023421
文化、办公用机械	34069	0.000251	0.000359	0.000309	0.000336
其他通用设备	34070	0.109878	0.068660	0.130528	0.077906
采矿、冶金、建筑专用设备	35071	0.162390	0.014496	0.008227	0.015422
化工、木材、非金属加工专用设备	35072	0.002139	0.147370	0.003877	0.004333
农、林、牧、渔专用机械	35073	0.000458	0.000651	0.139283	0.000446
其他专用设备	35074	0.013201	0.008904	0.008268	0.121002
汽车整车	36075	0.030123	0.001274	0.002674	0.001449
汽车零部件及配件	36076	0.075831	0.014850	0.113952	0.016591
铁路运输和城市轨道交通设备	37077	0.002420	0.001004	0.001044	0.001025
船舶及相关装置	37078	0.000898	0.000815	0.000815	0.000808
其他交通运输设备	37079	0.002825	0.002581	0.004277	0.003079
电机	38080	0.031206	0.018151	0.012386	0.022589
输配电及控制设备	38081	0.037910	0.029888	0.018344	0.032710
电线、电缆、光缆及电工器材	38082	0.020509	0.017250	0.016056	0.043206
电池	38083	0.008421	0.003265	0.010292	0.006517
家用器具	38084	0.001901	0.001683	0.001943	0.002496
其他电气机械和器材	38085	0.005913	0.001926	0.003432	0.005679
计算机	39086	0.007581	0.007345	0.008329	0.013225
通信设备	39087	0.001570	0.001496	0.001232	0.002344

汽车整车	汽车零部件及配件	铁路运输和城市轨道交通设备	船舶及相关装置	其他交通运输设备	电机	代码
36075	36076	37077	37078	37079	38080	—
0.056660	0.066321	0.080221	0.070868	0.050695	0.052370	31059
0.140918	0.149150	0.192274	0.224782	0.122940	0.174380	31060
0.008895	0.010943	0.013350	0.012106	0.011044	0.018930	31061
0.113590	0.177470	0.149159	0.090969	0.179698	0.256114	32062
0.060035	0.074826	0.113283	0.061158	0.076441	0.207908	32063
0.062800	0.060467	0.091658	0.080230	0.084992	0.076774	33064
0.026039	0.007792	0.021562	0.073171	0.022738	0.024636	34065
0.003707	0.003873	0.004651	0.007753	0.007148	0.005733	34066
0.006677	0.008004	0.004779	0.013566	0.002658	0.003627	34067
0.029424	0.016988	0.041342	0.033173	0.021899	0.012899	34068
0.000210	0.000211	0.000373	0.000262	0.000239	0.000237	34069
0.057789	0.055277	0.089742	0.089109	0.080546	0.110863	34070
0.007342	0.008618	0.009743	0.015233	0.009081	0.009649	35071
0.002589	0.002638	0.002895	0.002087	0.005105	0.002792	35072
0.000468	0.000431	0.000414	0.000410	0.000656	0.000362	35073
0.005322	0.005217	0.014760	0.007663	0.007289	0.014483	35074
0.092352	0.003483	0.001164	0.001195	0.001649	0.001247	36075
0.521693	0.427164	0.017046	0.016000	0.026633	0.015241	36076
0.000858	0.000905	0.165879	0.001303	0.001000	0.001673	37077
0.000864	0.000928	0.000794	0.128730	0.001960	0.000706	37078
0.003206	0.002947	0.004570	0.003287	0.322695	0.002510	37079
0.008092	0.006808	0.032278	0.047543	0.021671	0.074004	38080
0.013995	0.015326	0.081714	0.052986	0.030709	0.064083	38081
0.015108	0.018084	0.057616	0.037234	0.023658	0.099089	38082
0.013325	0.003482	0.009236	0.007373	0.082896	0.006487	38083
0.002398	0.001834	0.002941	0.002245	0.002282	0.001857	38084
0.006254	0.002276	0.038747	0.004757	0.014305	0.006951	38085
0.007668	0.007284	0.008627	0.008805	0.007997	0.007595	39086
0.001279	0.001207	0.002905	0.023467	0.019784	0.002425	39087

表 4.3 续 36 （Table 4.3 Continue 36）

产出 / 投入	代码	输配电及控制设备	电线、电缆、光缆及电工器材	电池	家用器具
代码	—	38081	38082	38083	38084
钢、铁及其铸件	31059	0.046818	0.021535	0.021813	0.040739
钢压延产品	31060	0.137378	0.055664	0.043068	0.102626
铁合金产品	31061	0.016730	0.006651	0.005537	0.008539
有色金属及其合金和铸件	32062	0.222418	0.510675	0.282294	0.156513
有色金属压延加工品	32063	0.167723	0.412890	0.104303	0.090219
金属制品	33064	0.102647	0.079746	0.036889	0.102488
锅炉及原动设备	34065	0.002809	0.002411	0.002244	0.003880
金属加工机械	34066	0.003586	0.003162	0.002042	0.004992
物料搬运设备	34067	0.002864	0.002448	0.002055	0.002638
泵、阀门、压缩机及类似机械	34068	0.011454	0.006194	0.005658	0.091053
文化、办公用机械	34069	0.000239	0.000202	0.000250	0.000254
其他通用设备	34070	0.068564	0.024308	0.025488	0.049943
采矿、冶金、建筑专用设备	35071	0.009764	0.011607	0.010284	0.008378
化工、木材、非金属加工专用设备	35072	0.003023	0.002955	0.003351	0.006358
农、林、牧、渔专用机械	35073	0.000401	0.000339	0.000395	0.000449
其他专用设备	35074	0.009932	0.004695	0.005024	0.012958
汽车整车	36075	0.001257	0.001343	0.001392	0.001284
汽车零部件及配件	36076	0.015185	0.013321	0.014657	0.017893
铁路运输和城市轨道交通设备	37077	0.000969	0.000922	0.000929	0.000925
船舶及相关装置	37078	0.000820	0.000589	0.000660	0.000901
其他交通运输设备	37079	0.002538	0.001960	0.002606	0.002663
电机	38080	0.006177	0.003171	0.002767	0.068234
输配电及控制设备	38081	0.197639	0.022389	0.024441	0.040027
电线、电缆、光缆及电工器材	38082	0.063632	0.065241	0.018949	0.045578
电池	38083	0.018334	0.003559	0.221012	0.006138
家用器具	38084	0.002044	0.001323	0.001618	0.137852
其他电气机械和器材	38085	0.005395	0.001417	0.002227	0.004639
计算机	39086	0.008832	0.005331	0.006795	0.009210
通信设备	39087	0.001597	0.001272	0.001044	0.001367

其他电气机械和器材	计算机	通信设备	广播电视设备和雷达及配套设备	视听设备	电子元器件	代码
38085	39086	39087	39088	39089	39090	—
0.027468	0.017414	0.017578	0.025941	0.016541	0.018515	31059
0.062543	0.038976	0.038989	0.053668	0.039691	0.041835	31060
0.006353	0.003553	0.004002	0.004718	0.003558	0.004313	31061
0.312262	0.113527	0.116279	0.131800	0.114218	0.152697	32062
0.193357	0.064131	0.068824	0.086523	0.071629	0.087426	32063
0.058905	0.062546	0.052767	0.073070	0.056012	0.067953	33064
0.002328	0.001479	0.001570	0.002005	0.001623	0.001770	34065
0.003151	0.002001	0.001937	0.006677	0.002236	0.002445	34066
0.002071	0.001443	0.001470	0.002113	0.001610	0.001687	34067
0.006311	0.005208	0.004781	0.006288	0.004919	0.006010	34068
0.001526	0.000366	0.000814	0.000520	0.000433	0.000408	34069
0.032805	0.021803	0.022773	0.033217	0.027695	0.026158	34070
0.009285	0.005615	0.005809	0.006292	0.005532	0.006619	35071
0.003705	0.003118	0.004237	0.006155	0.004746	0.004182	35072
0.000406	0.000354	0.000385	0.000390	0.000357	0.000402	35073
0.009062	0.008188	0.008166	0.033632	0.019190	0.011333	35074
0.001261	0.000945	0.000975	0.000987	0.000993	0.001005	36075
0.014646	0.013595	0.016309	0.017858	0.014288	0.013805	36076
0.001107	0.000657	0.000751	0.000804	0.000692	0.000732	37077
0.000692	0.000665	0.000646	0.000635	0.000680	0.000678	37078
0.002741	0.002694	0.003221	0.003195	0.002893	0.002774	37079
0.005428	0.002173	0.002267	0.004630	0.002777	0.002579	38080
0.045062	0.031512	0.028138	0.069893	0.032772	0.024792	38081
0.042308	0.026759	0.056851	0.042146	0.030012	0.031447	38082
0.009119	0.049018	0.075374	0.018238	0.019149	0.029180	38083
0.002071	0.002280	0.003266	0.003281	0.002137	0.002139	38084
0.088696	0.008430	0.006002	0.012657	0.007526	0.012319	38085
0.007727	0.186084	0.034912	0.029521	0.019957	0.016875	39086
0.001300	0.004017	0.158047	0.013043	0.002558	0.002428	39087

表 4.3　续 37　(Table 4.3　Continue 37)

投入＼产出	代码	其他电子设备	仪器仪表	其他制造产品	废弃资源和废旧材料回收加工品
代　码	—	39091	40092	41093	42094
钢、铁及其铸件	31059	0.020364	0.033104	0.018666	0.007253
钢压延产品	31060	0.046829	0.090921	0.048278	0.011971
铁合金产品	31061	0.004471	0.006090	0.003574	0.001735
有色金属及其合金和铸件	32062	0.131582	0.119978	0.111253	0.033733
有色金属压延加工品	32063	0.062782	0.064783	0.049079	0.021423
金属制品	33064	0.060632	0.086583	0.056470	0.009648
锅炉及原动设备	34065	0.001737	0.005511	0.002426	0.000600
金属加工机械	34066	0.004046	0.006742	0.003334	0.000519
物料搬运设备	34067	0.001775	0.002390	0.002193	0.000664
泵、阀门、压缩机及类似机械	34068	0.005095	0.015356	0.006793	0.001850
文化、办公用机械	34069	0.000750	0.000381	0.000203	0.000061
其他通用设备	34070	0.029742	0.045869	0.039248	0.006607
采矿、冶金、建筑专用设备	35071	0.005999	0.008091	0.010245	0.003335
化工、木材、非金属加工专用设备	35072	0.004091	0.004282	0.003577	0.000538
农、林、牧、渔专用机械	35073	0.000369	0.000387	0.001312	0.000127
其他专用设备	35074	0.015619	0.026082	0.005742	0.002103
汽车整车	36075	0.001156	0.001067	0.001184	0.000404
汽车零部件及配件	36076	0.015227	0.016592	0.014585	0.006054
铁路运输和城市轨道交通设备	37077	0.000837	0.001003	0.000882	0.000267
船舶及相关装置	37078	0.000789	0.000641	0.000693	0.000224
其他交通运输设备	37079	0.003636	0.003131	0.001995	0.000663
电机	38080	0.002690	0.011796	0.004574	0.003676
输配电及控制设备	38081	0.037635	0.056872	0.014839	0.003405
电线、电缆、光缆及电工器材	38082	0.043008	0.031588	0.013486	0.014686
电池	38083	0.025023	0.013813	0.005732	0.011978
家用器具	38084	0.001886	0.005259	0.006149	0.000397
其他电气机械和器材	38085	0.009007	0.006347	0.001959	0.000379
计算机	39086	0.019436	0.016871	0.005596	0.001619
通信设备	39087	0.003177	0.005696	0.000944	0.000319

金属制品、机械和设备修理服务	电力、热力生产和供应	燃气生产和供应	水的生产和供应	房屋建筑	土木工程建筑	代码
43095	44096	45097	46098	47099	48100	—
0.055567	0.015088	0.016421	0.011294	0.057647	0.062685	31059
0.137778	0.044793	0.051405	0.025288	0.219715	0.258550	31060
0.009832	0.002997	0.002855	0.001659	0.009925	0.010445	31061
0.190845	0.035687	0.019776	0.021932	0.077329	0.046316	32062
0.089196	0.023392	0.010648	0.012729	0.039502	0.022944	32063
0.131378	0.028814	0.021791	0.043955	0.081523	0.088226	33064
0.021745	0.005784	0.002272	0.001672	0.002230	0.002288	34065
0.011266	0.001415	0.001276	0.001435	0.002384	0.002539	34066
0.004257	0.001641	0.001951	0.001337	0.002833	0.002758	34067
0.029524	0.004715	0.005697	0.006250	0.006673	0.005091	34068
0.002496	0.000230	0.000177	0.000245	0.000428	0.001773	34069
0.058852	0.020830	0.018879	0.012856	0.029686	0.030994	34070
0.021132	0.011838	0.019969	0.004303	0.013310	0.013295	35071
0.007195	0.001005	0.000878	0.000962	0.001969	0.001933	35072
0.001847	0.000249	0.000248	0.000290	0.000599	0.000489	35073
0.008423	0.005148	0.011651	0.005217	0.005479	0.008617	35074
0.001518	0.000859	0.000955	0.000570	0.001267	0.001510	36075
0.022383	0.010002	0.009661	0.010363	0.016755	0.020534	36076
0.010347	0.000856	0.000578	0.000478	0.001051	0.001132	37077
0.039838	0.000747	0.000673	0.001308	0.001087	0.001146	37078
0.077358	0.001936	0.001773	0.002120	0.002036	0.002448	37079
0.029167	0.003880	0.002214	0.001896	0.002754	0.002715	38080
0.039346	0.078798	0.009298	0.017322	0.015416	0.014344	38081
0.036028	0.017786	0.008142	0.007855	0.045115	0.020613	38082
0.032521	0.003242	0.001816	0.001981	0.002417	0.002715	38083
0.005534	0.001335	0.001504	0.001044	0.001483	0.001495	38084
0.020596	0.001897	0.001153	0.001472	0.002474	0.002361	38085
0.007817	0.005636	0.004317	0.005147	0.006932	0.013073	39086
0.019765	0.001276	0.000992	0.001414	0.001951	0.001227	39087

表 4.3 续 38 （Table 4.3 Continue 38）

产出 / 投入	代码	建筑安装	建筑装饰和其他建筑服务	批发和零售	铁路运输
代码	—	49101	50102	51103	53104
钢、铁及其铸件	31059	0.046274	0.019911	0.003322	0.016019
钢压延产品	31060	0.168623	0.056280	0.008355	0.051749
铁合金产品	31061	0.008214	0.003583	0.000577	0.002729
有色金属及其合金和铸件	32062	0.085956	0.063399	0.011847	0.025158
有色金属压延加工品	32063	0.058367	0.043982	0.007286	0.016372
金属制品	33064	0.097389	0.074581	0.010251	0.019691
锅炉及原动设备	34065	0.002371	0.002030	0.000482	0.002489
金属加工机械	34066	0.003017	0.002057	0.000410	0.001006
物料搬运设备	34067	0.002770	0.001937	0.000636	0.001730
泵、阀门、压缩机及类似机械	34068	0.022570	0.005245	0.001714	0.004689
文化、办公用机械	34069	0.000643	0.000223	0.000140	0.000238
其他通用设备	34070	0.040845	0.020613	0.004293	0.015330
采矿、冶金、建筑专用设备	35071	0.010762	0.010752	0.001300	0.004600
化工、木材、非金属加工专用设备	35072	0.002081	0.002518	0.000392	0.000815
农、林、牧、渔专用机械	35073	0.000345	0.001498	0.000174	0.000339
其他专用设备	35074	0.021096	0.014505	0.001792	0.004461
汽车整车	36075	0.001308	0.001110	0.001693	0.000516
汽车零部件及配件	36076	0.017300	0.015672	0.013591	0.008875
铁路运输和城市轨道交通设备	37077	0.000951	0.000736	0.000525	0.075646
船舶及相关装置	37078	0.000635	0.000575	0.000498	0.000964
其他交通运输设备	37079	0.002544	0.002211	0.001481	0.002290
电机	38080	0.003983	0.002335	0.001115	0.003218
输配电及控制设备	38081	0.049124	0.032027	0.003104	0.013319
电线、电缆、光缆及电工器材	38082	0.083138	0.038811	0.008332	0.013018
电池	38083	0.005057	0.003872	0.001044	0.003145
家用器具	38084	0.001605	0.001358	0.011183	0.001263
其他电气机械和器材	38085	0.006664	0.008454	0.000835	0.004615
计算机	39086	0.015598	0.006507	0.007553	0.004978
通信设备	39087	0.020730	0.002486	0.000761	0.002999

道路运输	水上运输	航空运输	管道运输	装卸搬运和运输代理	仓储	代码
54105	55106	56107	57108	58109	59110	—
0.012405	0.015059	0.017296	0.012877	0.018341	0.011286	31059
0.032332	0.044958	0.045934	0.037596	0.053131	0.028484	31060
0.002039	0.002477	0.002990	0.002239	0.002793	0.001756	31061
0.028434	0.026048	0.038088	0.031809	0.027673	0.027516	32062
0.014022	0.016074	0.019963	0.017717	0.015713	0.015762	32063
0.018872	0.026408	0.028130	0.024098	0.050661	0.035410	33064
0.001890	0.006257	0.003909	0.002581	0.002480	0.001851	34065
0.000979	0.001687	0.002635	0.001486	0.001828	0.001547	34066
0.003620	0.004942	0.002361	0.001195	0.034045	0.017579	34067
0.003898	0.005926	0.006787	0.004723	0.005091	0.003709	34068
0.000256	0.000278	0.000220	0.000354	0.000214	0.000754	34069
0.014662	0.051037	0.065231	0.032236	0.043408	0.015401	34070
0.006065	0.007798	0.009439	0.005865	0.007912	0.004409	35071
0.001133	0.001237	0.001825	0.001191	0.001307	0.001461	35072
0.000399	0.000456	0.000453	0.000303	0.000273	0.002789	35073
0.005017	0.006163	0.036619	0.004850	0.006418	0.014679	35074
0.012319	0.000759	0.000935	0.000664	0.001279	0.001338	36075
0.135378	0.012078	0.012900	0.030490	0.021900	0.022512	36076
0.001564	0.000767	0.000680	0.001458	0.003582	0.002161	37077
0.000557	0.074252	0.000672	0.002602	0.001345	0.002085	37078
0.003166	0.003044	0.124500	0.012323	0.016312	0.006408	37079
0.001794	0.005351	0.004980	0.003174	0.003691	0.002602	38080
0.006003	0.009577	0.010506	0.012643	0.008386	0.007978	38081
0.007405	0.012973	0.010365	0.013606	0.009998	0.011640	38082
0.002000	0.003589	0.010746	0.004788	0.003682	0.002821	38083
0.001281	0.003454	0.001549	0.001765	0.001480	0.003786	38084
0.001135	0.002842	0.002692	0.002253	0.001481	0.001738	38085
0.004896	0.007357	0.006779	0.005942	0.007405	0.011581	39086
0.001144	0.004403	0.003258	0.009171	0.001993	0.002518	39087

表 4.3 续 39 (Table 4.3 Continue 39)

投入＼产出	代码	邮政	住宿	餐饮	电信和其他信息传输服务
代　码	—	60111	61112	62113	63114
钢、铁及其铸件	31059	0.011334	0.005214	0.003052	0.005454
钢压延产品	31060	0.029278	0.013373	0.007869	0.013545
铁合金产品	31061	0.002608	0.000878	0.000505	0.001253
有色金属及其合金和铸件	32062	0.034180	0.014170	0.007321	0.059229
有色金属压延加工品	32063	0.017781	0.008445	0.004315	0.043404
金属制品	33064	0.023368	0.016382	0.008233	0.017283
锅炉及原动设备	34065	0.002652	0.000871	0.000895	0.000721
金属加工机械	34066	0.001390	0.000632	0.000460	0.000708
物料搬运设备	34067	0.001960	0.000810	0.000630	0.000677
泵、阀门、压缩机及类似机械	34068	0.003938	0.002070	0.001271	0.001617
文化、办公用机械	34069	0.000160	0.000502	0.000108	0.000350
其他通用设备	34070	0.015845	0.007102	0.004936	0.006758
采矿、冶金、建筑专用设备	35071	0.003642	0.002606	0.001475	0.002463
化工、木材、非金属加工专用设备	35072	0.001118	0.000757	0.000615	0.000805
农、林、牧、渔专用机械	35073	0.000315	0.000962	0.002865	0.000270
其他专用设备	35074	0.011142	0.003703	0.002012	0.002484
汽车整车	36075	0.000939	0.000679	0.000580	0.000409
汽车零部件及配件	36076	0.044518	0.017407	0.008553	0.009013
铁路运输和城市轨道交通设备	37077	0.000983	0.000464	0.000615	0.000343
船舶及相关装置	37078	0.000528	0.000434	0.001168	0.000270
其他交通运输设备	37079	0.108300	0.001908	0.001179	0.002079
电机	38080	0.002875	0.001008	0.000666	0.000952
输配电及控制设备	38081	0.007120	0.006326	0.002721	0.007638
电线、电缆、光缆及电工器材	38082	0.012073	0.007733	0.003567	0.088401
电池	38083	0.008415	0.001225	0.000686	0.009368
家用器具	38084	0.001539	0.002323	0.001407	0.001071
其他电气机械和器材	38085	0.003892	0.001268	0.000554	0.020719
计算机	39086	0.008515	0.005277	0.002871	0.014247
通信设备	39087	0.008028	0.001504	0.000521	0.053565

软件和信息技术服务	货币金融和其他金融服务	资本市场服务	保险	房地产	租赁	代码
65115	66116	67117	68118	70119	71120	—
0.007715	0.003673	0.002312	0.003239	0.002454	0.012738	31059
0.018164	0.008987	0.005593	0.007776	0.006449	0.031023	31060
0.001513	0.000632	0.000395	0.000567	0.000413	0.001867	31061
0.045116	0.015230	0.010313	0.015385	0.008572	0.028919	32062
0.027568	0.009313	0.006263	0.009315	0.005386	0.015573	32063
0.024116	0.011545	0.006891	0.009603	0.008769	0.061832	33064
0.000890	0.000477	0.000308	0.000459	0.000276	0.001060	34065
0.000936	0.000491	0.000319	0.000412	0.000292	0.001311	34066
0.000871	0.000437	0.000281	0.000416	0.000256	0.001189	34067
0.002416	0.001059	0.000688	0.000984	0.000622	0.002686	34068
0.000269	0.001137	0.000096	0.000418	0.000438	0.000304	34069
0.009566	0.004401	0.002818	0.004007	0.002628	0.010810	34070
0.002779	0.001519	0.001003	0.001352	0.001027	0.005236	35071
0.001225	0.000446	0.000309	0.000429	0.000260	0.001065	35072
0.000337	0.000258	0.000195	0.000390	0.000140	0.000250	35073
0.004503	0.004042	0.002975	0.002582	0.001867	0.004689	35074
0.000639	0.000353	0.000222	0.000346	0.000177	0.000704	36075
0.030514	0.013956	0.007154	0.010787	0.006391	0.045535	36076
0.000472	0.000356	0.000194	0.000329	0.000167	0.000672	37077
0.000375	0.000218	0.000141	0.000242	0.000128	0.000532	37078
0.004202	0.003197	0.001326	0.003531	0.001220	0.005641	37079
0.001238	0.000618	0.000408	0.000637	0.000350	0.001293	38080
0.008723	0.003103	0.002141	0.002663	0.002243	0.005940	38081
0.031617	0.010511	0.006354	0.010018	0.006569	0.009247	38082
0.017745	0.001445	0.000835	0.001389	0.000704	0.004409	38083
0.002695	0.000865	0.000594	0.000890	0.000421	0.001178	38084
0.003670	0.000989	0.000631	0.001361	0.000654	0.003339	38085
0.145589	0.010380	0.006153	0.007054	0.004902	0.070066	39086
0.051632	0.002007	0.001295	0.003056	0.000670	0.004315	39087

表 4.3 续 40 （Table 4.3 Continue 40）

投入＼产出	代码	商务服务	研究和试验发展	专业技术服务	科技推广和应用服务
代码	—	72121	73122	74123	75124
钢、铁及其铸件	31059	0.013866	0.013353	0.012132	0.027409
钢压延产品	31060	0.033351	0.031477	0.029295	0.061750
铁合金产品	31061	0.002290	0.002766	0.002292	0.003804
有色金属及其合金和铸件	32062	0.058416	0.047047	0.050571	0.048470
有色金属压延加工品	32063	0.037691	0.028394	0.031829	0.027258
金属制品	33064	0.055522	0.061610	0.045743	0.173334
锅炉及原动设备	34065	0.001399	0.001662	0.001302	0.001538
金属加工机械	34066	0.001952	0.001672	0.001670	0.002919
物料搬运设备	34067	0.001536	0.001188	0.001157	0.001588
泵、阀门、压缩机及类似机械	34068	0.003416	0.006043	0.004146	0.004223
文化、办公用机械	34069	0.000300	0.000277	0.000332	0.000640
其他通用设备	34070	0.013802	0.013319	0.013831	0.015659
采矿、冶金、建筑专用设备	35071	0.005087	0.004344	0.004455	0.006367
化工、木材、非金属加工专用设备	35072	0.001398	0.001585	0.001454	0.001545
农、林、牧、渔专用机械	35073	0.000664	0.000898	0.000375	0.000415
其他专用设备	35074	0.005154	0.004534	0.004994	0.005136
汽车整车	36075	0.001048	0.000800	0.000747	0.000864
汽车零部件及配件	36076	0.079518	0.024142	0.027287	0.029176
铁路运输和城市轨道交通设备	37077	0.000870	0.000835	0.000654	0.000824
船舶及相关装置	37078	0.000675	0.000654	0.000520	0.000522
其他交通运输设备	37079	0.003943	0.003633	0.003656	0.004276
电机	38080	0.001675	0.003917	0.001848	0.001877
输配电及控制设备	38081	0.007589	0.009947	0.009999	0.009009
电线、电缆、光缆及电工器材	38082	0.062140	0.034748	0.044025	0.021161
电池	38083	0.004055	0.012084	0.006737	0.004154
家用器具	38084	0.001621	0.040985	0.002261	0.002070
其他电气机械和器材	38085	0.001393	0.001508	0.001847	0.001851
计算机	39086	0.057739	0.028078	0.107181	0.051408
通信设备	39087	0.001347	0.001273	0.002035	0.002074

水利管理	生态保护和环境治理	公共设施管理	居民服务	其他服务	教育	代码
76125	77126	78127	79128	80129	82130	—
0.011432	0.010763	0.008974	0.004320	0.014019	0.002944	31059
0.030114	0.027572	0.021155	0.011144	0.032520	0.007424	31060
0.001873	0.002631	0.001575	0.000761	0.002496	0.000564	31061
0.026257	0.046564	0.029929	0.015637	0.059742	0.009735	32062
0.015450	0.030325	0.018134	0.009117	0.035409	0.005730	32063
0.036236	0.028035	0.020967	0.013198	0.043068	0.009235	33064
0.002250	0.001451	0.001700	0.000687	0.002565	0.001238	34065
0.001406	0.001282	0.001360	0.000521	0.001522	0.000385	34066
0.001177	0.001304	0.001123	0.000688	0.001408	0.000345	34067
0.003287	0.003218	0.003123	0.001443	0.004371	0.001016	34068
0.000698	0.000240	0.000597	0.000778	0.000613	0.000112	34069
0.027691	0.012806	0.011133	0.006005	0.016350	0.004588	34070
0.004379	0.004232	0.003721	0.002325	0.003742	0.001361	35071
0.001094	0.001289	0.001305	0.000725	0.001462	0.000448	35072
0.000465	0.000612	0.001439	0.000496	0.000427	0.000336	35073
0.004125	0.011046	0.003382	0.002471	0.005124	0.002099	35074
0.000757	0.000853	0.000806	0.000468	0.000833	0.000264	36075
0.033991	0.059623	0.050931	0.008837	0.083793	0.004731	36076
0.000771	0.000959	0.000815	0.000428	0.004042	0.000392	37077
0.012919	0.001445	0.000764	0.000336	0.002915	0.000186	37078
0.005132	0.004835	0.003543	0.003253	0.054060	0.002921	37079
0.002611	0.001850	0.001762	0.000872	0.002834	0.000596	38080
0.009442	0.009105	0.008001	0.004720	0.009084	0.002848	38081
0.010486	0.047967	0.021244	0.008745	0.033595	0.004308	38082
0.002978	0.003179	0.002103	0.002732	0.014918	0.001038	38083
0.001338	0.001534	0.008351	0.001147	0.006584	0.000714	38084
0.003908	0.001611	0.001087	0.000819	0.002520	0.000732	38085
0.008206	0.017957	0.007142	0.005677	0.015772	0.002843	39086
0.002595	0.002544	0.001702	0.001161	0.014012	0.001265	39087

表 4.3 续 41 （Table 4.3 Continue 41）

产出 / 投入	代码	卫生	社会工作	新闻和出版	广播、电视、电影和影视录音制作
代码	—	83131	84132	85133	86134
钢、铁及其铸件	31059	0.006880	0.003689	0.006032	0.004562
钢压延产品	31060	0.016307	0.009656	0.015502	0.011954
铁合金产品	31061	0.001049	0.000661	0.001058	0.000892
有色金属及其合金和铸件	32062	0.015817	0.010820	0.020515	0.018293
有色金属压延加工品	32063	0.009677	0.006566	0.011923	0.011722
金属制品	33064	0.014753	0.009535	0.016592	0.012417
锅炉及原动设备	34065	0.000905	0.001494	0.000971	0.001081
金属加工机械	34066	0.001526	0.000479	0.000847	0.000814
物料搬运设备	34067	0.001304	0.004090	0.001325	0.000629
泵、阀门、压缩机及类似机械	34068	0.002412	0.001260	0.002385	0.001573
文化、办公用机械	34069	0.000136	0.000365	0.000614	0.000140
其他通用设备	34070	0.011082	0.005637	0.009005	0.007847
采矿、冶金、建筑专用设备	35071	0.002756	0.001830	0.003100	0.002207
化工、木材、非金属加工专用设备	35072	0.000929	0.000507	0.001316	0.000663
农、林、牧、渔专用机械	35073	0.001087	0.000889	0.000746	0.000487
其他专用设备	35074	0.042863	0.003795	0.006753	0.004026
汽车整车	36075	0.000634	0.000320	0.000993	0.000568
汽车零部件及配件	36076	0.011102	0.007811	0.014573	0.011134
铁路运输和城市轨道交通设备	37077	0.000555	0.000342	0.001110	0.000853
船舶及相关装置	37078	0.000386	0.000252	0.000537	0.000433
其他交通运输设备	37079	0.001942	0.002251	0.003568	0.011175
电机	38080	0.002169	0.001086	0.001297	0.001754
输配电及控制设备	38081	0.005406	0.004511	0.006116	0.004007
电线、电缆、光缆及电工器材	38082	0.007785	0.005279	0.007231	0.016362
电池	38083	0.002969	0.001107	0.002194	0.001959
家用器具	38084	0.001538	0.000724	0.001721	0.001179
其他电气机械和器材	38085	0.001720	0.000814	0.001135	0.001091
计算机	39086	0.005300	0.002938	0.007508	0.004948
通信设备	39087	0.001390	0.000977	0.001990	0.001875

文化艺术	体育	娱乐	社会保障	公共管理和社会组织	代码
87135	88136	89137	93138	90139	—
0.004669	0.005365	0.003192	0.002280	0.005183	31059
0.012168	0.012970	0.007955	0.005806	0.013136	31060
0.000859	0.000957	0.000535	0.000424	0.000918	31061
0.017403	0.020145	0.009754	0.006855	0.016175	32062
0.010320	0.011510	0.005756	0.004074	0.009198	32063
0.012423	0.018603	0.010566	0.007428	0.013363	33064
0.000789	0.000740	0.000510	0.000428	0.001074	34065
0.000836	0.001218	0.000416	0.000273	0.000639	34066
0.000632	0.000588	0.000520	0.000292	0.000664	34067
0.001710	0.001486	0.001192	0.000819	0.001733	34068
0.000145	0.000328	0.000443	0.000129	0.000243	34069
0.007260	0.007844	0.004455	0.003420	0.007122	34070
0.002073	0.002474	0.001432	0.001080	0.002219	35071
0.000715	0.000662	0.000497	0.000321	0.000618	35072
0.000541	0.000390	0.000843	0.000266	0.000359	35073
0.003584	0.003454	0.002471	0.001585	0.003497	35074
0.000482	0.000450	0.000530	0.000252	0.000536	36075
0.009540	0.008182	0.008192	0.005517	0.030656	36076
0.000527	0.000491	0.000358	0.000390	0.000812	37077
0.000349	0.000353	0.000653	0.000165	0.000303	37078
0.010076	0.005607	0.001358	0.003650	0.007019	37079
0.001935	0.001624	0.000728	0.000798	0.001572	38080
0.004435	0.004522	0.003036	0.002117	0.004173	38081
0.009791	0.008477	0.004724	0.003723	0.007678	38082
0.001874	0.001498	0.000942	0.000876	0.002331	38083
0.001072	0.000969	0.002396	0.002139	0.002750	38084
0.001298	0.000787	0.000553	0.000620	0.001460	38085
0.005085	0.006955	0.003999	0.002813	0.005505	39086
0.001972	0.000957	0.002968	0.001178	0.003063	39087

表 4.3 续 42 （Table 4.3 Continue 42）

投入＼产出	代码	农产品	林产品	畜牧产品	渔产品
代 码	—	01001	02002	03003	04004
广播电视设备和雷达及配套设备	39088	0.000025	0.000027	0.000030	0.000161
视听设备	39089	0.000368	0.000548	0.000427	0.000429
电子元器件	39090	0.006970	0.008026	0.004888	0.006314
其他电子设备	39091	0.000870	0.000713	0.000442	0.000504
仪器仪表	40092	0.003978	0.003716	0.002201	0.003102
其他制造产品	41093	0.000695	0.002162	0.000593	0.001074
废弃资源和废旧材料回收加工品	42094	0.002211	0.002409	0.001758	0.002054
金属制品、机械和设备修理服务	43095	0.000824	0.000806	0.000624	0.001927
电力、热力生产和供应	44096	0.067482	0.041844	0.034427	0.035006
燃气生产和供应	45097	0.001248	0.001081	0.000864	0.000883
水的生产和供应	46098	0.000678	0.000913	0.000467	0.000480
房屋建筑	47099	0.000085	0.000321	0.000047	0.000148
土木工程建筑	48100	0.000024	0.000113	0.000010	0.000047
建筑安装	49101	0.000037	0.000051	0.000024	0.000038
建筑装饰和其他建筑服务	50102	0.002484	0.002259	0.001938	0.002071
批发和零售	51103	0.031265	0.033843	0.053317	0.042672
铁路运输	53104	0.005180	0.005337	0.005850	0.004096
道路运输	54105	0.016655	0.022142	0.021460	0.021089
水上运输	55106	0.002663	0.003059	0.003840	0.004322
航空运输	56107	0.002028	0.003331	0.001889	0.002326
管道运输	57108	0.000958	0.000874	0.000517	0.000693
装卸搬运和运输代理	58109	0.004530	0.004041	0.005916	0.004810
仓储	59110	0.004565	0.004669	0.003786	0.006116
邮政	60111	0.001321	0.002688	0.001029	0.001943
住宿	61112	0.001834	0.002589	0.001989	0.002405
餐饮	62113	0.003858	0.008041	0.003644	0.004943

农、林、牧、渔服务	煤炭采选产品	石油和天然气开采产品	黑色金属矿采选产品	有色金属矿采选产品	非金属矿采选产品	代码
05005	06006	07007	08008	09009	10010	—
0.000056	0.000052	0.000071	0.000076	0.000135	0.000065	39088
0.000879	0.000683	0.000594	0.000699	0.001069	0.000955	39089
0.013285	0.022818	0.021373	0.021885	0.027295	0.024775	39090
0.000869	0.002684	0.002412	0.003077	0.002601	0.002810	39091
0.007257	0.006424	0.021687	0.010881	0.012856	0.010008	40092
0.001843	0.003728	0.001711	0.001845	0.002344	0.001848	41093
0.003149	0.008747	0.006945	0.007808	0.010262	0.008405	42094
0.004193	0.001838	0.002867	0.002599	0.004119	0.003646	43095
0.045529	0.114431	0.115258	0.239190	0.212220	0.176990	44096
0.001557	0.001452	0.001313	0.002039	0.002203	0.002346	45097
0.001334	0.001426	0.001126	0.003097	0.002067	0.002071	46098
0.000630	0.000044	0.000026	0.000042	0.000047	0.000045	47099
0.000225	0.000001	0.000001	0.000001	0.000001	0.000001	48100
0.000093	0.000054	0.000053	0.000080	0.000076	0.000068	49101
0.003250	0.007150	0.004992	0.006695	0.009249	0.009031	50102
0.064274	0.044218	0.034341	0.051479	0.058560	0.056418	51103
0.007653	0.011902	0.004692	0.016695	0.009694	0.009512	53104
0.039023	0.029836	0.019361	0.038482	0.041784	0.052060	54105
0.006021	0.005528	0.003246	0.015993	0.005133	0.007318	55106
0.006482	0.004495	0.003260	0.005540	0.006151	0.004860	56107
0.001033	0.001013	0.001662	0.002266	0.002207	0.001895	57108
0.006835	0.006613	0.003644	0.009200	0.008357	0.010121	58109
0.005087	0.004399	0.002566	0.007323	0.005561	0.005971	59110
0.006134	0.002716	0.001212	0.002399	0.002109	0.002067	60111
0.005708	0.004792	0.003330	0.006333	0.005999	0.005384	61112
0.019457	0.010074	0.006016	0.013284	0.013628	0.012566	62113

表 4.3 续 43 (Table 4.3 Continue 43)

投入 \ 产出	代码	开采辅助服务和其他采矿产品	谷物磨制品	饲料加工品	植物油加工品
代码	—	11011	13012	13013	13014
广播电视设备和雷达及配套设备	39088	0.000070	0.000036	0.000053	0.000038
视听设备	39089	0.000970	0.000504	0.000632	0.000548
电子元器件	39090	0.029329	0.007966	0.008498	0.007598
其他电子设备	39091	0.002208	0.000836	0.000796	0.000789
仪器仪表	40092	0.023160	0.003957	0.003912	0.003713
其他制造产品	41093	0.006361	0.000862	0.001043	0.000932
废弃资源和废旧材料回收加工品	42094	0.012833	0.002496	0.004019	0.002632
金属制品、机械和设备修理服务	43095	0.005263	0.001131	0.001482	0.001009
电力、热力生产和供应	44096	0.131384	0.069696	0.065405	0.063499
燃气生产和供应	45097	0.002085	0.001571	0.001513	0.001477
水的生产和供应	46098	0.003107	0.001089	0.001043	0.000722
房屋建筑	47099	0.000045	0.000076	0.000078	0.000073
土木工程建筑	48100	0.000001	0.000018	0.000017	0.000016
建筑安装	49101	0.000064	0.000039	0.000039	0.000038
建筑装饰和其他建筑服务	50102	0.007653	0.003370	0.003599	0.003313
批发和零售	51103	0.066540	0.057321	0.080338	0.069508
铁路运输	53104	0.007026	0.008997	0.008064	0.006349
道路运输	54105	0.041237	0.033816	0.036105	0.033320
水上运输	55106	0.005564	0.004195	0.005547	0.004994
航空运输	56107	0.005508	0.002710	0.003391	0.002612
管道运输	57108	0.001941	0.000942	0.000860	0.000879
装卸搬运和运输代理	58109	0.007111	0.009274	0.009412	0.008367
仓储	59110	0.005222	0.009474	0.007151	0.006516
邮政	60111	0.001655	0.001462	0.001652	0.001569
住宿	61112	0.006163	0.002917	0.004466	0.002513
餐饮	62113	0.010690	0.005837	0.007009	0.005178

糖及糖制品	屠宰及肉类加工品	水产加工品	蔬菜、水果、坚果和其他农副食品加工品	方便食品	乳制品	代码
13015	13016	13017	13018	14019	14020	—
0.000035	0.000065	0.000127	0.000049	0.000053	0.000064	39088
0.000479	0.000785	0.000673	0.000644	0.000744	0.000873	39089
0.008137	0.007312	0.008510	0.010958	0.009232	0.011900	39090
0.000824	0.000689	0.000649	0.000955	0.000848	0.000840	39091
0.004392	0.002773	0.004015	0.004145	0.003813	0.004234	40092
0.000830	0.000853	0.001194	0.001477	0.001120	0.001912	41093
0.002593	0.002599	0.003251	0.003683	0.004167	0.006661	42094
0.001290	0.001014	0.001501	0.001114	0.001774	0.001169	43095
0.084498	0.044270	0.044906	0.069159	0.067363	0.059310	44096
0.001590	0.001461	0.001517	0.001997	0.001842	0.001984	45097
0.000892	0.000854	0.001150	0.001576	0.001339	0.001339	46098
0.000065	0.000057	0.000113	0.000076	0.000067	0.000059	47099
0.000013	0.000007	0.000029	0.000014	0.000010	0.000006	48100
0.000039	0.000031	0.000044	0.000043	0.000043	0.000053	49101
0.004139	0.003751	0.003817	0.004932	0.004467	0.004987	50102
0.057250	0.128896	0.090417	0.078403	0.109914	0.116142	51103
0.005059	0.018711	0.006174	0.010240	0.009192	0.018054	53104
0.033373	0.044077	0.045516	0.042640	0.049844	0.058718	54105
0.003927	0.011386	0.008116	0.006885	0.005598	0.009372	55106
0.002733	0.003238	0.004339	0.004716	0.003884	0.005101	56107
0.000871	0.000700	0.000825	0.001008	0.000893	0.000932	57108
0.007903	0.012370	0.012320	0.011445	0.010820	0.011766	58109
0.007602	0.006751	0.010718	0.009230	0.011917	0.008694	59110
0.001616	0.001306	0.002163	0.001762	0.001927	0.002751	60111
0.002764	0.002854	0.003526	0.004266	0.004066	0.005336	61112
0.005830	0.006195	0.011073	0.011208	0.008912	0.010284	62113

表 4.3 续 44 (Table 4.3 Continue 44)

投入 \ 产出	代码	调味品、发酵制品	其他食品	酒精和酒	饮料和精制茶加工品
代码	—	14021	14022	15023	15024
广播电视设备和雷达及配套设备	39088	0.000058	0.000059	0.000050	0.000062
视听设备	39089	0.000804	0.000831	0.000753	0.000960
电子元器件	39090	0.012038	0.011483	0.011588	0.014454
其他电子设备	39091	0.001392	0.000955	0.000925	0.001106
仪器仪表	40092	0.004885	0.004527	0.004291	0.004898
其他制造产品	41093	0.001455	0.001440	0.001570	0.002362
废弃资源和废旧材料回收加工品	42094	0.004757	0.004787	0.005689	0.006536
金属制品、机械和设备修理服务	43095	0.001582	0.001477	0.001156	0.001638
电力、热力生产和供应	44096	0.085851	0.073852	0.066657	0.075518
燃气生产和供应	45097	0.001997	0.002024	0.001663	0.002271
水的生产和供应	46098	0.001920	0.002155	0.002667	0.004414
房屋建筑	47099	0.000068	0.000070	0.000062	0.000066
土木工程建筑	48100	0.000010	0.000010	0.000008	0.000006
建筑安装	49101	0.000048	0.000049	0.000052	0.000060
建筑装饰和其他建筑服务	50102	0.005695	0.005759	0.006096	0.006141
批发和零售	51103	0.101191	0.109425	0.100684	0.126828
铁路运输	53104	0.010541	0.011193	0.007671	0.008734
道路运输	54105	0.051131	0.050792	0.041481	0.062510
水上运输	55106	0.007221	0.006680	0.004462	0.005804
航空运输	56107	0.004447	0.005318	0.004624	0.005766
管道运输	57108	0.001032	0.000983	0.000946	0.001143
装卸搬运和运输代理	58109	0.010837	0.011200	0.009138	0.011947
仓储	59110	0.007957	0.010668	0.007115	0.009780
邮政	60111	0.002091	0.002273	0.002664	0.002939
住宿	61112	0.005162	0.005335	0.005433	0.005079
餐饮	62113	0.009601	0.012431	0.010857	0.012192

烟草制品	棉、化纤纺织及印染精加工品	毛纺织及染整精加工品	麻、丝绢纺织及加工品	针织或钩针编织及其制品	纺织制成品	代码
16025	17026	17027	17028	17029	17030	—
0.000027	0.000054	0.000063	0.000051	0.000066	0.000062	39088
0.000442	0.000704	0.000807	0.000687	0.000890	0.000810	39089
0.005860	0.012703	0.011317	0.011416	0.014029	0.012504	39090
0.000469	0.001335	0.001057	0.001092	0.001418	0.001251	39091
0.002009	0.006428	0.004747	0.005620	0.006900	0.005681	40092
0.000745	0.001314	0.001184	0.001188	0.001936	0.001548	41093
0.005025	0.004474	0.004367	0.003968	0.005696	0.005539	42094
0.000526	0.002545	0.001653	0.001710	0.002240	0.002168	43095
0.030139	0.122357	0.078102	0.090173	0.128992	0.102025	44096
0.000814	0.002019	0.001850	0.001979	0.002416	0.002087	45097
0.000518	0.001816	0.001268	0.001810	0.001793	0.001659	46098
0.000029	0.000104	0.000060	0.000110	0.000089	0.000076	47099
0.000003	0.000024	0.000007	0.000027	0.000014	0.000011	48100
0.000019	0.000052	0.000045	0.000050	0.000059	0.000052	49101
0.005409	0.005187	0.004601	0.006457	0.005889	0.005863	50102
0.066769	0.091975	0.110436	0.085253	0.126655	0.115893	51103
0.002324	0.006759	0.014583	0.008734	0.007646	0.007376	53104
0.020282	0.041185	0.041725	0.044082	0.046546	0.044387	54105
0.001694	0.006131	0.010076	0.006313	0.007313	0.007566	55106
0.003069	0.004904	0.004399	0.004572	0.005508	0.005290	56107
0.000405	0.001279	0.001134	0.001182	0.001477	0.001302	57108
0.003180	0.009537	0.011361	0.008971	0.010567	0.009918	58109
0.003200	0.006045	0.006292	0.005843	0.006422	0.006862	59110
0.000877	0.001953	0.001613	0.001986	0.002133	0.001895	60111
0.002733	0.004116	0.003510	0.003976	0.004710	0.004353	61112
0.007418	0.009592	0.008025	0.009808	0.010517	0.010209	62113

表 4.3 续 45 （Table 4.3 Continue 45）

投入＼产出	代码	纺织服装服饰	皮革、毛皮、羽毛及其制品	鞋	木材加工品和木、竹、藤、棕、草制品
代码	—	18031	19032	19033	20034
广播电视设备和雷达及配套设备	39088	0.000067	0.000073	0.000074	0.000057
视听设备	39089	0.000934	0.001009	0.001047	0.000798
电子元器件	39090	0.014346	0.011164	0.014464	0.016449
其他电子设备	39091	0.001204	0.000922	0.001295	0.002287
仪器仪表	40092	0.005387	0.003647	0.005618	0.007332
其他制造产品	41093	0.006173	0.007302	0.003944	0.001854
废弃资源和废旧材料回收加工品	42094	0.004788	0.004814	0.006250	0.007818
金属制品、机械和设备修理服务	43095	0.001996	0.001517	0.002515	0.002366
电力、热力生产和供应	44096	0.094915	0.056513	0.094597	0.120120
燃气生产和供应	45097	0.001980	0.001805	0.002281	0.002630
水的生产和供应	46098	0.001583	0.001333	0.001640	0.002196
房屋建筑	47099	0.000085	0.000078	0.000081	0.000110
土木工程建筑	48100	0.000012	0.000009	0.000009	0.000025
建筑安装	49101	0.000050	0.000041	0.000056	0.000058
建筑装饰和其他建筑服务	50102	0.006351	0.004637	0.007004	0.007010
批发和零售	51103	0.138910	0.172465	0.164172	0.073140
铁路运输	53104	0.007551	0.010869	0.007497	0.009384
道路运输	54105	0.046235	0.045663	0.049910	0.062854
水上运输	55106	0.007020	0.007864	0.007046	0.005969
航空运输	56107	0.006469	0.005302	0.006232	0.005850
管道运输	57108	0.001139	0.000898	0.001401	0.001380
装卸搬运和运输代理	58109	0.011494	0.011433	0.010089	0.013738
仓储	59110	0.007880	0.006753	0.007809	0.007405
邮政	60111	0.002091	0.001765	0.002078	0.002260
住宿	61112	0.004743	0.003907	0.004633	0.005131
餐饮	62113	0.010836	0.009291	0.010651	0.012549

家具	造纸和纸制品	印刷品和记录媒介复制品	文教、工美、体育和娱乐用品	精炼石油和核燃料加工品	炼焦产品	代码
21035	22036	23037	24038	25039	25040	—
0.000058	0.000056	0.000057	0.000071	0.000071	0.000054	39088
0.000802	0.000831	0.000830	0.000895	0.000609	0.000608	39089
0.015491	0.019069	0.018461	0.034818	0.020723	0.019161	39090
0.001691	0.001580	0.001504	0.001847	0.003048	0.002121	39091
0.006387	0.007984	0.006238	0.007251	0.018913	0.007908	40092
0.002005	0.001876	0.002970	0.005201	0.001887	0.002286	41093
0.010683	0.088644	0.037357	0.029524	0.006110	0.006847	42094
0.002447	0.002367	0.002052	0.002348	0.003221	0.001749	43095
0.108745	0.147178	0.104939	0.126819	0.118647	0.112273	44096
0.002385	0.003027	0.002544	0.002314	0.002693	0.002244	45097
0.001818	0.002682	0.002110	0.001766	0.001120	0.001419	46098
0.000082	0.000069	0.000061	0.000067	0.000031	0.000040	47099
0.000013	0.000008	0.000004	0.000006	0.000001	0.000001	48100
0.000058	0.000064	0.000058	0.000061	0.000231	0.000049	49101
0.007629	0.007623	0.007583	0.007749	0.006229	0.006399	50102
0.087266	0.069812	0.084969	0.106137	0.044360	0.049313	51103
0.008244	0.008653	0.007171	0.008363	0.005441	0.015510	53104
0.056748	0.059743	0.057406	0.047177	0.022703	0.037743	54105
0.006561	0.006578	0.005468	0.006896	0.004658	0.007602	55106
0.006293	0.005787	0.007061	0.007295	0.003634	0.003991	56107
0.001285	0.001473	0.001313	0.001483	0.009146	0.001113	57108
0.013424	0.011827	0.010889	0.010397	0.005136	0.008388	58109
0.007979	0.009201	0.007963	0.007172	0.004387	0.004545	59110
0.002465	0.002664	0.002384	0.002315	0.001433	0.002061	60111
0.005067	0.004768	0.005499	0.005042	0.003593	0.003982	61112
0.013315	0.012119	0.015156	0.011823	0.006618	0.008848	62113

表 4.3 续 46 (Table 4.3 Continue 46)

投入 \ 产出	代码	基础化学原料	肥料	农药	涂料、油墨、颜料及类似产品
代码	—	26041	26042	26043	26044
广播电视设备和雷达及配套设备	39088	0.000080	0.000078	0.000079	0.000074
视听设备	39089	0.000758	0.000807	0.000774	0.000910
电子元器件	39090	0.023805	0.022877	0.020306	0.019567
其他电子设备	39091	0.004136	0.003621	0.004798	0.002622
仪器仪表	40092	0.016177	0.012462	0.011427	0.010499
其他制造产品	41093	0.002013	0.002099	0.001838	0.002198
废弃资源和废旧材料回收加工品	42094	0.008379	0.007808	0.007187	0.011528
金属制品、机械和设备修理服务	43095	0.003542	0.003017	0.003062	0.003027
电力、热力生产和供应	44096	0.333378	0.202238	0.197788	0.175111
燃气生产和供应	45097	0.009150	0.005657	0.004648	0.004608
水的生产和供应	46098	0.002872	0.002957	0.002900	0.002433
房屋建筑	47099	0.000050	0.000055	0.000053	0.000058
土木工程建筑	48100	0.000001	0.000002	0.000002	0.000002
建筑安装	49101	0.000133	0.000093	0.000091	0.000102
建筑装饰和其他建筑服务	50102	0.008749	0.008040	0.009240	0.007938
批发和零售	51103	0.067123	0.083636	0.071459	0.094741
铁路运输	53104	0.011210	0.020377	0.010605	0.010429
道路运输	54105	0.045525	0.048350	0.050126	0.066869
水上运输	55106	0.008669	0.007857	0.008885	0.007999
航空运输	56107	0.005401	0.006040	0.006052	0.007470
管道运输	57108	0.004550	0.002803	0.002764	0.003129
装卸搬运和运输代理	58109	0.010293	0.013536	0.009682	0.011275
仓储	59110	0.006963	0.008029	0.006642	0.008783
邮政	60111	0.002306	0.002437	0.002328	0.002519
住宿	61112	0.005088	0.005465	0.005812	0.006396
餐饮	62113	0.010905	0.012005	0.012214	0.014846

合成材料	专用化学产品和炸药、火工、焰火产品	日用化学产品	医药制品	化学纤维制品	橡胶制品	代码
26045	26046	26047	27048	28049	29050	—
0.000070	0.000076	0.000072	0.000058	0.000069	0.000063	39088
0.000749	0.000903	0.001200	0.000823	0.000737	0.000857	39089
0.019617	0.022289	0.020967	0.016565	0.018719	0.017195	39090
0.002827	0.003286	0.001697	0.001308	0.002886	0.001908	39091
0.013552	0.010697	0.008105	0.005896	0.012168	0.008813	40092
0.001821	0.002302	0.002765	0.002632	0.001834	0.002065	41093
0.009141	0.010935	0.008209	0.005807	0.012492	0.010999	42094
0.003164	0.002896	0.002347	0.001832	0.003227	0.002464	43095
0.205141	0.178497	0.113054	0.097309	0.211554	0.136832	44096
0.004452	0.004679	0.005578	0.002309	0.004591	0.003147	45097
0.002125	0.002512	0.001637	0.001557	0.002268	0.002439	46098
0.000046	0.000065	0.000066	0.000062	0.000053	0.000084	47099
0.000001	0.000005	0.000004	0.000006	0.000002	0.000013	48100
0.000143	0.000095	0.000096	0.000063	0.000115	0.000082	49101
0.008083	0.008088	0.006796	0.005887	0.007709	0.007175	50102
0.068229	0.089121	0.121379	0.091117	0.071969	0.086481	51103
0.010049	0.010249	0.009045	0.010928	0.010433	0.008726	53104
0.043575	0.059821	0.055482	0.046664	0.048545	0.056871	54105
0.007833	0.007198	0.006617	0.006279	0.007946	0.007770	55106
0.005097	0.006716	0.007641	0.012204	0.005450	0.006187	56107
0.005174	0.002885	0.002064	0.001192	0.003904	0.002416	57108
0.009518	0.010187	0.011186	0.009645	0.009385	0.009441	58109
0.006895	0.007882	0.012827	0.007909	0.007062	0.009104	59110
0.001917	0.002407	0.004249	0.003085	0.002103	0.002254	60111
0.004528	0.006136	0.009387	0.007908	0.005535	0.005786	61112
0.009800	0.014499	0.017624	0.022498	0.011477	0.011911	62113

表 4.3 续 47 （Table 4.3 Continue 47）

投入 \ 产出	代码	塑料制品	水泥、石灰和石膏	石膏、水泥制品及类似制品	砖瓦、石材等建筑材料
代码	—	29051	30052	30053	30054
广播电视设备和雷达及配套设备	39088	0.000070	0.000076	0.000071	0.000065
视听设备	39089	0.000874	0.000757	0.001053	0.000796
电子元器件	39090	0.018885	0.027010	0.024014	0.021172
其他电子设备	39091	0.002238	0.002999	0.002535	0.002193
仪器仪表	40092	0.010026	0.013253	0.010654	0.010463
其他制造产品	41093	0.001926	0.002446	0.002288	0.002088
废弃资源和废旧材料回收加工品	42094	0.012281	0.015619	0.016219	0.017981
金属制品、机械和设备修理服务	43095	0.002962	0.007789	0.003891	0.003452
电力、热力生产和供应	44096	0.166236	0.247903	0.189974	0.195679
燃气生产和供应	45097	0.003507	0.002566	0.002964	0.002936
水的生产和供应	46098	0.002086	0.002362	0.002745	0.002781
房屋建筑	47099	0.000060	0.000056	0.000056	0.000051
土木工程建筑	48100	0.000003	0.000001	0.000002	0.000002
建筑安装	49101	0.000091	0.000066	0.000065	0.000077
建筑装饰和其他建筑服务	50102	0.007545	0.007729	0.007812	0.008735
批发和零售	51103	0.101656	0.065954	0.077400	0.070109
铁路运输	53104	0.008495	0.010761	0.010928	0.011005
道路运输	54105	0.055217	0.056004	0.075395	0.064423
水上运输	55106	0.007446	0.009927	0.009166	0.007700
航空运输	56107	0.006710	0.005562	0.006061	0.006207
管道运输	57108	0.002876	0.001674	0.001758	0.002183
装卸搬运和运输代理	58109	0.010643	0.010813	0.012633	0.013031
仓储	59110	0.007597	0.007006	0.009676	0.007210
邮政	60111	0.002071	0.002349	0.002118	0.002275
住宿	61112	0.005080	0.005293	0.005536	0.006118
餐饮	62113	0.012554	0.012656	0.014758	0.015228

玻璃和玻璃制品	陶瓷制品	耐火材料制品	石墨及其他非金属矿物制品	钢、铁及其铸件	钢压延产品	代码
30055	30056	30057	30058	31059	31060	—
0.000068	0.000076	0.000057	0.000063	0.000061	0.000070	39088
0.000831	0.000943	0.000735	0.000689	0.000657	0.000737	39089
0.021416	0.026814	0.016561	0.022627	0.020990	0.023310	39090
0.002352	0.002950	0.001535	0.002741	0.002365	0.002879	39091
0.010726	0.010093	0.007680	0.009763	0.009381	0.010073	40092
0.001844	0.002536	0.002064	0.001771	0.002075	0.002056	41093
0.022971	0.015351	0.016216	0.015056	0.125657	0.057487	42094
0.003487	0.003676	0.002693	0.003919	0.002978	0.003212	43095
0.191618	0.160721	0.133688	0.171841	0.181704	0.184246	44096
0.003246	0.006585	0.002049	0.002464	0.002125	0.002887	45097
0.002489	0.003414	0.001616	0.001628	0.002340	0.002228	46098
0.000052	0.000059	0.000046	0.000046	0.000044	0.000049	47099
0.000002	0.000002	0.000001	0.000001	0.000001	0.000001	48100
0.000083	0.000091	0.000062	0.000075	0.000056	0.000062	49101
0.009717	0.009136	0.011020	0.008059	0.007340	0.007485	50102
0.075410	0.071887	0.059513	0.061733	0.050677	0.053883	51103
0.009676	0.011998	0.012538	0.011383	0.013803	0.016365	53104
0.057591	0.061389	0.048532	0.050799	0.046012	0.047100	54105
0.008400	0.008961	0.007165	0.006497	0.009809	0.012024	55106
0.007055	0.009416	0.005739	0.007214	0.005094	0.005318	56107
0.002482	0.002525	0.001433	0.002236	0.001347	0.001541	57108
0.010648	0.012830	0.011325	0.009661	0.011203	0.010178	58109
0.007329	0.041876	0.006019	0.005948	0.006285	0.007440	59110
0.002226	0.002809	0.002547	0.001998	0.002190	0.002270	60111
0.005431	0.008735	0.005346	0.004712	0.005069	0.005276	61112
0.013176	0.023086	0.013273	0.011981	0.011631	0.011323	62113

表 4.3 续 48 (Table 4.3 Continue 48)

投入＼产出	代码	铁合金产品	有色金属及其合金和铸件	有色金属压延加工品	金属制品
代码	—	31061	32062	32063	33064
广播电视设备和雷达及配套设备	39088	0.000069	0.000071	0.000060	0.000074
视听设备	39089	0.000632	0.000676	0.000628	0.000911
电子元器件	39090	0.022110	0.019261	0.016749	0.025682
其他电子设备	39091	0.002150	0.001843	0.001555	0.002924
仪器仪表	40092	0.012502	0.011888	0.009953	0.011929
其他制造产品	41093	0.001919	0.001918	0.001676	0.002497
废弃资源和废旧材料回收加工品	42094	0.044249	0.123843	0.089130	0.052102
金属制品、机械和设备修理服务	43095	0.003320	0.003214	0.002834	0.003303
电力、热力生产和供应	44096	0.293783	0.263397	0.218093	0.197037
燃气生产和供应	45097	0.003555	0.002318	0.002089	0.003491
水的生产和供应	46098	0.002568	0.001954	0.001823	0.002226
房屋建筑	47099	0.000045	0.000050	0.000046	0.000055
土木工程建筑	48100	0.000001	0.000001	0.000001	0.000001
建筑安装	49101	0.000064	0.000069	0.000060	0.000067
建筑装饰和其他建筑服务	50102	0.007016	0.007851	0.007668	0.008991
批发和零售	51103	0.048244	0.047912	0.046175	0.073677
铁路运输	53104	0.023433	0.010600	0.009454	0.011598
道路运输	54105	0.052165	0.038239	0.040108	0.055316
水上运输	55106	0.009189	0.005171	0.005194	0.009436
航空运输	56107	0.005316	0.005127	0.004961	0.007318
管道运输	57108	0.001736	0.001908	0.001570	0.001678
装卸搬运和运输代理	58109	0.011721	0.008048	0.008016	0.010610
仓储	59110	0.006519	0.005434	0.005917	0.009432
邮政	60111	0.002083	0.002191	0.002026	0.002477
住宿	61112	0.005523	0.005181	0.004756	0.006066
餐饮	62113	0.013505	0.011271	0.010654	0.014926

锅炉及原动设备	金属加工机械	物料搬运设备	泵、阀门、压缩机及类似机械	文化、办公用机械	其他通用设备	代码
34065	34066	34067	34068	34069	34070	—
0.000095	0.000121	0.000143	0.000094	0.000748	0.000197	39088
0.001014	0.000950	0.001564	0.000958	0.001641	0.001037	39089
0.068699	0.134631	0.064078	0.055548	0.605938	0.138384	39090
0.004946	0.007512	0.005529	0.004536	0.020716	0.023879	39091
0.015209	0.024547	0.018279	0.019233	0.019319	0.017041	40092
0.002927	0.002850	0.002429	0.003371	0.003059	0.002580	41093
0.030318	0.035204	0.029019	0.042993	0.018581	0.030855	42094
0.003600	0.002683	0.002971	0.002747	0.003109	0.003478	43095
0.129165	0.134351	0.125712	0.148350	0.126206	0.145808	44096
0.003035	0.003114	0.002754	0.002742	0.002665	0.005721	45097
0.001798	0.002156	0.001936	0.002004	0.001921	0.002506	46098
0.000058	0.000055	0.000059	0.000058	0.000062	0.000059	47099
0.000001	0.000001	0.000001	0.000001	0.000002	0.000001	48100
0.000060	0.000059	0.000062	0.000067	0.000065	0.000084	49101
0.009751	0.008574	0.009105	0.008205	0.008617	0.008593	50102
0.082472	0.080867	0.098042	0.085052	0.119847	0.086591	51103
0.009925	0.010154	0.010086	0.010828	0.008300	0.010442	53104
0.054417	0.055377	0.056550	0.055820	0.050799	0.054168	54105
0.007734	0.007763	0.015908	0.009324	0.008871	0.008969	55106
0.009619	0.008963	0.009164	0.009564	0.013412	0.010342	56107
0.001368	0.001356	0.001389	0.001480	0.001643	0.001820	57108
0.011110	0.011554	0.012725	0.011486	0.010284	0.010466	58109
0.007454	0.007412	0.008966	0.010255	0.007156	0.007639	59110
0.002503	0.002446	0.002664	0.002878	0.002320	0.003680	60111
0.007475	0.006816	0.007391	0.007347	0.005945	0.006664	61112
0.016034	0.016127	0.016913	0.016588	0.013354	0.015757	62113

表 4.3 续 49 （Table 4.3 Continue 49）

投入 \ 产出	代码	采矿、冶金、建筑专用设备	化工、木材、非金属加工专用设备	农、林、牧、渔专用机械	其他专用设备
代码	—	35071	35072	35073	35074
广播电视设备和雷达及配套设备	39088	0.000108	0.000085	0.000090	0.000196
视听设备	39089	0.001374	0.000900	0.001843	0.001348
电子元器件	39090	0.089166	0.036761	0.045426	0.172952
其他电子设备	39091	0.005147	0.004272	0.004098	0.010076
仪器仪表	40092	0.018220	0.016105	0.011582	0.021879
其他制造产品	41093	0.004000	0.002013	0.002779	0.003054
废弃资源和废旧材料回收加工品	42094	0.027287	0.031557	0.026268	0.026596
金属制品、机械和设备修理服务	43095	0.003003	0.003636	0.003075	0.003277
电力、热力生产和供应	44096	0.120191	0.147023	0.123744	0.145311
燃气生产和供应	45097	0.002857	0.002569	0.003159	0.002682
水的生产和供应	46098	0.001753	0.001983	0.001803	0.002058
房屋建筑	47099	0.000060	0.000058	0.000060	0.000060
土木工程建筑	48100	0.000001	0.000001	0.000002	0.000002
建筑安装	49101	0.000060	0.000061	0.000061	0.000064
建筑装饰和其他建筑服务	50102	0.007805	0.007884	0.009066	0.008330
批发和零售	51103	0.092784	0.076974	0.099320	0.090663
铁路运输	53104	0.010517	0.010521	0.010360	0.010277
道路运输	54105	0.058019	0.052757	0.063650	0.054548
水上运输	55106	0.009200	0.008683	0.008836	0.007921
航空运输	56107	0.008666	0.010756	0.008707	0.011423
管道运输	57108	0.001368	0.001357	0.001464	0.001430
装卸搬运和运输代理	58109	0.011735	0.009875	0.013373	0.010660
仓储	59110	0.008267	0.006813	0.009272	0.008317
邮政	60111	0.002504	0.002637	0.002373	0.002747
住宿	61112	0.007899	0.007608	0.006810	0.008026
餐饮	62113	0.017789	0.016468	0.015903	0.017207

汽车整车	汽车零部件及配件	铁路运输和城市轨道交通设备	船舶及相关装置	其他交通运输设备	电机	代码
36075	36076	37077	37078	37079	38080	—
0.000174	0.000100	0.000297	0.021291	0.001031	0.000125	39088
0.005730	0.009410	0.001117	0.001120	0.001210	0.000932	39089
0.052364	0.074597	0.097019	0.081895	0.082902	0.143124	39090
0.003318	0.003244	0.006646	0.005468	0.010420	0.006946	39091
0.016234	0.011486	0.013753	0.067854	0.033475	0.024409	40092
0.002687	0.002748	0.003475	0.004907	0.002527	0.002292	41093
0.022724	0.030723	0.032235	0.023585	0.028528	0.037281	42094
0.002310	0.002618	0.003152	0.004486	0.003090	0.002975	43095
0.106210	0.134105	0.132907	0.114892	0.130185	0.141966	44096
0.002503	0.002530	0.002533	0.002246	0.002730	0.002650	45097
0.001602	0.001882	0.001857	0.001571	0.001905	0.001806	46098
0.000062	0.000062	0.000057	0.000058	0.000061	0.000059	47099
0.000002	0.000002	0.000001	0.000001	0.000002	0.000001	48100
0.000061	0.000059	0.000057	0.000054	0.000064	0.000062	49101
0.007478	0.007971	0.008293	0.010269	0.009210	0.009778	50102
0.128410	0.114940	0.090901	0.087130	0.112683	0.081945	51103
0.008846	0.009465	0.011842	0.008244	0.009364	0.009690	53104
0.059731	0.054111	0.050806	0.043793	0.057195	0.054245	54105
0.009975	0.010790	0.008562	0.010339	0.007683	0.007409	55106
0.009787	0.010409	0.008723	0.007258	0.008639	0.008966	56107
0.001307	0.001426	0.001353	0.001214	0.001546	0.001417	57108
0.019331	0.019475	0.009834	0.009423	0.011195	0.010031	58109
0.008946	0.011624	0.007100	0.006358	0.008082	0.008106	59110
0.002693	0.002316	0.002253	0.002278	0.002431	0.002559	60111
0.006054	0.005936	0.007006	0.006153	0.006356	0.007021	61112
0.014166	0.013519	0.015590	0.012804	0.014541	0.015743	62113

表 4.3 续 50 (Table 4.3 Continue 50)

投入＼产出	代码	输配电及控制设备	电线、电缆、光缆及电工器材	电池	家用器具
代码	—	38081	38082	38083	38084
广播电视设备和雷达及配套设备	39088	0.000176	0.000068	0.000117	0.000128
视听设备	39089	0.001021	0.000771	0.000897	0.001183
电子元器件	39090	0.188581	0.025796	0.114672	0.172550
其他电子设备	39091	0.015387	0.001940	0.007975	0.005009
仪器仪表	40092	0.024259	0.011614	0.010614	0.014918
其他制造产品	41093	0.002431	0.001780	0.003245	0.004212
废弃资源和废旧材料回收加工品	42094	0.033202	0.056792	0.033589	0.026943
金属制品、机械和设备修理服务	43095	0.002823	0.002687	0.003262	0.003117
电力、热力生产和供应	44096	0.145817	0.178492	0.184015	0.135422
燃气生产和供应	45097	0.002793	0.002411	0.003183	0.002938
水的生产和供应	46098	0.002076	0.001852	0.002597	0.002085
房屋建筑	47099	0.000063	0.000052	0.000057	0.000066
土木工程建筑	48100	0.000001	0.000001	0.000001	0.000002
建筑安装	49101	0.000068	0.000063	0.000070	0.000074
建筑装饰和其他建筑服务	50102	0.008757	0.007148	0.007668	0.008658
批发和零售	51103	0.096507	0.068643	0.094724	0.123221
铁路运输	53104	0.010358	0.009741	0.009934	0.009231
道路运输	54105	0.055680	0.048460	0.054816	0.062182
水上运输	55106	0.009106	0.006031	0.006649	0.010112
航空运输	56107	0.009890	0.006429	0.008441	0.009547
管道运输	57108	0.001564	0.001655	0.001915	0.001648
装卸搬运和运输代理	58109	0.010960	0.009758	0.011808	0.013273
仓储	59110	0.008438	0.006637	0.006842	0.013382
邮政	60111	0.002760	0.002121	0.002221	0.003171
住宿	61112	0.007354	0.005217	0.005701	0.007993
餐饮	62113	0.018284	0.012713	0.012450	0.015762

其他电气机械和器材	计算机	通信设备	广播电视设备和雷达及配套设备	视听设备	电子元器件	代码
38085	39086	39087	39088	39089	39090	—
0.000139	0.000486	0.003268	0.020240	0.000983	0.000553	39088
0.000986	0.001270	0.001500	0.005278	0.096582	0.001218	39089
0.216691	0.966997	0.711256	0.595562	0.918040	0.789809	39090
0.007205	0.022830	0.022081	0.021852	0.032963	0.027875	39091
0.014758	0.013026	0.012579	0.053272	0.014325	0.016843	40092
0.002334	0.003962	0.004975	0.009346	0.004969	0.004835	41093
0.038511	0.017409	0.017655	0.020154	0.017515	0.021986	42094
0.002875	0.002264	0.002156	0.002443	0.002886	0.002824	43095
0.170517	0.109887	0.114360	0.111360	0.108247	0.135688	44096
0.002909	0.002377	0.002220	0.002209	0.002339	0.002348	45097
0.002178	0.001827	0.002135	0.002022	0.001760	0.002122	46098
0.000058	0.000071	0.000070	0.000076	0.000073	0.000064	47099
0.000001	0.000001	0.000001	0.000001	0.000001	0.000001	48100
0.000065	0.000058	0.000063	0.000063	0.000063	0.000058	49101
0.010142	0.009364	0.010401	0.010185	0.009957	0.010457	50102
0.086839	0.132532	0.131775	0.107116	0.127194	0.106245	51103
0.009206	0.007018	0.008207	0.008634	0.007217	0.007798	53104
0.054067	0.041897	0.043318	0.045558	0.047124	0.044612	54105
0.007326	0.007404	0.007029	0.006630	0.007171	0.007190	55106
0.009272	0.013446	0.017504	0.016067	0.013137	0.013959	56107
0.001661	0.001300	0.001345	0.001277	0.001262	0.001393	57108
0.010260	0.008641	0.009434	0.009352	0.009703	0.009076	58109
0.007770	0.006950	0.007310	0.006232	0.008159	0.006569	59110
0.002337	0.002476	0.002774	0.002954	0.002971	0.002289	60111
0.006757	0.006181	0.007614	0.008766	0.006858	0.006400	61112
0.014411	0.012967	0.016303	0.018318	0.013822	0.013867	62113

表 4.3 续 51 (Table 4.3 Continue 51)

投入＼产出	代码	其他电子设备	仪器仪表	其他制造产品	废弃资源和废旧材料回收加工品
代码	—	39091	40092	41093	42094
广播电视设备和雷达及配套设备	39088	0.005031	0.000695	0.000078	0.000019
视听设备	39089	0.001916	0.002406	0.000881	0.000239
电子元器件	39090	0.562138	0.398687	0.048771	0.006702
其他电子设备	39091	0.083765	0.018333	0.002547	0.000528
仪器仪表	40092	0.018129	0.171695	0.011669	0.002266
其他制造产品	41093	0.005105	0.002856	0.029868	0.000520
废弃资源和废旧材料回收加工品	42094	0.019939	0.021680	0.017720	0.052732
金属制品、机械和设备修理服务	43095	0.002573	0.002531	0.002856	0.000873
电力、热力生产和供应	44096	0.116274	0.116603	0.127096	0.042229
燃气生产和供应	45097	0.002560	0.002356	0.005439	0.000967
水的生产和供应	46098	0.001784	0.002000	0.006210	0.001906
房屋建筑	47099	0.000072	0.000067	0.000068	0.000018
土木工程建筑	48100	0.000001	0.000001	0.000005	0.000001
建筑安装	49101	0.000062	0.000062	0.000077	0.000020
建筑装饰和其他建筑服务	50102	0.008799	0.008832	0.008604	0.003547
批发和零售	51103	0.096840	0.098686	0.102915	0.021489
铁路运输	53104	0.009065	0.009756	0.009642	0.002837
道路运输	54105	0.063625	0.049463	0.053794	0.021427
水上运输	55106	0.008967	0.006747	0.007281	0.002426
航空运输	56107	0.021386	0.014771	0.006756	0.002145
管道运输	57108	0.001347	0.001328	0.002175	0.000485
装卸搬运和运输代理	58109	0.011044	0.009785	0.011633	0.004725
仓储	59110	0.007725	0.007235	0.007303	0.002634
邮政	60111	0.002742	0.002725	0.002286	0.000771
住宿	61112	0.007309	0.008629	0.005809	0.002074
餐饮	62113	0.016190	0.019615	0.013465	0.004629

金属制品、机械和设备修理服务	电力、热力生产和供应	燃气生产和供应	水的生产和供应	房屋建筑	土木工程建筑	代码
43095	44096	45097	46098	47099	48100	—
0.001017	0.000084	0.000064	0.000067	0.000073	0.000080	39088
0.001191	0.000740	0.000594	0.000702	0.001160	0.002355	39089
0.079299	0.039561	0.019903	0.019865	0.021577	0.029823	39090
0.010127	0.003361	0.001868	0.001519	0.002018	0.003224	39091
0.029447	0.047968	0.015937	0.016642	0.008744	0.011243	40092
0.002736	0.002076	0.001728	0.001362	0.002816	0.002498	41093
0.030549	0.007396	0.005675	0.005431	0.021409	0.019154	42094
0.006761	0.005242	0.004093	0.003367	0.002489	0.002645	43095
0.180375	0.549410	0.117802	0.293294	0.132685	0.124762	44096
0.002629	0.003516	0.117538	0.001891	0.002451	0.003068	45097
0.002571	0.003257	0.001344	0.047619	0.002355	0.002136	46098
0.000058	0.000052	0.000046	0.000055	0.000054	0.000057	47099
0.000001	0.000001	0.000001	0.000001	0.000002	0.000002	48100
0.000064	0.000077	0.000562	0.000054	0.000057	0.000070	49101
0.009900	0.011390	0.006696	0.013591	0.029929	0.046177	50102
0.091684	0.051548	0.038946	0.048343	0.067638	0.067355	51103
0.008992	0.009258	0.005839	0.004646	0.009015	0.009413	53104
0.053735	0.030664	0.021948	0.028466	0.056491	0.079403	54105
0.009841	0.006253	0.006470	0.003143	0.007119	0.007303	55106
0.010206	0.005253	0.004411	0.005828	0.006611	0.007865	56107
0.001534	0.002146	0.023033	0.001116	0.001406	0.001885	57108
0.010628	0.006276	0.004632	0.004573	0.009233	0.009844	58109
0.007093	0.003973	0.003162	0.004004	0.006568	0.007500	59110
0.002467	0.002349	0.001782	0.002478	0.002138	0.002291	60111
0.007186	0.005560	0.004786	0.006114	0.005729	0.007035	61112
0.017849	0.009953	0.009142	0.013400	0.014314	0.014767	62113

表 4.3 续 52 （Table 4.3 Continue 52）

投入 \ 产出	代码	建筑安装	建筑装饰和其他建筑服务	批发和零售	铁路运输
代码	—	49101	50102	51103	53104
广播电视设备和雷达及配套设备	39088	0.000137	0.000063	0.000274	0.000356
视听设备	39089	0.002793	0.000953	0.004600	0.000746
电子元器件	39090	0.053404	0.025282	0.015642	0.021026
其他电子设备	39091	0.004320	0.002091	0.001046	0.001701
仪器仪表	40092	0.020911	0.007385	0.002309	0.007232
其他制造产品	41093	0.002806	0.001941	0.002366	0.001924
废弃资源和废旧材料回收加工品	42094	0.019726	0.012986	0.003002	0.006569
金属制品、机械和设备修理服务	43095	0.002291	0.001847	0.000534	0.002950
电力、热力生产和供应	44096	0.182327	0.099129	0.034493	0.113695
燃气生产和供应	45097	0.002798	0.002263	0.001034	0.002170
水的生产和供应	46098	0.002486	0.002145	0.000663	0.001516
房屋建筑	47099	0.000049	0.000055	0.000208	0.000060
土木工程建筑	48100	0.000001	0.000005	0.000001	0.000001
建筑安装	49101	0.000061	0.000052	0.000036	0.000063
建筑装饰和其他建筑服务	50102	0.030750	0.030277	0.006449	0.024592
批发和零售	51103	0.075249	0.072387	0.049032	0.045638
铁路运输	53104	0.010268	0.007633	0.006344	0.012653
道路运输	54105	0.066548	0.052106	0.022907	0.023080
水上运输	55106	0.006829	0.006145	0.006401	0.003642
航空运输	56107	0.009937	0.005927	0.007457	0.004511
管道运输	57108	0.001595	0.001324	0.000509	0.001648
装卸搬运和运输代理	58109	0.023757	0.011418	0.005863	0.009161
仓储	59110	0.007172	0.006721	0.011396	0.025084
邮政	60111	0.002107	0.001881	0.002174	0.002176
住宿	61112	0.007216	0.004780	0.005470	0.005835
餐饮	62113	0.016241	0.011374	0.010173	0.009700

道路运输	水上运输	航空运输	管道运输	装卸搬运和运输代理	仓储	代码
54105	55106	56107	57108	58109	59110	—
0.000064	0.001457	0.000162	0.000127	0.000097	0.000103	39088
0.001496	0.000890	0.000838	0.001610	0.001264	0.000964	39089
0.020061	0.025624	0.031074	0.035363	0.028113	0.024618	39090
0.001446	0.002361	0.003536	0.002465	0.002259	0.001670	39091
0.006562	0.011842	0.011479	0.010523	0.008517	0.007118	40092
0.001679	0.002275	0.001747	0.002390	0.002252	0.004598	41093
0.005958	0.006445	0.007993	0.006451	0.007245	0.006448	42094
0.001957	0.001989	0.003190	0.048900	0.001824	0.007486	43095
0.062632	0.060847	0.077606	0.151097	0.068847	0.082642	44096
0.025344	0.002427	0.002340	0.018554	0.002957	0.003794	45097
0.001176	0.001015	0.001321	0.001724	0.001218	0.002705	46098
0.000067	0.000073	0.000087	0.000082	0.000083	0.000135	47099
0.000001	0.000001	0.000001	0.000001	0.000001	0.000006	48100
0.000172	0.000123	0.000144	0.023882	0.000126	0.000082	49101
0.013410	0.007035	0.009200	0.012795	0.007604	0.024963	50102
0.057219	0.061660	0.081314	0.045645	0.059005	0.076681	51103
0.006466	0.008133	0.007107	0.008064	0.042873	0.025685	53104
0.086566	0.030449	0.033499	0.028303	0.076681	0.092291	54105
0.005572	0.068515	0.005206	0.006225	0.015095	0.024248	55106
0.007036	0.008271	0.162677	0.014033	0.039993	0.020015	56107
0.006094	0.003887	0.004858	0.013795	0.004010	0.001761	57108
0.047930	0.073280	0.028266	0.005911	0.017347	0.035019	58109
0.049591	0.062642	0.010875	0.007457	0.012149	0.045175	59110
0.002532	0.002820	0.002612	0.002103	0.002804	0.003610	60111
0.005725	0.005884	0.010509	0.008984	0.006931	0.009899	61112
0.026837	0.011767	0.022593	0.010877	0.012455	0.025352	62113

表 4.3 续 53 （Table 4.3 Continue 53）

投入＼产出	代码	邮政	住宿	餐饮	电信和其他信息传输服务
代码	—	60111	61112	62113	63114
广播电视设备和雷达及配套设备	39088	0.000159	0.000239	0.000059	0.000387
视听设备	39089	0.001137	0.000991	0.000694	0.004497
电子元器件	39090	0.025572	0.013302	0.007236	0.059627
其他电子设备	39091	0.001869	0.001086	0.000594	0.002095
仪器仪表	40092	0.006784	0.004582	0.002337	0.009220
其他制造产品	41093	0.001906	0.002877	0.001018	0.001903
废弃资源和废旧材料回收加工品	42094	0.007470	0.004070	0.002349	0.008090
金属制品、机械和设备修理服务	43095	0.001113	0.001142	0.000795	0.001640
电力、热力生产和供应	44096	0.056224	0.089535	0.034004	0.070915
燃气生产和供应	45097	0.002585	0.007974	0.003752	0.000988
水的生产和供应	46098	0.001318	0.007400	0.001459	0.000875
房屋建筑	47099	0.000096	0.000143	0.000082	0.000106
土木工程建筑	48100	0.000001	0.000003	0.000009	0.000001
建筑安装	49101	0.011843	0.000098	0.000041	0.000052
建筑装饰和其他建筑服务	50102	0.008854	0.013995	0.005554	0.011968
批发和零售	51103	0.110274	0.119914	0.103399	0.047111
铁路运输	53104	0.011723	0.005054	0.007274	0.003516
道路运输	54105	0.048674	0.035049	0.033349	0.018852
水上运输	55106	0.004825	0.003826	0.005308	0.002367
航空运输	56107	0.044369	0.005850	0.003300	0.006099
管道运输	57108	0.001383	0.001775	0.000921	0.000574
装卸搬运和运输代理	58109	0.013326	0.007054	0.007831	0.003833
仓储	59110	0.006128	0.004999	0.005193	0.004081
邮政	60111	0.055247	0.005021	0.001694	0.003437
住宿	61112	0.012739	0.004300	0.002907	0.005446
餐饮	62113	0.013455	0.008965	0.006583	0.011148

软件和信息技术服务	货币金融和其他金融服务	资本市场服务	保险	房地产	租赁	代码
65115	66116	67117	68118	70119	71120	—
0.000270	0.000040	0.000028	0.000058	0.000018	0.000085	39088
0.005655	0.000681	0.000443	0.000678	0.000342	0.001004	39089
0.170912	0.016075	0.009296	0.012781	0.007587	0.069862	39090
0.005843	0.000871	0.000622	0.000683	0.000417	0.002358	39091
0.008767	0.002470	0.001642	0.002295	0.001425	0.005935	40092
0.002905	0.003252	0.001638	0.002080	0.002597	0.002074	41093
0.009952	0.004007	0.003085	0.003794	0.002089	0.007376	42094
0.001108	0.000574	0.000368	0.000532	0.000498	0.001178	43095
0.054841	0.032698	0.026293	0.029266	0.021251	0.049846	44096
0.001529	0.001129	0.000802	0.001462	0.002590	0.001573	45097
0.001084	0.001012	0.001191	0.001901	0.000910	0.000921	46098
0.000178	0.000297	0.000226	0.000172	0.003756	0.000154	47099
0.000001	0.000001	0.000001	0.000001	0.000000	0.000001	48100
0.000066	0.000152	0.000032	0.000103	0.000039	0.000100	49101
0.007149	0.014628	0.005772	0.007608	0.024250	0.007300	50102
0.097703	0.039684	0.032050	0.048044	0.018656	0.066144	51103
0.005181	0.003883	0.002193	0.003724	0.001784	0.007174	53104
0.029585	0.019262	0.011289	0.018642	0.009038	0.030126	54105
0.003935	0.001952	0.001339	0.001994	0.001193	0.005776	55106
0.016221	0.010043	0.006885	0.008888	0.005878	0.016497	56107
0.000802	0.000564	0.000378	0.000561	0.000573	0.002277	57108
0.005971	0.003294	0.002179	0.003375	0.001740	0.006102	58109
0.006105	0.002684	0.001985	0.003193	0.001664	0.010277	59110
0.004169	0.012412	0.002059	0.008021	0.002313	0.004105	60111
0.009097	0.015324	0.014002	0.062240	0.005051	0.010150	61112
0.015067	0.024104	0.020885	0.058748	0.008055	0.014484	62113

表 4.3 续 54 （Table 4.3 Continue 54）

投入＼产出	代码	商务服务	研究和试验发展	专业技术服务	科技推广和应用服务
代码	—	72121	73122	74123	75124
广播电视设备和雷达及配套设备	39088	0.000085	0.000098	0.000134	0.000095
视听设备	39089	0.001425	0.005636	0.021943	0.004391
电子元器件	39090	0.060395	0.072521	0.128836	0.064215
其他电子设备	39091	0.002223	0.003375	0.004282	0.002614
仪器仪表	40092	0.005931	0.037848	0.052227	0.026965
其他制造产品	41093	0.019267	0.004375	0.011320	0.014572
废弃资源和废旧材料回收加工品	42094	0.014461	0.009231	0.009004	0.013141
金属制品、机械和设备修理服务	43095	0.001438	0.001352	0.001589	0.001510
电力、热力生产和供应	44096	0.070385	0.086090	0.063974	0.081998
燃气生产和供应	45097	0.002549	0.002364	0.002036	0.002636
水的生产和供应	46098	0.001346	0.003112	0.001206	0.002176
房屋建筑	47099	0.000097	0.000068	0.000071	0.000110
土木工程建筑	48100	0.000002	0.000003	0.000001	0.000001
建筑安装	49101	0.000086	0.000071	0.000072	0.000109
建筑装饰和其他建筑服务	50102	0.008313	0.014113	0.007665	0.017494
批发和零售	51103	0.098027	0.080522	0.081423	0.084773
铁路运输	53104	0.009861	0.009520	0.007208	0.009430
道路运输	54105	0.051519	0.041176	0.035443	0.041481
水上运输	55106	0.007564	0.005198	0.005491	0.005592
航空运输	56107	0.022756	0.018684	0.016737	0.018059
管道运输	57108	0.001836	0.001168	0.001498	0.001544
装卸搬运和运输代理	58109	0.010980	0.008344	0.007214	0.007483
仓储	59110	0.008515	0.006187	0.008421	0.013400
邮政	60111	0.003810	0.003908	0.003317	0.006467
住宿	61112	0.017783	0.016892	0.012331	0.022609
餐饮	62113	0.039109	0.032849	0.031418	0.030006

水利管理	生态保护和环境治理	公共设施管理	居民服务	其他服务	教育	代码
76125	77126	78127	79128	80129	82130	—
0.000300	0.000100	0.000060	0.000041	0.000212	0.000035	39088
0.001673	0.001359	0.001487	0.001224	0.010516	0.002218	39089
0.028427	0.041732	0.023232	0.013105	0.146830	0.011925	39090
0.001819	0.002394	0.001330	0.000908	0.003939	0.000681	39091
0.016339	0.037191	0.007589	0.004816	0.013925	0.012698	40092
0.002089	0.003022	0.010321	0.010876	0.008716	0.000847	41093
0.006213	0.008077	0.006091	0.003582	0.010059	0.002949	42094
0.001918	0.002153	0.002081	0.000881	0.003912	0.000640	43095
0.110096	0.085857	0.096303	0.063036	0.070685	0.029147	44096
0.001968	0.001991	0.006535	0.009849	0.002550	0.002013	45097
0.011025	0.002779	0.003883	0.003391	0.004328	0.001556	46098
0.000090	0.000079	0.000076	0.000280	0.000172	0.000062	47099
0.000002	0.000002	0.000004	0.000001	0.000001	0.000001	48100
0.000097	0.000076	0.000082	0.000104	0.000049	0.000062	49101
0.024269	0.031157	0.027072	0.013991	0.008611	0.007911	50102
0.057114	0.072997	0.063729	0.059357	0.081848	0.028879	51103
0.006842	0.009589	0.008197	0.004673	0.007287	0.004573	53104
0.039844	0.042449	0.042814	0.024791	0.034250	0.014390	54105
0.003944	0.007850	0.008011	0.003381	0.005351	0.001541	55106
0.013198	0.014833	0.007422	0.007855	0.010829	0.018819	56107
0.001396	0.001141	0.001827	0.001925	0.001020	0.000655	57108
0.006095	0.009689	0.008593	0.008087	0.008390	0.002705	58109
0.006007	0.005288	0.006909	0.003955	0.008602	0.002217	59110
0.005743	0.004373	0.003469	0.005263	0.002260	0.004189	60111
0.018730	0.010785	0.006119	0.005808	0.008925	0.008591	61112
0.030049	0.020582	0.014010	0.014396	0.017952	0.016352	62113

表 4.3 续 55 (Table 4.3 Continue 55)

投入＼产出	代码	卫生	社会工作	新闻和出版	广播、电视、电影和影视录音制作
代码	—	83131	84132	85133	86134
广播电视设备和雷达及配套设备	39088	0.000054	0.000030	0.000067	0.000650
视听设备	39089	0.000781	0.000560	0.001025	0.001026
电子元器件	39090	0.017926	0.010023	0.017590	0.013161
其他电子设备	39091	0.001136	0.000634	0.001218	0.000845
仪器仪表	40092	0.004978	0.002985	0.005007	0.003436
其他制造产品	41093	0.001679	0.006089	0.012321	0.001976
废弃资源和废旧材料回收加工品	42094	0.004234	0.002508	0.018384	0.004480
金属制品、机械和设备修理服务	43095	0.001226	0.000734	0.001418	0.001211
电力、热力生产和供应	44096	0.061812	0.052743	0.076722	0.042080
燃气生产和供应	45097	0.002061	0.002910	0.003190	0.001757
水的生产和供应	46098	0.001740	0.004678	0.001689	0.000973
房屋建筑	47099	0.000070	0.000066	0.000087	0.000070
土木工程建筑	48100	0.000003	0.000002	0.000003	0.000002
建筑安装	49101	0.000044	0.000043	0.000118	0.000045
建筑装饰和其他建筑服务	50102	0.006451	0.037259	0.016263	0.015075
批发和零售	51103	0.086424	0.036326	0.108767	0.077238
铁路运输	53104	0.006319	0.003141	0.013012	0.009911
道路运输	54105	0.034460	0.016617	0.062659	0.031606
水上运输	55106	0.004028	0.002054	0.005537	0.004019
航空运输	56107	0.008179	0.005040	0.014608	0.037152
管道运输	57108	0.000812	0.000805	0.001191	0.000833
装卸搬运和运输代理	58109	0.006757	0.003337	0.009035	0.005736
仓储	59110	0.004951	0.002418	0.032708	0.004511
邮政	60111	0.002185	0.002146	0.008054	0.002266
住宿	61112	0.006253	0.004513	0.015806	0.023758
餐饮	62113	0.014234	0.013842	0.025397	0.038513

文化艺术	体育	娱乐	社会保障	公共管理和社会组织	代码
87135	88136	89137	93138	90139	—
0.000066	0.000048	0.000059	0.000026	0.000059	39088
0.001678	0.000615	0.001043	0.000422	0.002284	39089
0.018609	0.013736	0.010235	0.007782	0.016821	39090
0.001043	0.000839	0.000637	0.000415	0.001048	39091
0.022115	0.003611	0.002434	0.001769	0.005485	40092
0.004247	0.005818	0.001339	0.000836	0.001441	41093
0.003709	0.004185	0.002750	0.001811	0.004347	42094
0.000950	0.002103	0.000602	0.000408	0.000843	43095
0.037904	0.054794	0.037673	0.024604	0.045182	44096
0.004323	0.008625	0.001615	0.000793	0.001691	45097
0.002028	0.002341	0.001542	0.000991	0.001580	46098
0.000104	0.000056	0.000150	0.000040	0.000079	47099
0.000002	0.000001	0.000002	0.000001	0.000001	48100
0.000088	0.000070	0.000035	0.000174	0.000215	49101
0.017007	0.017125	0.009460	0.008842	0.017003	50102
0.066625	0.058781	0.104949	0.021696	0.053858	51103
0.005971	0.005201	0.003991	0.004206	0.009234	53104
0.026051	0.022816	0.028939	0.015245	0.029048	54105
0.003539	0.002783	0.002628	0.001154	0.002537	55106
0.022818	0.039420	0.004648	0.011837	0.028756	56107
0.001119	0.001781	0.000569	0.000411	0.000908	57108
0.005233	0.004673	0.005453	0.002277	0.004937	58109
0.004178	0.003107	0.003989	0.001765	0.003594	59110
0.005548	0.002485	0.001932	0.014646	0.017304	60111
0.025758	0.017888	0.003927	0.010268	0.026754	61112
0.013294	0.020273	0.010165	0.027328	0.021596	62113

表 4.3 续 56 （Table 4.3 Continue 56）

投入＼产出	代码	农产品	林产品	畜牧产品	渔产品
代　码	—	01001	02002	03003	04004
电信和其他信息传输服务	63114	0.003099	0.005969	0.002687	0.005843
软件和信息技术服务	65115	0.000785	0.000735	0.000656	0.000738
货币金融和其他金融服务	66116	0.040277	0.032975	0.030939	0.037565
资本市场服务	67117	0.001355	0.002069	0.001190	0.002193
保险	68118	0.001788	0.003531	0.001754	0.003643
房地产	70119	0.005486	0.005416	0.005714	0.006023
租赁	71120	0.000861	0.000858	0.000752	0.000876
商务服务	72121	0.015570	0.015164	0.015467	0.015594
研究和试验发展	73122	0.002127	0.002158	0.001437	0.001779
专业技术服务	74123	0.006998	0.012551	0.006228	0.005972
科技推广和应用服务	75124	0.004634	0.010628	0.003195	0.004462
水利管理	76125	0.003446	0.001097	0.001119	0.001641
生态保护和环境治理	77126	0.000457	0.000346	0.000251	0.000244
公共设施管理	78127	0.000134	0.000124	0.000126	0.000132
居民服务	79128	0.000511	0.001084	0.000535	0.001174
其他服务	80129	0.003448	0.005532	0.002883	0.004774
教育	82130	0.000563	0.000809	0.000444	0.000780
卫生	83131	0.000162	0.000262	0.000270	0.000152
社会工作	84132	0.000000	0.000000	0.000000	0.000000
新闻和出版	85133	0.000285	0.000318	0.000239	0.000263
广播、电视、电影和影视录音制作	86134	0.000380	0.000323	0.000251	0.000246
文化艺术	87135	0.000045	0.000145	0.000039	0.000124
体育	88136	0.000000	0.000000	0.000000	0.000000
娱乐	89137	0.000738	0.000718	0.000611	0.000706
社会保障	93138	0.000239	0.000198	0.000241	0.000189
公共管理和社会组织	90139	0.000695	0.000835	0.000705	0.000788

农、林、牧、渔服务	煤炭采选产品	石油和天然气开采产品	黑色金属矿采选产品	有色金属矿采选产品	非金属矿采选产品	代码
05005	06006	07007	08008	09009	10010	—
0.020866	0.005761	0.004351	0.010291	0.007393	0.006914	63114
0.001137	0.002200	0.001433	0.002405	0.003317	0.003077	65115
0.038297	0.089468	0.046638	0.079064	0.092038	0.082425	66116
0.005385	0.003276	0.002219	0.003678	0.003508	0.003423	67117
0.010468	0.006196	0.003720	0.005643	0.004939	0.005037	68118
0.008862	0.011188	0.006869	0.010866	0.012249	0.011735	70119
0.001481	0.002693	0.001742	0.002285	0.002003	0.002827	71120
0.025098	0.050000	0.025335	0.052863	0.055600	0.049780	72121
0.010531	0.005922	0.010773	0.003625	0.005166	0.004245	73122
0.011844	0.011051	0.011568	0.010017	0.026093	0.017648	74123
0.010508	0.002789	0.003967	0.003533	0.009929	0.008469	75124
0.005519	0.000945	0.001452	0.002039	0.002289	0.003794	76125
0.000740	0.000862	0.000459	0.001225	0.002303	0.001575	77126
0.000192	0.000376	0.000200	0.000423	0.000448	0.000391	78127
0.001822	0.000967	0.001069	0.000833	0.001141	0.001148	79128
0.015579	0.012056	0.006465	0.008594	0.008742	0.013192	80129
0.002660	0.001797	0.000789	0.001637	0.001484	0.001322	82130
0.000870	0.000597	0.000287	0.000712	0.000554	0.000804	83131
0.000000	0.000000	0.000000	0.000000	0.000000	0.000000	84132
0.000526	0.000949	0.000564	0.002348	0.001127	0.000891	85133
0.000615	0.000787	0.000696	0.000934	0.000994	0.000963	86134
0.000168	0.000096	0.000146	0.000102	0.000121	0.000117	87135
0.000000	0.000000	0.000000	0.000000	0.000000	0.000000	88136
0.001021	0.001984	0.001073	0.002306	0.002449	0.002088	89137
0.000265	0.000265	0.000303	0.000276	0.000330	0.000320	93138
0.001169	0.001011	0.000843	0.001675	0.001457	0.001214	90139

表 4.3 续 57 (Table 4.3 Continue 57)

投入 \ 产出	代码	开采辅助服务和其他采矿产品	谷物磨制品	饲料加工品	植物油加工品
代码	—	11011	13012	13013	13014
电信和其他信息传输服务	63114	0.006720	0.003997	0.004886	0.003748
软件和信息技术服务	65115	0.004412	0.001212	0.001261	0.001158
货币金融和其他金融服务	66116	0.065780	0.049576	0.048936	0.055204
资本市场服务	67117	0.005009	0.001831	0.002065	0.001828
保险	68118	0.011744	0.002589	0.003166	0.002435
房地产	70119	0.011341	0.007921	0.009134	0.008683
租赁	71120	0.002706	0.001138	0.001312	0.001147
商务服务	72121	0.040266	0.024511	0.027491	0.022930
研究和试验发展	73122	0.005331	0.002683	0.002720	0.002450
专业技术服务	74123	0.015744	0.006285	0.007396	0.006682
科技推广和应用服务	75124	0.015731	0.003842	0.004457	0.003409
水利管理	76125	0.001578	0.002653	0.002124	0.002378
生态保护和环境治理	77126	0.000644	0.000498	0.000473	0.000442
公共设施管理	78127	0.000327	0.000213	0.000228	0.000198
居民服务	79128	0.000952	0.000671	0.000848	0.000720
其他服务	80129	0.010085	0.005255	0.005487	0.004407
教育	82130	0.001179	0.000693	0.000752	0.000687
卫生	83131	0.000394	0.000172	0.000201	0.000196
社会工作	84132	0.000000	0.000000	0.000000	0.000000
新闻和出版	85133	0.001037	0.000438	0.000452	0.000350
广播、电视、电影和影视录音制作	86134	0.000767	0.000523	0.000493	0.000442
文化艺术	87135	0.000063	0.000057	0.000065	0.000062
体育	88136	0.000000	0.000000	0.000000	0.000000
娱乐	89137	0.001835	0.001095	0.001097	0.001019
社会保障	93138	0.000171	0.000239	0.000230	0.000246
公共管理和社会组织	90139	0.001426	0.000931	0.000954	0.000869

糖及糖制品	屠宰及肉类加工品	水产加工品	蔬菜、水果、坚果和其他农副食品加工品	方便食品	乳制品	代码
13015	13016	13017	13018	14019	14020	—
0.004415	0.004569	0.006742	0.006192	0.004918	0.006058	63114
0.001097	0.001031	0.001236	0.001445	0.001245	0.001319	65115
0.061542	0.041706	0.052030	0.054654	0.051143	0.053128	66116
0.001963	0.002050	0.002672	0.002522	0.002214	0.002571	67117
0.002530	0.003413	0.004366	0.004518	0.003479	0.004195	68118
0.008679	0.010738	0.010061	0.010874	0.011221	0.012050	70119
0.001698	0.001369	0.001442	0.001672	0.001452	0.002443	71120
0.023502	0.026095	0.028569	0.053708	0.035155	0.063936	72121
0.002945	0.002178	0.002937	0.003151	0.002641	0.003017	73122
0.004857	0.005407	0.005194	0.006290	0.005333	0.006020	74123
0.003115	0.002858	0.003656	0.004601	0.003444	0.006988	75124
0.002129	0.001005	0.001351	0.002208	0.001735	0.001256	76125
0.001354	0.000434	0.000611	0.000683	0.000586	0.000660	77126
0.000208	0.000222	0.000298	0.000376	0.000267	0.000386	78127
0.000692	0.000994	0.001251	0.000864	0.000984	0.001110	79128
0.005321	0.005162	0.007577	0.006799	0.007341	0.013086	80129
0.000755	0.000717	0.001075	0.000925	0.000873	0.000936	82130
0.000665	0.000367	0.000272	0.000236	0.000226	0.000304	83131
0.000000	0.000000	0.000000	0.000000	0.000000	0.000000	84132
0.000404	0.000453	0.000629	0.001516	0.000524	0.000763	85133
0.000689	0.000423	0.000583	0.000971	0.000983	0.001239	86134
0.000059	0.000054	0.000115	0.000069	0.000065	0.000070	87135
0.000000	0.000000	0.000000	0.000000	0.000000	0.000000	88136
0.001158	0.000980	0.001496	0.001588	0.001234	0.001380	89137
0.000222	0.000233	0.000231	0.000254	0.000226	0.000248	93138
0.000712	0.000875	0.001073	0.001278	0.000957	0.001135	90139

表 4.3 续 58 （Table 4.3 Continue 58）

投入 \ 产出	代码	调味品、发酵制品	其他食品	酒精和酒	饮料和精制茶加工品
代码	—	14021	14022	15023	15024
电信和其他信息传输服务	63114	0.006036	0.006315	0.005836	0.006575
软件和信息技术服务	65115	0.001430	0.001431	0.001511	0.001836
货币金融和其他金融服务	66116	0.059989	0.057340	0.059051	0.067694
资本市场服务	67117	0.002678	0.002643	0.002709	0.002980
保险	68118	0.004215	0.004240	0.004261	0.004684
房地产	70119	0.011574	0.012071	0.011484	0.014117
租赁	71120	0.001742	0.002088	0.001619	0.002442
商务服务	72121	0.044536	0.046022	0.057089	0.082786
研究和试验发展	73122	0.003008	0.003116	0.004012	0.003610
专业技术服务	74123	0.008964	0.006527	0.005831	0.009067
科技推广和应用服务	75124	0.008340	0.004897	0.004050	0.005790
水利管理	76125	0.001901	0.001778	0.001661	0.003489
生态保护和环境治理	77126	0.001068	0.000751	0.001319	0.000791
公共设施管理	78127	0.000327	0.000348	0.000376	0.000478
居民服务	79128	0.001027	0.001104	0.001074	0.001213
其他服务	80129	0.008120	0.012125	0.009059	0.009437
教育	82130	0.001145	0.001083	0.000991	0.001196
卫生	83131	0.000263	0.000264	0.000234	0.000345
社会工作	84132	0.000000	0.000000	0.000000	0.000000
新闻和出版	85133	0.000825	0.000746	0.000644	0.000717
广播、电视、电影和影视录音制作	86134	0.001245	0.001104	0.000609	0.001094
文化艺术	87135	0.000072	0.000071	0.000084	0.000073
体育	88136	0.000000	0.000000	0.000000	0.000000
娱乐	89137	0.001548	0.001534	0.001547	0.001667
社会保障	93138	0.000243	0.000240	0.000264	0.000223
公共管理和社会组织	90139	0.001135	0.001374	0.001147	0.001411

烟草制品	棉、化纤纺织及印染精加工品	毛纺织及染整精加工品	麻、丝绢纺织及加工品	针织或钩针编织及其制品	纺织制成品	代码
16025	17026	17027	17028	17029	17030	—
0.002902	0.006948	0.005768	0.006969	0.007431	0.006568	63114
0.000564	0.001866	0.001650	0.001822	0.002398	0.002037	65115
0.022246	0.062038	0.057663	0.059279	0.069391	0.061833	66116
0.001103	0.002774	0.002543	0.002772	0.003081	0.002751	67117
0.001833	0.004298	0.003976	0.004357	0.004797	0.004292	68118
0.006346	0.011231	0.011618	0.010492	0.014225	0.012709	70119
0.000819	0.001549	0.001743	0.001570	0.001950	0.001889	71120
0.026032	0.032487	0.032468	0.031539	0.039709	0.038905	72121
0.003601	0.004094	0.003197	0.003637	0.005191	0.004934	73122
0.002373	0.005936	0.008620	0.006874	0.007083	0.005859	74123
0.002974	0.004833	0.004597	0.004667	0.005033	0.005116	75124
0.000747	0.002202	0.001319	0.002041	0.001887	0.001632	76125
0.001020	0.003924	0.004108	0.001036	0.002616	0.002434	77126
0.000246	0.000298	0.000275	0.000277	0.000343	0.000326	78127
0.000654	0.001039	0.001068	0.001009	0.001302	0.001310	79128
0.004709	0.007530	0.006811	0.007246	0.008016	0.007928	80129
0.000902	0.001103	0.000892	0.001111	0.001251	0.001073	82130
0.000144	0.000359	0.000312	0.000316	0.000370	0.000481	83131
0.000000	0.000000	0.000000	0.000000	0.000000	0.000000	84132
0.000373	0.000670	0.000508	0.000698	0.000838	0.000657	85133
0.000248	0.000928	0.001184	0.001100	0.001416	0.001771	86134
0.000092	0.000084	0.000083	0.000102	0.000113	0.000113	87135
0.000000	0.000000	0.000000	0.000000	0.000000	0.000000	88136
0.001277	0.001503	0.001420	0.001512	0.001763	0.001639	89137
0.000265	0.000246	0.000285	0.000303	0.000317	0.000320	93138
0.001007	0.000998	0.000968	0.000926	0.001126	0.000987	90139

表 4.3 续 59 （Table 4.3 Continue 59）

投入 \ 产出	代码	纺织服装服饰	皮革、毛皮、羽毛及其制品	鞋	木材加工品和木、竹、藤、棕、草制品
代码	—	18031	19032	19033	20034
电信和其他信息传输服务	63114	0.007495	0.005990	0.007333	0.007741
软件和信息技术服务	65115	0.002830	0.002114	0.002301	0.002406
货币金融和其他金融服务	66116	0.063329	0.053885	0.060157	0.071955
资本市场服务	67117	0.003015	0.002579	0.002798	0.003408
保险	68118	0.004881	0.004256	0.004515	0.005362
房地产	70119	0.014506	0.015083	0.015893	0.012043
租赁	71120	0.003032	0.001936	0.002061	0.002307
商务服务	72121	0.046536	0.041574	0.049469	0.040198
研究和试验发展	73122	0.004014	0.003318	0.004469	0.003980
专业技术服务	74123	0.006606	0.005237	0.006840	0.011982
科技推广和应用服务	75124	0.006115	0.003787	0.005282	0.007737
水利管理	76125	0.001491	0.001202	0.001522	0.001857
生态保护和环境治理	77126	0.002324	0.000952	0.001219	0.000768
公共设施管理	78127	0.000378	0.000323	0.000369	0.000347
居民服务	79128	0.001375	0.001487	0.001569	0.001135
其他服务	80129	0.008385	0.006965	0.008405	0.010058
教育	82130	0.001234	0.001051	0.001164	0.001257
卫生	83131	0.000328	0.000627	0.000697	0.000536
社会工作	84132	0.000000	0.000000	0.000000	0.000000
新闻和出版	85133	0.000690	0.000587	0.000983	0.000925
广播、电视、电影和影视录音制作	86134	0.001567	0.000923	0.001110	0.001214
文化艺术	87135	0.000095	0.000077	0.000091	0.000115
体育	88136	0.000000	0.000000	0.000000	0.000000
娱乐	89137	0.001732	0.001499	0.001707	0.001948
社会保障	93138	0.000277	0.000291	0.000319	0.000277
公共管理和社会组织	90139	0.001159	0.000983	0.001260	0.001491

家具	造纸和纸制品	印刷品和记录媒介复制品	文教、工美、体育和娱乐用品	精炼石油和核燃料加工品	炼焦产品	代码
21035	22036	23037	24038	25039	25040	—
0.007506	0.007322	0.008076	0.007467	0.004570	0.005504	63114
0.002674	0.001965	0.002899	0.002403	0.001595	0.001770	65115
0.070129	0.086576	0.077543	0.073782	0.053565	0.082191	66116
0.003319	0.003428	0.003278	0.003405	0.003042	0.002871	67117
0.005213	0.005048	0.004955	0.005320	0.003872	0.004591	68118
0.013390	0.013007	0.013987	0.014650	0.008200	0.010581	70119
0.002420	0.003817	0.002806	0.002438	0.001692	0.002185	71120
0.044626	0.044510	0.046762	0.067866	0.031472	0.039878	72121
0.005312	0.004272	0.004967	0.004509	0.008921	0.004560	73122
0.009340	0.013231	0.009780	0.009092	0.009197	0.007066	74123
0.005348	0.006290	0.005342	0.005121	0.003911	0.003372	75124
0.001446	0.006981	0.003296	0.001768	0.001385	0.001152	76125
0.001117	0.001162	0.001200	0.001159	0.000765	0.001982	77126
0.000376	0.000378	0.000435	0.000442	0.000236	0.000323	78127
0.001201	0.001081	0.001156	0.001152	0.001208	0.000905	79128
0.009761	0.012808	0.012157	0.009158	0.007647	0.012056	80129
0.001343	0.001388	0.001497	0.001251	0.000879	0.001382	82130
0.000461	0.000668	0.000422	0.000447	0.000942	0.000670	83131
0.000000	0.000000	0.000000	0.000000	0.000000	0.000000	84132
0.000926	0.000826	0.001233	0.000833	0.000555	0.000730	85133
0.001400	0.000844	0.001607	0.001193	0.000772	0.000845	86134
0.000112	0.000107	0.000110	0.000087	0.000128	0.000096	87135
0.000000	0.000000	0.000000	0.000000	0.000000	0.000000	88136
0.002051	0.002103	0.002520	0.001949	0.001209	0.001759	89137
0.000296	0.000295	0.000304	0.000240	0.000283	0.000263	93138
0.001342	0.001242	0.001453	0.001368	0.000863	0.000852	90139

表 4.3　续 60（Table 4.3　Continue 60）

投入＼产出	代码	基础化学原料	肥料	农药	涂料、油墨、颜料及类似产品
代　码	—	26041	26042	26043	26044
电信和其他信息传输服务	63114	0.007846	0.007588	0.007656	0.008610
软件和信息技术服务	65115	0.002502	0.002302	0.002109	0.002078
货币金融和其他金融服务	66116	0.093516	0.093141	0.096023	0.084807
资本市场服务	67117	0.003635	0.003759	0.003465	0.003743
保险	68118	0.005224	0.005588	0.004798	0.005701
房地产	70119	0.012820	0.013861	0.013145	0.014218
租赁	71120	0.002398	0.002226	0.002114	0.002470
商务服务	72121	0.044180	0.054081	0.046539	0.058105
研究和试验发展	73122	0.007747	0.007148	0.011072	0.010287
专业技术服务	74123	0.009183	0.008583	0.008987	0.009661
科技推广和应用服务	75124	0.007544	0.006856	0.011951	0.020001
水利管理	76125	0.003378	0.003750	0.002362	0.003061
生态保护和环境治理	77126	0.001311	0.002215	0.001683	0.001726
公共设施管理	78127	0.000371	0.000417	0.000389	0.000446
居民服务	79128	0.001212	0.001266	0.001176	0.001439
其他服务	80129	0.010866	0.010788	0.010496	0.010621
教育	82130	0.001377	0.001436	0.001470	0.001492
卫生	83131	0.000582	0.000531	0.000412	0.000495
社会工作	84132	0.000000	0.000000	0.000000	0.000000
新闻和出版	85133	0.000970	0.000912	0.001138	0.000965
广播、电视、电影和影视录音制作	86134	0.001161	0.001545	0.001601	0.001481
文化艺术	87135	0.000114	0.000110	0.000104	0.000112
体育	88136	0.000000	0.000000	0.000000	0.000000
娱乐	89137	0.002049	0.002158	0.002121	0.002295
社会保障	93138	0.000301	0.000299	0.000285	0.000306
公共管理和社会组织	90139	0.001113	0.001376	0.001367	0.001591

合成材料	专用化学产品和炸药、火工、焰火产品	日用化学产品	医药制品	化学纤维制品	橡胶制品	代码
26045	26046	26047	27048	28049	29050	—
0.006556	0.008292	0.008621	0.008616	0.007238	0.007295	63114
0.001952	0.002050	0.001867	0.001832	0.002145	0.002068	65115
0.081314	0.087701	0.070474	0.074503	0.094461	0.082045	66116
0.003383	0.003616	0.003131	0.002892	0.003452	0.003430	67117
0.004789	0.005396	0.004933	0.004253	0.004685	0.005059	68118
0.011722	0.014067	0.015185	0.013043	0.013179	0.013504	70119
0.002029	0.002220	0.002590	0.001962	0.002092	0.001972	71120
0.041174	0.049049	0.089977	0.100792	0.043113	0.048873	72121
0.009490	0.007871	0.013219	0.009309	0.006729	0.010572	73122
0.009283	0.011634	0.009956	0.007367	0.008118	0.009575	74123
0.008545	0.023407	0.023329	0.009365	0.011453	0.015776	75124
0.002572	0.009220	0.001977	0.001542	0.002901	0.002160	76125
0.001173	0.001188	0.000889	0.000996	0.001818	0.001135	77126
0.000334	0.000409	0.000505	0.000585	0.000376	0.000380	78127
0.001284	0.001321	0.001669	0.001153	0.001164	0.001313	79128
0.009465	0.010191	0.027507	0.010072	0.009947	0.011342	80129
0.001261	0.001481	0.001390	0.001502	0.001409	0.001301	82130
0.000576	0.000470	0.000406	0.000503	0.000527	0.000420	83131
0.000000	0.000000	0.000000	0.000000	0.000000	0.000000	84132
0.000731	0.000969	0.000959	0.001474	0.000774	0.000788	85133
0.001077	0.001302	0.000819	0.001534	0.001000	0.000876	86134
0.000117	0.000097	0.000106	0.000082	0.000117	0.000114	87135
0.000000	0.000000	0.000000	0.000000	0.000000	0.000000	88136
0.001792	0.002223	0.001857	0.002324	0.002109	0.001969	89137
0.000304	0.000264	0.000309	0.000255	0.000311	0.000292	93138
0.001031	0.001371	0.001635	0.002279	0.001123	0.001292	90139

表 4.3 续 61 （Table 4.3 Continue 61）

投入 \ 产出	代码	塑料制品	水泥、石灰和石膏	石膏、水泥制品及类似制品	砖瓦、石材等建筑材料
代码	—	29051	30052	30053	30054
电信和其他信息传输服务	63114	0.007412	0.007809	0.007996	0.007779
软件和信息技术服务	65115	0.002291	0.003988	0.003277	0.002905
货币金融和其他金融服务	66116	0.078641	0.113240	0.090756	0.084354
资本市场服务	67117	0.003316	0.003876	0.003923	0.003735
保险	68118	0.004932	0.005237	0.005920	0.005767
房地产	70119	0.014602	0.014489	0.014151	0.013062
租赁	71120	0.002207	0.002472	0.002817	0.002944
商务服务	72121	0.050266	0.052836	0.050976	0.047917
研究和试验发展	73122	0.006955	0.004497	0.004931	0.005010
专业技术服务	74123	0.008618	0.008260	0.010450	0.009200
科技推广和应用服务	75124	0.007377	0.004323	0.005785	0.005137
水利管理	76125	0.002105	0.002103	0.001967	0.002006
生态保护和环境治理	77126	0.001167	0.001653	0.001106	0.001146
公共设施管理	78127	0.000417	0.000442	0.000445	0.000432
居民服务	79128	0.001325	0.001052	0.001118	0.001100
其他服务	80129	0.010487	0.011297	0.012959	0.013081
教育	82130	0.001325	0.001553	0.001476	0.001648
卫生	83131	0.000429	0.000731	0.000774	0.000723
社会工作	84132	0.000000	0.000000	0.000000	0.000000
新闻和出版	85133	0.001001	0.000976	0.000976	0.001124
广播、电视、电影和影视录音制作	86134	0.001785	0.001794	0.001635	0.001590
文化艺术	87135	0.000111	0.000116	0.000108	0.000108
体育	88136	0.000000	0.000000	0.000000	0.000000
娱乐	89137	0.002168	0.002439	0.002511	0.002491
社会保障	93138	0.000298	0.000317	0.000294	0.000293
公共管理和社会组织	90139	0.001401	0.001237	0.001461	0.001453

玻璃和玻璃制品	陶瓷制品	耐火材料制品	石墨及其他非金属矿物制品	钢、铁及其铸件	钢压延产品	代码
30055	30056	30057	30058	31059	31060	—
0.008494	0.012284	0.007903	0.006538	0.007530	0.007901	63114
0.002495	0.002889	0.002378	0.002594	0.003745	0.002665	65115
0.084243	0.085273	0.068123	0.078299	0.085719	0.102300	66116
0.003361	0.004510	0.003174	0.003091	0.004231	0.004031	67117
0.004902	0.007355	0.005034	0.004533	0.005242	0.005081	68118
0.013294	0.015104	0.011864	0.011833	0.011505	0.012830	70119
0.002365	0.005178	0.001885	0.002001	0.002104	0.002257	71120
0.047141	0.070295	0.042230	0.040795	0.044667	0.046614	72121
0.006918	0.007398	0.004560	0.005622	0.004715	0.008953	73122
0.010497	0.011641	0.010563	0.008143	0.007587	0.010560	74123
0.006526	0.008889	0.024117	0.008319	0.004839	0.005719	75124
0.002085	0.001904	0.001430	0.001588	0.001788	0.002134	76125
0.001678	0.001145	0.001144	0.001024	0.001506	0.001543	77126
0.000405	0.000560	0.000373	0.000371	0.000384	0.000392	78127
0.001181	0.001321	0.001062	0.000992	0.000925	0.001087	79128
0.012514	0.018328	0.010203	0.010315	0.012210	0.011071	80129
0.001446	0.001686	0.001319	0.001281	0.001343	0.001473	82130
0.000886	0.000490	0.000395	0.000556	0.000557	0.000708	83131
0.000000	0.000000	0.000000	0.000000	0.000000	0.000000	84132
0.000925	0.001267	0.001455	0.000942	0.001247	0.001246	85133
0.001705	0.002297	0.000918	0.000940	0.001000	0.001235	86134
0.000116	0.000124	0.000104	0.000107	0.000102	0.000111	87135
0.000000	0.000000	0.000000	0.000000	0.000000	0.000000	88136
0.002243	0.003012	0.002145	0.002154	0.002166	0.002187	89137
0.000314	0.000347	0.000288	0.000289	0.000277	0.000306	93138
0.001286	0.002398	0.001125	0.001080	0.002320	0.001508	90139

表 4.3 续 62 （Table 4.3 Continue 62）

投入＼产出	代码	铁合金产品	有色金属及其合金和铸件	有色金属压延加工品	金属制品
代码	—	31061	32062	32063	33064
电信和其他信息传输服务	63114	0.007909	0.007142	0.006726	0.008868
软件和信息技术服务	65115	0.002700	0.002547	0.002193	0.003052
货币金融和其他金融服务	66116	0.094540	0.115371	0.102036	0.094983
资本市场服务	67117	0.004020	0.003774	0.003494	0.003864
保险	68118	0.005931	0.004812	0.004603	0.005433
房地产	70119	0.011802	0.013360	0.012289	0.014357
租赁	71120	0.001991	0.002267	0.002119	0.002716
商务服务	72121	0.044723	0.044229	0.039549	0.051854
研究和试验发展	73122	0.004333	0.005696	0.005446	0.006609
专业技术服务	74123	0.008368	0.011194	0.010095	0.012425
科技推广和应用服务	75124	0.003893	0.005618	0.008106	0.005600
水利管理	76125	0.002319	0.001937	0.001582	0.001718
生态保护和环境治理	77126	0.001357	0.001432	0.001280	0.001216
公共设施管理	78127	0.000411	0.000396	0.000364	0.000460
居民服务	79128	0.000820	0.000869	0.000820	0.001152
其他服务	80129	0.008655	0.008390	0.007953	0.013504
教育	82130	0.001411	0.001431	0.001284	0.001633
卫生	83131	0.000523	0.000533	0.000560	0.000855
社会工作	84132	0.000000	0.000000	0.000000	0.000000
新闻和出版	85133	0.001649	0.000909	0.000830	0.001228
广播、电视、电影和影视录音制作	86134	0.001184	0.001291	0.001428	0.001362
文化艺术	87135	0.000115	0.000102	0.000097	0.000112
体育	88136	0.000000	0.000000	0.000000	0.000000
娱乐	89137	0.002443	0.002303	0.002139	0.002628
社会保障	93138	0.000315	0.000277	0.000265	0.000308
公共管理和社会组织	90139	0.001331	0.001196	0.001051	0.001665

锅炉及原动设备	金属加工机械	物料搬运设备	泵、阀门、压缩机及类似机械	文化、办公用机械	其他通用设备	代码
34065	34066	34067	34068	34069	34070	—
0.008723	0.008506	0.010642	0.010132	0.008681	0.009986	63114
0.003052	0.003388	0.003129	0.003323	0.003351	0.003586	65115
0.089265	0.088261	0.091584	0.092411	0.082024	0.092149	66116
0.003842	0.003563	0.004142	0.003738	0.003434	0.003839	67117
0.005699	0.005090	0.006245	0.005356	0.005220	0.005623	68118
0.015197	0.014334	0.015388	0.015078	0.015873	0.015377	70119
0.002607	0.002539	0.002857	0.002536	0.002720	0.003213	71120
0.061384	0.056340	0.057252	0.059762	0.055726	0.059158	72121
0.012252	0.013879	0.010131	0.009564	0.013552	0.009345	73122
0.011917	0.009821	0.015235	0.012019	0.012403	0.015166	74123
0.015960	0.008254	0.014461	0.008962	0.017797	0.010688	75124
0.001291	0.001363	0.001336	0.001412	0.001545	0.002038	76125
0.001003	0.001223	0.001038	0.001808	0.001198	0.001345	77126
0.000492	0.000483	0.000496	0.000494	0.000436	0.000490	78127
0.001370	0.001304	0.001394	0.001311	0.001548	0.001361	79128
0.014684	0.013715	0.015670	0.013808	0.011196	0.013433	80129
0.001697	0.001521	0.001629	0.001699	0.001384	0.001697	82130
0.003075	0.000892	0.000802	0.000830	0.000553	0.000616	83131
0.000000	0.000000	0.000000	0.000000	0.000000	0.000000	84132
0.001713	0.001036	0.001088	0.001145	0.000879	0.001528	85133
0.002352	0.002204	0.002107	0.001625	0.001460	0.001802	86134
0.000119	0.000114	0.000107	0.000121	0.000117	0.000129	87135
0.000000	0.000000	0.000000	0.000000	0.000000	0.000000	88136
0.002628	0.002685	0.002765	0.002688	0.002225	0.002670	89137
0.000329	0.000316	0.000296	0.000333	0.000324	0.000355	93138
0.001767	0.001731	0.001954	0.001670	0.001547	0.001901	90139

表 4.3 续 63 （Table 4.3 Continue 63）

投入 \ 产出	代码	采矿、冶金、建筑专用设备	化工、木材、非金属加工专用设备	农、林、牧、渔专用机械	其他专用设备
代码	—	35071	35072	35073	35074
电信和其他信息传输服务	63114	0.009006	0.009792	0.010354	0.009786
软件和信息技术服务	65115	0.002976	0.003165	0.003110	0.003338
货币金融和其他金融服务	66116	0.098053	0.099168	0.080186	0.088307
资本市场服务	67117	0.003840	0.003816	0.004133	0.003799
保险	68118	0.005408	0.005282	0.006621	0.005671
房地产	70119	0.015625	0.015393	0.015076	0.015506
租赁	71120	0.002566	0.002873	0.002707	0.002629
商务服务	72121	0.062930	0.051728	0.057393	0.060813
研究和试验发展	73122	0.010876	0.010989	0.010589	0.015741
专业技术服务	74123	0.009782	0.012219	0.022358	0.013174
科技推广和应用服务	75124	0.012235	0.010647	0.013631	0.016540
水利管理	76125	0.001270	0.001393	0.001294	0.001470
生态保护和环境治理	77126	0.001101	0.001129	0.001200	0.001159
公共设施管理	78127	0.000504	0.000490	0.000473	0.000510
居民服务	79128	0.001308	0.001243	0.001406	0.001420
其他服务	80129	0.014866	0.011850	0.015290	0.013503
教育	82130	0.001664	0.001670	0.001471	0.001817
卫生	83131	0.000887	0.000918	0.000715	0.000989
社会工作	84132	0.000000	0.000000	0.000000	0.000000
新闻和出版	85133	0.001055	0.001169	0.001081	0.001113
广播、电视、电影和影视录音制作	86134	0.001428	0.001503	0.001510	0.001715
文化艺术	87135	0.000104	0.000115	0.000108	0.000110
体育	88136	0.000000	0.000000	0.000000	0.000000
娱乐	89137	0.002680	0.002898	0.002554	0.002798
社会保障	93138	0.000288	0.000318	0.000296	0.000304
公共管理和社会组织	90139	0.001845	0.001681	0.002058	0.001971

汽车整车	汽车零部件及配件	铁路运输和城市轨道交通设备	船舶及相关装置	其他交通运输设备	电机	代码
36075	36076	37077	37078	37079	38080	—
0.007793	0.008033	0.008040	0.007617	0.008131	0.008558	63114
0.002197	0.002494	0.002541	0.002570	0.002532	0.002779	65115
0.080331	0.085654	0.088010	0.104486	0.084767	0.105158	66116
0.003497	0.003688	0.003654	0.003586	0.003729	0.003871	67117
0.005370	0.005570	0.005340	0.004665	0.005674	0.005300	68118
0.015948	0.015907	0.014813	0.015196	0.015536	0.015619	70119
0.002631	0.002772	0.002337	0.002425	0.002743	0.002573	71120
0.064608	0.063909	0.057613	0.049459	0.057510	0.057350	72121
0.015178	0.005024	0.016355	0.010149	0.014966	0.010959	73122
0.010857	0.010528	0.017363	0.011726	0.014453	0.010659	74123
0.024142	0.019751	0.012744	0.008442	0.012140	0.010500	75124
0.001128	0.001349	0.001363	0.001191	0.001415	0.001408	76125
0.001344	0.000882	0.001378	0.001407	0.001766	0.001223	77126
0.000457	0.000470	0.000489	0.000432	0.000453	0.000485	78127
0.001601	0.001299	0.001374	0.001230	0.001540	0.001229	79128
0.018285	0.016997	0.013757	0.011471	0.013221	0.014734	80129
0.001535	0.001529	0.001626	0.001494	0.001681	0.001645	82130
0.000867	0.000417	0.001007	0.000647	0.001192	0.001146	83131
0.000000	0.000000	0.000000	0.000000	0.000000	0.000000	84132
0.000893	0.000925	0.001135	0.000928	0.000974	0.001085	85133
0.001420	0.000911	0.001824	0.001136	0.001191	0.001589	86134
0.000113	0.000079	0.000102	0.000113	0.000125	0.000110	87135
0.000000	0.000000	0.000000	0.000000	0.000000	0.000000	88136
0.002142	0.002275	0.002696	0.002423	0.002350	0.002680	89137
0.000313	0.000212	0.000283	0.000312	0.000345	0.000304	93138
0.002862	0.005524	0.001586	0.001516	0.001613	0.001807	90139

表 4.3 续 64 （Table 4.3 Continue 64）

投入 \ 产出	代码	输配电及控制设备	电线、电缆、光缆及电工器材	电池	家用器具
代码	—	38081	38082	38083	38084
电信和其他信息传输服务	63114	0.009134	0.007524	0.007669	0.010208
软件和信息技术服务	65115	0.002875	0.002420	0.002545	0.002829
货币金融和其他金融服务	66116	0.099098	0.095398	0.090996	0.090217
资本市场服务	67117	0.003738	0.003442	0.003599	0.003918
保险	68118	0.005245	0.004708	0.005260	0.005961
房地产	70119	0.016464	0.013613	0.014741	0.017082
租赁	71120	0.002512	0.002113	0.002337	0.003072
商务服务	72121	0.058865	0.046540	0.056705	0.080853
研究和试验发展	73122	0.014937	0.006418	0.005390	0.015751
专业技术服务	74123	0.011542	0.010194	0.010056	0.013175
科技推广和应用服务	75124	0.008937	0.007538	0.014611	0.011214
水利管理	76125	0.001730	0.001700	0.001994	0.001540
生态保护和环境治理	77126	0.001170	0.001145	0.000952	0.001609
公共设施管理	78127	0.000520	0.000407	0.000427	0.000542
居民服务	79128	0.001365	0.001027	0.001140	0.001587
其他服务	80129	0.013426	0.011185	0.011464	0.014854
教育	82130	0.001621	0.001375	0.001426	0.001538
卫生	83131	0.000830	0.000592	0.000423	0.000602
社会工作	84132	0.000000	0.000000	0.000000	0.000000
新闻和出版	85133	0.001053	0.001028	0.000898	0.001448
广播、电视、电影和影视录音制作	86134	0.001540	0.001630	0.000973	0.001759
文化艺术	87135	0.000106	0.000103	0.000082	0.000114
体育	88136	0.000000	0.000000	0.000000	0.000000
娱乐	89137	0.002938	0.002291	0.002163	0.002475
社会保障	93138	0.000290	0.000282	0.000224	0.000317
公共管理和社会组织	90139	0.001909	0.001240	0.001456	0.001815

其他电气机械和器材	计算机	通信设备	广播电视设备和雷达及配套设备	视听设备	电子元器件	代码
38085	39086	39087	39088	39089	39090	—
0.009671	0.011243	0.010511	0.012670	0.009100	0.008828	63114
0.002892	0.018123	0.004075	0.003958	0.004052	0.005074	65115
0.089112	0.110568	0.093798	0.100145	0.121355	0.094468	66116
0.003725	0.003649	0.003432	0.003653	0.003807	0.003366	67117
0.005555	0.004883	0.004934	0.005160	0.004906	0.004748	68118
0.014941	0.018921	0.018487	0.020130	0.019501	0.016634	70119
0.002614	0.002713	0.003349	0.003150	0.002849	0.002606	71120
0.055255	0.059607	0.081228	0.065398	0.067159	0.058781	72121
0.015035	0.014266	0.039390	0.042249	0.011105	0.016573	73122
0.012476	0.014065	0.014105	0.015974	0.014938	0.017686	74123
0.014862	0.014844	0.013206	0.012876	0.021155	0.021108	75124
0.001679	0.001327	0.001363	0.001280	0.001288	0.001650	76125
0.001593	0.001012	0.001015	0.001728	0.001039	0.001247	77126
0.000448	0.000465	0.000557	0.000550	0.000507	0.000446	78127
0.001388	0.001490	0.001730	0.002105	0.001511	0.001462	79128
0.012051	0.011338	0.012715	0.013786	0.014116	0.011406	80129
0.001492	0.001493	0.001750	0.001831	0.001752	0.001476	82130
0.000998	0.000442	0.000537	0.000921	0.000457	0.000452	83131
0.000000	0.000000	0.000000	0.000000	0.000000	0.000000	84132
0.000996	0.000770	0.001069	0.001094	0.000798	0.000827	85133
0.002640	0.001620	0.002279	0.003023	0.001372	0.001436	86134
0.000139	0.000108	0.000109	0.000104	0.000107	0.000109	87135
0.000000	0.000000	0.000000	0.000000	0.000000	0.000000	88136
0.002379	0.002354	0.002537	0.002953	0.002530	0.002255	89137
0.000382	0.000299	0.000300	0.000288	0.000298	0.000304	93138
0.002413	0.001385	0.004628	0.004687	0.002237	0.001393	90139

表 4.3 续 65 （Table 4.3 Continue 65）

投入 \ 产出	代码	其他电子设备	仪器仪表	其他制造产品	废弃资源和废旧材料回收加工品
代码	—	39091	40092	41093	42094
电信和其他信息传输服务	63114	0.009446	0.010559	0.007625	0.002795
软件和信息技术服务	65115	0.004915	0.003691	0.002650	0.000938
货币金融和其他金融服务	66116	0.123196	0.095324	0.089588	0.029979
资本市场服务	67117	0.004308	0.003487	0.003412	0.001154
保险	68118	0.005917	0.004920	0.004920	0.001650
房地产	70119	0.019010	0.017676	0.015172	0.004679
租赁	71120	0.002808	0.003036	0.002282	0.001595
商务服务	72121	0.053268	0.055323	0.046936	0.014802
研究和试验发展	73122	0.012697	0.018498	0.006538	0.001349
专业技术服务	74123	0.016177	0.013863	0.008248	0.002403
科技推广和应用服务	75124	0.013354	0.014366	0.006742	0.001293
水利管理	76125	0.001289	0.001292	0.001965	0.000501
生态保护和环境治理	77126	0.000903	0.001041	0.002225	0.000434
公共设施管理	78127	0.000496	0.000531	0.000427	0.000142
居民服务	79128	0.001301	0.001513	0.001647	0.000316
其他服务	80129	0.011389	0.012598	0.010547	0.003916
教育	82130	0.001685	0.001829	0.001669	0.000481
卫生	83131	0.000422	0.000797	0.000478	0.000163
社会工作	84132	0.000000	0.000000	0.000000	0.000000
新闻和出版	85133	0.001009	0.001133	0.000914	0.000611
广播、电视、电影和影视录音制作	86134	0.001115	0.001184	0.001610	0.000228
文化艺术	87135	0.000103	0.000114	0.000198	0.000019
体育	88136	0.000000	0.000000	0.000000	0.000000
娱乐	89137	0.002891	0.003143	0.002403	0.000847
社会保障	93138	0.000284	0.000316	0.000554	0.000052
公共管理和社会组织	90139	0.002021	0.001778	0.001406	0.000409

金属制品、机械和设备修理服务	电力、热力生产和供应	燃气生产和供应	水的生产和供应	房屋建筑	土木工程建筑	代码
43095	44096	45097	46098	47099	48100	—
0.010082	0.008751	0.006625	0.010584	0.026020	0.007955	63114
0.002885	0.004300	0.002025	0.008814	0.002471	0.002388	65115
0.090795	0.119310	0.094411	0.121345	0.092844	0.105414	66116
0.004540	0.004080	0.003054	0.003625	0.004194	0.004127	67117
0.007157	0.005720	0.004096	0.004344	0.005767	0.006049	68118
0.015045	0.013769	0.012425	0.014505	0.013348	0.014481	70119
0.002904	0.002608	0.002199	0.002404	0.005324	0.006782	71120
0.064579	0.041344	0.034144	0.033871	0.040957	0.043043	72121
0.007018	0.005915	0.007113	0.003296	0.006109	0.004750	73122
0.010351	0.010962	0.008671	0.007489	0.026552	0.092846	74123
0.007802	0.003625	0.002862	0.002847	0.004373	0.004732	75124
0.001557	0.005823	0.002086	0.076839	0.001396	0.001462	76125
0.000964	0.000782	0.000627	0.001679	0.000985	0.000851	77126
0.000549	0.000365	0.000327	0.000432	0.000419	0.000421	78127
0.001141	0.001023	0.001023	0.001431	0.001813	0.001481	79128
0.012538	0.010219	0.010703	0.015669	0.011295	0.015855	80129
0.002400	0.001532	0.001327	0.002493	0.001761	0.001714	82130
0.000576	0.000723	0.000722	0.000335	0.000749	0.000470	83131
0.000000	0.000000	0.000000	0.000000	0.000000	0.000000	84132
0.001227	0.001291	0.000724	0.001599	0.001067	0.001558	85133
0.001083	0.002198	0.001566	0.002962	0.001186	0.000897	86134
0.000088	0.000120	0.000113	0.000114	0.000119	0.000079	87135
0.000000	0.000000	0.000000	0.000000	0.000000	0.000000	88136
0.003036	0.002088	0.001959	0.002883	0.002550	0.002570	89137
0.000234	0.000327	0.000258	0.000315	0.000325	0.000212	93138
0.004565	0.001040	0.001025	0.001257	0.001405	0.001363	90139

表 4.3 续 66 (Table 4.3 Continue 66)

投入＼产出	代码	建筑安装	建筑装饰和其他建筑服务	批发和零售	铁路运输
代码	—	49101	50102	51103	53104
电信和其他信息传输服务	63114	0.008425	0.006263	0.007020	0.032506
软件和信息技术服务	65115	0.002282	0.001852	0.001827	0.002301
货币金融和其他金融服务	66116	0.073424	0.063307	0.065559	0.124548
资本市场服务	67117	0.003862	0.003024	0.002876	0.013631
保险	68118	0.006639	0.004818	0.005883	0.025264
房地产	70119	0.012804	0.011291	0.057395	0.016033
租赁	71120	0.003807	0.004647	0.003921	0.003863
商务服务	72121	0.044335	0.047822	0.111543	0.033901
研究和试验发展	73122	0.005717	0.003916	0.003354	0.005557
专业技术服务	74123	0.116863	0.016027	0.003782	0.006675
科技推广和应用服务	75124	0.005568	0.005153	0.001231	0.003186
水利管理	76125	0.001520	0.001316	0.000374	0.000869
生态保护和环境治理	77126	0.000825	0.000699	0.000611	0.002806
公共设施管理	78127	0.000428	0.000359	0.000693	0.000357
居民服务	79128	0.001640	0.001039	0.005787	0.000835
其他服务	80129	0.012661	0.018500	0.005694	0.018617
教育	82130	0.001692	0.001173	0.001289	0.003421
卫生	83131	0.000459	0.000386	0.000325	0.000306
社会工作	84132	0.000000	0.000000	0.000000	0.000000
新闻和出版	85133	0.002668	0.001029	0.000522	0.001674
广播、电视、电影和影视录音制作	86134	0.000992	0.000874	0.000473	0.001604
文化艺术	87135	0.000079	0.000071	0.000076	0.000152
体育	88136	0.000000	0.000000	0.000000	0.000000
娱乐	89137	0.002600	0.001820	0.001748	0.002388
社会保障	93138	0.000216	0.000187	0.000212	0.000419
公共管理和社会组织	90139	0.001469	0.001236	0.001506	0.001526

道路运输	水上运输	航空运输	管道运输	装卸搬运和运输代理	仓储	代码
54105	55106	56107	57108	58109	59110	—
0.008969	0.048142	0.015153	0.006846	0.009666	0.025095	63114
0.002008	0.003795	0.005746	0.002078	0.001992	0.002629	65115
0.128837	0.151430	0.098404	0.105130	0.063313	0.117151	66116
0.007275	0.007198	0.006691	0.008337	0.023455	0.007107	67117
0.011800	0.011144	0.020708	0.014706	0.052674	0.012071	68118
0.017732	0.019524	0.023296	0.022227	0.022381	0.032911	70119
0.002609	0.007631	0.015569	0.004135	0.005592	0.006257	71120
0.041463	0.064257	0.044071	0.040185	0.038820	0.081710	72121
0.003382	0.005082	0.005902	0.008302	0.004299	0.003372	73122
0.005176	0.007617	0.006913	0.008543	0.005114	0.005525	74123
0.003854	0.003155	0.004044	0.002888	0.003542	0.004412	75124
0.000740	0.000796	0.000982	0.001029	0.000787	0.001810	76125
0.000552	0.001157	0.001578	0.002766	0.000754	0.000750	77126
0.000393	0.000519	0.000381	0.000372	0.000330	0.000827	78127
0.000944	0.001001	0.001116	0.001840	0.001585	0.000991	79128
0.024710	0.015394	0.013081	0.102407	0.073085	0.019692	80129
0.001748	0.001671	0.001944	0.001374	0.001247	0.002170	82130
0.000635	0.000504	0.000575	0.005745	0.000451	0.000385	83131
0.000000	0.000000	0.000000	0.000000	0.000000	0.000000	84132
0.001750	0.000950	0.000933	0.000897	0.000734	0.002886	85133
0.000619	0.000905	0.002186	0.000783	0.000954	0.000746	86134
0.000090	0.000234	0.000111	0.000108	0.000115	0.000080	87135
0.000000	0.000000	0.000000	0.000000	0.000000	0.000000	88136
0.002402	0.002825	0.002280	0.002185	0.002483	0.005328	89137
0.000244	0.000649	0.000289	0.000291	0.000296	0.000482	93138
0.001468	0.001306	0.001547	0.001469	0.001145	0.002656	90139

表 4.3 续 67 （Table 4.3 Continue 67）

投入＼产出	代码	邮政	住宿	餐饮	电信和其他信息传输服务
代码	—	60111	61112	62113	63114
电信和其他信息传输服务	63114	0.039624	0.022791	0.004679	0.128484
软件和信息技术服务	65115	0.007506	0.002002	0.000902	0.008485
货币金融和其他金融服务	66116	0.055033	0.077890	0.039299	0.066791
资本市场服务	67117	0.002700	0.002867	0.001788	0.002813
保险	68118	0.004727	0.004111	0.002894	0.005465
房地产	70119	0.026046	0.037650	0.016229	0.028801
租赁	71120	0.004071	0.002437	0.001864	0.006646
商务服务	72121	0.069436	0.060777	0.031327	0.064942
研究和试验发展	73122	0.003796	0.002529	0.001660	0.004642
专业技术服务	74123	0.005645	0.003863	0.003491	0.003358
科技推广和应用服务	75124	0.004812	0.002757	0.002231	0.003451
水利管理	76125	0.000700	0.001490	0.000981	0.000615
生态保护和环境治理	77126	0.000925	0.000799	0.000588	0.000864
公共设施管理	78127	0.000383	0.000397	0.000253	0.000756
居民服务	79128	0.003001	0.001168	0.000927	0.000697
其他服务	80129	0.008190	0.009931	0.008331	0.008556
教育	82130	0.001739	0.001448	0.000884	0.001762
卫生	83131	0.000297	0.000312	0.000209	0.000191
社会工作	84132	0.000000	0.000000	0.000000	0.000000
新闻和出版	85133	0.003088	0.000901	0.000718	0.004030
广播、电视、电影和影视录音制作	86134	0.002266	0.002931	0.000422	0.001800
文化艺术	87135	0.000091	0.000090	0.000078	0.000120
体育	88136	0.000000	0.000000	0.000000	0.000000
娱乐	89137	0.004885	0.001841	0.002394	0.002411
社会保障	93138	0.000247	0.000252	0.000226	0.000333
公共管理和社会组织	90139	0.002446	0.001204	0.000809	0.002632

软件和信息技术服务	货币金融和其他金融服务	资本市场服务	保险	房地产	租赁	代码
65115	66116	67117	68118	70119	71120	—
0.105042	0.025278	0.018950	0.052548	0.008806	0.011350	63114
0.059377	0.010084	0.006069	0.006647	0.001622	0.003457	65115
0.106497	0.054119	0.036130	0.159853	0.123042	0.171323	66116
0.003931	0.016761	0.019213	0.128792	0.002919	0.012729	67117
0.005681	0.004760	0.001942	0.084275	0.003664	0.036305	68118
0.048739	0.082099	0.062334	0.046829	0.044635	0.042157	70119
0.004524	0.006985	0.001226	0.002878	0.001822	0.019573	71120
0.100998	0.123215	0.071200	0.085887	0.062168	0.059783	72121
0.035947	0.002171	0.001525	0.003092	0.000928	0.003494	73122
0.007003	0.003458	0.001495	0.002252	0.001441	0.004287	74123
0.009151	0.001430	0.001391	0.002141	0.000814	0.003458	75124
0.000959	0.000471	0.000401	0.000543	0.000283	0.000651	76125
0.000631	0.000524	0.000380	0.000441	0.000399	0.000579	77126
0.000643	0.001593	0.000432	0.000918	0.000449	0.000512	78127
0.001297	0.000595	0.000346	0.000672	0.000379	0.000987	79128
0.009266	0.010875	0.003483	0.006803	0.004745	0.023326	80129
0.001912	0.006440	0.001381	0.003904	0.001251	0.001743	82130
0.000248	0.000384	0.000220	0.000758	0.000100	0.000330	83131
0.000000	0.000000	0.000000	0.000000	0.000000	0.000000	84132
0.001041	0.001314	0.001410	0.001517	0.000845	0.000632	85133
0.000979	0.000726	0.000663	0.003319	0.000637	0.000785	86134
0.000083	0.000069	0.000198	0.000104	0.000079	0.000071	87135
0.000000	0.000000	0.000000	0.000000	0.000000	0.000000	88136
0.002612	0.010997	0.001855	0.017329	0.002530	0.004215	89137
0.000230	0.000183	0.000210	0.000242	0.000217	0.000477	93138
0.003769	0.002216	0.001083	0.003331	0.001949	0.001562	90139

表 4.3 续 68 (Table 4.3 Continue 68)

投入 \ 产出	代码	商务服务	研究和试验发展	专业技术服务	科技推广和应用服务
代码	—	72121	73122	74123	75124
电信和其他信息传输服务	63114	0.011409	0.009160	0.008842	0.022219
软件和信息技术服务	65115	0.004918	0.003653	0.003186	0.003361
货币金融和其他金融服务	66116	0.109090	0.053308	0.083778	0.140177
资本市场服务	67117	0.007200	0.003032	0.003501	0.004624
保险	68118	0.012306	0.005400	0.008987	0.008198
房地产	70119	0.025505	0.016722	0.018909	0.029512
租赁	71120	0.002951	0.005142	0.003496	0.003093
商务服务	72121	0.100092	0.064932	0.050790	0.076194
研究和试验发展	73122	0.004119	0.017595	0.005250	0.009318
专业技术服务	74123	0.005389	0.050561	0.167626	0.148045
科技推广和应用服务	75124	0.004454	0.021552	0.010180	0.017808
水利管理	76125	0.001298	0.001515	0.001104	0.001044
生态保护和环境治理	77126	0.001322	0.000927	0.000717	0.000732
公共设施管理	78127	0.003800	0.000480	0.000455	0.000694
居民服务	79128	0.001219	0.009401	0.007893	0.006392
其他服务	80129	0.014913	0.013961	0.012826	0.011045
教育	82130	0.001752	0.005142	0.002007	0.003179
卫生	83131	0.000358	0.000394	0.000358	0.000370
社会工作	84132	0.000000	0.000000	0.000000	0.000000
新闻和出版	85133	0.001360	0.002927	0.001358	0.002521
广播、电视、电影和影视录音制作	86134	0.000972	0.000776	0.000685	0.001099
文化艺术	87135	0.000097	0.000075	0.000090	0.000088
体育	88136	0.000000	0.000000	0.000000	0.000000
娱乐	89137	0.002975	0.002549	0.002899	0.004304
社会保障	93138	0.000249	0.000354	0.000246	0.000459
公共管理和社会组织	90139	0.009322	0.001585	0.001836	0.002550

水利管理	生态保护和环境治理	公共设施管理	居民服务	其他服务	教育	代码
76125	77126	78127	79128	80129	82130	—
0.024087	0.009695	0.008718	0.009466	0.007439	0.018415	63114
0.002998	0.002628	0.009946	0.002610	0.002957	0.001681	65115
0.101808	0.090773	0.109752	0.050743	0.067892	0.055038	66116
0.004800	0.003984	0.004625	0.002287	0.004491	0.001496	67117
0.007452	0.006074	0.006790	0.004671	0.007805	0.001800	68118
0.024041	0.020443	0.018596	0.076739	0.046934	0.016630	70119
0.003419	0.002484	0.003442	0.004646	0.002757	0.001355	71120
0.045227	0.039328	0.052749	0.044554	0.050264	0.021720	72121
0.003006	0.005037	0.003521	0.002274	0.004448	0.006218	73122
0.021462	0.004993	0.004772	0.002861	0.005114	0.002287	74123
0.003156	0.005973	0.003810	0.002981	0.005554	0.004023	75124
0.053801	0.001305	0.001429	0.001405	0.001152	0.000483	76125
0.001671	0.017402	0.002832	0.001511	0.000767	0.000692	77126
0.000714	0.000485	0.006289	0.000351	0.000522	0.000213	78127
0.005020	0.004379	0.013849	0.018002	0.011862	0.007600	79128
0.053109	0.047495	0.037585	0.011511	0.010640	0.007326	80129
0.008103	0.004158	0.003017	0.001117	0.002147	0.014343	82130
0.000746	0.000404	0.000384	0.000481	0.000385	0.000446	83131
0.000000	0.000000	0.000000	0.000000	0.000000	0.000000	84132
0.002229	0.001862	0.001902	0.002820	0.001155	0.003389	85133
0.000906	0.000726	0.001324	0.000482	0.000685	0.000887	86134
0.000104	0.000087	0.000081	0.000091	0.000097	0.000089	87135
0.000000	0.000000	0.000000	0.000000	0.000000	0.000000	88136
0.005118	0.004325	0.002904	0.004164	0.001844	0.001281	89137
0.000280	0.000238	0.000232	0.000250	0.000268	0.000248	93138
0.004122	0.002165	0.002058	0.002462	0.002076	0.001583	90139

表 4.3 续 69 （Table 4.3 Continue 69）

投入 \ 产出	代码	卫生	社会工作	新闻和出版	广播、电视、电影和影视录音制作
代码	—	83131	84132	85133	86134
电信和其他信息传输服务	63114	0.019807	0.008645	0.012763	0.022744
软件和信息技术服务	65115	0.001667	0.000946	0.015080	0.001440
货币金融和其他金融服务	66116	0.056427	0.037227	0.066705	0.048124
资本市场服务	67117	0.002075	0.002394	0.003131	0.002364
保险	68118	0.003009	0.004181	0.005068	0.004167
房地产	70119	0.017259	0.016724	0.022222	0.018023
租赁	71120	0.001616	0.004335	0.004628	0.009190
商务服务	72121	0.051085	0.025616	0.047965	0.054075
研究和试验发展	73122	0.005090	0.001337	0.003231	0.001945
专业技术服务	74123	0.004155	0.002371	0.005249	0.002804
科技推广和应用服务	75124	0.004984	0.001442	0.003623	0.002329
水利管理	76125	0.000891	0.000899	0.002062	0.000767
生态保护和环境治理	77126	0.000971	0.001205	0.000899	0.000956
公共设施管理	78127	0.000408	0.000403	0.000480	0.002156
居民服务	79128	0.005653	0.036784	0.004444	0.010223
其他服务	80129	0.007763	0.022682	0.016479	0.018660
教育	82130	0.003304	0.002164	0.002707	0.002669
卫生	83131	0.004958	0.007668	0.000378	0.000520
社会工作	84132	0.000000	0.000000	0.000000	0.000000
新闻和出版	85133	0.001894	0.001361	0.008881	0.000838
广播、电视、电影和影视录音制作	86134	0.000985	0.002697	0.000840	0.035572
文化艺术	87135	0.000076	0.000170	0.000114	0.000087
体育	88136	0.000000	0.000000	0.000000	0.000000
娱乐	89137	0.001891	0.002941	0.007853	0.002660
社会保障	93138	0.000221	0.000478	0.000320	0.000242
公共管理和社会组织	90139	0.001655	0.001649	0.001876	0.001819

文化艺术	体育	娱乐	社会保障	公共管理和社会组织	代码
87135	88136	89137	93138	90139	—
0.028712	0.008432	0.004966	0.015159	0.035375	63114
0.001479	0.001440	0.001800	0.001242	0.002457	65115
0.044781	0.055170	0.066450	0.067403	0.053109	66116
0.003706	0.003429	0.002295	0.002130	0.005692	67117
0.006941	0.006095	0.003211	0.002695	0.004353	68118
0.027241	0.014679	0.039955	0.010391	0.021125	70119
0.007149	0.002589	0.004075	0.002517	0.003022	71120
0.031361	0.037229	0.046109	0.020036	0.038842	72121
0.001955	0.001755	0.006368	0.000943	0.001895	73122
0.002938	0.002585	0.002865	0.001370	0.003020	74123
0.002072	0.001760	0.001766	0.000948	0.001976	75124
0.000634	0.000695	0.000776	0.000328	0.000620	76125
0.003052	0.006793	0.000384	0.000305	0.000636	77126
0.000351	0.000419	0.000332	0.000368	0.001972	78127
0.008384	0.017943	0.001672	0.003121	0.002366	79128
0.010974	0.015063	0.006410	0.015783	0.023284	80129
0.003697	0.002979	0.001009	0.007499	0.008826	82130
0.000619	0.002968	0.000172	0.000975	0.002964	83131
0.000000	0.000000	0.000000	0.000000	0.000000	84132
0.005090	0.000802	0.001924	0.003518	0.006627	85133
0.001607	0.007810	0.005060	0.001705	0.001616	86134
0.108677	0.000110	0.000071	0.000080	0.000762	87135
0.000000	0.107479	0.000000	0.000000	0.000000	88136
0.002262	0.002749	0.003585	0.002789	0.004759	89137
0.000207	0.000305	0.000201	0.000218	0.000249	93138
0.003260	0.001042	0.000903	0.002104	0.006183	90139

第三部分 （PART Ⅲ）

附 录

Appendix

附录一　中国2012年投入产出表部门分类解释及代码

Appendix Ⅰ　Explanation and Code for Sector Classification of 2012 Input-Output Tables of China

代码	部门名称	包括范围
01001	农产品	指种植的各种农作物以及农户种植、加工一体生产的有关产品。(一)谷物。1.稻谷。2.小麦。3.玉米。(二)棉花。包括:籽棉、棉花杆和其他棉花。(三)其他农产品。1.其他谷物。2.豆类。3.油料。4.薯类。5.麻类。6.糖类。7.烟草。8.蔬菜。9.食用菌。10.花卉。11.其他园艺作物。12.仁果类和核果类水果。13.葡萄。14.柑橘类水果。15.香蕉等亚热带水果。16.其他水果。17.坚果。18.含油果。19.香料。20.茶及其他饮料作物。21.中药材。22.其他农作物。
02002	林产品	(一)林木育种和育苗。1.林木育种。2.林木育苗。(二)造林和更新。包括:人工造林服务、飞播造林服务、其他造林服务。(三)森林经营和管护。包括:对人工的和天然的幼龄林、中龄林、近熟林和成熟林进行的各种抚育和管理活动,其他林木抚育管理服务。(四)木材和竹材采运。1.木材采运。2.竹材采运。(五)林产品采集。1.木竹材林产品采集。2.非木竹材林产品采集。
03003	畜牧产品	指通过饲养、捕捉等活动获得的各种畜禽产品,以及同一农(牧)场或农户生产加工的相应产品。(一)牲畜。1.牛饲养产品。包括:牛,生牛奶,同一农(牧)场或农户生产加工的生牛奶以及奶酪、黄油等,同一农(牧)场或农户生产加工的牛毛,牦牛毛(牦牛绒)。2.马饲养产品。包括:马,马毛,生马奶,同一农(牧)场或农户生产加工的生马奶,同一农(牧)场或农户生产加工的马毛,整张生马皮。3.猪饲养产品。包括:猪,生皮(部分),猪鬃。4.羊饲养产品。包括:绵羊,山羊,能繁殖母羊,羔羊,绵羊毛(部分),山羊绒,整张羔羊生毛皮、制刷用山羊毛,同一农(牧)场或农户生产加工的生羊奶,同一农(牧)场或农户生产加工的绵羊毛、山羊毛、制刷用山羊毛以及羔羊整张毛皮。5.骆驼饲养产品。包括:骆驼,骆驼毛,同一农(牧)场或农户生产加工的骆驼毛。6.其他牲畜饲养产品。包括:驴、骡、其他活牲畜,同一农(牧)场或农户生产加工的其他牲畜毛。(二)家禽。1.鸡饲养产品。包括:蛋鸡、雏鸡、肉鸡、其他活鸡、鸡蛋。2.鸭饲养产品。包括:雏鸭、成鸭、鸭蛋。3.鹅饲养产品。包括:雏鹅、成鹅、鹅蛋。4.其他家禽饲养产品。包括:活火鸡、活珍珠鸡、其他活家禽、禽蛋(部分)。(三)狩猎和捕捉动物。包括:为动物园和供观赏等目的捕获的动物,野生动物,野生鸟类,爬行动物,来自猎取和捕捉活动中的兽皮和爬行动物、鸟类毛皮等,整张爬行动物皮,整张狐生毛皮,其他捕获野生动物。(四)其他畜牧业产品。包括:各种鸟类,猫、狗,天然蜂蜜及副产品,蚕茧,蛙类动物,家兔,鹦形目鸟,驯鹿、梅花鹿、麝,狐,貂,其他动物毛类,其他动物生毛皮,其他畜禽产品,其他未列明饲养动物。
04004	渔产品	指在海洋和内陆水域进行养殖和捕捞活动获得的渔产品。(一)养殖水产品。1.海水养殖产品。2.内陆养殖产品。(二)捕捞水产品。1.海水捕捞产品。2.内陆捕捞产品。
05005	农、林、牧、渔服务	指对农、林、牧、渔业生产活动进行的各种支持性服务活动。(一)农业服务。1.农业机械服务。2.灌溉服务。3.农产品初加工服务。4.其他农业服务。(二)林业服务。1.林业有害生物防治服务。2.森林防火服务。3.林产品初级加工服务。4.其他林业服务。(三)畜牧业服务。指提供牲畜繁殖、圈舍清理、畜产品生产和初级加工等服务。(四)渔业服务。包括:鱼苗、鱼种培育、养殖服务,鱼苗及鱼种场、水产良种场和水产增殖场管理服务,渔业机械服务、其他渔业服务。

附录一 续1 (Appendix Ⅰ Continue 1)

代码	部门名称	包括范围
06006	煤炭采选产品	指通过开采、洗选、分级等生产活动获得的煤炭产品。(一)烟煤和无烟煤。包括:无烟煤,烟煤,洗精煤、无烟煤洗块煤、烟煤洗块煤,无烟煤洗粒级煤、烟煤洗粒级煤,无烟煤洗混末煤、烟煤洗混末煤,无烟煤洗中煤、烟煤洗中煤,无烟煤筛选块煤、烟煤筛选块煤。(二)褐煤。包括:褐煤、褐煤洗块煤、褐煤洗粒级煤、褐煤洗混末煤、褐煤洗中煤、褐煤筛选块煤。(三)其他煤炭。包括:泥炭(泥煤)、石煤、风化煤、煤矸石、其他未列明煤炭采选产品。
07007	石油和天然气开采产品	(一)石油开采产品。包括:天然原油、从沥青矿中提取的原油、沥青页岩、油母页岩、焦(重)油砂、其他油页岩。(二)天然气开采产品。包括:天然气、液化天然气、煤层气(煤田)、天然气水合物。
08008	黑色金属矿采选产品	(一)铁矿。包括:铁矿石原矿、铁矿石成品矿、人造富铁矿(已烧结铁矿)。(二)锰矿、铬矿。包括:锰矿石原矿、锰矿石成品矿、锰矿石、人造富锰矿、铬矿石原矿、铬矿石成品矿、人造富铬矿。(三)其他黑色金属矿。包括:钒原矿、钒精矿、其他未列明黑色金属矿。
09009	有色金属矿采选产品	指采选的常用有色金属矿、贵金属矿,以及稀有稀土金属矿。(一)常用有色金属矿。1.铜矿。2.铅锌矿。3.镍钴矿。4.锡矿。5.锑矿。6.铝矿。7.镁矿。8.其他常用有色金属矿。(二)贵金属矿。1.金矿。2.银矿。3.其他贵金属矿。(三)稀有稀土金属矿。1.钨钼矿。2.稀土金属矿。3.放射性金属矿。4.其他稀有金属矿。
10010	非金属矿采选产品	(一)土砂石开采产品。1.石灰石和石膏。2.建筑装饰用石。3.耐火土石。4.粘土及其他土砂石。(二)化学矿开采产品。包括:硫铁矿石、磷矿石、钾矿、硼矿、硫磺矿、重晶石、毒重石、冰晶石、冰洲晶石、硫镁钒矿、蛇纹石、天青石、天然碱、芒硝矿、天然硝石、明矾石、砷矿、其他化学矿。(三)采盐产品。包括:海盐、湖盐、井盐、矿盐、其他原盐。(四)石棉及其他非金属矿采选产品。1.石棉和云母矿。2.石墨、滑石。3.宝石、玉石。4.其他未列明非金属矿采选产品。
11011	开采辅助服务和其他采矿产品	(一)开采辅助服务。指为煤炭、石油和天然气等矿物开采提供的服务。1.煤炭开采和洗选辅助活动。包括:煤炭的勘探服务,在收费或合同基础上进行的煤矿的排水和泵吸活动,煤矿的试井与试钻。2.石油和天然气开采辅助活动。包括:石油和天然气开采相关的勘探活动;定向钻井和再钻,“掘进”,井架的架设、修复和拆除,油气井套管的胶接,油气井的泵送,油气井的封堵和放弃等;在收费或合同基础上进行的排水和泵吸活动;与石油或天然气开采相关的试钻。3.其他开采辅助活动。包括:其他矿的勘探服务,在收费或合同基础上进行其他矿的排水和泵吸活动,其他矿的试井与试钻。(二)其他采矿产品。指开采的地热资源、矿泉水资源以及其他未列明的自然资源。包括地热、天然水和其他未列明矿产品。
13012	谷物磨制品	指去壳、碾磨及精加工后的谷物。包括:小麦粉,小麦专用粉,大米细粉,玉米、糯米及其他谷物细粉,碾磨、脱壳谷物,粗磨谷物,谷物加工制品,干豆粉,未烘烤的爆米花及类似谷物半成品、谷物磨制后残余物。
13013	饲料加工品	指生产加工的适用于农场、农户饲养牲畜、家禽的饲料。包括:配合饲料,浓缩饲料,预混合饲料,混合饲料,蛋白质饲料,宠物食品,动物源性饲料、饲料用植物根粉。

附录一 续2 （Appendix Ⅰ Continue 2）

代码	部门名称	包括范围
13014	植物油加工品	(一)食用植物油。指用各种食用植物油料生产的油脂和精制食用油。包括：毛油(初榨植物油)，精制食用植物油，其他食用油脂，植物油分离制品(可食用)，棉籽绒、油渣饼及其他食用油加工的副产品。(二)非食用植物油。指用各种非食用植物油料生产的油脂。包括：初榨非食用植物油，精制非食用植物油，植物油分离制品，植物油脂加工产品，精制棕榈油(食用)、精制椰子油(食用)、精制亚麻子油(食用)。
13015	糖及糖制品	指以甘蔗、甜菜等为原料制作的成品糖，以及以原糖或砂糖为原料精炼加工制成的各种精制糖。包括：原糖，成品糖，加工糖，糖蜜、其他制糖产品。
13016	屠宰及肉类加工品	(一)牲畜屠宰。包括：对各种牲畜的屠宰；鲜、冷藏的猪肉、牛肉、羊肉、兔肉、杂畜肉；冻的猪肉、牛肉、羊肉、兔肉、杂畜肉；猪、牛、羊杂碎，其他可食用动物杂碎；屠宰后的生皮、动物毛类副产品，屠宰后的牲畜骨头。(二)禽类屠宰。包括：对各种禽类的屠宰；鲜、冷藏的鸡肉、鸭肉、火鸡肉、鹅肉、珍珠鸡肉、乳鸽肉；冻的鸡肉、鸭肉、火鸡肉、鹅肉、珍珠鸡肉、乳鸽肉；鸡、鸭、鹅、火鸡、珍珠鸡杂碎，乳鸽食用杂碎；屠宰后禽类羽毛、羽绒副产品。(三)肉制品及副产品。包括：香肠制品，熏肉制品，酱卤烧烤肉制品，腌腊肉制品，干炸肉制品，动物肠衣，动物油脂及加工制品，动物精及汁，含肉类半成品菜肴，同一企业内进行的畜、禽肉制品的灌装加工品，其他熟肉制品。
13017	水产加工品	(一)水产冷冻加工品。包括：冷冻鱼，冷冻虾，冷冻蟹，冷冻软体动物、其他冷冻水产品，在船舶上仅从事鱼类加工和保藏的活动，海藻的加工。(二)鱼糜制品及水产干腌制品。包括：干制水产品，腌渍水产品，熏制水产品，鱼糜(熟肉)制品，甲壳水产品加工品，水产品精、汁制品，水生动植物调味品。(三)水产饲料。包括：饲料用鱼粉、饲料用鱼头粉、虾头粉饲料、贝壳粉饲料、其他饲料用水产品渣粉。(四)鱼油及制品。包括：鱼油、脂，其他水产品油脂制品。(五)其他水产加工品。包括：珍珠粉、其他未列明水产加工品。
13018	蔬菜、水果、坚果和其他农副食品加工品	(一)蔬菜加工品。包括：薯类及类似植物加工品，冷冻蔬菜，暂时保藏蔬菜(原料)，干制蔬菜(脱水蔬菜)，腌渍菜，冷冻蔬菜半成品，蔬菜沙拉，其他蔬菜加工品。(二)水果和坚果加工品。包括：水果、坚果粉，冷冻水果及坚果，水果酱，坚果酱，果泥，果膏及类似制品，果核及核仁，焙、炒加工坚果及果仁，蒸煮加工坚果及果仁，暂时保藏水果及坚果(原料)，其他水果、坚果加工品。(三)淀粉及淀粉制品。包括：淀粉，菊粉，淀粉制品，淀粉糖，面筋，糊精及改性淀粉，在同一企业生产的玉米油，其他淀粉及淀粉制品。(四)豆制品。包括：水豆腐，豆制品，豆浆及豆浆粉。(五)蛋加工品。包括：干蛋品，冰蛋品，再制蛋、卵清蛋白。(六)其他未列明农副食品加工。包括对上述未列明的农副食品加工活动。
14019	方便食品	(一)米、面制品。包括：面制半成品，米制半成品。(二)速冻食品。包括：速冻包馅米面食品、速冻无馅米面食品。(三)方便面及其他方便食品。包括：米面熟制品，干制方便食品，方便菜，其他未列明的方便食品。

附录一　续3 (Appendix Ⅰ　Continue 3)

代码	部门名称	包括范围
14020	乳制品	指以生鲜牛(羊)乳及其制品为主要原料,经加工制成的液体乳及固体乳(乳粉、炼乳、乳脂肪、干酪等)制品。包括:液体乳,灭菌乳,巴氏杀菌乳,酸牛乳,其他液体乳;固体及半固体乳制品,乳粉,炼乳,乳脂肪,干酪(奶酪),干酪素,乳清粉,乳糖,其他固体乳制品。不包括含乳饮料、植物蛋白饮料,未经加工的生鲜乳。
14021	调味品、发酵制品	(一)味精。包括:加盐味精,增鲜味精。(二)酱油、食醋及类似制品。包括:酱油,酱,特制酱油,食醋,醋精。(三)其他调味品、发酵制品。包括:复合调味品,酵母,食品用氨基酸,柠檬酸及其盐和酸酯,食品用发酵有机酸,食品用酶制剂。
14022	其他食品	(一)焙烤食品。1.糕点、面包。2.饼干及其他焙烤食品。(二)糖果、巧克力及蜜饯。1.糖果、巧克力。2.蜜饯。(三)罐头食品。1.肉、禽类罐头。2.水产品罐头。3.蔬菜、水果罐头。4.其他罐头食品。指婴幼儿辅助食品类罐头、米面食品类罐头(如八宝粥罐头等)及上述未列明的罐头食品。(四)其他食品。1.营养食品。2.保健食品。3.冷冻饮品及食用冰。4.加工盐。5.食品及饲料添加剂。6.其他未列明食品。
15023	酒精和酒	(一)酒精。指用玉米、小麦、薯类等淀粉质原料或用糖蜜等含糖质原料,经蒸煮、糖化、发酵及蒸馏等工艺制成的酒精产品。包括小麦发酵酒精、薯类发酵酒精、高粱发酵酒精、糖蜜发酵酒精、玉米发酵酒精、其他发酵酒精。(二)白酒。指以高粱等粮谷为主要原料,以大曲、小曲或麸曲及酒母等为糖化发酵剂,经蒸煮、糖化、发酵、蒸馏、陈酿、勾兑而制成的蒸馏酒产品。包括固态法白酒、半固态法白酒、液态发白酒、固液法白酒、其他白酒。(三)啤酒。指以麦芽(包括特种麦芽)、水为主要原料,加啤酒花,经酵母发酵酿制而成的,含二氧化碳、起泡、低酒精度的发酵酒产品(包括无纯啤酒,也称脱醇啤酒)。包括熟啤酒、生啤酒、特种啤酒、无醇啤酒、其他啤酒、啤酒麦芽。(四)黄酒。指以稻米、黍米、黑米、小麦、玉米等为主要原料,加曲、酵母等糖化发酵剂发酵酿制而成的发酵酒产品。包括稻米黄酒、非稻米黄酒。(五)葡萄酒。指以新鲜葡萄或葡萄汁为原料,经全部或部分发酵酿制而成的,含有一定酒精度的发酵酒产品。包括干葡萄酒、半干葡萄酒、半甜葡萄酒、甜葡萄酒、起泡葡萄酒、特种葡萄酒、葡萄白兰地、酿酒葡萄汁。(六)其他酒。指除葡萄酒以外的果酒、配制酒以及上述未列明的其他酒产品。包括果酒、配制酒、其他蒸馏酒、其他酒及酒精专用原辅料。
15024	饮料和精制茶加工品	(一)饮料。1.碳酸饮料。包括果汁型碳酸饮料、果味型碳酸饮料、可乐型碳酸饮料、其他碳酸型饮料(汽水)。2.瓶(罐)装饮用水。包括饮用天然水、饮用纯净水、饮用矿物质水、其他包装饮用水。3.果菜汁及果菜汁饮料。包括:果汁(浆)、蔬菜汁(浆);浓缩果汁(浆)、浓缩蔬菜汁(浆);果汁饮料、蔬菜汁饮料;果汁饮料浓浆和蔬菜汁饮料浓浆;复合果蔬汁(浆)、复合果蔬汁饮料;果肉饮料;发酵型果蔬汁饮料;水果饮料;其他果汁和蔬菜汁类饮料。4.含乳饮料和植物蛋白饮料。包括含乳饮料、植物蛋白饮料、复合蛋白饮料、其他蛋白饮料。5.固体饮料。包括果香型固体饮料;蛋白型固体饮料;咖啡固体饮料;以茶叶、菊花及茅根等植物为主要原料,经抽提、浓缩与糖拌匀或不加糖加工制成的制品;以食用包埋剂吸收咖啡或其他植物提取物及其他食品添加剂等为原料加工制成的制品;其他型固体饮料。6.茶饮料及其他饮料。包括茶饮料、咖啡饮料、植物

附录一 续4 (Appendix Ⅰ Continue 4)

代码	部门名称	包括范围
15024	饮料和精制茶加工品	饮料、风味饮料、特殊用途饮料、其他未列明软饮料、饮料专用原辅料。(二)精制茶加工品。指对毛茶或半成品原料茶进行筛分、轧切、风选、干燥、匀堆、拼配等精制加工而成的茶叶和茶制品,包括精制茶、茶制品。
16025	烟草制品	(一)复烤烟叶。包括片烟、烟梗。(二)卷烟。包括:卷烟、雪茄烟、烟草代用品制雪茄烟、烟草代用品制卷烟;烟用滤嘴棒。(三)其他烟草制品。包括膨胀烟丝、烟丝、咀嚼烟、鼻烟、蛤蟆烟、烟草精汁、其他未列明烟草制品。
17026	棉、化纤纺织及印染精加工品	(一)棉纺织及印染精加工品。1.棉纺纱加工品。2.棉织造加工品。3.棉印染加工品。(二)化纤织造及印染精加工品。1.化纤织造加工品。2.化纤织物染整精加工品。
17027	毛纺织及染整精加工品	(一)毛条和毛纱线加工品。包括:毛条、毛纱、绒线。(二)毛织造加工品。包括:毛机织物(呢绒)、特种羊毛或动物细毛织物,在同一企业内进行的与上述产品生产活动相联系的毛纺织染整或印染有关工序的整理加工。(三)毛染整精加工。包括:毛纱染整、呢绒染整、毛线染整。
17028	麻、丝绢纺织及加工品	(一)麻纺织及染整精加工品。1.麻纤维纺前加工和纺纱。2.麻织造加工品。3.麻染整精加工品。(二)丝绢纺织及印染精加工品。1.缫丝加工品。2.绢纺和丝织加工。3.丝印染精加工。
17029	针织或钩针编织及其制品	(一)针织或钩针编织物。包括:针织“长毛绒”织物、针织毛圈绒头织物;针织起绒织物;针织钩编织物(针织坯布);合成纤维针织钩编物;人造纤维针织钩编物;毛针织钩编织物;丝针织钩编织物;其他针织钩编织物;棉制经编织物(部分);合成纤维制经编织物(部分);人造纤维制经编织物(部分);毛制经编织物;丝及绢丝制经编织物、其他经编织物;棉制纬编织物(部分);合成纤维制纬编织物(部分);人造纤维制纬编织物(部分);毛制纬编织物;丝及绢丝制纬编织物;其他纬编织物。(二)针织或钩针编织物印染精加工。包括对棉制经编织物(部分)、合成纤维制经编织物(部分)、人造纤维制经编织物(部分)、棉制纬编织物(部分)、合成纤维制纬编织物(部分);人造纤维制纬编织物(部分)的印染精加工活动。(三)针织或钩针编织品。包括:针织床罩;钩编床罩;棉针织床上用织物制品;化纤针织床上用织物制品;丝制针织床上用织物制品;麻针织床上用织物制品;其他针织或钩编相关床上制品;针织台布;钩编台布;针织相关餐桌用制品;钩编相关餐桌用制品;棉针织或钩编窗帘及类似品;合成纤维针织或钩编窗帘及类似品;其他针织或钩编窗帘及类似品。
17030	纺织制成品	(一)家用纺织制成品。1.床上用品。2.毛巾类制品。3.窗帘、布艺类产品。4.其他家用纺织制成品。(二)非家用纺织制成品。1.非织造布。2.绳、索、缆。3.纺织带和帘子布。4.篷、帆布。5.其他非家用纺织制成品。
18031	纺织服装服饰	(一)机织服装。包括:毛制大衣;羽绒服装;防寒服;防风衣;西服套装;便服套装;上衣;衬衫;裤;裙;睡衣裤;浴衣及类似品;婴儿服装及衣着附件;运动服类服装;舞蹈用特种服装;职业服装、工作服及类似服装;毡呢或无纺织物制服装;其他机织服装。(二)针织或钩针编织服装。包括:针织内衣;针织背心;针织内裤;针织睡衣裤;针织T恤衫;针织休闲衫;针织衬衫;针织大衣、风衣;针织西服及西服套装;针织便服套装;针织上衣;针织裤;针织裙;针织运动类服装;针织浴衣及类似服装;针织婴儿服装;部分女式保健内衣;其他针织或钩针编织服装。

附录一 续 5 (Appendix Ⅰ Continue 5)

代码	部门名称	包括范围
18031	纺织服装服饰	(三)服饰。包括:袜子;手套;围巾类;领带;手帕;帽子;帽子附件;吊裤带及类似品;其他未列明纺织服装服饰。
19032	皮革、毛皮、羽毛及其制品	(一)皮革鞣制加工品。包括:鞣制皮革、轻革加工、重革加工、稀有动物皮加工、再生皮革加工。(二)皮革制品。1.皮革服装。2.皮箱、包(袋)。3.皮手套及皮装饰制品。4.其他皮革制品。(三)毛皮鞣制品及制品。1.毛皮鞣制加工品。2.毛皮服装加工品。3.其他毛皮制品。(四)羽毛(绒)加工品及制品。1.羽毛(绒)加工品。2.羽毛(绒)制品。
19033	鞋	(一)纺织面料鞋。包括:纺织面鞋;木制鞋;舞蹈、戏剧用靴鞋(部分);靴鞋零件、护腿及类似品(部分)。(二)皮鞋。包括:皮面皮鞋;合成革人造革鞋;皮制舞蹈、戏剧用靴鞋;各类职业皮劳保鞋(靴)等;皮鞋面及其零件、配件等;活动式鞋内底、跟垫(鞋垫)及类似品。(三)塑料鞋。包括:全塑凉鞋、拖鞋;塑料鞋零件、护腿及类似品;其他塑料鞋。(四)橡胶鞋。包括:布面胶鞋;胶面胶鞋;橡胶凉鞋、橡胶拖鞋;橡塑防护鞋;其他橡胶制靴鞋。(五)其他鞋。包括其他未列明的鞋及零部件。
20034	木材加工品和木、竹、藤、棕、草制品	(一)木材加工品。1.锯材加工品。2.木片加工品。3.单板加工品。4.其他木材加工。(二)人造板。1.胶合板。2.纤维板。3.刨花板。4.其他人造板。(三)木制品。1.建筑用木料及木材组件。2.木门窗、楼梯。3.地板。4.木制容器。5.软木制品及其他木制品。(四)竹、藤、棕、草等制品。1.竹制品。2.藤制品。3.棕制品。4.草及其他制品。
21035	家具	(一)木质家具。包括:卧室用木质家具;木质坐具;办公室用木质家具;客厅、餐厅用木质家具;厨房用木质家具;其他木质普通家具;木质工艺家具;木质家具零配件。(二)竹、藤家具。包括:竹家具、藤家具、竹家具零配件、藤家具零配件。(三)金属家具。包括:金属制坐具、金属制床、办公室用金属家具、厨房用金属家具、金属架家具、金属家具零配件、其他金属制家具。(四)塑料家具。包括:塑料坐具、塑料桌、塑料柜、塑料架家具、其他塑料家具;玻璃纤维增强塑料坐具;其他玻璃纤维增强塑料家具;塑料家具零配件。(五)其他家具。包括:软体家具、玻璃家具、石制家具、软体家具零配件、玻璃家具零配件、坐具零配件、其他家具及配件。
22036	造纸和纸制品	(一)纸浆。1.木竹浆。2.非木竹浆。(二)纸。1.机制纸及纸板。2.手工纸。3.加工纸。(三)纸制品。1.纸和纸板制容器。2.其他纸制品。
23037	印刷品和记录媒介复制品	(一)印刷品。1.书、报刊。2.本册。3.包装装潢及其他印刷品。(二)装订及印刷相关服务。包括:装订;排版用活字;印版、滚筒。(三)记录媒介复制品。包括:录音带复制品;录像带复制品;软磁盘复制品;其他磁介质复制品;唱片复制品;光盘复制品;非音像复制品;电影胶片拷贝;其他非磁介质复制品。
24038	文教、工美、体育和娱乐用品	(一)文教办公用品。1.文具。2.笔。3.教学用模型及教具。4.墨水、墨汁。5.其他文教办公用品。(二)乐器。1.中乐器。2.西乐器。3.电子乐器。4.其他乐器及零件。(三)工艺美术品。1.雕塑工艺品。2.金属工艺品。3.漆器工艺品。4.花画工艺品。5.天然植物纤维编织工艺品。6.抽纱刺绣工艺品。7.地毯、挂毯。

附录一 续6 (Appendix Ⅰ Continue 6)

代码	部门名称	包括范围
24038	文教、工美、体育和娱乐用品	8.珠宝首饰及有关物品。9.其他工艺美术品。(四)体育用品。1.球类。2.体育器材及配件。3.训练健身器材。4.运动防护用具。5.其他体育用品。(五)玩具。包括:供儿童乘骑带轮玩具;填充类玩具;玩偶及其类似品;玩偶零件、配件和装饰品;仿真模型及其附件;木制玩具;塑胶玩具;玩具乐器;儿童娱乐塑形用膏、泥;其他玩具。(六)游艺器材及娱乐用品。1.露天游乐场所游乐设备。2.游艺用品及室内游艺器材。3.其他娱乐用品。
25039	精炼石油和核燃料加工品	(一)精炼石油产品。1.原油加工及石油制品。包括:汽油;煤油;柴油;润滑油;燃料油;石脑油;溶剂油;润滑脂;润滑油基础油;液体石蜡;石油气,相关烃类气;矿物蜡及合成法制类似产品;油类残渣、其他石油制品。2.人造原油。包括页岩原油;煤炼油;生物燃油;生物质致密成型燃料;其他生物能源;合成液体燃料。(二)核燃料加工品。包括:稀有放射性金属冶炼产品;天然铀及其化合物的溶合、弥散或混合物;浓缩铀及其化合物、钚及其化合物;贫化铀及其化合物、钍及其化合物;其他放射性元素、同位素标记或化合物;用于核反应堆的未受辐射的燃料元件;核废物处置。
25040	炼焦产品	包括:煤制焦炭、石油焦(焦炭类)、沥青焦、其他原料生产焦炭,机焦、型焦、土焦、半焦炭、针状焦、其他工艺生产焦炭;矿物焦油。
26041	基础化学原料	(一)无机酸。(二)无机碱。(三)无机盐。(四)有机化学原料。(五)其他基础化学原料。
26042	肥料	(一)氮肥。包括:氨及氨水;氮肥。(二)磷肥。包括:过磷酸钙、重过磷酸钙、钙镁磷肥、磷酸氢钙(磷肥)、其他磷肥;磷酸二铵、磷酸一铵。(三)钾肥。包括:氯化钾、硫酸钾(钾肥)、钾钙肥、硫酸钾镁肥、钾钙肥、其他化学钾肥;其他钾肥。(四)复混肥料。包括:合成复合肥料、复混(合)肥料。(五)有机肥料及微生物肥料。包括:有机肥料;微生物肥料;动物、植物肥料。(六)其他肥料。包括中量元素肥料、微量元素肥料。
26043	农药	(一)化学农药。包括:化学农药原药、化学农药制剂。(二)生物化学农药及微生物农药。包括:生物原杀虫剂、微生物杀虫剂;抗菌素杀菌剂、微生物杀菌剂;微生物除草剂、微生物生长调节剂;由植物提取的农药。
26044	涂料、油墨、颜料及类似产品	(一)涂料。包括:水性涂料、非水性涂料、建筑涂料、涂料辅助材料。(二)油墨及类似产品。包括:印刷油墨;专用油墨;印刷用油;印刷用助剂;打印机、复印机用墨及类似产品。(三)颜料。包括:无机颜料;矿物颜料;植物性着色料;工业用调制颜料、遮光剂和着色剂及类似颜料;水彩颜料;水粉颜料;油画颜料;国画颜料;调色料;其他艺术用颜料、美工塑性用膏;其他颜料。(四)染料。包括:有机颜料;染料;用作发光体有机、无机产品。(五)密封用填料及类似品。包括:建筑防水嵌缝密封材料;漆工用的填充料;玻璃腻子、接缝用油灰(腻子)、填缝胶、其他原浆涂料;内外墙、地板、天花板的不耐火表面整修制品;其他密封用填料类似制品。

附录一　续 7　(Appendix Ⅰ　Continue 7)

代码	部门名称	包括范围
26045	合成材料	(一)初级形态塑料及合成树脂。包括:乙烯聚合物;丙烯、相关烯烃聚合物;苯乙烯聚合物;氯乙烯、相关卤化烯烃聚合物;初级形状丙烯酸聚合物;初级形状聚缩醛;初级形状聚醚树脂;环氧树脂;聚碳酸酯;醇酸树脂;聚酰胺树脂;氨基塑料;酚醛塑料;聚氨酯塑料;石油树脂;呋喃树脂;糠酮树脂;聚砜树脂;聚酰亚胺;有机硅树脂;醋酸纤维素塑料;硝酸纤维素树脂;碳素纤维素树脂;不饱和聚酯树脂;聚苯硫醚树脂(PPS);聚醚醚酮;聚醚砜树脂;其他初级形态塑料。(二)合成橡胶。包括:丁苯橡胶、热塑丁苯橡胶、丁二烯橡胶、丁基橡胶、乙丙橡胶、氯丁橡胶、丁腈橡胶、异戊二烯橡胶、氯磺化聚乙烯橡胶、氟橡胶、聚氨酯橡胶、其他合成橡胶。(三)合成纤维单(聚合)体。包括:合成纤维单体、合成纤维聚合物。(四)其他合成材料。包括:离子交换树脂、油脂类高分子聚合物、功能高分子材料、化学陶瓷、特种纤维及高功能化工产品。
26046	专用化学产品和炸药、火工、焰火产品	(一)专用化学产品。1.化学试剂和助剂。2.专项化学用品。3.林产化学产品。4.信息化学品。5.环境污染处理专用药剂材料。6.动物胶。7.其他专用化学产品。(二)炸药、火工及焰火产品。1.炸药及火工产品。2.焰火、鞭炮产品。
26047	日用化学产品	(一)肥皂及合成洗涤剂。包括:肥(香)皂、合成洗涤剂、洗手液、浴液、沐浴用制剂、中间体表面活性剂产品、其他沐浴剂及人体清洁用类似品。(二)化妆品。包括:清洁类化妆品;护肤用化妆品;护发美发用品;美容、修饰类化妆品;人体使用的香味制剂。(三)口腔清洁用品。包括:洁齿、护齿品;口腔及牙齿清洁剂;其他口腔清洁护理用品。(四)香料、香精。包括:天然香料、生物技术香料、合成香料、香精。(五)其他日用化学产品。包括:室内散香或除臭制品;光洁用品;擦洗膏、去污粉及类似制品;动物用化妆盥洗品;火柴;蜡烛及类似品;宠物消毒用品;其他未列明日用化学制品。
27048	医药制品	(一)化学药品原料药。包括:抗菌素(抗感染药);消化系统用药;解热镇痛药;维生素类;抗寄生虫病药;中枢神经系统用药;计划生育用药;激素类药;抗肿瘤药;心血管系统用药;呼吸系统用药;泌尿系统用药;血液系统用药;诊断用原药;调解水、电解质、酸碱平衡药;麻醉用药;抗组织胺类药及解毒药;生化药(酶及辅酶);消毒防腐及创伤外科用药;制剂用辅料及附加剂。(二)化学药品制剂。包括:冻干粉针剂、粉针剂、注射液、输液、片剂、胶囊剂、颗粒剂、缓释控释片、滴剂、膏霜剂、栓剂、气雾剂、口服液体制剂、外用液体制剂、避孕药物用具。(三)中药饮片。包括:植物类饮片、动物类饮片、矿物类饮片、其他中药饮片。(四)中成药。包括:中成药丸剂、中成药冲剂、中成药糖浆、中成药片剂、中成药针剂、中成药注射液、膏药、中成药口服液、中成药胶囊、中成药散剂、中成药栓剂、药酒、清凉油、其他中成药。(五)兽用药品。包括:兽用化学药品、兽用中草药、兽用疫苗。(六)生物药品。包括:生物化学药品、生物化学制品。(七)卫生材料及医药用品。包括:经药物浸涂的胶粘敷料;纱布、软填料及类似物品;医用敷料;医用缝合材料及外科用无菌材料;无菌外科肠线及类似缝合材料;无菌昆布及无菌昆布塞条;牙科填料、牙科粘固剂、骨骼粘固剂及其他牙科填料及类似制品;牙科用造型膏及类似制品;明胶制装药用胶囊等;医用高分子材料及制品。

附录一　续8　(Appendix Ⅰ　Continue 8)

代码	部门名称	包括范围
28049	化学纤维制品	(一)纤维素纤维原料及纤维。1.化纤浆粕。2.人造纤维(纤维素纤维)。(二)合成纤维。1.锦纶纤维。2.涤纶纤维。3.腈纶纤维。4.维纶纤维。5.丙纶纤维。6.氨纶纤维。7.其他合成纤维。
29050	橡胶制品	(一)轮胎。包括:橡胶轮胎外胎、子午线轮胎外胎、橡胶内胎、橡胶实心或半实心轮胎、力车胎、翻新橡胶轮胎。(二)橡胶板、管、带。包括:橡胶输送带;橡胶传动带;纯胶管;金属合制橡胶管;纺织材料合制橡胶管;其他橡胶管;橡胶板(片、带);橡胶杆、型材及异型材;橡胶线及绳;涂胶纺织物;未硫化复合橡胶;未硫化橡胶制品。(三)橡胶零件。包括:橡胶密封件;橡胶零附件;硬质橡胶零件;乒乓球拍胶面、杠铃盘、脚蹼等;电缆护套;硫化海绵橡胶制机器及仪器用零件;各种用途的橡胶零配件、橡胶杂品。(四)再生橡胶。包括:初级形状再生橡胶;再生胶粉。(五)日用及医用橡胶制品。包括:橡胶手套;橡胶制衣着用品及附件;日用橡胶制品;医疗、卫生用橡胶制品;其他日用及医用橡胶制品。(六)其他橡胶制品。包括:部分定形密封材料;橡胶粘带;其他涂胶纺织物、带;充气橡胶制品;橡胶减震制品;硬质橡胶;硬质橡胶制品;橡胶防水卷(片)材;交通事故现场勘查救援设备(起重气垫);其他未列明的橡胶制品。
29051	塑料制品	(一)塑料薄膜。包括:聚乙烯(PE)塑料薄膜、聚丙烯(PP)塑料薄膜、聚丙烯酸酯类塑料薄膜、聚苯乙烯(PS)塑料薄膜、聚氯乙烯(PVC)塑料薄膜、聚酯塑料薄膜、纤维素衍生物塑料薄膜、聚乙烯醇缩丁醛塑料薄膜、聚酰胺塑料薄膜、聚酰亚胺塑料薄膜、氨基树脂塑料薄膜、酚醛树脂塑料薄膜、聚四氟乙烯薄膜、聚醚醚酮塑料薄膜、离子交换膜、复合薄膜、农用薄膜、其他塑料薄膜。(二)塑料板、管、型材。包括:塑料板、片;塑料管;塑料管附件;塑料条、棒、型材;合成树脂类防水卷(片)材。(三)塑料丝、绳及编织品。包括:塑料单丝;塑料绳;塑料扁条;塑料带状物品;塑料编织袋;塑料袋;塑料编织布;其他塑料丝、绳及编织品。(四)泡沫塑料。包括:聚乙烯泡沫塑料、聚苯乙烯泡沫塑料、聚氯乙烯泡沫塑料、聚氨酯泡沫塑料、其他泡沫塑料。(五)塑料人造革、合成革。包括:塑料人造革、塑料合成革、超细纤维合成革。(六)塑料包装箱及容器。包括:塑料包装箱及类似品、塑料盒及类丝品、塑料容器、塑料包装物附件、其他塑料包装箱及容器。(七)日用塑料制品。包括:建筑用塑料制品、部分日用塑料制品。(八)塑料零件。包括:塑料绝缘零件、塑料密封制品、塑料紧固件、光学塑料零件、灯具及照明装置用塑料零件、家具用塑料零件、汽车或类似品塑料配件、其他塑料零件、塑料制表带。(九)其他塑料制品。包括:安全帽及塑料橡胶帽(塑料制安全头盔(帽)、非塑料制安全头盔(帽)、塑料游泳帽、橡胶游泳帽、其他橡胶塑料帽类);医疗卫生用塑料制品;降解塑料制品;其他塑料制品;塑料粒料;其他塑料半成品、辅料。
30052	水泥、石灰和石膏	(一)水泥。包括:硅酸盐水泥熟料、强度等级水泥、通用硅酸盐水泥、专用水泥、特性水泥。(二)石灰和石膏。包括:石灰、熟石膏。

附录一 续 9 (Appendix Ⅰ Continue 9)

代码	部门名称	包括范围
30053	石膏、水泥制品及类似制品	(一)水泥制品。包括:商品混凝土;水泥混凝土排水管;水泥混凝土压力管;钢筋混凝土井管、烟道管、相关钢筋混凝土管;水泥混凝土电杆;预应力混凝土桩;遁构法施工用钢筋混凝土管片;混凝土轨枕及铁道用混凝土制品;水泥混凝土砖;水泥混凝土瓦(部分);混凝土路缘石;混凝土界石、墓碑及类似品;其他水泥混凝土制砖、瓦及类似品;钢丝网架水泥夹芯板。(二)砼结构构件。包括:普通水泥混凝土板、水泥预制桁条、钢筋混凝土柱、钢筋混凝土梁、钢筋混凝土预制结构件、钢筋混凝土预制框架、其他水泥混凝土预制构件。(三)石棉水泥制品。包括:石棉水泥板;石棉水泥瓦;石棉水泥管;其他石棉水泥制品;纤维增强硅酸钙板、无石棉纤维水泥制品。(四)轻质建筑材料。包括:非木质纤维板;非木质刨花板;石膏板;石膏龙骨、相关石膏制品;轻质隔墙条板;轻骨料、相关轻质建筑材料。(五)其他水泥制品。包括:水泥混凝土瓦(部分)、水泥混凝土装饰制品、其他水泥混凝土制品、GRC 水泥制品。
30054	砖瓦、石材等建筑材料	(一)粘土砖瓦及建筑砌块。包括:砖、瓦、部分建筑砌块。(二)建筑陶瓷制品。包括:瓷质砖、炻瓷砖、细炻砖、炻质砖、陶质砖、陶瓷马赛克、陶瓷耐酸砖、建筑陶瓷装饰物、陶瓷管及管子配件、其他建筑陶瓷制品。(三)建筑用石。包括:加工天然石材、石料;人造石材、石料;专用或特殊用途天然石材制成品;专用人造石建筑用制品;天然石碑石及其制品;人造石碑石及其制品;腊石制成品;水磨石建筑制成品;PVC 石英砂地板砖;石材复合板;其他石制品。(四)防水建筑材料。包括:沥青和改性沥青防水卷材、金属胎油毡、自粘防水卷材、玻纤胎沥青瓦。(五)隔热和隔音材料。包括:矿物绝热和吸声材料、矿物材料制品。(六)其他建筑材料。包括其他未包括的非金属建筑材料。
30055	玻璃和玻璃制品	(一)玻璃。1.平板玻璃。2.其他玻璃。(二)玻璃制品。1.技术玻璃制品。2.光学玻璃。3.玻璃仪器。4.日用玻璃制品。5.玻璃包装容器。6.玻璃保温容器。7.制镜及类似品。8.其他玻璃制品。(三)玻璃纤维和玻璃纤维增强塑料制品。1.玻璃纤维及制品。2.玻璃纤维增强塑料制品。
30056	陶瓷制品	(一)卫生陶瓷制品。包括:陶瓷制卫生设备、陶瓷制卫生设备辅(配)件。(二)特种陶瓷制品。包括:结构陶瓷制品、功能陶瓷制品、生物陶瓷制品、其他技术陶瓷制品、运输及盛装货物用陶瓷容器、电工陶瓷制的绝缘子、电气设备用绝缘零件、高技术陶瓷制品、其他特种陶瓷制品。(三)日用陶瓷制品。包括:瓷餐具、瓷制厨房器具、盥洗用瓷器、其他日用瓷器具、日用陶器具。(四)园林、陈设艺术及其他陶瓷制品。包括:园林艺术陶瓷制品;陈设艺术陶瓷制品;陶瓷制加热器;陶瓷刀柄;散热器用陶瓷湿润器;农用陶瓷制品;陶瓷制零件、附件;其他相关陶瓷制品。
30057	耐火材料制品	(一)石棉制品。包括:已加工石棉纤维;石棉纱、线及其纺织制品;石棉隔热保温制品;石棉密封垫板;无石棉密封垫板;石棉密封垫片、垫圈;特种石棉制品;石棉摩擦材料;无石棉摩擦材料;其他石棉制品。(二)云母制品。包括:薄片云母、厚片云母、剥片云母、熔铸合成云母;电容器片云母、电容器零部件云母片、高压锅炉水位计用云母片、电子管用云母片;无机耐高温合成云母纸层压板、云母纸、云母带等云母纸制品;电焊条用合成云母粉、干磨云母粉、湿磨云母粉、碎

附录一 续10 (Appendix Ⅰ Continue 10)

代码	部门名称	包括范围
30057	耐火材料制品	云母、云母碎屑制品；其他云母制品。(三)耐火陶瓷制品及其他耐火材料。包括：致密定形耐火制品、隔热耐火制品、不定形耐火制品、耐火陶瓷制品、其他耐火材料。
30058	石墨及其他非金属矿物制品	(一)石墨及碳素制品。包括：石墨制品、碳制品、碳素新材料、其他碳素产品。(二)其他非金属矿物制品。包括：建筑用沥青制品、固结磨具、涂附磨具、超硬材料制品、天然研磨料、普通磨料、超硬材料、沥青混合物、泥炭制品、其他未列明非金属矿物制品。
31059	钢、铁及其铸件	(一)铁制品。包括：生铁、直接还原铁、熔融还原铁、球墨铸铁、铸铁管及其附件。(二)钢制品。包括：非合金钢粗钢；低合金钢粗钢；合金钢粗钢；不锈钢粗钢；连铸坯；模铸钢锭；铸造用液态钢；镇静钢、沸腾钢、半镇静钢；转炉钢；电弧炉钢；感应电炉钢；其他炉种冶炼钢。(三)钢铁铸件。包括：铸铁件、铸钢件。
31060	钢压延产品	指通过热轧、冷加工、锻压和挤压等塑性加工使连铸坯、钢锭产生塑性变形，制成具有一定形状尺寸的钢材产品。包括：轧制、锻炼钢胚；铁道用钢材；大型型钢；中小型型钢；非合金钢棒材、低合金钢棒材、合金钢棒材、不锈钢棒材；圆钢、方钢、六角钢、八角钢、扁钢、其他品种棒材；钢筋；线材(盘条)；特厚板；厚钢板；中板；热轧薄板；冷轧薄板；中厚宽钢带；热轧薄宽钢带；冷轧薄宽钢带；热轧窄钢带；冷轧窄钢带；镀层板带；涂层板带；电工钢板带；无缝钢管；焊接钢管；其他钢材。
31061	铁合金产品	指铁与其他一种或一种以上的金属或非金属元素组成的合金。包括：普通铁合金、特种铁合金、锰的冶炼。
32062	有色金属及其合金和铸件	(一)常用有色金属冶炼品。1.铜。2.铅锌。3.镍钴。4.锡。5.锑。6.铝。7.镁。8.其他常用有色金属。(二)贵金属冶炼品。1.金。2.银。3.其他贵金属。(三)稀有稀土金属冶炼品。1.钨钼。2.稀土金属。3.其他稀有金属。(四)有色金属合金制品。包括：常用有色金属合金、硬质合金、稀有金属合金、稀土金属合金、贵金属合金。(五)有色金属铸件。包括：铜铸件、铝铸件、锌铸件、镁铸件、其他有色金属铸件。
32063	有色金属压延加工品	(一) 铜压延加工品。包括：铜材、铜盘条(电工用铜线坯)、铜粉及片状粉末。(二) 铝压延加工品。包括：铝材、铝盘条(电工用圆铝杆)、铝粉及片状粉末。(三) 贵金属压延加工品。包括：金加工材、银材、铂加工材、钯材、铑加工材、铱加工材、锇加工材、钌加工材、其他贵金属压延加工材、包金金属材料、包银金属材料、包铂金属材料。(四)稀有稀土金属压延加工品。包括钨加工材、钼加工材、钽加工材、锆加工材、铌加工材、镓加工材、铪加工材、铟加工材、铼加工材、钴加工材、铍加工材、铊加工材、锗加工材、钒加工材、其他稀有稀土金属压延加工材。(五)其他有色金属压延加工品。包括：铅压延加工材；锌压延加工材；镍压延加工材；锡压延加工材；镁、钛，相关常用有色金属加工材。
33064	金属制品	(一)结构性金属制品。1.金属结构。2.金属门窗。(二)金属工具。1.金属切削工具。2.手工具。3.农用及园林用金属工具。4.刀剪及类似日用金属工具。5.其

附录一 续 11 （Appendix Ⅰ Continue 11）

代码	部门名称	包括范围
33064	金属制品	他金属工具。(三)集装箱及金属包装容器。1.集装箱。2.金属压力容器。3.金属包装容器。(四)金属丝绳及其制品。包括:金属丝;钢铁制绳、缆、带;铜丝绞线、缆、编带;铝制绞股线、缆、编带;铝绞线、束或绳;其他金属制绳、缆;钢铁丝制品;铜丝制品;铝丝制品;镍丝制品;锌丝制品;其他金属丝绳制品;裸电线。(五)建筑、安全用金属制品。1.建筑、家具用金属配件。2.建筑装饰及水暖管道零件。3.安全、消防用金属制品。4.其他建筑、安全用金属制品。(六)金属表面处理及热处理加工。包括:电镀,抛光、阳极氧化防腐处理;着色、雕刻、印花、喷涂等;淬火、磨光、去毛刺、研磨、焊接;喷砂清理、滚筒清理、清洗或其他活动。(七)搪瓷制品。1.生产专用搪瓷制品。2.建筑装饰搪瓷制品。3.搪瓷卫生洁具。4.搪瓷日用品及其他搪瓷制品。(八)金属制日用品。1.金属制厨房用器具。2.金属制餐具和器皿。3.金属制卫生器具。4.其他金属制日用品。(九)其他金属制品。1.锻件及粉末冶金制品。2.交通及公共管理用金属标牌。3.其他未列明金属制品。
34065	锅炉及原动设备	(一)锅炉及辅助设备。包括:电站锅炉、工业锅炉、船用蒸汽锅炉、锅炉用辅助设备及装置、锅炉及辅助设备零件、核反应堆及其零件。(二)内燃机及配件。包括:船舶用汽油发动机;船舶用柴油发动机;船舶用汽油机零件、其他汽油机零件;船舶用柴油机零件、机车用柴油机零件、其他柴油机零件;涡轮喷气发动机零件、涡轮螺桨发动机零件;其他发动机零部件;点燃式活塞内燃机;代用燃料内燃机;起重机或吊运设备用内燃机;其他未列明发动机。(三)汽轮机及辅机。包括:汽轮机;燃气轮机;锅炉涡轮机装置或与完整锅炉配套使用的固定蒸汽发动机;凝汽器、高压加热器、低压加热器、冷却油器、汽轮机旁路装置;汽轮机、燃气轮机零件。(四)水轮机及辅机。包括:水轮机、水轮机零件。(五)风能原动设备。包括:风力提水机组、风力发动机(风车)、其他风能原动设备及零部件。(六)其他原动设备。包括:潮汐能源原动机、原子能动力设备、太阳能源原动机、其他非电力相关原动机。
34066	金属加工机械	(一)金属切削机床。包括:加工中心;组合机床;特种加工机床;车床;钻床;镗床;铣床;螺纹加工机床;磨床;刨床;插床、拉床;齿轮加工机床;锯床;直线移动式动力头机床;数控金属切削机床;金属切削机床用零件;其他金属切削机床。(二)金属成形机床。包括:锻造机及冲压机;自由锻锤、模锻锤、自由锻液压机、模锻压机、多向模锻压机、金属挤压机、金属滚压机、金属辊锻机;模锻机械压力机;切边压力机;粉末成形压力机;金属加工压力机;弯曲、折叠、矫直或矫平机床;剪切机床;冲床;冲孔机床;开槽机床;其他金属成形机床;数控金属成形机床(数控锻压设备);金属成型机床用零件、其他金属加工机床用零件。(三)铸造机械。包括:铸造机;铸砂造型、制芯机;自动造型线;砂处理机;铸造清理机;熔炼浇注设备;金属型压铸机;砂芯或铸模烘干炉;铸造工具;其他铸造机械。(四)金属切割及焊接设备。包括:金属切割设备、电焊机、气体焊接机械、钎焊机械、焊接设备用零件。(五)机床附件。包括:工具夹具、工件夹具、特殊辅助装置、数控机床功能(部件)、其他机床附件及辅助装置。(六)其他金属加工机械。包括:砂轮机;抛光机床;台钻;切断机;金属拉拔机;金属丝加工机;旋锻机;软管加工机;其他金属非切削、成形加工机械;机床数控系统(部分);机械式遥控操作装置(遥控机械手)。

附录一　续12　(Appendix Ⅰ　Continue 12)

代码	部门名称	包括范围
34067	物料搬运设备	(一)轻小型起重设备。包括:起重滑车;手动葫芦;电动葫芦;卷扬机及绞盘;千斤顶;汽车举升机;单轨(猫头)小车;轻小型起重设备配套件;其他轻小型起重设备。(二)起重机。包括:桥式起重机;门式起重机(龙门起重机);装卸桥;缆索起重机;门座起重机;塔式起重机;流动式起重机;桅杆起重机及甲板起重机;悬臂起重机;移动式吊运架;铁路起重机;浮式起重机;起重机专用配套件;其他起重机。(三)生产专用车辆。包括:电动(起升)车辆;内燃叉车;越野叉车;短距离牵引车;短距离固定平台搬运车;跨运车(跨车);手动搬运车、堆跺车、拣选车;自动导向小车;工业车辆专用配套件;其他生产专用车辆。(四)连续搬运设备。包括:输送机械(输送机和提升机);装卸机械;给料机械;其他连续搬运设备。(五)电梯、自动扶梯及升降机。包括:电梯;连续运载乘客输送机;升降机;电梯自动扶梯及升降机专用配套件。(六)其他物料搬运设备。包括:立体(高架)仓库存储系统;灌装码垛系统搬运设备;机械式停车设备;机场专用搬运机械;搬运机械及装置;立体仓库及其他物料搬运设备;物料搬运设备零部件;其他相关物料搬运设备。
34068	泵、阀门、压缩机及类似机械	(一)泵及真空设备。包括:泵;液体提升机;泵、液体提升机零件;真空镀膜设备;真空浸渍设备。(二)气体压缩机械。包括:制冷设备用压缩机;非制冷设备用压缩机;气体压缩机零件;自由活塞式发生器。(三)阀门和旋塞。包括:普通阀门;真空阀门;龙头;阀门、龙头零件。(四)液压和气压动力机械及元件。包括:液压元件;液压系统及装置;液压辅件;液力机械及装置;气动元件;气动系统及机械;气动电磁线圈、气动管件系列;其他气动元件及装置。
34069	文化、办公用机械	(一)电影机械。包括:电影摄影机;电影放映机;电路投影装置;银幕;电影设备零件和附件;电影胶卷自动洗印设备;非自动洗印用装置和设备(部分);照相及电影洗印设备零件(部分)。(二)幻灯及投影设备。包括:投影仪用物镜;投影屏幕;幻灯机;投影仪;幻灯及投影设备附件、零件。(三)照相机及器材。包括:照相机;照相机器材;缩微设备(部分);照相机、缩微阅读机零件;自动洗印设备(部分);负片显示器、数码片夹;照相机用物镜;缩微阅读机用物镜、放大机用物镜、缩片机用物镜;特种照相洗印设备零件。(四)复印和胶印设备。包括:缩微设备(部分);静电复印设备;多功能一体机、多功能印刷机或印艺系统;喷墨复印机;重氮复印机(晒图机);热敏复印设备;银盐复印设备;胶印设备;办公印刷设备;复印设备配套装置、零件;其他复印和胶版印制设备。(五)计算器及货币专用设备。包括:装有计算和电子装置设备;银行专用机器。(六)其他文化、办公用机械。包括:打字机及文字处理机;文件装订用机械(部分);订折机;其他文化、办公用设备或器具。
34070	其他通用设备	(一)轴承、齿轮和传动部件。1.轴承。2.齿轮及齿轮减、变速箱。3.其他传动部件。(二)烘炉、风机、衡器、包装等设备。1.烘炉、熔炉及电炉。2.风机、风扇。3.气体、液体分离及纯净设备。4.制冷、空调设备。5.风动和电动工具。6.喷枪及类似器具。7.衡器。8.包装专用设备。(三)通用零部件。1.金属密封件。2.紧固件。3.弹簧。4.机械零部件。5.其他通用零部件。(四)其他通用设备。包括:真空干燥设备;干燥设备;离心机;离心、过滤、净化机设备及其零件;研光机零件(滚筒、滚压机械零件);研光机及类似机械;其他未列明通用设备。

附录一　续 13　(Appendix Ⅰ　Continue 13)

代码	部门名称	包括范围
35071	采矿、冶金、建筑专用设备	(一)矿山机械。包括:建井设备;采掘、凿岩设备;矿山提升设备;矿物破碎机械;矿物粉磨机械;矿物筛分、洗选设备;矿山用牵引车及其矿车;矿山设备专用配套件;其他矿山专用设备。(二)石油钻采专用设备。包括:陆地石油钻机;采油设备;修井设备;固井压裂设备;原油稳定站专用设备;石油钻探、开采专用设备零件;石油钻井工具。(三)建筑工程用机械。包括:挖掘、铲土运输机械;压实机械;捣固机(车);工程钻机;桩工机械;公共工程用机械;建筑工程用货运自卸车;建筑工程用机械零件。(四)海洋工程专用设备。包括:海洋石油钻采设备;海洋石油浮动工程结构物;海洋浮动结构体、浮式装置;其他海洋工程专用设备。(五)建筑材料生产专用机械。包括:混凝土机械;水泥专用设备;建筑材料专用窑炉;平板玻璃制造及深加工机械;玻璃纤维加工机械;建筑卫生陶瓷机械;非金属矿物混合搅拌机械;建筑材料制品成型机械;矿石烘干机;石材加工机床;建筑材料及制品专用机械零件;玻璃材料加工机床。(六)冶金专用设备。包括:金属轧制设备;金属冶炼设备(部分);铸造机械(部分);冶金专用设备配套件;其他冶金专用设备。
35072	化工、木材、非金属加工专用设备	(一)炼油、化工生产专用设备。包括:热交换装置;塔类设备;反应器(釜);化工专用炉;混合搅拌设备;化工用液体运送机械;其他未列明的炼油、化工生产专用设备。(二)橡胶加工专用设备。包括:橡胶前加工机械;橡胶初加工机械;炼胶机械;橡胶挤出机;橡胶压延机械;橡胶注射机;橡胶成型压力机;橡胶硫化设备;再生橡胶设备;裁切橡胶专用机械;橡胶制品卷绕、包覆机械;橡胶干燥、去水、刺孔机械;橡胶制品加工机械;橡胶专用生产设备零件。(三)塑料加工专用设备。包括:注塑机;挤塑机;吹塑机;塑料成型机械;塑料破碎、研磨、筛选、均化机械;塑料二次加工机械;塑料加工辅助机械或装置;连续混炼挤出造粒机;塑料加工专用设备零件。(四)木材加工机械。包括:木工机床;木质板材挤压加工机械;木材处理及制品加工机械;木材加工机械用零件、附件。(五)模具。包括:金属铸造用型箱、型模底板;金属、硬质合金用模具;玻璃制品用模具;矿物材料用模具;塑料用模具;橡胶用模具;模架、模具标准件;其他未列明模具。(六)其他非金属加工专用设备。包括:非金属矿物材料成型机械;通用加料、分配装置;其他非金属相关成型、加工机械。
35073	农、林、牧、渔专用机械	(一)拖拉机。包括:拖拉机;农林用自装或自卸式挂车。(二)机械化农业及园艺机具。包括:土壤耕整机械;种植施肥机械;田间管理机械;收获机械;部分收获后处理机械;设施农业设备;农田基本建设机械;喷灌机械设备;园艺、草坪专用机械。(三)营林及木竹采伐机械。包括:林地清理机械;造林机械;营林机械;竹木采集机械;木材运输机械;风力灭火机具;木材生产专用工具。(四)畜牧机械。包括:养蚕机械;草原建设机械;牧草收获机械;家禽孵卵器及育雏器;家禽饲养机械;家畜饲养机械;养蜂设备;畜禽配种机械;畜禽产品采集机械;其他畜禽动物饲养机械。(五)渔业机械。包括:渔业养殖机械;捕捞机械;鱼货起卸设备;渔业织网机械;网片处理机械;其他渔业捕捞养殖机械。(六)农林牧渔机械配件。包括:拖拉机零配件;农用喷射机械或器具零件;整地或耕作机械零件;作物收获机械零件;畜牧业机械零件。(七)棉花加工机械。包括:棉籽脱绒成套设备;棉花加工机械。(八)其他农、林、牧、渔业机械。包括:种子加工机械(部分);纺织纤维初加工机械(部分);农产品清洁、分选机械;农用包装机械;竹、藤、棕、草材料制品加工机械。

附录一　续14　(Appendix Ⅰ　Continue 14)

代码	部门名称	包括范围
35074	其他专用设备	(一)食品、饮料、烟草及饲料生产专用设备。1.食品、酒、饮料及茶生产专用设备。2.农副食品加工专用设备。3.烟草生产专用设备。4.饲料生产专用设备。(二)印刷、制药、日化及日用品生产专用设备。1.制浆和造纸专用设备。2.印刷专用设备。3.日用化工专用设备。4.制药专用设备。5.照明器具生产专用设备。6.玻璃、陶瓷和搪瓷制品生产专用设备。7.其他日用品生产专用设备。(三)纺织、服装和皮革加工专用设备。1.纺织专用设备。2.皮革、毛皮及其制品加工专用设备。3.缝制机械。4.洗涤机械。(四)电子和电工机械专用设备。1.电工机械专用设备。2.电子工业专用设备。(五)医疗仪器设备及器械。1.医疗诊断、监护及治疗设备。2.口腔科用设备及器具。3.医疗实验室及医用消毒设备和器具。4.医疗、外科及兽医用器械。5.机械治疗及病房护理设备。6.假肢、人工器官及植(介)入器械。7.其他医疗设备及器械。(六)环保、社会公共服务及其他专用设备。1.环境保护专用设备。2.地质勘查专用设备。3.邮政专用机械及器材。4.商业、饮食、服务专用设备。5.社会公共安全设备及器材。6.交通安全、管制及类似专用设备。7.水资源专用机械。8.其他专用设备。
36075	汽车整车	(一)汽车整车。包括:汽车用发动机;汽车用汽油发动机零件、汽车用柴油发动机零件;乘用车;客车;载货汽车;半挂牵引车;汽车底盘。(二)改装汽车。包括:石油专用工程车辆设备;智能交通事故现场勘查车;改装汽车。(三)低速载货汽车。包括:三轮载货汽车;四轮载货汽车;其他低速载货汽车。(四)电车。包括:有轨电车;大型无轨电车、中型无轨电车、轻型无轨电车。(五)汽车车身、挂车。包括:汽车车身;挂车、半挂车;挂车及半挂车零件。
36076	汽车零部件及配件	指机动车辆及其车身的各种零配件。包括:机动车(汽车)零配件;汽车底盘车架、车身及其零配件。
37077	铁路运输和城市轨道交通设备	(一)铁路运输设备。1.铁路机车车辆及动车组。2.窄轨机车车辆。3.铁路机车车辆配件。4.铁路专用设备及器材、配件。5.其他铁路运输设备。(二)城市轨道交通设备。包括:地铁车辆;轻轨车辆;单轨车辆;其他城市轨道车辆。
37078	船舶及相关装置	(一)金属船舶。包括:民用钢质船舶;钢质机动货船;钢质机动非货船;钢质非机动船;铝合金船舶;其他金属制船舶。(二)非金属船舶。包括:非金属捕鱼船;水泥船;游览用船舶;船体类似娱乐船,但专为商业服务或与商业有关服务而装备的船舶;玻璃钢客货运输船、木船、橡皮船、气垫船;其他非金属船舶。(三)娱乐船和运动船。包括:运动用船;娱乐用船舶。(四)船用配套设备。包括:船用推进器;船用螺旋桨桨叶;船用甲板机械;船舶专用设备;船用配套设备零件。(五)船舶改装与拆除。包括:船舶改装;船舶拆船。(六)航标器材及其他相关装置。包括:航标器材;内陆水域用浮舟,浮吊,浮柜,潜水箱,隔离舱,泊位平台,作坞门用浮动结构体,其他浮动结构体、浮式装置。
37079	其他交通运输设备	(一)航空、航天器及设备。1.飞机。2.航天器。3.航空、航天相关设备。4.其他航空航天器。(二)摩托车。1.摩托车整车。2.摩托车零部件及配件。(三)自行车。1.脚踏自行车及残疾人座车。2.助动自行车。(四)非公路休闲车及零配件。包括:运动休闲两轮或三轮车(部分);四轮或四轮以上休闲车;代步车;休闲专用车零件及附件;其他休闲专用车。(五)潜水救捞及其他未列明运输设备。1.潜水及水下救捞装备。2.其他未列明运输设备。

附录一　续 15　(Appendix Ⅰ　Continue 15)

代码	部门名称	包括范围
38080	电机	(一)发电机及发电机组。包括:交流发电机;直流发电机;发电机组;内燃发电机组;电机及发电机组专用零件。(二)电动机。包括:数控机床用电机;旋转式变流机;直流电动机;交流电动机;交直流两用电动机;小功率电动机;电动机零件(部分);其他电机(部分)。(三)微电机及其他电机。包括:微电机;微电动机零件;电力测功电机;其他未列明电机。
38081	输配电及控制设备	(一)变压器、整流器和电感器。包括:变压器;互感器;静止式交流器;电抗器;电感器;变压器、整流器和电感器零件。(二)电容器及其配套设备。包括:电力电容器;电力电容器成套装置;电力电容器零件。(三)配电开关控制设备。包括:全封闭组合电器(GIS);六氟化硫断路器;敞开式组合电器;隔离开关;接地开关;高压电路开关、保护电器装置;低压开关、保护控制装置;低压电路管座;电力控制或电力分配装置;安全、自动化监控设备。(四)电力电子元器件。包括:电路连接装置;电力半导体器件(5A 以上);电力微电子组件;电力集成电路;继电器;继电器保护装置;配电或电器控制设备专用零件(部分)。(五)光伏设备及元器件。包括:太阳能电池(光伏电池);太阳能电池零部件;太阳能控制设备;其他太阳能设备和元器件。(六)其他输配电及控制设备。包括:电器辅件;配电或控制设备的零件;其他未列明的输配电及控制设备。
38082	电线、电缆、光缆及电工器材	(一)电线、电缆。包括:绝缘电线;同轴电缆;专用电缆;电子元器件引线;其他电线电缆。(二)光纤、光缆。包括:光纤、光缆。(三)绝缘制品。包括:电气绝缘子;电气设备用绝缘配件。(四)其他电工器材。包括:与内燃机配用发电机;部分内燃机电点火起动装置;电磁铁及电磁性装置;电动风挡刮水器;电阻除霜器;电阻去雾器;内燃机电点火起动装置零件;其他相关电工器材。
38083	电池	指以正极活性材料、负极活性材料,配合电介质、以密封式结构制成的,并具有一定公称电压和额定容量的化学电源;包括一次性、不可充电和二次可充电,重复使用的干电池、蓄电池(含太阳能用蓄电池)的制造,以及利用氢与氧的合成转换成电能的装置,即燃料电池制造;不包括利用太阳光转换成电能的太阳能电池制造。1.锂离子电池。2.镍氢电池。3.其他电池。
38084	家用器具	(一)家用电力器具。1.家用制冷电器具。2.家用空气调节器。3.家用通风电器具。4.家用厨房电器具。5.家用清洁卫生电器具。6.家用美容、保健电器具。7.家用电力器具专用配件。8.其他家用电力器具。(二)非电力家用器具。1.燃气、太阳能及类似能源家用器具。2.其他非电力家用器具。
38085	其他电气机械和器材	(一)照明器具。1.电光源。2.照明灯具。3.灯用电器附件及其他照明器具。(二)其他电气机械及器材。1.电气信号设备装置。2.其他未列明电气机械及器材。
39086	计算机	(一)计算机(电脑)整机。包括:计算机工作站;微型计算机设备;服务器。(二)计算机(电脑)零部件。包括:终端显示设备;微机板卡;计算机电源;其他计算机零部件。(三)计算机(电脑)外围设备。包括:输入设备及装置;输出设备及装置;外存储设备及部件;阅读机、数据转录及处理机械;其他电子计算机耗材

附录一 续16 (Appendix Ⅰ Continue 16)

代码	部门名称	包括范围
39086	计算机	(部分)。(四)其他计算机(电脑)。包括:系统形式自动数据处理设备;计算机数字式处理部件;网络控制设备;网络接口和适配器;网络连接设备;网络优化设备;网络检测设备;其他计算机网络设备;访问控制类设备和系统;边界防护类设备和系统;数据保护类设备和系统;安全检测类设备和系统;安全智能卡类设备和系统;密钥管理类设备和系统;其他信息系统安全产品。
39087	通信设备	(一)通信系统设备。包括:光通信设备;卫星通信设备;微波通信设备;散射通信设备;载波通信设备;通信导航定向设备;通信传输设备零件;程控交换机;ATM交换机;光交换机;通信交换设备零件;其他通信交换设备;光纤接入设备;铜缆接入设备;电力线宽带接入设备(BPL);固定无线接入设备。(二)通信终端设备。包括:收发合一中小型电台;电话单机;数据终端设备;通信终端设备用零件;数字蜂窝移动电话系统设备;集群通信系统设备;无中心选址通信系统设备;移动通信设备零件;移动通信手持机(手机);移动通信终端设备零件;其他移动通信终端设备。
39088	广播电视设备和雷达及配套设备	(一)广播电视设备。1.广播电视节目制作及发射设备。2.广播电视接收设备及器材。3.应用电视设备及其他广播电视设备。(二)雷达及配套设备。包括:雷达设备;雷达配套设备;无线电导航设备;无线电遥控设备;雷达及无线电导航设备零件;雷达测速仪。
39089	视听设备	(一)电视机。指非专业用电视机。包括:彩色电视机;黑白电视机;其他视频设备。(二)音响设备。指非专业用无线电收音机、收录音机、唱机等音响设备。包括:家用音响设备;汽车用音响设备;走带机芯。(三)影视录放设备。指非专业用录像机、摄像机、激光视盘机等影视设备整机及零部件,包括教学用影视设备,但不包括广播电视等专业影视设备。
39090	电子元器件	(一)电子器件。1.电子真空器件。2.半导体分立器件。3.集成电路。4.光电子器件及其他电子器件。(二)电子元件。1.电子元件及组件。2.印制电路板。
39091	其他电子设备	指电子(气)物理设备及其他未列明的电子设备。包括:噪音与振动控制设备;电子快译通、电子计事本、电子辞典等电子设备;电子(气)加速器;邻近卡及签;电子白板;其他未包括电子设备。
40092	仪器仪表	(一)通用仪器仪表。1.工业自动控制系统装置。2.电工仪器仪表。3.绘图、计算及测量仪器。4.实验分析仪器。5.试验机。6.供应用仪表及其他通用仪器。(二)专用仪器仪表。1.环境监测专用仪器仪表。2.运输设备及生产用计数仪表。3.导航、气象及海洋专用仪器。4.农林牧渔专用仪器仪表。5.地质勘探和地震专用仪器。6.教学专用仪器。7.核子及核辐射测量仪器。8.电子测量仪器。9.其他专用仪器。(三)钟表与计时仪器。包括:钟;表;表机芯;钟机芯;未组装钟表机芯;定时器;时间记录器及类似计时仪器;钟表零配件;金属表带。(四)光学仪器及眼镜。1.光学仪器。包括:光学望远镜;天文仪器;显微镜;望远镜瞄准具及类似器具;物镜(部分);已装配光学元件;偏振材料制片及板;光学仪器零件、附件;其他光学仪器。2.眼镜。包括:眼镜成镜;眼镜片;眼镜架及其零件。(五)其他仪器仪表。指上述未列明的仪器仪表。包括:通用和专用仪器仪表的元件、器件;其他未列明的仪器仪表。

附录一 续 17 (Appendix Ⅰ Continue 17)

代码	部门名称	包括范围
41093	其他制造产品	(一)日用杂品。1.加工鬃毛、制刷及清扫工具。2.其他日用杂品。(二)煤制品。包括:型煤;蜂窝煤;煤砖;煤球;其他煤制品。(三)核辐射加工品。包括:对电缆、电线、热收缩材料等工业品的辐射加工服务;对各种药材、种子、粮食、蔬菜、干鲜果品、禽肉食品、水产品、酒和饮料等的辐照加工服务;其他核技术加工产品。(四)其他未列明制品。指上述未包括的其他制造产品。
42094	废弃资源和废旧材料回收加工品	指废弃资源和废旧材料回收加工产品。(一)金属废料和碎屑加工处理产品。包括:熔炼用废钢;熔炼用废铁;金属和金属化合物矿灰及残渣;有色金属废料与碎屑;贵金属或包贵金属废碎料;废电池;其他金属废料和碎屑。(二)非金属废料和碎屑加工处理产品。包括:从金属矿山和黄金矿山回收的硫精矿、硫铁矿、萤石、磷等非金属原料;原油、天然气生产过程中回收提取的轻烃、硫磺等;从炭素生产废料中回收的石墨粉、煤焦粉、石英砂等;利用废水(液)回收生产的各种非金属原料;利用废物(油)炼油加工;纺织品废料;皮革废料;造纸废料、废纸;橡胶废料;塑料废料;废旧家电;利用废气回收的各种非金属原料;回收橡胶;对废玻璃的破碎、清洗和分选;对其他回收的废旧物资的破碎、清理和分选;其他非金属废料和碎屑。(三)其他废品废料。
43095	金属制品、机械和设备修理服务	(一)金属制品修理服务。包括:金属集装箱专业修理;金属压力及大型容器专业修理;其他金属制品专业修理。(二)通用设备修理服务。包括:锅炉及辅助设备专业修理;内燃机专业修理;水轮机及辅机专业修理;机床专业修理;起重机专业修理;工业操作车辆专业修理;输送机械专业修理;泵及液体提升机专业修理;气体压缩机专业修理;非家用制冷、空调设备专业修理;其他通用设备专业修理。(三)专用设备修理服务。包括:采矿专用设备专业修理;石油开采专用设备专业修理;建筑工程专用设备专业修理;冶金专用设备专业修理;石油化工专用设备专业修理;纺织专用设备专业修理;农业机械专用设备专业修理;医疗仪器设备及器械专业修理;其他专用设备专业修理。(四)铁路、船舶、航空航天等运输设备修理服务。1.铁路运输设备修理服务。2.船舶修理服务。3.航空航天器修理服务。4.其他运输设备修理服务。(五)电气设备修理服务。(六)仪器仪表修理服务。包括:通用仪器仪表专业修理;专用仪器仪表专业修理;其他仪器仪表专业修理。(七)其他机械和设备修理服务。包括:通信传输设备专业修理;通信交换设备专业修理;雷达、无线电导航设备专业修理;广播电视设备专业修理;其他通信设备专业修理;其他未列明设备、器械、制品的专业修理。
44096	电力、热力生产和供应	(一)电力产品。1.火电。2.水电。3.核电。4.风电。5.太阳能电。6.其他电力。(二)电力供应。包括:供电、售电;电能的输送与分配活动。(三)热力生产和供应。包括:热力、热水;收费的热力供应服务;外购蒸汽、热水的供应、销售以及供热设施的维护和管理。
45097	燃气生产和供应	包括下列燃气生产和供应活动:收费的燃气供应服务;焦炉煤气;高炉煤气;油制气;水煤气;发生炉煤气;加压气化炉煤气;其他煤气生产;人工煤气供应;天然气供应;液化天然气(LNG)供应;液化石油气供应。

附录一　续18　(Appendix Ⅰ　Continue 18)

代码	部门名称	包括范围
46098	水的生产和供应	(一)自来水生产和供应。指将天然水(地下水、地表水)经过蓄集、净化达到生活饮用水或其他用水标准,并向居民家庭、企业和其他用户供应的活动。包括:生产的自来水;自来水供应;自来水蓄积。(二)污水处理及其再生利用。指对污水污泥的处理和处置,及净化后的再利用活动。包括:收集的污水;污水的处理及深度净化。(三)其他水的处理、利用与分配。包括:海水淡化处理;雨水的收集、处理、利用;微咸水及其他类似水的收集、处理和再利用。
47099	房屋建筑	指房屋主体工程的施工活动。包括房屋工程的地基、打桩工程、砖石工程、钢筋工程、混凝土工程、构架工程、顶构架工程、钢结构工程、预制构件组装与装配工程、幕墙工程、防水工程、升降脚手架服务、起重设备服务、门窗工程等;不包括主体工程施工前的准备活动。
48100	土木工程建筑	指土木工程主体的施工活动。(一)铁路、道路、隧道和桥梁工程建筑。1.铁路工程建筑。2.公路工程建筑。3.市政道路工程建筑。4.其他道路、隧道和桥梁工程建筑。(二)水利和内河港口工程建筑。1.水源及供水设施工程建筑。2.河湖治理及防洪设施工程建筑。3.港口及航运设施工程建筑。(三)海洋工程建筑。包括:沿岸工程设施、离岸工程设施、海水利用设施、海洋能利用设施、海底工程设施、海洋石油工程服务。(四)工矿工程建筑。指除厂房外的矿山和工厂生产设施、设备的施工和安装。包括:工矿工程服务;矿山施工;水利发电机电设备工程服务;自来水厂、污水处理厂的施工;水处理系统的安装施工;燃气、煤气、热力供应设施的施工;固体废弃物治理工程施工;其他未列明的工矿企业生产设备的施工;采矿建筑设施;制造业生产建筑设施;电、水、气生产建筑设施(部分);电力工程施工与发电机组设备安装;工厂生产设施、设备的施工与安装;其他工矿设施。(五)架线和管道工程建筑。1.架线及设备工程建筑。2.管道工程建筑。(六)其他土木工程建筑。包括:其他土木工程服务;室外体育设施工程施工;室外娱乐用设施工程施工;景观和绿地设施工程施工;公园、园林土地平整,假山、假石等人造景观及公园索道施工;水井钻探施工;路牌、路标、广告牌安装施工;上述未包括的其他土木工程设施。不包括主体工程施工前的土方挖运、拆除、爆破等工程准备活动。
49101	建筑安装	指建筑物主体工程竣工后,建筑物内各种设备的安装活动,以及施工中的线路敷设和管道安装活动。(一)电气安装。包括:电力系统安装服务,通信线路和设备的安装,广播电视及信号设备的安装,各种交通信号灯及系统安装,电子工程安装服务,智能化安装工程服务,其他电气安装。(二)管道和设备安装。包括:建筑物自来水系统安装服务,建筑物排水系统安装服务,建筑物燃气系统安装服务,建筑物采暖系统安装服务,建筑物空调设备、通风设备系统安装服务,其他建筑物管道安装服务。(三)其他建筑安装。包括:大型设备安装服务,建筑钢结构、预制构件工程安装服务,绝缘装置安装服务,水处理安装服务,隔声工程服务,上述未包括的其他建筑安装服务。
50102	建筑装饰和其他建筑服务	(一)建筑装饰。指对建筑工程后期的装饰、装修和清理活动,以及对居室的装修活动。包括:工程装饰;室内维修;建筑设施粉刷;其他工程竣工活动及未列

附录一　续 19　(Appendix Ⅰ　Continue 19)

代码	部门名称	包括范围
50102	建筑装饰和其他建筑服务	明建筑装饰活动。(二)工程准备活动。指房屋、土木工程建筑施工前的准备活动。1.建筑物拆除活动。2.其他工程准备活动。(三)提供施工设备服务。指为建筑工程提供配有操作人员的施工设备的服务。包括:提供建筑塔吊设备施工;提供混凝土设备施工;提供其他设备施工。(四)其他未列明建筑活动。指上述未列明的其他工程建筑活动。包括:工程环保设施施工;工程围栏装卸施工;其他未包括的建筑活动。
51103	批发和零售	(一)批发。指向其他批发或零售单位(含个体经营者)及其他企事业单位、机关团体等批量销售生活用品、生产资料的活动,以及从事进出口贸易和贸易经纪与代理的活动。包括拥有货物所有权并以本单位(公司)的名义进行交易活动,也包括不拥有货物的所有权,收取佣金的商品代理、商品代售活动;还包括各类商品批发市场中固定摊位的批发活动,以及以销售为目的的收购活动。1.农、林、牧产品批发。2. 食品、饮料及烟草制品批发。3. 纺织、服装及家庭用品批发。4.文化、体育用品及器材批发。5.医药及医疗器材批发。6.矿产品、建材及化工产品批发。7.机械设备、五金产品及电子产品批发。8.贸易经纪与代理。9. 其他批发。(二) 零售。指百货商店、超级市场、专门零售商店、品牌专卖店、售货摊,互联网、邮政、电话、售货机以及前店后厂等方式主要面向最终消费者(如居民等)的销售活动。谷物、种子、饲料、牲畜、矿产品、生产用原料、化工原料、农用化工产品、机械设备(乘用车、计算机及通信设备除外)等生产资料的销售不作为零售活动。1.综合零售。2. 食品、饮料及烟草制品专门零售。3.纺织、服装及日用品专门零售。4.文化、体育用品及器材专门零售。5.医药及医疗器材专门零售。6.汽车、摩托车、燃料及零配件专门零售。7.家用电器及电子产品专门零售。8.五金、家具及室内装饰材料专门零售。9.货摊、无店铺及其他零售。
53104	铁路运输	(一) 铁路旅客运输。包括:铁路旅客列车客运服务;铁路旅游列车客运服务;铁路旅客列车行李包裹邮政运输服务。(二) 铁路货物运输。包括:铁路班列运输服务;普通铁路整车运输服务;铁路零担运输服务;铁路集装箱运输服务。(三) 铁路运输辅助活动。1.客运火车站。2.货运火车站。3.其他铁路运输辅助活动。
54105	道路运输	(一) 城市公共交通运输。1.公共电汽车客运。2.城市轨道交通。3.出租车客运。4.其他城市公共交通运输。(二) 公路旅客运输。指城市以外道路的旅客运输活动。包括:公路长途汽车旅客运输活动;公路摩托车旅客运输活动;公路人力、蓄力旅客运输活动。(三)道路货物运输。指所有道路的货物运输活动。包括:普通货物道路运输活动;集装箱道路运输活动;大型货物道路运输活动;危险货物道路运输活动;邮件包裹道路运输活动;搬家运输活动;小型货车(含小面包车)运输;专门为超市、连锁店、加盟店提供送货的活动;城市内大件物品送货上门的活动;以道路运输为主的物流公司(中心)的活动;非机动车货物运输活动;其他道路货物运输活动。(四)道路运输辅助活动。1.客运汽车站。2.公路管理与养护。3.其他道路运输辅助活动。

附录一　续20　(Appendix Ⅰ　Continue 20)

代码	部门名称	包括范围
55106	水上运输	(一) 水上旅客运输。1.海洋旅客运输。2.内河旅客运输。指江、河、湖泊、水库的水上旅客运输活动。3.客运轮渡运输。(二) 水上货物运输。1.远洋货物运输。2.沿海货物运输。3.内河货物运输。指江、河、湖泊、水库的水上货物运输活动。(三) 水上运输辅助活动。1.客运港口。2.货运港口。3.其他水上运输辅助活动。
56107	航空运输	(一) 航空客货运输。1.航空旅客运输。2.航空货物运输。(二) 通用航空服务。指使用民用航空器从事公共航空运输以外的民用航空活动。(三) 航空运输辅助活动。1.机场。2.空中交通管理。3.其他航空运输辅助活动。
57108	管道运输	指通过管道对气体、液体等的运输活动。
58109	装卸搬运和运输代理	(一) 装卸搬运。(二) 运输代理。1.货物运输代理。2.旅客票务代理。3.其他运输代理。
59110	仓储	指专门从事货物仓储、货物运输中转仓储,以仓储为主的物流送配活动和以仓储为目的的收购活动。(一) 谷物、棉花等农产品仓储。1.谷物仓储。2.棉花仓储。3.其他农产品仓储。(二) 其他仓储。
60111	邮政	(一) 邮政基本服务。指邮政企业提供的信件、印刷品、包裹、汇兑等邮政服务,以及国家规定的其他邮政服务;不包括邮政快递服务。(二) 快递服务。指在承诺的时限内快速完成的寄递服务。
61112	住宿	(一) 旅游饭店。指按照国家有关规定评定的旅游饭店和具有同等质量、水平的饭店活动。包括:星级和非星级旅游饭店;具有旅游饭店服务水平的宾馆、饭店、酒店、旅馆、公寓式饭店、商务饭店、度假村、避暑山庄、各单位办的招待所;以对外提供住宿服务为主,具有旅游饭店同等水平的会议中心、会所(俱乐部)、培训中心、疗养所。(二) 一般旅馆。指不具备评定旅游饭店和同等水平饭店的一般旅馆的活动。包括:旅馆、招待所、青年旅社、汽车旅馆、其他经济型住宿服务。(三) 其他住宿服务。指上述未列明的住宿服务。
62113	餐饮	指在一定场所,对食物进行现场烹饪、调制,并出售给顾客主要供现场消费的服务活动。(一) 正餐服务。包括:宾馆、饭店、酒店内独立(或相对独立)的酒楼、餐厅;各种以正餐为主的酒楼、饭店、饭馆及其他用餐场所;各种自助式餐饮服务;各种以涮、烤为主的餐饮服务;车站、机场、码头内设的独立的餐饮服务;火车、轮船上独立的餐饮服务。(二) 快餐服务。包括:中式快餐服务;外国快餐服务。(三) 饮料及冷饮服务。1.茶馆服务。2.咖啡馆服务。3.酒吧服务。4.其他饮料及冷饮服务。(四)其他餐饮服务。1.小吃服务。2.餐饮配送服务。3.其他未列明餐饮服务。
63114	电信和其他信息传输服务	(一)电信。指利用有线、无线的电磁系统或者光电系统,传送、发射或者接收语言、文字、数据、图像以及其他任何形式信息的活动。1.固定电信服务。2.移动电信服务。3.其他电信服务。(二)广播电视传输服务。1.有线广播电视传输服务。2.无线广播电视传输服务。(三)卫星传输服务。指人造卫星的电信传输和广播电视传输服务。包括:卫星通信服务;卫星国际专线服务;卫星广播电视信号的传输、覆盖与接收服务;卫星广播电视传输、覆盖、接收系统的设计、安

附录一　续 21 （Appendix Ⅰ　Continue 21）

代码	部门名称	包括范围
63114	电信和其他信息传输服务	装、调试、测试、监测等服务；其他声音、数据、文本、视听图像信号的卫星通信传输。（四）互联网和相关服务。1.互联网接入及相关服务。2.互联网信息服务。3.其他互联网服务。
65115	软件和信息技术服务	（一）软件开发。指为用户提供计算机软件、信息系统或者设备中嵌入的软件，或者在系统集成、应用服务等技术服务时提供软件的开发和经营活动。包括基础软件、支撑软件、应用软件、嵌入式软件、信息安全软件、计算机（应用）系统、工业软件以及其他软件的开发和经营活动。（二）信息系统集成服务。指基于需方业务需求进行的信息系统需求分析和系统设计，并通过结构化的综合布缆系统、计算机网络技术和软件技术，将各个分离的设备、功能和信息等集成到相互关联的、统一和协调的系统之中，以及为信息系统的正常运行提供支持的服务。包括信息系统设计、集成实施、运行维护等服务。（三）信息技术咨询服务。指在信息资源开发利用、工程建设、人员培训、管理体系建设、技术支撑等方面向需方提供的管理或技术咨询评估服务。包括信息化规划、信息技术管理咨询、信息系统工程监理、测试评估、信息技术培训等。（四）数据处理和存储服务。指供方向需方提供的信息和数据的分析、整理、计算、编辑、存储等加工处理服务，以及应用软件、业务运营平台、信息系统基础设施等的租赁服务。包括各种数据库活动、网站内容更新、数据备份服务、数据存储服务、在线企业资源规划（ERP）、在线杀毒、电子商务平台、物流信息服务平台、服务器托管、虚拟主机等。（五）集成电路设计。指企业开展的集成电路功能研发、设计等服务。（六）其他信息技术服务。1.数字内容服务。2.呼叫中心。3.其他未列明信息技术服务。
66116	货币金融和其他金融服务	（一）货币金融服务。1.中央银行服务。指代表政府管理金融活动，并制定和执行货币政策，维护金融稳定，管理金融市场的特殊金融机构的活动；包括中国人民银行和中国人民银行分支机构的金融服务。2.货币银行服务。指除中央银行以外的各类银行所从事的存款、贷款和信用卡等货币媒介活动，还包括在中国开展货币业务的外资银行及分支机构的活动。3.非货币银行服务。指主要与非货币媒介机构以各种方式发放贷款有关的金融服务。包括金融租赁服务、财务公司、典当和其他非货币银行的服务。4.银行监管服务。指代表政府管理银行业活动，制定并发布对银行业金融机构及其业务活动监督管理的规章、规则；包括中国银行业监督管理委员会、中国银行业监督管理委员会分支机构的服务。（二）其他金融。1.金融信托与管理服务。指根据委托书、遗嘱或代理协议代表受益人管理的信托基金、房地产账户或代理账户等活动，还包括单位投资信托管理。2.控股公司服务。指通过一定比例股份，控制某个公司或多个公司的集团，控股公司仅控制股权，不直接参与经营管理，以及其他类似的活动。3.非金融机构支付服务。指非金融机构在收付款人之间作为中介机构提供下列部分或全部货币资金转移服务，包括网络支付、预付卡的发行与受理、银行卡收单及中国人民银行确定的其他支付等服务。4.金融信息服务。指向从事金融分析、金融交易、金融决策或者其他金融活动的用户提供可能影响金融市场的信息（或者金融数据）的服务。5.其他未列明金融服务。指主要与提供贷款以外的资金分配有关的其他金融媒介活动，包括保理活动、掉期、期权和其他套期保值安排、保单贴现公司的活动、金融资产的管理、金融交易处理与结算等活动，还包括信用卡交易的处理与结算、外币兑换等活动。

附录一　续22　(Appendix Ⅰ　Continue 22)

代码	部门名称	包括范围
67117	资本市场服务	(一)证券市场服务。1.证券市场管理服务。2.证券经纪交易服务。3.基金管理服务。(二)期货市场服务。1.期货市场管理服务。2.其他期货市场服务。(三)证券期货监管服务。包括证券监管服务、期货监管服务、行业自律服务和其他证券期货监管服务。(四)资本投资服务。包括机构证券自营投资服务、创业投资服务和企业投资服务。(五)其他资本市场服务。包括市场风险监测服务、证券投资咨询服务、证券市场资信评级服务、证券投资基金销售服务和其他未列明资本市场服务。
68118	保险	(一)人身保险。指以人的寿命和身体为保险标的保险活动。1.人寿保险。2.健康和意外保险。(二)财产保险。指除人身保险外的保险活动,包括财产损失保险、责任保险、信用保险、保证保险等。(三)再保险。指承担与其他保险公司承保的现有保单相关的所有或部分风险的活动。(四)养老金。指专为单位雇员或成员提供退休金补贴而设立的法定实体的活动(如基金、计划和/或项目等),包括养老金定额补贴计划以及完全根据成员贡献确定补贴数额的个人养老金计划等。(五)保险经纪与代理服务。指保险代理人和经纪人进行的年金、保单和分保单的销售、谈判或促合活动。(六)保险监管服务。指根据国务院授权及相关法律、法规规定所履行的对保险市场的监督、管理活动。(七)其他保险活动。1.风险和损失评估。2.其他未列明保险活动。
70119	房地产	(一)房地产开发经营。指房地产开发企业进行的房屋、基础设施建设等开发,以及转让房地产开发项目或者销售、出租房屋等活动。(二)物业管理。指物业服务企业按照合同约定,对房屋及配套的设施设备和相关场地进行维修、养护、管理,维护环境卫生和相关秩序的活动。(三)房地产中介服务。指房地产咨询、房地产价格评估、房地产经纪等活动。(四)自有房地产经营活动。指除房地产开发商、房地产中介、物业公司以外的单位和居民住户对自有房地产(土地、住房、生产经营用房和办公用房)的买卖和以营利为目的的租赁活动,以及房地产管理部门和企事业、机关提供的非营利租赁服务,还包括居民居住自有住房所形成的住房服务。(五)其他房地产活动。包括:住房公积金管理服务,保障性住房受理、查询等服务,土地管理服务,房屋拆迁服务,房地产交易与权属登记管理服务,其他未列明房地产服务。
71120	租赁	(一) 机械设备租赁。指不配备操作人员的机械设备的租赁服务。1.汽车租赁。2.农业机械租赁。3.建筑工程机械与设备租赁。4.计算机及通讯设备租赁。5.其他机械与设备租赁。(二) 文化及日用品出租。1.娱乐及体育设备出租。2.图书出租。3.音像制品出租。4.其他文化及日用品出租。
72121	商务服务	(一) 企业管理服务。1.企业总部管理。2.投资与资产管理。3.单位后勤管理服务。4.其他企业管理服务。(二) 法律服务。指律师、公证、仲裁、调解等活动。1.律师及相关法律服务。2.公证服务。3.其他法律服务。(三) 咨询与调查。1.会计、审计及税务服务。2.市场调查。3.社会经济咨询。4.其他专业咨询。(四)广告业。指在报纸、期刊、路牌、灯箱、橱窗、互联网、通讯设备及广播电影电视等媒介上为客户策划、制作的有偿宣传活动。(五)知识产权服务。指对专利、商标、版权、著作权、软件、集成电路布图设计等的代理、转让、登记、鉴定、评

附录一　续 23 （Appendix Ⅰ　Continue 23）

代码	部门名称	包括范围
72121	商务服务	估、认证、咨询、检索等活动。(六)人力资源服务。指提供公共就业、职业中介、劳务派遣、职业技能鉴定、劳动力外包等服务。1.公共就业服务。2.职业中介服务。3.劳务派遣服务。4.其他人力资源服务。(七)旅行社及相关服务。指为社会各界提供商务、组团和散客旅游的服务,包括向顾客提供咨询、旅游计划和建议、日程安排、导游、食宿和交通等服务。1.旅行社服务。2.旅游管理服务。3.其他旅行社相关服务。(八)安全保护服务。指为社会提供的专业化、有偿安全防范服务。1.安全服务。2.安全系统监控服务。3.其他安全保护服务。(九) 其他商务服务。1.市场管理。2.会议及展览服务。3.包装服务。4.办公服务。5.信用服务。6.担保服务。7.其他未列明商务服务。
73122	研究和试验发展	指为了增加知识(包括有关自然、工程、人类、文化和社会的知识),以及运用这些知识创造新的应用,所进行的系统的、创造性的活动;该活动仅限于对新发现、新理论的研究,新技术、新产品、新工艺的研制研究与试验发展,包括基础研究、应用研究和试验发展。(一) 自然科学研究与和试验发展。(二) 工程和技术研究和试验发展。(三) 农业科学研究和试验发展。(四)医学研究和试验发展。(五)社会人文科学研究。
74123	专业技术服务	(一) 气象服务。指气象探测、预报、服务和气象灾害防御、气候资源利用等活动。(二) 地震服务。指地震监测预报、震灾预防和紧急救援等防震减灾活动。(三) 海洋服务。包括:海域使用评估、论证服务;海洋资源管理服务;海底工程、作业管理服务;大洋和极地考察服务;海洋气象预测、预报服务;海洋环境保护服务;海洋污染治理服务;海洋环境预报、评估服务;海洋工程咨询服务;其他海洋服务。(四)测绘服务。包括:大地测量服务;测绘航空摄影服务;测绘测量与遥感服务;工程测量服务;地籍测绘服务;房产测绘服务;行政区域界线测绘服务;地理信息系统工程服务;地图编制服务;海洋测绘服务;航道测绘服务;导航及位置服务;其他测绘服务。(五)质检技术服务。指通过专业技术手段对动植物、工业产品、商品、专项技术、成果及其他需要鉴定的物品所进行的检测、检验、测试、鉴定等活动,还包括产品质量、计量、认证和标准的管理活动。(六)环境与生态监测。1.环境保护监测。2.生态监测。(七) 地质勘查。指对矿产资源、工程地质、科学研究进行的地质勘查、测试、监测、评估等活动。1.能源矿产地质勘查。2.固体矿产地质勘查。3.水、二氧化碳等矿产地质勘查。4.基础地质勘查。5.地质勘查技术服务。(八)工程技术。1.工程管理服务。2.工程勘察设计。3.规划管理。(九)其他专业技术服务。1.专业化设计服务。2.摄影扩印服务。3.兽医服务。4.其他未列明专业技术服务。
75124	科技推广和应用服务	(一) 技术推广服务。指将新技术、新产品、新工艺直接推向市场而进行的相关技术活动,以及技术推广和转让活动。1.农业技术推广服务。2.生物技术推广服务。3.新材料技术推广服务。4.节能技术推广服务。5.其他技术推广服务。(二) 科技中介服务。指为科技活动提供社会化服务与管理,在政府、各类科技活动主体与市场之间提供居间服务的组织,主要开展信息交流、技术咨询、技术孵化、科技评估和科技鉴证等活动。(三) 其他科技推广和应用服务。指除技术推广、科技中介以外的其他科技服务,但不包括短期的日常业务活动。

附录一 续24 (Appendix Ⅰ Continue 24)

代码	部门名称	包括范围
76125	水利管理	(一)防洪除涝设施管理。指对江河湖泊开展的河道、堤防、岸线整治等活动及对河流、湖泊、行蓄洪区和沿海的防洪设施的管理活动,包括防洪工程设施的管理及运行维护等。(二)水资源管理。指对水资源的开发、利用、配置、节约等活动。(三)天然水收集与分配。指通过各种方式收集、分配天然水资源的活动,包括通过蓄水(水库、塘堰等)、提水、引水和井等水源工程,收集和分配各类地表和地下淡水资源的活动。(四)水文服务。指通过布设水文站网,对水的时空分布规律进行监测、收集和分析处理的活动。(五)其他水利管理。包括:水资源保护,水土流失防治,水利设施管理、防洪除涝技术、水环境保护、水土保持技术、节水管理与技术的咨询活动,水利情报收集和其他水利管理服务。
77126	生态保护和环境治理	(一)生态保护。1.自然保护区管理。2.野生动物保护。3.野生植物保护。4.其他自然保护。(二)环境治理。1.水污染治理。2.大气污染治理。3.固体废物治理。4.危险废物治理。5.放射性废物治理。6.其他污染治理。
78127	公共设施管理	(一)市政设施管理。指污水排放、雨水排放、路灯、道路、桥梁、隧道、广场、涵洞、防空等城乡公共设施的抢险、紧急处理、管理等活动。(二)环境卫生管理。指城乡生活垃圾的清扫、收集、运输、处理和处置、管理等活动,以及对公共厕所、化粪池的清扫、收集、运输、处理和处置、管理等活动。(三)城乡市容管理。指城市户外标志、外景照明、公共建筑物、施工围档、材料堆放、渣土清运、竣工清理等管理活动;乡、村户外标志、村容镇貌、柴草堆放、树木花草养护等管理活动。(四)绿化管理。指城市绿地和生产绿地、防护绿地、附属绿地等的管理活动。(五)公园和游览景区管理。1.公园管理。2.游览景区管理。
79128	居民服务	(一)家庭服务。指雇用家庭雇工的家庭住户和家庭户的自营活动,以及在雇主家庭从事有报酬的家庭雇工的活动,包括钟点工和居住在雇主家里的家政劳动者的活动。(二)托儿所服务。指社会、街道、个人办的面向不足三岁幼儿的看护活动,可分为全托、日托、半托,或计时的服务。(三)洗染服务。指专营的洗染店以及在宾馆、饭店内常设的独立(或相对独立)洗染服务。(四)理发及美容服务。指专业理发、美容保健服务,以及在宾馆、饭店或娱乐场所常设的独立(或相对独立)理发、美容保健服务。(五)洗浴服务。指专业洗浴室以及在宾馆、饭店或娱乐场所常设的独立(或相对独立)洗浴、温泉、SPA等服务。(六)保健服务。指专业保健场所以及在宾馆、饭店或娱乐场所常设的独立(或相对独立)保健按摩、足疗等服务。(七)婚姻服务。指婚姻介绍、婚庆典礼等服务。(八)殡葬服务。指与殡葬有关的各类服务。(九)其他居民服务。指上述未包括的居民服务。
80129	其他服务	(一)汽车、摩托车修理与维护。1.汽车修理与维护。2.摩托车修理与维护。(二)计算机和办公设备维修。指对计算机硬件及系统环境的维护和修理工作。1.计算机和辅助设备修理。2.通讯设备修理。3.其他办公设备维修。(三)家用电器修理。1.家用电子产品修理。2.日用电器修理。(四)其他日用产品修理。1.自行车修理。2.鞋和皮革修理。3.家具和相关物品修理。4.其他未列明日用产品修理。(五)清洁服务。指对建筑物、办公用品、家庭用品的清洗和消毒服务;包括专业公司和个人提供的清洗服务。1.建筑物清洁服务。2.其他清洁服务。(六)其他未列明的服务。包括:宠物服务;其他未列明服务。

附录一 续25 (Appendix Ⅰ Continue 25)

代码	部门名称	包括范围
82130	教育	(一) 学前教育。指经教育行政部门批准举办的对学龄前幼儿进行保育和教育的活动。(二) 初等教育。指《义务教育法》规定的小学教育以及成人小学教育(含扫盲)的活动。1.普通小学教育。2.成人小学教育。(三) 中等教育。1.普通初中教育。2.职业初中教育。3.成人初中教育。4.普通高中教育。5.成人高中教育。6.中等职业学校教育。(四)高等教育。1.普通高等教育。2.成人高等教育。(五)特殊教育。指为残障儿童、青少年提供的特殊教育活动。(六)技能培训、教育辅助及其他教育。1.职业技能培训。2.体校及体育培训。3.文化艺术培训。4.教育辅助服务。5.其他未列明教育。
83131	卫生	(一) 医院。1.综合医院。2.中医医院。3.中西医结合医院。4.民族医院。5.专科医院。6.疗养院。(二) 社区医疗与卫生院。1.社区卫生服务中心(站)。2.街道卫生院。3.乡镇卫生院。(三) 门诊部(所)。指门诊部、诊所、医务室、卫生站、护理院等卫生机构的活动。(四)计划生育技术服务活动。指各地区计划生育技术服务机构的活动。(五)妇幼保健院(所、站)。指非医院的妇女及婴幼儿保健活动。(六)专科疾病防治院(所、站)。指对各种专科疾病进行预防及群众预防的活动。(七) 疾病预防控制中心。指卫生防疫站、卫生防病中心、预防保健中心等活动。(八) 其他卫生活动。指急救中心及其他未列明的卫生机构的活动。
84132	社会工作	(一)提供住宿社会工作。指提供临时、长期住宿的福利和救济活动。1.干部休养所。2.护理机构服务。3.精神康复服务。4.老年人、残疾人养护服务。5.孤残儿童收养和庇护服务。6.其他提供住宿社会救助。(二)不提供住宿社会工作。指为孤儿、老人、残疾人、智障、军烈属、五保户、低保户、受灾群众及其他弱势群体提供不住宿的看护、帮助活动,以及慈善、募捐等其他社会工作的活动。1.社会看护与帮助服务。2.其他不提供住宿社会工作。
85133	新闻和出版	(一) 新闻。包括:新闻采访服务;新闻编辑服务;新闻发布服务;其他新闻服务。(二) 出版。1.图书出版。2.报纸出版。3.期刊出版。4.音像制品出版。5.电子出版物出版。6.其他出版。
86134	广播、电视、电影和影视录音制作	(一)广播。指广播节目的现场制作、播放及其他相关活动,还包括互联网广播。(二)电视。指有线和无线电视节目的现场制作、播放及其他相关活动,还包括互联网电视。(三)电影和影视节目制作。指电影、电视和录像(含以磁带、光盘为载体)节目的制作活动,该节目可以作为电视、电影播出、放映,也可以作为出版、销售的原版录像带(或光盘),还可以在其他场合宣传播放,还包括影视节目的后期制作,但不包括电视台制作节目的活动。(四)电影和影视节目发行。包括:电影发行,非电视台制作的电视节目发行和进出口服务,电影进出口交易服务。(五)电影放映。指专业电影院以及设在娱乐场所独立(或相对独立)的电影放映活动。(六)音像制作。指从事录音节目、音乐作品的制作活动,其节目或作品可以在广播电台播放,也可以制作成出版、销售的原版录音带(磁带或光盘),还可以在其他宣传场合播放,但不包括广播电台制作节目的活动。

附录一　续26　(Appendix Ⅰ　Continue 26)

代码	部门名称	包括范围
87135	文化艺术	(一)文艺创作与表演。指文学、美术创造和表演艺术(如戏曲、歌舞、话剧、音乐、杂技、马戏、木偶等表演艺术)等活动。(二)艺术表演场馆。指有观众席、舞台、灯光设备,专供文艺团体演出的场所管理活动。(三)图书馆与档案馆。1.图书馆。2.档案馆。(四)文物及非物质文化遗产保护。指对具有历史、文化、艺术、科学价值,并经有关部门鉴定,列入文物保护范围的不可移动文物的保护和管理活动;对我国口头传统和表现形式,传统表演艺术,社会实践、意识、节庆活动,有关的自然界和宇宙的知识和实践,传统手工艺等非物质文化遗产的保护和管理活动。(五)博物馆。指收藏、研究、展示文物和标本的博物馆的活动,以及展示人类文化、艺术、科技、文明的美术馆、艺术馆、展览馆、科技馆、天文馆等管理活动。(六)烈士陵园、纪念馆。包括:烈士陵园管理服务、烈士纪念馆管理服务。(七)群众文化活动。指对各种主要由城乡群众参与的文艺类演出、比赛、展览等公益性文化活动的管理活动。(八)其他文化艺术。包括:网络(手机)文化服务,指提供文化内容的服务;史料、史志编辑服务;艺(美)术品、收藏品评估服务;街头报刊橱窗管理服务;其他未列明文化艺术服务。
88136	体育	(一)体育组织。指专业从事体育比赛、训练、辅导和管理的组织的活动。(二)体育场馆。指可供观赏比赛的场馆和专供运动员训练用的场地管理活动。(三)休闲健身活动。指主要面向社会开放的休闲健身场所和其他体育娱乐场所的管理活动。(四)其他体育。指上述未包括的体育活动。
89137	娱乐	(一)室内娱乐活动。指室内各种娱乐活动和以娱乐为主的活动。1.歌舞厅娱乐活动。2.电子游艺厅娱乐活动。3.网吧活动。4.其他室内娱乐活动。(二)游乐园。指配有大型娱乐设施的室外娱乐活动及以娱乐为主的活动。(三)彩票活动。指各种形式的彩票活动。(四)文化、娱乐、体育经纪代理。1.文化娱乐经纪人。2.体育经纪人。3.其他文化艺术经纪代理。(五)其他娱乐活动。指公园、海滩和旅游景点内小型设施的娱乐活动及其他娱乐活动。
93138	社会保障	指依据国家有关规定开展的各种社会保障活动。包括:基本养老保险服务;企业年金服务;农村社会养老保险服务;失业保险服务;基本医疗保障服务;补充医疗保障服务;工伤保险服务;生育保险服务;最低生活保障服务。
90139	公共管理和社会组织	(一)中国共产党机关。包括中国共产党各级机关、中国共产党所属各级办事机构的活动。(二)国家机构。1.国家权力机构。指宪法规定的全国和地方各级人民代表大会及常委会机关的活动。2.国家行政机构。包括综合事务管理机构、对外事务管理机构、公共安全管理机构、社会事务管理机构、经济事务管理机构和行政监督检查机构。3.人民法院和人民检察院。指宪法规定的人民法院和人民检察院的活动。4.其他国家机构。(三)人民政协、民主党派。1.人民政协。2.民主党派。(四)群众团体、社会团体。1.群众团体。包括工会、妇联、共青团和其他群众团体。2.社会团体。包括专业性团体、行业性团体和其他社会团体。3.基金会。4.宗教组织。(五)基层群众自治组织。指通过选举产生的社区性组织,该组织为本地区提供一般性管理、调解、治安、优抚、计划生育等服务。1.社区自治组织。2.村民自治组织。

附录二　部门分类、增加值和最终使用项指标中英文对照

Appendix Ⅱ　Comparison for Indices of Sector Classification, Value Added and Final Uses in Chinese and in English

一、中国2012年投入产出表部门分类

1. Sector Classification in 2012 Input-Output Tables of China

部门分类及代码	Sector Classification and Code
01.农林牧渔产品和服务	01.Farming, Forestry, Animal Production and Fishery
01001 农产品	01001 Farming
02002 林产品	02002 Forestry
03003 畜牧产品	03003 Animal Production
04004 渔产品	04004 Fishery
05005 农、林、牧、渔服务	05005 Support Services to Farming, Forestry, Animal Production and Fishery
02.煤炭采选产品	02.Mining and Washing of Coal
06006 煤炭采选产品	06006 Mining and Washing of Coal
03.石油和天然气开采产品	03.Extraction of Crude Petroleum and Natural Gas
07007 石油和天然气开采产品	07007 Extraction of Crude Petroleum and Natural Gas
04.金属矿采选产品	04.Mining of Metal Ores
08008 黑色金属矿采选产品	08008 Mining of Ferrous Metal Ores
09009 有色金属矿采选产品	09009 Mining of Non-Ferrous Metal Ores
05.非金属矿和其他矿采选产品	05. Mining and Quarrying of Nonmetallic Mineral and Other Mineral
10010 非金属矿采选产品	10010 Mining and Quarrying of Nonmetallic Mineral
11011 开采辅助服务和其他采矿产品	11011 Mining Support Activities and Other Mining and Quarrying n.e.c.
06.食品和烟草	06.Manufacture of Food and Tobacco
13012 谷物磨制品	13012 Manufacture of Grain Mill Products
13013 饲料加工品	13013 Manufacture of Prepared Animal Feeds
13014 植物油加工品	13014 Manufacture of Crude and Refined Oils from Vegetable
13015 糖及糖制品	13015 Manufacture of Sugar
13016 屠宰及肉类加工品	13016 Slaughtering and Processing of Meat
13017 水产加工品	13017 Processing of Aquatic Products
13018 蔬菜、水果、坚果和其他农副食品加工品	13018 Processing of Other Foods

附录二　续1（Appendix Ⅱ　Continue 1）

部门分类及代码	Sector Classification and Code
14019 方便食品	14019 Manufacture of Convenience Food Products
14020 乳制品	14020 Manufacture of Milk and Dairy Products
14021 调味品、发酵制品	14021 Manufacture of Flavoring and Ferment Products
14022 其他食品	14022 Manufacture of Other Food Products n.e.c.
15023 酒精和酒	15023 Manufacture of Alcohol and Alcoholic Beverages
15024 饮料和精制茶加工品	15024 Manufacture of Soft Drinks and Refined Tea Products
16025 烟草制品	16025 Manufacture of Tobacco Products
07.纺织品	07.Manufacture of Textiles
17026 棉、化纤纺织及印染精加工品	17026 Spinning, Weaving and Finishing of Cotton and Chemical Fibers
17027 毛纺织及染整精加工品	17027 Spinning, Weaving and Finishing of Wool
17028 麻、丝绢纺织及加工品	17028 Spinning, Weaving and Finishing of Bast and Silk Fibers
17029 针织或钩针编织及其制品	17029 Manufacture of Knitted and Crocheted Fabrics and Articles, Except Apparel
17030 纺织制成品	17030 Manufacture of Made-up Textile Articles, Except Apparel
08.纺织服装鞋帽皮革羽绒及其制品	08.Manufacture of Textile Wearing Apparel, Footwear, Leather, Fur, Feather and Its Products
18031 纺织服装服饰	18031 Manufacture of Textile Wearing Apparel
19032 皮革、毛皮、羽毛及其制品	18032 Manufacture of Leather, Fur, Feather and Its Products
19033 鞋	19033 Manufacture of Footwear
09.木材加工品和家具	09.Processing of Timbers and Manufacture of Furniture
20034 木材加工品和木、竹、藤、棕、草制品	20034 Processing of Timbers and Manufacture of Products of Wood, Bamboo, Rattan, Palm and Straw
21035 家具	21035 Manufacture of Furniture
10.造纸印刷和文教体育用品	10.Papermaking, Printing and Manufacture of Articles for Culture, Education and Sports Activities
22036 造纸和纸制品	22036 Manufacture of Paper and Paper Products
23037 印刷品和记录媒介复制品	23037 Printing and Reproduction of Recording Media
24038 文教、工美、体育和娱乐用品	24038 Manufacture of Stationeries, Musical Instruments, Products of Arts and Crafts, Sports Goods, Games and Toys

附录二 续 2 (Appendix Ⅱ Continue 2)

部门分类及代码	Sector Classification and Code
11.石油、炼焦产品和核燃料加工品	11. Manufacture of Refined Petroleum, Coke Products, Processing of Nuclear Fuel
25039 精炼石油和核燃料加工品	25039 Manufacture of Refined Petroleum Products, Processing of Nuclear Fuel
25040 炼焦产品	25040 Manufacture of Coke Products
12.化学产品	12. Manufacture of Chemicals and Chemical Products
26041 基础化学原料	26041 Manufacture of Basic Chemicals
26042 肥料	26042 Manufacture of Fertilizers
26043 农药	26043 Manufacture of Pesticides
26044 涂料、油墨、颜料及类似产品	26044 Manufacture of Paints, Printing Inks, Pigments and Similar Products
26045 合成材料	26045 Manufacture of Synthetic Materials
26046 专用化学产品和炸药、火工、焰火产品	26046 Manufacture of Special Chemical Products
26047 日用化学产品	26047 Manufacture of Daily-use Chemical Products
27048 医药制品	27048 Manufacture of Pharmaceutical Products
28049 化学纤维制品	28049 Manufacture of Chemical Fibers
29050 橡胶制品	29050 Manufacture of Rubber Products
29051 塑料制品	29051 Manufacture of Plastic Products
13.非金属矿物制品	13. Manufacture of Nonmetallic Mineral Products
30052 水泥、石灰和石膏	30052 Manufacture of Cement, Lime and Plaster
30053 石膏、水泥制品及类似制品	30053 Manufacture of Products of Plaster and Cement and Similar Products
30054 砖瓦、石材等建筑材料	30054 Manufacture of Brick, Stone and Other Building Materials
30055 玻璃和玻璃制品	30055 Manufacture of Glass and Glass Products
30056 陶瓷制品	30056 Manufacture of Cematic and Porcelain Products
30057 耐火材料制品	30057 Manufacture of Refractory Products
30058 石墨及其他非金属矿物制品	30058 Manufacture of Products of Graphite and Other Nonmetallic Minerals
14.金属冶炼和压延加工品	14. Manufacture and Processing of Metals
31059 钢、铁及其铸件	31059 Manufacture and Casting of Basic Iron and Steel
31060 钢压延产品	31060 Processing of Steel Rolling Processing
31061 铁合金产品	31061 Manufacture of Ferroalloy
32062 有色金属及其合金和铸件	32062 Manufacture and Casting of Non-Ferrous Metals and Related Alloys

附录二　续 3 （Appendix Ⅱ　Continue 3）

部门分类及代码	Sector Classification and Code
32063 有色金属压延加工品	32063 Processing of Non-Ferrous Metals Rolling
15.金属制品	15. Manufacture of Fabricated Metal Products, Except Machinery and Equipment
33064 金属制品	33064 Manufacture of Fabricated Metal Products, Except Machinery and Equipment
16.通用设备	16.Manufacture of General-Purpose Machinery
34065 锅炉及原动设备	34065 Manufacture of Boiler and Prime Mover
34066 金属加工机械	34066 Manufacture of Metalworking Machinery
34067 物料搬运设备	34067 Manufacture of Lifting and Handling Equipment
34068 泵、阀门、压缩机及类似机械	34068 Manufacture of Pump, Valve, Compressor and Similar Machinery
34069 文化、办公用机械	34069 Manufacture of Movie, Office Machinery and Equipment, of Projector and Camera
34070 其他通用设备	34070 Manufacture of Other General-Purpose Machinery
17.专用设备	17.Manufacture of Special-Purpose Machinery
35071 采矿、冶金、建筑专用设备	35071 Manufacture of Machinery for Mining, Metallurgy and Construction
35072 化工、木材、非金属加工专用设备	35072 Manufacture of Machinery for Chemical Industry, Timber and Nonmetal Processing
35073 农、林、牧、渔专用机械	35073 Manufacture of Machinery for Agriculture, Forestry, Animal Production and Fishery
35074 其他专用设备	35074 Manufacture of Other Special-Purpose Machinery
18.交通运输设备	18.Manufacture of Transport Equipment
36075 汽车整车	36075 Manufacture of Motor Vehicles, Except Parts and Accessories for Motor Vehicles
36076 汽车零部件及配件	36076 Manufacture of Parts and Accessories for Motor Vehicles
37077 铁路运输和城市轨道交通设备	37077 Manufacture of Railway Transport Equipment
37078 船舶及相关装置	37078 Manufacture of Boats and Ships and Floating Devices
37079 其他交通运输设备	37079 Manufacture of Other Transport Equipment
19.电气机械和器材	19.Manufacture of Electrical Machinery and Apparatus
38080 电机	38080 Manufacture of Generatorsand Electic Motors
38081 输配电及控制设备	38081 Manufacture of Equipments for Power Transmission and Distribution and Control

附录二 续 4 （Appendix Ⅱ Continue 4）

部门分类及代码	Sector Classification and Code
38082 电线、电缆、光缆及电工器材	38082 Manufacture of Wire, Cable, Optical Cable and Electrical Goods
38083 电池	38083 Manufacture of Batteries
38084 家用器具	38084 Manufacture ofHousehold Appliances
38085 其他电气机械和器材	38085 Manufacture of Other Electrical Machinery and Equipment
20.通信设备、计算机和其他电子设备	20.Manufacture of Communication Equipment, Computer and Other Electronic Equipment
39086 计算机	39086 Manufacture of Computer
39087 通信设备	39087 Manufacture of Communication Equipment
39088 广播电视设备和雷达及配套设备	39088 Manufacture of Broadcasting, Television Equipment, of Radar and Related Equipment
39089 视听设备	39089 Manufacture of Audiovisual Apparatus
39090 电子元器件	39090 Manufacture of Electronic Components and Parts
39091 其他电子设备	39091 Manufacture of Other Electronic Equipment
21.仪器仪表	21.Manufacture of Measuring Instruments
40092 仪器仪表	40092 Manufacture of Measuring Instruments and Meters
22.其他制造产品	22.Other Manufacture
41093 其他制造产品	41093 Other Manufacture
23.废品废料	23.Scrap and Waste
42094 废弃资源和废旧材料回收加工品	42094 Comprehensive Utilization of Waste Resources
24.金属制品、机械和设备维修服务	24.Repair of Fabricated Metal Products, Machinery and Equipment
43095 金属制品、机械和设备维修服务	43095 Repair of Fabricated Metal Products, Machinery and Equipment
25.电力、热力的生产和供应	25.Production and Supply of Electricity and Steam
44096 电力、热力生产和供应	44096 Production and Supply of Electricity and Steam
26.燃气生产和供应	26.Production and Distribution of Gas
45097 燃气生产和供应	45097 Production and Distribution of Gas
27.水的生产和供应	27.Production and Distribution of Water
46098 水的生产和供应	46098 Production and Distribution of Water
28.建筑	28.Construction
47099 房屋建筑	47099 Construction of Buildings

附录二　续5　(Appendix Ⅱ　Continue 5)

部门分类及代码	Sector Classification and Code
48100 土木工程建筑	48100 Civil Engineering
49101 建筑安装	49101 Construction Installtion Activities
50102 建筑装饰和其他建筑服务	50102 Construction Completion and Finishing, Other Construction Activities
29.批发和零售	29.Wholesale and Retail Trade
51103 批发和零售	51103 Wholesale and Retail Trade
30.交通运输、仓储和邮政业	30.Transport, Storage and Post
53104 铁路运输	53104 Transport Via Railway
54105 道路运输	54105 Transport Via Road
55106 水上运输	55106 Water Transport
56107 航空运输	56107 Air Transport
57108 管道运输	57108 Transport Via Pipeline
58109 装卸搬运和运输代理	58109 Cargo Handling, Transport Agency
59110 仓储	59110 Storage
60111 邮政	60111 Post
31.住宿和餐饮	31.Accommodation,Food and Beverage Services
61112 住宿	61112 Accommodation
62113 餐饮	62113 Food and Beverage Services
32.信息传输、软件和信息技术服务	32.Information Transmission, Software and Information Technology Services
63114 电信和其他信息传输服务	63114 Telecommunication and Other Information Transmission Services
65115 软件和信息技术服务	65115 Software and Information Technology Services
33.金融	33.Finance
66116 货币金融和其他金融服务	66116 Monetary Intermediation and Other Financial Services
67117 资本市场服务	67117 Capital Market Services
68118 保险	68118 Insurance
34.房地产	34.Real Estate
70119 房地产	70119 Real Estate
35.租赁和商务服务	35.Renting and Leasing, Business Services
71120 租赁	71120 Renting and Leasing
72121 商务服务	72121 Business Services

附录二　续 6 （Appendix Ⅱ　Continue 6）

部门分类及代码	Sector Classification and Code
36.科学研究和技术服务	36.Scientific Research and Development, Technical Services
73122 研究和试验发展	73122 Research and Experimental Development
74123 专业技术服务	74123 Professional Technique Services
75124 科技推广和应用服务	75124 Technique Promotion and Application Services
37.水利、环境和公共设施管理业	37.Management of Water Conservancy, Environment and Public Facilities
76125 水利管理	76125 Management of Water Conservancy
77126 生态保护和环境治理	77126 Ecological Protection and Environmental Control
78127 公共设施管理	78127 Management of Public Facilities
38.居民服务、修理和其他服务业	38.Services to Households, Repair and Other Services
79128 居民服务	79128 Services to Households
80129 其他服务	80129 Repair of Motor Vehicles, Electronic Products and Households Goods and Other Services
39.教育	39.Education
82130 教育	82130 Education
40.卫生和社会工作	40.Health Care and Social Work Activities
83131 卫生	83131 Health Care
84132 社会工作	84132 Social Work Activities
41.文化、体育和娱乐	41.Culture, Sports and Entertainment
85133 新闻和出版	85133 Journalism and Publishing
86134 广播、电视、电影和影视录音制作	86134 Radio, Televisions, Movies and Audio-Video Recording Activities
87135 文化艺术	87135 Cultural, Art and Entertainment Activities
88136 体育	88136 Sports Activities
89137 娱乐	89137 Amusement and Recreation Activities
42.公共管理、社会保障和社会组织	42.Public Management, Social Security and Social Organization
93138 社会保障	93138 Social Security
90139 公共管理和社会组织	90139 Public Management and Social Organization

二、中国 2012 年投入产出表中的增加值和最终使用项

2. Components of Value Added and Final Uses in 2012 Input-Output Tables of China

VA001	劳动者报酬	VA001	Compensation of Employees
VA002	生产税净额	VA002	Net Taxes on Production
VA003	固定资产折旧	VA003	Depreciation of Fixed Assets
VA004	营业盈余	VA004	Operating Surplus
TVA	增加值合计	TVA	Total Value Added
FU101	农村居民消费支出	FU101	Rural Household Consumption Expenditure
FU102	城镇居民消费支出	FU102	Urban Household Consumption Expenditure
THC	居民消费支出小计	THC	Total Household Consumption Expenditure
FU103	政府消费支出	FU103	Government Consumption Expenditure
TC	最终消费支出	TC	Total Final Consumption Expenditure
FU201	固定资本形成总额	FU201	Gross Fixed Capital Formation
FU202	存货变动	FU202	Changes in Inventories
GCF	资本形成总额	GCF	Gross Capital Formation
EX	出口	EX	Exports
TFU	最终使用合计	TFU	Total Final Use
IM	进口	IM	Imports
ERR	其他(误差)	ERR	Errors
TO	总产出	TO	Total (Gross) Output
TII	中间投入合计	TII	Total Intermediate Inputs
TIU	中间使用合计	TIU	Total Intermediate Use
TI	总投入	TI	Total Inputs